JOHN F. WALVOORD

Was kommt auf uns zu?

Brennpunkte biblischer Prophetie

Hänssler-Hardcover
Bestell-Nr. 394.186
ISBN 3-7751-4186-3

Originaltitel: Major Bible Prophecies
Übersetzung: Dr. Werner Papke

Internet: www.haenssler.de
E-Mail: info@haenssler.de
Dieses Buch erschien zuvor in der Reihe hänssler-Bibelwissen
mit dem Titel »Brennpunkte biblischer Prophetie«,
ISBN 3-7751-1842-X.
Umschlaggestaltung: Jens Vogelsang, Aachen
Titelbilder: GettyImages, München (»Steinerner Engel«),
IMSI GmbH (alle anderen Motive)
Druck und Bindung: Ebner & Spiegel, Ulm
Printed in Germany

Inhalt

Geleitwort

Eins ist sicher: Der Theologieprofessor John Walvoord gehört nicht zu denen, die die Bibel für ein Buch von gestern für Ewig-Gestrige halten. Für ihn ist die Bibel aktuell, speziell in ihren prophetischen Aussagen. Was Gott den Propheten vor Jahrhunderten gezeigt hat, hilft Menschen von heute, ihre Gegenwart und die Zukunft besser zu verstehen.

An der Schwelle in das letzte Jahrzehnt dieses Jahrtausends haben sich mit dem Zusammenbruch des Ostblocks historische Umwälzungen ergeben. Während sich ein Vereintes Europa herausbildet, zerfallen andere Staatsgebilde in Bürgerkriegen. Und auch der Golfkrieg hat signalisiert, daß der Nahe Osten noch immer ein Pulverfaß ist. Kommt man in einem Teil der Welt der Entspannung einen Schritt näher, gibt es andernorts prompt den Rückschritt in die Krise.

In solchen Zeiten des Umbruchs ist Orientierung wichtig. Professor Walvoord findet sie in den Aussagen der Propheten.

Seit Jahrzehnten schon arbeitet John Walvoord an Fragen der biblischen Prophetie. Mehr als 20 Bücher sind Frucht dieser Arbeit. Das vorliegende Werk »Brennpunkte biblischer Prophetie« faßt die zentralen Themen zusammen und wird so zu einem Kompendium für das prophetische Wort.

Von 1936 bis 1982 lehrte Professor Walvoord Systematische Theologie am Dallas Theological Seminary in Texas, einem der größten theologischen Seminare der Welt. 1953-1982 war er zugleich Präsident des Seminars. Seit seiner Emeritierung vor zehn Jahren ist er Kanzler ehrenhalber der Ausbildungsstätte und widmet sich der Vortragstätigkeit und dem Schreiben.

Grundlegend für Walvoords Prophetieverständnis sind folgende Überzeugungen:

- daß die ganze Heilige Schrift Gottes zuverlässiges Offenbarungswort ist;
- daß Gott künftige Ereignisse ansagen kann und will und es daher echte Zukunftsprophetie gibt:
- daß daher die biblischen Aussagen über die Endgeschichte nicht als Mythologie zu verstehen sind, sondern Gottes konkretes Handeln in der Geschichte ansagen;

- daß sich viele Prophetien schon wörtlich erfüllt haben und wir daher erwarten dürfen, daß auch bisher nicht erfüllte Prophetie erfüllt werden wird;
- daß alle biblischen Aussagen, einschließlich der prophetischen, nach dem Literalprinzip (d.h. dem vom biblischen Autor beabsichtigten Wortsinn) ausgelegt werden müssen, so daß bildlich Gemeintes bildlich, aber ebenso konkret Gemeintes konkret verstanden wird;
- daß damit ein differenziertes Bild im Blick auf die Zukunft der Völker, der Gemeinde und Israels entsteht;
- daß die Bibel bei aller Vielfalt letztlich eine geistgewirkte Einheit bildet und es daher berechtigt ist, einzelne Prophetien miteinander in Beziehung zu setzen, so daß ein Gesamtbild entsteht;
- und schließlich, daß es legitim ist, geschichtliche Entwicklungen anhand der Bibel zu überprüfen, so daß das prophetische Wort konkret wachsam macht im Blick auf das, was kommt.

Auch wenn man nicht allen Auslegungen und Festlegungen Walvoords folgen mag, wird man das Buch mit Gewinn lesen. Es fordert heraus, die Bibel zur Hand zu nehmen und zu forschen, »ob sich's so verhielte« (Apg 17,11). Und es breitet zu einem schwierigen Gebiet eine solche Fülle von Durchblicken vor dem Leser aus, daß ihm das Buch selbst da, wo er zu anderen Erkenntnissen kommt, eine Hilfe zu biblisch fundierter Erkenntnis sein wird.

Prof. Dr. Helge Stadelmann
Rektor der Freien Theologischen
Akademie, Gießen

Vorwort

Das zwanzigste Jahrhundert ist eine beispiellose Zeit der Veränderungen gewesen. Nie zuvor in der Geschichte hat es mehr Umwälzungen in der Wissenschaft und der politischen Struktur der Welt gegeben. Innerhalb eines einzigen Jahres gibt es heute in der Wissenschaft mehr Neuerungen als früher in einem ganzen Jahrhundert.

Die Ereignisse des zwanzigsten Jahrhunderts haben das menschliche Leben tiefgreifend verändert. Zwei Weltkriege haben unsere Welt erschüttert. Durch die Erfindung der Atombombe und den Bau von Interkontinentalraketen ist die Welt kleiner geworden und die Gefahr eines dritten Weltkriegs in greifbare Nähe gerückt.

Die Ereignisse des zwanzigsten Jahrhunderts haben Bibelforscher urplötzlich auf die beschleunigte Erfüllung biblischer Prophetie aufmerksam gemacht. Seit Israel im Jahre 1948 wieder ein Staat wurde, ist das Panorama endzeitlicher Prophetie in den Brennpunkt des Interesses gerückt, in der Israel eine herausragende Rolle spielen wird.

Die sich anbahnende Errichtung einer Weltregierung, wie sie durch die Vereinten Nationen wahrgenommen werden könnte, steht im Einklang mit der biblischen Vorhersage einer zukünftigen Weltregierung.

Die jüngsten Ereignisse in Europa haben rapide politische Veränderungen mit sich gebracht, die bereits erkennen lassen, daß die Demokratie ein wesentlicher Faktor in der politischen Landschaft werden dürfte. Wenn dies auch kein besonderes prophetisches Thema ist, so könnten doch die Menschen feststellen, daß die Demokratie nicht die Antworten auf die Probleme unserer Welt hat, und sich schließlich einer Diktatur unterwerfen, wie sie exakt in der Bibel für die Zeit des Endes vorhergesagt ist.

Im Zusammenhang damit wird die Entrückung der Gemeinde als ein unmittelbar bevorstehendes Ereignis deutlich, das eintreten wird, ehe viele dieser endzeitlichen Ereignisse sich erfüllen. Infolgedessen ist das Studium der Prophetie in ihrer derzeitigen Erfüllung nicht nur für die Theologie zur Klärung der endzeitlichen Geschehnisse und des Gesamtverständnisses der Bibel wichtig, es hat auch einen sehr praktischen Bezug zur Hoffnung und Erwartung des Christen. Nie hat es mehr Grund für die Gemeinde gegeben, die baldige Wiederkehr Jesu zu erwarten als heute.

Angesichts dieser gewaltigen Ereignisse und der Klärung so vieler Einzelheiten der Endzeit im zwanzigsten Jahrhundert kommt dem Studium der großen Prophezeiungen der Bibel, die sich auf das Geschick des Menschen beziehen, eine ganz besondere Bedeutung zu. Ich hoffe, daß dieses Buch Bibellesern vor Augen führt, wie wichtig das Studium der Prophetie in unseren Tagen ist, und sie in der Hoffnung auf die bevorstehende Wiederkunft des Herrn bestärkt.

Der deutschen Ausgabe des Buches ist der Text der Lutherbibel in der revidierten Fassung von 1984 zugrundegelegt.

John F. Walvoord

1 Die prophetische Schau der Menschheitsgeschichte

Der fragende Geist

Kinder haben viele Fragen. Sie möchten über alles Bescheid wissen, was zu ihrer kleinen Welt gehört. Sie möchten wissen, wie etwas funktioniert. Diese Wißbegierde ist das Geheimnis ihres rasch zunehmenden Wissens. Wenn sie älter werden, stellen sie tiefergehende Fragen nach dem Sinn des Lebens. Wer ist Gott? Warum ist ein bestimmtes Verhalten falsch? Warum stirbt der Mensch? Was geschieht nach dem Tod? Menschen haben einen fragenden Geist.

Die Menschen, die im Bilde Gottes und ihm ähnlich geschaffen wurden, haben, auch wenn sie durch Sünde entstellt sind, eine natürliche Neigung, die Welt um sich herum begreifen zu wollen. Die frühe Offenbarung, die Adam und Eva gegeben wurde, scheint in den folgenden Geschlechtern verlorengegangen zu sein. Die Menschen müssen damals allgemein geglaubt haben, daß es einen Gott gibt, der größer als der Mensch ist. Aber wie ist dieser Gott geartet? Die Vorstellung von einem Gott der Liebe und Gnade, der unendlich gut ist, scheint der frühen Menschheit verlorengegangen zu sein, und die Anbetung artete oft in eine von Furcht getriebene Suche nach einer Möglichkeit aus, die Götter zu besänftigen, die zwar dem Menschen überlegen, aber genauso böse waren.

Was ist der Sinn des Lebens? Warum existiert der Mensch? Was zählt wirklich im Leben? Gibt es eine Wertskala? Was ist richtig, und was falsch? Als die Geschichte sich zu entfalten begann, kamen Fragen über den Sinn des Lebens und die Bestimmung des Menschen auf. Was verspricht die Zukunft? Man scheint allgemein an ein Leben nach dem Tod geglaubt zu haben. Aber wie sah dieses Leben aus? Oft hinderte die unmittelbare Herausforderung des Lebens, das Streben nach Erfolg und Macht und Erlangung menschlicher Ziele die Menschen daran, diesen Fragen nachzugehen. Oft genug kam die Sünde dazwischen und machte die Suche nach Wahrheit nutzlos.

Die Suche nach Antworten

Die Menschheit hat weiterhin Fragen, die einer Antwort harren. Seit die Möglichkeit eines Atomkrieges besteht, werden die Menschen von Fragen nach der Zukunft bewegt. Was ist das für eine Welt, in der wir leben? Hat das Leben irgendeinen Sinn? Was ist wirklich wertvoll im Leben?

Durch den Materialismus verblendet, haben viele die Suche nach letzten Antworten aufgegeben. Dennoch kommen immer wieder Fragen auf. Was für einen Gott haben wir? Wie sieht unsere Zukunft aus? Was geschieht, wenn wir sterben? Kann es sein, daß wir uns dem Ende des Lebens, wie wir es kennen, nähern?

Ehe Gott die Bibel schreiben ließ, offenbarte er sich einzelnen Menschen. Adam und Eva wurde zunächst offenbart, wer Gott ist und welchen Plan er für die Menschheit hat. Noah bekam durch die Sintflut einen Eindruck von der unumschränkten Macht Gottes über menschliche Belange. Gott kann schaffen, und er kann zerstören. Gott vermag aufzurichten und zu demütigen. Gott ist der Anbetung und des Gehorsams würdig.

Zur Zeit Abrahams gab Gott weitreichende Prophezeiungen über die Rolle, die Abraham persönlich für die Zukunft spielen sollte, und offenbarte ihm, daß er der Vater vieler Völker werden würde. Durch Abraham werde der Eine kommen, der der ganzen Erde Segen bringen soll. Gott offenbarte Abraham auch den besonderen Plan, den er für das Volk Israel haben würde, das von Abraham kommen sollte. Im ersten Buch Mose wird viel von Abraham und seinen Nachkommen Isaak und Jakob berichtet. Da diese wichtigen Offenbarungen Gottes später in die Bibel aufgenommen wurden, bilden sie den Hintergrund der prophetischen Schau der Menschheitsgeschichte.

Die alttestamentliche Schau der Menschheitsgeschichte

Die Offenbarung Gottes an Adam und Eva. Das Alte Testament enthüllt eine prophetische Schau der Zukunft des Menschengeschlechts. Sie beginnt mit der Offenbarung, die Gott Adam und Eva gab. Im Garten von Eden konnten Adam und Eva mit Gott unmittelbar reden. Sie erfuhren, daß Gott die Welt geschaffen hatte, daß er sie beherrschte und daß sie beide ihm verantwortlich waren. Sie erhielten Antwort auf einige der wichtigsten Lebensfragen.

Als die Sünde durch Adam und Eva die Menschheit befiel, wurde die Gemeinschaft mit Gott teilweise unterbrochen. Sie waren nun Sünder gegenüber einem heiligen Gott. Dennoch offenbarte Gott Adam und Eva seinen großen Erlösungsplan durch den Einen, der von einer Frau kommen sollte (1. Mose 3,15). Damit wurde auf die Jungfrauengeburt Jesu hingewiesen. Offenbar wurde

Adam und Eva auch das blutige Opfer als ein Mittel zur Sündenvergebung offenbart. Adam und Eva kannten Gott als einen gnädigen und liebenden, aber auch als einen gerechten und richtenden Gott. Leider wurde die Offenbarung, die Adam und Eva erhielten, nicht vielen ihrer Nachkommen überliefert.

Die Offenbarung Gottes an Noah. Zur Zeit Noahs war das Menschengeschlecht so weit von Gott abgewichen, daß Gott nur Noah und seine Familie würdig erachtete, vor dem Gericht bewahrt zu werden.

Als die Flut hereinbrach und sich die unumschränkte Macht Gottes furchtbar zeigte, mußte Noah mitansehen, wie die damalige Welt ausgelöscht wurde. Die Aufgabe des Neuanfangs wurde ihm und seinen drei Söhnen übertragen. Noah hatte deutlich gesehen, wie Gott in der Welt wirkt und durch seine Voraussicht in die Welt eingreift.

Die Offenbarung Gottes an Abraham. Gott vertraute Abraham Wichtiges über die Zukunft an. Gott enthüllte ihm seinen besonderen Plan, ein Volk zu erwählen, das der ausdrückliche Übermittler seiner Offenbarungen sein sollte. Abraham, Isaak und Jakob wurden die Verheißungen des abrahamischen Bundes gegeben, einschließlich der Verheißung, ein großes Volk zu werden, und daß von ihnen der Eine kommen werde, durch den die ganze Welt gesegnet würde. Dies bezog sich – aus neutestamentlicher Sicht – auf Jesus Christus. Von der Genesis bis zur Apokalypse nehmen die Absichten Gottes, wie etwa sein Plan für das Volk Israel und die Nationen, ihren bestimmten Lauf. Die endgültige Erfüllung wird erst am Ende dieses Zeitalters geschehen.

Die Offenbarung Gottes an Mose. Mose schrieb die ersten fünf Bücher des Alten Testaments. Er wurde souverän von Gott als Gesetzgeber auserwählt. Dank seiner umfassenden Bildung im Palast des Pharao und in den Bildungsstätten der Ägypter und aufgrund seiner Selbstdisziplin, die er lernte, als er vierzig Jahre lang in der Wüste die Schafe hütete, wurde er von Gott vorbereitet, die großen Wahrheiten der ersten fünf Bücher der Bibel zu entfalten. Er erhielt den Auftrag, die Menschheitsgeschichte von Adam bis in seine Zeit zu schreiben. In Genesis, Exodus, Leviticus, Numeri und Deuteronomium gab Mose den Kindern Israels die Offenbarung Gottes über das Gesetz mit seinen Verheißungen der Barmherzigkeit und seiner Drohung mit Gericht. Die ganze Bibel ruht in einem gewissen Maße auf den Grundsätzen, die Gott Mose gab, wenn auch ihre hauptsächliche Anwendung dem Volk Israel galt.

Die Offenbarung Gottes an David. David, dem König von Israel, gab Gott eine besondere Offenbarung über die Zukunft seines Königtums. Davids Thron und seine politische Macht sollten ewig währen, wenn sie auch eine lange Zeit unterbrochen sein würden. Die schließliche Erfüllung dessen sollte, wie bei der Verheißung an Abraham, das Kommen des Messias sein. Die Verheißungen, die David gegeben wurden, sind im Alten Testament jedoch in vielen Kapiteln und Aussprüchen über das zukünftige Reich Gottes auf Erden erweitert worden. Das

Verständnis dieser Prophezeiungen ist wichtig für das Verstehen der Lehren Jesu und für die Bedeutung seines zweiten Kommens sowie zur Klärung von Fragen über die Zukunft Israels.

Die Offenbarung Gottes an Daniel. Daniel lebte als Prophet in Babylon von 605 v.Chr. bis etwa 530 v.Chr. Ihm gab Gott mehrere Prophezeiungen, die die Zukunft der Völker und die Zukunft Israels betreffen. Daniel wurde Gottes Programm für Israel offenbart, das seinen Höhepunkt in der Wiederkunft Jesu hat, und Gottes Programm für die heidnischen Weltreiche, das ebenfalls in Jesu zweitem Kommen kulminiert. Diese Offenbarung der Zukunft war umfassender als die aller anderen Propheten. Daniel lebte, als zwei Weltreiche zu ihrem Ende gekommen waren, Ägypten und Assyrien. Durch Daniel offenbarte Gott, daß es vier weitere Königreiche geben werde – Babylon, Medo-Persien, Griechenland und Rom. Die Prophezeiungen umfassen die ganze Zeit bis zur Wiederkunft Jesu. Sie enthalten keine Angaben über das gegenwärtige Zeitalter zwischen Pfingsten und der Entrückung. Vielmehr beschreiben sie die sieben Jahre, die dem zweiten Kommen Jesu vorausgehen und verkünden das Ende der heidnischen Weltmächte. Diese Prophezeiungen sind zum Verständnis des göttlichen Plans für die Zukunft äußerst wichtig.

Gottes Heilsplan für Israel, wie er Daniel unterbreitet wurde, geht mit Gottes Absicht für die Völker einher, aber gemäß der Offenbarung an Daniel sollte dieser Plan mit der Zeit Nehemias beginnen, wenn Jerusalem wieder aufgebaut werden würde. Israels Programm sollte durch die alttestamentliche Zeit hindurch weiterlaufen bis zum Kommen des Messias, also Jesu Christi. Dann springt die Prophezeiung für Israel wie für die Nationen in unsere Zeit des Endes und offenbart die Ereignisse der letzten sieben Jahre vor dem zweiten Kommen des Messias. In Gottes zweigleisigem Programm für die Völker und Israel wird die Souveränität Gottes ersichtlich, sein Plan, die Reiche der Heiden zu benutzen, um seine Macht und Herrschaft zu entfalten und seine Fürsorge für Israel in Treue, Gnade und Gerechtigkeit. Zu Daniels Offenbarung fügen die großen und kleinen Propheten noch einiges hinzu und verfolgen Gottes Plan für die Nationen einschließlich seines endgültigen Gerichts über sie und seinen Plan für Israel einschließlich seiner letztendlichen Wiederherstellung bei der Wiederkunft Jesu. Um das Programm Gottes für die Zukunft zu verstehen, muß man Daniel studieren. Nur die Bibel gibt uns Auskunft über die Zukunft. Keine andere Religion liefert solch ein genaues Bild der bereits erfüllten wie der noch in Erfüllung gehenden Prophezeiungen. Wer etwas über die Zukunft unserer Welt erfahren will, muß zur Bibel greifen und diese Prophezeiungen lesen.

Die neutestamentliche Schau der Menschheitsgeschichte

Die Offenbarung durch Jesus Christus. Das Neue Testament fügt der alttestamentlichen Offenbarung viele Prophezeiungen hinzu. Im Neuen Testament wird Jesus als der Eine eingeführt, in dem viele Verheißungen erfüllt sind, und der auch viel über die Zukunft lehrte. In Johannes 1,17 heißt es lapidar: »Das Gesetz ist durch Mose gegeben, die Gnade und Wahrheit ist durch Jesus Christus geworden.« Der christliche Glaube beginnt mit der Wahrheit der Gnade durch die Erlösung. Das erste Kommen Jesu war vor allem eine Offenbarung der Gnade Gottes. Obwohl die Erlösung klar im Alten Testament gelehrt wurde, ist es fraglich, ob alttestamentliche Gläubige begriffen, daß der Messias an einem Kreuz sterben würde, wenn er käme, und selbst das Lamm Gottes werden würde, das die Sünde der Welt hinwegnimmt. Dies ist eine Offenbarung, die die Jünger zunächst nur widerwillig annahmen, denn sie stand im Widerspruch zu ihrer Vorstellung, daß Jesus als glorreicher König erscheinen würde.

Die Gnade Gottes wurde im Leben Jesu auf vielerlei Weise sichtbar. Jesu Barmherzigkeit, wie er sie in vielen Wundern bewies, die er tat, war ein Zeugnis der Gnade Gottes. Seine Lehre über die Notwendigkeit der Vergebung war im Einklang mit dieser Offenbarung. Die größte Offenbarung Jesu war natürlich sein Tod am Kreuz, als er für unsere Sünden blutete, und seine herrliche Auferstehung. So schwierig es anfangs für die Jünger war, dies zu verstehen, so sehr wurde dies zum Eckstein ihrer Botschaft, als sie hinausgingen, um dies Evangelium zu predigen. Die Welt sollte hören, daß der Erlöser gekommen war. Gott selbst, der seinen einzigen Sohn gesandt hatte, um für die sündige Menschheit zu sterben, zeigte seine Liebe und Gnade, indem er die Erlösung für die ermöglichte, die es nicht verdienten.

Das Kommen Christi war auch eine Offenbarung göttlicher Wahrheit. Jesus war der größte der Propheten, und sein Predigtdienst ist in den vier Evangelien niedergeschrieben. Er könnte sehr wohl als systematischer Theologe bezeichnet werden. Er lehrte, daß die Heilige Schrift von Gott inspiriert war. Er enthüllte die verschiedenen Eigenschaften Gottes einschließlich seiner Liebe, Barmherzigkeit, Güte, Allwissenheit, Allmacht und Dreieinigkeit. Jesus wußte viel über Engel, ihre Macht und Begrenztheit zu sagen. Er sprach häufig über die Sünde des Menschengeschlechts und wie sehr wir Gottes Hilfe brauchen. Besonders im Evangelium des Johannes wird die Lehre der Erlösung durch den Glauben an Jesus entfaltet. Wenn seine Botschaft sich auch oft auf das Königreich bezog, das er bei seinem zweiten Kommen bringen würde, so führte er doch auch das Thema der Gemeinde ein. Besonders Johannes 13 bis 17 umreißt die hauptsächlichen Weissagungen, die sich im jetzigen Zeitalter durch Gottes Handeln an Juden und Heiden in Christus erfüllen sollen. Indem er die Fragen der Jünger über das Ende dieses Zeitalters beantwortete, umriß Jesus die wesentlichsten

Ereignisse, die unmittelbar vor seinem zweiten Kommen geschehen würden (Matthäus 24 und 25). Er beschrieb seine herrliche Wiederkunft aus dem Himmel auf die Erde und die Gerichte, die darauf folgen würden. Er sprach bereits von dem tausendjährigen Reich und versicherte seinen Jüngern, daß sie dann auf Thronen sitzen und die zwölf Stämme Israels richten würden. Die weitreichende und ausführliche Offenbarung, die Jesus uns gab, vermittelt uns eine Schau der Gegenwart und Zukunft, wie sie kein anderer Prophet liefern konnte.

Die Apostelgeschichte. In der Apostelgeschichte werden die Erfahrungen der frühen Gemeinde ausführlich berichtet. Entscheidend ist das Kommen des Heiligen Geistes zu Pfingsten, der die Gläubigen zu einem Leibe taufte und dadurch die Gemeinde gründete, die Gottes Absicht in diesem besonderen Zeitalter ist. Juden und Heiden sollten vereint und die Scheidewand zwischen ihnen eingerissen werden. Die Apostelgeschichte verdeutlicht auch, daß im gegenwärtigen Zeitalter die Kraft Gottes vor allem durch den Heiligen Geist offenbart wird.

Die Theologie des neuen Testaments. Zusätzlich zur Wahrheit, die in den Evangelien und der Apostelgeschichte offenbart wird, entfalten die Briefe die wunderbaren Wahrheiten, die das Herzstück des christlichen Glaubens sind. Die grundlegende Theologie des Neuen Testaments war die Offenbarung, die dem Apostel Paulus gegeben wurde, und die er in seinen Briefen mitgeteilt hat. Die weitreichende Bedeutung dieser Offenbarung kann daran ermessen werden, daß sie fast jedes Gebiet der Theologie berührt. Paulus hatte viel über die Bibel selbst zu sagen, die Lehre Gottes einschließlich der Lehre von der Dreieinigkeit, und er beschäftigte sich vor allem mit der Person und dem Werk Jesu. Er ging auch auf die Natur der Engel und Menschen ein. Er lieferte die Grundlage für das Verständnis der Erlösung aus Gnade. Er legte die besondere Wesensart der Gemeinde dar und sprach schließlich von Jesu zweitem Kommen. Andere Bücher des Neuen Testaments, die Paulus nicht schrieb, leisteten ebenfalls ihren Beitrag auf verschiedenen Gebieten.

Die Schluß-Enthüllung im Buch der Offenbarung. Das letzte Buch der Bibel, die Offenbarung, erreicht ihren Höhepunkt in der Darstellung Jesu in Herrlichkeit, seiner Wiederkunft, seiner Herrschaft auf der Erde und der Vollkommenheit des neuen Himmels und der neuen Erde.

Ebenfalls im Buch der Offenbarung ist das letzte Wort des erhöhten Herrn an die sieben Gemeinden in Asia zu finden, Ortsgemeinden, die stellvertretend für alle Gemeinden im gesamten Zeitalter der Gemeinde stehen. An jede von ihnen richtete Christus ein Wort der Ermahnung, des Lobes und der Offenbarung.

Der größere Teil der Offenbarung handelt jedoch von der ausführlichen Prophetie für die Zeit, die zum zweiten Kommen Jesu hinführt – genauer: die Große Trübsal. Dies ist der Höhepunkt der uns geläufigen menschlichen Geschichte – Gottes Gericht über die Weltmächte und über die Sünde sowie die Erfüllung der Absicht Gottes, Israel bei der Wiederkunft Jesu wiederherzustellen. Diese Zeit des großen Leidens folgt auf die Entrückung der Gemeinde.

Das Neue Testament verweilt nicht lange bei der Lehre vom Tausendjährigen Reich, obwohl ihm ein Kapitel gewidmet ist (Offenbarung 20). Das Tausendjährige Reich ist das Thema vieler alttestamentlicher Weissagungen, so daß diese Wahrheit nicht wiederholt werden mußte. Die Kapitel 21 und 22, die den neuen Himmel und die neue Erde beschreiben, ziehen den Schleier der Ewigkeit beiseite und enthüllen uns die Herrlichkeit des Neuen Jerusalem als dem Schlußkapitel im prophetischen Buch der Menschheitsgeschichte.

Obwohl Philosophen und Wissenschaftler auf verschiedenen Gebieten versucht haben, den Lauf der Menschheitsgeschichte zu verstehen, ist nie ein prophetisches Buch wie die Bibel über das menschliche Geschick geschrieben worden. Sie erklärt das Wesen Gottes und seine Absicht, sein Handeln unter den Nationen der Welt, seinen Plan für Israel, seine besondere Absicht für die Gemeinde und die Vollendung. Gott zeigt seine unumschränkte Macht und sein gerechtes Gericht, aber auch seine wunderbare Gnade in der Erlösung derer, die die neue Erde und das Neue Jerusalem ererben sollen. Ein Studium dieser prophetischen Schau bringt den Gläubigen zu Ehrfurcht und Bewunderung, wenn er die Weite und Vielfalt des Planes Gottes bedenkt und die Absicht in seinem souveränen Wirken am Menschengeschlecht bis zum heutigen Tage und bis zu seiner Vollendung erkennt. Die Untersuchung dieser Schau bekräftigt die Hoffnung des Gläubigen im Blick auf die Zukunft wie auch sein Vertrauen zu dem Gott der Gnade, der Menschen in ihrer gegenwärtigen Lage begegnen kann. Wenn es auch schwer sein mag, alle Einzelheiten der Prophetie zu begreifen, so sind doch die wichtigsten Wahrheiten verständlich. Jesus kam zum ersten Mal, um uns von unseren Sünden zu retten, indem er am Kreuz starb. Er wird zur Entrückung kommen, um die Seinen zum Himmel zu führen. Bei seinem zweiten Kommen wird er der Erde Gerechtigkeit und Befreiung bringen. Schließlich bringt die wunderbare Wahrheit unserer ewigen Heimat im Neuen Jerusalem Gottes Erlösungswerk zur Vollendung. Prophetie, die Übeltätern nur Furcht einflößen kann, ist die strahlende Hoffnung der Kinder Gottes.

2 Die erste Prophezeiung: Sünde und Tod

»Und Gott der Herr gebot dem Menschen und sprach: Du darfst essen von allen Bäumen im Garten, aber von dem Baum der Erkenntnis des Guten und Bösen sollst du nicht essen, denn an dem Tage, da du von ihm issest, mußt du des Todes sterben« (1. Mose 2, 16.17). Wenn es heute auch schwer ist, sich das vorzustellen, so war die Erde nach der Schöpfung doch ohne Sünde.

Sünde und Tod kennzeichnen jeden Menschen und kommen in allen Religionen vor. Um Gott und die Erlösung zu verstehen, müssen wir wissen, was Sünde ist. Der christliche Glaube steht im Widerspruch zu anderen Religionen. In den heidnischen Religionen gibt es Götter, aber sie sind genauso sündig wie die Menschen. Deshalb fürchten die Heiden ihre Götter, denn sie sind böse und rachsüchtig. Die Frage der Heiligkeit Gottes wird nie in Betracht gezogen. Heiden suchen darum nach Möglichkeiten, wie sie ihre bösen Gottheiten besänftigen können, und nehmen dabei oft zum Menschenopfer Zuflucht.

Wie anders ist doch der Gott der Bibel! Er ist heilig, er liebt den Menschen, ist gnädig und gerecht. Gott richtet die Sünde, aber er sorgt auch dafür, daß der Mensch durch die Erlösung in Christus gnädiglich aus dem Gericht genommen wird. Zwar tritt der Tod als Folge der Sünde ein, doch ist die Auferstehung verheißen. Und die Zukunft derer, die Jesus vertrauen, ist herrlich. Wenn man daher studiert, was die Bibel über Sünde und Tod offenbart, erkennt man, daß dies im Gegensatz zum Glauben der heidnischen Welt und ihren Gottheiten steht.

Die ursprüngliche Welt des Menschen (1. Mose 1, 1 bis 2, 25)

Die Welt ohne Sünde. Die Welt Adams und Evas war frei vom Gesetz der Sünde und des Todes. Die Umgebung war in jeder Hinsicht makellos und veranschaulichte die Vollendung des Sechstagewerkes Gottes. Es gab nichts, was für Adam und Eva ein Problem gewesen wäre.

Da Adam und Eva von Gott erschaffen wurden, hatten sie keine sündige Natur. Sie waren »zum Bilde Gottes geschaffen« (1. Mose 1, 27). Es war natürlich, daß sie essen und trinken wollten und einen Sinn für Schönheit hatten und den Selbstwert der von Gott geschaffenen Person respektierten. Aber sie hatten keinen Hang zum Bösen und wurden weder innerlich noch äußerlich versucht.

Satan, die Quelle des Bösen. Das einzige Problem in der neugeschaffenen Welt war die Existenz Satans, der in Gestalt einer Schlange zu Eva kam (1. Mose 3, 1). Die Bibel erklärt an dieser Stelle nicht, wie dieses böse Wesen entstanden ist. Später in der Bibel wird Satan als ein erschaffener Cherub offenbart, der lange vor den Ereignissen, die in der Genesis erwähnt werden, von seinem sündlosen Zustand in Sünde fiel. Prophezeiungen gegen Babylon und den König von Tyrus gehen weit über deren spezielle Sünde hinaus und weisen auf die Sünde Satans in prähistorischer Zeit hin (Jesaja 14, 12-14 und Hesekiel 28, 12-19). Diese Abschnitte der Bibel sind seit den frühen Kirchenvätern in dieser Weise gedeutet worden. In der Welt Adams und Evas gab es zunächst das Böse nicht, die von Satan besessene Schlange war die einzige Quelle des Bösen im Paradies. Die Verführung und der Sündenfall sind die Erklärung für das ganze philosophische und theologische Problem der Sünde und des Bösen in der Welt, von der Gott nach dem Sechstagewerk sagte, daß sie gut sei.

Gott pflanzte im Garten Eden zwei außergewöhnliche Bäume an: den »Baum des Lebens« und den »Baum der Erkenntnis des Guten und Bösen« (1. Mose 2, 9). Die Besonderheit dieser zwei Bäume wird nicht erklärt, aber es geht klar hervor, daß derjenige, der die Frucht vom Baum der Erkenntnis des Guten und Bösen ißt, wissen wird, was gut und böse ist, während das Essen der Frucht vom Baum des Lebens ewiges Leben verleiht.

Gott hatte Adam und Eva eindringlich davor gewarnt, vom Baum der Erkenntnis des Guten und Bösen zu essen. Würden sie es dennoch tun, so müßten sie unweigerlich sterben (1. Mose 2, 17). Bezeichnend ist, daß nichts über das Essen vom Baum des Lebens verlautet. Das deutet darauf hin, daß sie vom Baum des Lebens hätten essen dürfen und ewig gelebt hätten, wenn sie Gott in Bezug auf die verbotene Frucht gehorsam gewesen wären. Jedoch zeigte sich, daß Adam und Eva dies nicht vermochten.

Satans Methode: Das Wort Gottes in Frage stellen

In diesen ersten Kapiteln der Genesis wird erklärt, wie die Sünde in die Welt der Menschen hineinkam. Satan versuchte Adam und Eva, daß sie sündigten, indem sie von dem Baum der Erkenntnis des Guten und Bösen aßen. Grundsätzlich ist es in allen Versuchungen Satans Methode, das Wort Gottes in Frage zu stellen.

Satans erste Frage. Satan fragte: »Ja, sollte Gott gesagt haben, ihr sollt nicht essen von allen Bäumen im Garten? (1. Mose 3, 1). Diese uralte Frage

Satans, ob Gott etwas auch wirklich deutlich offenbart habe, ist der Eckstein seiner ganzen Methode. Satan ging über die reiche Vorsorge Gottes für Adam und Eva hinweg und wählte nur den einen Punkt aus, daß sie nicht vom Baum der Erkenntnis des Guten und Bösen essen sollten.

Falsches Zitieren des Wortes Gottes. Satans falsche Wiedergabe dessen, was Gott gesagt hatte, ist eine bewußte Betonung der negativen Seite des Gehorsams Gott gegenüber. Adam und Eva durften von allen Bäumen im Garten essen, nur nicht von dem Baum der Erkenntnis des Guten und Bösen (1. Mose 2, 16). Satan leugnet, daß sie den Worten Gottes gemäß sterben werden. Indem Satan nur einen Teil dessen zitiert, was Gott gesagt hat, mißdeutet er bewußt die ganze Offenbarung Gottes. Jede Versuchung beginnt damit, daß eine klare Aussage der Heiligen Schrift in Frage gestellt wird.

Evas Mißverständnis dessen, was Gott gesagt hatte

Das Mißverständnis des Ausmaßes des göttlichen Segens. Satan bemerkte, daß Eva nur teilweise verstand, was Gott gesagt hatte. Denn sie milderte die herrliche Freiheit, die sie und ihr Mann besaßen, nämlich den ganzen Garten zu benutzen, außer vom Baum der Erkenntnis des Guten und Bösen zu essen. Indem sie das tat, überbewertete sie das Verbot und strich die Vorrechte nicht genug heraus.

In den Befehl Gottes eine Härte hineininterpretieren. Als sie das Verbot wiederholte, fügte Eva dem Befehl Gottes hinzu: »Rührt sie auch nicht an« (1. Mose 3, 3). Obwohl es wahrscheinlich am besten war, die Frucht nicht anzurühren, hatte Gott dies bei seinem Verbot nicht gesagt. Eva machte aber dadurch Gottes Verbot strenger als es wirklich war.

In Frage stellen, ob die Strafe auch wirklich eintrifft. Eva zweifelte auch, ob die prophezeite Bestrafung sicher war. Als sie die Strafe nannte, bestätigte sie, daß Gott gesagt hatte: Ihr werdet sterben! (1. Mose 3, 3). Aber sie ließ das Wort »müssen« aus. Die Gewißheit und das Ausmaß der Strafe geht aus ihren Worten nicht hervor. Die drei Elemente in Evas mangelhaftem Erfassen dessen, was Gott gesagt hatte, verdeutlichen die Vorgehensweise des Menschen, wenn er seine Reaktion auf die Versuchung rechtfertigen will. Eva hatte nicht das Ausmaß ihrer Freiheit erkannt, sie meinte, Gott sei zu streng, und stellte die Gewißheit der Strafe in Frage.

Im Gegensatz zu Evas Versagen, der Schlange angemessen zu antworten, berichtet das Neue Testament, daß Jesus der Versuchung Satans begegnete, indem er das Wort Gottes genau und bestimmt zitierte (Matthäus 4, 7.10).

Satan widerspricht dem Wort Gottes.

Wenn das Wort Gottes in Frage gestellt wird, führt das zu Widerspruch und Unglaube. Obwohl Satan zunächst nur das Wort Gottes in Zweifel zog, führte seine Methode schließlich zum Widerspruch. Er fuhr fort, das Wort Gottes zu verleugnen.

Satan verleugnet das Wort Gottes. Nachdem er Evas mangelndes Verständnis von Gottes Befehlen entdeckt hatte, einschließlich ihrem offensichtlichen Zweifel, ob das Ergebnis des Sündigens auch wirklich so ausfallen werde, wie Gott es erklärt hatte, verleugnete Satan offen das Wort Gottes, als er sagte: »Ihr werdet keineswegs des Todes sterben« (1. Mose 3, 4). Dies ist die Lüge, die die Welt heute im Gegensatz zu Gottes offenbartem Wort glaubt. Wenn die Bestrafung der Sünde nicht sicher ist, gibt es keinen echten Grund, warum man nicht sündigen sollte.

Satan stellt die Aufrichtigkeit Gottes in Frage. Wenn man Gottes Wort bezweifelt, stellt man Gottes Charakter in Frage. Satan bezweifelte Gottes Integrität, indem er vorgab, daß Gott nicht gut ist und daß er nicht das Beste für die Menschheit will. Er behauptete: »Gott weiß: an dem Tage, da ihr davon esset, werden eure Augen aufgetan, und ihr werdet sein wie Gott und wissen, was gut und böse ist« (1. Mose 3, 5). Er wollte den Eindruck erwecken, daß Gott Adam und Eva nicht gönnte, zu wissen, was gut und böse sei, weil sie dann wie Gott wären. Wie Gott zu sein, war natürlich Satans ureigenster Wunsch gewesen. Er warnte Eva nicht davor, daß sie in den Besitz der Erkenntnis des Guten geraten würden, ohne das Gute tun zu können, und in den Besitz der Erkenntnis des Bösen kämen, ohne die Macht zu haben, das Böse zu meiden.

Satan zweifelt die Gewißheit der Strafe an. Satan gab vor, der Ungehorsam werde belohnt, aber nicht bestraft, da ja die Strafe ganz ungewiß sei. Verleugnung des Wortes Gottes, Infragestellen des göttlichen Charakters und Bezweifeln des Gerichtes Gottes sind die drei wesentlichsten Voraussetzungen für die Sünde, der die Menschheit ausgesetzt ist.

Das Schema der Versuchung

Der erste Johannesbrief (2, 16) beschreibt, wie die Versuchung an uns herantritt: »Denn alles, was in der Welt ist, des Fleisches Lust und der Augen Lust und hoffärtiges Leben, ist nicht vom Vater, sondern von der Welt.« Wie bei der Versuchung Evas deutlich wird, kommt alle Versuchung aus den genannten Gründen.

Das Fleisch. »Des Fleisches Lust« (1. Johannes 2, 16) ist der natürliche Wunsch des Fleisches oder der sündigen Natur: »Von dem Baum war gut zu essen« (1. Mose 3, 6). Es ist nur natürlich, daß Menschen Appetit bekommen, da dies wesentlich für ihre Gesundheit und ihr Wohlbefinden ist. Aber wie alle anderen Neigungen des Menschen, muß er durch das Wort Gottes gelenkt werden. Im Falle von Adam und Eva hätte der natürliche Appetit des Menschen beherrscht werden sollen. Den Menschen war nicht erlaubt, vom Baum der Erkenntnis des Guten und Bösen zu essen.

In ihrem gefallenen Zustand haben Menschen eine sündige Natur, die in der Bibel oft als »Fleisch« bezeichnet wird. Und obwohl nicht jedes menschliche Verlangen Sünde ist, führt dasjenige, das sündig ist, Menschen zur Sünde. Die Versuchung tritt an den Menschen in diesen drei wesentlichsten Bereichen heran, oft wird jedoch einer dieser Gründe im Leben eines Menschen vorherrschen. Die Sünde des Fleisches wird zum Beispiel deutlich an Davids Sünde mit Batseba und dem folgenden Mord an ihrem Mann Uria (2. Samuel 11, 1-27).

Der Wunsch nach Schönheit. »Der Augen Lust« (1. Johannes 2, 16) wird deutlich an der Tatsache, daß die Frucht »eine Lust für die Augen« (1. Mose 3, 6) war. Die Vorliebe für schöne Dinge, ob es nun eine schöne Form oder Farbe oder Bewegung ist, wurde den Menschen in der Schöpfung als Gabe verliehen. Jedoch muß sie wie andere Impulse der menschlichen Natur selbst in ihrer unschuldigen Form unter die Leitung des Wortes Gottes gestellt werden. Die Vorliebe für schöne Dinge kann zu Materialismus führen, zu verderblichem Wohlstand, zu leiblicher Befriedigung und zur Verlockung durch schöne Frauen. Dies alles wird im Leben Salomos deutlich, der schöne Dinge liebte, schöne Frauen und die materiellen Vorteile des Lebens. Obwohl Salomo in der Heiligen Schrift als ein Mann dargestellt wird, der überaus weise gewesen ist (1. Könige 5, 9-14), war er auch schönen Dingen zugeneigt (10, 26-29). Seine Schönheitsliebe ging über das hinaus, was dem Willen Gottes entsprach. Die Bibel sagt einfach: »Aber der König Salomo liebte viele ausländische Frauen« (11, 1). – Was den Augen des sündigen Menschen gefällt, muß nicht notwendig in den Augen Gottes wohlgefällig sein.

Stolz. »Hoffärtiges Leben« (1. Johannes 2, 16) – der Stolz entspricht dem »verlockend, weil er klug machte« (1. Mose 3, 6). Hier deutet Satan wieder das Essen vom Baum der Erkenntnis des Guten und Bösen falsch. Das Essen der verbotenen Frucht sollte der Menschheit Erkenntnis verleihen, aber nicht Weisheit – das heißt: die Fähigkeit, die Erkenntnis richtig zu gebrauchen. Die Menschen zeigen in ihrem Stolz – in ihrem hoffärtigen Wesen (1. Johannes 2, 16) – ihre Sündhaftigkeit und Unzulänglichkeit und unzureichendes Wissen über Gott. Wie die Sünde Satans ist auch die Sünde des Menschen in dem begründet, was Menschen sind und tun können. Eine Illustration des Stolzes in der Bibel ist die Geschichte Sauls, der in Demut begann und im Stolz endete (1. Samuel 18, 6-9).

Unabhängig von ihrem jeweiligen Angriffspunkt resultiert Sünde immer daraus, daß wir die Notwendigkeit der Leitung durch Gottes Wort nicht wahrhaben wollen, und daß wir fälschlich meinen, Sünde würde uns Vorteile bringen, auf die wir sonst verzichten müßten.

Der Fall: Folgenschwer für Satan, Adam und Eva (1. Mose 3, 7-11)

Die Strafe folgte auf dem Fuße. Als Adam und Eva von der verbotenen Frucht gegessen hatten, gewannen sie daraus die Erfahrung solcher Erkenntnis, aber ohne das Vermögen, Gutes zu tun oder das Böse zu meiden. Das Ergebnis ihrer Sünde war, daß augenblicklich der geistliche Tod und auf lange Sicht der physische Tod eintrat (1. Mose 5, 5). Wegen ihres sündigen Zustands und ihres Ungehorsams waren sie Gott entfremdet worden und fürchteten sich vor seiner heiligen Gegenwart (3, 8), wie auch heute noch die Menschheit natürlicherweise von der Gnade Gottes getrennt ist.

Das Ergebnis der Sünde Adams und Evas war, daß sie Sünder von Natur und in ihren Handlungen wurden (1. Mose 3, 7-21). Nachdem sie die verbotene Frucht gegessen hatten, waren Adam und Eva sich zum erstenmal ihrer Nacktheit bewußt und flochten Feigenblätter zusammen, um sich Schurze zu machen. Dies kennzeichnet den vergeblichen Versuch des Menschen, seine Sündhaftigkeit vor Gott zu verbergen.

Weil Adam und Eva nun Gott fürchteten, versuchten sie, sich vor ihm zu verstecken, als sie die Stimme Gottes im Garten hörten (1. Mose 3, 8). Eine der traurigen Folgen der Sünde ist, daß sie die Gemeinschaft zwischen dem Menschen und dem heiligen Gott zerbricht.

Gottes durchdringende Frage war: »Wo bist du?« In seiner Allwissenheit wußte Gott natürlich, wo Adam und Eva waren. Seine Frage sollte sie zu einer Antwort herausfordern. Gott wollte nicht wissen, wo Adam und Eva sich versteckt hielten, sondern seine Frage bezog sich auf den sündigen Zustand, in den Adam und Eva geraten waren.

Als Adam Gott erzählte, daß er sich fürchtete, weil er nackt sei, antwortete Gott: »Wer hat dir gesagt, daß du nackt bist? Hast du nicht gegessen von dem Baum, von dem ich dir gebot, du solltest nicht davon essen?« (1. Mose 3, 11).

Doch Adams Ausrede lautete: »Das Weib, das du mir zugesellt hast, gab mir von dem Baum, und ich aß« (1. Mose 3, 12). An dieser Stelle wird exemplarisch deutlich, wie der Mensch versucht, andere für seine eigenen Sünden verantwortlich zu machen. Adam wollte Gott beschuldigen, weil er ihm Eva gab und sie ihn zur Sünde verführt hatte.

Als Gott Eva fragte: »Warum hast du das getan?«, antwortete sie: »Die Schlange betrog mich, so daß ich aß« (1. Mose 3, 13). Sie meinte, sich damit entschuldigen zu können, daß Satan sie versucht hatte. Dieses Kapitel macht zur Genüge deutlich, daß die Schuld der Sünde auf den zurückfällt, der der Versuchung erliegt, wenn es auch Entschuldigungen und Gründe für die Versuchung geben mag.

DAS GERICHTSURTEIL

Der Richtsspruch: Tod. Weil Adam und Eva von der verbotenen Frucht gegessen hatten, kam das Gericht des Todes über Satan, Adam und Eva. Die Schlange wurde dazu verdammt, auf dem Bauche zu kriechen (1. Mose 3, 14). Und Satans letztendliche Niederlage ist in der weitreichenden Prophezeiung eingefangen: »Und ich will Feindschaft setzen zwischen dir und dem Weibe und zwischen deinem Nachkommen und ihrem Nachkommen; der soll dir den Kopf zertreten, und du wirst ihn in die Ferse stechen« (1. Mose 3, 15). Die Nachkommen Adams und Evas werden beständig mit den Nachkommen Satans im Streit liegen, mit der Dämonenwelt genauso wie mit bösen Menschen. Der letzte Kampf jedoch wird dergestalt sein, daß der Kopf der Schlange in einem tödlichen Schlag zermalmt wird, obwohl sie die Ferse des Nachkommens der Frau verletzen wird. Wir werden darauf später zurückkommen, wenn wir die Prophezeiungen studieren, die dem Fall Satans vorausgehen.

Der Fluch. Gottes Fluch über Eva sollte große Schmerzen bei Schwangerschaft und Geburt eines Kindes über sie bringen (1. Mose 3, 16). Zusätzlich erklärte Gott: »Dein Verlangen soll nach deinem Manne sein, aber er soll dein Herr sein« (1. Mose 3, 16). Der Satz »Dein Verlangen soll nach deinem Manne sein« bezieht sich auf die Sehnsucht der Frau, von ihrem Mann geführt zu werden. Adam würde fortan ihr Herr sein, der über sie herrschen sollte.

Gottes Fluch über Adam betraf den Erdboden, der nun nur nach mühevoller Arbeit Frucht hervorbringen werde. Der Erdboden, den er bearbeitete, werde schließlich seinen toten Leib aufnehmen. Er selbst werde wieder zu Erde werden, von der er genommen wurde (1. Mose 3, 17-19).

Die göttliche Vorsorge der Vergebung durch Blut. Inmitten dieser Gerichts- und Todesszene wurde die Vergebung durch Blut eingeführt. Die Grundlage für diese Behauptung liefert uns 1. Mose 3, 21: »Gott der HERR machte Adam und seinem Weibe Röcke von Fellen und zog sie ihnen an.« Obwohl es nicht ausdrücklich erwähnt wird, ist hier zum ersten Mal das Prinzip der Vergebung durch Blut eingeführt worden. Ein Tier mußte geschlachtet werden, um das Fell für Adam und Eva zu liefern. Es versinnbildlicht die Erlösung Gottes aus Gnade im Gegensatz zu den Feigenblättern der Selbstgerechtigkeit des Menschen.

ZUSAMMENFASSUNG

Prophetie ist wahr bis in die Einzelheiten hinein. Die erste Prophezeiung mit ihrer Verkündigung des Gerichts über die Sünde des Ungehorsams liefert wichtige Richtlinien für die Deutung von Prophezeiungen. Eine Prophezeiung geht nicht nur allgemein in Erfüllung, sondern bis in die besonderen Einzelheiten hinein.

Eine Prophezeiung ist wörtlich zu deuten. Eine Weissagung muß nicht nur bis in Einzelheiten hinein gedeutet werden, sondern auch wörtlich. Adam und Eva starben buchstäblich – zunächst geistlich und später auch leiblich. Sogar ihre Erlösung, für die Gott sorgte, hielt den Prozess des leiblichen Todes nicht auf.

Offenbarung der Art und Weise der Versuchung. Die Einzelheiten bei Adams und Evas Fall zeigen an, was gewöhnlich bei einer Versuchung geschieht: 1. Die Wahrheit und sogar der Inhalt der Prophetie wird geleugnet; 2. Ein mangelndes Verstehen und Erfassen der Tatsache, daß Gott exakt das meint, was er sagt, wenn er prophetische Ereignisse voraussagt; 3. Satans Methode ist es, Zweifel an Gottes Wort zu säen und es zu leugnen, sodann Gottes Integrität in Frage zu stellen und zu lehren, daß Ungehorsam gegenüber Gott Gewinn statt Verlust mit sich bringe.

Der erste Bericht über die Sünde des Menschen liefert die Fakten, die alle folgenden Handlungen des Ungehorsams von der Zeit Adams und Evas bis zum Ende erklären.

3 Erlösung und geistlicher Kampf

In 1. Mose 3, 15 wird der Fluch genannt, den Gott über Satan aussprach: »Ich will Feindschaft setzen zwischen dir und dem Weibe und zwischen deinem Nachkommen und ihrem Nachkommen; der soll dir den Kopf zertreten, und du wirst ihn in die Ferse stechen« (1. Mose 3, 15).

Eine Erfahrung, die alle Christen machen, ist der Konflikt mit der Versuchung, nachdem sie gläubig geworden sind. Obwohl Erlösung die Hoffnung des ewigen Lebens in sich birgt, beseitigt sie nicht die Probleme, die Christen mit ihrer sündigen Natur, mit der sündigen Welt und mit Satan haben.

An die Stelle des Paradieses trat eine sündige Welt

Das verlorene Paradies. Der Eintritt der Sünde hatte den Garten Eden in eine Welt der Sünde und des Todes verwandelt. Die ersten Kapitel der Genesis berichten über die Schaffung des Paradieses für Adam und Eva (1. Mose 2, 8-17), aber sie schildern auch, wie das Paradies verloren ging (3, 1-24). Statt eines Lebens im Überfluß war nun ihr Leben vom geistlichen und leiblichen Tod bestimmt. Die angenehme Umgebung des Gartens ist jetzt durch eine Welt von Schmerz und Leid ersetzt. Statt Überfluß müssen die Menschen nun Mühsal, Schweiß und Tränen erdulden. Statt vollkommener Gemeinschaft mit Gott müssen sie jetzt geistlichen Tod, Trennung und Entfremdung von Gott erleben.

Als Ergebnis der dramatischen Änderung der Lage des Menschen, die durch die Sünde entstand, verkündete Gott Gericht über Satan und die gefallene Menschheit, das mindestens bis zum Tausendjährigen Reich anhalten wird.

Der Fluch über Satan. Die ursprüngliche Sünde Satans im Himmel, als er noch ein heiliger Engel war und gegen Gott rebellierte, kam nun in die Welt Adams und Evas hinein. Das Ergebnis war, daß sowohl Satan als auch die geschaffene Welt unter Gottes Fluch geriet. Satan, der durch die Schlange gesprochen hatte, wurde zuerst verflucht: »Verflucht seist du, verstoßen aus allem

Vieh und allen Tieren auf dem Felde. Auf deinem Bauche sollst du kriechen und Erde fressen dein Leben lang« (1. Mose 3, 14).

Der Fluch über die Schöpfung. Auch die menschliche Rasse wurde verflucht. Die Sünde Adams und Evas ließ nicht nur das ganze Menschengeschlecht in Sünde versinken, sondern breitete sich auch auf die geschaffene Welt aus, die Tier- und Pflanzenwelt wie die unbelebte Natur. Der Apostel Paulus schrieb: »Wir wissen, daß die ganze Schöpfung bis zu diesem Augenblick mit uns seufzt und sich ängstet. Nicht allein aber sie, sondern auch wir selbst, die wir den Geist als Erstlingsgabe haben, seufzen in uns selbst und sehnen uns nach der Kindschaft, der Erlösung unseres Leibes« (Römer 8, 22.23).

Es wird oft die Frage gestellt, wie ein Gott der Liebe solch eine Welt der Sünde und des Todes schaffen konnte. Die Antwort ist, daß er das nicht getan hat. Weil die Menschheit den Weg der Sünde eingeschlagen hat, ist dies alles so geworden. Wie es der Fluch über Adam und Eva angekündigt hat, mühen sich die Menschen jetzt in einer Welt ab, die voll Schmerz und Leid, Schweiß, Arbeit und Tod ist. Unsere gegenwärtige Welt mit ihren Krankheiten, Katastrophen, Erdbeben, Sorgen und dem Tod zeigt deutlich die Spuren der Sünde. Eine Erinnerung an den einst paradiesischen Zustand wird im Fluch über die Schlange wach: sie wurde von Gott gezwungen, auf dem Bauche zu kriechen und Staub zu fressen, obwohl sie so schön gestaltet war.

Obwohl Satan die Verkörperung einer satanischen Religion und Gegenstand der Anbetung in einigen heidnischen Religionen ist, wurde er dennoch durch die größere Macht Gottes gedemütigt und unter den Fluch gestellt, als Anti-Gott dem Gericht verfallen zu sein. Die weitreichende Wirkung dieses Fluchs über Satan und die Schöpfung tritt in der Weltgeschichte (Römer 2) deutlich in der Feindschaft zwischen Satan und der Frau zutage (Römer 2).

Feindschaft zwischen Satan und der Frau. Gott erklärte weiter: »Und ich will Feindschaft setzen zwischen dir und dem Weibe« (1. Mose 3, 15). Als Folge des Sündenfalls ist die Welt in einen geistlichen Kampf zwischen den Nachkommen der Frau, den Feinden Satans und Satan mit seinen Verbündeten, Engeln wie Menschen, verstrickt. Dieser Kampf wird erstmals deutlich bei Kain und Abel: Kain, der das Böse vertritt, erschlägt seinen Bruder Abel, der die Gerechtigkeit versinnbildlicht (1. Mose 4, 8).

Geistlicher Krieg. Geistlicher Krieg findet nicht nur sichtbar zwischen Gerechten und Ungerechten statt, sondern auch in der unsichtbaren Welt zwischen den Dämonen, die von Satan angeführt werden, und den heiligen Engeln, die Michael befehligt. Paulus drückte es so aus: »Denn wir haben nicht mit Fleisch und Blut zu kämpfen, sondern mit Mächtigen und Gewaltigen, nämlich mit den Herren der Welt, die in dieser Finsternis herrschen, mit den bösen Geistern unter dem Himmel« (Epheser 6, 12). Ein Kind Gottes wird ermutigt, in diesem Kampf die ganze Waffenrüstung Gottes anzuziehen (Verse 13 bis 18).

Jesus hatte dies im Sinn, als er sagte: »In der Welt habt ihr Angst; aber seid getrost, ich habe die Welt überwunden« (Johannes 16, 33). Die entsetzliche Sünde, Leid und Tod in unserer Welt haben ihre Quelle in der ursprünglichen Sünde Adams und Evas und in der darauf folgenden Verfluchung der geschaffenen Welt durch Gott.

Menschliches Leid. Die Feindschaft Satans richtet sich besonders gegen das Volk Gottes, die heiligen Engel und alle Erlösten. Entsprechend haben Christen, insofern Gott dies zuließ, gelitten und in diesem beständigen geistlichen Konflikt ihr Leben als Märtyrer gelassen. Hier finden wir die letztliche Erklärung für das menschliche Leid – ein Rätsel für die Philosophie, die versucht, diese Probleme ohne göttliche Offenbarung zu lösen. Die unordentliche Welt ist ein Ergebnis der Sünde, und nur die Ordnung Christi kann in menschliches Leben oder die Welt als Ganzes Friede und Sieg bringen, wie es im Tausendjährigen Reich auch geschehen wird.

Die Verheißung des siegreichen Erlösers

Sieg über Sünde und Tod ist verheißen. Am Schluß des Fluchs über Satan sagte Gott von dem Nachkommen der Frau: » der soll dir den Kopf zertreten, und du wirst ihn in die Ferse stechen« (1. Mose 3, 15). Der endgültige Sieg wird durch den Einen errungen, der hier als Same des Weibes bezeichnet wird, was deutlich auf die Jungfrauengeburt abhebt. Jesus wird Satan eine tödliche Wunde zufügen, die verheerend sein und dessen letztendliches Gericht herbeiführen wird. Mit dieser ersten Verheißung eines Erlösers und Retters beginnt eine Reihe von Weissagungen über den göttlichen Samen, die schließlich zu Christus hinführt. Diese Kette der Prophetie schließt folgende Personen ein: Abel, Set und Noah (1. Mose 4, 4.25; 6, 8-10), Sem (9, 26.27), Abraham (12, 1-4), Isaak (17, 19-21); Jakob (28, 10-14), Juda (49, 10), David (2. Samuel 7, 5-17) und Christus als Immanuel (Jesaja 9, 5.6).

Der schlußendliche Ausspruch über Satan war, daß er die Ferse des Nachkommens der Frau zermalmen werde, was auf die Kreuzigung Jesu hinweist und auf allen Schaden, der Menschen durch andere Menschen zugefügt wurde. Das endgültige Ergebnis wird sein, daß Satan gerichtet und die Erlösung triumphieren wird.

Der Fluch über die Frau

Eva wurde stellvertretend für die Frauen der Welt verflucht. Weil Adam und Eva gesündigt hatten, sollte das Los der Frauen schmerzvoll sein. Vor allem sollte die Frau vermehrt Kinder gebären, was angesichts der Sterblichkeit des Menschen notwendig geworden war – doch sollte die Geburt eines Kindes ihr große Schmerzen bereiten (1. Mose 3, 16). Ihr Verhältnis zum Manne sollte das der Unterwerfung sein, da der Mann über sie herrschen sollte. Dieser Fluch wird dadurch noch furchtbarer, daß in zwischenmenschlichen Beziehungen Mann und Frau oft nicht erlöst sind und deshalb die Art von Gemeinschaft nicht erleben können, die für gläubige Eheleute möglich ist.

Der Fluch über Adam

Adam, der das Menschengeschlecht vertritt, wurde verflucht, weil er gesündigt hatte. Weil Adam seiner Frau gehorchte, von der verbotenen Frucht gegessen und somit Gottes Befehl mißachtet hatte, wurde der Erdboden um seinetwillen verflucht: »Verflucht sei der Acker um deinetwillen! Mit Mühsal sollst du dich von ihm nähren dein Leben lang. Dornen und Disteln soll er dir tragen, und du sollst das Kraut auf dem Felde essen. Im Schweiße deines Angesichts sollst du dein Brot essen« (1. Mose 3, 17-19). Er sollte nicht mehr die Früchte des wundervollen Gartens genießen. Jetzt war die Erde verflucht, und der Anbau von Früchten des Feldes sollte fortan mühevoll sein.

Auch wenn Adam sich vom Ackerboden ernähren würde, so sollte die Nahrung schlußendlich doch wieder zur Erde zurückkehren, von der er selbst ursprünglich genommen wurde. Gott sprach: »Denn du bist Erde und sollst zur Erde werden« (1. Mose 3, 19). Der Eintritt der Sünde hatte Gottes schöne Erde zu einer Welt des Kampfes, des Leids und des Todes gemacht.

Die Frau, die in vielerlei Hinsicht dem Manne glich, sollte Leid und Sorge vermehren. Das leichte Leben im Garten sollte durch Mühsal ersetzt werden. Freude würde in Leid verwandelt und das sterbliche Leben das Los des Menschen werden. Die Welt insgesamt sollte der verführerischen Macht Satans ausgeliefert sein. Christen als durch das Blut Christi Erlöste sollten in einem geistlichen Kampf verwickelt sein, der über ihre Kräfte ging, und Leid und Tod erfahren. Obgleich schließlich der Sieg Christi errungen werden würde, so war doch das Paradies Adams und Evas verloren.

Die Verheißung der Erlösung, veranschaulicht durch die Röcke aus Fellen für Adam und Eva

Gott verhieß die Erlösung. Er ersetzte die Schurze, die Adam und Eva sich aus Feigenblättern gemacht hatten, durch Kleider aus Fellen. Diese Vorsorge war mit dem Töten eines Tieres und dem Vergießen von Blut verbunden. So wurde Erlösung und Befreiung durch das Blut als einziger Weg dargestellt, durch den die Sünde des Menschen bedeckt und schließlich der Sieg errungen werden konnte.

Obwohl Adam und Eva an der Erlösung sinnbildlich teilhatten, trieb Gott sie aus dem Garten und verhinderte, daß sie zurückkehren konnten, um von dem Baum des Lebens zu essen und ewig im Leibe zu leben. Nun, da sie gesündigt hatten, war es für sie besser, daß ihr Körper starb und zur Erde zurückkehrte, um in Heiligkeit und Gerechtigkeit aufzuerstehen. Dieses Gericht Gottes war darum zugleich ein Akt der Barmherzigkeit und Gnade (1. Mose 3, 22-24). So spiegelt 1. Mose 2 und 3 die gesamte Menschheitsgeschichte bis zur Vollendung wieder, wenn die jetzigen Himmel und die jetzige Erde zerstört werden.

4 Prophetie und der Bund mit Noah

»Und er (Gott) sprach: Ich will die Menschen, die ich geschaffen habe, vertilgen von der Erde, vom Menschen bis zum Gewürm und bis zu den Vögeln unter dem Himmel; denn es reut mich, daß ich sie gemacht habe (1. Mose 6, 7).

Der Beweggrund des Segens und des Fluches

Der einführende Charakter von 1. Mose 1 bis 11. In den ersten Kapiteln der Genesis wurden Segen und Fluch offenbart. Es sollte keine vollständige Geschichte der Menschheit dargestellt werden. In nur elf Kapiteln wird die gesamte Weltgeschichte von Adam bis Abraham nachgezeichnet. Dagegen ist in 1. Mose 12 bis 50 ein viel längerer Abschnitt allein der Geschichte Abrahams, Isaaks, Jakobs und der zwölf Söhne Jakobs gewidmet, die nur einige Jahrhunderte umfaßte. Die meisten konservativen Bibelgelehrten stimmen darin überein, daß Mose der Autor der Genesis war und sie als Hintergrund zur Geschichte Israels schrieb. Vom Heiligen Geist geleitet und allgemeine Wahrheiten für alle Menschen liefernd, rechtfertigte Mose Gottes Auswahl einer besonderen Familie aus der Masse der Menschheit, nämlich Abraham, Isaak und Jakob und seine zwölf Söhne, die Gegenstand seiner besonderen Fürsorge und Offenbarung wurden. Die Rechtfertigung für diesen Prozeß einer Auswahl findet sich in der Folge der Segnungen und des Fluches, wie es in den ersten Kapiteln der Genesis entfaltet wird. Dieser Prozeß einer Auswahl dauert bis in unsere Zeit an, da einige gerettet werden und andere verloren gehen.

Der Segen der Erlösung von Sünde. Es mag ein frühes Gericht über die Engel gegeben haben, ehe der Mensch geschaffen wurde. Aus der Feststellung, daß »die Erde wüst und leer« war und es »finster auf der Tiefe« war, könnte man eventuell schließen, daß die Verwüstung der Erde und ihr unvollständiger Zustand durch das Gericht über die gefallenen Engel in einer Zeit verursacht wurde, die vor der Erschaffung der Menschheit lag. Wenn dies für mich auch nicht so deutlich aus der Schrift hervorgeht, so ist es dennoch möglich, daß Gott bei der Verdammung der Engel, die gesündigt hatten, auch die Erde richtete und zerstörte, die zuvor vollkommen gewesen war. Mit der Wiederherstellung der chaotischen Erde, wie es uns in der Genesis erzählt wird, bereitete Gott den Schauplatz für die Menschen, die die Erde bewohnen sollten. Die Schöpfung ist demnach ein Schritt des Segnens nach der Katastrophe in der Engelwelt. In dieser Zubereitung der Erde als Wohnstatt für den Menschen wollte Gott die Erlösung von Sünde nach der Verfehlung Adams und Evas bereits sinnbildlich vorwegnehmen. Dagegen haben die gefallenen Engel keine Möglichkeit der Erlösung oder Vergebung.

Die Reihenfolge von Sünde, Fluch und Segen. Die wechselnde Szene vom Segen zum Fluch ist im Garten Eden deutlich zu erkennen. Die Vollkommenheit des Gartens Eden und der unschuldige Zustand des Menschen wurden plötzlich durch die Sünde von Adam und Eva beendet, die den Fluch Gottes über Satan, den Erdboden und Adam und Eva brachte.

Das Fortschreiten vom Segen zum Fluch und dann zurück zum Segen wurde durch die Kleider aus Fellen eingeführt (1. Mose 3, 21), was den Segen der Vergebung durch das vergossene Blut anzeigte.

Der Gnade, die Gott Adam und Eva zukommen ließ, folgte jedoch beständiges menschliches Versagen. Dies wird ersichtlich an der Ermordung Abels und der Bosheit der nachfolgenden Geschlechter. Dieses Versagen bereitete dann den Boden für einen weiteren Schritt des göttlichen Gerichts über die Erde durch die Sintflut vor.

Die Sintflut: Ein Neuanfang für Noah und seine Familie. Mit der Sintflut wurde ein Neuanfang gemacht (1. Mose 6, 1-8.22). Noah und seine Familie waren rechtschaffen inmitten eines Meeres von Verderbnis. Durch diese Familie wurde die Menschheit fortgeführt. Die Szene wechselt vom Fluch zum Segen, dem ein neuer Fluch folgte.

Der Weg zurück zu Sünde und Fluch. Wie wir dem Bericht der Genesis über Noah und die folgenden Geschlechter entnehmen, versagten die Menschen nach der Flut ebenfalls (1. Mose 9, 20-23). Noahs Nachkommen versuchten, den Turm zu Babel zu errichten, indem sie den wahren Gott verwarfen (1. Mose 11, 1-9). Dies rechtfertigte Gottes Gericht über den Turm zu Babel und seine Erwählung Abrahams, um mit ihm ein neues Werk der Gnade und des Segens für die Erlösten zu beginnen.

Die Berufung Abrahams. Eine erneute Wiederkehr des Segens folgte auf das Gericht über den Turmbau zu Babel. Nachdem die Genesis gezeigt hat, wie böse die Menschheit ist, wendet sie sich nun einer bestimmten Familie zu, mit der Gott in besonderer Gnade handeln und durch die Gott Vergebung in Christus bringen würde. 1. Mose 1 bis 11 ist folglich eine Einführung und eine Erklärung dafür, warum Gott Abraham und seine Nachkommen für eine besondere Gunst auserwählte.

Noahs Auftrag, eine Arche zu bauen (1. Mose 6, 9-7,5)

Gottes Absicht, das Leben zu vernichten und die Erde zu reinigen (1. Mose 6, 4-7). Viele Jahrhunderte waren vergangen, seit Gott Adam und Eva erschaffen hatte. Gott hatte Set gesegnet, der als Nachkomme Adams den erschlagenen Abel ersetzen sollte (1. Mose 4, 25). Aber die Menschheit insgesamt ging ihren Weg des Ungehorsams gegenüber Gott weiter. Zur Zeit Noahs hatte die ganze Menschheit mit Ausnahme von Noah und seiner Familie gegen Gott rebelliert. Darum erging an Noah der Befehl, eine Arche zu bauen und die Menschheit vor der Vernichtung zu bewahren.

Nur Noah und seine Familie fanden Gunst bei Gott (1. Mose 6, 8.9). Nur Noah und seine Familie, Nachkommen von Set, ehrten immer noch Gott. So rettete Gott Noah und seine Familie inmitten der Zerstörung durch die Flut. Mit dieser kleinen Familie sollte die Menschheit noch einmal von vorne beginnen.

Anweisungen zum Bau der Arche und zur Rettung der Tiere und Vögel zusätzlich zur Rettung von Noahs Familie (1. Mose 6, 13-22). Die in der Genesis beschriebene Arche hatte die Maße eines großen Seeschiffes, das den Stürmen der Flut widerstehen konnte und genügend Raum für die Tiere und Noah und seine Familie besaß. Die Maße der Arche in der Bibel stehen in scharfem Widerspruch zu den Sintflutmythen, die in einigen Fällen die Maße der Arche mit 3000 Fuß Länge und 1200 Fuß Breite angeben; ein solches Schiff wäre unmöglich zu bauen und obendrein nicht seetüchtig.

Noah erhielt den Auftrag, in die Arche Vögel und Tiere zu bringen, allerdings mit der besonderen Vorkehrung für reine Tiere. Er sollte sieben Paare von diesen und ebenfalls sieben Paare der Vögel hineinbringen, damit sie erhalten blieben (1. Mose 7, 2.3). Zusätzlich wurde Noah befohlen, Nahrung für seine Familie und die Tiere mitzunehmen (6, 21). Indem er die Arche baute und Vorkehrungen für die Zeit der Sintflut traf, war Noah Gott völlig gehorsam (7, 5).

Die Zerstörung durch die Sintflut

Die Flut beginnt. Als die Arche fertig war und die Tiere und Noahs Familie hineingegangen waren, begann die Flut (1. Mose 7, 6-24). Noah und seine Familie gingen am zehnten Tag des zweiten Monats in die Arche, sieben Tage, bevor die Flut kam (Verse 4.10). Das war im sechshundertsten Lebensjahr Noahs. Am siebzehnten Tag des zweiten Monats begann die Flut. »In dem sechshundertsten Lebensjahr Noahs am siebzehnten Tag des zweiten Monats, an diesem Tag brachen alle Brunnen der großen Tiefe auf und taten sich die Fenster des Himmels auf, und ein Regen kam auf Erden vierzig Tage und vierzig Nächte« (Verse 11 und 12). Außer dem Regen, der herabfiel, wurde Wasser aus dem

Meer freigesetzt, wahrscheinlich durch große Erdbeben, die unterirdische Reservoirs öffneten. Dies ist eine mögliche Erklärung dafür, daß die Flut so plötzlich hereinbrach.

Die Wasser nehmen ab. Als der Regen am siebenundzwanzigsten Tag des dritten Monats aufhörte (1. Mose 7, 12), gingen die Wasser in weiteren 110 Tagen zurück, so daß das Wasser insgesamt 150 Tage auf der Erde war. Schließlich landete die Arche am siebzehnten Tag des siebenten Monats auf dem Ararat-Gebirge (7, 24; 8, 4).

Die Wasser nehmen weiter ab. Nachdem die Arche 150 Tage auf dem Ararat geruht hatte, sank das Wasser weiter. Am ersten Tag des zehnten Monats wurden die Spitzen der Berge sichtbar, 74 Tage nachdem die Arche auf dem Ararat gestrandet war (1. Mose 8, 5). Weitere 40 Tage folgten. Dann sandte Noah einen Raben und eine Taube aus, um die Lage zu erkunden. Das geschah am elften Tag des elften Monats (Verse 6-9). Die Taube kehrte zurück, da sie keinen Platz fand, wo sie hätte ausruhen können.

Als sieben weitere Tage vergangen waren, sandte Noah die Taube wieder aus, aber diesmal kehrte sie mit einem Zweig zurück, was anzeigte, daß sie Vegetation angetroffen hatte. Dies geschah am achtzehnten Tag des elften Monats (1. Mose 8, 10.11). Sieben Tage später wurde die Taube ein drittes Mal ausgesandt und kehrte nicht zurück (Vers 12). 22 Tage danach oder 150 Tage nachdem die Arche auf dem Ararat gestrandet war, verlief sich das Wasser weiter (Verse 3, 13).

Trockenes Land erscheint. Das trockene Land wurde am ersten Tag des ersten Monats des sechshundertsten Lebensjahres Noahs wieder sichtbar (1. Mose 8, 13). Schließlich war das Land am siebenundzwanzigsten Tag des zweiten Monats ganz trocken, und Noah konnte die Arche verlassen. Die Gesamtzahl der Tage, die Noah in der Arche einschließlich der sieben Tage des Wartens verbracht hatte, waren 377 Tage oder ein Rundjahr und 17 Tage. In all diesem wurde Prophetie erfüllt. Als die Tiere und Vögel die Arche verlassen hatten, betrat Noah mit seiner Familie ebenfalls die Erde.

Der Bund mit Noah (1. Mose 8, 20-9, 17)

Noahs Opfer (1. Mose 8, 20). Als Noah aus der Arche gestiegen war, baute er dem Herrn einen Altar und opferte ein Brandopfer von reinen Tieren und reinen Vögeln (Vers 20). Dadurch drückte er erneut seine Ehrfurcht vor Gott aus und anerkannte die Notwendigkeit eines blutigen Opfers, eines Opfers, das in der Arche unmöglich darzubringen gewesen war. Gott erwiderte das Opfer mit einem neuen Bund, den er mit Noah schloß, nämlich daß er nie mehr die Erde um des Menschen willen durch eine Flut richten werde (8, 21-9, 17).

Noahs Opfer gefiel Gott, und er sprach: »Ich will hinfort nicht mehr die Erde verfluchen um des Menschen willen; denn das Dichten und Trachten des menschlichen Herzens ist böse von Jugend auf. Und ich will hinfort nicht mehr schlagen alles, was da lebt, wie ich getan habe. Solange die Erde steht, soll nicht aufhören Saat und Ernte, Frost und Hitze, Sommer und Winter, Tag und Nacht« (1. Mose 8, 21.22). Gott hätte dem Menschen wegen seiner Sünde andere Strafen aufbürden können, aber er versprach, daß nie mehr ein weltweites Verderben durch eine Sintflut hereinbrechen werde. Andere Schriftstellen enthüllen, daß die jetzige Erde schließlich durch Feuer zerstört werden wird, ehe ein neuer Himmel und eine neue Erde geschaffen werden. (2. Petrus 3, 10-13).

Gottes Bund mit Noah enthielt eine Anzahl Verheißungen. 1: Gott gebot Noah und seinen Söhnen: »Seid fruchtbar und mehret euch und füllet die Erde!« (1. Mose 9, 1). 2. Gott unterstellte die Schöpfung dem Menschen, seien es Tiere, Vögel oder Fische (1. Mose 9, 2). 3. Zum ersten Mal erlaubte Gott, nicht nur pflanzliche Nahrung, sondern auch Fleisch von Tieren zu essen (Verse 3 bis 6). Zuvor waren die Menschen Vegetarier gewesen. Wenn sie nun jedoch Fleisch aßen, sollten sie es nicht in blutigem Zustand essen (Vers 4). Auch eine neue Bestimmung wurde gegeben, nämlich: die Unantastbarkeit des menschlichen Lebens zu respektieren. Gott sagte: »Und ich will des Menschen Leben fordern von einem jeden Menschen. Wer Menschenblut vergießt, dessen Blut soll auch durch Menschen vergossen werden; denn Gott hat den Menschen zu seinem Bilde gemacht« (Verse 5.6). 4. Gott versprach, nie wieder eine Flut wie die zur Zeit Noahs über die Erde kommen zu lassen. »Ich richte meinen Bund mit euch auf, daß hinfort nicht mehr alles Fleisch verderbt werden soll durch die Wasser der Sintflut und hinfort keine Sintflut mehr kommen soll, die die Erde verderbe« (Vers 11).

Das Zeichen des Bundes (1. Mose 9, 12-16). Gott setzte den Regenbogen in die Wolken als Zeichen des Versprechens, nie wieder eine Sintflut über die Erde zu bringen, um sie zu verderben. Der Regenbogen scheint zum ersten Mal im Zusammenhang mit der Sintflut entstanden zu sein, und es ist darum unwahrscheinlich, daß es den Regenbogen schon vor dieser Zeit gegeben hat. Vorher scheint ein Dunst den Erdboden befeuchtet zu haben (1. Mose 2, 5.6). Auf jeden Fall wurde von dieser Zeit an der Regenbogen ein Zeichen des Bundes mit Noah. Dieses Zeichen besiegelte Gottes Versprechen, daß es ein weltweites Gericht durch eine Sintflut nicht mehr geben werde. Das Zeichen wurde darum nicht nur eingesetzt, um den Bund mit Noah, sondern mit allen Lebewesen auf der Erde zu kennzeichnen. Gott sagte: »Das sei das Zeichen des Bundes, den ich aufgerichtet habe zwischen mir und allem Fleisch auf Erden« (9, 17).

Die Prophezeiung, die in dem Bund mit Noah enthalten war, brachte eine neue Situation. Wieder hatte Gott trotz Sünde und Gericht Segen für die Erde bereit und wiederholte so den Kreislauf von Segen und Fluch, der wiederum von Segen abgelöst wurde.

Noahs Sünde

Noah ist betrunken (1. Mose 9, 20.21). Die Erde war gerade gereinigt und Noah mit seiner Familie vor der Flut gerettet worden. Dennoch konfrontiert uns die Genesis sogleich mit der Tatsache, daß die Flut die Gesinnung des Menschen nicht geändert hatte. Obwohl Noah ein gerechter Mann war, wurde er vom Wein trunken, den er aus den Weintrauben seines Weinbergs gemacht hatte, und er lag nackt in seinem Zelt (Vers 21).

Die Sünde Hams. Ham kam in das Zelt seines Vaters, sah ihn nackt liegen und scherzte offenbar mit seinen beiden Brüdern Sem und Jafet darüber (1. Mose 9, 22). Sem und Jafet jedoch gingen, als sie davon erfuhren, rückwärts und bedeckten die Blöße ihres Vaters, um ihren Vater nicht in seinem trunkenen Zustand zu sehen (Vers 23).

Noahs Prophezeiung. Als Noah aufwachte und bemerkte, was geschehen war, sprach er einen Fluch über Kanaan: »Verflucht sei Kanaan und sei seinen Brüdern ein Knecht aller Knechte!« (1. Mose 9, 25).

Man hat oft zu erklären versucht, was diese Geschichte von Ham und seinem Vater bedeutet. Die beste Deutung ist wohl die, daß es in der alten Welt als schwere Sünde galt, wenn ein Vater sich nackt zeigte, weil die Familie heilig war und so die Würde der Vaterschaft verletzt worden wäre. Die Kanaaniter, die Nachkommen Hams, wurden ein sehr böses Volk und waren die ständigen Feinde Israels. Sie begingen besonders sexuelle Sünden. Die Geschichte berichtet, daß die Kanaaniter später im Vergleich zu Israel Sklaven waren. Dies hatte nicht unmittelbar mit Noahs Fluch zu tun, sondern war mehr ein Gericht Gottes über ihr ausschweifendes Leben. In 1. Mose 14 wurden die Kanaaniter von Königen des Ostens unterjocht, und später wurden die Gibeoniter, die ebenfalls Nachkommen Hams waren, Wasserträger und Holzfäller für die Versammlung und den Altar des Herrn (Josua 9, 27).

Die Meinung, daß der Fluch über Ham die Sklaverei der Schwarzen erklärt, ist nicht biblisch begründbar, da es fraglich ist, ob die Kanaaniter schwarz waren. Die Prophezeiung bezog sich vielmehr auf die Sündhaftigkeit derer, die von Ham abstammten, und sagte voraus, daß ihre Sünden durch Knechtschaft gerichtet würden. Die Kanaaniter verschwanden schließlich aus der Geschichtsschreibung.

Dagegen segnete Noah Jafet: seine Nachkommen sollten ein großes Volk werden. Sem erhielt den Segen, daß Kanaan sein Knecht sein werde: »Gelobt sei der HERR, der Gott Sems, und Kanaan sei sein Knecht! Gott breite Jafet aus und lasse ihn wohnen in den Zelten Sems, und Kanaan sei sein Knecht!« (1. Mose 9, 26.27). Der Bericht von Noahs und Hams Sünde nach der Flut zeigt dasselbe Schema der frühen Kapitel der Genesis, wo auf den Segen oft Sünde und Fluch folgen. Aus diesem Grunde erwählte Gott eine Familie, um durch sie die kommenden Geschlechter zu segnen.

Epilog: Der Turm zu Babel

Der Entschluß, einen Turm zu bauen (1. Mose 11, 2-4). Wie sündig die Menschheit damals war, zeigte sich im Bau des babylonischen Turmes. Die Nachkommen Noahs beschlossen, einen großen Turm, eine Zikkurrat, zu bauen, die ein Sinnbild der Einheit war, damit sie nicht über die ganze Erde verstreut würden (Vers 4). Auf den Zikkurrats wurden gewöhnlich die heidnischen Götter angebetet.

Gott verwirrte ihre Sprache. Gott reagierte auf das sündige Verhalten der Menschen mit der Sprachverwirrung: »Siehe, es ist einerlei Volk und einerlei Sprache unter ihnen allen, und dies ist der Anfang ihres Tuns: nun wird ihnen nichts mehr verwehrt werden können, was sie sich vorgenommen haben zu tun. Wohlauf, laßt uns herniederfahren und dort ihre Sprache verwirren, daß keiner des anderen Sprache verstehe!« (1. Mose 11, 6.7).

Verwirrung wird auf der Erde eingeführt (1. Mose 11, 8.9). Durch die Einführung von Sprachen, die die Menschen nicht verstehen konnten, brachte Gott ein Element in die Geschichte hinein, das seither die Vereinigung der Menschheit mit dem Ziel der Verwirklichung gemeinsamer Projekte verhindert hat. Der Turm wurde »Babel« genannt, was »Verwirrung« bedeutet. Dieser Name führte zu dem Wort »Babylon«, ein Ort, der in den folgenden Weltereignissen kennzeichnend wurde.

Das Ende des Zyklus von Segen und Fluch. Der Kreislauf von Segen und Fluch in Genesis 1 bis 11 endet bei Abraham. Nachdem die Bibel von 1. Mose 1 bis 11, 9 den Verlauf von Segen und Fluch verfolgt hat, bereitet sie nun den Schauplatz für Gottes besondere Absicht vor, beginnend mit Abraham. Als Mose die Weltgeschichte, die sich über Jahrtausende erstreckte, in solcher Kürze beschrieb, wurde der Weg für Gottes Absicht bereitet, der mit Abraham, Isaak und Jakob beginnt und die nicht nur die Genesis umfaßt, sondern den gesamten Rest der Bibel. Die Prophezeiungen, die sich erfüllen sollten, betonen, daß die Erlösung nicht allgemein gültig ist. Nicht alle werden gerettet werden, nicht alle werden gesegnet werden, nicht alle verflucht werden, aber Gott hat einen Plan für das Menschengeschlecht, der die Erlösung und Vergebung der Auserwählten wie die Verdammung der Unbußfertigen einschließt. Die ersten Kapitel der Genesis enthalten im Kern die gesamte Menschheitsgeschichte.

Das Prinzip erfüllter Prophetie wird bestätigt. Die Ereignisse der Flut bestätigen die Prinzipien der Deutung von Prophetie und deren Erfüllung. Die Flut fand buchstäblich statt. Das Gericht durch die Flut, das alles Leben auf der Erde vernichtete, ist wörtlich zu nehmen. Die Ereignisse, die auf die Flut folgten, waren wirklich geschehen. Die Flut bewies, daß Prophetie spezifisch ist und daß auch Details wörtliche Erfüllung finden. Dies führt zu dem Schluß, daß die Offenbarung, die Abraham zuteil wurde, sich auch wörtlich erfüllen wird.

5 Der prophetische Bund mit Abraham

»Der HERR sprach zu Abram: Geh aus deinem Vaterland und von deiner Verwandtschaft und aus deines Vaters Hause in ein Land, das ich dir zeigen will. Und ich will dich zum großen Volk machen und will dich segnen und dir einen großen Namen machen, und du sollst ein Segen sein. Ich will segnen, die dich segnen, und verfluchen, die dich verfluchen; und in dir sollen gesegnet werden alle Geschlechter auf Erden« (1. Mose 12, 1-3).

Ein neuer Anfang

Abraham wird erwählt. Mit Abraham beginnt die Bibel einen neuen Kurs in Bezug auf Gottes Volk. Die Erwählung Abrahams kennzeichnete eine neue Zielrichtung der erlösenden Absicht Gottes. Wie wir in den vorhergehenden elf Kapiteln der Genesis sahen, erwählte Gott am Anfang der Menschheitsgeschichte den Abel, um beispielhaft die gerechte Linie aufzuzeigen. Nachdem Abel getötet worden war, wurde er durch Set ersetzt (1. Mose 4, 25). Als die Menschheit durch die Flut vernichtet worden war, begann Gott mit Noah, einem Nachkommen Sets, und Noahs drei Söhnen (5, 32). Gott wählte Sem als einen Vorfahren der göttlichen Linie aus. Nach dem Gericht über die Menschheit beim Turm zu Babel erwählte Gott Terach (11, 26) und durch Terach seinen Sohn Abraham, damit er der Vorfahre der göttlichen Linie würde.

Genesis: Geschichte von Abraham, Isaak und Jakob. Das erste Buch Mose befaßt sich größtenteils mit der Geschichte Abrahams, Isaaks und Jakobs. Die Menschheit begann im Garten Eden. Das erste Buch Mose war jedoch nur das Buch des Anfangs. Die Linie Abrahams setzte sich durch Isaak (1. Mose 21, 12), Jakob (25, 23; 28, 13-15), Juda (49,10), David (2. Samuel 7, 8-11), Nathan (Lukas 3, 31) und Maria (Matthäus 1, 16) bis zu Jesus fort.

Vergebung als Absicht Gottes. Wie wichtig es war, daß Gott ein Volk erwählt hatte, wird in der Entfaltung seines Erlösungsplans deutlich. Von 1. Mose 12 bis zur Offenbarung ist Israel Gegenstand einer der wesentlichsten

Absichten Gottes. Gott offenbarte sich selbst durch die Propheten Israels, indem er Israel segnete und richtete, durch die zwölf Apostel und andere Schreiber der Bibel und schließlich durch Jesus Christus, den Herrn und Erlöser. Gottes Absicht für Israel in seinem Erlösungsplan wurde im Alten Testament enthüllt, das Neue Testament vermittelt zusätzlich die besondere Absicht Gottes, in diesem gegenwärtigen Zeitalter seine Gemeinde herauszurufen, die aus Juden und Heiden besteht. Die Prophezeiungen der Bibel bilden den Hintergrund und Rahmen für das Geschick der Menschheit und besonders für Gottes Plan der ewigen Errettung seiner Auserwählten.

Die Vorkehrungen des Bundes

Abraham wird befohlen, ins verheißene Land zu gehen. Gewisse Verheißungen ragen im Bund Gottes mit Abraham heraus. Wie es in der Einführung des Bundes heißt (1. Mose 12, 1), wurde Abraham gerufen, sein Haus und seine Verwandten in Ur in Chaldäa zu verlassen und in ein Land zu gehen, das Gott ihm zeigen würde. Da es gewisse Anzeichen gibt, daß Abraham in einer wohlhabenden Gegend in Ur wohnte, war der Ruf Gottes, in ein fremdes Land zu gehen und mit seinem ganzen Haushalt in Zelten zu wohnen, nicht sehr verlockend. Daß Abraham und sein Vater sich zum verheißenen Land aufmachten, beweist, daß sie, auch wenn sie heidnische Götter ihrer Zeit verehrt haben mögen, an diesem entscheidenden Punkt in ihrem Leben den wahren Gott anerkannten und seitdem ihm gehorchten und ihm dienten. Jedoch war ihr Pfad des Gehorsams nicht vollkommen.

Abraham sollte nicht nur sein Land verlassen, sondern auch seine Leute und die Mitglieder der Familie seines Vaters. Verschiedene Umstände machten es schwierig, diesen Befehl auszuführen, denn Abraham anerkannte die Führerschaft seines Vaters. Sein Vater jedoch ergriff die Initiative und nahm neben Abraham auch dessen Neffen Lot mit auf die Reise. Ferner ließen sie sich in Haran nieder (1. Mose 11, 31) und blieben dort, bis Abrahams Vater starb. Erst dann begab sich Abraham weiter auf die Reise, und erst viel später trennte er sich von Lot (1. Mose 13, 5-11).

Die Verheißung eines großen Volkes. Gott verhieß in seinem Bund mit Abraham nicht nur das Land, sondern versprach Abraham auch, daß er Vater vieler Nachkommen werden würde. Die wichtige Verheißung des prophetischen Bundes, die Abraham erhielt, ist in der Zusage enthalten: »Ich will dich zum großen Volk machen« (1. Mose 12, 2). Abraham sollte der Vorfahre der Linie sein, die zu Jesus Christus führen würde. Die Nation, die von Abraham kommen sollte, sollte nicht nur zahlreich, sondern auch bedeutend sein.

Wer versucht, die Offenbarung Gottes an Abraham zu begreifen, steht vor der Entscheidung, die Verheißung an Abraham wörtlich zu nehmen, also an leibliche Nachkommen zu denken, wie es Prämillenaristen tun. Oder aber man versteht die Verheißung in einem geistlichen Sinn, indem man an eine geistliche Nachkommenschaft denkt, bestehend aus den Erwählten Israels und den Nationen, wie es die Amillenaristen tun. Wie die Darlegung des Bundes in der Genesis jedoch zeigt, war das Versprechen wörtlich gemeint, denn Abraham verstand, daß die Verheißung eines großen Volkes sich auf seine leiblichen Nachkommen bezog, und dies war auch Gottes Absicht.

Weil viele versuchen, Prophetie nicht wörtlich zu nehmen, ist es so wichtig für uns zu verstehen, daß das Versprechen wirklich wörtlich gemeint war. Daß Abraham auch geistliche Kinder haben würde (Galater 3, 6-9), ändert nichts an der wortwörtlichen Verheißung. Sogar die geistlichen Kinder Abrahams waren eine wörtliche Erfüllung der Prophezeiung. Die Linie von Abraham bis Jesus ist eine leibliche Linie, und Jesus wurde wirklich geboren. Die Erfüllung der wortwörtlichen Verheißung war wesentlich für Gottes Absicht nicht nur für den leiblichen Samen Abrahams, sondern auch für den geistlichen Samen. Ohne die buchstäbliche Erfüllung gäbe es auch die geistliche nicht. Es ist kennzeichnend, daß Galater 3, 5 die Verheißung nicht auf den Bund zurückführt, der Abraham zum Ahnherrn der großen Nation Israel macht, sondern vielmehr auf die Verheißung des Segens für alle Völker (1. Mose 12, 3), die in Jesus als dem Erlöser wörtlich erfüllt wurde.

Die Verheißung persönlichen Segens. Ein zentraler Punkt des abrahamitischen Bundes war die Verheißung eines persönlichen Segens an Abraham. Gott gab drei Aspekte dieses Segens: »Ich will dich segnen, ich will dir einen großen Namen machen, und du sollst ein Segen sein« (1. Mose 12, 2). Diese persönlichen Segnungen wurden ebenfalls wörtlich erfüllt.

Die Erfüllung des Bundes mit Abraham. Erstens: Der Bund nahm prophetisch voraus, wie Gottes segnende Hand auf Abraham ruhen würde. Dies wird in seinem ganzen Leben offenbar: Gott machte ihn zu einem reichen, mächtigen Mann, durch den Isaak geboren werden sollte. Abraham wurde mehr als jeder andere Mensch seiner Generation gesegnet, und die Verheißung wurde ebenso wie die anderen Verheißungen des Bundes wörtlich erfüllt.

Zweitens: Abraham wurde verheißen, daß sein Name groß werden sollte – das heißt, er sollte eine wichtige Person in Gottes Erlösungsplan sein. Er wird in der Bibel über dreihundertmal als Abram oder Abraham erwähnt. Zweifellos ist er einer der wichtigsten Persönlichkeiten des Alten Testaments und wird auch im Neuen Testament genannt. Diese Prophezeiung wurde wörtlich erfüllt.

Drittens: Gott erklärte Abraham: »Du sollst ein Segen sein« (1. Mose 12, 2). Ohne Frage war Abraham ein Segen für seine eigene Generation und für seine Familie, und durch die Jahrhunderte hindurch war er ein Vorbild des Glaubens und des Gehorsams, das alle herausforderte, die dem Herrn nachfolgen. Gottes treues Handeln mit Abraham auch dann, als er vom vollkommenen Gehorsam abwich, ist eine große Ermutigung für die Gläubigen und trägt so zur Erfüllung der Verheißung bei. Die letzte Erfüllung jedoch findet sich in den Aspekten des Bundes, die sich auf die weltweiten Segnungen beziehen.

Erfüllung des Bundes für die Nationen, die mit Israel zu tun haben. Der Bund enthielt auch Verheißungen des Segens und des Fluches für die Nationen. In Anerkennung der Größe Abrahams und der Verheißungen, die er ihm gab, erklärte Gott: »Ich will segnen, die dich segnen, und verfluchen, die dich verfluchen (1. Mose 12, 3). Diese Prophezeiung ist wahr in sich, da diejenigen, die Gott segnen, auch Abraham segnen werden, und die Gott fluchen, auch Abraham verfluchen werden. Gott erhebt dies jedoch zum allgemeinen Prinzip, das in der ganzen Geschichte gilt. Die Nationen, die freundlich gegenüber Israel gewesen sind, wurden auch von Gott gesegnet, selbst wenn es böse Nationen waren. Die Nationen, die Israel wegen seiner Bosheit und Rebellion gegen Gott verfluchten, bekamen Gottes gerechtes Gericht zu spüren. Dies ist in den großen Nationen der Welt sichtbar geworden. Ägypten, die größte Nation der alten Welt, behandelte Israel mehrere Generationen lang gut, aber schließlich versklavte es Israel. Dies bewirkte den letztendlichen Sturz Ägyptens, und Gottes Gericht über Ägypten ist so zuverlässig in der Geschichte ausgeübt worden, daß es sogar heute noch eine kleinere Nation ist.

Das Assyrische Reich fällt ebenfalls unter diesen Urteilsspruch, denn Assyrien war die Nation, welche die zehn Stämme Israels in die Gefangenschaft führte (722 v.Chr.). Assyrien war zwar ein Werkzeug des göttlichen Gerichts, dennoch wurde, als Ninive 612 v. Chr. fiel, die Nation plötzlich und vollständig zerstört. Aber damit ist die Geschichte noch nicht zuende. Denn Gott handelt, um seine Prophezeiung zu erfüllen, und Syrien wird er noch richten. Auch über Babylon, das die beiden Südstämme gefangenhielt, erging Gericht, als Babylon im Jahre 539 v.Chr. erobert wurde, und die Bibel prophezeit den endgültigen Fall des modernen Babylon in Offenbarung 17 und 18.

Die Meder und Perser, die den Babyloniern folgten, waren den Juden einigermaßen freundlich gesonnen und erlaubten ihnen, in ihr Land zurückzukehren. Medo-Persien existierte noch weitere zweihundert Jahre, ohne daß Gott entscheidend eingegriffen hätte.

Im Griechischen Reich handelte Gott mit jedem Teil des Reiches in der Weise, wie es mit den Juden verfuhr. Er richtete besonders Antiochus Epiphanes.

Das Römische Reich, das größte Reich in biblischer Zeit, wurde nach und nach zerstört. Später bekamen Spanien, Deutschland, Rußland und andere Länder, welche die Juden verfolgt hatten, Gottes Gericht zu spüren. Dagegen empfingen die Vereinigten Staaten, die den Juden verhältnismäßig freundlich gesinnt waren, trotz vieler Fehler und Mängel ungewöhnlichen Segen. Das Prinzip, daß diejenigen gesegnet werden, die Abraham und seine Nachkommen segnen, und diejenigen verflucht werden, die Abraham und seinen Nachkommen fluchen, hat sich bis zur Stunde bewahrheitet und wird sich auch in Zukunft erfüllen.

Erfüllung des Bundes für alle Völker. Die größte Verheißung, die Abraham gegeben wurde, war, daß in ihm »alle Geschlechter auf Erden gesegnet werden« (1. Mose 12, 3). Wie bereits erwähnt, erfüllt sich diese Verheißung in Gottes Plan für Abraham und seine Nachkommen im Laufe der Geschichte. Israel und die Welt wurden insgesamt gesegnet durch die Propheten, durch die Schreiber der Bibel, durch die Apostel und vor allem durch Jesus Christus. Segnungen, die Gott Abraham verheißen hat, sind durch die Jahrhunderte hindurch herabgeregnet und werden es bis zum Ende der Menschheit tun.

Wenn wir die abrahamischen Verheißungen betrachten, müssen wir sehr sorgfältig den Unterschied der einzelnen Verheißungen beachten. Einige Verheißungen wurden Abraham persönlich gegeben – nämlich, daß er der Vater eines großen Volkes werden und einen großen Namen haben und Gottes Segen persönlich erfahren würde. Einige Verheißungen bezogen sich auf seine leibliche Nachkommenschaft, denn mehr als nur eine Nation entsprang von ihm. Einige Verheißungen sollten in Israel ihre Erfüllung finden. Die Verheißungen müssen in ihrer geschichtlichen Entfaltung wahrgenommen werden. Denn einige Verheißungen wurden nur einem Teil von Abrahams Nachkommen gegeben, und nicht allen. Die größte Verheißung war natürlich, daß alle Völker der Erde gesegnet werden würden, und hier kommt die Gemeinde des Neuen Testaments ins Blickfeld (Galater 3, 6-9). Die Meinung, daß die Gemeinde gesegnet sei, weil sie die Erbin der Verheißungen Israels ist, entspricht nicht der biblischen Lehre. Vielmehr werden durch Abraham, den Mann des Glaubens, »alle Völker«, die ihr Vertrauen wie Abraham auf Gott setzen, gesegnet werden.

Wichtige Aspekte der Erfüllung des Bundes mit Abraham

Der Bund mit Abraham ist vielschichtig und bedarf eines eingehenden Studiums.

Leibliche Nachkommen Abrahams. Erstens: die Verheißungen an Abraham wurden in denen erfüllt, die leiblich von ihm abstammten. Die führende Hand Gottes und die ungeheuer weitreichende Offenbarung, die den Söhnen Abrahams gegeben wurde, sind ein eingehendes Studium wert.

Die Verheißung des Landes. Zweitens: das Versprechen, Abraham und seinen Nachkommen das Land zu geben, ist im Bund Gottes mit Abraham immer noch zentral. An dieser Verheißung läßt sich besonders erkennen, ob die Verheißungen an Abraham wörtlich und bedingungslos gültig sind.

Verheißung von Königen. Drittens: die Verheißung, daß durch Abraham Könige kommen würden, wurde vor allem in David erfüllt, wird sich aber noch bis in die Zukunft hinein erfüllen.

Die Verheißung der Gnade für Israel und alle Gläubigen. Viertens: der neue Bund, der Gnade für Israel und alle an Christus Glaubenden verheißt, ist eine weitere wichtige Folge des abrahamischen Bundes. Obwohl er ein unabhängiger Bund ist, gründet er offenbar auf der Verheißung Gottes, alle Völker der Erde durch Abraham zu segnen. Der neue Bund veranschaulicht eine besondere Offenbarung des Planes Gottes, nämlich denen gnädig zu sein, die ihm vertrauen.

Diese wichtige Erfüllung des Bundes mit Abraham ist ebenfalls ein besonderes Studium wert, das wir in den folgenden Kapiteln unternehmen werden. Diese Erfüllung ist nicht nur wichtig zum Verständnis der Prophetie, sondern sie ist auch die Grundlage unseres Glaubens, daß Gott seine Verheißungen an jedem, der da glaubt, wahrmachen wird. Israel ist ein grandioses Beispiel dafür, daß Gott sein Wort hält. Daß Israel noch heute existiert, viertausend Jahre nach Abraham, beweist einmal mehr, daß Gott an seinem Wort auch noch nach Jahrtausenden festhält. Christen dürfen in der Gewißheit ruhen, daß Gott, der sich nicht ändert, auch in den kommenden Jahren seine Verheißungen für die Gläubigen erfüllen wird.

6 Die messianische Genealogie Jesu Christi

Die Verheißung eines großen Volkes

Die Verheißung des Bundes (1. Mose 12, 1-3). In dem ursprünglichen Bund, den Gott mit Abraham schloß, wurde Abraham verheißen, er werde der Ahnherr eines großen Volkes sein. Abraham war bereits ein alter Mann, als er diese Verheißung erhielt, und er hatte keine Kinder. Weil Abraham sich noch länger in Haran aufhielt, wurde er fünfundsiebzig Jahre alt, ehe er im Land der Verheißung ankam (Vers 4). Offenbar war der Bund daran geknüpft, daß Abraham Nachkommen haben würde, und es wurde immer deutlicher, daß er vielleicht ohne Erben dahingehen würde. Hierdurch wurde Abrahams Glaube hart geprüft, und mit den Jahren verschlimmerte sich das Problem immer mehr. Damit seine Nachkommenschaft ein Segen für alle Nationen werden konnte, mußte Abraham nicht nur Ahnherr eines großen Volkes sein, sondern auch der Ahnherr der Linie, die zu Jesus Christus führt.

Elieser als Erbe nicht anerkannt. Als weitere zehn Jahre vergangen waren und immer noch kein Erbe geboren war, wollte Abraham seinen treuen Knecht Elieser zum Erben einsetzen. Aber Abrahams Vorsatz, Elieser von Damaskus zum Erben zu machen, wurde von Gott verworfen. Abraham sagte: »HERR, mein Gott, was willst du mir geben? Ich gehe dahin ohne Kinder, und mein Knecht Elieser von Damaskus wird mein Haus besitzen« (1. Mose 15, 2). Und Abraham sprach weiter: »Mir hast du keine Nachkommen gegeben; und siehe, einer von meinen Knechten wird mein Erbe sein« (Vers 3). Nach der Sitte jener Zeit übergab ein Ehepaar, das keine Kinder hatte, seinen Besitz einem bestimmten Diener.

Die Antwort des HERRN war klar und bestimmt, die Verheißung sollte wörtlich erfüllt werden: »Und siehe, der HERR sprach zu ihm: Er soll nicht dein Erbe sein, sondern der von deinem Leibe kommen wird, der soll dein Erbe sein« (1. Mose 15, 4). Und Gott hieß ihn hinauszugehen und sprach zu ihm: »Sieh gen Himmel und zähle die Sterne, kannst du sie zählen? Und er sprach zu ihm: So zahlreich sollen deine Nachkommen sein« (Vers 5).

Die Bibel berichtet, daß Gott die Verheißung noch bekräftigte, indem er Abraham das Versprechen des Landes für seine Nachkommen gab und die geographischen Grenzen nannte (1. Mose 15, 18-21). Hiermit ist offensichtlich wortwörtlich ein Land mit seinen Grenzen gemeint.

Ismael wurde verworfen (1. Mose 16, 1-16; 17, 15-19). Sara erkannte das Problem: da sie keinen Sohn und Erben hatte und sich irgendwie verantwortlich fühlte, weil sie Mutter sein sollte, schlug sie Abraham vor, sich zu Hagar, seiner ägyptischen Magd, zu legen. So wurde Ismael geboren, und als der Knabe bereits herangewachsen war, hatte Abraham immer noch keinen Sohn von Sara.

Die Verheißung eines Sohnes wird bestätigt. Die Geburt Ismaels entsprach nicht Gottes Plan. Als Abraham neunundneunzig Jahre alt war (1. Mose 17, 1), bekräftigte Gott seinen Bund. Abram wurde nun Abraham genannt, »Vater der Vielen«. Und ihm wurde außerdem gesagt:

> »Ich will dich sehr fruchtbar machen und will aus dir Völker machen, und auch Könige sollen von dir kommen.
> Und ich will aufrichten meinen Bund zwischen mir und dir und deinen Nachkommen von Geschlecht zu Geschlecht, daß es ein ewiger Bund sei, so daß ich dein und deiner Nachkommen Gott bin.
> Und ich will dir und deinem Geschlecht nach dir das Land geben, darin du ein Fremdling bist, das ganze Land Kanaan, zu ewigem Besitz, und will ihr Gott sein« (1. Mose 17, 6-8).

Gott führte die Beschneidung als Zeichen das Bundes ein und sprach zu Abraham: »Du sollst Sarai, deine Frau, nicht mehr Sarai nennen, sondern Sara soll ihr Name sein. Denn ich will sie segnen, und auch von ihr will ich dir einen Sohn geben; ich will sie segnen, und Völker sollen aus ihr werden und Könige über viele Völker« (1. Mose 17, 15.16). Der Name Sarai, der wahrscheinlich »streitsüchtig« bedeutet, wird in Sara verwandelt, was »Fürstin« heißt. Dies geschieht teilweise in Anbetracht dessen, daß Könige von ihr kommen sollen.

Über die Ankündigung Gottes, daß Sara einen Sohn gebären würde, mußte Abraham lachen. »Da fiel Abraham auf sein Angesicht und lachte und sprach in seinem Herzen: Soll mir mit hundert Jahren ein Kind geboren werden, und soll Sara, neunzig Jahre alt, gebären? Und Abraham sprach zu Gott: Ach daß Ismael möchte leben bleiben vor dir!« (1. Mose 17, 17.18). Gott bestätigte jedoch sein Versprechen: »Nein, Sara, deine Frau, wird einen Sohn gebären, den sollst du Isaak nennen, und mit ihm will ich meinen ewigen Bund aufrichten und mit seinem Geschlecht nach ihm« (Vers 19). Weil Abraham gelacht hatte, gab Gott dem verheißenen Sohn Abrahams den Namen Isaak, »derjenige, der gelacht hat«. Gott offenbarte daraufhin, daß Ismael auch eine Nation werden würde (Vers 20).

In 1. Mose 18 lesen wir: »Und der HERR erschien ihm im Hain Mamre, während er an der Tür seines Zeltes saß, als der Tag am heißesten war« (Vers 1). Abraham sah, wie drei Männer auf ihn zukamen. Den traditionellen Höflichkeitsregeln gemäß lud er sie ein zu bleiben, ihre Füße zu waschen und auszuruhen und sich zu erfrischen. Abraham sagte Sara, sie solle Brot zubereiten, während er zur Herde lief und ein junges Kalb aussuchte, das er für das Mahl schlachtete. Die Männer fragten ihn: »Wo ist Sara, deine Frau? Er antwortete: Drinnen im Zelt« (Vers 9).

In der Genesis heißt es weiter: »Da sprach er: Ich will wieder zu dir kommen übers Jahr; siehe, dann soll Sara, deine Frau, einen Sohn haben« (1. Mose 18, 10). Der Wechsel des Textes von den drei Männern zum Ausspruch des HERRN selbst zeigt an, daß einer der drei Männer die Erscheinung Gottes war – genauer: Jesus Christus in der Gestalt eines Engels – und daß die beiden anderen Männer, die ihn begleiteten, Engel waren. Sara, die nun neunzig Jahre alt war, lauschte am Eingang des Zeltes. Die Bibel sagt: »Und sie waren beide, Abraham und Sara, alt und hochbetagt, so daß es Sara nicht mehr ging nach der Frauen Weise« (Vers 11). Als Sara die Prophezeiung hörte, sie werde einen Sohn gebären, da »lachte sie bei sich selbst und sprach: Nun ich alt bin, soll ich noch der Liebe pflegen?« (Vers 12).

»Da sprach der HERR zu Abraham: Warum lacht Sara und spricht: Meinst du, daß es wahr sei, daß ich noch gebären werde, die ich doch alt bin? Sollte dem HERRN etwas unmöglich sein? Um diese Zeit will ich wieder zu dir kommen übers Jahr; dann soll Sara einen Sohn haben« (1. Mose 18, 13.14). Dann enthüllt der Bericht der Genesis: »Da leugnete Sara und sprach: Ich habe nicht gelacht – denn sie fürchtete sich. Aber er sprach: Es ist nicht so, du hast gelacht« (Vers 15).

Am Ende dieser Unterredung erzählte der Herr dem Abraham von der bevorstehenden Zerstörung Sodoms und Gomorras. Hierauf wird berichtet, wie Lot Sodom verläßt und die Stadt durch Feuer zerstört wird.

Die Geburt Isaaks ist die Erfüllung der Verheißung (1. Mose 21, 8). Fünfundzwanzig Jahre nachdem Abraham Haran verlassen hatte und immer noch auf ein Zeichen wartete, daß der Bund in Erfüllung gehen würde, erfüllte sich das Versprechen Gottes, so unglaublich es auch für Abraham und Sara erschien: Isaak wurde geboren. Weil Isaak ein Kind des Bundes war, beschnitt Abraham ihn am achten Tag (Vers 4). Als Isaak schließlich entwöhnt war, feierte Abraham ein großes Fest zu Ehren seines Sohnes (Vers 8).

Die Geschichte der zehn Kapitel der Bibel von der Zeit, da der Bund geschlossen wurde, bis zur Geburt Isaaks, unterstreicht die Wichtigkeit dieser erfüllten Prophezeiung. Im Einklang mit vielen Bibelstellen wurde die Verheißung buchstäblich erfüllt, und nicht etwa nur im übertragenen Sinn. Die Antwort kam, auch wenn Abraham und Sara nicht mehr daran glaubten und nicht vermochten, die Allmacht Gottes in Betracht zu ziehen, daß er nämlich tun kann, was bei Menschen unmöglich ist.

Die Geburt Jakobs und Esaus

Jakob und Esau werden dem Isaak geboren. Wie im Falle Abrahams, wo zwischen dem Ergehen der Verheißung und deren Erfüllung eine lange Zeit verstrich, war es auch bei der Geburt von Jakob und Esau. In der schönen Geschichte, in der der Knecht Abrahams eine Braut für Isaak sucht (1. Mose 24), wird Rebekka als die Frau Isaaks erwählt. Zur festgesetzten Zeit stirbt Abraham und hinterläßt alles seinem Sohn Isaak (1. Mose 25, 5-11).

Als die Jahre verstrichen, wurde Isaak besorgt, weil seine Frau wie Sara unfruchtbar war. »Isaak aber bat den Herrn für seine Frau, denn sie war unfruchtbar. Und der HERR ließ sich erbitten, und Rebekka, seine Frau, ward schwanger (1. Mose 25, 21). Zu dieser Zeit war Isaak sechzig Jahre alt (Vers 26).

Esau, der Erstgeborene, dient Jakob, dem Jüngeren. Als Rebekka merkte, daß sie Zwillinge gebären würde, fragte sie den Herrn, was das bedeutete: »Und die Kinder stießen sich miteinander in ihrem Leib. Da sprach sie: Wenn mir's so gehen soll, warum bin ich schwanger geworden? Und sie ging hin, den HERRN zu befragen« (1. Mose 25, 22).

Gott gab ihr zur Antwort, daß der Ältere dem Jüngeren dienen werde, was im Gegensatz zur Tradition war:

> »Zwei Völker sind in deinem Leibe, und zweierlei Volk wird sich scheiden aus deinem Leibe; und ein Volk wird dem anderen überlegen sein, und der Ältere wird dem Jüngeren dienen« (1. Mose 25, 23).

Der Verkauf des Erstgeburtsrechtes. Daß Jakob, der Jüngere, vom Herrn erwählt war, wurde bald bestätigt. »Als nun die Knaben groß wurden, wurde Esau ein Jäger und streifte auf dem Felde umher, Jakob aber ein gesitteter Mann und blieb bei den Zelten. Und Isaak hatte Esau lieb und aß gern von seinem Wildbret; Rebekka aber hatte Jakob lieb« (1. Mose 25, 27.28).

Als einmal Esau wie gewöhnlich hungrig nach Hause kam, bat er Jakob, ihm etwas von dem Gericht zu geben, das Jakob gerade kochte. »Und (Esau) sprach zu Jakob: Laß mich esssen das rote Gericht; denn ich bin müde. Daher heißt er Edom« (1. Mose 25, 29.30). Edom heißt »rot«. »Aber Jakob sprach: Verkaufe mir heute dein Erstgeburtsrecht. Esau antwortete: Siehe, ich muß doch sterben, was soll mir da die Erstgeburt?« (Verse 31.32). Esau verkaufte Jakob das Erstgeburtsrecht und aß das Linsengericht, das Jakob bereitet hatte, und verachtete so seine Erstgeburt (Verse 33.34).

Später verbündete sich Rebekka mit Jakob, damit er von Isaak den Segen erhalte, der normalerweise auf den ältesten Sohn überging. Damit der Betrug gelang, zog Rebekka dem Jakob Esaus Kleider an und wickelte um seine Hände und seinen Hals Ziegenfelle, um Esaus behaarte Haut nachzuahmen (1. Mose 27, 15-17). Jakob ging zu Isaak hinein, und es gelang ihm der Betrug. So erhielt er den Segen, den Isaak für Esau vorgesehen hatte: »Gott gebe dir vom Tau des Himmels und von der Fettigkeit der Erde und Korn und Wein die Fülle. Völker sollen dir zu Füßen fallen. Sei ein Herr über deine Brüder, und deiner Mutter Söhne sollen dir zu Füßen fallen. Verflucht sei, wer dir flucht; gesegnet sei, wer dich segnet!« (Verse 28.29). Der über Jakob ausgesprochene Segen war im Einklang damit, daß er von der erwählten Linie kam. Esau, der Ältere, sollte dem Jüngeren, Jakob, dienen.

Der abrahamische Bund wird Isaak bestätigt

Gott verbietet Isaak, nach Ägypten zu ziehen. Wie Abraham, sein Vater, wollte Isaak nach Ägypten ziehen, das außerhalb des verheißenen Landes lag. Hätte er das getan, wäre er denselben Versuchungen und Problemen wie Abraham seinerzeit ausgesetzt worden. Isaak war bereits ins Land der Philister gegangen, um der Hugersnot zu entgehen, die im verheißenen Land herrschte. Dort erschien ihm der Herr: »Zieh nicht hinab nach Ägypten, sondern bleibe in dem Lande, das ich dir sage« (1. Mose 26, 2).

Der Segen Abrahams wird Isaak zuteil. Gott bekräftigte seinen Befehl an Isaak, im Lande zu bleiben, indem er Isaak segnete:

> »Bleibe als Fremdling in diesem Lande, und ich will mit dir sein und dich segnen; denn dir und deinen Nachkommen will ich alle diese Länder geben und will meinen Eid wahr machen, den ich deinem Vater Abraham geschworen habe,
> und will deine Nachkommen mehren wie die Sterne am Himmel und will deinen Nachkommen alle diese Länder geben. Und durch dein Geschlecht sollen alle Völker auf Erden gesegnet werden, weil Abraham meiner Stimme gehorsam gewesen ist und gehalten hat meine Rechte, meine Gebote, meine Weisungen und mein Gesetz« (1. Mose 26, 3-5).

Indem Gott diesen Bund mit Isaak schließt und ihn auserwählt, in der Linie des Erlösers zu sein, verwirft er Ismael, obwohl er älter war als Isaak. Der Erlösungsprozess ist ein Ausleseprozess, wie spätere Schriftstellen beweisen. Die ursprünglich Abraham gegebenen Verheißungen werden hier wiederholt, einschließlich der wesentlichen Elemente einer großen Nachkommenschaft, der letztendlichen Inbesitznahme des Landes und des Segens für alle Völker der Erde.

Der Bund wird Jakob bestätigt

Jakobs Konflikt mit Esau. »Esau war Jakob gram um des Segens willen, mit dem ihn sein Vater gesegnet hatte, und sprach in seinem Herzen: Es wird die Zeit bald kommen, daß man um meinen Vater Leid tragen muß; dann will ich meinen Bruder Jakob umbringen« (1. Mose 27, 41).

Esaus Zorn auf Jakob zeigte, daß er Gottes Verheißungen nicht vertraute. Wenn Gottes Segen und seine Verheißungen für Jakob sich erfüllen sollten, war Esaus Plan, Jakob zu töten, nicht durchführbar. Rebekka erkannte jedoch das Problem und bat Isaak um Erlaubnis, daß Jakob in ihr Heimatland zurückkehrte, damit er keine kanaanitische Frau heiraten würde (1. Mose 27, 46).

Isaak billigte den Plan und hieß Jakob zur Familie seiner Mutter zu gehen, um eine Frau von den Töchtern Labans, des Bruders seiner Mutter, zu nehmen (1. Mose 28, 1.2). Isaak sprach über Jakob einen weiteren Segen aus: »Der allmächtige Gott segne dich und mache dich fruchtbar und mehre dich, daß du werdest ein Haufe von Völkern, und gebe dir den Segen Abrahams, dir und deinen Nachkommen mit dir, daß du besitzest das Land, darin du jetzt ein Fremdling bist, das Gott dem Abraham gegeben hat« (Verse 3.4). Rebekka sah Jakob, ihren Lieblingssohn, nicht wieder, vielleicht deshalb, weil sie sich mit Jakob verbündet hatte, um Isaak zu betrügen.

Jakob wird der Bund bestätigt. Jakob machte sich auf den Weg und kam an einen Ort, an dem er die Nacht verbrachte (1. Mose 28, 11). Als er schlief, hatte er einen Traum, in dem Gott ihm sagte:

> »Ich bin der HERR, der Gott deines Vaters Abraham, und Isaaks Gott; das Land, darauf du liegst, will ich dir und deinen Nachkommen geben.
> Und dein Geschlecht soll werden wie der Staub auf Erden, und du sollst ausgebreitet werden gegen Westen und Osten, Norden und Süden, und durch dich und deine Nachkommen sollen alle Geschlechter auf Erden gesegnet werden.
> Und siehe, ich bin mit dir und will dich behüten, wo du hinziehst, und will dich wieder herbringen in dies Land. Denn ich will dich nicht verlassen, bis ich alles tue, was ich dir zugesagt habe« (Verse 13 bis 15).

Die wesentlichen Elemente des Bundes mit Abraham wurden hier auf Jakob übertragen, einschließlich der Tatsache, daß Gott der Gott Jakobs sein würde, der ihm das Land geben würde, auf dem er lag, und daß er ihm eine große Nachkommenschaft verheißt, die ein Segen für die ganze Welt sein würde. Jakob ging nach Haran, offensichtlich mit Gottes Erlaubnis und mit seinem Segen, denn Gott versprach, über ihm zu wachen, während er fortzog, und ihn wieder zurückzubringen (1. Mose 28, 15). Haran lag nahe am Euphrat, der Grenze des verheißenen

Landes im Norden und Osten, und barg nicht die Versuchungen in sich, die es in Ägypten gab. Jakob selbst tat bezüglich des Bundes ein Gelübde: »Wird Gott mit mir sein und mich behüten auf dem Wege, den ich reise, und mir Brot zu essen geben und Kleider anzuziehen und mich mit Frieden wieder heim zu meinem Vater bringen, so soll der HERR mein Gott sein. Und dieser Stein, den ich aufgerichtet habe zu einem Steinmal, soll ein Gotteshaus werden; und von allem, was du mir gibst, will ich dir den Zehnten geben« (Verse 20 bis 22).

Jakobs Nachkommenschaft wird vermehrt. Zwei Kapitel (1. Mose 29 und 30) sind dem Bericht gewidmet, wie Jakob vier Frauen heiratete und viele Kinder bekam. Weil Gott nicht nur Jakobs Kinder vermehrt hatte, sondern auch sein Vieh, entstand Feindschaft zwischen Jakob und Labans Söhnen. Sie beschuldigten ihn, Laban seines Besitzes beraubt zu haben. Daraufhin verließ Jakob Laban, wie in 1. Mose 31 beschrieben wird.

Jakob wird Israel genannt. Auf dem Rückweg nach Hause wurde Jakob klar, daß er Esau begegnen würde, und er sandte eine Botschaft voraus und bat um Esaus Gunst. Die Boten kehrten jedoch zurück und meldeten, daß Esau ihm mit vierhundert Mann entgegenziehe (1. Mose 32, 1-7). Weil Jakob sich vor Esau fürchtete, betete er zu Gott und bat ihn um seinen Schutz und seine Obhut (Verse 9-12). In der Hoffnung, Esau zu besänftigen, sandte Jakob ihm Geschenke von Ziegen, Widdern, Kamelen, Kühen, Stieren und Eseln voraus.

Nachdem er seine Familie über die Furt des Jabbok gesetzt hatte (1. Mose 32, 23-24), blieb Jakob allein zurück und rang bis zur Morgenröte mit einem Mann. Im Hebräischen ist hier ein Wortspiel enthalten, da das Wort »Jabbok« dem Wort »Jakob« ähnelt, und das Wort für »ringen« ist ebenfalls dem Wort »Jabbok« ähnlich. Die Bibel offenbart nicht die Art dieses Ringkampfes zwischen Jakob und seinem Gegner, und sie sagt nicht, daß dieser eine Erscheinung Gottes in Engels- oder Menschengestalt war. Jedoch ist der Kampf sehr real, und Jakob wurde erst überwunden, als sein Gegner ihn auf sein Hüftgelenk schlug, so daß es verrenkt wurde (Vers 26).

Jakob stritt jedoch, weil er einen Segen von Gott nötig hatte. Jakob deutete die Begegnung mit dem Angreifer, als habe er Gott von Angesicht zu Angesicht gesehen (1. Mose 32, 31). Gott gab Jakob den Namen Israel (Vers 29). Obwohl er Jakob genannt wurde, weil er Esaus Ferse hielt, als er geboren wurde, wird er jetzt Israel genannt, was wahrscheinlich »Gottesstreiter« bedeutet.

Nach diesem wichtigen Ereignis in Jakobs Leben konnte er Esau begegnen und wurde von ihm freundlich empfangen (1. Mose 33, 4). Danach kam Jakob nach Sichem in Kanaan, wo er ein kleines Stück Land kaufte. Jakob errichtete dort einen Altar, um Gott zu dienen (Vers 20). In den Kapiteln der Genesis, die der Geschichte von Jakob gewidmet sind, wird die Erfüllung der Prophezeiung einer großen Nachkommenschaft schon früh durch die Geburt der Söhne Jakobs bekräftigt. Die Heilung des Risses zwischen Jakob und Esau, die bei der Rückkehr Jakobs geschah, erlaubte es Jakob, wieder im verheißenen Lande zu wohnen, wie Gott selbst es ihm verheißen hatte.

Der Rest des ersten Buches Mose, insgesamt sechzehn Kapitel, ist der Geschichte von Jakob, seinen zwölf Söhnen und ihrem Hinabziehen nach Ägypten gewidmet. Es ist offensichtlich, daß in einem Buch, in dem nur zwei Kapitel der Schöpfung eingeräumt werden und so viele Kapitel dem Abraham, Isaak und Jakob, Gott eine seiner zentralen Absichten betonte – nämlich: Israel zu rufen und zu segen und durch dieses Volk Erlösung und Offenbarung seiner selbst der ganzen Welt zu bringen.

Die Prophezeiung für Juda

Juda wird ein bedeutender Stamm sein. Die Prophezeiung für Juda in dem prophetischen Segen Jakobs an seine Söhne hat eine weitreichende Bedeutung. Die Prophezeiung beginnt mit der Behauptung, Juda werde über seine Feinde triumphieren, und sogar seines Vaters Söhne würden sich vor ihm beugen: »Juda, du bist's! Dich werden deine Brüder preisen. Deine Hand wird deinen Feinden auf dem Nacken sein, vor dir werden deines Vaters Söhne sich verneigen. Juda ist ein junger Löwe. Du bist hochgekommen, mein Sohn, vom Raube. Wie ein Löwe hat er sich hingestreckt und wie eine Löwin sich gelagert. Wer will ihn aufstören?« (1. Mose 49, 8.9). Die Prophetie von Judas zahlreichen Siegen wurde in der Geschichte dieses herausragenden Stammes erfüllt. Juda und Benjamin bildeten das Königreich Juda im geteilten Reich.

Der zukünftige König wird von Juda kommen. In Jakobs Prophezeiung war die Verheißung eines zukünftigen Königs enthalten, der aus Juda kommen sollte. Diese wichtige Prophezeiung über Juda betrifft das Zepter, das Symbol des Königtums: »Es wird das Zepter von Juda nicht weichen noch der Stab des Herrschers von seinen Füßen, bis daß der Held komme, und ihm werden die Völker anhangen« (1. Mose 49, 10). Wie später in der Bibel berichtet wird, stammt die Linie Davids vom Stamm Juda ab, von dem Christus, der Messias, kommen sollte. Die Linie der verschiedenen Herrscher, die als Könige dienen würden, sollte jedoch in dem »Helden« enden, der kommt, »dem die Völker anhangen«. Im hebräischen Text steht für Held das Wort »Schilo«. Statt Schilo als Namen zu übersetzen, ist es besser, dessen Bedeutung herauszustellen, nämlich: »derjenige, dem es gehört«, was sich auf den Messias bezieht, der schließlich das Recht hat zu herrschen. Mit anderen Worten: das Zepter wird bei Juda bleiben, bis es von dem letzten Herrscher beansprucht wird, dem Messias Jesus Christus, dem König der Könige und Herrn der Herren, der berechtigt ist, auf dem Thron Davids zu sitzen. Seine Herrschaft wird sich nicht nur über das davidische Königreich erstrecken, auch die Nationen werden ihm gehorsam sein.

Der Messias wird gesegnet sein. Der Messias soll in einer Zeit des Überflusses herrschen: »Er wird seinen Esel an den Weinstock binden und seiner Eselin Füllen an die edle Rebe. Er wird sein Kleid in Wein waschen und seinen Mantel in Traubenblut. Seine Augen sind dunkel von Wein und seine Zähne weiß von Milch« (1. Mose 49, 11.12). Hier wird der Überfluß des Tausendjährigen Reiches beschrieben, wenn der Weinstock so üppig sein wird, daß ein Esel daran angebunden werden kann. Wein wird es so reichlich geben, daß er die Augen beeinflussen wird, und die Zähne werden durch den Überfluß an Milch ganz weiß sein. Die dichterische Sprache beschreibt einen Überfluß, der im gesamten Tausendjährigen Reich vorhanden sein wird (Jesaja 61, 6.7; 65, 21-25; Sacharja 3, 10). Der wichtigste Punkt in dieser Prophezeiung ist, daß der Messias aus dem Stamm Juda kommen wird.

Die Prophezeiung für David

Der Messias wird von David abstammen. Wichtig am davidischen Bund ist, daß der von Juda abstammende Messias durch David kommen sollte. Dies wird deutlich im davidischen Bund offenbart (2. Samuel 7, 5-17). Diesen Bund werden wir weiter unten noch genauer behandeln. Daß die messianische Genealogie über David geht, wird David vom Propheten Nathan versichert: »Der HERR verkündigt dir, daß der HERR dir ein Haus bauen will. Wenn nun deine Zeit um ist und du dich zu deinen Vätern schlafen legst, will ich dir einen Nachkommen erwecken, der von deinem Leibe kommen wird; dem will ich sein Königtum bestätigen (Verse 11.12). Daß David ganz sicher in der messianischen Linie steht, wird klar bestätigt: »Dein Haus und dein Königtum sollen beständig sein in Ewigkeit vor mir, und dein Thron soll ewiglich bestehen« (Vers 16).

Der Thron Davids wird ewig fortbestehen. Wie in der Verheißung angedeutet wird, soll Davids Linie und sein Thron in alle Ewigkeit weiterbestehen (2. Samuel 7, 16). Später werden wir sehen, wie wichtig diese Verheißung ist, wenn wir den davidischen Bund behandeln. Die Vorsehung Gottes bei der Auswahl, Erhaltung und Erfüllung der Linie von Abraham bis zum Messias wird im Alten Testament immer deutlicher. Der Messias sollte ein Sohn Abrahams, vom Stamm Juda und aus der Familie Davids sein.

Die Genealogien von Josef und Maria erfüllen die Prophezeiung

Die genealogische Linie von Salomo bis Josef. Die in Matthäus und Lukas aufgeführten Geschlechtsregister bringen die besondere Abstammungslinie Josefs gegenüber der Genealogie Marias zum Ausdruck. In Übereinstimmung mit dem Evangelium des Matthäus wird der rechtmäßige Anspruch Jesu, der Sohn Davids und der König und Messias zu sein, durch die Genealogie von David bis Josef bestätigt. Diese Genealogie geht von Abraham zu David und dann über Salomo zu Josef. Der Zweck dieser Genealogie ist, den Anspruch und die Rechtmäßigkeit Jesu zu bekräftigen, der verheißene messianische König zu sein. Die Genealogie Marias, die von Nathan abstammt, einem Sohn Davids, liefert das leibliche Bindeglied zu David.

Einige ungewöhnliche Eigenschaften zeichnen diese Genealogien aus. Das Evangelium des Matthäus enthält nur vierzehn Generationen von Abraham bis David, vierzehn Generationen von David zur Babylonischen Gefangenschaft und vierzehn Generationen von der Babylonischen Gefangenschaft bis Jesus. Die Genealogie beansprucht keine Vollständigkeit, denn sie enthält bemerkenswerte Auslassungen wie Ahazja, Joas, Amazja und Könige, die in 1. Chronik 3, 11.12 erwähnt werden. In Matthäus 1, 13-15, wo die Genealogie von Serubbabel bis Josef dargestellt wird, sind Namen genannt, die im Alten Testament nicht zu finden sind.

Die beiden Genealogien sind verschieden. Wenn man die Genealogie des Matthäus mit der des Lukas vergleicht, erkennt man sofort, daß die beiden Genealogien verschieden sind. In Lukas 3, 23-38 wird die Genealogie bis Adam zurückverfolgt. Viele glauben, daß hier einige Namen ausgelassen wurden, wie das in Genealogien dieser Art üblich war. Zum Beispiel wird im hebräischen Text von 1. Mose 11, 12 Kenan ausgelassen; jedoch wird sein Name – wie in der Septuaginta – in Lukas 3, 36 erwähnt. In den Genealogien der Priesterschaft (Esra 7, 1-5) wurden sechs Generationen ausgelassen. Die Genealogien wollen nicht so sehr jeden einzelnen Nachkommen nennen, sondern eine genuine Linie von der Vergangenheit zur Gegenwart ziehen. Wenn man die Genealogie des Lukas sorgfältig untersucht, zeigt es sich, daß es nicht die Genealogie des Josef, sondern der Maria ist. Der wichtige Unterschied der Genealogien wird jedoch offenbar zwischen den Genealogien von David zu Josef und zu Maria. Die vorhergehenden Genealogien sind gleich. Die Genealogie der Maria bei Lukas verfolgt die Linie Jesu durch Nathan, den Sohn Davids, nicht durch Salomo (Lukas 3, 31). Man fragt sich natürlich, wieso die beiden Geschlechtsregister verschieden sind.

Der Fluch über die Linie Jojachins. In der Geschichte des Abfalls vor dem babylonischen Exil wurde ein feierlicher Fluch über Jojachin (der auch Konja genannt wurde) ausgesprochen: »Schreibt diesen Mann auf als einen, der ohne Kinder ist, einen Mann, dem sein Leben lang nichts gelingt. Denn keiner seiner Nachkommen wird das Glück haben, daß er auf dem Thron Davids sitze und in Juda herrsche« (Jeremia 22, 30). Jojachin hatte zwar Kinder, aber sie starben vor ihm und erbten nicht den Thron.

In Jeremia 36, wo beschrieben wird, wie Jeremia dem König Jojakim die Schriftrolle überbringen läßt, wurde eine weitere Verdammung dieser Linie angesagt. Jojakim war der Vater Jojachins, dennoch erscheint der Bericht über die Rolle Jeremias, die dem König übergeben und von ihm verbrannt wurde, später in Kapitel 36. Als der König befahl, die Rolle solle zerschnitten und ins Feuer geworfen werden, wurde über ihn verkündet:

> »Darum spricht der HERR über Jojakim, den König von Juda: Es soll keiner von den Seinen auf dem Thron Davids sitzen, und sein Leichnam soll hingeworfen liegen, am Tag in der Hitze und nachts im Frost.
> Und ich will ihn und seine Nachkommen und seine Großen heimsuchen um ihrer Schuld willen, und ich will über sie und über die Bürger Jerusalems und über die in Juda kommen lassen all das Unheil, von dem ich zu ihnen geredet habe, und sie gehorchten doch nicht« (Verse 30.31).

Jojakims Sohn regierte zwar kurze Zeit auf dem Thron, aber seine Regierung war nicht beständig.

Wichtig an dieser Prophezeiung ist, daß kein Nachkomme Jojakims oder Jojachins die messianische Verheißung, auf dem Thron Davids zu sitzen, erfüllen würde.

Matthäus führt in seiner Genealogie die Linie Davids über Salomo und Jojakim und Jojachin, doch kein Nachkomme dieser Linie konnte den Thron Davids besteigen. Matthäus führte diese Genealogie auf, um den rechtmäßigen Anspruch auf den Thron Davids bis zu Josef, den rechtmäßigen Erben Davids, aufzuzeigen, aber in Wirklichkeit mußte Jesus aus einer anderen Linie im Fleisch durch einen anderen Sohn Davids, nämlich Nathan, kommen. Dies führt zu Maria, der Mutter Jesu. Während der rechtmäßige Anspruch des Titels durch Josef ging, kommt der leibliche Anspruch, ein Nachkomme Davids zu sein, durch David und Nathan statt durch David und Salomo.

Diese Linie der Wahrheit will auch die Lehre der Jungfrauengeburt bestätigen, denn wenn Jesus der Sohn Josefs gewesen wäre, könnte er angesichts des Fluchs, der über diese Linie ausgesprochen wurde, nicht auf dem Thron Davids sitzen. Wenn man die ganze Prophezeiung über Maria und die Linie Nathans betrachtet, wird die Tatsache wunderbar deutlich, daß die Einzelheiten der Prophezeiung wörtlich erfüllt wurden, was bedingte, daß die Linie von David durch Nathan zu Maria ging, statt über die verfluchte Linie von David durch Salomo zu Josef. Man neigt heute dazu, die Einzelheiten der Prophetie zu übersehen und nur allgemeine Schlüsse zu ziehen; dies ist im Lichte des gründlichen Studiums des prophetischen Wortes unzureichend. Prophetie ist vielmehr wörtlich aufzufassen, und sie erfüllt sich auch buchstäblich.

7 Prophetie und die Zukunft des Volkes Israel

Für einen Gläubigen des zwanzigsten Jahrhunderts, der aus heidnischem Hintergrund kommt, mag die Prophezeiung der Zukunft Israels nicht wichtig scheinen. Jedoch ist die Zukunft Israels aus prophetischer Sicht sehr wichtig. Tatsächlich bilden die Prophezeiungen über Israel den Hintergrund für das Verständnis der Prophetie insgesamt.

Ein wesentlicher Grund für die ständige Verwirrung bezüglich der Prophetie ist, daß man Prophezeiungen, die sich auf Israel beziehen, nicht wörtlich nimmt. Versuche, die Verheißungen für Israel auf die Gemeinde zu beziehen, sind ein Haupthindernis gewesen, Gottes Absicht in der Prophetie insgesamt zu verstehen. Erst wenn die Prophezeiungen für Israel von den Prophezeiungen für die Gemeinde oder die Heiden unterschieden werden, beginnen die Hauptlinien der Prophetie Gottes klar zu werden.

Wir können der Untersuchung der alttestamentlichen Prophetie in den vorhergehenden Kapiteln entnehmen, daß eine wörtliche Erfüllung der Weissagungen vorliegt. Die Verheißung des Todes wegen Ungehorsam an Adam und Eva wurde wörtlich erfüllt. Die Verheißung der Erlösung, die zuerst Adam und Eva offenbart wurde, hat sich gleichfalls in der Geschichte entfaltet und ihren Höhepunkt in Tod und Auferstehung Jesu gefunden. Die Vorhersage der Sintflut und der Bund mit Noah wurden dramatisch und wörtlich erfüllt. Der abrahamische Bund mit seiner weiten Vorsorge, der ursprünglich Abraham gegeben wurde, hat sich allgemein schon erfüllt, indem Abraham ein großer Mann wurde, der viele Nachkommen hatte. Die Linie des Messias, die zu Maria führt, hat sich entfaltet. In allen diesen Vorhersagen und ihrer Erfüllung wurde das Prinzip der wörtlichen Erfüllung der Prophezeiungen bestätigt.

Obwohl allgemein anerkannt wird, daß viele Verheißungen, die Abraham gegeben wurden, sich wörtlich erfüllt haben, wird die Frage, ob Israel als Volk eine Zukunft hat, von Amillenaristen und Prämillenaristen unterschiedlich beantwortet. Die Amillenaristen, die nicht an eine tausendjährige Herrschaft Jesu nach seiner Wiederkunft glauben, neigen dazu, jede zukünftige Erfüllung zu leugnen, obwohl manchmal die Möglichkeit einer geistlichen Erweckung in

Israel nicht verneint wird. Dagegen meinen die Prämillenaristen, daß beim zweiten Kommen Jesu ein Königreich aufgerichtet wird, das Israel herrliche Erquikkung und Befreiung bringen wird, wenn Jesus den Thron Davids besteigt, Israel das verheißene Land einnimmt und unter Gottes besonderer Gnade steht. Entsprechend wird die Frage, ob Israel noch eine Zukunft als Volk hat, ein wichtiger Aspekt der Deutung des prophetischen Berichts.

Die Verheißung der Zukunft Israels ist bereits erfüllt worden

Die Art der wörtlichen Erfüllung. Wie wir in den vorhergehenden Untersuchungen darlegten, ist die Vorhersage, daß aus der Linie Abrahams einer kommen würde, der ein Segen für die ganze Welt sein soll, in Jesus bereits erfüllt worden. Weitere Erfüllung findet man in den Propheten des Alten Testaments und bei den Aposteln des Neuen Testaments, da sie am geistlichen Segen Anteil hatten, den Gott seinem Volk verliehen hat. Die Inspiration des geschriebenen Wortes Gottes ist ein weiterer Aspekt der Erfüllung der Verheißung des Segens. Alle diese Faktoren, die wörtlich erfüllte Prophetie bezeugen, sollten in Betracht gezogen werden, wenn man bestimmen will, ob es noch eine verheißene Zukunft gibt, die der Erfüllung harrt.

Das Entstehen des Volkes Israel. In der Geschichte ist es offenbar geworden, daß die Nachkommen Abrahams als ein Volk von Millionen Menschen aufgetreten sind. In Ägypten mag aus der Familie der siebzig Personen zur Zeit des Auszugs ein Volk von zwei Millionen oder mehr geworden sein. Wenn die Kinder Israel auch viele Generationen lang verfolgt und dezimiert wurden, wird das Volk Israel heute auf 15 bis 20 Millionen in aller Welt geschätzt. Die Verheißung, daß Abraham der Vater einer großen Nation werden würde, wird durch die gegenwärtige Existenz Israels in der Welt bestätigt.

Das Volk Israel ist heute eine Tatsache. Obwohl einige Extremisten jede wörtliche Erfüllung der Existenz Israels zu leugnen versuchen, ist es eine Tatsache, daß die ganze Welt Israel als einen Staat anerkennt und ihm bestimmte Gebiete im Nahen Osten zuerkannt hat. Das Volk Israel ist sich seiner Abstammung, seiner Geschichte, seiner Religion und Kultur sehr wohl bewußt, und all dies zusammen macht das Volk Israel heute aus. Bis heute ist eine wörtliche Erfüllung der Verheißungen, die Abraham gegeben wurden, in der Geschichte klar bestätigt worden.

Ist die Zukunft des Volkes Israel sicher?

Die Frage nach der Zukunft Israels ist wichtig, weil von ihr die Deutung so vieler Bibelstellen abhängt. Einigen mögen die theologischen Argumente zu akademisch sein, aber die Frage, die immer wieder gestellt wird, ist, ob die Prophezeiungen über die Zukunft Israels wörtlich zu nehmen sind. Während die Amillenaristen behaupten, es gebe kein buchstäbliches Millennium nach der Wiederkunft Jesu, glauben die Prämillenaristen, Israel werde ein zukünftiges Millennium nach diesem Ereignis erleben.

Die Einwände der Amillenaristen. Auch nur ein flüchtiger Blick auf die Prophezeiungen zeigt, daß die Verheißungen für Israel bis heute wörtlich in Erfüllung gingen und deshalb eine weitere Erfüllung in der Zukunft zu erwarten ist. Die Amillenaristen, die ein zukünftiges tausendjähriges Reich nach der Wiederkunft Jesu leugnen, versuchen die Prophetie in einer Weise zu deuten, die jegliche wörtliche Erfüllung in Israels Zukunft ausschließt. Die Einwände der Amillenaristen nehmen verschiedene Formen an, aber eins ihrer Hauptargumente ist, daß der Bund mit Abraham an Bedingungen geknüpft sei, daß diese Bedingungen nicht erfüllt wurden und deshalb der abrahamische Bund in der Zukunft keine Erfüllung findet.

Es ist wahr, daß Abraham Gott gehorchte, als er sein Heimatland verließ und in ein Land ging, das Gott ihm zeigen würde. Es ist auch wahr, daß Abraham in vielen Einzelheiten seines Wandels mit Gott gehorsam war. Andererseits ist es ebenso wahr, daß er nicht im Willen Gottes handelte, als er nach Ägypten hinabzog, als er Elieser oder Ismael zu seinem Erbe machen wollte. Sein gelegentlicher Ungehorsam gegenüber Gottes Verheißungen verwandelte sich später in völligen Glauben. Die Abraham gegebenen Verheißungen konnten ihrer Natur gemäß aber nicht an Bedingungen geknüpft sein, da ja Gott dem Abraham **ewige** Erfüllung versprach, wie das in vielen Verheißungen und Wiederholungen des abrahamischen Bundes klar zum Ausdruck kommt.

Es ist wahr, daß die teilweise Erfüllung des abrahamischen Bundes und der göttliche Segen in jeder Generation an ihren Gehorsam geknüpft waren. Die Geschichte Israels offenbart, daß das Volk Gott gegenüber häufig ungehorsam war. Tatsächlich ging Israel zur Zeit Jakobs nach Ägypten hinab, als es fraglich war, ob sie diesen Schritt hätten unternehmen sollen. Es ist auch klar, daß es nach der Rückkehr in sein Land von Gott abwich, was schließlich zur assyrischen und babylonischen Gefangenschaft führte. Als Israel Jesus als Messias verwarf, wurde es über die ganze Welt zerstreut, wie Gott es wegen seines Ungehorsams angedroht hatte.

Die Tatsache besteht jedoch, daß Gott Israel inmitten des Abfalls und der Sünde zusätzliche Offenbarungen über dessen zukünftige Wiederherstellung gab. Der Prophet Jeremia berichtete, daß Israel nach Hause zurückkehren werde, wenn es siebzig Jahre in der babylonischen Gefangenschaft gewesen sei (29, 10). Dies wurde buchstäblich erfüllt, obwohl Israel zu jener Zeit im Abfall lebte und geistlich nicht darauf vorbereitet war, Gottes Absicht zu erfüllen. Es ist auch wahr, daß Gott durch Jeremia im größten Abfall Israels Verheißungen gab, er werde Israel schließlich segnen (siehe 23, 5-8, ein Abschnitt, den wir später ausführlich behandeln wollen). Auch durch Jeremia wurde der neue Bund verkündet, der Israel am Ende Segen verheißt (31, 10-14; diesen Bund werden wir eingehend betrachten). Mit anderen Worten: die Bibel sagt deutlich aus, daß die Erfüllung der Prophezeiung derart war, daß sogar Israels Abfall Gottes schlußendliche Absicht nicht durchkreuzen konnte.

Die Erfüllung der Verheißung wird durch jene realisiert, die geistlich darauf vorbereitet sind, sie zu empfangen, das heißt: durch den gottesfürchtigen Überrest zur Zeit der Wiederkunft Jesu. Die Tatsache, daß es einen gottesfürchtigen Überrest geben wird und daß Gott diese Menschen retten wird und in das Tausendjährige Reich aufnehmen wird, ist eine besondere Prophezeiung, und der Ungehorsam Israels als Nation wird Gott nicht davon abschrecken, seine Prophezeiung in der Zukunft zu erfüllen. Trotz dieser offensichtlichen Beweise, daß es ein zukünftiges Israel gibt, werden von den Amillenaristen eine Anzahl Einwände vorgebracht.

Amillenaristen verweisen auf das Gericht über Ninive, das Jona vorhersagte, das aber nicht eintraf, weil die Bewohner Buße taten, und sehen dies als Beweis dafür an, daß Segen nur auf Gehorsam folgt. Die Antwort hierauf ist natürlich, daß dies nichts mit einem Bund zu tun hat, und es ist wahr, daß ihre Verschonung für 150 Jahre eine Folge ihrer Buße war.

Das Gericht über den Priester Eli wegen seiner Sünde wird oft als Beweis angebracht, daß die Wahl zum Priester durch Gott an die Bedingung des Gehorsams gegenüber Gott geknüpft ist (1. Samuel 2, 30; vgl. 2. Mose 29, 9; Jeremia 18, 1-18; Hesekiel 3, 18.19). Aber Eli lebte unter dem mosaischen Bund, der an die Bedingung des Gehorsams gebunden war.

Diese Beispiele machen deutlich, daß der Segen dem Gehorsam folgte und Strafe dem Ungehorsam. Aber in keinem dieser Fälle geht es um Verheißungen, die erfüllt werden sollten. Bei seinem Handeln mit den Nationen war Gott frei, sie zu erheben oder niederzuschlagen. Er war auch frei, jede Generation Israels zu züchtigen, wie es oft im Alten Testament geschah, aber die fortlaufende Verheißung wurde gegeben trotz ihrer Sünde und ihrem Abfall. Als Gott die Kinder Israels beiseite stellen und mit Mose neu beginnen wollte, wurde sofort auf die Tatsache verwiesen, daß Gott einen Bund mit Israel geschlossen hatte (2. Mose 32, 13.14). Und Gott brachte dies Gericht nicht über Israel.

Im Alten Testament wird der Ritus der Beschneidung als Bedingung des Segens erwähnt. Dies bezog sich auf den Einzelnen – das heißt: ein nicht beschnittener Israelit wurde von der Verheißung des Bundes ausgeschlossen – aber das änderte nicht die Verheißung für das ganze Volk.

Amillenaristen benutzen Esau als Illustration, weil er von einigen der Verheißungen des Segens ausgeschlossen wurde. Auch dies beruht auf einem Mißverständnis. Gottes Bund mit Abraham versprach nicht Segen für alle seine

Nachkommen, sondern nur für einige; und bei der Ausweitung des Bundes mit Abraham wurden Esau und Ismael ausdrücklich ausgeschlossen, während die Linie des Segens von Abraham auf Isaak und Jakob überging und auf die zwölf Söhne Jakobs.

Manchmal berufen sich Amillenaristen auf den Gehorsam Jesu als letztes Argument ihrer Position. Jesus mußte ganz klar ans Kreuz gehen, um Gnade zu ermöglichen, damit die Verheißungen an Israel erfüllt wurden, aber gerade dieses Argument steht der amillenaristischen Absicht entgegen, denn die letztendliche Wiederherstellung Israels beruht nicht auf seinem Gehorsam, sondern auf der Gnade Gottes. Eine Nation, die Gottes Segen eigentlich nicht verdient, wird ihn erhalten, so wie viele Christen, die wegen ihres Fehlverhaltens Gottes Segen nicht verdienen, in Zeit und Ewigkeit von Gottes Segnungen überschüttet werden.

Amillenaristen haben außer dem Argument, die Verheißungen seien an Bedingungen geknüpft, noch andere Einwände vorzubringen. Einige verweisen auf eine teilweise Erfüllung als ausreichende Antwort auf das Problem. Daß Israel zu einem großen Volk wurde, war natürlich eine teilweise Erfüllung der Verheißung, aber die vollständige Erfüllung steht noch aus, da Gott Israel Verheißungen gab, die in alle Ewigkeit währen sollten.

Manche Amillenaristen behaupten, daß die Verheißung des Landes zur Zeit Salomos erfüllt wurde, aber das erklärt nicht die vielen Stellen in den großen und kleinen Propheten, die sich auf das Land beziehen, und die noch der Erfüllung harren. Sogar in den Tagen Salomos war das Land nicht vollständig im Besitz Israels, wenn auch vieles unter Tribut gestellt wurde.

Demnach beruhen die Argumente der Amillenaristen, so zahlreich sie auch sind, auf der unhaltbaren Voraussetzung, daß alle Verheißungen Gottes an Bedingungen geknüpft sind oder schon erfüllt wurden. Wenn die Verheißungen Bedingungen unterworfen wären, gäbe es keine einzige sichere Erfüllung irgendeiner Prophezeiung, weil es immer Unsicherheiten gibt. Die entscheidende Frage ist: Was hat Gott verheißen? Wenn er ein zukünftiges Ereignis vorausgesagt hat, sollte es keine Frage über seine zukünftige Erfüllung geben.

Zusätzliche Stützen für den bedingungslosen Charakter des abrahamischen Bundes. Für die Bedingungslosigkeit des Bundes Gottes mit Abraham gibt es eine Anzahl Hinweise, die bestätigen, daß Gott seine Verheißungen des Bundes ganz sicher erfüllen wird.

Alle sind sich einig, daß der mosaische Bund Bedingungen unterworfen war – das heißt: seine Segnungen waren von Gehorsam abhängig, und sein Gericht folgte auf Ungehorsam. Aber die anderen Bündnisse mit Israel wie der abrahamische Bund, der Bund bezüglich des Landes, der davidische Bund und der neue Bund sind bezüglich ihrer letztendlichen Erfüllung ohne Bedingung, sogar dann, wenn die Segnungen des Bundes in einer Generation wegen Ungehorsam ausbleiben mögen. Wenn der abrahamische Bund nach seiner ursprünglichen

Offenbarung wiederholt wird, wird jeweils erklärt, daß er ewig und darum notwendig bedingungslos ist (1. Mose 17, 7.13.19; 1. Chronik 16, 16.17; Psalm 105, 9.10).

Auch der Bund bezüglich des Landes ist ewig (Hesekiel 16, 60), und so sind auch der davidische Bund (2. Samuel 7, 13.16.19, 1. Chronik 17, 12; 22, 10; Jesaja 55, 3; Hesekiel 37, 25) und der neue Bund, der sich auf Israels Zukunft bezieht, ewig (Jesaja 61, 8; Jeremia 32, 40; 50, 5; Hebräer 13, 20). Für einen ewigen Bund sind Bedingungen irrelevant, da die Verheißung nicht ewig sein könnte, wenn sie an Gehorsam geknüpft wäre.

Der abrahamische Bund wurde in späteren Stellen der Bibel wiederholt und erweitert, aber in keiner einzigen waren die verheißenen Segnungen von Gehorsam abhängig.

Der abrahamische Bund, besonders die noch zu besprechende Verheißung des Landes, wurde feierlich bestätigt durch das Vergießen von Blut (1. Mose 15, 7-21; Jeremia 34, 18). Die geographischen Grenzen des Landes wurden in 1. Mose 15, 18-21 klar definiert. Diese Verheißungen wurden gegeben, als Abraham Gott im Unglauben nahte, und die feierliche Bekräftigung des Bundes sollte zeigen, welchen Glauben Abraham hatte.

Die Tatsache, daß der Einzelne beschnitten sein mußte, um an den Segnungen des abrahamischen Bundes teilzuhaben, ändert nichts an seinem bedingungslosen Charakter. Es ist klar, daß Menschen, die nicht beschnitten waren, von den Verheißungen ausgeschlossen waren. Aber dies ändert nichts an der Tatsache, daß die Verheißung sich für Israel als Volk erfüllen würde. Beschneidung war das körperliche Zeichen, daß die Israeliten unter den Segnungen des Bundes standen (1. Mose 17, 9-14).

Es ist wichtig zu erkennen, daß keine Bedingungen erwähnt werden, als der Bund mit Abraham dem Isaak und Jakob wiederholt wurden. In der Tat wurde der Bund dem Isaak erneuert, als er das Land verlassen wollte, und wurde benutzt als Abschreckung, damit er im Land der Verheißung blieb (1. Mose 26, 2-5). Ähnlich wurde der Bund mit Jakob bestätigt, als er wegen Esau von zu Hause fortlief (27, 41-43). Auch er erhielt die Verheißungen des Bundes ohne Bedingungen (28, 13-15).

Wie schon ausgeführt, waren selbst die ewigen Verheißungen in den Tagen Jeremias nicht an Bedingungen geknüpft, und Jeremia wurde inmitten einer abgefallenen Generation die Verheißung einer sicheren Zukunft Israels gegeben (vgl. Jeremia 23, 5-8; 30, 5-11).

Eine der deutlichsten Stellen über die bedingungslose Natur des abrahamischen Bundes findet sich in Hebräer 6, 13-18:

»Denn als Gott dem Abraham die Verheißung gab, schwor er bei sich selbst, da er bei keinem Größeren schwören konnte, und sprach:

›Wahrlich, ich will dich segnen und mehren.‹
Und so wartete Abraham in Geduld und erlangte die Verheißung.
Die Menschen schwören ja bei einem Größeren als sie selbst sind; und der Eid dient ihnen zur Bekräftigung und macht aller Widerrede ein Ende.
Darum hat Gott, als er den Erben der Verheißung noch kräftiger beweisen wollte, daß sein Ratschluß nicht wankt, sich noch mit einem Eid verbürgt.
So sollten wir durch zwei Zusagen, die nicht wanken – denn es ist unmöglich, daß Gott lügt, – einen starken Trost haben, die wir unsre Zuflucht dazu genommen haben, festzuhalten an der angebotenen Hoffnung.«

In dieser Bibelstelle wird Gottes Verheißung an Abraham für unveränderlich und unabänderlich erklärt. Sein Ratschluß wird als nicht »wankend« erklärt (Vers 17). Dieser Abschnitt ist besonders bemerkenswert angesichts der Tatsache, daß die religiösen Führer Israels Jesus verwarfen und kreuzigen ließen. Trotz dieser Tatsache macht der Brief an die Hebräer deutlich, daß Israel eine sichere und unwandelbare Verheißung der Erfüllung des Bundes hat (siehe Kapitel 8).

Viele Amillenaristen, die die Ansicht, daß der abrahamische Bund an Bedingungen geknüpft ist, nicht mehr teilen, ziehen es vor, ihn nicht wörtlich zu deuten. Ein Deutungsversuch ist, Abrahams Nachkommen als die Gemeinde zu betrachten – zusammengesetzt aus Juden und Heiden –, wodurch die Notwendigkeit einer Zukunft für Israel hinfällig wird.

Das buchstäblich verheißene Land, die buchstäblichen Nachkommen, buchstäbliche Könige und schließlich ein buchstäblicher Messias vereinigen sich, um eine wortwörtliche Deutung des abrahamischen Bundes zu rechtfertigen. Das Alte Testament unterstützt beständig eine buchstäbliche Deutung des Bundes, und das Neue Testament fügt sein bestätigendes Wort hinzu, einschließlich der Prophezeiung eines Tausendjährigen Reiches, das auf das zweite Kommen Jesu folgt. Die Vielfalt der Lösungen, die Amillenaristen selbst anbieten, ist Beweis genug, daß keiner ihrer Lösungsversuche ihr Problem, ein zukünftiges Millennium und eine Zukunft für das Volk Israel zu leugnen, wirklich löst.

Die Bedeutung des Namens Israel

Die Bezeichnung Israel, wie sie die Bibel benutzt. Eine Möglichkeit, den Schluß zu vermeiden, daß der abrahamische Bund einer zukünftigen wörtlichen Erfüllung harrt, ist, die Bezeichnung *Israel* neu zu definieren, so daß sie die Gemeinde mit einschließt, wodurch die Verheißungen an Israel nicht wörtlich genommen werden müssen. Einige Amillenaristen benutzen diesen Deutungsversuch, um darzulegen, daß Israel keine Zukunft hat, weil seine Zukunft von der Gemeinde erfüllt werden wird, die sich aus Juden und Heiden zusammensetzt.

Hier erhebt sich die Frage, wie der Name *Israel* in der Bibel selbst definiert wird. Die Bezeichnung *Israel* und *Israeliten* findet sich 2300 mal im Alten Testament, und in jedem Falle bezieht sie sich auf die leiblichen Nachkommen Jakobs. Im Neuen Testament wird das Wort etwa 75 mal erwähnt. Auch mit dem Begriff *Juden* wird Israel im Alten Testament 80 mal genannt und rund 170 mal im Neuen Testament. Von allen diesen Stellen gibt es nur eine oder zwei, die nicht eindeutig von den zwölf Stämmen Israels sprechen. Offenbar liegt die Beweislast auf Seiten derer, die behaupten, der Name *Israel* schließe die Nationen ein, obwohl die Amillenaristen dogmatisch erklären, Israel sei ein Synonym für die Gemeinde im gegenwärtigen Zeitalter. In den letzten Jahren ist sogar unter Amillenaristen ein Trend weg von dieser Doktrin aus zahlreichen Gründen sichtbar geworden.

Eins der Probleme, dem diejenigen gegenüberstehen, die Gemeinde und Israel als gleichbedeutend ansehen, ist, daß es auch Drohungen des Fluches gibt, obwohl es viele Verheißungen des Segens für Israel gibt. Gewöhnlich fordern Amillenaristen, die meinen, die Gemeinde sei Israel, nur die Segnungen. Weitere Probleme entstehen durch Hunderte von Bibelstellen, die sich eindeutig auf Israel beziehen und die Gemeinde offensichtlich nicht einschließen. Auch wird Israel in der Bibel ständig anderen Nationen gegenübergestellt.

Israel im Gegensatz zu den Nationen. Im Neuen wie im Alten Testament gibt es zahlreiche Botschaften, die an Israel gerichtet sind. Und dies setzt sich fort nach der Gründung der Gemeinde zu Pfingsten in Apostelgeschichte 2 (vgl. Apostelgeschichte 3, 12; 4, 8.10; 5, 21.31.35; 21, 28 und andere). In diesen Bibelstellen wird deutlich, daß nur solche zu Israel gehören, die leiblich von Jakob abstammen. Das trifft auch für das Gebet des Paulus um die Errettung Israels zu (Römer 10, 1), das er auf die Tatsache gründet, daß auch er ein Israelit ist.

Der Gebrauch des Namens *Jude* beginnt im Buche Ester und setzt sich im Neuen Testament fort. Er beschreibt klar solche, die Israeliten sind, keine Heiden. Dies wird deutlich in 1. Korinther 10, 32, wo die Menschheit in drei Gruppen, nämlich 1. Heiden, 2. Juden und 3. die Gemeinde unterschieden wird, woraus hervorgeht, daß diese drei Teile der Menschheit noch heute fortbestehen.

Paulus stellt in seiner Diskussion der Situation Israels in seinen Tagen heraus, daß die Israeliten viele besondere Vorrechte haben (Römer 9, 4.5), von denen sich kein einziges auf die Gemeinde bezieht. Das innige Gebet des Paulus für Israel (Verse 2.3) ist ein weiteres Indiz dafür, daß der Ausdruck *Israel* sich auf die zwölf Stämme und nicht auf die Nationen bezieht.

Das Neue Testament bestätigt, daß die Juden gewisse Vorrechte genossen, von denen die Heiden ausgeschlossen sind, wie zum Beispiel in Epheser 2, 12 ausgedrückt wird: »Denkt daran, daß ihr zu jener Zeit ohne Christus wart, ausgeschlossen vom Bürgerrecht Israels und Fremde außerhalb des Bundes der Verheißung; daher hattet ihr keine Hoffnung und wart ohne Gott in dieser Welt.« Diese Stelle unterscheidet wie viele andere auch Israel eindeutig von den Nationen.

Die Gemeinde im Unterschied zum nicht erretteten Israel. Amillenaristen gestehen ein, daß die Bibel Israel von der Gemeinde unterscheidet, weil unbekehrte Israeliten offensichtlich nicht zur Gemeinde gehören. Wenn das natürliche Israel einschließlich der nicht Wiedergeborenen unabhängig von der Gemeinde existiert, ist es unmöglich, Verheißungen, die dem Volk Israel gegeben wurden, auf die Gemeinde zu übertragen, die im gegenwärtigen Zeitalter sich aus den Gläubigen zusammensetzt.

In Aufrechterhaltung dieses Gegensatzes spricht das Neue Testament von einem zukünftigen Programm für Israel, das sich von Gottes Programm für die Gemeinde unterscheidet. In der klassischen Stelle von Römer 9-11, wo Paulus Israels Beziehung zu dem, was er vorher im Römerbrief diskutiert hat, herstellt, wirft er die besondere Frage auf, ob Gott das Volk Israel verworfen hat: »So frage ich nun: Hat denn Gott sein Volk verstoßen? Das sei ferne! Denn ich bin auch ein Israelit, vom Geschlecht Abrahams, aus dem Stamm Benjamin. Gott hat sein Volk nicht verstoßen, das er zuvor erwählt hat« (11, 1.2). Gott hat ein Programm für Israel, das jenseits des gegenwärtigen Programms für Israel als Teil der Gemeinde steht.

Paulus erkannte den gegenwärtigen verlorenen Zustand vieler Israeliten. Als Volk hat Israel sich von Gott abgewandt und handelt nicht unter dem Segen Gottes. Dies wird deutlich im Bild des Ölbaums, dessen natürliche Zweige sich auf Israel beziehen, die aber ausgebrochen wurden, und dem Bild des wilden Olivenzweigs, der die Gemeinde darstellt, der eingepfropft wurde (Römer 11,17). Paulus warnt jedoch die Heiden als Gruppe, daß Gott eine Zukunft für Israel als Volk hat, und daß »ganz Israel gerettet werden wird« (Vers 26). Damit meint er nicht, daß jeder einzelne Israelit geistlich gerettet wird, sondern daß Israel als Volk befreit werden wird, wenn der Erlöser aus Zion kommt, was sich auf das zweite Kommen Jesu bezieht. Diese Verheißungen, die so vollständig im elften Kapitel des Römerbriefes entwickelt werden, wollen wir später behandeln. In unserer gegenwärtigen Betrachtung ist die Tatsache hinreichend, daß das Volk Israel und die Gemeinde voneinander unterschieden werden müssen, und daß Israel als Volk eine Zukunft hat.

Die Bibel unterscheidet das geistliche Israel von den heidnischen christlichen Gläubigen. Hier kommt sofort die Frage auf, ob heidnische Christen als Israeliten bezeichnet werden können. Einige Amillenaristen lehren, daß die Gemeinde den Platz Israels vollständig ausfüllt und daß Heiden und Israeliten die Verheißungen erfüllen, die ursprünglich Israel gegeben wurden.

Von den Hunderten von Stellen, die sich auf Israel und die Juden beziehen, könnten nur zwei oder drei so gedeutet werden, daß sie Israel und die Heiden miteinander gleichsetzen.

Nach Römer 9, 6 ist es nicht so, »daß Gottes Wort hinfällig geworden ist. Denn nicht alle sind Israeliten, die von Israel stammen.« Was hier unterschieden wird, sind solche in Israel, die geistlich oder Gläubige sind, und jene, die nur natürliche Israeliten sind, Abkömmlinge von Jakob, aber nicht gläubig. In jeder Generation ererben diejenigen Israeliten, die glauben, die Verheißungen. Heidnische Gläubige sind hier nicht gemeint.

Wie schon erwähnt, gehen die Verheißungen, die Abraham bezüglich des Volkes Israel gegeben wurden, gezielt an Isaak (nicht Ismael) und Jakob (nicht Esau) und die zwölf Söhne Jakobs weiter. Nur Nachkommen Jakobs erben die weitreichenden Verheißungen Gottes für das Volk. Unter den Nachkommen Jakobs sind jedoch einige wahre Gläubige, die die geistlichen Segnungen und die nationalen Verheißungen erben. Dies meint Paulus mit der »Wahl der Gnade« (Römer 11, 5-10). Im gegenwärtigen Zeitalter werden Israeliten, die gläubig sind, ein Teil der Gemeinde, aber ungläubige Israeliten sind verloren und werden als blind bezeichnet.

In Römer 9, 25 zitiert Paulus Hosea 2, 25: »Und ich will mich erbarmen über Lo-Ruhama, und ich will sagen zu Lo-Ammi: 'Du bist mein Volk', und er wird sagen: ›Du bist mein Gott.‹« Diese Bibelstelle wurde zitiert als ein Beweis dafür, daß Israel und die Gemeinde gemeinsam als ein Volk betrachtet werden. Jedoch stellt diese Stelle aus Hosea Israeliten, die nicht des Herrn Volk sind, weil sie keinen Glauben haben, denen gegenüber, die wahre Israeliten sind, weil sie an Gott glauben. Diese Stelle wird im Römerbrief zitiert, nicht um Heiden und Israel als eins zu betrachten, sondern es geht um folgende Anwendung. Wie Gott einige in Israel segnen würde, die nicht von dem wahren Israel abstammten, ehe sie an Jesus Christus gläubig wurden, so würde Gott Heiden segnen, die zuvor nicht gerettet waren. Es ist eine Frage der Anwendung und nicht der Interpretation, und es gibt keinen Grund, hier Heiden mit Israel zu vermengen. Jedoch handelt Gott mit ihnen in ähnlicher Weise gemäß dieser Stelle. Israeliten, die glauben, und Israeliten, die nicht glauben, sind echte Nachkommen Jakobs, aber nur diejenigen, die glauben, werden gerettet. Und die rassische Unterscheidung zwischen Juden und Heiden wird eingehalten.

Amillenaristen zitieren auch Galater 6, 15.16 zum Beweis, daß die Gemeinde als Israel angesehen werden kann: »Denn in Christus Jesus gilt weder Beschneidung noch Unbeschnittensein etwas, sondern eine neue Kreatur. Und alle, die sich nach diesem Maßstab richten – Friede und Barmherzigkeit über sie und über das Israel Gottes!« Was Paulus hier sagt, ist, daß er Friede und Barmherzigkeit denen wünscht, die glauben, aber besonders dem Israel Gottes – das heißt: erretteten Israeliten. Gerade hier wird Israel von den Nationen unterschieden, so daß gerade die dispensationalistische und prämillenaristische Lehre bekräftigt wird.

Wenn die Stellen in Römer 9 und Galater 6 im Lichte von Hunderten von Bibelstellen betrachtet werden, in denen das Wort *Israel* eindeutig eine Bezeichnung für die Nachkommen Jakobs ist, bleibt kein Zweifel mehr an der Unterscheidung dieser beiden Begrifffe. Selbst wenn man die amillenaristische Deutung aufrecht erhält, ergibt sich deshalb immer noch kein allgemein anwendbares Prinzip, wonach jede Verheißung, die Israel gegeben wurde, auf die Gemeinde bezogen werden kann oder daß die Verheißungen für Israel nicht mehr gelten. Sogar Amillenaristen versuchen in der gegenwärtigen Literatur, diese Schlußfolgerung zu vermeiden.

Gelten die Verheißungen für das Volk Israel nicht mehr? Aus dem historischen Beweis sollte klar geworden sein, daß Gott bis heute seine Verheißungen an Israel erfüllt hat. Israel ist immer noch ein großes Volk und wird immer noch von Gott gesegnet. Durch Israel kam der Messias, und viele verheißene Segnungen haben sich erfüllt.- Es bleibt die Frage, ob es irgendwelche biblischen Hinweise dafür gibt, daß Gott sein Volk verstoßen hat.

Wie schon erwähnt, beweist Römer 11 das Gegenteil, wo Paulus eine Zukunft für Israel als Volk verspricht. Einige wenige Bibelstellen sollten jedoch betrachtet werden, die möglicherweise lehren, daß Israel verworfen wurde. In Matthäus 21, 43, das sich darauf bezieht, daß Jesus von seiner Generation verworfen wurde, sagt Jesus: »Das Reich Gottes wird von euch genommen und einem Volk gegeben werden, das seine Früchte bringt.« Was ist mit den Ausdrücken »Reich Gottes« und »ein Volk, das seine Früchte bringt« gemeint? Matthäus benutzt hauptsächlich die Bezeichnung »Himmelreich«, aber hier ist eine der wenigen Stellen, in denen vom »Reich Gottes« die Rede ist. Bei Matthäus und in den anderen neutestamentlichen Büchern bezieht sich das Reich Gottes immer auf Engel oder errettete Menschen. Das Erlösungsprogramm wird deshalb denen genommen, die Jesus als Eckstein verwerfen.

Wer sind die Menschen, die keine Frucht bringen? Einige von ihnen sind die Schriftgelehrten und Pharisäer, die niemals errettet werden, solange sie im Unglauben verharren. Da die frühe Gemeinde vorwiegend jüdisch war, kann diese Stelle nicht bedeuten, daß Gott das Reich von Israel nimmt. Es ist auch klar, daß das Reich Gottes nichts mit dem Tausendjährigen Reich zu tun hat. Wenn man alle Fakten zusammen betrachtet, dann sagt Jesus, daß denjenigen, die den König verwerfen, das Reich Gottes genommen und den Menschen gegeben wird, die seine Früchte bringen – Juden und Heiden. Dies ist genau das, was in der frühen Gemeinde geschah. Gerettete Juden und Heiden wurden ein Teil des Reiches Gottes. Jedenfalls ist klar, daß die Heiden insgesamt das Reich nicht in größerem Maße erben, als es das ungläubige Israel im gegenwärtigen Zeitalter tut.

Eine weitere Stelle, mit der Amillenaristen die Vorstellung zu rechtfertigen suchen, daß Israel als Nation für immer verworfen wurde und daß seine Verheißungen nicht mehr gültig sind, ist Römer 11, 1-32, eine Bibelstelle, mit der wir uns schon teilweise befaßt haben. Jedoch als Paulus die Frage stellt: »Hat denn Gott sein Volk verstoßen?«, da antwortet er mit Nachdruck: »Das sei ferne!« (Römer 11, 1). Im Verlauf des Kapitels antwortet Paulus weiter, Gott hat sein Volk nicht verstoßen, weil er eine augenblickliche Absicht mit ihm verfolgt – nämlich Glieder des Leibes Christi zu werden durch den Glauben an Jesus – und eine Zukunft für es bereithält, wenn das gegenwärtige Zeitalter vorbei ist und mit dem zweiten Kommen Jesu Freiheit eintritt.

Die Bibel unterstützt die Schlußfolgerung, daß Israel als Nation eine große Zukunft hat. Die Einzelheiten dieser Zukunft wollen wir später betrachten.

Die Rückkehr von Millionen Juden ins Land Israel im zwanzigsten Jahrhundert hat die Aufmerksamkeit der ganzen Welt auf dieses kleine Land gerichtet. Haben die Juden überhaupt eine Hoffnung auf Frieden und Ruhe in ihrem alten Land? Gehört es überhaupt zur arabischen Welt oder zu Israel? Mehrere Kriege und die Ausdehnung Israels im Westjordanland haben ständige Spannungen zwischen Israels Anspruch auf das Land und dem arabischen Widerstand gegen seine Expansion verursacht. Aus theologischer Sicht hat die Rückkehr der Juden nach Israel erneut die Frage nach Israels Zukunft aufkommen lassen. Viele Kirchenhistoriker haben gemeint, Israel habe als Nation keine Zukunft, und über viele Jahre hinweg waren sie der Ansicht, daß Israel niemals in sein Land zurückkehren werde.

Die Rückkehr der Juden nach Israel hat das Studium über die Verheißungen der Bibel bezüglich der Zukunft Israels erneut entfacht. Viele sind zu der Überzeugung gelangt, daß das Wort Gottes Israel endgültigen Besitz verheißt, und wenn es bereits einen Teil seines Landes besitzt, dann stellt sich die Frage, ob die Prophetie über das Ende dieses Zeitalters sich zu erfüllen beginnt und ob das zweite Kommen Jesu nahe bevorsteht.

8 Das verheißene Land

Ein wichtiger Gesichtspunkt des abrahamischen Bundes war die Verheißung, daß Abrahams Nachkommen das Land besitzen würden. Gott hatte zu Abraham gesagt: »Geh aus deinem Vaterland und von deiner Verwandtschaft und aus deines Vaters Hause in ein Land, das ich dir zeigen will« (1. Mose 12, 1). Als Abraham ins verheißene Land kam, wiederholte Gott die Verheißung: »Deinen Nachkommen will ich dies Land geben« (Vers 7).

Verschiedene Deutungen der Verheißung

So einfach dieses Versprechen auch ist, so haben sich doch an der Deutung dieser Verheißung die Geister geschieden. Man zweifelte, ob dieses Versprechen des Landes eindeutig und bedingungslos war und ob die Erfüllung überhaupt wörtlich zu verstehen war.

Amillenaristische und postmillenaristische Deutungen. Weil eine wörtliche Erfüllung des Versprechens eine Einnahme des Landes nach dem zweiten Kommen Jesu erfordern würde, müssen Amillenaristen und Postmillenaristen in Übereinstimmung mit ihrer allgemeinen Deutung der Prophetie einen Weg finden, damit eine wörtliche Interpretation dieser Verheißung vermieden wird. Im wesentlichen sind zwei Deutungsversuche gemacht worden.

Erstens: der heute üblichen amillenaristischen und postmillenaristischen Deutung zufolge ist die Verheißung nicht die eines buchstäblichen Landes, sondern vielmehr ein Versprechen des Himmels. Weil es im Alten Testament solch eine Deutung nicht gibt, beruft man sich auf Hebräer 11, 9.10, wo über Abraham gesagt wird: »Durch den Glauben ist er ein Fremdling gewesen in dem verheißenen Lande wie in einem fremden und wohnte in Zelten mit Isaak und Jakob , den Miterben derselben Verheißung. Denn er wartete auf die Stadt, die einen festen Grund hat, deren Baumeister und Schöpfer Gott ist.« Die Bezugnahme auf die Stadt wird allgemein als Hinweis auf das Neue Jerusalem in der Ewigkeit aufgefaßt. Zweifellos hatte Abraham solch eine ewige Hoffnung, obwohl dies nicht im einzelnen in der Genesis erwähnt wird. Dies berührt jedoch nicht die Verheißung des Landes, die gemäß wörtlicher Deutung in der Zeit und nicht in der Ewigkeit erfüllt werden wird. Abraham hoffte auf den Besitz des Landes im Millennium und auf eine Wohnung im Neuen Jerusalem in Ewigkeit.

Wenn man zur Stützung einer nicht wörtlichen Deutung der Verheißung nach einem Hinweis sucht, wird man bald feststellen, daß das Alte Testament in seinen vielen Wiederholungen der Verheißung immer voraussetzt, daß sie wörtlich zu verstehen ist und die Hoffnung der wörtlichen Erfüllung in sich birgt. Entsprechend haben einige Amillenaristen und Postmillenaristen einen zweiten Standpunkt eingenommen – nämlich, daß die Verheißung zwar wörtlich ist und Israel ein wörtlicher Besitz des Landes versprochen wurde, aber daß es ein Versprechen war, das an eine Bedingung geknüpft ist und das wegen Israels Ungehorsam nie in Erfüllung gehen wird.

An dieser Deutung ist schon etwas Wahres dran, denn Mose und die späteren Propheten haben die Kinder Israels gewarnt, sie würden aus dem Lande vertrieben, wenn sie Gott nicht gehorchten. Dies wurde sowohl in der assyrischen und babylonischen Gefangenschaft erfüllt als auch in der weltweiten Zerstreuung im Jahre 70 n. Chr. Die alttestamentliche Prophezeiung fährt jedoch fort, daß die Israeliten, obwohl sie zerstreut wurden, wieder gesammelt und in ihr Land gebracht würden. Dies wird deutlich werden, wenn wir spätere Wiederholungen dieser Verheißung im Alten Testament betrachten.

Der grundsätzliche Irrtum in dieser amillenaristischen Deutung besteht in dem Unvermögen, zu begreifen, daß, wie die Gemeinde durch die Gnade Gottes errettet ist, auch Israel wieder durch die Gnade Gottes gesammelt und wiederhergestellt werden wird, und dies hängt nicht von menschlicher Treue ab. Israel verdient es nicht, wiederhergestellt zu werden und ein Land zu besitzen, aber Gottes ursprüngliches Versprechen an Abraham war aus Gnade gegeben und bedingungslos. Obwohl die Menschen Israels aus dem Land vertrieben wurden, hatten sie auch die Verheißung, daß sie aus der ganzen Welt gesammelt werden würden.

Die prämillenare Deutung. Wer in der Bibel einen Hinweis auf ein irdisches Reich nach der Wiederkunft Jesu findet, wie es die Prämillenaristen tun, der kann die Verheißung des Landes wörtlich nehmen. Das heißt: Israel wird wirklich in der Zeit nach dem zweiten Kommen Jesu, wenn er auf Erden herrschen wird, das verheißene Land erhalten. Diese Deutung wird im ganzen Alten Testament bestätigt.

Die prämillenare Deutung stimmt auch mit Abrahams Verständnis überein. Gott hatte Abraham ursprünglich verordnet, Ur in Chaldäa zu verlassen und in das Land zu gehen, das er Abraham zeigen werde. Wenn das Land lediglich ein Bild des Himmels gewesen wäre, hätte Abraham in Ur in Chaldäa bleiben und an ein Stück Land im Neuen Jerusalem glauben können. Jedoch wurde das Land ein sehr wichtiger Faktor in Abrahams Verständnis der Prophezeiung. Der Besitz des Landes war offensichtlich mit der Frage verbunden, ob Abraham einen Erben haben würde, und die Erfüllung des Versprechens seiner Nachkommen ist mit der Verheißung des Landes verbunden.

Abraham wurde nicht nur die ursprüngliche Verheißung gegeben, sondern diese Verheißung wurde in seinem Leben in späteren Erfahrungen wiederholt bestätigt. Als Abraham sich von Lot trennte (1. Mose 13), sprach Gott zu Abraham: »Hebe deine Augen auf und sieh von der Stätte aus, wo du wohnst nach Norden, nach Süden, nach Osten und nach Westen. Denn all das Land, das du siehst, will ich dir und deinen Nachkommen geben für alle Zeit und will deine Nachkommenschaft machen wie den Staub auf Erden. Kann ein Mensch den Staub auf Erden zählen, der wird auch deine Nachkommen zählen« (Verse 14-16). Es sollte klar sein, daß diese Verheißung an Abraham sich auf ein geographisches Land bezog, das er wirklich mit seinen Augen sah, etwas, das zur Lebenszeit Abrahams niemals für das Neue Jerusalem zutreffen konnte. Weiter wurde dies Abraham bestätigt, als er zu fragen begann, ob er leibliche Nachkommen haben würde. Gott bestätigte ihm, daß er einen Erben haben werde, und sagte zu Abraham: »Sieh gen Himmel und zähle die Sterne; kannst du sie zählen? Und er sprach zu ihm: So zahlreich soll deine Nachkommenschaft sein« (15, 5).

Später am selben Tage bestätigte Gott seinen Bund mit Abraham über das Land in einer feierlichen Zeremonie, in der Blut vergossen wurde und die Grenzen des Landes genannt wurden, wie es in 1. Mose 15, 18 steht. »An dem Tage schloß der HERR einen Bund mit Abram und sprach: Deinen Nachkommen will ich dies Land geben, von dem Strom Ägyptens bis an den großen Strom Euphrat.« Es folgt eine Liste heidnischer Stämme, die damals in dem Gebiet wohnten. Der Himmel ist nicht einmal allegorisch als das Gebiet zwischen Ägypten und Euphrat beschrieben. Wenn eine Verheißung nicht wörtlich gedeutet wird, dann muß es eine gewisse Entsprechung zwischen der Verheißung und einer nicht wörtlich aufzufassenden Deutung geben, und in diesem Falle war das verheißene Land von heidnischen Stämmen bevölkert – was sicher nicht typisch für den Himmel ist.

Abraham bekam eine weitere Bestätigung des Versprechens zu der Zeit, da ihm angesagt wurde, daß Sara einen Sohn gebären würde. Damals sagte Gott: »Und ich will dir und deinem Geschlecht nach dir das Land geben, darin du ein Fremdling bist, das ganze Land Kanaan, zu ewigem Besitz, und will ihr Gott sein« (1. Mose 17, 8). Die folgende Geburt von Isaak (21, 1-3) betrachtete Abraham zweifellos als weitere Bestätigung nicht nur der Nachkommen, sondern auch des verheißenen Landes. Es ist bezeichnend, daß diejenigen, die an der amillenaristischen und postmillenaristischen Deutung festhalten, die Verheißung nicht durch die verschiedenen Bestätigungen dieser Verheißung hindurch verfolgen, weil die Betonung eindeutig auf der wörtlichen Erfüllung der Verheißung liegt.

Die Verheißung in Bezug auf Isaak und Jakob

Die Verheißung des Landes wird Isaak gegeben. Die Geburt Isaaks war eine Bestätigung der Absicht Gottes, Abraham Nachkommen zu geben. Isaak wurde auch zum verheißenen Samen anstelle Ismaels erwählt. Weitere Bestätigung findet man in der Tatsache, daß dem Isaak selbst in 1. Mose 26 die Verheißung des Landes wiederholt wurde, als Gott ihn warnte, nicht nach Ägypten zu gehen:

> »Bleibe als Fremdling in diesem Lande, und ich will mit dir sein und dich segnen; denn dir und deinen Nachkommen will ich alle diese Länder geben und will meinen Eid wahr machen, den ich deinem Vater Abraham geschworen habe,
> und ich will deine Nachkommen mehren wie die Sterne am Himmel und will deinen Nachkommen alle diese Länder geben. Und durch dein Geschlecht sollen alle Völker auf Erden gesegnet werden,
> weil Abraham meiner Stimme gehorsam gewesen ist und gehalten hat meine Rechte, meine Gebote, meine Weisungen und mein Gesetz« (Verse 3-5).

In dieser ganzen Verheißung wird Bezug auf das Land genommen, in dem Isaak wohnte, dasselbe Land, das seinen Nachkommen verheißen ist. Bemerkenswert ist, daß die Verheißung an Abrahams Gehorsam anknüpft, nicht an Isaaks, weil die Verheißung jetzt unabänderlich wird und der Erfüllung gewiß ist.

Die Verheißung bezüglich Jakobs. Wie Isaak in Abrahams Alter geboren wurde, so wurden Jakob und Esau geboren, als Isaak sechzig Jahre alt war. Die Bibel sagt klar, daß Jakob, der jüngere der Zwillinge, erwählt wurde, um der verheißene Erbe zu sein, und nicht Esau. Vor ihrer Geburt befragte Rebekka Gott wegen der Zwillinge, und Gott gab ihr zur Antwort:

> »Zwei Völker sind in deinem Leibe, und zweierlei Volk wird sich scheiden aus deinem Leibe;
> und ein Volk wird dem andern überlegen sein, und der Ältere wird dem Jüngeren dienen« (1. Mose 25, 23).

Wegen der Feindschaft zwischen Jakob und Esau, die dadurch entstand, daß Jakob Esaus Erstgeburtsrecht entwendete, sandte Rebekka Jakob in ihr Heimatland nach Haran, damit er sich dort eine Frau aus ihrer Verwandtschaft suchte.

Auf dem Weg nach Haran offenbarte sich Gott dem Jakob in einem Traum, wie in 1. Mose 28,12-15 berichtet wird:

»Und ihm träumte, und siehe, eine Leiter stand auf Erden, die rührte mit der Spitze an den Himmel, und siehe, die Engel Gottes stiegen daran auf und nieder.
Und der HERR stand oben darauf und sprach: Ich bin der HERR, der Gott deines Vaters Abraham, und Isaaks Gott; das Land, darauf du liegst, will ich dir und deinen Nachkommen geben.
Und dein Geschlecht soll werden wie der Staub auf Erden, und du sollst ausgebreitet werden gegen Westen und Osten, Norden und Süden, und durch dich und deine Nachkommen sollen alle Geschlechter auf Erden gesegnet werden.
Und siehe, ich bin mit dir und will dich behüten, wo du hinziehst, und will dich wieder herbringen in dies Land. Denn ich will dich nicht verlassen, bis ich alles tue, was ich dir zugesagt habe.«

Gott verhieß Jakob nicht nur Nachkommen, was in seinen zwölf Söhnen erfüllt wurde, sondern auch, daß der Rest des Bundes mit Abraham zur Erfüllung gelangen und allen Völkern der Erde Segen bringen werde. Im Einklang damit wiederholte Gott die Verheißung des Landes und gelobte, Jakob wieder dorthin zurückzubringen. Eine sorgfältige Untersuchung dieser Bibelstellen macht deutlich, daß die Verheißung des Landes wesentlich für den ganzen Bund mit Abraham war. Insofern Abraham ein großer Mann wurde, eine große Nachkommenschaft hatte und der ganzen Welt durch Christus Segen brachte, ist es vernünftig anzunehmen, daß der Rest des abrahamischen Bundes genauso wörtlich in Erfüllung gehen wird wie diese Vorhersagen. Die nicht wörtliche oder bedingte Deutung dieser Verheißungen wird von der Bibel nicht gestützt.

Die Verheißung des Landes

Der Aufbruch der Kinder Israels nach Ägypten. In Vorwegnahme der Tatsache, daß Israel nach Ägypten hinabziehen werde, hatte Gott dem Abraham gesagt: »Das sollst du wissen, daß deine Nachkommen werden Fremdlinge sein in einem Lande, das nicht das ihre ist; und da wird man sie zu dienen zwingen und plagen vierhundert Jahre. Aber ich will das Volk richten, dem sie dienen müssen. Danach sollen sie ausziehen mit großem Gut« (1. Mose 15, 13.14). Der Aufbruch aus dem Land und das Siedeln in Ägypten geschahen, als Josef seine Familie einlud, nach Ägypten zu kommen und dort während der Hungersnot zu wohnen. Wie die weitere Geschichte Israels zeigt, wurde in den vierhundert

Jahren, während der sie in Ägypten waren, aus einer Familie von siebzig Leuten ein Volk von drei Millionen.

Wenn man der Frage nachgeht, ob die Verheißung des Landes wörtlich war, muß man bedenken, daß die Verheißung des Zugs nach Ägypten wörtlich war, nicht geistlich. Israel wich nicht einfach nur geistlich von Gott ab, sie verließen leibhaftig das Land und zogen nach Ägypten. Es ist auch bemerkenswert, daß die Verheißung ihres Auszugs wörtlich war. Das Buch Exodus und die folgenden Bücher berichten von ihrem Aufbruch aus Ägypten und ihrer Ankunft im verheißenen Land.

Der leibhaftige Auszug Israels aus Ägypten ins verheißene Land wird in fünf größeren Büchern behandelt: Exodus, Numeri, Deuteronomium und Josua. Alle konservativen Ausleger der Schrift, amillenaristische, postmillenaristische und prämillenaristische müssen anerkennen, daß die Prophezeiung ihres Auszugs aus dem verheißenen Land in ein fremdes Land und ihre wörtliche Rückkehr eine geschichtliche Tatsache ist. Es ist auch kennzeichnend, daß die Bibel dieser Wanderung von über zwei Millionen Menschen von einem Land zum anderen vier Bücher widmet. In der Folge handelte Gott auf wunderbare Weise für sein Volk Israel und gab ihm die Grundlage für das mosaische Gesetz, das ihr Leben bestimmen sollte, bis Jesus Christus kam.

Die Berufung des Mose. Die ersten Kapitel des Buches Exodus berichten von der Geburt des Mose und zeichnen den Hintergrund der Knechtschaft Israels in Ägypten. Die vorhersehende Rettung des Mose und seine Adoption durch die Tochter des Pharao und seine gründliche Erziehung im königlichen Palast sollten ihn auf seine Führerschaft in Israel und als Schreiber des Pentateuch vorbereiten. Nachdem er aus Ägypten geflohen war, wohnte Mose vierzig Jahre in der Wüste, und dort erhielt er bei einem brennenden Busch den Ruf, zum Volk Israel zurückzukehren. Er wurde nur widerstrebend Führer des Volkes Gottes und erhielt bei seinem Disput mit dem Pharao die Hilfe seines Bruders Aaron.

Die Plagen Ägyptens. Den Hintergrund des Auszugs Israels aus Ägypten bildete eine Reihe wundersamer Plagen, die Gott über die Ägypter hereinbrechen ließ, ehe sie willens waren, die Kinder Israels ziehen zu lassen. In der Folge wurde Moses Führerschaft und Erwählung durch Gott bestätigt. Nach der zehnten Plage ließ der Pharao die Kinder Israels ziehen.

Die vierzig Jahre in der Wüste. Beim Auszug aus Ägypten erfuhr Israel das Wunder der Rettung durch das Rote Meer, in dem der Pharao mit seinem Heer umkam. Ihr Glaube wurde bald geprüft, als sie in der Wüste kein Wasser und kein Brot hatten. Aber Gott versorgte sie auf wunderbare Weise.

In der Wüste erhielt Israel das Gesetz des Mose, das sie über Jahrhunderte hinweg leiten sollte. Mit ihm kam die Ernennung der Priester, die Errichtung der Stiftshütte und das System der Opfer, die das Gesetz kennzeichnen. Trotz vieler

Beweise eines übernatürlichen Gottes, der für sie sorgte, als sie nach Kades-Barnea kamen, beging Israel einen verhängnisvollen Fehler, an Gottes Fähigkeit, ihnen das Land zu geben, das er ihnen verheißen hatte, zu zweifeln. Dies unterstreicht noch einmal, wie wichtig das Land in Gottes Programm für Israel war. Als sie die zwölf Spione aussandten, waren nur zwei, Josua und Kaleb, bereit, zu vertrauen, daß Gott dem Volk Israel das verheißene Land geben würde. Wegen ihres Unglaubens wurden die Israeliten dazu verdammt, vierzig Jahre lang in der Wüste umherzuwandern und die Entbehrungen des Wüstenlebens zu ertragen. Aber sie wurden wunderbar mit Manna vom Himmel und Wasser aus dem Felsen versorgt. Die Bibel berichtet über die vielen Versagen Israels, Gottes Verheißungen zu trauen, daß er für sie in Erfüllung seines Gelöbnisses sorgen und sie ins Land zurückbringen würde.

In Deuteronomium, wo Mose die wichtigsten Gesetze noch einmal in seinen späten Lebensjahren wiederholt, warnt Gott Israel feierlich, wie wichtig es ist, seinen Geboten zu gehorchen. Wenn Israel dem Gesetz gehorchte, erlaubte Gott ihnen, im Lande im Segen zu wohnen, den Gott über sie ausgießen würde, aber wenn sie nicht gehorchten, würde er sie aus dem Land vertreiben.

Die feierlichen Worte des Mose sind die tragische Prophezeiung der Vertreibung aus dem Lande, die Israel erfahren sollte:

> »Und wie sich der HERR zuvor freute, euch Gutes zu tun und euch zu mehren so wird er sich nun freuen, euch umzubringen und zu vertilgen, und ihr werdet herausgerissen werden aus dem Lande, in das du jetzt ziehst, es einzunehmen.
> Denn der HERR wird dich zerstreuen unter alle Völker von einem Ende der Erde bis ans andere, und du wirst dort anderen Göttern dienen, die du nicht kennst noch deine Väter: Holz und Steinen. Dazu wirst du unter jenen Völkern keine Ruhe haben, und deine Füße werden keine Ruhestatt finden. Denn der HERR wird dir dort ein bebendes Herz geben und erlöschende Augen und eine verzagende Seele,
> und dein Leben wird immerdar in Gefahr schweben; Nacht und Tag wirst du dich fürchten und deines Lebens nicht sicher sein. Morgens wirst du sagen: Ach daß es Abend wäre! und abends wirst du sagen: Ach daß es Morgen wäre! vor Furcht deines Herzens, die dich schrecken wird, und vor dem, was du mit deinen Augen sehen wirst« (5. Mose 28, 63-67).

Diese Verse wurden wörtlich erfüllt wie viele andere Verheißungen bezüglich des Landes. Die Bibel sagt eindeutig, daß, obwohl die letztendliche Inbesitznahme des Landes zur Zeit der Wiederkunft Jesu sicher erfüllt werden wird, der Besitz des Landes in jeder Generation Israels von der Gnade Gottes und dem Gehorsam Israels gegenüber ihrem Gesetz abhing.

Die Einnahme des Landes unter Josua. Wie das Buch Josua berichtet, durchquerten die Kinder Israels schließlich den Jordan von Osten her und begannen, das verheißene Land bei Jericho zu erobern. Wie Gott dem Josua gezeigt hatte, handelte er auf der Grundlage der abrahamischen Verheißung des Landes für Israel, aber der Besitz des Landes in seiner Generation hing ab von seinem Akt des Glaubens, es zu besitzen.

Gott sprach zu Josua: »Mein Knecht Mose ist gestorben, so mach dich nun auf und zieh über den Jordan, du und dies ganze Volk, in das Land, das ich ihnen, den Israeliten, gegeben habe. Jede Stätte, auf die eure Fußsohlen treten werden, habe ich euch gegeben, wie ich Mose zugesagt habe. Von der Wüste bis zum Libanon und von dem großen Strom Euphrat bis an das große Meer gegen Sonnenuntergang, das ganze Land der Hetiter, soll euer Gebiet sein. Es soll dir niemand widerstehen dein Leben lang. Wie ich mit Mose gewesen bin, so will ich auch mit dir sein. Ich will dich nicht verlassen noch von dir weichen« (Josua 1, 2-5).

Gottes Verheißung an Josua wurde in seinem Leben wörtlich erfüllt. Jeder Teil des Landes, den Israel einnahm, gehörte ihnen. Jedoch zeigt das Buch Josua klar, daß sie nicht alles verheißene Land einnahmen. In Josua 21, 43-45 heißt es: »So hat der HERR Israel das ganze Land gegeben, das er geschworen hatte, ihren Vätern zu geben, und sie nahmen's ein und wohnten darin...Es war nichts dahingefallen von all dem guten Wort, das der HERR dem Hause Israel verkündigt hatte. Es war alles gekommen.« Einige haben dies als vollkommene Erfüllung dessen zu deuten versucht, was Gott dem Abraham verheißen hatte. Das war aber nicht so. Die Verheißung des Besitzes war ein Versprechen ewigen Besitzes, das unter Josua nicht erfüllt wurde, da die Kinder Israel später wieder zerstreut wurden. Das Buch der Richter macht deutlich, daß sie noch immer viel Land erobern mußten. Gemäß Richter 1, 19 »war der HERR dennoch mit Juda, daß es das Gebirge einnahm; es konnte aber die Bewohner der Ebene nicht vertreiben, weil sie eiserne Wagen hatten.« In Richter 1, 21 steht: » Aber Benjamin vertrieb die Jebusiter nicht, die in Jerusalem wohnten, sondern die Jebusiter wohnen bei denen von Benjamin in Jerusalem bis auf diesen Tag.«

Nach Richter 1, 27 »vertrieb Manasse nicht Bet-Schean und seine Ortschaften noch Taanach und seine Ortschaften noch die Einwohner von Dor und seinen Ortschaften noch die Einwohner von Jibleam und seinen Ortschaften noch die Einwohner von Megiddo und seinen Ortschaften. So blieben die Kanaaniter dort im Lande wohnen.« Es heißt dann weiter, daß Israel die Kanaaniter nicht vertrieb (Vers 28). Ebenso blieben die Kanaaniter in Geser und die Kanaaniter in Kitron und Nahalol und viele andere, die in Richter 1, 29-35 aufgelistet sind, im Besitz des verheißenen Landes. Diejenigen, die im Lande übrig blieben, wurden für Israel zu Dornen, und ihre Altäre und falschen Götter wurden für Israel ein Fallstrick (Richter 2, 1-3).

Sieben Jahrhunderte, in denen Israel nur Teile des Landes besaß

Israels Probleme zur Zeit der Richter. Wie das Buch der Richter berichtet, ging Israel durch eine Reihe von Abfällen und Bekehrungen, wobei sie jedesmal tiefer sanken als zuvor. Folglich wurde die Verheißung des Landes nicht erfüllt.

Um Israels geistlicher Not zu begegnen, erweckte Gott den Propheten Samuel, der der letzte Richter wurde und der erste in der Reihe der Propheten war, und durch ihn wurde Israel in gewissem Maße zur Anbetung Gottes zurückgeführt. Am Ende seines Lebens salbte Samuel auf Gottes Geheiß Saul und später David zum König über Israel. Teilweise unter Saul, aber hauptsächlich durch David besaß Israel mehr Land denn je zuvor, und David errichtete ein glorreiches und wohlhabendes Königreich.

Israel unter Salomo. Unter Salomo wuchs das Reich Israels zu so großem Reichtum und erhielt allgemeine Anerkennung, wie es niemals zuvor und auch danach nicht wieder erreicht wurde. Der große Reichtum und der Einfluß Salomos wird in der Bibel beschrieben (1. Könige 1-5, 14; 2. Chronik 9, 13-28). »Und er war ein Herr über alle Könige vom Euphrat an bis zu dem Land der Philister und bis zu der Grenze Ägyptens« (2. Chronik 9, 26). Aufgrund dieser Stelle meinen einige Amillenaristen, daß hiermit die Verheißung des Landes an Abraham erfüllt wurde – das heißt, daß Salomo sein Reich über das gesamte Gebiet ausdehnte, das in 1. Mose 15, 18-21 verheißen wurde. Wenn man den Text sorgfältig liest, wird man jedoch erkennen, daß Salomo zwar das ganze Gebiet unter seine Herrschaft brachte, indem er von diesen Ländern Tribut forderte, aber sie waren nicht wirklich in den Staat Israel eingegliedert. Hierdurch wurde diesen Ländern der Abfall leicht gemacht, als Salomo starb und die Macht des Reiches abzunehmen begann. Auch wurde unter Salomo die Verheißung nicht erfüllt, denn das Land hätte ewiger Besitz werden sollen, und Salomos Einfluß war auf seine Regierungszeit beschränkt. Außerdem kann in der Zeit Salomos die Verheißung des Landes nicht erfüllt worden sein, da viele spätere Prophezeiungen eine zukünftige Erfüllung ansprechen. Die Verheißung des Landes in ihrer letztendlichen Erfüllung wird im ganzen Alten Testament nicht gefunden. Hebräer 11 spricht von den Männern des Glaubens, die auf die Erfüllung der Pläne und Absichten Gottes warteten, aber zu ihren Lebzeiten deren vollständige Erfüllung nicht sahen.

Israel nach Salomo. Nach der Regierungszeit Salomos wurde das Reich in ein Zehnstämme-Reich, Israel, und ein Zweistämme-Reich, Juda, geteilt. Israel wich weiter von Gott ab. Alle Könige des Zehnstämme-Reiches waren böse, und obwohl es gelegentliche Erweckungen im Zweistämme-Reich Juda gab, mußten die Propheten wiederholt die Warnung aussprechen, daß das Volk aus dem Lande vertrieben würde, wenn es nicht das Gesetz halte.

Die zweite Wegführung Israels

Die Warnung vor der Zerstreuung. Nach der ersten Wegführung Israels, der Reise Jakobs und seiner Familie nach Ägypten auf Einladung Josefs, warnten die Propheten vor einer möglichen zweiten Zerstreuung. Mose hatte den Grundsatz niedergeschrieben, daß jede Generation dem Gesetz gehorsam sein mußte, um das Land zu besitzen (5. Mose 28). In der Zeit des Abfalls Israels sagten die Propheten nun die assyrische Gefangenschaft voraus. Der Prophet Jesaja, der ungefähr von 740 bis 680 v.Chr. lebte, sagte die assyrische Gefangenschaft, die 722/721 v. Chr. stattfand, mit folgenden Worten voraus:

> »Weil dies Volk verachtet die Wasser von Siloah, die still dahinfließen, und in der Angst zerfließt vor Rezin und dem Sohn Remaljas,
> siehe, so wird der Herr über sie kommen lassen die starken und vielen Wasser des Stromes, nämlich den König von Assyrien und alle seine Macht, daß sie über alle ihre Ränder und über alle ihre Ufer gehen.
> Und sie werden einbrechen in Juda und wegschwemmen und überfluten, bis sie an den Hals reichen. Und sie werden ihre Flügel ausbreiten, daß sie dein Land, o Immanuel, füllen, so weit es ist« (8, 6-8).

Die assyrischen Heere werden wie die Wasser des Euphrat beschrieben, die seine Ufer überfluten und durch die Königreiche Israel und Juda hindurchströmen. Die Warnung wurde in Jesaja 10, 5.6 wiederholt: »Wehe Assur, der meines Zornes Rute und meines Grimmes Schrecken ist! Ich sende ihn wider ein gottloses Volk und gebe ihm Befehl wider das Volk, dem ich zürne, daß er's beraube und ausplündere und es zertrete wie Dreck auf der Gasse.«

Mitten in diese Prophezeiung der Eroberung Israels und der Gefangennahme seiner Bewohner durch die Assyrer gab Gott die Verheißung ihrer Rückkehr (Verse 20-27). Er sprach: »Ein Rest wird sich bekehren, ja, der Rest Jakobs, zu Gott, dem Starken« (Vers 21). Hier haben wir wieder die vertrauten Weissagungen über die Vertreibung aus dem Land und die Rückkehr in das Land, die beide in alttestamentlicher Zeit wörtlich erfüllt wurden.

Der Prophet Jeremia, der im siebenten Jahrhundert v. Chr. lebte, weissagte, Babylon werde die beiden übrigen Stämme erobern und in die Gefangenschaft wegführen. In einer Reihe von Begebenheiten prophezeite Jeremia dies klar im Gegensatz zu den falschen Propheten, die den König von Juda beruhigten, Babylon werde Juda nicht erobern. Jeremia weissagte:

> »Nun aber habe ich alle diese Länder in die Hand meines Knechtes Nebukadnezar, des Königs von Babel, gegeben und auch die Tiere auf dem Felde, daß sie ihm untertan sein sollen.

Und es sollen alle Völker ihm dienen und seinem Sohn und seines Sohnes Sohn, bis auch für sein Land die Zeit kommt, daß es vielen Völkern und großen Königreichen untertan sein muß.
Das Volk aber und das Königreich, das dem König von Babel, Nebukadnezar, nicht untertan sein will und das seinen Nacken nicht unter das Joch des Königs von Babel beugt, das will ich heimsuchen mit Schwert, Hunger und Pest, spricht der HERR, bis ich sie durch seine Hand umbringe.
So hört doch nicht auf eure Propheten, Wahrsager, Traumdeuter, Zeichendeuter und Zauberer, die euch sagen: Ihr werdet nicht untertan sein müssen dem König von Babel.
Denn sie weissagen euch Lüge, auf daß sie euch aus eurem Lande fortbringen und ich euch verstoße und ihr umkommt.
Aber das Volk, das seinen Nacken unter das Joch des Königs von Babel beugt und ihm untertan ist, das will ich in seinem Lande lassen, daß es dasselbe bebaue und bewohne, spricht der HERR« (27, 6-11).

Die Erfüllung der Prophezeiung der Zerstreuung. Jeremia weissagte nicht nur, daß die Babylonier kommen würden, sondern berichtete auch die historische Erfüllung, wie sie in Jeremia 39, 1.2. steht: »Und es geschah, daß Jerusalem erobert wurde. Denn im neunten Jahr Zedekias, des Königs von Juda, im zehnten Monat, kam Nebukadnezar, der König von Babel, und sein ganzes Heer vor Jerusalem und belagerte es. Und im elften Jahr Zedekias, am neunten Tage des vierten Monats, brach man in die Stadt ein.« Das Kapitel berichtet die tragische Gefangennahme Zedekias, die Tötung seiner Söhne vor seinen Augen und seine Blendung und Deportation nach Babylon (39, 5-7). Jeremia berichtet auch über die Zerstörung Jerusalems und die Einäscherung des Palastes (Verse 8-10). Dies geschah 605 v. Chr.

597 v. Chr. wurde eine größere Anzahl von Israeliten in die Gefangenschaft geführt, und schließlich wurde 586 v.Chr. der Tempel zerstört (2. Chronik 36, 14-21). Die jüdischen Führer wurden fast alle getötet, die Geräte des Tempels brachte man nach Babylon, und der Tempel und die Mauer Jerusalems wurden wie die Paläste und alles Wertvolle zerstört. 2. Chronik schließt damit, daß das Land siebzig Jahre Sabbatruhe hatte, die ihm von Juda versagt worden waren (36, 21). Es wird darin auch der Erlaß des Kyrus erwähnt, den er um 538 v. Chr. tätigte, der den Juden die Rückkehr erlaubte:

»Im ersten Jahr des Kyrus, des Königs von Persien, erweckte der HERR – damit erfüllt würde das Wort des HERRN durch den Mund Jeremias – den Geist des Kyrus, des Königs von Persien, daß er in seinem ganzen Königreich mündlich und auch schriftlich verkünden ließ:
So spricht Kyrus, der König von Persien: Der HERR, der Gott des Himmels,

hat mir alle Königreiche der Erde gegeben und hat mir befohlen, ihm ein Haus zu bauen zu Jerusalem in Juda. Wer nun unter euch von seinem Volk ist, mit dem sei der HERR, sein Gott, und er ziehe hinauf!« (36, 22.23).

Wieder sehen wir, wie die Prophetie wörtlich erfüllt worden ist. Wie Israel buchstäblich nach Ägypten ging und es buchstäblich verließ, so wurde es in die assyrische und babylonische Gefangenschaft geführt, aber ihm wurde auch verheißen, daß es wieder in sein Land zurückkehren sollte. Unabhängig von ihrem eschatologischen Standpunkt müssen alle Bibelausleger zugeben, daß diese Verheißungen wörtlich erfüllt wurden.

Die dritte und letzte Zerstreuung Israels

Im Alten Testament vorausgesagt. Wie Israels erste Zerstreuung nach Ägypten und zweite Zerstreuung nach Assyrien und Babylon und seine Rückkehr in sein Land erfüllt wurden, so sagte das Alte Testament eine dritte, weltweite Zerstreuung voraus, deren Ausmaß die früheren Zerstreuungen bei weitem übertraf. In der schon erwähnten Prophezeiung des Mose erklärt Gott: »Denn der HERR wird dich zerstreuen unter alle Völker von einem Ende der Erde bis ans andere« (5. Mose 28, 64). Die Weissagung beschreibt dann die Angst, Verfolgung und das Leid, das Israel widerfahren werde, wenn es in die ganze Welt zerstreut ist. Diese weltweite Zerstreuung wurde im Alten Testament jedoch nie erfüllt, da in der assyrischen und babylonischen Gefangenschaft die Zerstreuung auf diese Länder beschränkt blieb .

Im Neuen Testament vorhergesagt. Jesus sagte Israels schließliche Zerstreuung voraus, als er die Zerstörung des Tempels prophezeite:

»Wahrlich, ich sage euch: es wird hier nicht ein Stein auf dem andern bleiben, der nicht zerbrochen werde« (Matthäus 24, 2).

Jesus beschrieb anschaulich die Zerstörung Jerusalems, die der dritten Zerstreuung vorausgehen sollte:

»Wenn ihr aber sehen werdet, daß Jerusalem von einem Heer belagert wird, dann erkennt, daß seine Verwüstung nahe herbeigekommen ist. Alsdann, wer in Judäa ist, der fliehe ins Gebirge, und wer in der Stadt ist, gehe hinaus, und wer auf dem Lande ist, komme nicht herein.
Denn das sind die Tage der Vergeltung, daß erfüllt werde alles, was geschrieben ist.
Wehe aber den Schwangeren und den Stillenden in jenen Tagen! Denn es

wird große Not auf Erden sein und Zorn über dies Volk kommen, und sie werden fallen durch die Schärfe des Schwertes und gefangen weggeführt unter die Völker, und Jerusalem wird zertreten werden von den Heiden, bis die Zeiten der Heiden erfüllt sind« (Lukas 21, 20-24).

Die Erfüllung der dritten Zerstreuung. Diese Prophezeiungen wurden wie andere auch wörtlich erfüllt, und die Zerstörung Jerusalems fand im Jahre 70 n. Chr. statt. Dabei wurden die Juden entsetzlich verfolgt und Zehntausende getötet. Jesus sagte voraus, die Juden würden »unter alle Völker« zerstreut werden (Lukas 21, 24). Die Geschichte hat die traurige Erfüllung bestätigt.

Nach der Zerstörung Jerusalems im Jahre 70 n. Chr. wurden die Juden aus ihrem Land vertrieben, ihre Städte zerstört, ihre Obstgärten vernichtet, ihre Brunnen mit Steinen angefüllt. Man tat alles, um das Land unbewohnbar zu machen, so daß schließlich wahrscheinlich nicht einmal fünfzehntausend Juden im Lande übrig blieben. Der Rest wurde über die ganze Welt verstreut, ein Vorgang, der bis ins zwanzigste Jahrhundert andauerte. Sogar diese Zerstreuung setzte jedoch Israels zukünftige Sammlung voraus, denn Jesus sagte: »Jerusalem wird von den Heiden zertreten werden, bis die Zeiten der Heiden erfüllt sind« (Lukas 21, 24). Wie es bei den anderen Zerstreuungen geschah, würde diese weltweite Zerstreuung schließlich beendet werden und Israel in sein Land zurückkehren.

Die Prophezeiung der Sammlung Israels im verheißenen Land

Der Einwand der Amillenaristen zur zukünftigen Sammlung Israels. Wir haben die Ansicht der Amillenaristen, daß die Verheißung des Landes zur Zeit Josuas oder später zur Zeit Salomos erfüllt wurde, betrachtet und gesehen, daß sie unhaltbar ist. Spätere Prophezeiungen setzten eine zukünftige Erfüllung voraus, so daß die teilweisen Erfüllungen, die in der Bibel deutlich als teilweise herausgestellt werden, die Verheißung des abrahamischen Bundes nicht erfüllten.

Eine weitere Stelle, die dies bestätigt, findet sich in Nehemia 1, 8.9: »Gedenke aber doch des Wortes, das du deinem Knecht Mose gebotest und sprachst: Wenn ihr mir die Treue brecht, so will ich euch unter die Völker zerstreuen. Wenn ihr euch aber zu mir bekehrt und meine Gebote haltet und sie tut, so will ich, auch wenn ihr versprengt wäret bis an des Himmels Ende, euch doch von da sammeln und will euch bringen an den Ort, den ich erwählt habe, damit mein Name dort wohne.« Die grundlegende Tatsache, daß der Bund in Bezug auf das Land von der abrahamischen Verheißung stammt, wurde wiederholt. Außerdem wird uns gesagt, daß Gott sein Versprechen hält.

Es wird in dieser Stelle nicht gesagt, daß damals das gesamte Gebiet von Ägypten bis zum Euphrat im Besitz Israels war. Vielmehr trifft das ganze Gegenteil zu. Die ausgedehntesten Besitzungen hatte Israel zur Zeit Salomos, aber selbst dann war nicht das ganze Gebiet im Besitz Israels.

Alle diese Stellen im Alten Testament entbehren jedoch, wie bereits ausgeführt wurde, einer wichtigen Forderung – daß das Land dem Volke Israel für immer gegeben werden sollte und daß sie nicht mehr daraus vertrieben werden sollten (Amos 9, 13-15).

Weil diese Bibelstellen dem abrahamischen Bund nicht Genüge leisten, geben sich die meisten Amillenaristen damit zufrieden, die Verheißung des Landes zu vergeistlichen und dem Himmel gleichzusetzen oder den geistlichen Segnungen, die den Gläubigen in Christus zuteil werden. Diese Schlußfolgerung ist jedoch ebenso ohne biblische Grundlage, wie das Land im Alten Testament nie diese Bedeutung hat. Auch das Neue Testament, in dem die ewige Hoffnung auf das Neue Jerusalem hinzukommt, rechnet dies nicht als Erfüllung der Verheißung des Landes, das Abraham gegeben wurde. Vielmehr wird klar, daß die wörtlich zu nehmenden Verheißungen der Sammlung aus der dritten Zerstreuung noch zukünftiger Erfüllung harren.

Prophezeiungen von einer zukünftigen Sammlung Israels bei Jesaja. Die Verheißungen einer zukünftigen Sammlung Israels sind eingebettet in die Verheißung einer zukünftigen Herrschaft des Messias auf Erden. Diese Verheißungen finden sich in so vielen Bibelstellen, daß man nur darüber staunen kann, wie sehr man versucht hat, diese Weissagungen zu ignorieren oder wegzudiskutieren.

In der Beschreibung des messianischen Reiches in Jesaja 11, 1-12 heißt es:

> »Und der Herr wird zu der Zeit zum zweiten Mal seine Hand ausstrecken, daß er den Rest seines Volks loskaufe, der übriggeblieben ist in Assur, Ägypten, Patros, Kusch, Elam, Schinar, Hamat und auf den Inseln des Meeres.
> Und er wird ein Zeichen aufrichten unter den Völkern und zusammenbringen die Verjagten Israels und die Zerstreuten Judas sammeln von den vier Enden der Erde« (Verse 11.12).

Wie das herrliche Reich, das in diesem Kapitel beschrieben wird, zukünftig ist, so ist auch die Sammlung Israels noch zukünftig.

Jesaja sagt ferner: »Der HERR wird sich über Jakob erbarmen und Israel noch einmal erwählen und sie in ihr Land setzen« (14, 1). Jesaja 27, 13 sagt voraus, daß »die Verlorenen im Lande Assur kommen werden und die Verstoßenen im Lande Ägypten und werden den HERRN anbeten auf dem heiligen Berg zu Jerusalem.«

In den Versen 5 bis 7 des 43. Kapitels berichtet Jesaja dies Wort von Gott: »So fürchte dich nun nicht, denn ich bin bei dir. Ich will vom Osten deine Kinder bringen und dich vom Westen her sammeln, ich will sagen zum Norden: Gib her! und zum Süden: Halte nicht zurück! Bring her meine Söhne von ferne und meine Töchter vom Ende der Erde, alle, die mit meinem Namen genannt sind, die ich zu meiner Ehre geschaffen und zubereitet und gemacht habe.« Man beachte, daß dies die weltweite Sammlung beinhaltet, die nur eintreten konnte, nachdem im Jahre 70 n. Chr. die weltweite Zerstreuung stattfand. Jesaja beschreibt in Kapitel 60 die herrliche Regierung Christi: »Und dein Volk sollen lauter Gerechte sein. Sie werden das Land ewiglich besitzen« (Vers 21). Was bei der ersten und zweiten Sammlung Israels fehlte, war der ewige Besitz des Landes durch Israel. Dies wird in Erfüllung gehen bei seiner dritten und letzten Sammlung. Die Sammlung Israels »aus allen Völkern« wird noch einmal in Jesaja 66, 20 erwähnt.

Die Verheißung der zukünftigen Sammlung in Jeremia. Der Prophet Jeremia, der ein Jahrhundert nach Jesaja lebte, nahm häufig während des Abfalls der Könige Judas auf die Sammlung Israels Bezug. Hierdurch wird ein wichtiger Punkt bei der Rückkehr des Volkes Israel in sein Land betont – nämlich, daß es in sein Land nicht zurückkehren würde, weil es das verdiente, sondern weil es unter der Gnade Gottes steht. Sogar in seinem Abfall erinnerte Gott sein Volk daran, daß es wieder gesammelt werde:

> »Darum siehe, es kommt die Zeit, spricht der HERR, daß man nicht mehr sagen wird: ›So wahr der HERR lebt, der die Israeliten aus Ägypten geführt hat‹,
> sondern: ›So wahr der HERR lebt, der die Israeliten geführt hat aus dem Lande des Nordens und aus allen Ländern, wohin er sie verstoßen hatte.‹ Denn ich will sie zurückbringen in das Land, das ich ihren Vätern gegeben habe.
> Siehe, ich will viele Fischer aussenden, spricht der HERR, die sollen sie fischen; und danach will ich viele Jäger aussenden, die sollen sie fangen auf allen Bergen und auf allen Hügeln und in allen Felsklüften« (16, 14-16).

Dieses Bibelzitat bringt vehement zum Ausdruck, daß die Sammlung aus allen Ländern geschehen wird und daß sie vollständig sein wird; jeder Israelit wird in sein angestammtes Land zurückgebracht. Nach Hesekiel 20, 33-38 werden die Ungläubigen ausgerottet, aber der gläubige Überrest Israels darf das verheißene Land betreten. Diese Verheißung ist offensichtlich bis zur Stunde nicht eingetreten. Bei der ersten Zerstreuung verließen alle Kinder Israels Ägypten, aber es ist fraglich, ob alle, die bei der zweiten Zerstreuung nach Assyrien und Babylon gingen, auch zurückkehrten. Bei der letzten Sammlung jedoch wird jeder Israelit in sein altes Land zurückgebracht werden.

Eine der umfassendsten Prophezeiungen über Israels Sammlung in Verbindung mit der zukünftigen Herrschaft Christi auf Erden steht in Jeremia 23, 5-8:

> »Siehe, es kommt die Zeit, spricht der HERR, daß ich dem David einen gerechten Sproß erwecken will. Der soll ein König sein, der wohl regieren und Recht und Gerechtigkeit im Lande üben wird.
> Zu seiner Zeit soll Juda geholfen werden und Israel sicher wohnen. Und dies soll sein Name sein, mit dem man ihn nennen wird: ›Der HERR unsere Gerechtigkeit.‹
> Darum siehe, es wird die Zeit kommen, spricht der HERR, daß man nicht mehr sagen wird: ›So wahr der HERR lebt, der die Israeliten aus Ägyptenland geführt hat!‹,
> sondern: ›So wahr der HERR lebt, der die Nachkommen des Hauses Israel herausgeführt und hergebracht hat aus dem Lande des Nordens und aus allen Landen, wohin er sie verstoßen hatte.‹ Und sie sollen in ihrem Lande wohnen.«

In diesem Abschnitt steht die letzte Sammlung Israels in Verbindung mit der Herrschaft Christi auf Erden, einer Zeit, da das Königtum von Juda und Israel wiederhergestellt wird. Die Sammlung Israels wird im Gegensatz zu der Sammlung aus Ägypten stehen und wird »aus allen Landen, wohin er (Gott) sie verstoßen hat«, geschehen (Jeremia 23, 8). Dies ist natürlich noch nicht in Erfüllung gegangen und verlangt wörtliche Erfüllung in der Zukunft.

Eine weitere umfassende Erklärung dieser Sammlung Israels findet sich in Jeremia 30, 8-11, die auf einen Abschnitt über die Große Trübsal (Verse 5-7) folgt, aus der Jakob erlöst werden wird. Gott verheißt, Israel von seinen Unterdrückern zu befreien:

> »Es soll aber geschehen zu dieser Zeit, spricht der HERR Zebaoth, daß ich das Joch auf deinem Nacken zerbrechen will und deine Bande zerreißen. Sie werden nicht mehr Fremden dienen,
> sondern dem HERRN, ihrem Gott, und ihrem König David, den ich ihnen erwecken will.
> Darum fürchte du dich nicht, mein Knecht Jakob, spricht der HERR, und entsetze dich nicht, Israel. Denn siehe, ich will dich erretten aus fernen Landen und deine Nachkommen aus dem Lande ihrer Gefangenschaft, daß Jakob zurückkehren soll und in Frieden und Sicherheit leben, und niemand soll ihn schrecken.
> Denn ich bin bei dir, spricht der HERR, daß ich dir helfe. Denn ich will mit allen Völkern ein Ende machen, unter die ich dich zerstreut habe; aber mit

dir will ich nicht ein Ende machen. Ich will dich mit Maßen züchtigen, doch ungestraft kann ich dich nicht lassen« (Jeremia 30, 8-11).

Die Sammlung Israels stimmt mit Gottes Absicht überein, das Volk nicht zu vernichten, sondern ewig zu bewahren. In Jeremia 31, 10-14, einer weiteren ausführlichen Bibelstelle, wird von der Rückkehr Israels in sein Land gesprochen.

Die Zeit der Sammlung Israels wird die Erfüllung des neuen Bundes für Israel mit sich bringen (Jeremia 31, 31-37), wovon wir gesondert im Kapitel 17 sprechen werden.

Die Zeit der Sammlung Israels wird gemäß Jeremia 31, 38-40 eintreten, wenn Jerusalem wieder gebaut wird:

»Siehe, es kommt die Zeit, spricht der HERR, daß die Stadt des HERRN gebaut werden wird vom Turm Hananel an bis ans Ecktor;
und die Meßschnur wird weiter geradeaus gehen bis an den Hügel Gareb und sich nach Goa hin wenden.
Und das ganze Tal der Leichen und der Asche und die Hänge bis zum Bach Kidron, bis zu der Ecke am Roßtor im Osten, wird dem HERRN heilig sein.
Und die Stadt wird niemals mehr eingerissen und abgebrochen werden.«

Es ist sehr bezeichnend, daß der Teil der Stadt, der hier beschrieben wird, in der alten Geschichte Israels ein Ort für den Müllhaufen und die Leichen war. Erst im zwanzigsten Jahrhundert hat Israel dieses Gebiet von Jerusalem wieder eingenommen und aus einem Müllhaufen ein Gebiet gemacht, in dem schöne Wohnungen gebaut wurden. Demnach weist auch die Erfüllung dieser Verheißung, da sie Ereignisse des zwanzigsten Jahrhunderts betrifft, auf eine Zukunft hin, in der Israel wieder gesammelt wird. Man beachte auch die wichtige Feststellung: Die Stadt wird niemals mehr eingerissen und abgebrochen werden (Jeremia 31, 40). Es ist dies eine bemerkenswerte Verheißung, die anzeigt, daß das gegenwärtige Zeitalter dem Ende zugeht und die zukünftige Wiederherstellung Israels naht. Da Jerusalem viele Male zerstört und wieder aufgebaut wurde, steht diese Verheißung noch aus.

Noch eine ausführliche Weissagung der Sammlung Israels findet sich in Jeremia 32, 37-44:

»Siehe, ich will sie sammeln aus allen Ländern, wohin ich sie verstoßen in meinem Zorn, Grimm und großen Unmut, und will sie wieder an diesen Ort bringen, daß sie sicher wohnen sollen.
Sie sollen mein Volk sein, und ich will ihr Gott sein.
Und ich will ihnen einerlei Sinn und einerlei Wandel geben, daß sie mich

fürchten ihr Leben lang, auf daß es ihnen wohlgehe und ihren Kindern nach ihnen.
Und ich will einen ewigen Bund mit ihnen schließen, daß ich nicht ablassen will, ihnen Gutes zu tun, und will ihnen Furcht vor mir ins Herz geben, daß sie nicht von mir weichen.
Es soll meine Freude sein, ihnen Gutes zu tun, und ich will sie in diesem Lande einpflanzen, ganz gewiß, von ganzem Herzen und von ganzer Seele.
Denn so spricht der HERR: Gleichwie ich über dies Volk all dies große Unheil habe kommen lassen, so will ich auch alles Gute über sie kommen lassen, das ich ihnen zugesagt habe.
Und es sollen Äcker gekauft werden in diesem Lande, von dem ihr sagt: ›Eine Wüste ist's ohne Menschen und Vieh; es ist in der Chaldäer Hände gegeben.‹
Man wird Äcker um Geld kaufen und verbriefen, versiegeln und Zeugen dazu nehmen im Lande Benjamin und um Jerusalem her und in den Städten Judas, in den Städten auf dem Gebirge, in den Städten des Hügellandes und in den Städten des Südlandes; denn ich will ihr Geschick wenden, spricht der HERR.«

Hier kommen alle vertrauten Verheißungen vor – nämlich, daß die Israeliten »aus allen Ländern, wohin (Gott) sie verstoßen in (seinem) Zorn« (Vers 37), gesammelt werden. Wenn sie zurückgekehrt sind, werden »sie sicher wohnen« (Vers 37). Gottes Güte und Gnade ihnen gegenüber wird nicht aufhören (Vers 40). Im Zusammenhang mit den anderen Zitaten Jeremias ist es klar, daß sich dies auf die letzte Sammlung bezieht.

Prophezeiung der zukünftigen Sammlung bei Hesekiel. Hesekiel gibt ein bestätigendes Wort über die Zukunft Israels. Nachdem er das reinigende Gericht über Israel beschrieben hat, in dem die Übeltäter gehindert werden, das Land zu betreten (20, 33-38), zitiert Hesekiel den HERRN: »Und ihr werdet erfahren, daß ich der HERR bin, wenn ich euch ins Land Israel bringe, in das Land, über das ich meine Hand erhob zu dem Schwur, es euren Vätern zu geben« (Vers 42).

In Hesekiel 34, 13 berichtet der Prophet folgendes Wort des HERRN: »Ich will sie aus allen Ländern sammeln und will sie in ihr Land bringen und will sie weiden auf den Bergen Israels, in den Tälern und an allen Plätzen des Landes.«

In Verbindung mit Hesekiels Verheißung der Wiederherstellung des Volkes Israel im Tal der Totengebeine wurde eine weitere Verheißung gegeben: »So spricht der HERR: Siehe, ich will die Israeliten herausholen aus den Heiden, wohin sie gezogen sind, und will sie von überall her sammeln und wieder in ihr Land bringen und will ein einziges Volk aus ihnen machen im Land auf den Bergen Israels, und sie sollen allesamt **einen** König haben und sollen nicht mehr zwei Völker sein und nicht mehr geteilt in zwei Königreiche (37, 21.22).

Im Zusammenhang mit dieser Verheißung erklärte der HERR: » Und mein Knecht David soll ihr König sein und der einzige Hirte für sie alle. Und sie sollen wandeln in meinen Rechten und meine Gebote halten und danach tun. Und sie sollen wieder in dem Lande wohnen, das ich meinem Knecht Jakob gegeben habe, in dem eure Väter gewohnt haben. Sie und ihre Kinder und Kindeskinder sollen darin wohnen für immer, und mein Knecht David soll für immer ihr Fürst sein« (37, 24.25).

Die Bezugnahme auf die Regierung Davids über Israel weist klar auf eine zukünftige Wiederherstellung Israels und ein zukünftiges Reich hin, das noch nicht erfüllt wurde. Wenn auch einige versucht haben, diese Verheißung zu vergeistigen, damit sie nicht wörtlich aufgefaßt wird, so lehrt diese Bibelstelle doch eindeutig, daß David mit Christus regieren und über die Kinder Israel im Tausendjährigen Reich herrschen wird. Dies wird auch in Hesekiel 34, 23.24 bestätigt: »Ich will ihnen einen einzigen Hirten erwecken, der sie weiden soll, nämlich mein Knecht David. Der wird sie weiden und soll ihr Hirte sein, und ich, der HERR, will ihr Gott sein, aber mein Knecht David soll der Fürst unter ihnen sein; das sage ich, der HERR.« Während Jesus Christus als König der Könige und Herr der Herren König über die ganze Erde und Regent über Israel sein wird, wird David offensichtlich den Thron mit ihm teilen, soweit es das Reich Israel betrifft. Da David vor dem Millennium auferweckt wird, ist dies verständlich und liefert zugleich eine sinnvolle Erklärung dieser Stelle.

In Hesekiel 39, 25-29 gab der Prophet eine weitere bemerkenswerte Verheißung über das Ausmaß der Sammlung Israels. Zuerst erklärte der HERR: » Nun will ich das Geschick Jakobs wenden und mich des ganzen Hauses Israel erbarmen und um meinen heiligen Namen eifern« (Vers 25). Dann sagte er weiter:

> »Wenn ich sie aus den Völkern zurückgebracht und aus den Ländern ihrer Feinde gesammelt und an ihnen vor den Augen vieler Heiden gezeigt habe, daß ich heilig bin.
> Dann werden sie erkennen, daß ich, der HERR, ihr Gott bin, der ich sie unter die Heiden weggeführt habe und wieder in ihr Land sammle und nicht **einen** von ihnen dort zurücklasse.
> Und ich will mein Angesicht nicht mehr vor ihnen verbergen; denn ich habe meinen Geist über das Haus Israel ausgegossen, spricht Gott der HERR« (Verse 27-29).

Bemerkenswert an dieser Prophezeiung ist nicht nur, daß die Israeliten aus allen Ländern gesammelt werden, sondern daß der HERR sie »wieder in ihr Land« sammelt »und nicht **einen** von ihnen dort« zurückläßt (Vers 28). Dieselbe Wahrheit wird in Jeremia 16, 14-16 ausgesprochen. Weil dies in keiner der früheren Sammlungen erfüllt wurde, handelt es sich hierbei offensichtlich um eine dritte, zukünftige Sammlung im Zusammenhang mit dem zweiten Kommen Jesu.

Es wäre wohl unnötig, alle Stellen zu behandeln, die sich auf die zukünftige Sammlung beziehen, wenn nicht die Amillenaristen eine zukünftige Sammlung Israels trotz dieser vielen eindeutigen Verheißungen leugneten, die in den Kontext des zukünftigen Reiches auf Erden eingebettet sind.

Die Verheißung einer zukünftigen Sammlung in den Kleinen Propheten. Was in Jesaja, Jeremia und Hesekiel betont wurde, findet sich auch bei den Kleinen Propheten. Nach Hosea 3, 4.5 werden »die Israeliten lange Zeit ohne König und ohne Obere bleiben, ohne Opfer, ohne Steinmal, ohne Efod und ohne Hausgott. Danach werden sich die Israeliten bekehren und den HERRN, ihren Gott, und ihren König David suchen und werden mit Zittern zu dem HERRN und seiner Gnade kommen in der letzten Zeit.« Hosea erkennt, daß der Thron Israels viele Jahre leerstehen wird und Opfer aufhören werden; dennoch bestätigt auch er, daß Israel zu Gott und zu seinem König David zurückkehren wird, was sich offensichtlich auf die prophetische Erklärung bezieht, daß David mit Christus im Tausendjährigen Reich auf dem Thron sitzen wird. Joel fügte sein prophetisches Wort zu dieser Thematik hinzu, nachdem er anschaulich die vorausgehenden Gerichte Gottes beschrieb: »Juda soll für immer bewohnt werden und Jerusalem für und für. Und ich will ihr Blut nicht ungesühnt lassen« (Joel 4, 20.21). Amos prophezeite nach einer langen Liste der Sünden Israels und dem Gericht Gottes über sie dennoch einen Tag der Wiederherstellung für Israel (9, 11-15). Er nannte dies die Aufrichtung der »zerfallenen Hütte Davids« (Vers 11). Er malte den Überfluß an Getreide an jenem Tage aus und schloß dann: »Ich will die Gefangenschaft meines Volkes Israel wenden, daß sie die verwüsteten Städte wieder aufbauen und bewohnen sollen, daß sie Weinberge pflanzen und Wein davon trinken, Gärten anlegen und Früchte daraus essen. Denn ich will sie in ihr Land pflanzen, daß sie nicht mehr aus ihrem Land ausgerottet werden, das ich ihnen gegeben habe, spricht der HERR, dein Gott« (Verse 14.15).

Die verheißene Wiederherstellung Israels wird den Wiederaufbau der alten Städte, das Pflanzen von Weinbergen und das Anlegen von Gärten einschließen. Einige dieser Weissagungen erfüllen sich gerade jetzt. Der letzte Vers sagt klar, daß Israel in sein Land gesetzt und nie wieder daraus vertrieben wird. In gleicher Weise wie auf die erste und zweite Zerstreuung eine dritte folgen sollte, ist diese Sammlung die letzte und Teil der Verheißungen für das Reich, die Israel in Verbindung mit dem zweiten Kommen Jesu gegeben wurden. Diese Verheißung ist bisher selbstverständlich nicht wörtlich erfüllt worden.

Diesen Verheißungen der zukünftigen Wiederherstellung Israels in seinem Land kann die aus Obadja 17-21 hinzugefügt werden, daß Israel das Land besitzen wird. Auch Micha malte ein Bild dieses zukünftigen Königreiches (4, 1-8). In diesem Abschnitt wird im Blick auf die Zukunft beschrieben, wie Israel zur

Ruhe gekommen ist, in Frieden und Sicherheit lebt und seine Weinstöcke und Feigenbäume pflanzt. Seine zukünftige Wiederherstellung wird auf den abrahamischen Bund bezogen (Micha 7, 20). Zefanja schrieb ein Kapitel über Israels zukünftige Sammlung in seinem alten Land (Kapitel 3). In Sacharja wird die Rückkehr des Volkes Israel aus den Ländern des Ostens und Westens beschrieben (Sacharja 8, 7.8). Zur Bestätigung, daß dies eine Verheißung für das zukünftige Königreich ist, wird Jerusalem als Hauptstadt der Erde bezeichnet (Vers 22). In Sacharja 14 ist vom zweiten Kommen Jesu und dem darauffolgenden Tausendjährigen Reich die Rede. Dies schließt notwendig die Erfüllung der Verheißungen des Landes ein.

Wichtige Schlußfolgerungen. Bezüglich der Verheißungen des Landes für Israel können bestimmte Schlußfolgerungen gezogen werden. 1. Israel hat offensichtlich das Land nicht ständig besessen, sondern wurde nach zwei vorhergehenden Sammlungen zerstreut. 2. Aufgrund eindeutiger Verheißungen der Propheten wird Israel aus der dritten Zerstreuung gesammelt werden und während des Tausendjährigen Reiches in seinem Land sein. 3. Die Verheißungen, die Israel gegeben wurden, werden eindeutig nicht von der Gemeinde oder den Heiden erfüllt. 4. Die Verheißung muß von dem leiblichen Samen Jakobs erfüllt werden – im Einklang mit dem abrahamischen Bund. 5. Da die Verheißung des Besitzes zeitlich unbegrenzt ist, bezieht sie sich offenbar auf ein zukünftiges Reich; denn jeder vorherige Besitz des Landes endete mit der Zerstreuung. Wenn Israel das Land einnehmen wird, dann ist auch die prämillenale Sicht der Wiederkunft Jesu richtig.

9 Der davidische Bund: Das zukünftige davidische Königreich

Mit den vielen Verheißungen für Israel in Bezug auf das Land gehen Verheißungen über das davidische Königreich einher. Wie die Verheißungen des Landes sind die Verheißungen des Königreiches oft vergeistigt oder nicht wörtlich gedeutet worden, wobei man auch versuchte, ihre Erfüllung im gegenwärtigen Zeitalter zu finden. Wieder entsteht die Frage, ob Prophezeiungen wörtlich zu deuten sind. Und dies wiederum wirft die Frage auf, ob Prophezeiungen für Christen sich in der prophetischen Zukunft erfüllen müssen.

Frühe Prophezeiungen des zukünftigen Königreiches

Das Königreich, das dem David verheißen wurde, ist von Bedeutung, weil es die Geschichte der Vergangenheit und auch die Weissagung der Zukunft erklärt. Die entscheidende Frage ist, ob es ein zukünftiges davidisches Königreich auf Erden geben wird, das mit der Wiederkunft Christi einsetzt, wie es Prämillenaristen lehren.

Frühe Prophezeiungen bringen den Bund mit Abraham in Zusammenhang mit der Verheißung zukünftiger Könige und Königreiche. In 1. Mose 17, 6 sagt Gott in Verbindung mit der Bestätigung der Verheißung, daß viele Völker von Abraham abstammen werden: »Ich will dich sehr fruchtbar machen, und auch Könige sollen von dir kommen.« Die Verheißung an Abraham wurde bezüglich der Geburt Isaaks wiederholt: »Ich will sie (Sara) segnen, und auch aus ihr will ich dir einen Sohn geben; ich will sie segnen, und Völker sollen aus ihr werden und Könige über viele Völker« (Vers 16).

Diese Verheißungen gingen später auf Isaak (1. Mose 26, 2-5) und Jakob (28, 13-15) über. Später wurde die Verheißung eingeengt auf Juda, den Sohn Jakobs: »Es wird das Zepter von Juda nicht weichen noch der Stab des Herrschers von seinen Füßen, bis daß der Held komme, und ihm werden die Völker anhangen« (49, 10). Diese Prophezeiung begrenzt nicht nur die Erfüllung auf Juda und seine Nachkommen, sondern setzt bereits das Kommen Jesu voraus, dem die Macht des wahren Königs zukommt. Aus diesen Stellen geht hervor, daß die Vorstellung eines zukünftigen Königreiches ein wichtiger Aspekt des abrahamischen Bundes ist.

Die Verheißung des Königreiches wurde David offenbart

Die Vorkehrungen des Bundes Gottes mit David über sein zukünftiges Königtum werden in 2. Samuel 7 und 1. Chronik 17 mit nur geringfügigen Abweichungen erklärt. Der Anlaß für den Bund war Davids Wunsch, dem Herrn einen Tempel zu bauen. Er hatte einen herrlichen Palast für sich selbst errichtet, aber die Bundeslade war immer noch in der Stiftshütte, die Gott während der Wüstenwanderung zu bauen befohlen hatte. Als David den jungen Propheten Nathan davon unterrichtete, ermunterte dieser ihn sofort, aber Nathan hatte nicht Gott gefragt. Gott mußte Nathan auffordern, zu David mit einer anderen Botschaft des Planes Gottes für ihn zurückzukehren. Das Ergebnis war eine größere Offenbarung des Planes Gottes für David, der vorsah, daß Davids Sohn, der noch nicht geboren war, den Tempel bauen sollte und daß Gott für David sogar noch etwas Größeres tun werde. Er würde für ihn ein Haus errichten, nicht aus vergänglichem Material, sondern ein Haus im Sinne von Nachkommen, die Gott segnen würde. Der davidische Bund schloß eine Anzahl wichtiger Ankündigungen ein.

David wurde ein Sohn verheißen. Gott hält einleitend zu seiner Offenbarung mit David Rückschau, wie er ihn von seiner Schafherde geholt hatte, um Gottes Volk zu weiden. Gott erinnerte David daran, daß er ihm nie aufgetragen habe, er solle dem Herrn ein Haus oder einen Tempel bauen. David war gesegnet worden. Gott hatte seine Feinde aus dem Wege geräumt und wollte nun Davids Namen groß machen (2. Samuel 7, 9). Gottes Absicht bei Davids Siegen war, für das Volk Israel eine sichere Heimstätte zu schaffen, wo es nicht von den Feinden bedrängt wurde (Vers 10).

Gott erklärte dem David: »Wenn nun deine Zeit um ist und du dich zu deinen Vätern schlafen legst, will ich dir einen Nachkommen erwecken, der von deinem Leibe kommen wird; dem werde ich sein Königtum bestätigen« (Vers 12). Dieser Sohn war Salomo, und Gott verhieß, daß er das Königtum Salomos bestätigen werde.

Davids Sohn werde den Tempel bauen. Zusätzlich zur Bestätigung des Königtums Salomos wollte Gott Salomo bevollmächtigen, den Tempel zu bauen: »Der soll meinem Namen ein Haus bauen; und ich will seinen Königsthron bestätigen ewiglich« (2. Samuel 7, 13). Im Gegensatz zu Saul, der verstoßen wurde, weil er sich vom Herrn abwandte, wurde Salomo verheißen, daß Gott seine Liebe nicht von ihm wenden würde, wie er sie von Saul gewandt hatte, selbst wenn

Salomo falsch handelte: »Ich will sein Vater sein, und er soll mein Sohn sein. Wenn er sündigt, will ich ihn mit Menschenruten und mit menschlichen Schlägen strafen; aber meine Gnade soll nicht von ihm weichen, wie ich sie habe weichen lassen von Saul, den ich vor dir weggenommen habe« (Verse 14.15).

Thron und Königtum Davids sollten für immer bestätigt werden. Der Bund stellt jedoch über David folgendes fest: »Aber dein Haus und dein Königtum sollen beständig sein in Ewigkeit vor mir, und dein Thron soll ewiglich bestehen« (2. Samuel 7, 16).

Diese Prophezeiung ist äußerst genau. Wie wir schon in einem früheren Kapitel zeigten, sollte Salomos Linie leiblich in Josef enden, dem Ehemannn der Maria, wodurch Jesus Christus, sein rechtmäßiger Sohn, das Recht auf den Thron hatte. Maria sollte jedoch von David durch einen anderen Sohn abstammen, Nathan (der nicht mit dem Propheten Nathan verwechselt werden darf), und deshalb eine andere leibliche Linie haben. Diese wird beim davidischen Bund in Betracht gezogen. Salomo wurde verheißen, daß sein Thron ewig währen würde, aber nicht sein Haus, im Gegensatz zu David, dessen Thron und Haus ewig bleiben sollten. Dieser Bund führt demnach die Abstammungslinie von David bis Christus ein, woraus der Schluß zu ziehen ist, daß Jesus Christus die letztendliche Erfüllung dieser Verheißung an David ist.

Wie David den Bund verstand. Als der Bund mit David angekündigt wurde,

> »kam der König David und setzte sich vor dem HERRN nieder und sprach: Wer bin ich, Herr HERR, und was ist mein Haus, daß du mich bis hierher gebracht hast?
> Aber nun hast du das noch für zu wenig gehalten, Herr HERR, und hast dem Hause deines Knechtes sogar für die ferne Zukunft Zusagen gegeben, und das nach Menschenweise, Herr HERR!
> Und was soll David noch mehr reden mit dir? Du kennst ja deinen Knecht, Herr HERR!
> Um deines Wortes willen und nach deinem Herzen hast du alle diese großen Dinge getan, um sie deinem Knecht kundzutun« (2. Samuel 7, 18-21).

David drückte aus, daß er den Bund verstand: »Du hast dir dein Volk Israel zubereitet, dir zum Volk für ewig, und du, HERR, bist ihr Gott geworden« (Vers 24). Aus den folgenden Versen geht klar hervor, daß David begriff, daß diese Verheißung ewig gültig sei (Verse 26.29). Und in Vers 24 wird deutlich ausgesagt, daß David glaubte, das Volk Israel und seine eigenen Nachkommen würden ewigen Bestand haben (Vers 24).

Es ist wichtig zu bemerken, daß Davids Verständnis des Bundes war, daß er sich auf das Volk Israel und nicht auf irgendein Volk bezog, und daß er sich auf seine leiblichen Nachkommen bezog. David war überwältigt davon, daß Gott solch eine weitreichende Verheißung offenbarte: »Herr HERR, du hast dem Hause deines Knechtes sogar für die ferne Zukunft Zusagen gegeben, und das nach Menschenweise, Herr HERR!« (2. Samuel 7, 19). David verwechselte auch nicht seinen eigenen Thron mit dem seiner leiblichen Nachkommen und den Thron Gottes im Himmel nicht mit dem Volk Gottes insgesamt. Der häufig vorgenommene Versuch, diese Verheißung so umzudeuten, daß sie sich auf den himmlischen Thron bezieht und auf jeden Gläubigen statt auf den politischen Thron Davids und seine Nachkommen, rührt daher, etwas in diese Stelle hineinzulesen, was sie gar nicht aussagt und ihr tatsächlich widerspricht. Der Thron Davids ist ein irdischer Thron in Israel, nicht ein himmlischer, auf dem David niemals saß.

Die Verheißungen des Königreiches sind im Alten Testament bestätigt

Die amillenare Deutung des Königreiches. Konservative Amillenaristen deuten den Bund mit David als einen, der mit dem Volk Gottes, das heißt, mit der Gemeinde abgeschlossen wurde. Damit setzen sie den Thron Davids mit dem Thron Gottes im Himmel gleich, und sie halten das Volk Israel, das von David regiert wurde, nicht für Israel. Wenn man die Bestätigung des Bundes im Alten Testament jedoch näher betrachtet, findet sich nirgends ein Hinweis darauf, daß dies das richtige Verständnis des Bundes ist. Vielmehr drückt die Bibel deutlich aus, daß die Verheißung und ihre Erfüllung sich auf die Linie der leiblichen Nachkommen Davids bezieht, die in Christus und dem Volk Israel, den Nachkommen Jakobs, erfüllt wird. Es gibt keine andere schriftgemäße Deutung als die wörtliche. Die Bestätigung des davidischen Bundes im Alten Testament bekräftigt den davidischen Charakter der Verheißung.

Die Verheißung des Königtums ist bedingungslos und der wörtlichen Erfüllung unterworfen. Eine der wichtigsten Stellen, die die Verheißung des Königtums an David bestätigt, findet sich in Psalm 89. Keine andere Bibelstelle macht so deutlich, daß das Königtum sich auf David und das Volk Israel bezieht und daß der Bund an keine Bedingung geknüpft ist und sicher in Erfüllung geht. Wie Gott den David beschreibt, bedingt, daß Gott seine Verheißung an David ewig erfüllen wird (Verse 20-29). Der Psalmist schreibt:

> »Ich habe einen Bund geschlossen mit meinem Auserwählten, ich habe David, meinem Knechte, geschworen:
> Ich will deinem Geschlecht festen Grund geben auf ewig und deinen Thron bauen für und für« (Verse 4.5).

Genau dieser Gedanke wird wiederholt:
»Ich will ihm ewiglich bewahren meine Gnade, und mein Bund soll ihm festbleiben.
Ich will ihm ewiglich Nachkommen geben und seinen Thron erhalten, solange der Himmel währt« (Verse 29.30).

Daß der Bund bedingungslos ist, wird vehement verkündet:

»Wenn aber seine Söhne mein Gesetz verlassen und in meinen Rechten nicht wandeln,
wenn sie meine Ordnungen entheiligen und meine Gebote nicht halten,
so will ich ihre Sünde mit der Rute heimsuchen und ihre Missetat mit Plagen;
aber meine Gnade will ich nicht von ihm wenden und meine Treue nicht brechen.
Ich will meinen Bund nicht entheiligen und nicht ändern, was aus meinem Munde gegangen ist.
Ich habe **einmal** geschworen bei meiner Heiligkeit und will David nicht belügen:
›Sein Geschlecht soll ewig bestehen und sein Thron vor mir wie die Sonne, wie der Mond, der ewiglich bleibt, und wie der treue Zeuge in den Wolken‹« (Verse 31-38).

Mit diesen Verheißungen machte Gott klar, daß der davidische Bund nicht menschlichen Bedingungen unterworfen ist und daß Gott aufgrund seiner eigenen Zuverlässigkeit gelobt hat, daß er den Bund erfüllen wird. Es ist auch klar, daß das Versprechen David gegeben wurde und keinem anderen, obwohl es erfüllt werden wird in Christus als dem Nachkommen Davids, und die Erfüllung bezieht sich auf das Volk Gottes, in diesem Zusammenhang also das Volk Israel.

Jesaja nimmt oft auf den davidischen Bund und seine Erfüllung Bezug. In Jesaja 9, 5.6 wird eine besondere Prophezeiung über Christus gegeben, seine Geburt, seine Regierung, seine Herrschaft auf dem Thron Davids, und dies wird von Gott selbst verwirklicht.

»Denn uns ist ein Kind geboren, ein Sohn ist uns gegeben, und die Herrschaft ruht auf seiner Schulter; und er heißt Wunder-Rat, Gott-Held, Ewig-Vater, Friede-Fürst;
auf daß seine Herrschaft groß werde und des Friedens kein Ende auf dem Thron Davids und in seinem Königreich, daß er's stärke und stütze durch Recht und Gerechtigkeit von nun an bis in Ewigkeit. Solches wird tun der Eifer des HERRN Zebaoth.«

Der vorhergesagte Sohn ist offensichtlich Jesus Christus, denn nur er konnte »Gott-Held« genannt werden. Davids Thron ist wiederum der politische Thron Davids über das Haus Israel. Es wird versichert, daß er nie enden wird:

> »in seinem Königreich, daß er's stärke und stütze durch Recht und Gerechtigkeit von nun an bis in Ewigkeit« (Vers 6).

Der Abschnitt gibt keine Berechtigung dafür, die Prophezeiung weniger als wörtlich und leiblich zu nehmen.

In Jeremia 23, 5-8 wird ein weiterer klarer Bezug zum Thron Davids offenbart:

> »Siehe, es kommt die Zeit, spricht der HERR, daß ich dem David einen gerechten Sproß erwecken will. Der soll ein König sein, der wohl regieren und Recht und Gerechtigkeit im Lande üben wird« (Vers 5).

Die Person, auf die hier Bezug genommen wird, ist, wie schon einmal erwähnt, kein anderer als Jesus Christus, dem der Titel »der HERR unsere Gerechtigkeit« verliehen wird (Vers 6). Die Verheißung des Königreichs an David wird mit der Wiederherstellung des Volkes Israel zusammenfallen, das aus allen Teilen der Erde in sein Land zurückkehren wird (Vers 8).

Nach Jeremia 30, 9 wird das Volk Israel, das mit seinem König David dienen wird, am Beginn der tausendjährigen Herrschaft Christi auferweckt:

> »sondern (sie werden) dem HERRN, ihrem Gott, und ihrem König David, den ich ihnen erwecken will, (dienen).«

Wieder bezieht sich diese Stelle klar auf eine davidische Herrschaft, ein Königreich auf Erden, wo Fremde sie nicht unterdrücken können, und diese Zeit folgt auf eine Periode besonderen Leidens für Israel (Vers 7). Die Erfüllung wird mit der Sammlung Israels einhergehen (Vers 10), die unmittelbar nach dem zweiten Kommen Christi verwirklicht werden wird.

Ein ganz besonderes Versprechen wird in Jeremia 33, 14-17 gegeben:

> »Siehe, es kommt die Zeit, spricht der HERR, daß ich das gnädige Wort erfüllen will, das ich zum Hause Israel und zum Hause Juda geredet habe.
> In jenen Tagen und zu jener Zeit will ich dem David einen gerechten Sproß aufgehen lassen; der soll Recht und Gerechtigkeit schaffen im Lande.
> Zu derselben Zeit soll Juda geholfen werden und Jerusalem sicher wohnen, und man wird es nennen ›Der HERR unsere Gerechtigkeit‹.

Denn so spricht der HERR: Es soll David niemals fehlen an einem, der auf dem Thron des Hauses Israel sitzt.«

Die Verheißung und ihre Erfüllung sind auf »das Land« bezogen (Vers 15) und gelten für das irdische Jerusalem (Vers 16). Es besteht wiederum kein Grund, das anders zu verstehen, als daß die Erfüllung auf das zweite Kommen Jesu zur Errichtung seines Reiches auf Erden folgt.

Hesekiel fügte bestätigende Worte hinzu und berichtete besonders, daß das zukünftige Königreich Davids eintreten wird, wenn die Sammlung Israels vollendet ist:

> »So spricht Gott der HERR: Siehe ich will die Israeliten herausholen aus den Heiden, wohin sie gezogen sind, und will sie von überall her sammeln und wieder in ihr Land bringen
> und will ein einziges Volk aus ihnen machen im Land auf den Bergen Israels, und sie sollen allesamt **einen** König haben und sollen nicht mehr zwei Völker sein und nicht mehr geteilt in zwei Königreiche.
> Und sie sollen sich nicht mehr unrein machen mit ihren Götzen und Greuelbildern und all ihren Sünden. Ich will sie retten von allen ihren Abwegen, auf denen sie gesündigt haben, und will sie reinigen, und sie sollen mein Volk sein, und ich will ihr Gott sein.
> Und mein Knecht David soll ihr König sein und der einzige Hirte für sie alle. Und sie sollen wandeln in meinen Rechten und meine Gebote halten und danach tun.
> Und sie sollen wieder in dem Lande wohnen, das ich meinem Knecht Jakob gegeben habe, in dem eure Väter gewohnt haben. Sie und ihre Kinder und Kindeskinder sollen darin wohnen für immer, und mein Knecht David soll für immer ihr Fürst sein.
> Und ich will mit ihnen einen Bund des Friedens schließen, der soll ein ewiger Bund mit ihnen sein. Und ich will sie erhalten und mehren, und mein Heiligtum soll unter ihnen sein für immer.
> Ich will unter ihnen wohnen und will ihr Gott sein, und sie sollen mein Volk sein,
> damit auch die Heiden erfahren, daß ich der HERR bin, der Israel heilig macht, wenn mein Heiligtum für immer unter ihnen sein wird.« (37, 21-28)

Hesekiel machte klar, daß die davidische Verheißung sich mit der Sammlung Israels in ihrem verheißenen Land erfüllen wird. Sie wird eintreten, wenn David beim zweiten Kommen Jesu von den Toten auferweckt wird. Unmittelbar danach wird Israel im verheißenen Land wohnen (37, 25) und David wird nach seiner Auferstehung seine Regierung für immer fortsetzen (Vers 25). Der Bund wird ewig währen (Vers 26), und die Welt wird erkennen, daß der HERR mit Israel auf besondere Weise gehandelt hat (Vers 28). Die Prophezeiung bezieht sich in ihrer natürlichen und wörtlichen Bedeutung auf die Ereignisse des zweiten Kommens Jesu und sein dann anbrechendes Königreich auf Erden.

Hosea 3, 4.5 weist darauf hin, daß der Thron Davids lange Zeit leer stehen wird: »Denn lange Zeit werden die Israeliten ohne König und ohne Obere bleiben, ohne Opfer, ohne Steinmal, ohne Efod und ohne Hausgott. Danach werden sich die Israeliten bekehren und den HERRN, ihren Gott, und ihren König David suchen und werden mit Zittern zu dem HERRN und seiner Gnade kommen in letzter Zeit.« Dies steht nicht im Widerspruch zu Jeremia 33, 17, wo es heißt: »Es soll David niemals fehlen an einem, der auf dem Thron des Hauses Israel sitzt.« Gemeint ist, daß während dieser Zeit bis Josef, dem Ehemann der Maria, es immer einen rechtmäßigen Erben des Thrones geben wird. Wenn auch ein Unterbruch in der Regierung Davids auf dem Thron Israels eintreten wird, so bezieht sich doch die letztendliche Erfüllung der davidischen Verheißung auf den auferstandenen Christus und den auferstandenen David, wodurch verbürgt ist, daß der Bund in der Zukunft fortdauernde Erfüllung findet.

Wie schon ausgeführt, gab es noch eine weitere Prophezeiung über die Wiederherstellung der »zerfallenen Hütte Davids« (Amos 9, 11). Dies bezieht sich auf die Wiederherstellung des davidischen Königtums nach dem zweiten Kommen Jesu. In Sacharja 14, wo die Wiederkunft Jesu beschrieben wird, steht folgende Voraussage: »Und der HERR wird König sein über alle Lande. Zu der Zeit wird der HERR der einzige sein und sein Name der einzige« (Vers 9). Der davidische Thron wird Gottes politische Herrschaft, die Christus anvertraut ist, auf das Haus Israel ausdehnen, aber Christus wird auch über das weltweite Reich Gottes im Millennium herrschen.

Das Alte Testament stellt fest und bestätigt wiederholt, daß die Verheißungen, die David gegeben wurden, gültig bleiben und bei Christi zweitem Kommen erfüllt werden. In keiner dieser Bibelstellen findet sich ein Hinweis, daß die Verheißung über das Volk Israel oder den davidischen Thron hinausgeht und auf Gottes himmlischen Thron bezogen ist.

Die Verheißung des Königreiches wird im Neuen Testament bestätigt

Die amillenare Deutung der neutestamentlichen Stellen. Konservative Amillenaristen sehen, daß das Alte Testament in seiner normalen klaren Sprache ein politisches Königreich auf Erden in Verbindung mit der Wiederkunft Jesu voraussagt. Sie versichern jedoch, daß das Neue Testament das Alte Testament nicht wörtlich deutet und deshalb die Prophezeiung nicht die Aufrichtung des davidischen Königreiches meint, sondern vielmehr den Triumph Gottes und der

Gemeinde, und daß dies im gegenwärtigen Zeitalter erfüllt sei. Prüft man daraufhin das Neue Testament, so findet sich dafür jedoch keine Bestätigung. Das Neue Testament fügt dem Alten Testament tatsächlich seine eigenen Worte über das davidische Königreich hinzu. Sicher gibt es im Neuen Testament nicht lange Abschnitte oder detaillierte Aussagen über das davidische Königreich, aber es erlaubt, die alttestamentlichen Voraussagen so zu nehmen, wie wir es oben getan haben, und nirgendwo stellen Jesus oder seine Jünger fest, daß sich die Erwartung Israels geändert habe.

Der davidische Bund wird der Maria bestätigt. Als Gabriel der Maria verkündete, sie würde die Mutter des Messias sein, sprach er: »Fürchte dich nicht, Maria, du hast Gnade bei Gott gefunden. Siehe, du wirst schwanger werden und einen Sohn gebären, und du sollst ihm den Namen Jeus geben. Der wird groß sein und ein Sohn des Höchsten genannt werden, und Gott der Herr wird ihm den Thron seines Vaters David geben, und er wird König sein über das Haus Jakob in Ewigkeit, und sein Reich wird kein Ende haben« (Lukas 1, 30-33).

Wenn es überhaupt einen Zeitpunkt gab, zu dem eine Korrektur der herrschenden Erwartung Israels, daß der davidische Bund sich buchstäblich und politisch erfüllt, erforderlich gewesen wäre, dann wäre es zu Beginn des neutestamentlichen Berichtes gewesen, angefangen bei der Geburt Jesu. Maria erwartete damals mit allen anderen Israeliten das Kommen des Einen, der Israel politisch von Rom befreien und gemäß den Propheten ein herrliches Königreich aufrichten würde. Es war für sie ganz selbstverständlich, Gabriels Verkündigung ganz wörtlich zu nehmen. Der Thron Davids war ein politischer Thron, das Haus Jakob umfaßte die leiblichen Nachkommen Jakobs, und die Voraussage, daß das Königreich Jesu nie enden würde, war eine Wiederholung des Fortbestehens des davidischen Königreiches. Maria verstand den Inhalt der Verkündigung Gabriels ganz genau so, wie es im Alten Testament offenbart worden war. Die Vorstellung, daß das Königreich ein geistliches wäre, das alle Gläubigen einschließt, auch die Heiden, und daß es grundsätzlich ein himmlisches und kein irdisches Reich wäre, war ihrem Denken völlig fremd.

Das Königreich Davids wurde von der Mutter der Söhne des Zebedäus wörtlich aufgefaßt. Die Heilige Schrift berichtet uns, daß die Mutter der Söhne des Zebedäus Jesus bat: »Laß diese meine beiden Söhne sitzen in deinem Reich einen zu deiner Rechten und den andern zu deiner Linken« (Matthäus 20, 21). Jesus gewährte ihr die Bitte nicht, aber er billigte tatsächlich die Vorstellung eines solchen Thrones, wenn er auch versicherte, daß Gott diese Plätze nach seiner Wahl besetzen werde (Vers 23). Ganz klar stand die Bitte der Frau wie die Antwort Jesu im Einklang mit der Erwartung eines irdischen Königreiches. Gewiß ging es hier nicht darum, im Himmel auf dem Thron des Vaters zu sitzen, sondern um die alttestamentliche Erfüllung eines irdischen Königreiches.

Die Voraussage Jesu, daß die Jünger auf Thronen sitzen und die zwölf Stämme Israels richten werden. Im Zusammenhang mit der Offenbarung der zukünftigen Belohnung der Jünger sagte der Herr seinen Jüngern: »Und ich will euch das Reich zueignen; wie mir's mein Vater zugeeignet hat, daß ihr essen und trinken sollt an meinem Tisch in meinem Reich und sitzen auf zwölf Thronen und richten die zwölf Stämme Israels« (Lukas 22, 29.30).

Es gibt keine biblische Rechtfertigung dafür, diese Bibelstelle auf ein himmlisches Reich und den Zustand in der Ewigkeit zu beziehen. Die Aussage erfordert ein irdisches Reich und Richter über die zwölf Stämme Israels in einem politischen Königreich Davids auf Erden. Entsprechend harmoniert die Verheißung Jesu mit der Erwartung der Jünger, daß Jesus auf Erden sein Reich aufrichten und Israel von seinen Unterdrückern befreien wird.

Die Voraussage der Zeit der Wiederherstellung des Reiches Israels. Ehe Jesus in den Himmel fuhr, fragten ihn die Jünger: »Herr, wirst du in dieser Zeit wieder aufrichten das Reich für Israel?« (Apostelgeschichte 1, 6). Jesus antwortete: »Es gebührt euch nicht, Zeit oder Stunde zu wissen, die der Vater in seiner Macht bestimmt hat« (Vers 7). Wenn die Verheißung des zukünftigen Reiches ein geistliches Versprechen wäre, das allen an Christus Gläubigen gälte und im gegenwärtigen Zeitalter erfüllt würde, dann wäre es ganz sicher die richtige Zeit für Jesus gewesen, den herrschenden Glauben zu korrigieren, daß das Königreich Israel buchstäblich wiederhergestellt wird. Daß Christus diese Vorstellung nicht ablehnte, sondern seinen Jüngern lediglich sagte, daß sie die Zeit nicht zu wissen brauchten, bestätigt eindeutig ihre Richtigkeit.

Christus sagte den Jüngern auch, was in dem gegenwärtigen Zeitalter geschieht: »Ihr werdet die Kraft des Heiligen Geistes empfangen, der auf euch kommen wird und werdet meine Zeugen sein in Jerusalem und in ganz Judäa und Samarien und bis an das Ende der Erde« (Apostelgeschichte 1, 8). Statt daß in dieser Zeit die Verheißung des davidischen Königreiches in Erfüllung geht, sollte der Heilige Geist kommen und die Gemeinde herausrufen und sie dazu bevollmächtigen, den Tod und die Auferstehung Jesu zu bezeugen. Dies stimmt mit dem Rest des Neuen Testamentes überein. In dieser wie in anderen Stellen bestätigt das Neue Testament eher die Erwartung Israels, als daß es diese leugnen würde.

Die Schlußfolgerung auf dem Apostelkonzil in Jerusalem. Genau die Frage, ob im gegenwärtigen Zeitalter der Gemeinde sich die Verheißungen an David erfüllen sollten, war die Crux in der Diskussion bei der Zusammenkunft der Apostel in Jerusalem. Die Frage war gestellt worden, ob die zum Christentum Bekehrten als Proselyten beschnitten werden sollten, wie das von Israel im mosaischen Gesetz gefordert wurde. Die Apostel beschlossen, daß sie nicht das Gesetz halten müssen. In diesem Zusammenhang sprach Jakobus das abschließende Wort:

»Danach, als sie schwiegen, antwortete Jakobus und sprach: Ihr Männer, liebe Brüder, hört mir zu!
Simon hat erzählt, wie Gott zum ersten Mal die Heiden gnädig heimgesucht hat, um aus ihnen ein Volk für seinen Namen zu gewinnen.
Und dazu stimmen die Worte der Propheten, wie geschrieben steht (Amos 9, 11.12):
›Danach will ich mich wieder zu ihnen wenden und will die zerfallene Hütte Davids wieder bauen, und ihre Trümmer will ich wieder aufbauen und will sie aufrichten,
damit die Menschen, die übriggeblieben sind, nach dem Herrn fragen, dazu alle Heiden, über die mein Name genannt ist, spricht der Herr,
der tut, was von alters her bekannt ist‹« (Apostelgeschichte 15, 13-18).

Die Reihenfolge der Ereignisse ist gemäß Jakobus, daß Gott im gegenwärtigen Zeitalter die Gemeinde unter den Heiden bildet. Jakobus wies darauf hin, daß dies in Übereinstimmung mit der Offenbarung des Propheten Amos ist, der viele Einzelheiten über den Vorrang der Heiden vor Israel in dieser Zeit preisgibt. Nachdem Amos jedoch ausführlich darüber berichtet hat, schließt er damit, daß die Periode der Vorherrschaft der Heiden zum Abschluß gelangt und danach die zerfallene Hütte Davids wieder aufgebaut wird. Genau dies setzt das Alte Testament voraus – daß die Wiederherstellung Israels und des Thrones Israels erst eintreten wird, wenn die Zeit der heidnischen Macht beim zweiten Kommen Jesu endet, und daß dies nur dann erfüllt wird, wenn Jesus selbst wiederkommt und sein Königreich aufrichtet. In dieser Bibelstelle wie in den zuvor genannten Zitaten des Neuen Testamentes wird die alttestamentliche Deutung des davidischen Bundes ausdrücklich bestätigt.

Die Erfüllung der Verheißung an David

Sollten die davidischen Verheißungen sich buchstäblich erfüllen? Wenn man die vielen Prophezeiungen über den Fortbestand des Thrones Davids und seiner Linie betrachtet, löst sich die Frage, ob diese Prophezeiungen wörtlich in Erfüllung gehen, ganz von selbst. Unter konservativen Bibelauslegern besteht kein Zweifel, daß die Verheißungen durch Christus erfüllt werden, doch die Frage ist, ob sie im gegenwärtigen Zeitalter zur Erfüllung gelangen, wie Amillenaristen meinen, oder ob sie in der Zukunft beim zweiten Kommen Jesu in Erfüllung gehen.

Wie viele der zitierten Bibelstellen zum Ausdruck bringen, ist die Erfüllung der Bundesverheißungen an die Auferstehung Davids und ein irdisches Reich geknüpft. Es sollte klar sein, daß David noch nicht auferstanden ist, sondern erst bei der Wiederkunft Jesu auferstehen wird. Es ist auch klar, daß Jesus jetzt noch nicht in buchstäblichem Sinne über die Erde herrscht. Jerusalem ist nicht seine Hauptstadt, und auch das Volk Israel unterwirft sich im gegenwärtigen Zeitalter nicht seiner Herrschaft. Wenn man versucht, im gegenwärtigen Zeitalter die Erfüllung der Verheißung zu propagieren, muß man alles radikal vergeistigen und die klaren Aussagen über das Königtum leugnen.

Gibt es einen Hinweis gegen die buchstäbliche Deutung des davidischen Bundes? Die meisten Bibelausleger sind sich einig, daß es ein geistliches Reich in der Welt gibt. Die Bibel spricht von Gottes Thron im Himmel und daß Jesus zur Rechten seines Vaters sitzt. Bei der Verwechslung des himmlischen Thrones mit dem Thron Davids wird jedoch die Natur des himmlischen Thrones übersehen, der schon immer war und sich auf die Gesamtherrschaft Gottes in der Welt bezieht und nicht nur einfach auf das davidische Königtum über Israel.

Jetzt sitzt Jesus auf dem Thron des Vaters im Himmel, wie es Psalm 110, 1.2 aussagt: »Der HERR sprach zu meinem Herrn: ›Setze dich zu meiner Rechten, bis ich deine Feinde zum Schemel deiner Füße mache.‹ Der HERR wird das Zepter deiner Macht ausstrecken aus Zion. Herrsche mitten unter deinen Feinden!« Diese Bibelstelle beschreibt, wie Christus mit dem Vater auf dem Thron sitzt, aber auf eine zukünftige Ausweitung seiner Macht wartet, wenn er zurückkehren wird, um über die Erde zu herrschen, einschließlich seiner Herrschaft über das davidische Königreich. Jesus Christus ist der ausersehene König, der auf dem Thron Davids sitzen soll, aber er übt seine Herrschaft augenblicklich nicht aus. Nirgendwo in der Heiligen Schrift wird der himmlische Thron als Davids Thron erklärt. David saß nie darauf, und gegenwärtig sitzt niemand auf dem Thron Davids, obwohl Christus dies offensichtlich tun könnte. Seine Herrschaft beginnt erst, wenn er zurückkehrt, um über die Erde zu herrschen. Wie David viele Jahre wartete, nachdem er zum König gesalbt wurde, ehe er den Thron bestieg, so wartet Christus auf diese zukünftige Inthronisation. Wenn er wiederkommt, wird er mit unumschränkter Macht (Offenbarung 19, 5) vom Thron Davids aus regieren (Jeremia 23, 5) und die Bösen richten und sein Königreich der Gerechtigkeit und des Friedens aufrichten. Diese Prophezeiungen harren noch der Erfüllung beim zweiten Kommen Jesu in Herrlichkeit.

Das Verhältnis der Erfüllung zu anderen Prophezeiungen. Wie wir in der vorigen Erörterung andeuteten, ist die Vorhersage des davidischen Bundes und dessen Erfüllung Teil der prophetischen Gesamtschau vom Ende dieses Zeitalters. Diese schließt die Große Trübsal ein, die dem zweiten Kommen Jesu vorausgeht. Sie schließt auch das zweite Kommen Jesu selbst ein. Ebenso gehört dazu die Sammlung Israels aus der ganzen Welt. Sie bedingt, daß die Bösen, die dann auf der Erde leben, gerichtet werden und diejenigen, die sich nicht retten ließen, getötet werden (Matthäus 25, 46). Sie ist verbunden mit dem Beginn des Königreichs auf Erden und der Errichtung des Thrones auf Erden, was gegenwärtig nicht der Fall ist (Matthäus 25, 31). Die Erfüllung des davidischen Bundes steht demnach im Einklang mit all diesen anderen Voraussagen und deren Erfüllung, und sie alle verkünden den zukünftigen Triumph Jesu auf Erden. Die Verheißung des davidischen Königtums ist immer noch gültig und wird bei der Rückkehr Jesu in Erfüllung gehen. Wenn man diese Verheißungen richtig deutet, kann die Erfüllung des Bundes mit David nur in der Zukunft liegen und nicht im jetzigen Zeitalter.

10 Das messianische Reich im Alten Testament

Die Lehre eines messianischen Reiches ist eine Hauptdoktrin, die im Alten und Neuen Testament verfolgt werden kann.

Viele der Prophezeiungen, die wir schon betrachtet haben, setzen ein zukünftiges messianisches Reich auf Erden voraus oder verkünden es besonders. In 1. Mose 3, 15 wird vorausgesetzt, daß der kommende Messias siegen und den Satan und seine Bemühungen, die Welt zu beherrschen, zunichte machen wird. Der abrahamische Bund enthielt eine Reihe besonderer Zusagen, einschließlich der Prophezeiung, daß Abraham der Vater eines großen Volkes werden würde, des Volkes, das später Israel genannt wurde, und daß die Segnungen des kommenden Messias allen Völkern zuteil werden würden. Zum abrahamischen Bund gehörte auch die Verheißung, daß Israel das Land ewig besitzen werde. Der Bund mit David verhieß David besonders ein zukünftiges Reich auf Erden und sah die Herrschaft Christi auf dem Thron Davids voraus. Die Geschlechtsregister des Alten Testamentes, die im Neuen Testament bestätigt werden, beschreiben die Linie des Messias, der regieren sollte. Eine ganz besondere Prophezeiung bezieht sich auf das verheißene Land und vereinigt das Versprechen an Abraham und David. Durch eine buchstäbliche Erfüllung dieser vielen Verheißungen wird ein zukünftiges messianisches Reich auf Erden zur völligen Gewißheit.

Die Wahrheit eines messianischen Reiches, die in diesen Prophezeiungen zum Ausdruck kommt, wird ferner durch viele andere Beweise im Alten und Neuen Testament bestätigt. Weil die Vorstellung des messianischen Reiches umstritten ist und ein Großteil der Christen die Vorstellung von einem irdischen Reich, über das Christus herrschen wird, verworfen hat, wird es nötig sein, den Beweis zur Stützung dieser Wahrheit zu bringen, wenn die Bibel dies wirklich lehrt.

Hauptlehren über das messianische Reich

Die Verheißung des Landes. Wie wichtig die Verheißung des Landes ist, wird sofort deutlich, wenn man den Charakter des messianischen Reiches bestimmt. Die Frage ist, ob dies wörtlich zu deuten ist und sich auf ein wirkliches geographisches Gebiet bezieht, oder ob es sich um ein geistliches Reich handelt.

Die Verheißungen an David. Gepaart mit der Verheißung des Landes sind die Verheißungen des davidischen Bundes, die dem David versicherten, daß der Eine kommen werde, der auf seinem Thron sitzen wird. Hier ist die Frage, ob der davidische Thron ein politischer irdischer Thron ist, oder ob er als eine geistliche Herrschaft zu deuten ist.

Die Wiederherstellung Israels. Die Zukunft Israels und seine verheißene Wiederherstellung sind ein wesentlicher Streitpunkt, und einige haben geleugnet, daß Israel eine zukünftige Wiederherstellung erfährt. Ein zukünftiges messianisches Reich gestattet es, daß die Verheißungen an Israel sich wörtlich erfüllen werden.

Das Königreich auf Erden. Die letzte Frage ist, ob die vielen Bibelstellen, in denen ein irdisches Reich beschrieben wird, wörtlich zu nehmen sind. Wenn das zutrifft, dann wurde ein messianisches Reich prophezeit.

Leider ist die Christenheit über diese Frage seit dem dritten Jahrhundert geteilter Meinung, und die meisten Christen lehnen eine wortwörtliche Bedeutung dieser Prophezeiungen ab und lassen sie nur in übertragenem Sinne gelten. Das führte zur postmillenalen und amillenalen Deutung in der Kirchengeschichte.

Die postmillenare Deutung des messianischen Reiches

Definition. Postmillenarismus ist die Lehre, daß Jesus erst nach (lat.: post) dem Millennium kommt und dann die Ewigkeit beginnt. Diese Lehre steht im Gegensatz zum Prämillenarismus, der Überzeugung, daß Jesus vor (lat.: prae) dem Millennium wiederkommt und dann die tausendjährige Herrschaft Jesu auf Erden beginnt. Im weitesten Sinne würde Postmillenarismus den Amillenarismus einschließen, doch sind dies in der Kirchengeschichte zwei unterschiedliche Positionen.

Geschichtlicher Überblick. Der Amillenarismus kam bereits im letzten Jahrzehnt des zweiten Jahrhunderts n.Chr. auf und beherrschte schließlich die theologische Szene. Dagegen trat der Postmillenarismus in seiner bestimmten Form erst viel später in Erscheinung. Im Vergleich zum Amillenarismus war der Postmillenarismus die optimistischere Hypothese, daß das Evangelium siegreich sein und schließlich tausend Jahre eines goldenen Sieges des Evangeliums und der Christianisierung der ganzen Erde mit sich bringen werde.

Einer der ersten Vertreter des Postmillenarismus war Joachim de Fiore. Sein Standpunkt war, daß es drei unterschiedliche Zeitalter gebe: das erste von Adam bis Johannes dem Täufer, das zweite von Johannes dem Täufer bis Benedikt (480-543 n.Chr.), der viele Klöster gründete. Das dritte Zeitalter jedoch sollte gegen 1260 seinen letzten Triumph feiern. Um diese Zeit sollte das Evangelium den Sieg davontragen und die Welt dem wiederkommenden Christus übergeben werden.

Der moderne Postmillenarismus kam jedoch nicht vor 1700 mit Daniel Whitby zum Vorschein, obwohl man viele andere dazuzählen könnte. Whitby glaubte, Offenbarung 20 sei die Wiederholung vorausgegangener Prophezeiungen in der Offenbarung. Er meinte ferner, daß das Millennium noch in der Zukunft liege, daß aber die tausend Jahre dieses goldenen Zeitalters der Gerechtigkeit und des Friedens auf Erden in jeder Generation beginnen könnten.

Wegen des herrschenden Optimismus jener Tage, als die Welt auf dem Weg neuer wissenschaftlicher Entwicklungen zu sein schien, wurde der Postmillenarismus ein einflußreiches System in der Theologie und war wahrscheinlich die vorherrschende Sicht im achtzehnten und neunzehnten Jahrhundert.

In der zweiten Hälfte des neunzehnten und in den ersten Jahrzehnten des zwanzigsten Jahrhunderts vertraten liberale Theologen infolge des Einflusses der Evolutionstheorie den postmillenalen Standpunkt und hielten das Millennium für eine Beschreibung des Fortschritts der Menschheit aufgrund wissenschaftlicher und technischer Errungenschaften. Konservative Postmillenaristen bekämpften jedoch diesen evolutionistischen Einfluß.

Postmillenaristen des zwanzigsten Jahrhunderts. Postmillenarismus blieb bis zum ersten Weltkrieg die herrschende Anschauung in der Theologie. Als Deutschland, die Wiege der protestantischen Reformation, andere europäische Länder angriff, erlitt die postmillenale Schau einen Rückschlag, und mit dem zweiten Weltkrieg schien für viele das Ende des Postmillenarismus besiegelt zu sein. Die Eschatologie der Kirche war hauptsächlich in zwei Lager gespalten, den Amillenarismus, zu dem die meisten neigten, und den Prämillenarismus, der ebenfalls an Einfluß in der Kirche gewann.

Den Postmillenaristen bereitete die Erklärung von Offenbarung 20 Schwierigkeiten. Obwohl sie ganz sicher waren, daß die prämillenale Deutung falsch sei, waren sie sich nicht einig, ob die Seelen, die in Offenbarung 20, 4-6 beschrieben werden, Märtyrer waren, die aus der unmittelbar vorhergehenden Zeit kamen, oder ob sie eine Beschreibung des Zwischenzustandes waren, also Seelen im Himmel. Allgemein glaubten Postmillenaristen, daß das Reich Gottes in den Herzen der Menschen existierte und nicht von einem irdischen Thron ausgehen würde, und daß das im Alten Testament verheißene Reich seine Erfüllung im geistlichen Leben des Gläubigen gefunden habe. Etwas liberalere Postmillenaristen wollten die Periode in eine lange Ära ausdehnen, die die Zukunft der

Menschheit bis zur vorhersehbaren Zukunft umfaßt. Konservative Postmillenaristen sahen weiterhin die Ereignisse, die dem zweiten Kommen Jesu vorausgehen, als die weltweite Verkündigung des Evangeliums an, die Bekehrung der Auserwählten, die Bekehrung der Juden und den Höhepunkt mit dem Auftreten des Antichristen. Nach Meinung der Postmillenaristen werden bei der Wiederkunft Jesu alle Gerechten und alle Ungerechten zugleich auferstehen. Es werde ein allgemeines Gericht geben, mit dem die uns bekannte Welt enden wird, und das Leben werde in Ewigkeit auf einer neuen Erde unter einem neuen Himmel weitergehen.

Seit dem zweiten Weltkrieg ist der Postmillenarismus praktisch bedeutungslos geworden, wenn es auch eine kleine Gruppe von Postmillenaristen gibt, die immer noch den Endsieg des Evangeliums und die Christianisierung der ganzen Welt versichert.

Der Verfall des Postmillenarismus. Der Postmillenarismus verfiel aus einer Reihe von wichtigen Gründen: 1. Sein Grundsatz, die Bibel zu vergeistigen, führte nicht zu einer einheitlichen Deutung von Stellen, die ein zukünftiges Millennium lehren. 2. Postmillenarismus wurde von liberalen Theologen aufgegriffen, die die Heilige Schrift in der Regel nicht ernst nahmen. 3. Die postmillenale Erklärung paßte nicht in die historische Situation des zwanzigsten Jahrhunderts mit seinen beiden Weltkriegen. 4. Der Trend ging mehr und mehr zum Amillenarismus und in einigen Fällen zum Prämillenarismus.

Die offensichtliche Absage an den Postmillenarismus führte zu einer erneuten Betonung des Amillenarismus als herrschender Eschatologie der Kirche.

Die amillenare Deutung des messianischen Reiches

Definition. Im Amillenarismus wird wie im Postmillenarismus das zweite Kommen Jesu als die Vollendung der Geschichte und die Einführung des ewigen Zustandes angesehen. Jedoch war der Amillenarismus im Gegensatz zum Postmillenarismus, der eine optimistische und rosige Ansicht über das Millennium vertrat, damit zufrieden, eine zweifache Entwicklung anzunehmen. Sowohl das Reich Gottes als auch das Reich Satans würden sich im gegenwärtigen Zeitalter entfalten und beim zweiten Kommen Jesu gerichtet werden, das auf eine kurze, aber heftige Ablehnung des Evangeliums folgen soll.

Geschichtlicher Überblick. Der Amillenarismus hat eine viel längere Geschichte als der Postmillenarismus in seiner modernen Form und geht auf das Jahr 190 n. Chr. zurück. Es ist schwierig, jemanden vor diesem Datum zu finden, der als Amillenarist bezeichnet werden könnte, wenn auch einige frühe Kirchenväter ihren eschatologischen Standpunkt nicht klar darlegten. Viele Gelehrte nehmen an, daß die Theologie der ersten zwei Jahrhunderte prämillenar war.

Um 190 n. Chr. begann die theologische Schule von Alexandria in Ägypten einen beherrschenden Einfluß auszuüben. Ihre Theologen versuchten, die Heilige Schrift mit dem reinen Idealismus des griechischen Philosophen Platon zu harmonisieren. Das Ergebnis war, daß die christliche Theologie korrumpiert und von seiner historischen Aussage entfernt wurde. Zusätzlich zur Verdrehung anderer biblischer Lehren hatte diese Schule eine verheerende Wirkung auf den Prämillenarismus, der in Nordafrika zum größten Teil zerstört wurde.

Die Kirche insgesamt schlug sich weiter mit dem Problem herum, aber erst Augustinus (354-430 n. Chr.), der berühmte Bischof von Hippo, fand eine »Lösung« dieses Problems. Augustinus vertrat die Ansicht, daß, obwohl die alexandrinische Vergeistigung der Schrift falsch sei, sie für die christliche Eschatologie zutreffe. Demnach meinte er, daß zwar das meiste in der Bibel in seinem historisch-grammatischen Sinn gelten sollte, aber die Eschatologie ein Sonderfall sei. Wie die Schule von Alexandria verwarf er die Vorstellung eines buchstäblichen Reiches auf Erden nach der Wiederkunft Jesu.

Nach Augustinus ist das gegenwärtige Zeitalter ein Konflikt zwischen der Stadt Gottes und der Stadt Satans, es könnte auch als ein Konflikt zwischen der Kirche und der Welt angesehen werden. Er meinte, daß die zweifache Entwicklungslinie bis zum zweiten Kommen Jesu laufen würde, wenn die Kirche triumphieren werde.

Augustinus scheint geglaubt zu haben, daß die Bindung Satans (Lukas 10, 18) während des Erdenlebens Jesu stattfand. Er meinte, das Millennium sei in seinen Tagen schon weit fortgeschritten. Einige vermuten, daß er glaubte, das Millennium würde um 650 n. Chr. enden, aber das ist nicht sicher.

Augustinus verwarf den Prämillenarismus aus einem oberflächlichen Grund und schenkte den Prophezeiungen, die die prämillenare Deutung unterstützen, wenig Beachtung. Er meinte, der Prämillenarismus betrachte das Millennium als eine Zeit des fleischlichen Vergnügens, während er selbst glaubte, daß es eine Zeit des geistlichen Sieges sei. Aufgrund der Ansicht, daß Prämillenarismus fleischlich und unbiblisch sei, verwarf er eine buchstäbliche Deutung von Offenbarung 20. Augustinus scheint das Millennium auch für eine Zeit von tausend Jahren gehalten zu haben, dessen Anfang er einige Jahrhunderte vor Christus ansetzte. Doch in seiner Lehre ist kein Platz für ein besonderes Millennium im Sinne eines buchstäblichen Reiches auf Erden, sondern nur für eine geistliche Herrschaft Christi in den Herzen der Gläubigen.

Obwohl Augustinus viel dazu beitrug, daß einige Lehren der christlichen Theologie ins rechte Licht gerückt wurden, hat er offensichtlich wenig dazu beigetragen, den eschatologischen Standpunkt der Bibel zu klären. Seine Ansicht, daß Satan im jetzigen Zeitalter gebunden ist, steht in krassem Widerspruch zu zahlreichen Bibelstellen, die Satan als äußerst aktiv schildern (1. Korinther 5, 5; 7, 5; 2. Korinther 2, 11; 11, 14; 1. Timotheus 1, 20; 1. Petrus 5, 8). Seine Erklärung, daß in Lukas 10, 18 dasselbe Ereignis wie in Offenbarung 12, 7-9 und 20, 2.3 gemeint sei, ist offensichtlich falsch. Augustinus glaubte, die erste Auferstehung in Offenbarung 20,5 beziehe sich auf die Wiedergeburt, eine Sicht, die dem biblischen Zusammenhang völlig widerspricht.

Augustinus war beeindruckt von der Macht der Sünde, der er in seinem eigenen Leben begegnete, und betrachtete deshalb das jetzige Zeitalter als einen Konflikt zwischen Gut und Böse, auch wenn das Gute schließlich triumphieren würde.

Die moderne Ansicht. Obwohl Amillenarismus Augustinischer Prägung bis heute die Haupterklärung in der Theologie ist, sind auch andere Ansichten vertreten worden, einschließlich der Vorstellung, das Millennium sei ein Übergangsstadium, das die Zeitspanne zwischen dem Tod eines Gläubigen und seiner Auferstehung umfasse – oder eine Kombination von beiden, so daß das Reich gleichzeitig in den Herzen der Menschen und in jenem Zwischenzustand herrschen würde. Eine weitere zeitgenössische Erklärung ist, daß das Tausendjährige Reich gleichbedeutend sei mit dem Neuen Himmel und der Neuen Erde in Offenbarung 21 und 22. Es ist merkwürdig, daß die Befürworter dieser Positionen keine detaillierte Auslegung von Bibelstellen liefern, die sich darauf beziehen. Auch beachten sie nicht die Probleme, die dieser Deutung zuwider laufen. Dies wird noch deutlicher, wenn wir die prämillenare Deutung zusammen mit den anderen vertretenen Ansichten betrachten.

Die prämillenare Deutung des messianischen Reiches

Beweise für die prämillenare Deutung haben wir schon betrachtet, als wir den abrahamischen Bund, den davidischen Bund und die Verheißung des Landes behandelten. Die prämillenare Deutung bestimmt die wesentlichsten Abschnitte der Bibel und findet sich im ganzen Alten und Neuen Testament, und wenn man die Beweise zusammenträgt, erhält man eine ausgezeichnete Möglichkeit, die Widersprüchlichkeiten der postmillenaren und amillenaren Deutung zu erkennen.

Der geschichtliche Beweis. Die Geschichte des Alten Testamentes liefert zusammen mit ihrer prophetischen Offenbarung eine solide Grundlage für die prämillenale Deutung. Sogar wer den Prämillenarismus verwirft, muß zugeben, daß die Prophezeiungen zum prämillenalen Standpunkt führen, wenn man sie wörtlich nimmt. Aus den vielen Prophezeiungen des Alten Testamentes geht klar hervor, daß das Volk Israel auf den Messias wartete, der sie von ihren Feinden befreien und ein herrliches Reich der Gerechtigkeit und des Friedens aufrichten würde, in dem Israel den Vorrang haben sollte. Dies wird nicht nur in einigen wenigen Texten ausgesagt, sondern kommt im gesamten Alten Testament zum Tragen.

Amillenaristen geben zu, daß das Alte Testament ein zukünftiges messianisches Reich auf Erden lehrt, dennoch versuchen sie, ihre eigene Ansicht im wesentlichen mit zwei Erwägungen zu stützen. Sie geben zu, daß die Juden auf ein irdisches messianisches Reich warteten, aber sie behaupten, daß das Neue Testament dieser Erwartung widerspricht und deshalb die Deutung falsch war. Der zweite Gesichtspunkt, den sich viele Amillenaristen zu eigen machen, ist, daß die wörtliche Deutung richtig war, daß aber die Verheißungen an Bedingungen geknüpft sind und nicht in Erfüllung gehen, weil Israel versagt hat. Wir wollen die alttestamentlichen Prophezeiungen untersuchen und sehen, ob sie eine dieser beiden Erklärungen erlauben.

Wie schon in den vorigen Kapiteln erwähnt, wurden die Verheißungen des zukünftigen messianischen Reiches oft von Propheten gegeben, die mitten im Abfall Israels und Judas lebten, wie etwa Jeremia. Dennoch sagte Jeremia kühn den zukünftigen Segen Israels voraus, der auf die Wiederkunft Christi folgen sollte, beispielsweise in Kapitel 23, 5-8 und 30, 4-11. Charakteristisch für dieses Vorgehen ist Jeremias Erklärung:

> »Denn ich bin bei dir, spricht der HERR, daß ich dir helfe.
> Denn ich will mit allen Völkern ein Ende machen, unter die ich dich zerstreut habe;
> aber mit dir will ich nicht ein Ende machen.
> Ich will dich mit Maßen züchtigen, doch ungestraft kann ich dich nicht lassen« (Jeremia 30, 11).

Ebenso vehement verkündete der Prophet Hesekiel im Exil, Gott werde die Kinder Israels aus allen Ländern zurückbringen, in die sie vertrieben wurden (Hesekiel 39, 25-29). Und in Psalm 89 wurde der davidische Bund als unabänderlich erklärt, selbst wenn Davids Nachkommen das Gesetz verlassen sollten:

> »Ich will ihm ewiglich Nachkommen geben und seinen Thron erhalten, solange der Himmel währt.
> Wenn aber seine Söhne mein Gesetz verlassen und in meinen Rechten nicht wandeln,
> wenn sie meine Ordnungen entheiligen und meine Gebote nicht halten,
> so will ich ihre Sünde mit der Rute heimsuchen und ihre Missetat mit Plagen;
> aber meine Gnade will ich nicht von ihm wenden und meine Treue nicht brechen.

Ich will meinen Bund nicht entheiligen und nicht ändern, was aus meinem Munde gegangen ist.
Ich habe **einmal** geschworen bei meiner Heiligkeit und will David nicht belügen:
›Sein Geschlecht soll ewig bestehen und sein Thron vor mir wie die Sonne, wie der Mond, der ewiglich bleibt, und wie der treue Zeuge in den Wolken‹« (Verse 30-38).

Die Geschichte der Deutung im Neuen Testament schenkt der Erfüllung der Verheißung des messianischen Reiches ebenso Glauben. Wie wir im Zusammenhang mit dem davidischen Bund sahen, erhielt Maria die Zusicherung, daß ihr Sohn, Jesus, auf dem Thron Davids sitzen und über das Haus Jakob für immer herrschen werde (Lukas 1, 32.33). Offensichtlich teilte Maria den Glauben anderer Juden, daß der Messias bei seinem Kommen sein Königreich auf Erden aufrichten wird. Gabriels Versicherung beweist, daß Gott die alttestamentlichen Prophezeiungen so verstanden wissen wollte.

Jesus selbst bezeugte, daß die Jünger auf Thronen sitzen und die zwölf Stämme Israels im zukünftigen Reich richten würden (Lukas 22, 29.30). Als die Jünger Jesus in Apostelgeschichte 1, 6 fragten, wann das Reich Israel wiederhergestellt werde, sagte er ihnen, Gott habe die Zeit nicht offenbart (Vers 7), aber er sagte nicht, sie würden sich irren.

Paulus nahm dieses Thema in Römer 9 bis 11 auf und erwiderte auf seine eigene Frage, ob Israel verworfen sei und keine Hoffnung für die Zukunft habe, daß Gott sein Volk nicht verstoßen oder seine Verheißungen vergessen habe (11, 1-27). Paulus bekräftigte, daß nach der Zeit der Segnungen für die Heiden

»der Erlöser aus Zion kommen wird,
der abwenden wird alle Gottlosigkeit von Jakob.
Und dies ist mein Bund mit ihnen, wenn ich ihre Sünden wegnehmen werde« (Verse 26.27).

In der Offenbarung wird dies weiter bestätigt. Der umstrittene Abschnitt in Offenbarung 20 stützt klar die Vorstellung eines Tausendjährigen Reiches nach der Wiederkunft Jesu.

Man hat die Frage gestellt, was die frühe Gemeinde glaubte. Die Erforschung des Neuen Testamentes und ebenso der außerbiblischen Literatur enthüllt im ersten Jahrhundert keine Spur von Amillenarismus. Tatsächlich können mehrere frühe Kirchenväter aus dieser Zeit genannt werden, die den Prämillenarismus vertraten. Unter ihnen sind Aristion und Johannes Presbyteros. Papias listet die Apostel Andreas, Petrus, Philippus, Thomas, Jakobus, Johannes und Matthäus auf, die eine prämillenale Sicht hatten. Andere, die im ersten Jahrhundert geboren wurden, waren ebenfalls Prämillenaristen wie Clemens von Rom, Barnabas, Hermas, Ignatius und Polykarp. Außer Barnabas, dessen Prämillenarismus umstritten ist, kann kein einziger Amillenalist im ersten Jahrhundert genannt werden. Natürlich sprachen einige frühe Kirchenväter nicht über dieses Thema, so daß man nicht weiß, welche Überzeugung sie hatten, aber jeder, der etwas zur prämillenalen Deutung und zu einem zukünftigen messianischen Reich auf Erden schrieb, kann als Beweis dafür angeführt werden, daß im ersten Jahrhundert die prämillenale Ansicht vorherrschte.

Ebenso findet sich im zweiten Jahrhundert keine Spur eines Amillenarismus bis 190 n. Chr. In dieser Zeit können Justinus Martyr, Melito, Hegesippius, Tatian, Irenäus, Tertullian, Hippolyt und Apollinarius als Prämillenaristen genannt werden. Wenn auch einige ihrer Lehren nicht bis ins Detail mit heutigen Deutungen übereinstimmen mögen, so ist doch ganz klar im zweiten Jahrhundert ein vorherrschender Prämillenarismus zu erkennen.

Mit dem Aufkommen der alexandrinischen theologischen Schule hob die Kontroverse um den Prämillenarismus an. Sie entstand aus der vermeintlichen Notwendigkeit, die biblische Offenbarung mit dem Idealismus Platons in Einklang zu bringen, ein Gesichtspunkt, der alle biblischen Lehren unterminierte, nicht nur die Prophetie. Viele meinen, die Schule von Alexandria sei ketzerisch gewesen.

Obwohl es im dritten Jahrhundert zum Streit zwischen Amillenarismus und Prämillenarismus kam, können frühe Kirchenväter angeführt werden, die auch im dritten Jahrhundert an der prämillenalen Deutung festhielten. Unter ihnen sind Cyprian (ca. 200-258), Commodius (230-280), Victorinus (240-303), Methodius (250-311) und Lactantius (240-320). Die klare Lehre des Prämillenarismus in der frühen Kirche, ehe sie von der amillenalen Deutung überflügelt wurde, ist ein hinreichender Beweis, daß die Ansicht der Apostel nicht amillenal war, und daß die frühe Kirche, die ihren Lehren folgte, auf die Rückkehr Jesu und ein Königreich auf Erden wartete.

Nach dem dritten Jahrhundert war der Prämillenarismus weniger deutlich ausgeprägt, und die amillenale Deutung gewann an Einfluß. Dies ging natürlich mit der Entwicklung der Kirche und ihrem wachsenden Ritualismus und – in einigen Fällen – mit dem Abweichen von der reinen Lehre einher. Nach Augustinus wurde im vierten und fünften Jahrhundert die römisch-katholische Kirche allgemein amillenar, doch hat es im Laufe der Jahrhunderte immer kleine Gruppen gegeben, die an der prämillenalen Lehre festhielten.

Der Prämillenarismus trat im neunzehnten Jahrhundert in den Vordergrund, unter anderem als Abwehr gegen Liberalismus, Evolution und Abweichung von der biblischen Lehre. Prämillenaristen halten allgemein an der Unfehlbarkeit der Heiligen Schrift und der Inspiration der Bibel fest. Der Liberalismus hat im Prämillenarismus nie Fuß fassen können. Die prämillenale Lehre trug auch andere evangelikale Lehren mit. Darum war es fast selbstverständlich, daß ein Prämillenalist auch auf anderen Gebieten konservativ dachte. Der Prämillenarismus wurde von den meisten organisierten Kirchen nicht beachtet, da sie in der Lehre die Prophetie vernachlässigten. Die großen Prophetie-Konferenzen des neunzehnten und zwanzigsten Jahrhunderts, die den Liberalismus bekämpfen sollten, wurden gänzlich prämillenal, obwohl sie anfangs auch andere Ansichten über das Millennium verbreiteten. Der Prämillenarismus behauptete sich zweifellos im zwanzigsten Jahrhundert und wurde von Seminaren, Colleges und Bibelschulen aufgegriffen, die alle die Wiederkunft Jesu vor dem Tausendjährigen Reich lehrten.

Beweis aufgrund der Prinzipien der Deutung. Die evangelikale Theologie anerkennt allgemein, daß die gesamte Bibel vom grammatisch-historischen Standpunkt zu deuten ist, wobei die Heilige Schrift als eine tatsächliche Erklärung der Wahrheit aufgefaßt wird. Dies hat die orthodoxen Glaubensbekenntnisse der Kirche verursacht, einschließlich der Lehre von der Wiederkunft Jesu.

Die Meinung, Prophetie bilde eine Ausnahme von dieser Regel, ist eine willkürliche Entscheidung, die darauf zurückzuführen ist, daß man nicht willens ist, das anzunehmen, was die Bibel über ein zukünftiges Millennium lehrt. Sogar bei der Deutung der Prophetie ist die nicht wörtliche Deutung auf Lehren beschränkt, die für Amillenaristen nicht annehmbar sind. Die amillenale Sicht mag eine wörtlich zu nehmende Wiederkunft Jesu, einen buchstäblichen Himmel und eine buchstäbliche Hölle akzeptieren, aber sie lehnt eine buchstäbliche Herrschaft Christi auf Erden ab. Dieser Standpunkt ist ganz willkürlich und ohne ausreichende Grundlage.

Die vergeistigende Deutung der Prophetie widerspricht den Prophezeiungen, die bereits erfüllt wurden. Es gibt Hunderte von Weissagungen im ganzen Alten und Neuen Testament, die bereits erfüllte Prophetie sind. Beispielsweise sind solch wichtige Verheißungen wie die Geburt Jesu in Bethlehem, seine göttliche Natur, seine Wunder, die er auf Erden vollbrachte, sein Tod am Kreuz, seine leibliche Auferstehung und seine leibhaftige Himmelfahrt buchstäblich erfüllte Prophetie. Ebenso war Gottes Handeln mit Israel in alttestamentlicher Zeit wieder und wieder erfüllte Prophetie. Dazu gehören auch die Zerstreuungen und Sammlungen Israels und Gottes Segnungen und Gerichte für dieses Volk. Unter den alttestamentlichen Prophezeiungen findet man kaum eine, die nicht inzwischen wörtlich erfüllt wurde. Demnach sollte die Geschichte der prophetischen Erfüllung als Wegweiser dienen: Genau so, wie sogar die ungewöhnlichsten Prophezeiungen in der Vergangenheit wörtlich erfüllt wurden, sind auch die Weissagungen für die Zukunft, wie scheinbar seltsam und unwahrscheinlich sie auch klingen mögen, an wörtliche Erfüllung gebunden. Wenn das der Fall ist, sollte das messianische Reich Christi, das so klar in vielen alttestamentlichen und auch neutestamentlichen Stellen vorausgesagt wird, wörtlich genommen werden. Die normalen Prinzipien der Interpretation führen zu der prämillenalen, nicht zu der amillenalen Deutung.

Die verheißene Wiederherstellung Israels. Ein bekanntes Thema bei den Großen und Kleinen Propheten ist die Voraussage der Wiederherstellung Israels. Jeremia 31 vermittelt ein vollständiges Bild dieser Hoffnung. Obwohl Jeremia zur Zeit des Abfalls Israels schreibt, als alles verloren schien, schildert er die herrliche Hoffnung der gnädigen Wiederherstellung Israels in der Zukunft:

> »Der HERR ist mir erschienen von ferne:
> Ich habe dich je und je geliebt, darum habe ich dich zu mir gezogen aus lauter Güte.
> Wohlan, ich will dich wiederum bauen, daß du gebaut sein sollst, du Jungfrau Israel; du sollst dich wieder schmücken, Pauken schlagen und herausgehen zum Tanz.
> Du sollst wiederum Weinberge pflanzen an den Bergen Samarias; pflanzen wird man sie und ihre Früchte genießen« (Verse 3-5).

Obwohl diese Prophezeiung in gewissem Maße bei der Rückkehr aus der Babylonischen Gefangenschaft erfüllt wurde, geht sie weit darüber hinaus zum messianischen Reich.

Gott sprach durch Jeremia:

> »Siehe, ich will sie aus dem Lande des Nordens bringen und will sie sammeln von den Enden der Erde, auch Blinde und Lahme, Schwangere und junge Mütter, daß sie als große Gemeinde wieder hierher kommen sollen.
> Sie werden weinend kommen, aber ich will sie trösten und leiten. Ich will sie zu Wasserbächen führen auf ebenem Wege, daß sie nicht zu Fall kommen; denn ich bin Israels Vater, und Ephraim ist mein erstgeborener Sohn.
> Höret, ihr Völker, des HERRN Wort und verkündet's fern auf den Inseln und sprecht: Der Israel zerstreut hat, der wird's auch wieder sammeln und wird es hüten wie ein Hirte seine Herde« (31, 8-10).

Ebenso sagte Jeremia Israels Wiederherstellung voraus: »Siehe, es kommt die Zeit, spricht der HERR, daß ich das Haus Israel und das Haus Juda besäen will mit Menschen und mit Vieh. Und gleichwie ich über sie gewacht habe, auszureißen und einzureißen, zu verderben und zu zerstören und zu plagen, so will ich über sie wachen, zu bauen und zu pflanzen, spricht der HERR« (31, 27.28).

Wie wir im Kapitel über den neuen Bund noch zeigen werden, verhieß Gott, daß Israel unter einen gnädigen neuen Bund kommen werde, der im Gegensatz zum mosaischen Gesetz stehen wird (Jeremia 31, 31-34).

Jeremia erklärte nachdrücklich, Israel werde fortbestehen, solange die jetzige Erde besteht.

> »So spricht der HERR, der die Sonne dem Tage zum Licht gibt und den Mond und die Sterne der Nacht zum Licht bestellt; der das Meer bewegt, daß seine Wellen brausen – HERR Zebaoth ist sein Name – :
> Wenn jemals diese Ordnungen vor mir ins Wanken kämen, spricht der HERR, so müßte auch das Geschlecht Israels aufhören, ein Volk zu sein vor mir ewiglich.
> So spricht der HERR: Wenn man den Himmel oben messen könnte und den Grund der Erde unten erforschen, dann würde ich auch verwerfen das ganze Geschlecht Israels für all das, was sie getan haben, spricht der HERR« (31, 35-37).

Eine etwas gedrängtere Feststellung derselben Hoffnung findet sich in Jeremia 30, 5-11, wo Jeremia voraussagt, daß Israel eine schreckliche Leidenszeit durchmachen wird. Diese Prophezeiung stimmt mit anderen biblischen Weissagungen über die Große Trübsal überein. Jeremia fügt jedoch hinzu, Israel werde diese Leidenszeit überstehen und wieder hergestellt werden, um seinem Gott und seinem König David zu dienen, der zur Zeit der Wiederkunft Jesu auferstehen wird (Vers 9). Jeremia bekräftigt, daß diejenigen, die in ferne Länder zerstreut waren, zurückgebracht werden, und daß Gott das Volk Israel nicht wieder zerstreuen wird (Vers 11).

Was haben Amillenaristen angesichts dieser klaren Aussage Jeremias über die Wiederherstellung Israels zu sagen? Einige vertreten die extreme Ansicht, Israel sei in unserer Zeit wegen Mischehen nicht mehr zu identifizieren. Dies wird natürlich kaum jemand akzeptieren. Israeliten kennen ihre Abstammung, sogar wenn sie manchmal nicht wissen, von welchem Stamm sie herkommen. Einige meinen, Israel sei verworfen worden. Wie wir schon zeigten, sagt die Bibel ausdrücklich, daß Israel nicht verworfen wird. Oder man behauptet, Israel sei die Gemeinde, und die Verheißungen seien in der Gemeinde erfüllt. Auch hier halten nur einige an dieser Sicht fest, und bezeichnenderweise möchten sie die Verheißungen des Segens, die Gott Israel gab, für sich in Anspruch nehmen, nicht dagegen die Drohungen und den Fluch. Es gibt eigentlich keinen triftigen Grund für die Vorstellung, die Verheißungen für Israel seien in der Gemeinde erfüllt, denn die Verheißungen unterscheiden sich wesentlich von dem, was die Gemeinde gegenwärtig erfährt. Eine etwas schriftgemäßere Ansicht bei den Postmillenaristen ist, daß Israel in dem Sinne wiederhergestellt werden wird, daß es sich in der Gemeinde bekehrt. Dies würde eine teilweise geistliche Wiederherstellung Israels bedeuten, aber nicht den vielen Bibelstellen genügen, die von Israels Wiederherstellung in seinem Land und seiner politischen Aufrichtung sprechen. Die prämillenale Deutung, die diese Bibelstellen wörtlich auffaßt und in dem zukünftigen Reich, das Christus bei seinem zweiten Kommen aufrichten wird, erfüllt sieht, erklärt weit besser die Offenbarung Gottes und diese Verheißungen. Die Verheißungen von Jeremia 31 versichern ausdrücklich, daß Israel nicht verworfen noch seine Identität als Volk verlieren und als solches in der Welt sein wird, solange Sonne und Mond währen (Verse 35.36).

Wie Israel buchstäblich nach Ägypten ging und dieses buchstäblich wieder verließ, wurde das Volk auch buchstäblich in die Assyrische und Babylonische Gefangenschaft geführt und aus ihnen wieder zurückgeführt; und so wörtlich wie sie über die ganze Erde verstreut wurden, so sagt die Bibel auch ihre Rückkehr voraus. Wie in Hesekiel 39, 25-29 verheißen, soll Israel bis zum letzten Mann gesammelt (was in der Geschichte bisher nicht geschehen ist) und danach nie wieder zerstreut werden (Amos 9, 15). Dies bezieht sich offenbar auf das verheißene Land und auf etwas, das zur Geschichte gehört und nicht etwa zum Leben nach dem Tod.

Wie schon erwähnt, wird Israels Wiederherstellung in der Erörterung des Paulus in Römer 11 vorausgesetzt, wo Paulus von der letztendlichen Befreiung Israels durch Jesus Christus bei seinem zweiten Kommen spricht. Die Grundverheißungen des abrahamischen Bundes verlangen die Wiederherstellung Israels, weil die Verheißung, daß Israel am Ende der menschlichen Geschichte ewig als Volk fortbestehen wird, einen erkennbaren und wiederhergestellten Status voraussetzt, der mit dem messianischen Reich übereinstimmt. In der Bibel folgt die Wiederherstellung Israels klar auf die Wiederkunft Jesu, und seine Wiederherstellung stellt das Endkapitel des Handelns Gottes mit der Erde dar, ehe er einen neuen Himmel und eine neue Erde schaffen wird.

11 Weltgeschichte in prophetischer Schau

Die Menschheit ist zu einer globalen Gemeinschaft geworden, in der Ereignisse vorkommen, die die Welt rapide verändern. Unter diesen Umständen ist es wichtig zu fragen, ob die Prophezeiungen der Bibel Licht auf die augenblicklichen Weltereignisse werfen und ob sie einen Hinweis auf zukünftige Geschehnisse geben.

Die Bibel bietet eine umfassende Schau der Geschichte und Zukunft der Welt. Das Studium der biblischen Prophetie wirft einen verblüffenden Lichtstrahl auf die Bedeutung der Weltereignisse. Die Bibel gibt uns einen Überblick über die Weltgeschichte, die sich bereits dramatisch erfüllt hat. Dies weist darauf hin, daß sich bald durch dramatische Ereignisse biblische Prophezeiungen erfüllen, die bisher noch nicht in Erfüllung gegangen sind. Die Prophezeiungen der Bibel helfen uns verstehen, was in der Welt geschieht.

Einleitung

In den Prophezeiungen Daniels wird die Weltgeschichte in einem faszinierenden Überblick offenbart. Daniel bekam das seltene Vorrecht, nicht nur die heidnische Geschichte von seiner Zeit bis zur Wiederkunft Jesu zu überblicken, sondern auch die parallele Entwicklung Israels, beginnend mit dem Wiederaufbau Jerusalems zur Zeit Nehemias und kulminierend in Christi zweitem Kommen. Daniel 9, 24-27 gibt einen Überblick über die Zukunft Israels, und die Kapitel 2.7.8 und 11-12 offenbaren viele Einzelheiten der Zukunft der Völker in Bezug zu Israel. Besonders in dem Traum Nebukadnezars (Daniel 2) wird die Weltgeschichte der Zukunft bis zur Wiederkunft Jesu enthüllt. Wenn auch andere Bibelabschnitte Prophezeiungen über Israel und die Heiden enthalten, so wurde doch keinem anderen alttestamentlichen Propheten die umfassende Schau zuteil, die Gott dem Daniel enthüllte. (Siehe den Kommentar des Autors zu Daniel, *Daniel, the Key to Prophetic Interpretation,* (Moody Press, 1971), 320 Seiten.)

Nebukadnezars Traum

Daniel wurde, wie wir dem ersten Kapitel des Buches Daniel entnehmen, auf seine Aufgabe als Prophet gründlich vorbereitet. Er war bei der ersten Eroberung Jerusalems durch die Babylonier im Jahre 605 v.Chr. nach Babylon deportiert worden. Er und eine Anzahl junger Leute aus den königlichen Familien wurde ausgewählt und nach Babylon gebracht, um dort Diener des Königs Nebukadnezar zu werden. Wie in Daniel 1 berichtet wird, hielt sich Daniel treu zu seinem Gott und an seine Speisevorschriften. In Kapitel 1, das den Weg für Daniels Erhöhung in Kapitel 2 ebnet, wird erzählt, daß außer Daniel noch seine drei Freunde Schadrach, Meschach und Abed-Nego Gott die Ehre gaben und das Gesetz des Mose befolgten. Die vielen anderen Gefangenen, die ohne Zweifel auch von Jerusalem nach Babylon weggeführt wurden, sind nicht erwähnt, weil sie wahrscheinlich den Weg der Babylonier einschlugen und wohl nicht am Glauben an den Gott Israels festhielten.

Die Weisen Babylons können den Traum nicht deuten

Daniel 2 berichtet von der erstaunlichen Offenbarung, die Gott dem König Nebukadnezar in einem Traum oder vielleicht in mehreren Träumen gab (Daniel 2, 1). Wenngleich es noch Nacht war, ließ Nebukadnezar seine Weisen holen, die ihm den Traum deuten sollten. Als die Wahrsager von dem Traum vernahmen, sprachen sie zum König: »Der König lebe ewig! Sage deinen Knechten den Traum, so wollen wir ihn deuten (Vers 4).

Die Weisen von Babylon wurden mit einem ungewöhnlichen Problem konfrontiert, da der König sich weigerte, ihnen den Traum zu erzählen, und von ihnen verlangte, daß sie ihm den Traum ansagten und deuteten. Die Gelehrten sind sich nicht einig, ob der König den Traum vergessen hatte oder ihn zumindest nicht deutlich genug in Erinnerung hatte, oder ob er die übernatürlichen Fähigkeiten seiner Weisen, die sie zu besitzen vorgaben, prüfen wollte.

Nebukadnezar war ein junger Mann, der noch nicht lange regierte, als er den Traum hatte. Nach Daniel 2, 1 geschah dies »im zweiten Jahr seiner Herrschaft«. Er hatte seinen Beraterstab, ältere Männer, die als Berater seines Vaters gedient hatten, übernommen. Die verschiedenen Klassen der Weisen behaupteten, übernatürliche Kräfte zu besitzen. Es kann sein, daß Nebukadnezar bezweifelte, ob diese Behauptungen zu Recht bestanden, und daß er testen wollte, ob diese Männer wirklich die Einsicht besaßen, die nur Gott geben konnte.

König Nebukadnezar antwortete den Wahrsagern schroff: »Mein Wort ist deutlich genug. Werdet ihr mir nun den Traum nicht kundtun und deuten, so sollt ihr in Stücke gehauen und eure Häuser sollen zu Schutthaufen gemacht werden. Werdet ihr mir aber den Traum kundtun und deuten, so sollt ihr Geschenke, Gaben und große Ehre von mir empfangen. Darum sagt mir den Traum und seine Deutung« (Daniel 2, 5.6).

Die Weisen konnten dem König den Traum jedoch nicht kundtun und baten ihn deshalb, er solle ihnen den Traum ansagen, damit sie ihn deuten könnten. Aber der König blieb hart und sprach: »Wahrlich, ich merke, daß ihr Zeit gewinnen wollt, weil ihr seht, daß mein Wort deutlich genug ist« (2, 8). Er wiederholte seinen Entschluß, sie umzubringen, wenn sie ihm den Traum nicht ansagen und deuten konnten.

Dies brachte die Wahrsager in eine schwierige Lage, und sie baten den König, ihnen die nötige Information zu geben. Sie sagten: »Es ist kein Mensch auf Erden, der sagen könnte, was der König fordert. Ebenso gibt es auch keinen König, wie groß oder mächtig er sei, der solches von irgendeinem Zeichendeuter, Weisen oder Wahrsager fordern würde. Denn was der König fordert, ist zu hoch, und es gibt auch sonst niemand, der es vor dem König sagen könnte, ausgenommen die Götter, die nicht bei den Menschen wohnen« (2, 10.11).

Als der König von den Astrologen keine weitere Antwort erhielt, befahl er zornig, daß sie umgebracht werden sollten. Als der Befehl erlassen wurde, die Männer zu suchen, die getötet werden sollten, suchte man auch Daniel und seine Freunde, die als Weise eingestuft wurden, obwohl sie im Palast nicht zugegen waren, als die Wahrsager den Traum dem König nicht ansagen konnten.

Als Daniel durch Arjoch, den Obersten der Leibwache des Königs, von dem Beschluß des Königs erfuhr, ging er zu dem König hinein und bat um eine Frist (2, 16). Nebukadnezar hatte sich inzwischen wohl abgeregt und war zweifellos verdutzt, daß Daniel, ein junger Mann, der wahrscheinlich kaum zwanzig Jahre alt war, zu ihm kam und um eine Frist bat, den Traum zu deuten, statt zu sagen, daß man den Traum wirklich nicht wissen und darum auch nicht deuten könne. Nachdem ihm die Bitte gewährt worden war, ging Daniel zu seinen drei Freunden Hananja, Mischael und Asarja und bat mit ihnen zusammen Gott, er möge ihnen das Geheimnis offenbaren (Verse 17.18). Es ist interessant, daß Daniel hier in Kapitel 2 die hebräischen Namen seiner Freunde nennt, nicht deren babylonische Namen.

Der Traum wird Daniel enthüllt

In Vers 19 wird berichtet: »Da wurde Daniel das Geheimnis durch ein Gesicht in der Nacht offenbart.« Es folgt eine Demonstration der charakterlichen Reife und der großen Klugheit Daniels. Denn statt sofort zum König zu eilen, hielt er erst inne und lobte den Gott des Himmels.

In Daniel 2, 20-23 zeigt Daniel ein erstaunliches Verständnis des Wesens

Gottes, seiner Macht und Weisheit und seines Vermögens, Geheimes zu enthüllen und die Gebete Daniels und seiner Freunde zu beantworten und ihnen den Traum und die Deutung kundzutun. Erst nachdem Daniel in dieser gebührenden Weise Gott gelobt hatte, berichtet er, daß er auch die Deutung wußte.

Gemäß Vers 24 berichtete Daniel dem Arjoch, dem Daniel unterstellt war, daß er den Traum wisse. Er sagte: »Du sollst die Weisen von Babel nicht umbringen, sondern führe mich hinein zum König, ich will dem König die Deutung sagen.«

Arjoch ging eilends zum König und sagte ihm: »Ich habe einen Mann gefunden unter den Gefangenen aus Juda, der dem König die Deutung sagen kann« (2, 25). Arjoch wollte offenbar möglichst eine Belohnung vom König dafür haben, daß er Daniel entdeckt habe, obwohl er nicht mehr getan hatte, als Daniel Zeit zum Beten gewährt zu haben.

Daniel berichtet Nebukadnezar

Als Daniel im Hof Nebukadnezars erschien, fragte ihn der König: »Bist du es, der mir den Traum, den ich gesehen habe, und seine Deutung kundtun kann?« (2, 26). Zweifellos war der König erregt. Sollte dies der Beweis sein, daß es einen übernatürlichen Gott gibt, der Träume deuten kann? Und konnte Daniel von ihm erfahren, was Nebukadnezar geträumt hatte?

Daniel erwiderte in großer Weisheit und Gefaßtheit: »Das Geheimnis, nach dem der König fragt, vermögen die Weisen, Gelehrten, Zeichendeuter und Wahrsager dem König nicht zu sagen. Aber es ist ein Gott im Himmel, der kann Geheimnisse offenbaren. Der hat dem König Nebukadnezar kundgetan, was in zukünftigen Zeiten geschehen soll« (2, 27.28). Mit dieser Aussage gegenüber Nebukadnezar ebnete Daniel den Weg für ein Zeugnis der Größe Gottes, des wahren Gottes des Himmels. Weil die Babylonier ihre Götter auch als Götter des Himmels ansahen, drückte Daniels Zeugnis vor Nebukadnezar die Wahrheit aus, daß der Gott Daniels viel größer war als die Götter von Babylon, die den Weisen den Traum nicht enthüllen konnten.

Daniel sprach dann zum König: »Du, König, dachtest auf deinem Bett, was dereinst geschehen würde; und der, der Geheimnisse offenbart, hat dir kundgetan, was geschehen wird.

Mir aber ist dies Geheimnis offenbart worden, nicht als wäre meine Weisheit größer als die Weisheit aller, die da leben, sondern damit du deines Herzens Gedanken erführest« (2, 29.30).

Daniel machte mit großer Weisheit und Sorgfalt klar, daß seine Fähigkeit, den Traum zu deuten, nicht normale Weisheit, sondern übernatürlich war und unmittelbar von Daniels Gott kam.

Der Inhalt des Traumes

Das Haupt von Gold. Daniel berichtete dem König, daß er »ein großes und hohes und hell glänzendes Bild« sah, »das war schrecklich anzusehen. Das Haupt dieses Bildes war von feinem Gold« (2, 31.32). In dieser Offenbarung wurde ausgedrückt, daß das Standbild größer war als ein Mensch und darum mehr als ein Menschenalter umfaßte, und so dicht an Nebukadnezars Bett heranreichte, daß es furchterregend war.

Die Brust aus Silber und der Bauch und die Lenden aus Kupfer. Daniel beschrieb kurz die oberen und unteren Teile des Körpers: »Seine Brust und seine Arme waren von Silber, sein Bauch und seine Lenden waren von Kupfer« (2, 32).

Die Beine und Füße aus Eisen und Ton. Daniel beschrieb dann die Beine und Füße: »Seine Schenkel waren von Eisen, seine Füße waren teils von Eisen und teils von Ton« (Vers 33). Es ist offensichtlich, daß das Standbild am Kopf sehr schwer war, da das spezifische Gewicht von Gold größer ist als das von Silber, und entsprechend wurden die Metalle zu den Füßen hin immer leichter, was der Statue keinen festen Stand verlieh.

Der zermalmende Stein. Als Daniel über das Bild nachsann, sagte er:

> »Das sahst du, bis ein Stein herunterkam, ohne Zutun von Menschenhänden; der traf das Bild an seinen Füßen, die von Eisen und Ton waren, und zermalmte sie.
> Da wurden miteinander zermalmt Eisen, Ton, Kupfer, Silber und Gold und wurden wie Spreu auf der Sommertenne, und der Wind verwehte sie, daß man sie nirgends mehr finden konnte. Der Stein aber, der das Bild zerschlug, wurde zu einem großen Berg, so daß er die ganze Welt füllte« (2, 34.35).

Nebukadnezar war von Daniels genauer Beschreibung des Traumes fasziniert und wartete nun gespannt auf die Deutung.

Die Deutung von Nebukadnezars Traum

Babylon, das goldene Haupt. Daniel begann seine Deutung, indem er auf das Haupt aus Gold hinwies, das Nebukadnezar und das Babylonische Reich darstellte. »Das ist der Traum. Nun wollen wir die Deutung vor dem König sagen.

Du, König, bist ein König aller Könige, dem der Gott des Himmels Königreich, Macht, Stärke und Ehre gegeben hat, und dem er alle Länder, in denen

Leute wohnen, dazu die Tiere auf dem Felde und die Vögel unter dem Himmel in die Hände gegeben, und dem er über alles Gewalt verliehen hat. Du bist das goldene Haupt« (2, 36-38).

Obwohl Nebukadnezar nicht über die ganze Erde herrschte, schien es damals vom Standpunkt Babylons aus so zu sein, als ob die ganze bewohnte Erde um Babylon herum unter seiner Herrschaft stand. Nebukadnezar regierte nicht nur über seine menschlichen Untertanen, sondern sogar die Tier des Feldes und die Vögel in der Luft waren in einem gewissen Sinne unter seiner Kontrolle. All dies ist in dem Bild vom goldenen Haupt ausgedrückt, das Nebukadnezar darstellte.

Die Meder und Perser und Griechenland. In Daniel 2, 39 sagt Daniel, daß die Brust, der Bauch und die Lenden der Statue zwei weitere Königreiche darstellen: »Nach dir wird ein anderes Königreich aufkommen, geringer als deines, danach das dritte Königreich, das aus Kupfer ist und über alle Länder herrschen wird.« Daniel erfuhr damals noch nicht, um welche Königreiche es sich handeln würde. Später, in Daniel 7 und 8, wurde klar, daß das zweite Königreich Medo-Persien war und das dritte Königreich Griechenland; es wird in Daniel 8, 5-8.20.21 identifiziert.

Das letzte Weltreich: Rom. In Kapitel 2 und 7 wird dem vierten Reich besondere Beachtung geschenkt. Obwohl es im Buche Daniel nicht identifiziert wird, handelt es sich offensichtlich um das Römische Reich, das dem Griechischen Reich folgte. Es wurde in Nebukadnezars Traum durch die Beine und Füße aus Eisen und gebranntem Ton vertreten. Daniel beschrieb es folgendermaßen:

> »Und das vierte Reich wird hart sein wie Eisen; denn wie Eisen alles zermalmt und zerschlägt, ja, wie Eisen alles zerbricht, so wird es auch alles zermalmen und zerbrechen.
> Daß du aber die Füße und Zehen teils von Ton und teils von Eisen gesehen hast, bedeutet: das wird ein zerteiltes Königreich sein; doch wird etwas von des Eisens Härte darin bleiben, wie du ja gesehen hast Eisen mit Ton vermengt.
> Und daß die Zehen an seinen Füßen teils von Eisen und teils von Ton sind, bedeutet: zum Teil wird's ein starkes und zum Teil ein schwaches Reich sein.
> Und daß du gesehen hast Eisen mit Ton vermengt, bedeutet: sie werden sich zwar durch Heiraten miteinander vermischen, aber sie werden doch nicht aneinander festhalten, so wie sich Eisen mit Ton nicht mengen läßt« (2, 40-43).

Ein Stein, der ohne Zutun von Menschenhänden vom Berg herunterkam, also von Gott selbst bereitet wurde, traf das Standbild an seinen Füßen und zermalmte das Eisen und den Ton der Füße, so daß auch das ganze Standbild zerstört und somit Daniels Beschreibung in Vers 35 erfüllt wurde. Nachdem die Statue zerstört worden war, verschwand sie, und der Stein, der sie zermalmte, der das fünfte Reich versinnbildlicht, erfüllte die ganze Erde.

Das Römische Reich fiel nicht plötzlich, sondern existierte viele Jahrhunderte nach Christus weiter und verschwand nur allmählich aus der Geschichte. Demnach ist die Zerstörung des vierten Reiches, wie hier in Daniel beschrieben, bisher noch nicht in Erfüllung gegangen. Es hat verschiedene Deutungsversuche gegeben, aber die beste Erklärung ist wohl, daß dies in einem wiederbelebten Römischen Reich erfüllt werden wird, das am Ende der Menschheitsgeschichte auf der Weltbühne erscheinen wird. Dies wird noch klarer in Daniel 7 ausgesagt.

In diesen Prophezeiungen wird, wie das im Alten Testament üblich ist, die Zeitspanne zwischen dem ersten Kommen Jesu und der Zeit, die seinem zweiten Kommen unmittelbar vorausgeht, nicht in Betracht gezogen. Dies wird durch die vielen Fälle illustriert, wo das erste und zweite Kommen Jesu in einem Atemzug genannt werden, wie etwa in Jesaja 61, 2. Das gegenwärtige Zeitalter, in dem die Gemeinde herausgerufen wird, war kein Thema der alttestamentlichen Prophetie, und Gottes Plan für das gegenwärtige Zeitalter wurde erst im Neuen Testament offenbart.

Nebukadnezars Traum und die Zerstörung der Statue durch einen Stein, der ohne Hände losgelöst wurde, machen deutlich, daß weder die amillenale noch die postmillenale Deutung des Königreiches Jesu vom Alten Testament gestützt wird.

Nach amillenaler Deutung ist das Königreich Christi heute in der Welt und erfüllt sich im Laufe der Gemeindegeschichte. Dieser Standpunkt verlangt zumindest eine teilweise Eroberung der Welt durch das Evangelium. Aber Nebukadnezars Traum weist nicht darauf hin. Auch die postmillenale Deutung – daß die Welt durch die Verkündigung des Evangeliums immer besser wird und im zweiten Kommen Jesu ihren Kulminationspunkt erreicht- wird durch die Bibel nicht gestützt. Stattdessen wird die Macht der heidnischen Reiche einschließlich der des wiederbelebten Römischen Reiches und des letztendlichen großen Weltreiches beim zweiten Kommen Jesu plötzlich zerstört, also nicht durch einen schrittweisen Prozeß infolge menschlicher Anstrengung. Deshalb haben wir hier eine vorläufige Offenbarung, der Daniel später noch Informationen über den Gang der Weltgeschichte hinzufügte, einschließlich der Details über die vier großen Reiche der Vergangenheit und das wiederhergestellte Römische Reich in der Endzeit. Beim zweiten Kommen Jesu werden diese Reiche völlig zerstört und durch das Reich vom Himmel her ersetzt werden, das hier durch den ohne Hände vom Berg herunterkommenden Stein dargestellt wird.

Nebukadnezars Reaktion

Die Bibel berichtet, daß Nebukadnezar, von Daniels Deutung überwältigt, sich vor Daniel niederbeugte und die Größe seines Gottes bewunderte. »Da fiel der König Nebukadnezar auf sein Angesicht und warf sich nieder vor Daniel und befahl, man sollte ihm Speisopfer und Räucheropfer darbringen.

Und der König antwortete Daniel und sprach: Es ist kein Zweifel, euer Gott ist ein Gott über alle Götter und ein Herr über alle Könige, der Geheimnisse offenbaren kann, wie du dies Geheimnis hast offenbaren können« (2, 46.47).

Nach dieser Anerkennung des Gottes Daniels überhäufte Nebukadnezar Daniel mit Geschenken und Privilegien.

Gemäß den Versen 48 und 49 »erhöhte der König Daniel und gab ihm große und viele Geschenke und machte ihn zum Fürsten über das ganze Land Babel und setzte ihn zum Obersten über alle Weisen in Babel.

Und Daniel bat den König, über die einzelnen Bezirke im Lande Babel Schadrach, Meschach und Abed-Nego zu setzen. Daniel aber blieb am Hofe des Königs.« Nebukadnezars Reaktion auf die Offenbarung Gottes war erstaunlich. Merkwürdigerweise erhöhte der König Daniel, obwohl er ein Fremder und sicher noch nicht zwanzig Jahre alt war, und machte ihn zum obersten Fürsten von Babylon. Er ernannte auch Daniels Freunde zu Verwaltern der Provinz Babylon, der Hauptprovinz. Mit diesen Handlungen begann eine lange und ruhmreiche Karriere für Daniel in Nebukadnezars Regierungszeit. Er diente Nebukadnezar rund vierzig Jahre bis zu dessen Tod. Wie bei Josef in Ägypten und Mordechai im Buche Ester ehrte Gott diejenigen, die ihn ehrten und gab ihnen hervorragende Stellungen in der heidnischen Regierung. In der Folge gab Gott ein wunderbares Zeugnis seiner Größe als Gott und seiner Überlegenheit über die Götter der Babylonier.

12 Babylon in der alttestamentlichen Prophetie

Das Buch Daniel gibt einen bemerkenswerten Überblick über die vier Weltreiche, die auf der Bühne der Weltgeschichte erscheinen sollten, ehe Jesus wiederkommt. In anderen Schriftstellen wird den Prophezeiungen Daniels noch etliches hinzugefügt. Die meisten dieser Prophezeiungen sind bereits erfüllt worden, und ihre wörtliche Erfüllung beweist, daß die noch nicht erfüllten Prophezeiungen ebenfalls wörtlich eintreffen werden. Wenn wir das wissen, können wir über die Zukunft unserer modernen Welt eine Menge aussagen.

Das alte Babylon

Babylon wird in der Heiligen Schrift zum erstenmal in 1. Mose 11, 1-9 erwähnt, wo die Menschen im Trotz gegen Gott einen Turm errichteten, der bis in den Himmel reichte. Diese Zikkurrat wurde aus Lehmziegeln erbaut, weil es in der Gegend keine Steine gab, und Erdharz wurde als Mörtel benutzt (Vers 3). Was sie beabsichtigten, wird in Vers 4 ausgesagt: »Wohlauf, laßt uns eine Stadt und einen Turm bauen, dessen Spitze bis an den Himmel reiche, damit wir uns einen Namen machen; denn wir werden sonst zerstreut in alle Länder.« Statt jedoch das Menschengeschlecht zusammenzubringen, verurteilte Gott dieses Vorhaben und verwirrte ihre Sprache (Verse 5-7), so daß sie über die Erde zerstreut wurden (Vers 8). Das Gebäude und die Stadt, das spätere Babylon, wurden zerstört. Darum wurde die Stadt »Babel« genannt, was einem hebräischen Wort ähnlich ist, das »verwirren« bedeutet.

Die Heilige Schrift schweigt über die weitere Geschichte Babylons. Nur ein »kostbarer babylonischer Mantel« wird erwähnt, der zur Beute Achans gehörte, wie uns in Josua 7, 20.21 gesagt wird. Erst Jesaja, Jeremia, Hesekiel und Daniel erwähnten Babylon in ihren Prophezeiungen, und als die Juden in die Babylonische Gefangenschaft gerieten (2. Könige 17-25; 1. Chronik 9, 1; 2. Chronik 32-36), wurde Babylon ein beherrschendes Thema der biblischen Offenbarung. Zwischen 1. Mose 11 und der Zeit des Babylonischen Exils liefert jedoch die

Profangeschichte beträchtliche Einzelheiten über den Fortschritt dieser Zivilisation.

Einige Spuren der Zivilisation gehen auf die Zeit vor 3000 v. Chr. zurück, eine Zeit, aus der die ersten schriftlichen Dokumente überliefert sind. Die Gegend von Babylon im Zweistromland war der Schauplatz einer Hochkultur mit angelegten Kanälen und großen Gebäuden, insbesondere Tempel.

Von 2340 bis 2160 v. Chr. dehnte sich das Reich Sargons und seiner Nachkommen von Persien bis zum Mittelmeer aus. Abraham wurde wahrscheinlich in der sogenanten neusumerischen Periode (2070-1960 v. Chr.) geboren. Danach wurde das Land von den Elamiern und Amoritern bis 1830 v. Chr. überrannt, bis Babylon wieder an Macht gewann. Dies war die Zeit der sogenannten altbabylonischen Dynastie, zu der auch Hammurapi (1726-1686 v. Chr.) gehörte. Obwohl wir nicht sehr viel über das persönliche Leben Hammurapis wissen, ist sein berühmter Gesetzeskodex gefunden worden, der in die Zivilisation jener Tage einen Einblick gewährt. Der Kodex wurde 1901/1902 auf einer 2,40 Meter hohen schwarzen Dioritstele in Susa entdeckt. Er enthält 282 Paragraphen über kriminelle Vergehen und klärte die Verhältnisse der Zeit Hammurapis wesentlich auf. Er enthüllte auch eine entwickelte akkadische Sprache, den altbabylonischen Dialekt.

Babylon hatte jedoch seine Höhen und Tiefen und wurde von den Kassiten überfallen (1550-1169 v. Chr.), die nach der altbabylonischen Zeit (1830-1550 v. Chr.) über Babylon herrschten. Eine weitere Dynastie, die sogenannte zweite Dynastie von Isin (1169-1039 v. Chr.), erlebte einen Wiederaufstieg Babylons. Um 1100 v. Chr. begann der Niedergang Babylons, bis die neubabylonische Herrschaft über Babylon um 625 v. Chr. mit Nabupolassar, dem Vater Nebukadnezars, begann. In der Zeit vor Nabupolassar wurde jedoch Tiglat-Pileser 729 v. Chr. König von Babylon, der 689 v. Chr. von dem assyrischen König Sanherib angegriffen wurde, der Babylon durch Feuer zerstörte. Babylon wurde jedoch 625 v. Chr. von Asarhaddon wieder aufgebaut und erhielt seine Macht wieder, als es Nabupolassar gelang, die Herrschaft über Babylon zu gewinnen, und das sogenannte Neubabylonische Reich gründete.

Nabupolassar erwies sich als fähiger König. Er verbündete sich mit den Medern, griff Ninive, die Hauptstadt des Neuassyrischen Reiches an, und zerstörte sie 612 v. Chr. Ninive wurde dabei so völlig zerstört, daß es erst im 19. Jahrhundert wiederentdeckt wurde. Nebukadnezar eroberte noch im Todesjahr seines Vaters als babylonischer General nicht nur Ägypten, sondern auch Jerusalem (605 v. Chr.), womit die Babylonische Gefangenschaft Judas ihren Anfang nahm.

Prophezeiungen über Babylon bei Jesaja

Obwohl Babylon noch ein schlummerndes Land und von seiner späteren Größe noch nichts zu ahnen war, begann Jesaja seine Voraussagen über Babylon, besonders in den Kapiteln 13, 14 und 47. Babylon wird auch in Jesaja 21, 9; 39, 1.3.6.7; 43, 14 und 48, 20 erwähnt.

Es ist bemerkenswert, daß dies Jesaja schrieb, ehe Babylon ein herausragendes Reich wurde, und seine Voraussagen umfaßten sowohl die Einnahme Babylons durch die Meder und Perser im Jahre 538 v. Chr. als auch die endgültige Zerstörung Babylons zur Zeit des zweiten Kommens Jesu.

Eine der bedeutendsten Voraussagen Jesajas findet sich in Jesaja 13. Babylon wird in den Versen 1 bis 16 kurz vor dem zweiten Kommen Jesu beschrieben, wo es wie die anderen Nationen dem Gericht Gottes verfallen ist und zerstört wird. In den Versen 17 bis 19 geht Jesaja jedoch besonders auf die Eroberung Babylons durch die Meder und Perser ein:

> »Denn siehe, ich will die Meder gegen sie erwecken, die nicht Silber suchen oder nach Gold fragen,
> sondern die Jünglinge mit Bogen erschießen und sich der Frucht des Leibes nicht erbarmen und die Kinder nicht schonen.
> So soll Babel, das schönste unter den Königreichen, die herrliche Pracht der Chaldäer, zerstört werden von Gott wie Sodom und Gomorra.«

In den Versen 20 bis 22 wird aber die ferne Schau wieder Thema der Prophezeiung. Jesaja schrieb:

> »daß man hinfort nicht mehr da wohne noch jemand da bleibe für und für, daß auch Araber dort keine Zelte aufschlagen noch Hirten ihre Herden lagern lassen,
> sondern Wüstentiere werden in ihren Palästen heulen und Schakale in den Schlössern der Lust. Ihre Zeit wird bald kommen, und ihre Tage lassen nicht auf sich warten.«

Die Gerichte über Babylon, die in den Versen 17 bis 19 beschrieben werden, sind inzwischen Geschichte geworden, aber diejenigen in den Versen 20 bis 22 haben sich nicht erfüllt, da Babylon sogar bis in die moderne Zeit bewohnt wurde. Im Augenblick wird Babylon im Irak teilweise als Touristenattraktion wieder aufgebaut, und einige historische Monumente werden errichtet. Aus den Versen 20 bis 22 geht eindeutig hervor, daß Babylon nach seiner endgültigen Zerstörung beim zweiten Kommen Jesu, wie sie in Offenbarung 18 berichtet wird, nie wieder erstehen wird.

Unter Nebukadnezar, der 604 v. Chr. den Thron Babylons bestieg, nachdem er Jerusalem erobert hatte, wurde Babylon zu einem Weltwunder mit großen Palästen, Tempeln und anderen Gebäuden. Obwohl es im Jahre 538 v. Chr. von den Medern erobert wurde, wie Jesaja es vorhergesagt hatte, wurde Babylon nicht zerstört. Es blieb auch noch in der Zeit nach Christus eine blühende Stadt und beherbergte eine große jüdische Kolonie.

In Jesaja 14 wird dann der endgültige Fall Babylons mit dem Fall Satans verglichen. Seit den frühen Kirchenvätern haben auch viele andere Gelehrte darauf hingewiesen, daß Jesaja 14, 12-17 weit über jedes Gericht an Babylon hinausgeht und den Fall Satans zur Zeit seiner ersten Sünde berichtet. Der Abschnitt berichtet auch Satans Stolz und seine Begierde: »Ich will ... gleich sein dem Allerhöchsten« (Vers 14). In diesem Kapitel werden auch die Könige von Babylon erwähnt, die wie die anderen Herrscher der Welt, die fern von Gott lebten, in das Totenreich eingehen.

In Jesaja 47 wird das Gericht über Babylon mit dem Gericht über eine böse Frau verglichen, die in Vers 1 als »Jungfrau, Tochter Babel« bezeichnet wird.

Als Hiskia den Gesandten aus Babylon sein Schatzhaus, sein Silber und Gold und alle Schätze seines Königtums zeigte, sprach Jesaja zu ihm: »Höre das Wort des HERRN Zebaoth:

Siehe, es kommt die Zeit, daß alles, was in deinem Hause ist und was deine Väter gesammelt haben bis auf diesen Tag, nach Babel gebracht werden wird, so daß nichts zurückbleibt, spricht der HERR.

Dazu werden sie von deinen Söhnen, die von dir kommen werden, die du zeugen wirst, einige nehmen, daß sie Kämmerer werden müssen am Hofe des Königs von Babel« (39, 5-7). Dies wurde natürlich in der Babylonischen Gefangenschaft erfüllt. In Jesaja 43, 14 und 48, 14.20 wird auch die zukünftige Zerstörung Babylons kurz erwähnt.

Aus der Geschichte wissen wir, daß Babylon nicht endgültig zerstört wurde. Es war noch um 1000 n. Chr. eine bedeutende Stadt. Weil die vollständige und plötzliche Zerstörung Babylons nicht in Erfüllung gegangen ist, hat man daran gedacht, daß sie wieder aufgebaut werden wird, um in der Endzeit eine wichtige Rolle zu spielen.

Über die Deutung der Prophezeiungen gegen Babylon herrscht in Gelehrtenkreisen viel Verwirrung, ob sich die verschiedenen Stellen über Babylon auf die Stadt Babylon, das Babylonische Reich oder die baylonische Religion beziehen. Jedes dieser drei Themen hat seine eigene prophetische Linie und Erfüllung.

Prophezeiungen über Babylon bei Jeremia

Jeremia lebte zur Zeit der Babylonischen Gefangenschaft und sagte treffend voraus, daß sie eintreten werde. Weil Jeremia dies weissagte, fiel er beim König von Juda in Ungnade, und er wäre beinahe umgebracht worden. Zusätzlich zu den Prophezeiungen über die Babylonische Gefangenschaft widmete Jeremia zwei lange Kapitel (Jeremia 51 und 52) der Offenbarung über Babylon.

Die Prophezeiungen in Jeremia 51 und 52 betreffen fast ausschließlich die Einnahme Babylons durch die Meder und Perser. Jeremia benutzte eine dichterische Sprache, um sie dramatisch zu beschreiben. Einige Ereignisse scheinen jedoch über das Ende des Neubabylonischen Reiches im Jahre 538 v. Chr. hinauszugehen, denn die Stadt selbst wurde damals nicht zerstört. Jeremia 50, 39.40 zielt auf die Endzeit und das zweite Kommen Jesu hin. Hier schreibt Jeremia: »Darum sollen Wüstentiere und wilde Tiere darin wohnen und die Strauße, und es soll nie mehr bewohnt werden und niemand darin hausen für und für.

Gleichwie Gott Sodom und Gomorra samt ihren Nachbarn zerstört hat, spricht der HERR, soll niemand darin wohnen noch ein Mensch darin hausen.«

Wie Jesaja 13 bezieht sich dies auf die letztendliche Zerstörung Babylons unmittelbar vor der Wiederkunft Jesu.

Ebenso scheint die Prophezeiung in Jeremia 51, 25.26 über alles, was sich bisher erfüllt hat, hinauszugehen: »Siehe, ich will an dich, du Berg des Verderbens, der du Verderben gebracht hast über alle Welt, spricht der HERR. Ich will meine Hände wider dich ausstrecken und dich von den Felsen herabwälzen und will einen verbrannten Berg aus dir machen,

daß man weder Ecksteine noch Grundsteine aus dir nehmen kann, sondern eine ewige Wüste sollst du sein, spricht der HERR.« Dies wurde in der Geschichte bisher nicht erfüllt; die Zerstörung wird kurz vor dem zweiten Kommen Jesu sicher erfüllt werden.

Die meisten Prophezeiungen gegen Babylon zeigen auf, was die Babylonier anrichteten, als sie Juda in die Gefangenschaft führten. Jeremia sagte voraus, daß diejenigen, die einen Sieg über Babylon annahmen, wie die falschen Propheten es verkündeten (vergleiche Jeremia 28, 1-17), Unrecht hatten, und daß vielmehr Babylon Juda erobern und zerstören werde. Obwohl Jeremia deshalb eingekerkert wurde, wurde er natürlich gerechtfertigt, als die Juden in die babylonische Gefangenschaft gehen mußten.

Von besonderem Interesse für Bibelleser sind die Prophezeiungen Jeremias über die Dauer der Babylonischen Gefangenschaft. In Jeremia 25, 11 und 29, 10 sagte er eine Dauer der Babylonischen Gefangenschaft von siebzig Jahren voraus. Über die Zerstörung Judas schrieb er: »so daß dies ganze Land wüst und zerstört liegen soll. Und diese Völker sollen dem König von Babel dienen siebzig Jahre« (25, 11). In Jeremia 29, 10 wird die weitere Offenbarung gegeben:

»Wenn für Babel siebzig Jahre voll sind, so will ich euch heimsuchen und will mein gnädiges Wort an euch erfüllen, daß ich euch wieder an diesen Ort bringe.« Aufgrund dieser Prophezeiung Jeremias fühlte Daniel sich gedrungen (Daniel 9, 1-3), sich im Gebet wegen der Wiederherstellung Jerusalems an Gott zu wenden. Seine Gebete wurden erhört, wie in Esra und Nehemia berichtet wird.

Außer der Vorhersage der Niederlage Judas durch die Babylonier beschrieb Jeremia auch in Einzelheiten, daß Ägypten von den Babyloniern erobert und zerstört werden würde (43, 10-13; 44, 30; 46, 1-26). Mit dieser prophetischen Offenbarung mahnte Jeremia die Juden in Ägypten zu fliehen, ehe die babylonischen Heere Ägypten überfielen (44, 30). Diese Prophezeiungen wurden erfüllt.

Prophezeiungen über Babylon bei Hesekiel

Als ein Zeitgenosse Jeremias fügte Hesekiel seine Offenbarung über dieselben Themen hinzu, die auch Jeremia beschäftigten. Wie Jeremia sagte er die Babylonische Gefangenschaft voraus (17, 12-24) und die Niederlage, die die Babylonier Ägypten zufügen würden (29, 18.19; 30, 10-25; 32, 1-32). Hesekiel weissagte auch den Untergang von Tyrus (26, 7-28,19).

Prophezeiungen über Babylon bei Daniel

Die vielen Prophezeiungen Jesajas und Jeremias werden im Buche Daniel zusammengefaßt, da Daniel die Gefangenschaft selbst erlebte. Er enthüllte die Zukunft der Heiden und sah, wie die Meder und Perser die Verheißung der Eroberung Babylons erfüllten.

Als Gefangener und unter den ersten, die von Jerusalem nach Babylon deportiert wurden, erlebte Daniel, was Jeremia vorhergesagt hatte. Wahrscheinlich enthüllte Daniel gegen Ende seiner Ausbildungszeit zum Diener des Königs die prophetische Bedeutung des Traumes Nebukadnezars. Wie wir schon sagten, bedeutete das goldene Haupt des Standbildes (2, 32.38) Babylon mit seinem König Nebukadnezar.

In Daniels Vision der vier Tiere (Daniel 7), die dieselben vier heidnischen Weltreiche darstellen, beginnend mit Babylon, wird das Babylonische Weltreich als ein Löwe mit Adlerflügeln vorgestellt: »Das erste war wie ein Löwe und hatte Flügel wie ein Adler. Ich sah, wie ihm die Flügel genommen wurden. Und es wurde von der Erde aufgehoben und auf zwei Füße gestellt, wie ein Mensch, und es wurde ihm ein menschliches Herz gegeben« (Daniel 7, 4). Der Löwe als der König der Tiere konnte Babylon gut vertreten, und der Adler, der König der Vögel, war ein ebenso gutes Bild. Daß dem Adler die Flügel genommen wurden und er wie ein Mensch aufrecht stand, bezieht sich auf Nebukadnezars Erfahrung in Daniel 4, als er sieben Jahre lang seinen Verstand verlor, wie es Daniel geweissagt hatte (Verse 24-26). Die Zerstörung des großen Baumes in Daniel 4 war ein passendes Bild für den zeitweisen Fall Nebukadnezars. Aufgrund der erstaunlichen Erfahrung von Daniel 4 mag Nebukadnezar, wie viele annehmen, zum Glauben an den wahren Gott Israels gekommen sein.

Nach Daniel 2 und 7 sollte auf das Babylonische Reich das Medo-Persische Reich folgen. Die geschichtliche Erfüllung wird in Daniel 5 berichtet, das zeitlich zwischen Daniel 8 und 9 einzuordnen ist.

Die Eroberung Babylons durch die Meder und Perser im Oktober 538 v. Chr. war ein erschreckender Beweis dafür, daß Gott den Mächtigen demütigen kann. Während der langen Regierungszeit Nebukadnezars von 605 bis 562 v. Chr. erlebte Babylon seine Blüte, und in ihr spielte Daniel eine bedeutende Rolle als Verwalter unter Nebukadnezar. Die Regierungszeiten der Könige, die Nebukadnezar folgten, waren kurz. Die Regierung seines Sohnes und Nachfolgers Amel-Marduk dauerte nur zwei Jahre, ehe er ermordet wurde. Neriglissar regierte von 560 v. Chr. bis zu seinem Tod im Jahre 556 v. Chr. Aber sein Sohn, der den Thron nach Neriglissars Tod bestieg, wurde fast sofort ermordet. 556 v. Chr. usurpierte Nabonid mit der Hilfe anderer den Thron. Drei Jahre später ernannte er Belshazzar (Belsazar) zum Mitregenten, um seine Herrschaft zu rechtfertigen. Belshazzar wird verschiedentlich als Enkel Nebukadnezars oder jedenfalls als mit ihm verwandt betrachtet.

Das Gastmahl Belsazars in Daniel 5 hängt damit zusammen, daß Nabonid Babylon verlassen hatte und, ehe Babylon eingenommen wurde, mit seiner Armee in die Hände der Meder und Perser fiel.

Herodot malt ein grandioses Bild der Stadt. Nach ihm soll Babylon eine Fläche von 360 Quadratkilometern umfaßt haben, durch die der Euphrat von Norden nach Süden mitten hindurchfloß. Die Mauern sollen nach Herodot 142 Meter hoch und 26 Meter breit gewesen sein. 250 Wachttürme standen auf der Mauer, die noch 3 Meter höher ragten. Die Stadt war von einem tiefen Wassergraben umgeben, der einen Angriff erschwerte. Babylon war groß genug, um sich viele Jahre selbst ernähren zu können. Die Vorräte waren so riesig, daß behauptet wurde, es könne eine zwanzigjährige Belagerung überstehen. Nach anderen Quellen ist die Stadt nur ein Drittel so groß gewesen, wie Herodot sie beschrieb, aber es wird immer noch eingestanden, daß Babylon eine prächtige Stadt war und die Meder und Perser monatelang vergeblich versucht hatten, die Stadt zu erobern.

Schließlich wurde jedoch der Plan gefaßt, das Wasser des Euphrats umzuleiten, das unter der Mauer hindurchfloß, um den Wasserpegel so weit zu senken, daß die Armeen von Norden und Süden her unter der Öffnung hindurchwaten und in die Stadt eindringen konnten. Dies geschah genau in der Nacht, als

Belsazar mit seinen Gewaltigen ein Fest feierte und die Unbesiegbarkeit der Götter Babylons herausstrich. Nur ein paar Stunden, nachdem die Schrift an der Wand des Palastes erschienen war (Daniel 5, 5) und Daniel sie so gedeutet hatte, daß Babylon den Medern und Persern übergeben werden sollte, marschierten die Meder und Perser in die Stadt ein. Über Nacht fiel die Stadt, die nicht erobert werden konnte, an das zweite Weltreich, wie Daniel es in Kapitel 2 und 7 vorausgesagt hatte und in Kapitel 8 voraussetzte.

Mit dem Fall Babylons endete seine politische Macht, und dies beeinflußte in gewissem Maße auch sein religiöses Leben; denn die Meder und Perser machten der religiösen Korruption, die im Babylonischen Reich geherrscht hatte, ein Ende. Jedoch wanderte die babylonische Religion nach Kleinasien aus (Offenbarung 2, 12-17) und gelangte später nach Rom, wo sie dann vor allem die Zersetzung des Christentums bewirkte. Viele Rituale, die die römisch-katholische Kirche übernahm, haben ihren Ursprung in Babylon.

Durch die Jahrhunderte hat der babylonische Einfluß den biblischen Glauben satanisch pervertiert. Dies wird bis zum Ende so bleiben. Der Einfluß Babylons, wie er in Offenbarung 17 und 18 beschrieben wird, gehört zur Endzeitprophetie. Offenbarung 17 zeichnet Babylon als eine böse Frau, die auf einem scharlachroten Tier reitet, sie ist ein Bild der abgefallenen Kirche der Endzeit. In Offenbarung 18 kommt Babylon als Weltmetropole der Endzeit vor, die durch das gewaltige Erdbeben aus Offenbarung 16, 19 zerstört wird. Wir werden darauf zurückkommmen, wenn wir die Endzeit näher betrachten (siehe Kapitel 30 und 31). Es hängt viel davon ab, ob die Stadt Babylon als Hauptstadt des Römischen Reiches und des Weltreichs in der Zeit vor dem zweiten Kommen Jesu wörtlich wieder aufgebaut wird. Sein diabolischer Einfluß auf religiösem und politischem Gebiet wird ausführlich in der Bibel dargelegt. Man kann darum nicht leugnen, daß dieser Einfluß erst beim zweiten Kommen Jesu zu einem jähen Ende gebracht werden wird.

13 Medo-Persien in der alttestamentlichen Prophetie

Die Geschichte der Meder und Perser bildet einen wichtigen Hintergrund zur Geschichte Israels während der Zeit der assyrischen und babylonischen Herrschaft. Ihre Reiche dehnten sich schließlich bis zum Kaspischen Meer aus und östlich von Babylonien und schlossen ein Gebiet von über 420 Kilometern von Ost nach West und 1000 Kilometern von Nord nach Süd ein. Ihr Aufstieg zur Macht wurde durch die beherrschende Stellung Assyriens behindert. Sie werden in den Inschriften erwähnt, die die Regierung Salmanassars III. schildern, der einer der herausragenden Könige von Assyrien war (859-824 v. Chr.).

Als Assyrien im siebenten Jahrhundert an Macht verlor, wurden die Meder und Perser immer stärker. Sie gewannen an Macht, als die Meder Assur, die Hauptstadt der Assyrer, im Jahre 614 v. Chr. eroberten. Zwei Jahre später, 612 v. Chr., eroberten sie mit Hilfe der Chaldäer Ninive und zerstörten es.

Als das Babylonische Reich nach Nebukadnezar zu verfallen begann, wurden die Perser immer mächtiger, und während der Regierung von Kyros II. eroberten die Meder Persien im Jahre 549 v. Chr. und vereinigten die beiden Länder zu einem Medo-Persischen Reich.

Die Meder und Perser nahmen weiter an Macht zu und eroberten Babylonien, jedoch nicht Babylon selbst. Dies nahmen sie im Oktober 538 v. Chr. ein. Die Meder und Perser beherrschten den nahen Osten bis zum Aufkommen Alexanders des Großen, der Medo-Persien 331 v. Chr. eroberte. Die Geschichte dieser Zeit bildet den Hintergrund der Rückkehr Israels in sein Land und des Wiederaufbaus des Tempels und der Stadt Jerusalem.

Frühe Prophezeiungen über Medo-Persien bei Jesaja und Jeremia

Der Prophet Jesaja weissagte die Eroberung Babylons etwa 175 Jahre bevor es sich ereignete, und prophezeite auch, daß die Meder und Perser Gottes Rachewerkzeug sein würden. In Jesaja 13, 17-19 sagte er voraus, daß die Meder

Babylon überfallen werden: »Denn siehe, ich will die Meder gegen sie erwekken, die nicht Silber suchen oder nach Gold fragen, sondern die Jünglinge mit Bogen erschießen und sich der Frucht des Leibes nicht erbarmen und die Kinder nicht schonen.

So soll Babel, das schönste unter den Königreichen, die herrliche Pracht der Chaldäer, zerstört werden von Gott wie Sodom und Gomorra.« Jesaja weissagte noch einmal in Jesaja 21, 2, daß die Meder gezwungen sein werden, Babylon zu belagern.

Jeremia, der in der Zeit des Exils lebte, verkündete Gericht über Babylon und die anderen Völker seiner Zeit, einschließlich Medien. Nach Jeremia 25, 25 gehört Medien zu den Völkern, die von Gott gestraft werden. Die ausführliche Prophezeiung Jeremias über Babylon in Jeremia 50 und 51 enthielt auch die Voraussage, daß die Meder Babylon zerstören würden (Jeremia 51, 11.28). Die Prophezeiungen des Gerichts über die Meder und Perser waren nicht so streng wie die über Babylon, weil Babylon das Werkzeug der Zerstörung Jerusalems und der Babylonischen Gefangenschaft des Königreiches Juda war, während die Meder und Perser Gottes Wekzeug waren, um den Juden zu erlauben, nach der Babylonischen Gefangenschaft wieder in ihr Land zurückzukehren und Jerusalem wieder aufzubauen.

Prophezeiungen über die Meder und Perser bei Daniel

Daniel gibt jedoch die ausführlichste prophetische Offenbarung über die Meder und Perser. Seine Offenbarung wird in Daniel 2,39 in Verbindung mit der Deutung des großen Standbildes gegeben, das Nebukadnezar in seinem Traum sah. Die Meder und Perser werden nicht namentlich genannt, sondern in Daniel 2,39 als »ein anderes Königreich« beschrieben, das aufkommen wird, »geringer als deines«. Medo-Persien wurde in dem Bild als die Brust aus Silber und als die beiden Arme dargestellt, was auf den Doppelcharakter des Königreiches hinweist, das Meder und Perser einschließt. Wie Silber weniger wert ist als Gold, so fehlte den Medern und Persern die Herrlichkeit des Babylonischen Reiches.

Eine genauere Prophezeiung über die Rolle Medo-Persiens in der Prophetie wurde in Daniel 7 in der Vision Daniels gegeben, die er 553 v. Chr. hatte, etwa 50 Jahre nach der Offenbarung des Traumes Nebukadnezars. In Daniel 7 wurden die vier großen Reiche, die schon in dem Standbild in Daniel 2 erscheinen, als vier Tiere beschrieben, das erste, ein Löwe, der Babylon darstellt, das zweite, ein Bär, der für Medo-Persien steht. Daniel faßte den Kern seiner Vision über Medo-Persien in die Worte: »Und siehe, ein anderes Tier, das zweite, war gleich einem Bären und war auf der einen Seite aufgerichtet und hatte in seinem Maul zwischen seinen Zähnen drei Rippen. Und man sprach zu ihm: Steh auf und friß viel Fleisch!« (7, 5). Die Darstellung Medo-Persiens als Bär, ein starkes Tier, das im Gegensatz zum Löwen nicht so behende ist, war passend, da das Medo-Persische Reich in der Geschichte nicht so glänzend war. Es steht auch im Gegensatz zum griechischen Weltreich, das ihm folgte, und das als Leopard mit vier Flügeln dargestellt wurde (Vers 6). Daniel enthüllte nicht die Bedeutung der drei Rippen, aber eine plausible Erklärung ist, daß sie die drei Himmelsrichtungen verdeutlichen sollen, die das Medo-Persische Reich umfaßte: Persien, Medien und Babylonien. Medo-Persien wurde gezwungen, seine Grenzen zu erweitern, denn es wird aufgefordert: »Steh auf und frisch viel Fleisch!« (Vers 5).

Noch ausführlicher wird die Rolle Medo-Persiens im prophetischen Programm durch die Vision von Daniel 8 ersichtlich, wo das Medo-Persische Reich und das Griechische Reich enthüllt wird. Zwei Jahre nach der Vision von Daniel 8 erhielt Daniel seine zweite Vision. Er schrieb:

> »Im dritten Jahr der Herrschaft des Königs Belsazar erschien mir, Daniel, ein Gesicht, nach jenem, das mir zuerst erschienen war.
> Ich hatte ein Gesicht, und während meines Gesichtes war ich in der Festung Susa im Lande Elam, am Fluß Ulai.
> Und ich hob meine Augen auf und sah, und siehe, ein Widder stand vor dem Fluß, der hatte zwei Hörner, doch eins höher als das andere, und das höhere war später hervorgewachsen.
> Ich sah, daß der Widder mit den Hörnern stieß nach Westen, nach Norden und nach Süden hin. Und kein Tier konnte vor ihm bestehen und vor seiner Gewalt errettet werden, sondern er tat, was er wollte, und er wurde groß« (8, 1-4).

Aus dem Text geht nicht hervor, ob Daniel tatsächlich in Susa war, das später die Hauptstadt Persiens wurde, oder ob er sich selbst in der Vision dort sah, doch ist er wahrscheinlich nicht in Susa gewesen. Zur Zeit Daniels war Susa keine besondere Stadt, und er muß erstaunt gewesen sein, sich dort in der Provinz Elam wiederzufinden. Der Widder mit den beiden Hörnern, von denen eins höher als das andere war, stellte Medo-Persien charakteristisch dar, da Persien stärker war als Medien. In den 280 Jahren, in denen das Medo-Persische Reich Macht ausübte, dehnte es sich nach Westen, Norden und Süden aus, wie die Bibel es sagt, und keine Macht war stark genug, ihm zu widerstehen.

In der darauffolgenden Vision wurde Griechenland durch einen Ziegenbock mit einem riesigen Horn dargestellt, das sich auf Alexander und seine Eroberungszüge bezog, der schließlich Medo-Persien eroberte (Daniel 8, 5-8). Dies geschah 331 v. Chr., als das Medo-Persische Reich von Alexanders Armeen überrannt wurde. Bezeichnenderweise dehnte sich das Medo-Persische Reich nach Westen, Norden und Süden aus, im Gegensatz zum Griechischen Reich, das von Westen her kam und östlich bis nach Indien vorstieß. Daniel erlebte noch den Anfang des Medo-Persischen Reiches und die Eroberung Babylons im Jahre 538 v. Chr. Aber das Aufkommen des Griechischen Reiches mehr als zwei Jahrhunderte später sah er nur in der prophetischen Schau. Sogar zur Zeit der Vision über das Griechische Reich, im Jahre 550 v. Chr., war der Beginn der Herrschaft des Medo-Persischen Reiches noch zwölf Jahre entfernt.

Israels Wiederherstellung unter Medo-Persien

Wenn die besonderen Ereignisse des Medo-Persischen Reiches von Daniel auch nicht alle genannt werden, außer in der Prophezeiung in Daniel 11, 1.2, so zeichnete sich das Medo-Persische Reich doch vor allem durch seinen Bezug zu Israels Wiederherstellung aus. Unter Babylon erlitt Israel das Ende als Nation, die Zerstörung Jerusalems und des schönen Tempels. Unter den Medern und Persern sollte die Wiederherstellung Israels geschehen.

Während der Zeit des Medo-Persischen Reiches wurden die letzten sechs Bücher des Alten Testamentes geschrieben: Esra, Nehemia und Ester, die die Geschichte dieser Zeit enthalten, sowie Haggai, Sacharja und Maleachi, die die Prophetie dieser Zeit beinhalten.

Die frühen Ereignisse des Medo-Persischen Reiches nach der Eroberung Babylons im Jahre 538 v. Chr. betrafen den neuen Herrscher von Babylon, der im Buche Daniel als »Darius, der Sohn des Ahasveros, aus dem Stamm der Meder, der über das Reich der Chaldäer König wurde« (Daniel 9, 1) erwähnt wird. Obwohl einige Darius mit Kyros gleichsetzen, der als Kyros II. der Große (Herrscher von Persien, 559-530 v. Chr.) bekannt wurde, ist es wahrscheinlicher, daß Darius entweder Gobryes oder Gubaru war, und daß er von Kyros zum Herrscher über Babylon ernannt wurde und wahrscheinlich den südlichen Teil Medo-Persiens regierte. Jedenfalls lesen wir: »Und Daniel hatte große Macht im Königreich des Kyrus von Persien« (6, 29).

Die Ereignisse im Medo-Persischen Reich sind wichtig für ihre Beziehung zur Wiederherstellung Israels. Im ersten Jahr des Kyros wurde den Gefangenen Judas erlaubt, nach Jerusalem zurückzukehren und den Tempel wieder aufzubauen (2. Chronik 36, 22.23; Esra 1, 1-4). Im allgemeinen war das Medo-Persische Reich dem jüdischen Glauben freundlicher gesonnen als die Babylonier, und der Wiederaufbau des Tempels für den Gott Israels wurde von den Medern und Persern begünstigt. Die Religion wurde von den Medo-Persern nicht mit der Politik verwoben, wie das die Babylonier taten, und allgemein gab es religiöse Freiheit. Weil sich der Bau des Tempels verzögerte, wurde er erst 515 v. Chr. in der Regierungszeit des medo-persischen Herrschers Kambyses II. (530-522 v. Chr.) fertiggestellt, der seinem Vater, der 530 v. Chr. in der Schlacht getötet wurde, auf dem Thron folgte. Die persischen Herrscher hatten den allgemeinen Titel Artaxerxes, und in Esra 7, 1 wird Artaxerxes I. Longimanus erwähnt (465-425 v. Chr.).Im Buche Ester wird Xerxes auch als Ahasveros bezeichnet (Ester 1, 1), der einer der großen persischen Herrscher war und von 486 bis 465 v. Chr. regierte. Ein weiterer prominenter Herrscher Persiens war Darius I. oder Darius der Große, der nicht mit Darius dem Meder von Daniel 5, 30 verwechselt werden darf.

Wie schon erwähnt, werden in Daniel 11, 2 drei medo-persische Könige genannt, deren erster wahrscheinlich Kambyses II. ist, der Darius dem Meder folgte. Der nächste Regent war Smerdes, der nur acht Monate regierte, ehe er ermordet wurde. Ihm folgte Darius der Große (522-486 v. Chr.) auf dem Thron, der in Esra 4, 24 erwähnt wird. Dieser Darius billigte schließlich den Bau des Tempels. Der vierte König, der in Daniel 11, 3 vorkommt, war wahrscheinlich Xerxes (486-465 v. Chr.), der Ester zur Königin machte.

Insgesamt ist Medo-Persien das Bindeglied zwischen Babylon und den Eroberungszügen Alexanders des Großen.

Der Wiederaufbau Jerusalems

Das biblisch wichtigste Ereignis der Zeit der Meder und Perser war der Wiederaufbau der Stadt Jerusalem. Der Tempel wurde bereits im Jahre 515 v.Chr. gebaut. Viele Jahre später wurde unter Nehemia im Jahre 444 v.Chr. die Mauer Jerusalems erbaut. In den fünfzig Jahren nach dem Mauerbau wurde die Stadt Jerusalem selbst gebaut. Jesus wurde nicht in Babylon, sondern in Bethlehem, einem Dorf in der Nähe von Jerusalem, geboren. Zur Zeit seiner Geburt war Israel wieder eine aufstrebende Nation.

Die Prophezeiungen über die Meder und Perser, die aus der Feder Daniels flossen, verdeutlichen jedoch, wie genau die Prophetie ist und daß erfüllte Prophetie peinlich genau der Prophezeiung selbst entspricht. Obwohl Babylon und Rom in der Zukunft im Zusammenhang mit Gottes prophetischem Programm wiedererscheinen werden, ist Medo-Persien großenteils von der Weltbühne verschwunden, seit das Griechische Reich errichtet wurde.

Der Fall Medo-Persiens

Medo-Persien verlor seine ursprüngliche Macht und Stärke in den Jahren, die auf seine Beherrschung des Nahen Ostens folgten. Als Alexander der Große mit seinen Eroberungszügen begann, war Medo-Persien keine hervorragende Militärmacht mehr und unterlag sehr schnell seinen Armeen. 331 v. Chr. wurde Medo-Persien ins Reich Alexanders eingegliedert.

14 Griechenland in der alttestamentlichen Prophetie

In Daniels Prophezeiung der vier Weltreiche war das dritte das Griechische Reich, das dem Medo-Persischen Reich folgte. Als das Buch Daniel geschrieben wurde, war Griechenland das kleine Land Makedonien und versprach nicht, eine Weltmacht zu werden. Nachdem das Medo-Persische Reich von 538 bis 331 v. Chr. seine Blütezeit erlebt hatte, wurde es von dem Griechischen Reich abgelöst. Alexander der Große, der König und General, hatte 336 v. Chr. einen Feldzug begonnen, um Westasien zu erobern. Persien fiel 331 v. Chr. Die Prophezeiungen, die sich darauf beziehen, sind so genau, daß liberale Gelehrte, die die Möglichkeit der Prophetie leugnen, die Theorie des Porphyrius, eines Atheisten des dritten nachchristlichen Jahrhunderts, übernommen haben, Daniel sei eine Fälschung und in Wirklichkeit von einem Pseudo-Daniel des zweiten Jahrhunderts geschrieben worden. Dies ist ein unbeabsichtigtes Kompliment für die Genauigkeit der Prophezeiungen Daniels. Daniel konnte nicht ahnen, daß ungefähr zweihundert Jahre nach seinem Tod das Griechische Reich so groß werden würde. Die Theorie, daß Daniel eine Fälschung aus dem zweiten vorchristlichen Jahrhundert sei, ist durch die Entdeckung einer Abschrift des Buches Daniel unter den Schriftrollen vom Toten Meer stark ins Wanken gekommen, obwohl Liberale dies nur ungern zugeben.

In der Bibel steht verhältnismäßig wenig über das Griechische Reich, weil es in der Zeit zwischen Maleachi und dem Neuen Testament existierte, als das Alte Testament schon abgeschlossen war. Zur Zeit Jesu jedoch hatte das Römische Reich das Griechische Reich abgelöst, und es bedurfte keiner zusätzlichen Prophezeiung mehr.

Die Identifikation des Griechischen Reiches

Das moderne Wort Griechenland kommt in der hebräischen Bibel nicht vor. Stattdessen wird das Wort Jawan in 1. Mose 10, 2 erwähnt, und der Name bezeichnet einen der Söhne Jafets, der ein Enkel Noahs war. Man nimmt allgemein an, obwohl die Bibel darüber nichts sagt, daß Jawan der Vater des griechischen Volkes war, und daß seine Nachkommen nicht nur nach Griechenland zogen, sondern auch die nahen Inseln bevölkerten. Deshalb wird dieser Name im Alten Testament mit »griechisch« übersetzt (vergleiche Jesaja 66, 19; Hesekiel 27, 13.19; Daniel 8, 21; 10, 20; 11, 2; Joel 4, 6; Sacharja 9, 13).

Die Prophezeiungen in Daniel 2 und 7

Obwohl es von Jesaja (66, 19) genannt wird, der hundert Jahre vor Daniel lebte, gibt es keine besonderen Prophezeiungen über das Griechische Reich vor dem Traum Nebukadnezars. Daniel deutete den unteren Teil der Statue aus Kupfer und die Lenden als ein anderes Königreich, das den ersten beiden folgen würde. Bei der Deutung des Traumes Nebukadnezars von dem Standbild wird der Rolle Griechenlands kaum Beachtung geschenkt.

Daniels erste Vision geschah viele Jahre später im Jahre 556 v. Chr. während des ersten Regierungsjahres Belsazars, des Königs von Babylon (Daniel 7, 1). In dieser Vision wurde Babylon als Löwe und Medo-Persien als ein Bär beschrieben, während das Griechische Reich als ein Leopard mit vier Flügeln und vier Köpfen gekennzeichnet wurde: »Danach sah ich, und siehe, ein anderes Tier, gleich einem Panther, das hatte vier Flügel wie ein Vogel auf seinem Rücken, und das Tier hatte vier Köpfe, und ihm wurde große Macht gegeben« (Vers 6). Wie genau diese Prophezeiung ist, wird deutlich, wenn wir die Geschichte des Griechischen Reiches betrachten. Die vier Flügel des Leoparden besagen, daß ein bereits schneller Leopard noch größere Geschwindigkeit erreichen wird. Dies ist kennzeichnend für alle Eroberungen Alexanders. Ebenso illustrieren die vier Köpfe die Teilung des Griechischen Reiches nach dem Tod Alexanders. Es gab genau vier, nicht drei oder fünf Teile, und das Griechische Reich war wegen der Schnelligkeit seiner Eroberungen ganz anders als das Reich der Meder und Perser, das als ein schwerfälliger Bär beschrieben wurde (Vers 5).

Die Eroberungen Alexanders des Großen

Ein genaues Studium der Eroberungen Alexanders macht deutlich, wie schnell er Westasien erobern konnte. Besaß Alexander ursprünglich nur einen kleinen Teil Europas, als Makedonien bekannt, so nahm er sich vor, jegliche Erinnerung an die versuchte Eroberung Griechenlands durch Xerxes ein Jahrhundert vorher auszulöschen. Obwohl Xerxes damals scheiterte, hatte dies nicht die Ausdehnung Griechenlands zur Folge.

Alexander begann zunächst Troja in Kleinasien zu erobern. Dann griff er die Perser am Granikus an und schlug sie bei Issus. Weiterer Widerstand gegen Alexander war zwecklos, und die meisten dieser Städte wurden ohne Kampf eingenommen. Nur Tyrus und Gaza mußten besonders belagert werden. Die Eroberung von Tyrus gelang nach dem Bau eines Dammes vom Festland zur Insel. Die Stadt Tyrus selbst wurde geschliffen und aus seinen Trümmern wurde der Damm gebaut, was eine Erfüllung der Prophezeiung Hesekiels (26, 3-5) war. Tyrus war zwar bereits von Nebukadnezar erobert worden, aber seine endgültige Zerstörung geschah im Jahre 332 v. Chr. durch Alexander. Tyrus hat sich nie von diesem Krieg erholt, obwohl zur Zeit Jesu dort eine neue Stadt errichtet war.

Alexander drang dann südlich weiter nach Ägypten vor und konnte das ganze Land ohne schweren Kampf erobern. In der Folge gründete er Alexandria, das eine der größten Städte Ägyptens wurde und lange Zeit eine herausragende Stellung in Ägypten innehatte.

Von Ägypten kommend, ließ sich Alexander in eine Schlacht bei Issus ein, aus der er siegreich hervorging. Danach zog er mit seinen Armeen weiter östlich nach Indien. Als die Truppen dort ankamen, waren sie erschöpft und weigerten sich, weiter zu marschieren, und es schien am besten zurückzukehren.

Als er 323 v.Chr. während eines großen Festes aus Anlaß seines Sieges in Babylon weilte, starb Alexander an Völlerei, Trunksucht und Malaria. Er bleibt ein herausragendes Beispiel eines Mannes, der die Welt erobern konnte, aber sich selbst nicht zu besiegen vermochte.

Wenn die Eroberungen Alexanders auch in Windeseile geschahen, hinterließ er doch das Gepräge griechischer Kultur in den Gebieten, die er erobert hatte. Die griechische Kultur hat sich bis in unsere Zeit erhalten.

Nach Alexanders Tod wurde sein Reich in vier Teile geteilt, wie es die vier Flügel und die vier Köpfe in Daniel 7, 6 versinnbildlichen.

Das Griechische Reich wird als Ziegenbock mit einem mächtigen Horn beschrieben

Wird in Daniel 2, 39 und 7, 6 nur kurz auf Griechenland eingegangen, so ist das gesamte Kapitel 8 der Beschreibung der Eroberung Medo-Persiens und dem Emporkommen des Griechischen Reiches gewidmet. Daniel hatte im Jahre 553 v. Chr. eine Vision, im dritten Jahr Belsazars (8, 1). Er war in Susa und sah einen Widder mit zwei Hörnern, der von einem Ziegenbock mit einem riesigen Horn angegriffen wurde: »Und ich hob meine Augen auf und sah, und siehe, ein Widder stand vor dem Fluß, der hatte zwei hohe Hörner, doch eins höher als das andere, und das höhere war später hervorgewachsen.

Ich sah, daß der Widder mit den Hörnern stieß nach Westen, nach Norden und nach Süden hin. Und kein Tier konnte vor ihm bestehen und vor seiner Gewalt errettet werden, sondern er tat, was er wollte, und wurde groß« (Verse 3.4). Diese Prophezeiung bezieht sich klar auf die Meder und Perser, wobei das größere Horn das Persische Reich bedeutet, wie es in Daniel 8, 20 ausgesagt wird. Während der zweihundert Jahre seines Einflusses, von 538 bis 331 v. Chr., war das Persische Reich ohne Widerstand.

Nachdem er das Persische Reich beschrieben hat, wird Daniel eine Vision des Griechischen Reiches im Bild eines Ziegenbocks gegeben:

> »Und indem ich darauf achthatte, siehe, da kam ein Ziegenbock vom Westen her über die ganze Erde, ohne den Boden zu berühren, und der Bock hatte ein ansehnliches Horn zwischen seinen Augen.
> Und er kam bis zu dem Widder, der zwei Hörner hatte, den ich vor dem Fluß stehen sah, und er lief in gewaltigem Zorn auf ihn zu.
> Und ich sah, daß er nahe an den Widder herankam, und voller Grimm stieß er den Widder und zerbrach ihm seine beiden Hörner. Und der Widder hatte keine Kraft, daß er vor ihm hätte bestehen können, sondern der Bock warf ihn zu Boden und zertrat ihn, und niemand konnte den Widder von seiner Gewalt erretten.
> Und der Ziegenbock wurde sehr groß. Und als er am stärksten geworden war, zerbrach das große Horn, und es wuchsen an seiner Stelle vier andere Hörner nach den vier Winden des Himmels hin« (8,5-8).

Die Ziege wird in Daniel 8,21 als Griechenland identifiziert.

Diese prophetische Vision wurde genau erfüllt. Der Ziegenbock mit dem riesigen Horn stellte Alexander dar, und der Widder mit den zwei Hörnern bezeichnete das Persische Reich. Wenn auch der Widder zertreten wurde, zerbrach doch auch das große Horn des Ziegenbocks auf der Höhe seiner Macht, das heißt: Alexander starb. Die vier Hörner, die anstelle des einen riesigen Horns wuchsen, vertreten die vier Generäle Alexanders.

Nach Alexanders Tod im Jahre 323 v.Chr. wurde das Griechische Reich unter seine vier Generäle verteilt. Ptolemäus wurde Ägypten mit den umliegenden Ländern gegeben, Seleukos erhielt Syrien, Kleinasien und die Länder im Osten; Lysimachos erhielt Thrakien und die benachbarten Länder, und Kassander erhielt Makedonien und Griechenland selbst. Nach der Teilung des Reiches fanden viele Veränderungen statt, und schließlich wurden Thrakien und die umliegenden Länder Griechenland eingegliedert, so daß es folgende drei großen Reiche gab: Makedonien, Syrien und Ägypten. In der späteren Prophetie werden Ägypten und Syrien wichtig.

Die Prophezeiung über Antiochus Epiphanes

Nach diesem prägnanten und anschaulichen Bild der Zerstörung des Medo-Persischen Reiches und der Teilung des Griechischen Reiches in vier Teile wurde einem relativ unbedeutenden Aspekt jener Zeit Aufmerksamkeit geschenkt, nämlich dem »kleinen Horn« (Daniel 8,9-14). Dieses »kleine Horn« sollte an Macht zunehmen nach Süden und Osten hin und gegen das schöne Land, das heißt: gegen Israel (Vers 9). Es folgt eine Offenbarung des Konfliktes dieses »kleinen Horns« mit dem Heer des Himmels:

»Und es wuchs bis an das Heer des Himmels und warf einige von dem Heer und von den Sternen zur Erde und zertrat sie.

Ja, es wuchs bis zum Fürsten des Heeres und nahm ihm das tägliche Opfer weg und verwüstete die Wohnung seines Heiligtums.

Und es wurde Frevel an dem täglichen Opfer verübt, und das Horn warf die Wahrheit zu Boden. Und was es tat, gelang ihm« (Verse 10-12).

Es sollte zunächst beachtet werden, daß dies »kleine Horn« aus dem Griechischen Reich kommt und nicht aus dem Römischen Reich. Deshalb darf es nicht mit Daniel 7,8 verwechselt werden, was sich auf »ein kleines Horn« im Römischen Reich bezieht. Wenn man die Geschichte jener Zeit mit dem vergleicht, was die Heilige Schrift offenbart, kommt man eindeutig zu dem Schluß, daß es sich auf Antiochus Epiphanes, den Herrscher Syriens von 175 bis 164 v. Chr. bezieht.

Die Profangeschichte, wie sie auch in 1. und 2. Makkabäer erwähnt wird, enthüllt uns, daß Antiochus ein entschiedener Feind der jüdischen Religion war und sie mit allen Mitteln auszurotten versuchte. In diesem Prozeß ließ er, wie Daniel 8,11.12 anzeigt, die Opfer im Tempel aufhören und verursachte dessen Verwüstung (Verse 11 bis 13). Nach der Heiligen Schrift sollte der Tempel 2300 Abende und Morgen entweiht sein, ehe er wieder geweiht würde (Vers 14). Antiochus verbot die Tempelopfer, stellte das Bild einer heidnischen Gottheit in den Tempel und griff die Juden an, die an dem Opfer festhielten, und tötete Tausende von Männern, Frauen und Kindern. Dies führte zum Aufstand der Makkabäer, den er nicht niederschlagen konnte. Die Zeitspanne von 2300 Morgen und Abenden ist als eine Zeit von 2300 Tagen von je vierundzwanzig Stunden zu verstehen, und nicht etwa als Jahre aufzufassen, wie es einige Sekten lehren, die versuchen, das Jahr 1844 als prophetisches Datum zu propagieren. Es handelt sich vielmehr um die Zeit, während der der Tempel entweiht war, nämlich von 171 bis 165 v. Chr.

Antiochus mußte schließlich aufgeben, der Tempel wurde von neuem geweiht und der jüdische Gottesdienst erneuert. Antiochus starb 164 v. Chr. eines natürlichen Todes, als er einen Krieg führte.

Weil die Entweihung des Tempels und das Verbot des Opferdienstes durch

Antiochus dem zu gleichen scheint, was in Daniel 7 über das »kleine Horn« gesagt wird, von dem es heißt, daß es ebenfalls das tägliche Opfer abschaffen und ein Greuel im Tempel verursachen werde (Daniel 12, 11), haben einige versucht, die beiden Prophezeiungen der Heiligen Schrift zusammenzubringen. Man sollte hier besonders die beiden Stränge der Heiligen Schrift beachten. Obwohl Antiochus und seine Regierung jetzt Geschichte sind, scheinen die Stellen, die von der Entweihung des Tempels sprechen, eine Vorwegnahme der letzten Entheiligung des Tempels und des Verbots des Opferns durch den zukünftigen Weltherrscher zu sein, das »kleine Horn« von Daniel 7,8, der die Welt in den letzten dreieinhalb Jahren vor der Wiederkunft Jesu beherrschen wird. Der zukünftige Herrscher wird die Prophezeiungen von Daniel 12,11 und die darauf bezogenen Stellen in 2. Thessalonicher 2,4 und Offenbarung 13,14-16 erfüllen.

Weitere Prophezeiungen zum Griechischen Reich in Daniel 10 und 11

Daniels vierte und letzte Vision wird in den Kapiteln 10,11 und 12 berichtet. Die beiden ersten Kapitel beziehen sich auf das Griechische Reich, Daniel 10 beschreibt Daniels weitere Offenbarung über das Griechische Reich. Daniel war auf die Vision durch eine dreiwöchige Fastenzeit vorbereitet, nach der er die Vision eines Mannes hatte, der in Leinen gekleidet war. Schließlich erschien ein Engel, der durch dämonischen Widerstand drei Wochen lang aufgehalten worden war, und beschrieb ihm die letzte Offenbarung.

Diese Offenbarung hat Daniel im 11. Kapitel (Verse 1-35) aufgezeichnet; sie stellt eine der erstaunlichsten Offenbarungen in der Bibel dar. Eine genauere Untersuchung dieser Bibelstelle enthüllt, daß ungefähr 135 Prophezeiungen gegeben wurden, die die Geschichte des Medo-Persischen Reiches und Griechenlands über eine längere Zeitspanne hinweg beschreiben. Wie wir schon früher feststellten, sind diese Prophezeiungen so genau und so detailliert, daß liberale Ausleger die Möglichkeit verwerfen, dies könnte von Daniel im sechsten Jahrhundert geschrieben worden sein. Dementsprechend folgen liberale Gelehrte dem neuplatonischen Philosophen Porphyrius, der behauptete, Daniel sei eine Fälschung, die im zweiten Jahrhundert v. Chr. von einem Pseudo-Daniel geschrieben wurde, und zwar **nach** den in Daniel 11 beschriebenen Ereignissen. Diese Theorie ist nun jedoch durch die Entdeckung einer vollständigen Abschrift des Buches Daniel unter den Qumran-Texten geplatzt, die 700 Jahre früher als das bis dahin älteste Danielmanuskript geschrieben wurde. Dies macht die Fälschungstheorie unhaltbar. Liberale versuchen jetzt dieses Problem zu lösen, aber sie haben bis jetzt großenteils geschwiegen. Die Prophezeiungen von Daniel 11,1-35 überdecken die Zeit der späteren persischen Herrscher und der alexandrinischen oder griechischen Zeit, die in Antiochus Epiphanes kulminiert, der von 175 bis 164 v. Chr. über Syrien regierte. Ab Vers 36 führt die Prophezeiung jedoch zur Zeit des Endes hin.

Vier Könige von Persien werden eingangs in der Prophezeiung Daniels beschrieben: »Und nun will ich dir kundtun, was gewiß geschehen soll. Siehe, es werden noch drei Könige in Persien aufstehen, der vierte aber wird größeren Reichtum haben als alle andern. Und wenn er in seinem Reichtum am mächtigsten ist, wird er alles gegen das Königreich Griechenland aufbieten« (Daniel 11,2). Die vier erwähnten Könige sind Kambyses II. (529-522 v. Chr.), ein Herrscher, dessen Regierung im Alten Testament nicht genannt wird, Pseudo-Smerdis (522-521 v. Chr.), Darius I. Hystaspes (521-486 v. Chr., vergleiche Esra 5 und 6) und Xerxes I. (486-465 v. Chr., vergleiche Esra 4,6). Von ihnen ist Xerxes der berühmteste, weil er 480 v. Chr. Griechenland zu erobern suchte . Obwohl er eine ganze Armada von Schiffen und viele Truppen in den Krieg führte, wurde er geschlagen, vor allem wegen eines Sturmes, der seine Flotte zerstörte. Ester war offensichtlich seine Gattin. Es ist möglich, daß die Katastrophe, die sich ereignete, als seine Armee Griechenland angriff, zwischen Ester 1 und 2 anzusiedeln ist, was dafür sprechen würde, daß Xerxes etwas brauchte, das ihn erheiterte. Dies mag ein Grund für die Wahl der Königin Ester sein. Der geschichtliche Hintergrund wird aus Esra, Nehemia und Ester ersichtlich sowie aus Bezügen in Haggai, Sacharja und Maleachi. Daniel starb wahrscheinlich um 530 v. Chr. am Ende der Regierungszeit von Darius dem Meder und Kyrus II. (550-530 v. Chr.), der nicht in Daniel 11 erwähnt wird.

Die Offenbarung des Aufstiegs Alexanders des Großen findet sich in Daniel 11,3.4: »Danach wird ein mächtiger König aufstehen und mit großer Macht herrschen, und was er will, wird er ausrichten.

Aber wenn er emporgekommen ist, wird sein Reich zerbrechen und in die vier Winde des Himmels zerteilt werden, nicht auf seine Nachkommen, auch nicht mit solcher Macht, wie er sie hatte; denn sein Reich wird zerstört und Fremden zuteil werden.« Diese Prophezeiung wurde im Leben und in den Eroberungen Alexanders des Großen wörtlich erfüllt. Sie sagte seinen frühen Tod und die Teilung seines Reiches unter seine vier Generäle voraus. Früher, in Daniel 8,21.22, wurden dieselben Ereignisse prophezeit. Während Daniels Lebenszeit wäre es ganz unmöglich gewesen, die Größe des Griechischen Reiches vorherzusagen.

In Daniel 11,5.6 wird der Krieg zwischen Ägypten, dem König des Südens, und Syrien, dem König des Nordens, beschrieben:

> »Und der König des Südens wird mächtig werden; aber gegen ihn wird einer seiner Fürsten noch mächtiger werden und herrschen; dessen Herrschaft wird groß sein.

Nach einigen Jahren aber werden sie sich miteinander befreunden. Und die Tochter des Königs des Südens wird kommen zum König des Nordens, um die Einigkeit zu festigen. Aber sie wird keinen Erfolg haben, und auch ihr Nachkomme wird nicht bleiben, sondern sie wird preisgegeben werden samt denen, die sie gebracht haben, und mit dem, der sie erzeugt hat, und mit dem, der sie zur Frau genommen hat.«

Obwohl Syrien nicht erwähnt wurde, weil es zur Zeit Daniels nicht als Staat existierte, ist es klar, daß Syrien und Ägypten die beiden Länder sind, um die es hier geht. Als diese Prophezeiung erfüllt wurde, war Ptolemäus I. Soter (323-285 v. Chr.) König von Ägypten; derjenige, der als stärker beschrieben wurde, war Seleukos I. Nikator (312-281 v. Chr.). Seleukos war gezwungen, vor Antigonos, einem anderen General Alexanders des Großen, zu fliehen. Aber später besiegte er mit Hilfe von Ptolemäus I. von Ägypten den Antigonos, wodurch es Seleukos möglich wurde, ein Territorium zu beherrschen, das vom Osten Kleinasiens bis nach Indien reichte. Dies war die Erfüllung der Prophezeiung, daß er stärker als der König von Ägypten werden würde.

Die Macht Ägyptens und Syriens wurde vereinigt, worauf die Heirat der Tochter des Königs des Südens, Ägyptens, mit dem König des Nordens, Syriens, hindeutete. Bündnisse durch Heiraten waren in der alten Welt durchaus üblich. Die Tochter war Berenike, die Tochter des Ptolemäus II. Phiadelphus (285-246 v. Chr.), der damals König von Ägypten war. Der König des Nordens, der in Daniel 11,6 erwähnt wird, war Antiochos II. Theos (261-246 v. Chr.). Dieses Heiratsbündnis währte jedoch nicht lange, wie in Vers 7 angedeutet wird. Berenike und Antiochos wurden nach einer Verschwörung, die von Laodikeia, der Frau des Antiochos, angezettelt wurde, ermordet, während Berenikes Vater, Ptolemäus, zur gleichen Zeit starb. Diese erstaunliche Folge von Ereignissen, die hier so genau von Daniel in seiner Prophezeiung beschrieben wird, entspricht exakt der Geschichte jener Zeit.

Diesen Ereignissen folgte der Aufstieg von Ptolemäus III. Euergetes (246-222 v. Chr.), einem späteren König Ägyptens, der das nördliche Königreich Syrien eroberte und große Beute davonschleppte (Daniel 11,7.8).

Weitere Kriege zwischen dem Norden und dem Süden werden in Daniel 11,9 erwähnt. Es gab zeitweilige Siege auf beiden Seiten, wie es in den Versen 9 bis 13 prophezeit wurde. Seleukos II. Kallinikos, ein König des Nordens, griff 240 v. Chr. den König des Südens an , wurde aber geschlagen.

Die Prophezeiung in den Versen 11 und 12 sagte eine Herausforderung Ägyptens durch Antiochos den Großen im Jahre 217 v. Chr. voraus, jedoch mit dem Ergebnis, daß Ägypten die Armee des Antiochos vernichtend schlug.

Die Prophezeiungen der Verse 13 bis 16 entsprechen haarscharf der Geschichte dieser Periode und beschreiben verschiedene Kriege und den Erfolg des Königs des Nordens. Weitere Gegenangriffe der Ägypter hatten keinen Erfolg.

Eine neue Macht tauchte jedoch mit dem sich ausdehnenden Rom auf, und gemäß Daniel 11,17-20 mußte das nördliche Königreich seine Hoffnung aufgeben, Ägypten zu erobern. Syrien und Ägypten bildeten eine Allianz durch die Hochzeit der Kleopatra mit Ptolemäus V. Epiphanes, wie in Vers 17 angegeben. Antiochos wandte seine Aufmerksamkeit Griechenland zu und versuchte es zu erobern, aber er wurde 191 v. Chr. bei den Thermopylen und wieder 189 v. Chr. bei Magnesia geschlagen, das südöstlich von Ephesus lag, diesmal von römischen Soldaten. Dies wird genau in den Versen 18 und 19 beschrieben.

Die exakten Einzelheiten in Daniel 11,1-35, die genau den geschichtlichen Ereignissen der Periode entsprechen, gehören zu den erstaunlichsten Bibelstellen der Prophezeiung über die Zukunft und zeigen klar die Inspiration der Bibel und die damit verbundene göttliche Offenbarung.

Daniels vierte Vision fortgesetzt: Antiochus Epiphanes

Zwei berühmte Verfolger Ägyptens werden in Daniel 11,20.21 genannt. Der erste von ihnen war Seleukos IV. Philopater (187-175 v. Chr.), der zweite sein Nachfolger Antiochus IV. Epiphanes (175-164 v. Chr.), derjenige, der als Verfolger Israels in Daniel 8,23-25 und als das »kleine Horn« in Daniel 8,9-14 vorkommt.

Der Steuereinnehmer, der in Daniel 11,20 erwähnt wird, war Heliodoros (2. Makkabäer 3,7), ein Mann, der von Seleukos IV. Philopater ernannt wurde und die Aufgabe hatte, pro Jahr tausend Talente einzutreiben, die an Rom gezahlt werden mußten. Seleukos IV. Philopater starb jedoch 175 v. Chr. Einige sind der Ansicht, daß er durch Gift umgebracht wurde, um den Weg für Antiochus IV. Epiphanes zu ebnen, der seine Regierung im Jahre 175 v. Chr. antrat. Antiochus IV. konnte den Thron durch den Mord möglicher Thronpretendanten und durch Intrigen sichern. Dementsprechend wurde er von Daniel als ein »verächtlicher Mann« bezeichnet, »dem die Ehre des Thrones nicht zugedacht war« (Daniel 11, 21). Eine Zeitlang konnte er jedoch beträchtliche Macht in seinem Königtum vereinen.

Antiochus'IV. Anspruch auf den Thron basierte auf einer derart verwickelten Geschichte, daß es erstaunlich ist, wie genau die Prophezeiung ist. Seleukos IV. wurde vergiftet, und sein jüngerer Bruder Dimetrius war als Gefangener in Rom. Ihr Bruder, der noch ein Kind war, Antiochus, war ebenfalls ein möglicher Anwärter auf den Thron. Antiochus IV. Epiphanes gelangte auf den Thron, weil das Kleinkind Antiochus von Andronikus ermordet wurde, aber Antiochus IV. ermordete seinerseits den Andronikus. So war der Weg für Antiochus frei, sich den Thron zu sichern.

Antiochus IV. nahm den Titel Epiphanes an, was »der Glorreiche« bedeutet. Seine Feinde machten sich über den Titel jedoch lustig und nannten ihn »Epimanes«, den Wahnsinnigen. Antiochus IV. überlebte einen Angriff der großen ägyptischen Armee, wie in Daniel 11,22 beschrieben. Die Aussage, daß »der Fürst des Bundes vernichtet« wird, bezieht sich wahrscheinlich auf die Absetzung von Onias III. als jüdischer Hoherpriester, ein Ereignis, mit dem die Verfolgung der Juden durch Antiochus IV. begann.

Innerhalb von fünf Jahren nachdem Antiochus IV. den Thron einnahm, konnte er seine Macht in seinem eigenen Gebiet konsolidieren und einen Krieg gegen eine riesige ägyptische Armee wagen, die Daniel in 11,25.26 auf den König des Südens bezieht. Das Nachspiel der Schlacht war, daß Antiochus und der König von Ägypten, Ptolemäus V. Epiphanes (203-181 v. Chr.), eine Konferenz abhielten, wie in Daniel 11,27 beschrieben, wobei »beide Könige darauf bedacht« waren, »wie sie einander schaden« konnten, »und an **einem** Tisch verlogen miteinander« redeten. Es gelang »ihnen aber nicht, denn das Ende ist noch auf eine andere Zeit bestimmt.« Die Konferenz bewirkte keinen Frieden, aber Antiochus IV. kehrte mit großem Reichtum nach Hause zurück, und dies verschlimmerte seinen Haß auf die Juden, die ihn nicht unterstützt hatten. Nach Vers 28 begann er, sie zu verfolgen.

Wie in 1. und 2. Makkabäer berichtet wird, entweihte Antiochus IV. den jüdischen Tempel, indem er eine Sau auf dem Altar opferte und die Statue eines heidnischen Gottes an dem Heiligen Ort aufstellte. Dies bewirkte den Aufstand der Makkabäer mit dem traurigen Ergebnis, daß Tausende von Juden – Männer, Frauen und Kinder – ermordet wurden, aber der Aufstand konnte nicht unterdrückt werden. Die Entweihung des Altars wird in Daniel 11,31.32 erwähnt. Das letzte Stadium dieser Entweihung des Tempels war zum Teil durch seine Frustration über einen Angriff auf Ägypten bedingt, der wegen der Macht Roms fehlgeschlagen war, und Antiochus IV. entschied weise, daß der Zeitpunkt nicht günstig war, nach Ägypten einzudringen. Dieser Wechsel der militärischen Lage wird in den Versen 29 und 30 erwähnt: »Und nach einer bestimmten Zeit wird er wieder nach Süden ziehen; aber es wird beim zweitenmal nicht so sein wie beim erstenmal.

Denn es werden Schiffe aus Kittim gegen ihn kommen, so daß er verzagen wird und umkehren muß. Dann wird er gegen den heiligen Bund ergrimmen und danach handeln und sich denen zuwenden, die den heiligen Bund verlassen.« Die Nennung von »Schiffen aus Kittim« bezieht sich auf die Macht Roms.

In dieser Zeit der Not der Juden, so sagte Daniel, werden die Verständigen im Volk vielen zur Einsicht verhelfen; »darüber werden sie verfolgt werden mit Schwert, Feuer, Gefängnis und Raub eine Zeitlang,

Während sie verfolgt werden, wird ihnen eine kleine Hilfe zuteil werden; aber viele werden sich nicht aufrichtig zu ihnen halten.

Und einige von den Verständigen werden fallen, damit viele bewährt, rein und lauter werden für die Zeit des Endes, denn es geht ja um eine befristete Zeit« (11,33-35). Mit Vers 35 endet die prophetische Vorschau auf Antiochus IV., und von hier an wird in Kapitel 11 die Endzeit, die noch zukünftig ist, vorausgesagt.

Die umfassende Prophezeiung über Einzelheiten des Griechischen Reiches ist ein sensationeller Beweis, daß die Prophetie auch über Einzelheiten spricht, und das mit vollkommener Genauigkeit. Man könnte die Weissagungen unmöglich erfinden, und sie erfordern die übernatürliche Eingebung durch den Heiligen Geist.

15 Rom in der alttestamentlichen Prophetie

Die Bedeutung Roms

Das Römische Reich ist für Christen von Bedeutung, weil es die politische Macht war, die die Welt während der Lebenszeit Jesu Christi und der Apostel beherrschte. Seine politische Macht begann 250 Jahre vor der Geburt Jesu, und der letzte römische Herrscher wurde erst 1453 n. Chr. ermordet – ein Zeitraum von 1700 Jahren.

In der Geschichte und in der Bibel war das Römische Reich bedeutungsvoll. Es war das größte Reich aller Zeiten mit dem Besitz des größten Territoriums und der längsten Dauer politischer Macht. Man muß etwas über Rom wissen, um die Bibel zu verstehen.

Die Geschichte des Römischen Reiches wurde in vielen Einzelheiten prophezeit, und viele dieser Prophezeiungen sind in Erfüllung gegangen. Jedoch wurde anders als bei den vorhergehenden Weltreichen von Babylon, Medo-Persien und Griechenland das letzte Kapitel des Römischen Reiches noch nicht erfüllt. Deshalb glauben viele Ausleger der Prophetie an ein zukünftiges Wiedererstehen des Römischen Reiches und seine letzte Entfaltung zu einem weltumspannenden Reich. Dies wird eintreten, wenn die in Daniel 7,7.24 erwähnte Zehn-Nationen-Konföderation während der letzten sieben Jahre vor der Wiederkunft Jesu zustande gekommen sein wird. Die letztendliche Zerstörung des wiedererstandenen Roms wird erfüllt werden, wenn Jesus wiederkommt. Aus diesen Gründen ist das Studium der Prophetie über Rom für Bibelleser so wichtig.

Rom in der erfüllten Prophetie

Rom wird in der Apostelgeschichte, in Römer und 2. Thessalonicher erwähnt, es kommt jedoch kein einziges Mal mit Namen im Alten Testament vor. Doch die alttestamentlichen Prophezeiungen über Rom sind unmißverständlich, besonders die Offenbarungen, die Daniel gegeben wurden. Die meisten evangelikalen Bibelausleger, die anerkennen, daß Daniel über die Geschichte Babylons, Medo-Persiens und Griechenlands weissagt, sehen auch deutlich, daß das vierte Reich, auch wenn es nicht namentlich erwähnt ist, eindeutig Rom betrifft. Von allen Weltreichen, einschließlich Ägypten und Assyrien, war Rom bei weitem das mächtigste, das die meisten Völker unterjochte und am längsten währte. Mehr als tausend Jahre war das Römische Reich ein bedeutender Faktor in Südeuropa, Westasien und Nordafrika, das jeden Aspekt der Kultur und des Lebens tief prägte. Das Aufkommen dieses Reiches wurde in Daniel 2 durch die Beine und Füße der riesigen Statue in Nebukadnezars Traum dargestellt (Vers 33) und als das vierte Tier in Daniel 7 (Vers 7) beschrieben.

Das Emporkommen Roms kündigte sich bereits siebzig Jahre vor den geweissagten Kriegen zwischen Syrien und Ägypten in der Zeit des Antiochus Epiphanes (175-164 v. Chr.) an. Im ersten Stadium eroberte Rom Italien. Sizilien wurde 242 v. Chr. eingenommen. Obwohl Karthago eine Zeitlang die Macht Roms herausforderte und Spanien im Jahre 202 v. Chr. eroberte, das Rom erst später besiegte, wurde Karthago doch Rom tributpflichtig. Dies geschah nach der Schlacht von Zama in Nordafrika. Karthago wurde schließlich im Jahre 146 v. Chr. zerstört.

Nach dieser Eroberung wurde das Mittelmeer bald römisch, da das Römische Reich, nachdem es sich nach Norden bis zu den Alpen ausgedehnt hatte, Völker im Osten zu besiegen begann, einschließlich Makedonien, Griechenland und Kleinasien. Wie es in Daniel 7,7 vorausgesagt wurde, verschlang Rom seine eroberten Völker, führte Tausende in die Sklaverei und zwang ihnen ihre eigene harte Herrschaft auf: »danach sah ich in diesem Gesicht in der Nacht, und siehe, ein viertes Tier war furchtbar und schrecklich und sehr stark und hatte große eiserne Zähne, fraß um sich und zermalmte, und was es übrigließ, zertrat es mit seinen Füßen. Es war auch ganz anders als die vorigen Tiere und hatte zehn Hörner.« Antiochus Epiphanes mußte in den letzten Tagen seiner Regierung die Macht Roms anerkennen. Jerusalem und Juda kamen 63 v. Chr. unter römische Herrschaft, als Pompeius der Große (106-48 v. Chr.) Jerusalem eroberte.

Die Macht Roms weitete sich immer mehr nach Norden aus durch die heutige Schweiz, durch Frankreich, Belgien und die Länder südlich des Rheins und der Donau. Die südlichen Gebiete Großbritanniens gerieten teilweise ebenfalls unter Römische Herrschaft. Nach Osten dehnte sich Rom bis zum Euphrat aus, einschließlich Mesopotamien und ganz Nordafrika. Wie in Daniel 2,40 vorausgesagt, war es schließlich »ein viertes Reich, hart wie Eisen; denn wie Eisen alles zermalmt und zerschlägt, ja, wie Eisen alles zerbricht, so wird es auch alles zermalmen und zerbrechen.« Nichts könnte klarer sein als der Beweis, daß die Prophezeiungen der Bibel zum vierten Reich Daniels mit der Ausdehnung der Macht Roms wörtlich in Erfüllung gingen.

Noch nicht erfüllte Prophezeiungen über Rom

Wie in Daniel 2 und 7 vorausgesagt, wurde das letzte Stadium des Römischen Reiches jedoch nie erfüllt. Die Erklärung hierfür ist wie bei vielen alttestamentlichen Stellen, daß in der prophetischen Vision des Alten Testamentes die zweitausend Jahre seit Christus nicht enthalten sind. Statt dessen springen die Prophezeiungen von dem ersten Kommen Jesu zu seinem zweiten Kommen. Deshalb ist in der Geschichte nichts eingetreten, was den Füßen aus Ton und Eisen der Statue im Traum des Nebukadnezar (Daniel 2) entspräche, obwohl die zwei Beine aus Eisen eindeutig das östliche und westliche Gebiet des Römischen Reiches darstellen. Die Tatsache, daß der östliche Teil des Römischen Reiches viel länger existierte als der westliche Teil, wurde in dem Bild von Daniel 2 nicht ausgedrückt. Es ist, als ob zur Zeit Jesu ein Vorhang auf die prophetische Szene fiel, der erst wieder gehoben wird, wenn das gegenwärtige Zeitalter der Gemeinde vorbei ist und die Endzeit, die dem zweiten Kommen Jesu unmittelbar vorausgeht, beginnt.

Nichts in der Geschichte entspricht der Prophezeiung von Daniel 2,34.35: »Das sahst du, bis ein Stein herunterkam, ohne Zutun von Menschenhänden; der traf das Bild an seinen Füßen, die von Eisen und Ton waren, und zermalmte sie.

Da wurden miteinander zermalmt Eisen, Ton, Kupfer, Silber und Gold und wurden wie Spreu auf der Sommertenne, und der Wind verwehte sie, daß man sie nirgends mehr finden konnte. Der Stein aber, der das Bild zerschlug, wurde zu einem großen Berg, so daß er die ganze Welt füllte.«

In der Geschichte wurde das Römische Reich nicht plötzlich zerstört, sondern verschwand allmählich im Laufe mehrerer Jahrhunderte. Rom verlor zunächst die Kontrolle über die von Rom am weitesten entfernten Gebiete, einschließlich Großbritanniens, Frankreichs und Teilen Deutschlands. Aber Italien wurde nicht verschont. Attila führte die Hunnen bei einer Invasion Italiens im Jahre 455 v.Chr. an. Italien unterlag auch den Vandalen und den Mauren.

Teile des Römischen Reiches existierten jedoch auf die eine oder andere Weise weiter. Das östliche Territorium des Römischen Reiches wurde schrittweise von den Anhängern Mohammeds erobert, die zuerst Persien, dann Syrien, Israel und Europa eroberten, und auch über Nordafrika nach Spanien eindrangen. Ihnen folgten später die Türken, die Persien, Armenien und Kleinasien eroberten.

Der letzte schwere Schlag kam 1453 n. Chr., als die Streitkräfte Mohammeds II. Konstantinopel eroberten und den letzten römischen Kaiser in der Schlacht töteten. Die Türken beherrschten weiterhin Kleinasien und das Heilige Land bis weit ins zwanzigste Jahrhundert hinein. Erst im ersten Weltkrieg wurde das Heilige Land von der türkischen und moslemischen Herrschaft befreit. Nichts von diesem sich lange hinziehenden Prozeß wurde im Alten Testament angedeutet. Der Grund dafür ist ganz klar. Der letzte Schlag, der das Standbild aus Daniel 2 trifft, wird durch den »Stein« geschehen, der Jesus Christus bei seinem zweiten Kommen darstellt. Dann wird das Tausendjährige Reich einsetzen. Diese Prophezeiung bestätigt nicht die postmillenale Deutung der Prophezeiung, die davon ausgeht, daß die Gemeinde Rom erobert habe, eine Sicht, die auch historisch falsch ist.

Wie das Standbild in Daniel 2 plötzlich durch das Königreich vom Himmel her zerstört wurde, so hat sich auch gemäß Daniel 7 die letzte Zerstörung des Römischen Reiches noch nicht erfüllt und harrt noch des zweiten Kommens Jesu.

Viele haben versucht, das Stadium der zehn Hörner in Daniel 7,7 in zehn Königen des Römischen Reiches erfüllt zu sehen, aber es gibt nichts in der Geschichte, was dem entspricht. Nie haben zehn Könige gleichzeitig über das Römische Reich regiert, wie es nach Daniel 7,24 geschehen soll. Ebenso hat der Herrscher von Daniel 7,8, der drei Könige besiegt und dann offensichtlich alle zehn, und später Weltherrscher wird (Daniel 7,23), bisher in der Geschichte keine Entsprechung.

Die Voraussetzung für die Erfüllung von Daniel 2 und 7 ist ein Wiedererstehen des Römischen Reiches am Ende des Zeitalters. Im Neuen Testament gibt es dazu viele Prophezeiungen. Der letzte Herrscher wird politisch aus dem Römischen Reich kommen, wie die Soldaten, die Jerusalem im Jahre 70 n.Chr. zerstörten (Daniel 9,26). Das Römische Reich erfüllte die Prophezeiungen von Daniel 2 und 7 exakt zur Zeit Jesu. Seitdem gibt es jedoch keine Entsprechung mehr, und das letzte Stadium des Römischen Reiches, das durch das kommende Königreich vom Himmel her zerstört werden wird, ist bisher nicht in Erfüllung gegangen.

In seiner Vision sieht Daniel den Fall Roms beim zweiten Kommen Christi: »Ich sah in diesem Gesicht in der Nacht, und siehe, es kam einer mit den Wolken des Himmels wie eines Menschen Sohn und gelangte zu dem, der uralt war, und wurde vor ihn gebracht.

Der gab ihm Macht, Ehre und Reich, daß ihm alle Völker und Leute aus so vielen verschiedenen Sprachen dienen sollten. Seine Macht ist ewig und vergeht nicht, und sein Reich hat kein Ende« (Daniel 7,13.14).

Das letzte Königreich, das vom Himmel ist und bei Jesu zweitem Kommen beginnt, wie es auch Prämilleniaristen glauben, stimmt mit diesen Bibelstellen vollkommen überein. Das letzte Kapitel des Römischen Reiches findet sich in einem erweiterten Bild im Buch der Offenbarung.

16 Die 490 Jahre der prophetischen Bestimmung Israels

Israel, der Schlüssel zur Deutung der Prophetie

Für einen Gläubigen aus den Heiden ist das Thema Israel nicht unmittelbar eine brennend wichtige Lehre. Wenn man jedoch die Prophetie in der Bibel zu studieren beginnt, wird es sehr bald deutlich, daß Israel im Zentrum der biblischen Prophetie steht und man Gottes Ziel mit Israel verstehen muß, um die Prophetie insgesamt begreifen zu können.

In der Geschichte der prophetischen Deutung ist Israel oft vernachlässigt worden, so daß Prophetie als Ganzes nicht verstanden wurde. Die vielen Versuche, die Prophezeiungen für Israel so zu verdrehen, daß sie auf die Gemeinde bezogen erscheinen, und die weitverbreitete Vernachlässigung der Prophetie über Israel führten zu einer Nichtbeachtung Israels, bis das wiedererwachte Interesse an Prophetie im zwanzigsten Jahrhundert den Blick wieder auf die prophezeite Zukunft Israels lenkte.

Das erneute Studium von Daniel 9,24-27 hat die Frage nach der Zukunft Israels entfacht. Obwohl der Abschnitt schwierig ist und viele auseinandergehende Deutungen den Leser zu verwirren neigen, wird eine sorgfältige Auslegung den Leser mit Daniels Zusammenfassung der prophetischen Geschichte, die im zweiten Kommen Jesu kulminiert, belohnen. Was auf die Wiederkunft Jesu folgt, wurde Daniel nicht offenbart, findet sich aber in anderen Propheten wie Jesaja und Jeremia.

Die Bedeutung dieser Prophezeiung. Wenige Stellen im Alten Testament sind wesentlicher für das Verständnis der Prophetie als Daniel 9,24-27. Die Deutung dieser Bibelstelle hängt sehr davon ab, ob der Ausleger liberal ist und die Wirklichkeit der Prophetie leugnet, oder ein konservativer Amillenarist, der die Rechtmäßigkeit der Prophetie anerkennt, aber nicht zugibt, daß sie wörtlich zu verstehen ist, oder ein Prämillenarist, der um eine buchstäbliche Deutung der Bibelstelle bemüht ist. Auch die jüdische Deutung der Stelle ist einer Betrachtung wert. Ausleger lassen sich oft durch ihre eigenen Vorurteile beeinflussen, und weil nur die Prämillenaristen eine wörtliche Deutung vorlegen, sind alle nicht wörtlichen Deutungen durch große Abweichungen und Uneinigkeit gekennzeichnet.

Fragen zur Prophetie. Einige wesentliche Fragen sind: Um welche Menschen geht es in der Prophezeiung? Was ist chronologisch mit den siebzig »Siebenern« gemeint? Welche sechs Hauptereignisse werden in Daniel 9,24 beschrieben? Welche Ereignisse sind in den ersten sieben »Siebenern« gemeint? Was bedeuten die zweiundsechzig »Siebener«? Und am wichtigsten: Was wird für den siebzigsten »Siebener« geweissagt? Bei all diesen Betrachtungen schwingt die Frage mit, ob einige Prophezeiungen schon in Erfüllung gingen und welche noch auf die Erfüllung in der Zukunft harren.

Der Hintergrund der Weissagung. Der Hintergrund dieser Prophezeiung war die Erfüllung der Voraussage Daniels, daß das Babylonische Reich von den Medern und Persern abgelöst werden wird. Dies erfüllte sich (Daniel 9,1), als Babylon von den Medo-Persern eingenommen wurde. Als die Perser Babylon einnahmen, entdeckte Daniel offenbar zum erstenmal die Weissagung von Jeremia 25,11, daß Jerusalem siebzig Jahre wüst liegen sollte, und die Weissagung aus Jeremia 29,10, daß Israel nach siebzig Jahren wieder in sein Land zurückkehren werde.

Daniels Gebet. Weil bereits etwa siebenundsechzig Jahre vergangen waren, betete Daniel aufgrund seines Verständnisses dieser Prophezeiungen Jeremias um die Erfüllung der Wiederherstellung Israels. In diesem wundervollen Gebet drückte Daniel seine Sorge um die Sünden Israels aus, die die Gefangenschaft ausgelöst hatten, und er bat Gott um Gnade, Israel gemäß seiner Verheißung wiederherzustellen. Daniel erwartete ganz sicher eine wörtliche Erfüllung der Prophezeiung. Die Antwort auf Daniels Gebet findet sich im Buche Esra, wo berichtet wird, daß etwa 50 000 Menschen aus Babylon nach Juda zurückkehrten und das wichtige Werk des Wiederaufbaus begannen.

Obwohl das Gebet Daniels, wie es uns berichtet wird, vergleichsweise kurz ist, wird er sicher noch eine Zeitlang weitergebetet haben, und während er noch betete, sandte Gott den Engel Gabriel mit einer Schau der 490 Jahre. Daniel schreibt: »eben als ich noch so redete in meinem Gebet, da flog der Mann Gabriel, den ich zuvor im Gesicht gesehen hatte, um die Zeit des Abendopfers dicht an mich heran.

Und er unterwies mich und redete mit mir und sprach: Daniel, jetzt bin ich ausgegangen, um dir zum rechten Verständnis zu verhelfen.

Denn als du anfingst zu beten, erging ein Wort, und ich komme, um dir's kundzutun; denn du bist von Gott geliebt. So merke nun auf das Wort, damit du das Gesicht verstehst« (Daniel 9,21-23).

Gabriels Weissagung. Dann gab Gabriel folgende Prophezeiung preis:

»Siebzig Wochen sind verhängt über dein Volk und über deine heilige Stadt; dann wird dem Frevel ein Ende gemacht und die Sünde abgetan und die

Schuld gesühnt, und es wird ewige Gerechtigkeit gebracht und Gesicht und Weissagung erfüllt und das Allerheiligste gesalbt werden.
So wisse nun und gib acht: Von der Zeit an, als das Wort erging, Jerusalem werde wiederaufgebaut werden, bis ein Gesalbter, ein Fürst, kommt, sind es sieben Wochen; und zweiundsechzig Wochen lang wird es wieder aufgebaut sein mit Plätzen und Gräben, wiewohl in kummervoller Zeit.
Und nach den zweiundsechzig Wochen wird ein Gesalbter ausgerottet werden und nicht mehr sein. Und das Volk eines Fürsten wird kommen und die Stadt und das Heiligtum zerstören, aber dann kommt das Ende durch eine Flut, und bis zum Ende wird es Krieg geben und Verwüstung, die längst beschlossen ist.
Er wird aber vielen den Bund schwermachen eine Woche lang. Und in der Mitte der Woche wird er Schlachtopfer und Speisopfer abschaffen. Und im Heiligtum wird stehen ein Greuelbild, das Verwüstung anrichtet, bis das Verderben, das beschlossen ist, sich über die Verwüstung ergießen wird« (Daniel 9,24-27).

Die siebzig »Siebener«

Die Prophezeiung beginnt mit der Feststellung, daß die Periode, auf die sich die Prophezeiung bezieht, siebzig mal sieben oder 490 ist. Liberale und konservative Ausleger stimmen allgemein darin überein, daß die Einheit das Jahr ist und nicht ein Tag von vierundzwanzig Stunden. Das Wort *Wochen* steht nicht im hebräischen Grundtext. In der Weissagung werden die siebzig »Siebener« dreifach unterteilt. Erstens: sieben »Siebener«, dann eine Periode von zweiundsechzig »Siebenern« und schließlich eine Periode von einem »Siebener«. Jede dieser drei Perioden wurde ganz verschieden gedeutet.

Das Volk, um das es geht: Israel

Eine wichtige Entscheidung, die gleich zu Beginn zu treffen ist, ist die Identifikation des angesprochenen Volkes, das als »dein Volk und deine heilige Stadt« bezeichnet wird (Vers 24). Wer die Gemeinde mit Israel gleichsetzen möchte, versucht, dies auf die Gemeinde zu beziehen. Es ist offensichtlich, wenn man unvoreingenommen diesen Abschnitt liest, daß Daniel klar »dein Volk« als das Volk Israel verstand, für das er gerade ein dringliches Gebet gesprochen hatte, und »deine heilige Stadt« als Jerusalem, das in Daniel 9,16 -19 Gegenstand seiner Bitte war.

Es geht hier klar um die Enthüllung des Planes Gottes für Israel, im Gegensatz zu dem, was er Daniel früher über die vier großen Weltreiche offenbart hatte. Daniel hatte das ungewöhnliche Vorrecht, mehr als alle andern Propheten des Alten Testamentes einen Überblick über das Hauptprogramm Gottes für die Völker oder Heiden und für Israel zu erhalten. Es ist fraglich, ob es überhaupt einen Zweifel gäbe, daß die Stelle sich auf Israel bezieht, wenn es nicht die amillenale Voreingenommenheit gäbe, daß Israel politisch oder als Volk keine Zukunft habe. Andererseits nimmt in vielen Bibelstellen Gottes Offenbarung über die Zukunft Israels eine Schlüsselstellung ein zum Verständnis des Planes Gottes für die Zukunft und der Erfüllung der Prophetie in der Vergangenheit.

Die sechs in Daniel 9,24 geweissagten Hauptereignisse

Die in dieser Prophezeiung angesprochene Periode umfaßt sechs Hauptelemente, die folgendermaßen bezeichnet werden: 1. »dem Frevel ein Ende machen«, 2. »die Sünde abtun« , 3. »die Schuld sühnen«, 4. »ewige Gerechtigkeit bringen«, 5. »Gesicht und Weissagung erfüllen« und 6. »das Allerheiligste salben«. Zu diesen sechs Prophezeiungen wird keine Erklärung gegeben, so daß der Ausleger hier vor einem schwierigen Problem steht.

Dem Frevel ein Ende machen. Da die in dieser Prophezeiung behandelte Periode offensichtlich bis zur Wiederherstellung Israels reicht, hat man unter dem Ende des Frevels wohl zu verstehen, daß der Abfall Israels gerichtet und beendet werden und für das Volk eine Zeit der geistlichen Erneuerung stattfinden wird – die Wiederherstellung im Tausendjährigen Reich.

Die Sünde abtun. Ebenso wird die Sünde abgetan werden, wenn dem Volk Israel vergeben wird und es, wiederhergestellt, auf einer neuen geistlichen Ebene beginnen wird.

Die Schuld sühnen. Das Versprechen, daß die Schuld gesühnt werden wird, bezieht sich eindeutig auf den Tod Jesu als die Grundlage für Gottes Gnade und ihre Inanspruchnahme zur Zeit , wenn Jesus wiederkommt.

Ewige Gerechtigkeit bringen. »Ewige Gerechtigkeit« wird durch die Gnade Gottes aufgrund des Todes Jesu zuteil und wird in der Prophezeiung von Jeremia 23,5.6 ausgesprochen: »Siehe, es kommt die Zeit, spricht der HERR, daß ich dem David einen gerechten Sproß erwecken will. Der soll ein König sein, der wohl regieren und Recht und Gerechtigkeit im Lande üben wird.

Zu seiner Zeit soll Juda geholfen werden und Israel sicher wohnen. Und dies wird sein Name sein, mit dem man ihn nennen wird: ›Der HERR unsere Gerechtigkeit.‹« Wie Daniel verkündet wurde, daß der Höhepunkt der Geschichte mit dem Kommen des Königreiches vom Himmel verbunden ist (Daniel 7,13.14), so bezieht sich der hier dargestellte Gipfelpunkt ohne Zweifel auf die Wiederkunft Jesu und den Beginn seines Reiches auf Erden.

Gesicht und Weissagung erfüllen. Auch die Versiegelung von Gesicht und Weissagung bezieht sich eindeutig auf das zweite Kommen Jesu, obwohl ja die Bibel bereits vollständig vorliegt und jetzt keine zusätzlichen Bücher der Bibel geschrieben werden können. Visionen wird es jedoch noch geben, und sie werden ein besonderes Kennzeichen der Endzeit sein, aber auch sie werden enden, wenn Jesus sichtbar zur Erde zurückkehrt. Zu jener Zeit wird keine zusätzliche Offenbarung mehr nötig sein.

Das Allerheiligste salben. Der letzte Schritt, die Salbung des Allerheiligsten, bereitet wohl die größte Schwierigkeit. Wenn dies auch mit Ereignissen aus der Vergangenheit zu tun haben könnte, so scheint es doch mit dem Allerheiligsten im Tempel des Tausendjährigen Reiches in Verbindung zu stehen, der in Hesekiel 40 bis 43 erwähnt wird. Einige wollen es auch auf das Neue Jerusalem ausdehnen. Zusammengenommen ergibt sich, daß diese Prophezeiungen sich auf die Zeit unmittelbar vor dem zweiten Kommen Jesu beziehen.

Der Anfang der siebzig »Siebener«

Wahrscheinlich hat kein Aspekt der siebzig »Siebener« mehr Kontroversen verursacht, als die Frage, wann die siebzig »Siebener« beginnen sollten. Gemäß dem Wortlaut der Weissagung selbst sollte es zu der Zeit sein, da »das Wort erging, Jerusalem werde wieder aufgebaut werden« (Daniel 9,25). Daniel wurde gesagt, er solle »wissen und achtgeben« (Vers 25). Daniel verstand es wahrscheinlich auch nicht besser als wir heute.

Die theologische Meinung des Auslegers kommt hier wieder ins Spiel. Amillenaristen versuchen gewöhnlich, den Zeitpunkt für den Beginn der Periode so zu wählen, daß die Weissagung nicht zu einer wörtlichen Erfüllung führt. Zum Beispiel möchten einige die 490 Jahre im Jahr 586 v. Chr. beginnen lassen, als Jerusalem zerstört wurde.

Wenn sich der Erlaß, Jerusalem wieder aufzubauen, auf den Erlaß eines menschlichen Herrschers statt auf Gottes Befehl bezieht, so werden in der Bibel mindestens vier verschiedene Erlasse erwähnt. Das Dekret des Kyros bezog sich auf den Wiederaufbau des Tempels im Jahre 538 v. Chr. (2. Chronik 36,22.23; Esra 1,1-4; 6,1-5). 2. Darius erließ ein Edikt, das das Dekret des Kyros bestätigte (Esra 6,12). Dies geschah als Reaktion auf den Zweifel der Feinde Israels, ob es überhaupt ein Dekret des Kyros gab. Eine Nachforschung in den persischen Archiven brachte das Originalschriftstück zum Vorschein (Esra 6,1), wodurch den Juden erlaubt wurde, den Tempelbau zu vollenden. 3. Artaxerxes gab Esra die Bewilligung, Gott einen Tempel in Jerusalem zu errichten (Esra 7,11-26). 4. Ein letzter Erlaß wurde von Artaxerxes erteilt, der es Nehemia erlaubte, seiner Bitte gemäß die Stadt und die Mauern zu bauen (Nehemia 1,3; 2,4-8). Dieser letzte Erlaß ist der einzige, der sich wirklich auf die Wiederherstellung und Erbauung der Stadt Jerusalem bezieht.

Jeder dieser Erlasse wurde jedoch von verschiedenen Auslegern als Ausgangspunkt der siebzig »Siebener« in Anspruch genommen. Aber nur der letzte Erlaß des Artaxerxes paßt zu den Einzelheiten der Prophezeiung, die den Wiederaufbau der Stadt voraussagte. Jedenfalls wurde Jerusalem vor Nehemia nicht auferbaut, und das Edikt wurde entweder im letzten Monat des Jahres 445 v. Chr. oder im ersten Monat des Jahres 444 v.Chr. erlassen. Wer nicht die prämillenale Sicht teilt, versucht, diese Schlußfolgerung zu umgehen, denn sie gesteht der Prophezeiung Wörtlichkeit zu, was der Vorstellung widerspräche, daß Prophetie nicht wörtlich zu nehmen sei.

Die Erfüllung der siebzig »Siebener«

Wenn die 490 Jahre 445 v.Chr. beginnen, würden die 483 Jahre 33 n. Chr. erfüllt sein. In der Rechnung müssen die prophetischen Jahre zu 360 Tagen angesetzt werden in Übereinstimmung mit der biblischen Prophetie, in der dies immer so gehandhabt wird. Das jüdische Jahr hatte zwölf Mondmonate mit einem gelegentlichen dreizehnten Monat im Schaltjahr, um den Ausgleich zum Sonnenjahr zu erhalten. In der Prophetie wurde dieser dreizehnte Monat jedoch nicht berücksichtigt. In Offenbarung 11,3 und 12,6 zum Beispiel werden 3 1/2 Jahre als 1260 Tage angegeben, was beweist, daß der Monat zu 30 Tagen berechnet ist. Ebenso werden 42 Monate für dieselbe Zeitspanne bezeugt (Offenbarung 11,2; 13,5). Der Ausdruck »eine Zeit, Zeiten und eine halbe Zeit« wird auch zu 3 1/2 Jahren berechnet, so daß eine »Zeit« einem Jahr entspricht und »Zeiten« zwei Jahre umfassen und eine halbe »Zeit« einem halben Jahr oder sechs Monaten entspricht, was im Einklang mit anderen Prophezeiungen steht (Daniel 7,25; 12,7; Offenbarung 12,14). Bis vor kurzem nahm man an, daß Jesus mehrere Jahre früher starb, aber die moderne Forschung ist zu dem Schluß gekommen, daß der Tod Jesu im Jahre 33 n. Chr. geschah, was genau mit den 483 Jahren übereinstimmt, wobei noch sieben Jahre fehlen, die nach dem Tod Jesu in Erfüllung gehen sollen. Prämillenaristen sind allgemein davon überzeugt, daß die 483 Jahre bereits erfüllt sind. Die Frage ist nun, ob auch die letzten sieben Jahre schon erfüllt sind.

Die siebzig »Siebener«: Die ersten sieben Jahre

Wie die Prophezeiung selbst angibt, zerfallen die 490 Jahre in drei Teile, deren erster 49 Jahre umfaßt. Wenn die 490 Jahre mit dem Wiederaufbau Jerusalems durch Nehemia beginnen, paßt die Weissagung genau zu den historischen Fakten – daß die Stadt mit Straßen und Gräben wieder aufgebaut wurde. Nach Nehemia 11,1 wurde jeder Zehnte dazu beordert, ein Haus in Jerusalem zu bauen. Dazu mußte der Schutt beseitigt und eine neue Stadt auf den Trümmern der alten errichtet werden. Jedenfalls war Jerusalem eine blühende Stadt, als Jesus in Bethlehem, unweit von Jerusalem, geboren wurde.

Die zweiundsechzig »Siebener«: 434 Jahre

Der zweite Zeitabschnitt zu zweiundsechzig »Siebenern« oder 434 Jahren folgte offensichtlich unmittelbar auf die ersten sieben »Siebener«, worüber sich praktisch alle Kommentatoren einig sind. Es wird nichts Besonderes genannt, das in dieser Zeit geschehen sollte, aber sicher ging der Bau des Tempels weiter.

Die letzten sieben Jahre

Zwei größere Ereignisse werden prophezeit. Der Höhepunkt der Prophezeiung betrifft zwei Ereignisse, die nach den neunundsechzig »Siebenern« folgen, aber jedenfalls nicht in den siebzigsten »Siebenern« eintreten. Dies führte zu einer Hauptkontroverse bei der Deutung dieses Abschnitts. Die beiden Ereignisse, die hier erwähnt werden, sind : erstens, daß »ein Gesalbter ausgerottet werden« wird »und nicht mehr sein« wird (Daniel 9,26), was wohl ein Hinweis auf den Tod Jesu als Messias ist. Zweitens wird »das Volk eines Fürsten kommen und die Stadt und das Heiligtum zerstören, aber dann kommt das Ende durch eine Flut, und bis zum Ende wird es Krieg geben und Verwüstung, die längst beschlossen ist« (Vers 26). Dies geschah im Jahre 70 n. Chr. oder 37 Jahre nach dem Tod Jesu, was eine zu große Zeitspanne ist, um als sieben Jahre beschrieben werden zu können. Das Problem der Deutung liegt darin, daß diese zwei Ereignisse nach den zweiundsechzig »Siebenern« oder 483 Jahren stattfinden sollen, aber offensichtlich nicht in den letzten sieben Jahren. Das bedeutet, daß es eine Zeitspanne zwischen dem Ende der 483 Jahre und dem Anfang der letzten sieben Jahre geben muß.

Die amillenale Deutung. Die Deutung einer Zwischenperiode wurde von Amillenaristen energisch angefochten, die nicht an eine zukünftige wörtliche Erfüllung der letzten sieben Jahre glauben. Sie versuchen, die Erfüllung der letzten sieben Jahre in der Vergangenheit zu finden. Dies wird generell bewerkstelligt, indem sie die wörtliche Erfüllung einfach ignorieren. Ein populärer Versuch der Amillenaristen ist, die letzten sieben Jahre mit dem Beginn des öffentlichen Dienstes Jesu beginnen zu lassen. Die ersten 3½ Jahre der letzten sieben Jahre sollen dann im Leben Jesu geschehen sein , so daß er in der Mitte der letzten sieben Jahre, nicht nach den neunundsechzig »Siebenern« umgebracht wurde. Der erwähnte Bund (Daniel 9,27) soll der neue Bund der Gnade sein, der durch den Tod Jesu eingeführt wurde.

Zahlreiche Hindernisse stehen dieser Deutung entgegen. Um die 69 mal 7 Jahre oder 483 Jahre unterzubringen, müssen die 490 Jahre vor 444 v. Chr. beginnen, was erfordert, daß frühere Erlasse den Bau der Stadt Jerusalem bereits erlaubten. Dies scheint durch den Text jedoch nicht gerechtfertigt zu werden. Man weist auf Jesaja 44,28 hin, wo Kyrus genannt wird, der von Jerusalem sagt: »Werde wieder gebaut!«, und von dem Tempel: »Werde gegründet!« In Esra 1,2-4 wird der genaue Wortlaut des Dekrets des Kyrus wiedergegeben, aber von dem Wiederaufbau Jerusalems ist keine Rede, allein von dem Tempel. Es ist klar, daß die Stadt selbst bis zur Zeit Nehemias im Jahre 445 v. Chr. in Trümmern liegen blieb. Als man nach dem Dekret suchte und es schließlich fand, wie in Esra 6,3-5 berichtet wird, bezog es sich nur auf den Wiederaufbau des Tempels. Aus diesen Gründen ist die Deutung, daß der Wiederaufbau der Stadt Jerusalem sich auf das Edikt des Artaxerxes bezieht, das Nehemia 445 v. Chr. gewährt wurde, vorzuziehen. Dadurch wird auch die amillenale Deutung zunichte, daß die 483 Jahre mit dem Beginn des öffentlichen Wirkens Jesu endeten.

Einwände gegen die amillenale Deutung. Zahlreiche Einwände können erhoben werden gegen die Identifizierung des neuen Bundes durch den Tod Jesu mit einem Sieben-Jahres-Bund, den Daniel erwähnt. Der Bund der Gnade, der durch Jesus aufgerichtet wurde, dauerte nicht sieben Jahre, sondern währt ewig. Er kommt jedoch in Daniel 9 nicht vor. Eine weitere Schwierigkeit ergibt sich daraus, daß die letzten sieben Jahre dann nicht einen Höhepunkt bedeuten, da die 3½ Jahre nach dem Tod Jesu keine Wiederherstellung für Israel brachten und keine Erfüllung der anderen kostbaren Verheißungen, die auf das zweite Kommen Jesu bezogen sind. Deshalb ist das Ende der 483 Jahre besser mit dem Tod Jesu im Jahre 33 n. Chr. anzusetzen, so daß die letzten sieben Jahre noch zukünftig sind und eine unbestimmte Zeitspanne zwischen dem Ende der 483 Jahre und dem Beginn der letzten sieben Jahre liegt.

Die prämillenale Deutung. In dieser Zeitspanne treten zwei Ereignisse auf, der Tod Jesu und die Zerstörung Jerusalems, die mindestens 37 Jahre auseinander liegen. Es ist unmöglich, diese beiden Ereignisse in den letzten 3½ Jahren der Prophezeiung unterzubringen. Aus diesen und anderen Gründen ist die prämillenale Deutung vorzuziehen, da sie eine wörtlichere Interpretation der Prophezeiung erlaubt.

Ein genaueres Studium der für die letzten sieben der 490 Jahre berichteten Ereignisse läßt klar erkennen, daß diese Ereignisse zukünftig sind. Das Personalpronomen »er« in Daniel 9,27, das sich logisch auf die zuletzt genannte Person beziehen sollte, kann sich nur auf den Fürsten in Vers 26 beziehen, nicht aber auf den Messias. Dies stimmt mit anderen Prophezeiungen überein, in denen die letzten sieben Jahre als eine Zeit der Trübsal geschildert werden, die zum zweiten Kommen Jesu hinführt. Nach prämillenaler Deutung wird gemäß Daniel 9,27 in der ersten Hälfte dieser sieben Jahre ein Bund mit Israel geschlossen und eingehalten werden. Dies wird offensichtlich der Friedensbund sein, der Israels kurze Zeit des Friedens in Hesekiel 38 erklärt. In der Mitte dieser sieben Jahre wird der Bund jedoch gebrochen werden. Es geht hier also um den Bund mit einem politischen Führer, und dieser Bund wird die Trübsal für Israel heraufbringen. Dies wird deutlich, wenn das Opfer im Tempel aufhört, was ferner in Daniel 12,11 bestätigt wird: »Und von der Zeit an, da das tägliche Opfer abgeschafft und das Greuelbild der Verwüstung aufgestellt wird, sind tausendzweihundertneunzig Tage.« Dies harmoniert mit der Prophezeiung Jesu, daß die Entweihung des Tempels am Beginn der Großen Trübsal stattfinden wird (Matthäus 24,15-22). Der Greuel, der Verwüstung verursacht, ist die Entweihung des Tempels in der Zukunft, wenn das Standbild des Herrschers, der in Daniel 9,26 genannt ist, im Tempel als ein Gegenstand des Gottesdienstes aufgestellt werden wird (2. Thessalonicher 2,4; Offenbarung 13,14.15). Die Große Trübsal ist vom Standpunkt der Offenbarung noch zukünftig. Es ist unmöglich, sie mit etwas gleichzusetzen, das unmittelbar nach dem Tod Jesu geschah, wie es Amillenaristen vorgeben.

Die noch nicht erfüllten Prophezeiungen stimmen mit dem überein, was zur Zeit des Antiochus Epiphanes geschah, der den Tempel im zweiten Jahrhundert v.Chr. entweihte. Auch er hat das Opfer aufhören lassen und ein heidnisches Götterbild im Tempel aufgestellt. Dies war ein Greuel und erklärt, warum die zukünftige Entweihung des Tempels ebenfalls als ein Greuel bezeichnet wird.

Wenn man den Text weiter untersucht, erkennt man, daß der Herrscher, der die 3½ Jahre der Großen Trübsal einführt, ebenfalls von Christus bei seinem zweiten Kommen gerichtet werden wird (Offenbarung 13), was wiederum verdeutlicht, daß die beschriebenen Ereignisse zukünftig sind und nicht in der Vergangenheit liegen.

Schlußfolgerung

Wenn man deshalb all die verschiedenen Ansichten in Betracht zieht und die Argumente für und wider abwägt, gibt es nur eine Lösung, die wirklich dem Bibelabschnitt gerecht wird und ihn wörtlich nehmen kann, nämlich: daß die 490 Jahre 445 v. Chr. beginnen, so daß die 483 Jahre 33 n. Chr. zur Zeit des Todes Jesu enden, und daß die letzten sieben Jahre in die Zeit vor der Wiederkunft Jesu zu liegen kommen, also offensichtlich erst in der Zukunft erfüllt werden. Ein zukünftiger Herrscher wird in den ersten dreieinhalb Jahren dieser

Periode den Bund mit Israel schließen und in der zweiten Hälfte dieser sieben Jahre vor der Wiederkunft Jesu sich zum Weltherrscher aufschwingen. Er wird den Bund mit Israel nach dreieinhalb Jahren brechen, und dann wird die Große Trübsal über die ganze Erde hereinbrechen, auch über das Volk Israel. Christus wird bei seiner Wiederkunft die Welt richten und das Tausendjährige Reich aufrichten. Diese wörtliche Deutung trägt den verschiedenen Details dieses Abschnitts Rechnung und ist jeder anderen Sicht überlegen.

Wenn man über die Prophezeiung in Daniel 9,24-27 nachdenkt, wird es deutlich, daß dem Daniel ein breites Spektrum der Prophetie gegeben wurde, das nicht nur die vier großen heidnischen Weltreiche umfaßt und in das zweite Kommen Christi einmündet, sondern auch die 490 Jahre für Israel überdeckt und ebenso bei der Wiederkunft Jesu endet. Daniel beschreibt auch Israels Rolle in der Welt bei den Ereignissen, die zum zweiten Kommen Jesu führen. Das gegenwärtige Zeitalter ist in diese Prophetie über Israel nicht eingeschlossen und ebensowenig in den Voraussagen über die heidnischen Weltreiche zu finden. Das gegenwärtige Zeitalter der Gnade ist ein Einschub in die Folge der prophetischen Ereignisse, der im Neuen Testament offenbart wird und die Gemeinde betrifft, die der Leib Christi ist.

Die Weltereignisse nähern sich mehr und mehr einer Situation, die der ähnelt, die man erwarten würde, wenn die Entrückung der Gemeinde unmittelbar bevorsteht. Wie die Prophezeiungen in vielen Einzelheiten beim ersten Kommen Jesu wörtlich erfüllt wurden, wird das Wort Gottes im Zusammenhang mit dem zweiten Kommen Jesu erfüllt werden. Die praktische Ermahnung, die sich daraus ergibt, ist, daß, wenn die Ankunft Jesu nahe bevorsteht, die Gläubigen ihr Leben in Einklang mit den ewig gültigen Maßstäben Gottes bringen.

17 Der neue Bund

Altes und Neues Testament einander gegenübergestellt

Eine der offensichtlichsten Tatsachen über die Bibel ist, daß sie in das Alte und Neue Testament unterteilt ist oder in den alten und neuen Bund. Obwohl die gesamte Bibel einen gnädigen, liebenden Gott bezeugt, besteht ein großer Gegensatz zwischen der Grundoffenbarung des Alten und des Neuen Testamentes. Dies wird in dem einfachen Satz von Johannes 1,17 ausgedrückt: »Denn das Gesetz ist durch Mose gegeben, die Gnade und Wahrheit ist durch Jesus Christus geworden.« Das Alte Testament ist nicht nur Gesetz, noch ist das Neue Testament nur Gnade, aber es besteht ein großer Unterschied zwischen beiden. Das mosaische Gesetz mit seinen über sechshundert Gesetzen beherrschte das Alte Testament von der Zeit des Mose bis zur Zeit Jesu. Das Gesetz war grundsätzlich an Werke geknüpft: damit man gesegnet wurde, mußte man dem Gesetz Gottes Gehorsam leisten. Das Gesetz war nicht ohne Gnade, denn die Erlösung geschah aus Gnade, und auch unter dem Gesetz konnte man Vergebung erlangen, aber dem Alten Testament fehlte die klare Offenbarung dessen, was die Gnade Gottes ausmacht und wie ein gerechter Gott Sünde vergeben kann.

Im Gegensatz dazu betont das Neue Testament die Lehre der Gnade. Das Neue Testament enthüllt einfach, daß Jesus Christus für unsere Sünden am Kreuz starb und Erlösung möglich machte. Gott kann jetzt denen vergeben, die Christus vertrauen, weil er den Preis bezahlt hat. Nach Hebräer 12,24 ist Jesus der Mittler des neuen Bundes, der auf dem vergossenen Blut basiert. Obwohl die Vergebung durch Blut klar im Alten Testament offenbart wurde, ist es fraglich, ob jemand verstand, daß Jesus, der Messias, am Kreuz für unsere Sünden sterben mußte, und daß dies die Grundlage der Gnade Gottes für uns sein würde.

Gnade, das Prinzip des Neuen Bundes

Ein Bund ist ein feierliches Gelöbnis, ein Versprechen zu halten. Manchmal ist er einseitig in dem Sinne, daß man verspricht, etwas für jemanden zu tun, unabhängig von den Umständen. In anderen Fällen ist der Bund wechselseitig, indem zwei Parteien über einen Handlungsverlauf und die damit verbundenen Versprechen übereinkommen. Grundsätzlich ist Gnade ein einseitiger Bund, und Gott verspricht, die Gnade über jene auszugießen, die ihm vertrauen. Das Neue Testament ist darum voll von Stellen zum Thema Gnade und der Erklärung der Gnadenlehre. Das zugrunde liegende Konzept der Gnade wird im Römerbrief enthüllt, wo die Rechtfertigung aus Gnade definiert wird.

Gerechtigkeit ohne das Gesetz. Im Gegensatz zum Alten Testament, wo das Halten des Gesetzes als eine Form der Gerechtigkeit angesehen wurde, hat Gott eine Gerechtigkeit erwirkt, die nicht auf dem mosaischen Gesetz beruht, sondern ein Geschenk Gottes ist. Paulus schrieb: »Nun aber ist ohne Zutun des Gesetzes die Gerechtigkeit, die vor Gott gilt, offenbart, bezeugt durch das Gesetz und die Propheten. Ich rede aber von der Gerechtigkeit vor Gott, die da kommt durch den Glauben an Jesus Christus zu allen, die da glauben. Denn es ist hier kein Unterschied: sie sind allesamt Sünder und ermangeln des Ruhmes, den sie bei Gott haben sollten« (Römer 3,21-23). Dies ist eine ganz andere Offenbarung als die des Alten Testamentes, obwohl das Gesetz niemals als ein Weg zum Heil angeboten wurde. Die Gerechtigkeit, die aus Gottes unverdienter Gunst oder Gnade entspringt, wird durch den Glauben an Jesus bewirkt; denn alle haben gesündigt und mangeln der unendlichen Vollkommenheit, die Gottes Herrlichkeit auszeichnet. Alle müssen auf derselben Grundlage des Glaubens an Jesus zu Gott kommen, um aus Gnade angenommen zu werden.

Die Gnade haben wir durch die Erlösung, die in Jesus Christus geschehen ist. Wer glaubt, ist »ohne Verdienst gerecht aus seiner Gnade durch die Erlösung, die durch Christus Jesus geschehen ist« (Römer 3,24). Ein gläubiger Mensch in Christus wird gerechtfertigt durch seinen Glauben an Christus, und dies wird ihm umsonst zuteil, weil es durch Gottes Gnade oder unverdiente Gunst geschieht, und wird ermöglicht durch die Erlösung, die Christus am Kreuz erwirkt hat. Mit Erlösung ist gemeint, daß Christus den Preis für das Gericht über die Sünde bezahlt hat und das Lamm Gottes geworden ist, das die Sünde der Welt wegnimmt.

Dies wird weiter erklärt durch die Aussage, daß Gott seinen Sohn »hingestellt hat als Sühne in seinem Blut zum Erweis seiner Gerechtigkeit, indem er die Sünden vergibt, die früher begangen wurden in der Zeit seiner Geduld, um nun in dieser Zeit seine Gerechtigkeit zu erweisen, daß er selbst gerecht ist und gerecht macht den, der da ist aus dem Glauben an Jesus« (Römer 3,25.26). Nach dieser Bibelstelle erwirkte Jesus durch sein Opfer am Kreuz eine Sühne oder

Befriedigung der gerechten Forderungen Gottes. An Christus Gläubige nehmen diese Offenbarung an, daß sie durch Jesu vergossenes Blut und seinen Tod Vergebung ihrer Sünden erlangen. Der Tod Christi ist nicht nur die Grundlage für die Erlösung heute, sondern er reicht auch ins Alte Testament zurück und rechtfertigt Gottes große Gnade im Alten Testament, ehe Jesu Opfer geschah. Dies ist gemeint, wenn Gott seine Gerechtigkeit über begangene Sünden in alttestamentlicher Zeit zeigt. Aufgrund des Todes Jesu, der unendlich viel wert ist, kann Gott heute gerecht den alttestamentlichen Heiligen vergeben und denen, die heute in der Zeit nach dem Neuen Testament leben. Die Verheißung dieser herrlichen Erlösung ist der neue Bund, der die Erlösung in Christus kennzeichnet.

Eine weitere Aussage derselben großen Wahrheit findet sich in Epheser 2, wo Paulus schreibt: »Aber Gott, der reich ist an Barmherzigkeit, hat in seiner großen Liebe, mit der er uns geliebt hat, auch uns, die wir tot waren in den Sünden, mit Christus lebendig gemacht – aus Gnade seid ihr selig geworden -; und er hat uns mit ihm auferweckt und mit eingesetzt im Himmel in Christus Jesus, damit er in den kommenden Zeiten erzeige den überschwenglichen Reichtum seiner Gnade durch seine Güte gegen uns in Christus Jesus« (2,4-7). Hier wird wie im Römerbrief der Christ als ein aus Gnade Geretteter bezeichnet. Wir sehen hier auch Gottes Ziel, in Ewigkeit zu zeigen, was Gnade ist, indem er die Gläubigen im Himmel darstellt, die durch Gnade errettet und ohne Werke gerechtfertigt sind.

Dieses Ziel wird in den folgenden Versen weiter ausgeführt: »Denn aus Gnade seid ihr selig geworden durch Glauben, und das nicht aus euch: Gottes Gabe ist es, nicht aus Werken, damit sich nicht jemand rühme. Denn wir sind sein Werk, geschaffen in Christus Jesus zu guten Werken, die Gott zuvor bereitet hat, daß wir darin wandeln sollen« (Epheser 2,8-10).

Dieser Abschnitt verdeutlicht, daß wir nicht aus unseren Werken errettet werden, sondern durch den Tod Jesu am Kreuz, der es Gott ermöglicht, seine Gnade oder Vergebung und Gunst denen anzubieten, die auf Christus trauen. Unsere Erlösung ist ein Geschenk Gottes, nicht etwas, das man verdienen kann oder ein Gegenstand der Belohnung ist. Es wird klar gesagt, daß die Erlösung nicht aus Werken geschieht. Niemand kann sich rühmen, er habe den Himmel aufgrund von guten Werken erworben. Vielmehr kommen gute Werke zustande, weil Gott in Menschen, die Christen wurden, gewirkt hat – das heißt: sie sind Gottes Mitarbeiter, und als neue Schöpfung in Christus sind sie geschaffen zu guten Werken, die Gott in ihnen bereitet hat, als er sie rettete.

Im Neuen Testament gibt es eine Fülle von weiteren Stellen, die auf die wundervolle Gnade Gottes im Leben der Gläubigen Bezug nehmen, die ihre Stellung in dem Leib Christi, die geistlichen Gaben, die Gott über ihnen ausgeschüttet hat, ihr Erbe als Miterben Christi und all die Verheißungen Gottes einschließen, die sich für sie von der Zeit in die Ewigkeit hinein erstrecken. Erlösung beruht auf der unverdienten Gunst Gottes, die dem Gläubigen durch den Tod Christi am Kreuz zuteil wird. Als solcher ist der neue Bund das zentrale Thema im Neuen Testament und ist die zentrale Wahrheit, die in den neutestamentlichen Schriften offenbart wird.

Schwierigkeiten bei der Lehre des neuen Bundes

Obwohl der neue Bund der Gnade vor allem im Neuen Testament offenbart wird, sagte auch das Alte Testament einen neuen Bund voraus.

Jeremia weissagte, daß Gott mit dem Hause Israel einen neuen Bund schließen werde:

> »Siehe, es kommt die Zeit, spricht der HERR, da will ich mit dem Hause Israel und mit dem Hause Juda einen neuen Bund schließen,
> nicht wie der Bund gewesen ist, den ich mit ihren Vätern schloß, als ich sie bei der Hand nahm, um sie aus Ägypten zu führen, ein Bund, den sie nicht gehalten haben, ob ich gleich ihr Herr war, spricht der HERR;
> sondern das soll der Bund sein, den ich mit dem Hause Israel schließen will nach dieser Zeit, spricht der HERR: Ich will mein Gesetz in ihr Herz geben und in ihren Sinn schreiben, und sie sollen mein Volk sein, und ich will ihr Gott sein.
> Und es wird keiner den andern noch ein Bruder den andern lehren und sagen: ›Erkenne den HERRN‹, sondern sie sollen mich alle erkennen, beide, klein und groß, spricht der HERR; denn ich will ihnen ihre Missetat vergeben und ihrer Sünde nicht mehr gedenken.
> So spricht der HERR, der die Sonne dem Tage zum Licht gibt und den Mond und die Sterne der Nacht zum Licht bestellt; der das Meer bewegt, daß seine Wellen brausen – HERR Zebaoth ist sein Name -:
> Wenn jemals diese Ordnungen vor mir ins Wanken kämen, spricht der HERR, so müßte auch das Geschlecht Israels aufhören, ein Volk zu sein vor mir ewiglich.
> So spricht der HERR: Wenn man den Himmel oben messen könnte und den Grund der Erde unten erforschen, dann würde ich auch verwerfen das ganze Geschlecht Israels für all das, was sie getan haben, spricht der HERR« (31,31-37).

Es ist kennzeichnend, daß diese Offenbarung kurz vor der Babylonischen Gefangenschaft gegeben wurde, als Israel in völligem Abfall begriffen war. Die Verheißungen wurden darum nicht als eine Belohnung für Treue gegeben, sie stammten auch nicht aus der Vorsehung des mosaischen Gesetzes. Sie waren vielmehr eine neue Bestätigung der festen Absicht Gottes, an Israel trotz seiner Sünden gnädig zu handeln, selbst wenn es zeitweilig dem Gericht ausgesetzt wurde, wie im Falle der Babylonischen Gefangenschaft.

Die Vorkehrungen des Bundes sind mannigfaltig.

1. Der Bund wird speziell mit dem Volk Israel geschlossen, und die einzelnen Vorkehrungen des Bundes beziehen sich nur auf diejenigen, die Nachkommen Jakobs sind.

2. Der neue Bund, wie er hier offenbart wird, steht im Gegensatz zum mosaischen Bund. Der mosaische Bund war mit dem Verdienst verbunden – das heißt: der Segen hing vom Gehorsam ab, wobei der Ungehorsam bestraft wurde. Der neue Bund geschieht aus Gnade und wird verkündet, auch wenn Israel abgefallen ist. Der neue Bund wurde deshalb verkündet, um den mosaischen Bund zu ersetzen, der vorübergehend war und mit dem Tod Jesu enden sollte. Der neue Bund sollte sich durch die Zeiten bis in die Ewigkeit erstrecken.

3. Das Hauptanliegen des neuen Bundes wird erfüllt werden, wenn Israels Trübsal, speziell die Große Trübsal vorüber ist, die in vielen alttestamentlichen Stellen und in Offenbarung 6 bis 18 beschrieben wird. Die verheißene Erfüllung geschieht somit nach der Trübsal (Jeremia 30,7) und nach der Zeit, die Jesus Israels »große Bedrängnis« nannte, »wie sie nicht gewesen ist vom Anfang der Welt bis jetzt und auch nicht wieder werden wird« (Matthäus 24,21). Die Bestimmung des neuen Bundes ist, gemessen an der Zeit der Erfüllung, ein Teil des göttlichen Vorsatzes, Israel wieder zu sammeln und in sein angestammtes Land zu bringen (Jeremia 30,10.11.18-21; 31,8-14.23-28).

4. Der neue Bund wird den mosaischen Bund ersetzen und »in ihre Herzen« geschrieben werden statt auf steinerne Tafeln (Jeremia 31,33).

5. Der neue Bund wird großen geistlichen Segen für das Volk Israel bringen und seine Erhebung, wenn Gott sich mit ihm identifiziert (Jeremia 31,33).

6. Der neue Bund wird die Enthüllung der Herrlichkeit Gottes mit sich bringen, so daß es nicht mehr nötig sein wird, einem Nachbarn oder Bruder Zeugnis zu geben, denn alle werden wissen, daß Jesus wahrhaftig König der Könige und Herr der Herren ist (Jeremia 31,34). Jesaja bezieht sich auf diese Zeit, wenn »das Land voll Erkenntnis des HERRN sein« wird, »wie Wasser das Meer bedeckt« (Jesaja 11,9). Kurz, dies bezieht sich auf das Königreich, das Jesus Christus bei seinem zweiten Kommen aufrichten wird. Diese Begleitumstände wurden niemals in der Vergangenheit oder Gegenwart erfüllt und werden an die Stelle des beständigen missionarischen Eifers treten, der zur Zeit ausgeübt wird, um das Evangelium denen zu bringen, die es noch nicht gehört haben.

7. Der neue Bund wird Vergebung, Gnade und Segen bringen. Gott verheißt: »Ich will ihnen ihre Missetat vergeben und ihrer Sünden nimmermehr gedenken« (Jeremia 31,34).

Die Bestimmungen des neuen Bundes sind so detailliert, daß es jedem sorgfältigen Beobachter klar sein sollte, daß dieser Bund niemals in der Vergangenheit erfüllt wurde und sich auch nicht in dem gegenwärtigen Zeitalter erfüllt. Er wird darum zu einem wichtigen Eckstein des Glaubens an ein Tausendjähriges Reich, das unmittelbar auf das zweite Kommen Jesu folgt. Deshalb müssen Amillenaristen, die ein zukünftiges Tausendjähriges Reich leugnen, versuchen, zu beweisen, daß der Bund gegenwärtig erfüllt wird, auch wenn die Details offensichtlich nicht stimmen.

Obwohl sich die wichtigste Stelle zum neuen Bund in Jeremia 31 findet, gibt es noch andere Stellen im Alten Testament, die ausdrücklich davon reden. Über ein Jahrhundert vor Jeremia erklärte Jesaja:

> »Denn ich bin der HERR, der das Recht liebt und Raub und Unrecht haßt; ich will ihnen den Lohn in Treue geben und einen ewigen Bund mit ihnen schließen.
> Und man soll ihr Geschlecht kennen unter den Heiden und ihre Nachkommen unter den Völkern, daß, wer sie sehen wird, erkennen soll, daß sie ein Geschlecht sind, gesegnet vom HERRN« (61,8.9).

Jesaja sagte einen ewigen Bund voraus, der bewirken soll, daß die Welt erkennt, daß das Volk Israel ein Volk Gottes ist. Der Zusammenhang dieser Prophezeiung ist derselbe wie in Jeremia: die Erfüllung des Bundes wird einer Zeit der Trübsal und Beschwernis für Israel folgen und die Sammlung Israels beinhalten.

Ein weiteres Ziel Gottes, das im neuen Bund verwirklicht wird, ist die Sammlung Israels.

> »Siehe, ich will sie sammeln aus allen Ländern, wohin ich sie verstoßen in meinem Zorn, Grimm und großem Unmut, und will sie wieder an diesen Ort bringen, daß sie sicher wohnen sollen.
> Sie sollen mein Volk sein, und ich will ihr Gott sein.
> Und ich will ihnen einerlei Sinn und einerlei Wandel geben, daß sie mich fürchten ihr Leben lang, auf daß es ihnen wohlgehe und ihren Kindern nach ihnen.
> Und ich will einen ewigen Bund mit ihnen schließen, daß ich nicht ablassen will, ihnen Gutes zu tun, und will ihnen Furcht vor mir ins Herz geben, daß sie nicht von mir weichen.
> Es soll meine Freude sein, ihnen Gutes zu tun, und ich will sie in diesem Lande einpflanzen, ganz gewiß, von ganzem Herzen und von ganzer Seele« (Jeremia 32,37-41).

Die Sammlung Israels, die dem Gericht Gottes folgt, der sie über die ganze Erde zerstreute, wird bewirken, daß sie wieder in ihrem alten Land sein und »in Sicherheit« wohnen werden (Vers 37). Sein Bund mit ihnen wird ein »ewiger« sein (Vers 40). Zur Erfüllung des Bundes gehört auch, daß Gott »nicht ablassen will, ihnen Gutes zu tun« (Vers 40). Gott wird sie letztendlich »in diesem Lande einpflanzen von ganzem Herzen und von ganzer Seele« (Vers 41).

Der Prophet Hesekiel, der nach Jeremia während der Babylonischen Gefangenschaft schrieb, bestätigte den neuen Bund und gab weitere Einzelheiten bekannt:

> »So spricht der HERR: Siehe, ich will die Israeliten herausholen aus den Heiden, wohin sie gezogen sind, und will sie von überall her sammeln und wieder in ihr Land bringen
> und will ein einziges Volk aus ihnen machen im Land auf den Bergen Israels, und sie sollen allesamt **einen** König haben und nicht mehr geteilt sein in zwei Königreiche.
> Und sie sollen sich nicht mehr unrein machen mit ihren Götzen und Greuelbildern und allen ihren Sünden. Ich will sie retten von allen ihren Abwegen, auf denen sie gesündigt haben, und will sie reinigen, und sie sollen mein Volk sein, und ich will ihr Gott sein.
> Und mein Knecht David soll ihr König sein und der einzige Hirte für sie alle. Und sie sollen wandeln in meinen Rechten und meine Gebote halten und danach tun.
> Und sie sollen wieder in dem Lande wohnen, das ich meinem Knecht Jakob gegeben habe, in dem eure Väter gewohnt haben. Sie und ihre Kinder und Kindeskinder sollen darin wohnen für immer, und mein Knecht David soll für immer ihr Fürst sein.
> Und ich will mit ihnen einen Bund des Friedens schließen, der soll ein ewiger Bund mit ihnen sein. Und ich will sie erhalten und mehren, und mein Heiligtum soll unter ihnen sein für immer.
> Ich will unter ihnen wohnen und will ihr Gott sein, und sie sollen mein Volk sein,
> damit auch die Heiden erfahren, daß ich der HERR bin, der Israel heilig macht, wenn mein Heiligtum für immer unter ihnen sein wird« (37,21-28).

Hier sind dieselben Einzelheiten aufgelistet, die in den anderen Stellen über den neuen Bund ausgesagt werden – das heißt: die Sammlung Israels, die Vereinigung von Israel und Juda, die Erhöhung eines Königs über sie, ihre Befreiung von Götzenbildern und ihre Reinigung von Sünden (Hesekiel 37,21-23). In ihrem neuen Königreich nach dem zweiten Kommen Jesu wird der auferstandene David herrschen (Vers 24). David wird mit Christus regieren und wird Israels

»Fürst für immer« sein. Der neue Bund ist ein ewiger Bund im Gegensatz zum mosaischen Bund, der mit dem Tod Jesu endete (Vers 26). Es sollte deutlich sein, daß es in der Gegenwart keine wörtliche Erfüllung dieser Verheißung gibt, denn sie schließt zu viele Elemente ein, die es in der heutigen Welt nicht gibt. Deshalb unterstützen diese Stellen die Meinung, daß es gemäß prämillenaler Deutung nach dem zweiten Kommen Jesu ein Königreich auf Erden geben muß. Gegenwärtig ist Israel noch nicht gesammelt, das Volk ist nicht zu einem Königreich wiederhergestellt worden, David ist nicht auferstanden, um als König über sie zu herrschen, nicht jeder kennt den Herrn, und das Volk Israel ist nicht klar als Volk Gottes identifiziert. Die Zeit der Trübsal für Israel, die diesen Ereignissen vorangeht, ist noch nicht eingetreten.

Wenn man diese Verheißungen des neuen Bundes ganz nüchtern betrachtet, sind sie so spezifisch, daß sie offensichtlich in der Gegenwart nicht erfüllt werden. Amillenaristen geben dies machmal zu und behaupten, daß diese Verheißungen, wenn man sie wörtlich nimmt, sich nicht erfüllt haben, es aber Gottes Absicht sei, sie geistlich zu erfüllen. Nach Meinung der Amillenaristen ist die Erwartung der Juden eines Königtums auf Erden falsch; wenn sie diese Stellen besprechen, vermeiden sie es, die Einzelheiten der Verheißung anzugeben, die einer Erfüllung harren. Meist ignorieren sie die Verheißungen und gehen bei ihrer Deutung zum neuen Bund des Neuen Testamentes über, wobei sie versuchen, eine gegenwärtige Erfüllung zu finden. Es gibt keinen Hinweis dafür, daß die alttestamentlichen Heiligen eine andere als wörtliche Deutung erlaubten.

Der neue Bund im Neuen Testament

Stellen zum neuen Bund im Neuen Testament. Die vielen neutestamentlichen Stellen zum neuen Bund machen deutlich, daß dies eine wichtige und zentrale Lehre des Neuen Testamentes ist. Mindestens fünf Stellen gibt es im Neuen Testament, die direkt auf den neuen Bund Bezug nehmen (Lukas 22,20; 1. Korinther 11,25; 2. Korinther 3,6; Hebräer 8,8; 9,15). Eine Reihe anderer Bibelstellen beziehen sich auf den Bund, ohne notwendig das Wort »neu« zu gebrauchen (Matthäus 26,28; Markus 14,24; Römer 11,27; Hebräer 8,10.13; 10,16; 12,24). In einigen dieser Abschnitte wird das Wort »neu« verändert, in andern wieder nicht, doch beziehen sie sich klar auf den neuen Bund.

Die neutestamentlichen Stellen zu Israel. Im Neuen Testament wird wie im Alten der neue Bund manchmal auf die Verheißungen an Israel zurückgeführt. Sie weisen damit auf eine zukünftige Erfüllung hin.

Paulus schrieb in Römer 11,26.27: »Und so wird ganz Israel gerettet werden, wie geschrieben steht: ›Es wird kommen aus Zion der Erlöser, der abwenden wird alle Gottlosigkeit von Jakob. Und dies ist mein Bund mit ihnen, wenn ich ihre Sünden wegnehmen werde.‹«

Mit Hilfe dieses Abschnitts läßt sich die Zeit der Erfüllung des neuen Bundes für Israel datieren – das heißt: er weist auf die Zeit der Wiederkunft Jesu hin, wenn der Erlöser kommen wird. Es ist bezeichnend, daß bei der amillenalen Behandlung des neuen Bundes diese Stelle allgemein übergangen wird.

Eine der hervorragendsten Stellen zum neuen Bund findet sich in Hebräer 8. Um diese Stelle zu verstehen, ist es wichtig, zu bemerken, daß der Schreiber zu beweisen versucht, der neue Bund sei besser als der mosaische. In Hebräer 8,6 heißt es: »Nun aber hat er ein höheres Amt empfangen, wie er ja auch der Mittler eines besseren Bundes ist, der auf bessere Verheißungen gegründet ist.«

Der Schreiber zitiert dann Jeremia 31,31-34:

> »Denn wenn der erste Bund untadelig gewesen wäre, würde nicht Raum für einen andern gesucht. Denn Gott tadelt sie und sagt:
> »Siehe, es kommen Tage, spricht der Herr, da will ich mit dem Haus Israel und mit dem Haus Juda einen neuen Bund schließen,
> nicht wie der Bund gewesen ist, den ich mit ihren Vätern schloß an dem Tage, als ich sie bei der Hand nahm, um sie aus Ägyptenland zu führen. Denn sie sind nicht geblieben in meinem Bund; darum habe ich auch nicht mehr auf sie geachtet, spricht der Herr.
> Denn das ist der Bund, den ich schließen will mit dem Haus Israel nach diesen Tagen, spricht der Herr: Ich will mein Gesetz geben in ihren Sinn, und in ihr Herz will ich es schreiben und will ihr Gott sein, und sie sollen mein Volk sein.
> Und es wird keiner seinen Mitbürger lehren oder seinen Bruder und sagen: Erkenne den Herrn! Denn sie werden mich alle kennen von dem Kleinsten an bis zu dem Größten.
> Denn ich will gnädig sein ihrer Ungerechtigkeit, und ihrer Sünden will ich nicht mehr gedenken« (Hebräer 8,7-12).

Das Zitat dieser Prophezeiung Jeremias im Kontext des Hebräerbrief-Abschnitts ist wichtig. Amillenaristen schließen leichtfertig, diese Bibelstelle beweise, daß die Gemeinde den Bund mit Israel erbe, wie er in Jeremia erklärt wurde. Eine sorgfältige Betrachtung von Hebräer 8 enthüllt jedoch, daß dies nicht der Fall ist. In Hebräer 8,13 wird die Anwendung gegeben: »Indem er sagt ›einen neuen Bund‹, erklärt er den ersten für veraltet. Was aber veraltet und überlebt ist, das ist seinem Ende nahe.« Die einzige Anwendung, die aus diesem Jeremiatext gezogen wird, ist, zu zeigen, daß das Alte Testament selbst voraussagte, daß der mosaische Bund veralten und durch die Erfüllung eines neuen Bundes ersetzt werden würde. Der Text sagt nicht aus und es ist auch nicht die

Absicht des Schreibers des Hebräerbriefes, zu behaupten, daß Jeremias Prophezeiung heute erfüllt wird. Vielmehr will er sagen, daß das Alte Testament voraussagte, der mosaische Bund werde aufhören. Amillenaristen versuchen, von der Bibelstelle etwas abzuleiten, was sie gar nicht sagt.

Es ist höchst beachtlich, daß der Schreiber des Hebräerbriefes die Jeremia-Stelle heute nicht für erfüllt hält. Wenn es nämlich so wäre, dann würde damit ein zukünftiges Reich hinfällig werden. Der Schreiber vermeidet dies jedoch sorgfältig und sagt stattdessen, daß das Alte Testament selbst voraussagte, daß der mosaische Bund enden werde. Dies unterstützt die Ansicht, daß das Volk nicht mehr unter dem mosaischen Bund leben sollte.

Die Einzelheiten des Bundes beziehen sich primär auf Israels Zukunft im Tausendjährigen Reich. In dieser Zeit wird Israel eine geistliche Erneuerung erfahren. Die Erkenntnis Christi wird weltweit sein, da Christus leibhaftig auf Erden sein wird. Evangelisation im heutigen Sinne wird nicht mehr nötig sein. Die Israeliten, die in ihrem Land versammelt sind, werden Gottes Ziel, den Fortbestand Israels zu sichern, solange Sonne und Mond währen, erfüllen – nämlich im Tausendjährigen Reich.

Die Versuche von Amillenaristen, diesen Abschnitt auf die Gemeinde zu beziehen, werden von den offenbarten Tatsachen nicht gestützt. Heute kennt nicht jeder den Herrn. Statt einer weltweiten Erweckung sehen wir heute einen immer größeren Abfall von Gott. Wenn man den Abschnitt sorgfältig betrachtet, erkennt man, wie unsinnig es ist, zu meinen, die Gemeinde erfülle Israels prophetische Bestimmung. Die Gemeinde hat die ewige Aufgabe, die Gnade Gottes zu zeigen (Epheser 2,7), und Israel die ähnliche Aufgabe, zu illustrieren, wie ein gnädiger Gott seine Bundes-Verheißungen durch Gericht und Wiederherstellung Israels erfüllt. Die Verheißung des neuen Bundes wird für Israel im Millennium und in der ewigen Zukunft erfüllt.

Eine andere Stelle des Hebräerbriefes, welche Amillenaristen gewöhnlich nicht anführen, ist Hebräer 10,16.17: »›Das ist der Bund, den ich mit ihnen schließen will nach diesen Tagen‹, spricht er: ›Ich will mein Gesetz in ihr Herz geben, und in ihren Sinn will ich es schreiben.‹« Dann fährt der Herr fort: »Ihrer Sünden und ihrer Ungerechtigkeiten will ich nicht mehr gedenken.« Hier wird aus der Prophetie das Prinzip entnommen, daß kein weiteres Opfer für Sünden mehr notwendig ist, wenn Sünden vergeben sind, und damit wird gerechtfertigt, daß die mosaischen Opfer aufgehört haben. Deshalb wird der Leser inständig gebeten, den neuen und lebendigen Weg in Christus zu betreten und das Opfer, das Jesus bereitet hat, anzunehmen (Hebräer 10,19-22).

Wir dürfen folgern, daß Stellen zum neuen Bund für Israel im Neuen Testament angeführt werden, ohne seine gegenwärtige Erfüllung zu fordern, sondern notwendig voraussetzen oder sogar behaupten, daß der neue Bund beim zweiten Kommen Jesu erfüllt werden wird, wie es etwa in Römer 11,27 ausgedrückt wird.

Die neutestamentlichen Stellen zur Gemeinde. Am bekanntesten sind neutestamentliche Stellen zur Gemeinde. Einige dieser Stellen erwähnen die Einsetzung des Abendmahls zum Gedächtnis des neuen Bundes, der durch das Opfer Christi am Kreuz aufgerichtet wurde. In Lukas 22,20 wurde der neue Bund mit diesem Gedächtnis verwoben, als Jesus sagte: »Dieser Kelch ist der neue Bund in meinem Blut, das für euch vergossen wird.« Ähnliche Stellen finden sich in Matthäus 26,28 und Markus 14,24. In 1. Korinther 11,25 wird ebenfalls ein Bezug des neuen Bundes zum Abendmahl hergestellt. Paulus behauptete in 2. Korinther 3,6, ein geschickter Diener des neuen Bundes zu sein. In Hebräer 12,24 wird Jesus als ein Mittler des neuen Bundes bezeichnet, und der Ausdruck »neu« wird im Sinne von »gegenwärtig« benutzt. Das Blut Jesu wird den alttestamentlichen Opfern gegenübergestellt und als wirksam erklärt.

In Stellen zum Abendmahl und anderen Stellen, die sich auf den neuen Bund für die Gemeinde beziehen, wird deutlich, daß nicht erfüllt ist, was der Bund mit Israel beschreibt. Neues und Altes Testament behandeln die Erfüllung des Bundes für Israel als etwas, das sich auf das zweite Kommen Jesu bezieht und ihm folgt. Dies bestätigt die prämillenale Deutung.

Verschiedene prämillenale Deutungen des neuen Bundes

Obwohl Prämillenaristen sich einig sind, daß der neue Bund seine endgültige Erfüllung in Israel hat, gab es einige Verwirrung darüber, wie sich der neue Bund des Alten Testamentes für Israel zum neuen Bund für die Gemeinde verhält. Einige, wie John Darby, meinen, der neue Bund mit Israel beziehe sich ausschließlich auf Israel, und leugnen, daß es einen **neuen** Bund für die Gemeinde gibt. Dies ist jedoch eindeutig falsch, denn des Herrn Abendmahl und zahlreiche Stellen im Neuen Testament machen deutlich, daß die Gemeinde unter einem neuen Bund der Gnade steht, wie dies im Abendmahl ausgedrückt wird.

Andere, wie C.I. Scofield, meinten, der neue Bund des Alten Testaments sei zwar für Israel, aber er habe eine gewisse Bedeutung für die Gemeinde, und in gewissem Sinne habe die Gemeinde die Gnade ererbt, die damit verbunden ist. Diese Ansicht bringt die Verheißungen für Israel mit den Verheißungen für die Gemeinde durcheinander.

Eine weitere Ansicht ist die, daß es zwei neue Bündnisse in der Bibel gibt: 1. einen neuen Bund für Israel im Alten Testament und 2. einen neuen Bund für die Gemeinde im Neuen Testament. Ich habe mich jahrelang mit dem Problem herumgeschlagen, wie sich der neue Bund im Neuen Testament zum neuen Bund für Israel verhält. Ich bin schließlich zu einer recht einfachen Lösung gekommen. Weil der neue Bund für Israel und der neue Bund für die Gemeinde in dem Tod Jesu begründet sind, ist sein Tod am Kreuz das einzige Ereignis, das für die Gnade ausschlaggebend ist. Deshalb vereinfacht es das Problem und erlaubt uns, zu schließen, daß es einen neuen Bund gibt, in der systematischen Theologie gemeinhin als Bund der Gnade bezeichnet, der auf den Tod Jesu zurückgeht. Kurz, Gott vermag durch den Tod Jesu Gunst und Errettung denen anzubieten, die es nicht verdienen.

Dieser eine Bund der Gnade hat jedoch ein weites Anwendungsfeld. Der Tod Jesu ist die Grundlage der Erlösung für jeden Menschen von Adam bis zum letzten, der gerettet wird. Diese Gnade gilt für Israel und für die Gemeinde und für alle anderen, die an der Gnade Gottes teilhaben. Darum werden anhand des einen Bundes der Gnade die verschiedenen Vorkehrungen des Bundes im Alten und Neuen Testamnet verständlich, wobei die Unterscheidung zwischen Gottes Plan für Israel und Gottes Absicht mit der Gemeinde gewahrt bleibt. Der neue Bund verleiht deshalb allen Menschen in allen Zeitaltern Gnade, die glauben. Er verleiht Gottes Segen auch den Menschen, die ihn nicht verdienen, unabhängig davon, ob sie Juden oder Heiden, Christen oder zukünftige Gläubige sind. Dieser Gesichtspunkt verdeutlicht auch, daß die Wiederherstellung Israels im Tausendjährigen Reich ein Akt der Gnade ist, nicht etwas, das Israel verdient hätte, und es wird den Segen der Herrschaft Christi im Tausendjährigen Reich aufgrund des Todes Jesu erhalten, wie auch die Gemeinde diesen Segen erhält.

Dieses Konzept des einen Bundes der Gnade mit vielen Anwendungen wirft Licht auf das gesamte Werk Gottes im Alten Testament. Im Alten Testament bezieht sich die Prophetie auf viele Menschen, Völker und Staaten. Sie schließt Gottes Weissagungen über Adam und Eva und ihre Nachkommen, das ganze Menschengeschlecht, ein. Das Konzept bezieht sich auf Juden und Heiden. Es handelt von politischen und geistlichen Dingen. Die alttestamentliche Prophetie umfaßt viele verschiedene Elemente, aber in diesem allen ist die Gnade das einigende Band.

Ein wesentlicher Aspekt der Prophetie Gottes bezüglich Israel beginnt in 1. Mose 11 mit der Prophezeiung für Abraham und seine Nachkommen. Und von da an durch den ganzen Rest des Alten Testamentes wird Israel ein bestimmender Faktor in der prophetischen Offenbarung. Gottes Ziel mit Israel wird in vielen Bibelstellen bis ins Detail behandelt. In diese Schriftstellen eingewoben ist jedoch die Lehre der Gnade als Grundlage des neuen Bundes und der Vorsehung Gottes für Israel. Weil das mosaische Gesetz grundsätzlich eine gesetzliche Beziehung zwischen Gott und Israel ist, wird die Gnade oft verdunkelt. Sogar in seinem Opfersystem handelte Gott mit Israel in Gnade und gab ihnen Segnungen, die sie nicht verdienten. Dies alles war nur möglich aufgrund des Todes Jesu. Nur auf dieser Grundlage konnte Gott im Alten Testament Sünden vergeben und Israel begnadigen und heute und in Zukunft Gläubigen gnädig sein.

Die Lehre der Gnade im Neuen Testament ist, wie wir gezeigt haben, auf Gottes neues Ziel bezogen, aus Juden und Heiden ein Volk für seinen Namen herauszurufen, das den Leib Jesu bildet. Deshalb findet sich der neue Bund in seinen wichtigsten Aspekten im gesamten Neuen Testament. Da er die Vorsehungen der Gnade verkörpert, ist dieser Bund wesentlich für die Prophetie und verleiht die Vorsorge Gottes nicht nur denen, die in der Vergangenheit lebten, sondern er dient auch dazu, Gottes Plan für die Gemeinde – ihre Vollendung, die Entrückung und den ewigen Segen – zu verwirklichen. Was Israel betrifft, so bezieht sich die Lehre der Gnade speziell auf das Tausendjährige Reich.

Zusammenfassung des neuen Bundes in Bezug auf die Erlösung

Weil der neue Bund sich auf alle Menschen seit Adam bezieht, bietet er Erlösung durch Gnade als ein Werk Gottes an.

Erlösung durch Glauben, nicht durch Werke. Im Gegensatz zur allgemeinen Auffassung der Religionen, in denen der Mensch als jemand dargestellt wird, der die Gunst Gottes durch Werke zu erlangen sucht, macht das christliche Evangelium, wie es im neuen Bund enthalten ist, deutlich, daß die Erlösung durch Glauben geschicht und nicht durch Werke. Demnach können Menschen, die offensichtlich unqualifiziert sind und die Gnade nicht verdienen, Erlösung durch den Glauben an Christus erhalten. Wie schon bemerkt wurde, ist dies in dem bekannten Text aus Epheser 2,8.9 ausgedrückt: »Denn aus Gnade seid ihr selig geworden durch den Glauben, und das nicht aus euch: Gottes Gabe ist es, nicht aus Werken, damit sich nicht jemand rühme.« Obwohl es schwierig für den menschlichen Geist ist, zu begreifen, daß Gott einfach gnädig ist, beruht dennoch Gottes Plan für die Gemeinde wie sein Plan für Israel ganz auf der Gnade. In jeder Heilszeit und in jeder Situation geschieht Erlösung durch Glauben und nicht durch Werke.

Erlösung durch Gnade, nicht durch Verdienst. Nicht nur Werke allgemein, sondern alle verdienstvollen Handlungen des Menschen scheiden automatisch als Grundlage für die Erlösung aus. Die Gnade Gottes beruht auf dem Werk Jesu Christi, nicht auf dem Verdienst, das jemand geltend machen könnte, weil er etwas Wertvolles getan hat. Wer zu Christus kommt, um Erlösung zu finden, kommt ohne jede erlösende Eigenschaft, und selbst der Glaube wird nicht als verdienstvolles Werk angesehen, sondern als Tunnel, durch den die Gnade Gottes fließen kann.

Die Erlösung geht von Gott aus und wird nicht durch menschliche Anstrengung erreicht. Es ist grundlegend für das christliche Evangelium, daß Erlösung ein Werk Gottes ist. Dies wird in Johannes 1,12.13 ausdrucksvoll erklärt: »Wie viele ihn aber aufnahmen, denen gab er Macht, Gottes Kinder zu werden, denen, die an seinen Namen glauben, die nicht aus dem Blut noch aus dem Willen des Fleisches noch aus dem Willen eines Mannes, sondern von Gott geboren sind.« Weil es ein Werk Gottes ist, kann es nicht überwältigt, annulliert oder geändert werden. Erlösung ist seiner Natur gemäß eine neue Geburt, eine neue Schöpfung und eine neue geistliche Auferstehung. Erlösung ist ein Werk, das von Menschen nicht verändert werden kann. Und wenn Menschen einmal errettet sind, wird ihnen versichert, daß sie durch die Gnade Gottes für ewig errettet sein werden.

Ein richtiges Verständnis des neuen Bundes ist deshalb wesentlich, um Gottes Ziel mit Israel und der Gemeinde zu erkennen. Es gründet sich auf der Tatsache, daß Jesus für unsere Sünden am Kreuz starb und Gott deshalb frei ist, uns zu erlösen, zu versöhnen und zu verändern, unabhängig von jedem menschlichen Verdienst oder Wert. Der neue Bund ist ein Bund der Gnade, ein Bund, den Gott in alle Ewigkeit aufrechterhalten wird.

18 Die Bergpredigt

Der Hintergrund der Bergpredigt

Die Bergpredigt ist die erste von Jesu Reden, die in den Evangelien berichtet werden. Sie verbindet Prophetie, die erfüllt werden soll, mit Moral und ethischen Prinzipien in seinem Reich. In vielerlei Hinsicht ist es die erste große Lehre Jesu über das Tausendjährige Reich.

Geburt und erstes Auftreten Johannes des Täufers (Matthäus 3,1-12; Markus 1,2-8; Lukas 1,13-25.57-80; 3,1-20; Johannes 1,6-8.15-37).

Die Geburt und der Dienst Johannes des Täufers erfüllten die Prophezeiung Jesajas über die Stimme in der Wüste, die dem Herrn den Weg bereiten sollte (Jesaja 40,3-5). Vier Jahrhunderte lang gab es keinen Propheten in Israel, und das Auftreten Johannes des Täufers verursachte große Aufregung und zog riesige Mengen an.

Die Geburt und das frühe Leben Jesu

Der Bericht über Johannes den Täufer bereitete die Ereignisse vor, die sich auf die Geburt und das frühe Leben Jesu beziehen (Matthäus 1,1 bis 2,12.19-23; Lukas 1,26-56; 2,1-40; 3,23-38; Johannes 1,14). Der Bericht über die Geburt und Kindheit Jesu zusammen mit dem Bericht über Johannes den Täufer bildet die Grundlage für den Selbstanspruch Jesu, der Messias Israels, der Sohn Gottes und Erlöser zu sein. Jesus trat klar mit dem Anspruch auf, daß mit ihm die Verheißung über Israels Messias und Retter erfüllt war.

Das Königreich wird als nahe bevorstehend angekündigt

In der frühen Berichterstattung der Evangelien über Jesus wird verkündet, daß das Königreich nahe sei (Matthäus 4,17; Markus 1,14.15). Das Königreich war nahe in dem Sinne, daß der König sich selbst Israel vorstellte. Das Königreich bezog sich auf das prophezeite irdische Königreich, in dem der Messias, Christus, über das Haus Davids und über die ganze Erde herrschen sollte (Daniel 7,13.14; Lukas 1,31-33).

Der ethische Charakter der Bergpredigt

Die Bergpredigt als die erste große Ansprache, die Jesus hielt, wird hauptsächlich in Matthäus 5 bis 7 berichtet, aber Teile der Rede wurden zu anderen Anlässen gehalten, wie in Markus 4, 21; Lukas 6,20-49; 8,16-18; 11,1-4.9-13 und 33-36 berichtet wird. Wegen der Hervorhebung der Verheißung des Königreichs im Alten Testament erwarteten die Juden, daß der Messias bei seinem Kommen die Herrlichkeit des zukünftigen Reiches bringen würde. Sie rechneten mit einer Befreiung des jüdischen Staates von Rom und mit politischer Unabhängigkeit sowie mit materiellen Segnungen, die für das Königreich geweissagt waren. Obwohl sie mit Recht auf ein zukünftiges politisches Königreich warteten, verstanden sie nicht, daß das Königreich bestimmte ethische Prinzipien mit sich bringen sollte, und daß nur diejenigen, die sich als geeignet erwiesen, ins Reich kommen sollten. Die Bergpredigt wurde gehalten, um den Mangel an Ethik in der Erwartung der Juden zu korrigieren, und legt deshalb den Tenor auf die Eigenschaften, die das Königreich vom ethischen Standpunkt aus charakterisieren.

Viele Ausleger der Bergpredigt haben sich geirrt, weil sie nicht den Charakter des Königreiches Jesu betrachteten, über den Jesus sprach. Jesus kam als Messias, der im Alten Testament verheißen war und ein irdisches Königreich bringen sollte, über das er vom Thron Davids regieren sollte. Jesus erklärte hier, welche ethischen Eigenschaften dieses Königreich haben würde, wenn es kommt. In der Folge wurde natürlich offenbar, daß das Königreich hinausgeschoben wurde, weil der König verworfen wurde, und erst in Erfüllung gehen wird, wenn Jesus wiederkommt. Ein richtiges Verständnis wird jedoch eine Deutung im Einklang mit dem Kontext ermöglichen.

Liberale Ausleger sind so weit gegangen, die Bergpredigt als frohe Botschaft für die gegenwärtige Zeit zu deuten. Obwohl einige Stellen sich auf das gegenwärtige Zeitalter beziehen und die Prinzipien ihrer Botschaft darauf angewendet werden können, zeigt die Bergpredigt nicht den Weg zur Erlösung auf. Es wird nichts vom Kreuz Jesu gesagt, von der Kreuzigung, dem Tod, der

Auferstehung oder anderen Elementen, die das wahre Evangelium der Erlösung ausmachen. Die Bergpredigt handelt jedoch von ethischen Prinzipien, die für Kinder des Reiches gelten sollten.

Andererseits sollte man nicht die extreme Sicht vertreten, die Bergpredigt sei ausschließlich eschatologisch – das heißt, daß sie sich nur auf das Tausendjährige Reich bezieht. Wie die Bergpredigt selbst enthüllt, gibt es viele Anwendungen von ethischen Prinzipien, die in dem zukünftigen Königreich zum Tragen kommen, aber auch Anwendungen für die Gegenwart werden gemacht. Obwohl die Grundregeln des Lebens in den verschiedenen Heilszeiten unterschiedlich sind, gibt es auch Ähnlichkeiten, und wo ein ethisches Prinzip, das für das zukünftige Königreich gilt, auf die gegenwärtige Situation angewendet wird, geschieht dies, weil diese Eigenschaften nicht nur auf eine Heilszeit beschränkt sind. Kurz, obwohl die Bergpredigt den Weg zum Heil nicht schildert, gibt sie die ethischen Maßstäbe für Kinder des Reiches. Dieses Königreich wird im zukünftigen Reich endgültig offenbar werden, aber es kann auf die ethischen Eigenschaften des christlichen Lebens heute angewendet werden.

Wer darf ins Königreich hineingehen?

Jesus hatte zunächst verkündet, daß das Königreich nahe sei (Matthäus 4,17), und wandte sich dann der Frage zu, wer berechtigt ist, in das Königreich einzugehen.

Die Jünger, die Jesus zuhörten – wahrscheinlich alle, die Jesus nachfolgten, nicht nur die zwölf –, waren mit den Gesetzesnormen vertraut, die von den Pharisäern propagiert wurden und meist auf den äußeren Einklang mit dem Gesetz Wert legten. Jesus ignorierte hier die Forderungen der Pharisäer und legte stattdessen Wert auf Dinge, die den inneren Charakter betreffen. Er begann mit einem Segen für die, die sich in besonderer Weise auszeichnen:

> »Selig sind, die da geistlich arm sind, denn ihrer ist das Himmelreich.
> Selig sind, die da Leid tragen; denn sie sollen getröstet werden.
> Selig sind die Sanftmütigen; denn sie werden das Erdreich besitzen.«
> (Matthäus 5, 3-5)

Hier werden nicht Pharisäer beschrieben, die alles andere als arm im Geiste oder sanftmütig waren, sondern diejenigen, deren Herz verändert wurde, und die die Gnade Gottes verspürt haben. Obwohl es wahr ist, daß die Nachfolger Jesu in diesem Leben viele Sorgen und Leid und Trauer haben mögen und der Tröstung bedürfen, wird ihre Zukunft in dem Königreich gesichert sein.

Jesus fuhr fort:

»Selig sind, die da hungert und dürstet nach der Gerechtigkeit, denn sie sollen satt werden.
Selig sind die Barmherzigen; denn sie werden Barmherzigkeit erlangen« (Matthäus 5,6.7).

Hier übersteigt die Gerechtigkeit, die von denen gefordert wird, die in das Königreich eingehen, bei weitem die Selbstgerechtigkeit der Pharisäer. Typisch für die Pharisäer war ihr Wunsch, anerkannt und von den Leuten gerecht genannt zu werden. Diejenigen, die in das Königreich eingehen, haben einen inneren Hunger nach Gerechtigkeit, der in diesem Leben niemals völlig gestillt werden kann, sondern in dem zukünftigen Reich gestillt werden wird. Ebenso waren die Pharisäer oft nicht barmherzig, aber wahre Kinder des Reiches sind barmherzig und werden Barmherzigkeit erlangen.

Die inneren Segnungen, die man erfährt, wenn man ein Kind Gottes ist, werden in Jesu Ausspruch über diejenigen offenbar, die reines Herzens und Friedensstifter sind:

»Selig sind, die reinen Herzens sind; denn sie werden Gott schauen.
Selig sind die Friedfertigen; denn sie werden Gottes Kinder heißen« (Matthäus 5,8.9).

Es ist nicht nur notwendig, unser äußeres Leben gerecht vor Gott zu leben, sondern auch rein in unseren Beweggründen, in unseren Gedanken und unserer Liebe zu Gott zu sein. Wenn jemand Frieden stiftet, statt Streit anzuzetteln, dann ist das ein Beweis dafür, daß er ein Kind Gottes ist.

Jesus verkündete dann einen letzten Segen für die, die verfolgt werden:

»Selig sind, die um Gerechtigkeit willen verfolgt werden; denn ihrer ist das Himmelreich.
Selig seid ihr, wenn euch die Menschen um meinetwillen schmähen und verfolgen und reden allerlei Übles gegen euch, wenn sie damit lügen.
Seid fröhlich und getrost; es wird euch im Himmel reichlich belohnt werden. Denn ebenso haben sie verfolgt die Propheten, die vor euch gewesen sind« (Matthäus 5,10-12).

Obwohl die Pharisäer unter bestimmten Umständen selbst der Verfolgung ausgesetzt sein konnten, benutzten sie ihre Gesetzlichkeit dazu, andere zu verfolgen, einschließlich die Christen. Christen können leiden, weil sie sündigen, aber es ist auch eine allgemeine Erfahrung der Gläubigen, daß sie verfolgt werden, weil sie gerechtfertigt sind und Gott gehören. Jesus versprach denen einen besonderen Segen, die ohne Grund verfolgt werden, und ermunterte sie, fröhlich zu sein, weil sie einen Lohn im Himmel erhalten. Das Versprechen, das hier gegeben wird, ist größer als die normale Belohnung für die, die in dem zukünftigen Reich sein werden. Sie bezieht sich auf alle in allen Zeitaltern, die solche Eigenschaften haben.

Wahre Gläubige sind »das Salz der Erde« (Matthäus 5,13), aber die pharisäische Religion ist wie Salz ohne Salzkraft und nur nütze, weggeworfen zu werden, wie Jesus es sagt.

Ebenso sind wahre Gläubige »das Licht der Welt« an einem finsteren Ort. Sie lassen ihr Licht vor den anderen leuchten (Matthäus 5,14).

Das Königreich bezogen auf das mosaische Gesetz

Die Menschen waren natürlich über Jesu Rede erstaunt, denn sie war so verschieden von dem, was sie von den Pharisäern hörten. Dies gab Anlaß zu der Frage, ob Jesus das Gesetz des Mose hielt. Er sagte klar: »Ihr sollt nicht meinen, daß ich gekommen bin, das Gesetz oder die Propheten aufzulösen; ich bin nicht gekommen aufzulösen, sondern zu erfüllen« (Matthäus 5,17).

Um zu bestätigen, daß er das mosaische Gesetz beachtet, machte Jesus die tiefste Aussage über die Inspiration der Heiligen Schrift: » Denn wahrlich, ich sage euch: Bis Himmel und Erde vergehen, wird nicht vergehen der kleinste Buchstabe noch ein Tüpfelchen vom Gesetz, bis es alles geschieht« (Matthäus 5,18). Solange Himmel und Erde bestehen, wird das Gesetz weiter gelten. Die Inspiration der Schrift bezieht sich auf den kleinsten Buchstaben, das hebräische Yod, und den kleinsten Teil eines Buchstabens, der seine Bedeutung verändern würde. Jesus bestätigt hier in der Tat die Verbalinspiration, und diese Inspiration bezieht sich gemäß Jesus nicht nur auf die Wörter, sondern sogar auf die Buchstaben.

Jesus bestätigte dann, daß es wichtig ist, das Gesetz zu halten und andere zu lehren, dasselbe zu tun (Matthäus 5,19). Aber selbst das Gesetz zu halten, ist nicht genug. Jesus sagte: »Denn ich sage euch: Wenn eure Gerechtigkeit nicht besser ist als die der Schriftgelehrten und Pharisäer, so werdet ihr nicht in das Himmelreich kommen« (Vers 20). Ein frommer Jude hielt das Gesetz, aber daß er das Gesetz hielt, rettete ihn nicht, und er brauchte zusätzlich die rettende Gnade Gottes, die das innere und äußere Leben verändert.

Jesus verdeutlichte dies in seinem Befehl, nicht zu töten. Er wies darauf hin, daß Mord das Ergebnis von Ärger ist, und die äußere Handlung ist genauso falsch wie die innere Haltung, die sie verursacht. Wer sich über einen anderen stellt und ihn einen Tor nennt, zeigt, daß er in seinem Inneren nicht verändert wurde (Matthäus 5,21.22).

In der Beziehung zu anderen Gläubigen in Christus wurde der Versöhnung ein hoher Stellenwert eingeräumt. Wenn man mit einem Gläubigen eine Kontroverse hat, ist es wichtiger, sich mit ihm zu versöhnen, als eine Gabe zum Altar zu bringen (Matthäus 5,23-26). Ein weiterer Appell zu innerer Reinheit betraf den Ehebruch. Jesus erklärte nicht nur, daß Ehebruch falsch ist, sondern sogar wenn man »eine Frau ansieht, sie zu begehren«, begeht man in seinem Herzen Ehebruch (Vers 28). Dies führte zur Frage der Ehescheidung, die verboten war, außer im Falle der Untreue gegen das Ehegelöbnis (Verse 31.32). Alle diese moralischen Faktoren entscheiden darüber, ob man würdig ist, ins zukünftige Königreich einzugehen.

Zusätzlich zu diesen moralischen Bedingungen waren auch Meineid und Rache verboten, und man mußte Eide vermeiden, die gebrochen werden konnten (Verse 33-37). Das Prinzip der Widerstandslosigkeit wurde in Matthäus 5,38-42 erklärt. Dies kann in gewissem Maße auf unser gegenwärtiges Leben angewandt werden, wird aber vollständig anwendbar sein auf die Situation im Millennium, wenn Jesus über die Erde herrschen wird. Die letzte Forderung war, nicht nur seinen Nächsten zu lieben, sondern auch seinen Feind und dadurch zu beweisen, daß man wirklich ein Kind Gottes ist, das einen zukünftigen Platz im Königreich hat. Jesus faßte alles darin zusammen: »Darum sollt ihr vollkommen sein, wie euer Vater im Himmel vollkommen ist« (Vers 48). Mit Vollkommenheit meinte er nicht unendliche Vollendung, sondern Vollendung im Sinne reifer Frömmigkeit, die das Werk der Gnade im Herzen des Einzelnen offenbar macht.

Das Leben im Glauben wird belohnt werden

Jesus legte beständig den Nachdruck auf innere Gerechtigkeit anstelle der äußeren Schau, die für die Pharisäer charakteristisch ist, und lehrte die Jünger, wenn sie den Armen eine Gabe geben, sollen sie es nicht anderen Menschen erzählen, damit sie von ihnen gelobt werden, sondern ihr Vater im Himmel, der sieht, was sie getan haben, wird es ihnen lohnen (Matthäus 6,3.4).

Ebenso gibt es eine richtige und eine falsche Weise zu beten. Unsere Gebete sollen nicht in der Öffentlichkeit vorgetragen werden, etwa daß wir an den Straßenecken stehen, damit die Leute uns beten sehen, sondern wir sollen im Verborgenen beten und unsere Bitten konkret nennen, statt zu plappern wie die Heiden in ihrer Eitelkeit (Matthäus 6,5-8).

Jesus lehrte die Jünger, was allgemein das »Vaterunser« genannt wird, als ein Modell, wie sie beten sollten:

»Unser Vater in dem Himmel!
Dein Name werde geheiligt.
Dein Reich komme.
Dein Wille geschehe wie im Himmel so auf Erden.

Unser täglich Brot gib uns heute.
Und vergib uns unsere Schuld,
wie auch wir vergeben unseren Schuldigern.
Und führe uns nicht in Versuchung,
sondern erlöse uns von dem Bösen« (Matthäus 6,9-13).

Einige Manuskripte fügen hinzu: »Denn dein ist das Reich und die Kraft und die Herrlichkeit in Ewigkeit. Amen.«

In diesem einfachen Gebet wird dargelegt, welcherlei Gebete Gott erhören kann. Das Gebet soll mit der Anerkennung dessen, wer Gott ist, beginnen und die Größe und Macht Gottes ausdrücken. Das Gebet sollte sich primär darum drehen, daß das Königreich Gottes kommt, damit alle auf Erden Gott anbeten, wie er im Himmel angebetet wird. Das Gebet enthält auch Bitten um unsere täglichen Bedürfnisse, »unser täglich Brot« (Matthäus 6,11). In unseren Gebeten sollten wir auch um unsere Sünden besorgt sein und um Vergebung bitten und auch anderen vergeben. Es ist richtig, zu beten, daß wir nicht in Versuchung geführt werden – das heißt: in Versuchung, die uns zu sündigen veranlaßt – und daß wir von der List des Teufels befreit werden (Vers 13).

Es war Sitte bei den Pharisäern zu fasten und sogar ihr Gesicht zu entstellen, damit es so aussah, als würden sie mehr leiden, als sie es in Wirklichkeit taten. Jesus ermahnte sie, Öl auf ihr Haupt zu gießen und ihr Gesicht zu waschen, damit man nicht sieht, daß sie fasten, und nur ihr himmlischer Vater dies weiß, der sie belohnen würde. Wieder wird die Betonung auf die innere Frömmigkeit und Hingabe statt eine äußere religiöse Form gelegt.

Ein weiteres Gebiet, auf dem der geistliche Charakter eines Menschen getestet wird, ist der Materialismus. Die Pharisäer hielten viel von einer äußeren Schau beim Zehntengeben, aber in Wirklichkeit waren sie geizig und materialistisch. In dieser Hinsicht ermahnte sie Jesus: »Ihr sollt euch nicht Schätze sammeln auf Erden, wo sie die Motten und der Rost fressen und wo die Diebe einbrechen und stehlen. Sammelt euch aber Schätze im Himmel, wo sie weder Motten noch Rost fressen, und wo die Diebe nicht einbrechen und stehlen. Denn wo dein Schatz ist, da ist auch dein Herz« (Matthäus 6,19-21).

Hier geht das Versprechen für alle, die in den Himmel kommen, über die Belohnung im Millennium hinaus. Und es ist ein allgemeines Prinzip, daß unser wahrer Reichtum nicht in den Dingen dieser Welt beschlossen liegt, sondern in den Schätzen oder Werten, die in Ewigkeit zählen.

Jesus benutzte in seiner Rede das Auge zur Illustration. Alles Licht kommt durch das Auge in den Menschen hinein. Jesus sagte: »Wenn dein Auge lauter ist, so wird dein ganzer Leib Licht sein. Wenn aber dein Auge böse ist, so wird dein ganzer Leib finster sein. Wenn nun das Licht, das in dir ist, Finsternis ist, wie groß wird dann die Finsternis sein!« (Matthäus 6,22.23).

Ebenso sollte man sehen, welchem Herrn man dienen will. Jesus erklärte: »Niemand kann zwei Herren dienen: entweder er wird den einen hassen oder den andern lieben, oder er wird an dem einen hängen und den andern verachten. Ihr könnt nicht Gott dienen und dem Mammon« (Matthäus 6,24). Eins nach dem andern zählte Jesus auf, was für das geistliche Leben entscheidend ist, und stellte es dem gegenüber, was die Pharisäer für geistlich hielten. Wenn es um die Qualifikation für den Eintritt ins Königreich geht, sind innere Tugenden gefragt, nicht eine äußere religiöse Schau.

Eine weitere Frage, die die Zuhörer Jesu betraf, war, ob sie das Königreich ererben würden. Hier, wie immer in seinem Dienst, sprach Jesus über den Glauben an Gott. Er sagte:

> »Darum sage ich euch: Sorgt nicht um euer Leben, was ihr essen und trinken werdet; auch nicht um euren Leib, was ihr anziehen werdet. Ist nicht das Leben mehr als die Nahrung und der Leib mehr als die Kleidung?
> Seht die Vögel unter dem Himmel an: sie säen nicht, sie ernten nicht, sie sammeln nicht in die Scheunen; und euer himmlischer Vater ernährt sie doch. Seid ihr nicht viel mehr als sie?
> Wer ist unter euch, der seines Lebens Länge eine Spanne zusetzen könnte, wie sehr er sich auch darum sorgt?« (Matthäus 6,25-27).

In ihrem religiösen Leben waren die Pharisäer sehr auf das bedacht, was sie aßen und tranken und was sie anzogen. Jesus machte hier deutlich, daß diese Dinge verhältnismäßig unwichtig sind, und daß Gott für diese Elemente des Lebens sorgen wird.

Jesus benutzte das Bild der Lilien auf dem Felde, um dies klar zu machen: »Ich sage euch, daß auch Salomo in aller seiner Herrlichkeit nicht gekleidet gewesen ist wie eine von ihnen« (Vers 29). Darum werden die Kinder des Reiches belehrt, sich nicht um materielle Dinge zu sorgen wie die Heiden. Jesus sagte: »Trachtet zuerst nach dem Reich Gottes und nach seiner Gerechtigkeit, so wird euch das alles zufallen. Darum sorgt nicht für morgen, denn der morgige Tag wird für das Seine sorgen. Es ist genug, daß jeder Tag seine eigene Plage hat« (Verse 33.34). Einerseits sollten wir darauf bedacht sein, was wir zur Vorbereitung des Königreiches tun können und den geistlichen Wahrheiten in unserem Leben Beachtung schenken. Andererseits können wir darauf vertrauen, daß Gott auf den Gebieten treu ist, wo wir nicht für uns selbst sorgen können.

Jesus setzte die Gegenüberstellung des Lebensstils der Kinder Gottes und der Pharisäer fort, indem er sprach: »Richtet nicht, damit ihr nicht gerichtet werdet. Denn mit welchem Recht ihr richtet, werdet ihr gerichtet werden; und mit welchem Maß ihr meßt, wird euch wieder gemessen werden« (Matthäus 7,1.2). Die Pharisäer zeichneten sich durch ihr hartes Urteil gegenüber andern aus, die ihr vermeintlich frommes Leben nicht führten und das Gesetz nicht so beachteten, wie sie es taten. Jesus illustrierte das an einem Splitter im Auge. »Was siehst du aber den Splitter in deines Bruders Auge und nimmst nicht wahr den Balken in deinem Auge? Oder wie kannst du sagen zu deinem Bruder: Halt, ich will dir den Splitter aus deinem Auge ziehen? und siehe, ein Balken ist in deinem Auge. Du Heuchler, zieh zuerst den Balken aus deinem Auge; danach sieh zu, wie du den Splitter aus deines Bruders Auge ziehst« (Verse 3-5).

Es besteht hier ein scharfer Gegensatz zwischen dem kleinen Splitter und dem Balken, und Jesus möchte hiermit deutlich machen, daß häufig Menschen, die andere richten, die Probleme in ihrem eigenen Leben nicht richtig sehen, so daß ihr Urteil verzerrt ist. Wenn wir andere korrigieren wollen, dann müssen wir zuerst uns selbst korrigieren. Dann erst werden wir klar erfassen, was bei anderen falsch ist.

Jesus sprach ein warnendes Wort der Vorsicht, heilige Dinge vor Menschen auszubreiten, die ihren Wert nicht schätzen. Jesus sagte: »Ihr sollt das Heilige nicht den Hunden geben, und eure Perlen sollt ihr nicht vor die Säue werfen, damit die sie nicht zertreten mit ihren Füßen und sich umwenden und euch zerreißen« (Matthäus 7,6). Jesus spricht hier von der allgemeinen Erfahrung der Ablehnung, wenn man sich darum bemüht, andern geistlich zu helfen. Wir müssen aufpassen, daß wir nicht Perlen vor die Säue werfen.

Gebet ist ein wichtiger Aspekt im geistlichen Leben. Im Gegensatz zu den Pharisäern, die öffentlich beteten, damit sie gesehen wurden, wie Jesus kurz zuvor bemerkt hatte, ist es wichtig, ein wirksames Gebetsleben zu führen. In dieser Hinsicht belehrte Jesus die Kinder des Reiches: »Bittet, so wird euch gegeben; suchet, so werdet ihr finden; klopfet an, so wird euch aufgetan. Denn wer da bittet, der empfängt; und wer da sucht, der findet; und wer da anklopft, dem wird aufgetan« (Matthäus 7,7.8). Kinder des Reichs werden ermutigt, um Antworten auf Gebete zu bitten, sogar jetzt, da die zukünftigen Segnungen des Königreiches noch nicht verwirklicht werden.

Jesus illustriert dies am Beispiel eines Sohnes, der um Brot bittet. Er sagte: »Wer ist unter euch Menschen, der seinem Sohn, wenn er ihn bittet um Brot, einen Stein biete? Oder, wenn er ihn bittet um einen Fisch, eine Schlange biete? Wenn nun ihr, die ihr doch böse seid, dennoch euren Kindern gute Gaben geben könnt, wieviel mehr wird euer Vater im Himmel Gutes geben denen, die ihn bitten!« (Matthäus 7,9-11). Wenn wir möchten, daß unsere Gebete erhört werden, können wir sicher sein, daß Gott uns geben wird, was wir wirklich brauchen, auch wenn es nicht genau das sein mag, was wir bitten. Die Ermutigungen zum Gebet gelten sogar in unserem gegenwärtigen Leben. In dem kommenden Reich wird Gott unsere Gebete auf noch wunderbarere Weise beantworten.

Jesus faßte die moralischen und ethischen Prinzipien mit den Worten zusammen: »Alles nun, was ihr wollt, daß euch die Leute tun sollen, das tut ihnen auch! Das ist das Gesetz und die Propheten« (Matthäus 7,12). Dies wird manchmal die Goldene Regel genannt, weil sie für so viele Entscheidungen im Leben gilt. Wenn wir bestimmen, was für andere am besten ist, sollten wir ihnen auch tun, was für sie am besten ist. Das Ziel des Gesetzes und der Propheten ist, den Menschen so zu helfen, wie ihnen geholfen werden muß.

Die abschließenden Ermahnungen und Prophezeiungen der Bergpredigt handeln von zwei entgegengesetzten Wegen, dem Weg der Pharisäer und dem Weg der Kinder des Reiches. Wie Psalm 1 mit dem gesegneten Menschen beginnt, der dem Gottlosen gegenübergestellt wird, so wurden hier den Zuhörern Jesu zwei Lebenswege gezeigt.

Zuerst wies Jesus auf die Notwendigkeit der Erlösung hin: »Geht hinein durch die enge Pforte. Denn die Pforte ist weit, und der Weg ist breit, der zur Verdammnis führt, und viele sind's, die auf ihm hineingehen. Wie eng ist die Pforte und wie schmal der Weg, der zum Leben führt, und wenige sind's, die ihn finden!«(Matthäus 7,13.14). Sogar wenn der Weg zum Himmel für alle offen ist, die »wollen«, und für alle, die glauben, finden nur verhältnismäßig wenige den Weg, der zum Leben führt. Der breite Weg, auf dem die Welt geht, führt ins Verderben.

Jesus warnte seine Zuhörer vor falschen Propheten:

> »Seht euch vor vor den falschen Propheten, die in Schafskleidern zu euch kommen, inwendig aber sind sie reißende Wölfe.
> An ihren Früchten sollt ihr sie erkennen. Kann man denn Trauben lesen von den Dornen oder Feigen von den Disteln?
> So bringt jeder gute Baum gute Früchte; aber ein fauler Baum bringt schlechte Früchte.
> Ein guter Baum kann nicht schlechte Früchte bringen, und ein fauler Baum kann nicht gute Früchte bringen.
> Jeder Baum, der nicht gute Früchte bringt, wird abgehauen und ins Feuer geworfen.
> Darum: an ihren Früchten sollt ihr sie erkennen« (Matthäus 7,15-20).

Hier spricht Jesus wieder davon, daß ein Mensch in seinem Wesen gut oder böse ist. Ein falscher Prophet ist böse nicht einfach nur wegen der falschen Lehren, die er verbreitet, sondern wegen der falschen Herzenseinstellung, die ihn zu einem falschen Propheten werden läßt. Wie die Pharisäer kommen falsche Propheten oft in religiösem Gewande mit dem Schein der Gerechtigkeit, aber in Wirklichkeit sind sie wie reißende Wölfe, die verschlingen, was sie können. Ein guter Baum trägt gute Frucht; ein fauler Baum trägt schlechte Frucht. An der Frucht kann man einen Baum erkennen und auch sein Wesen ermessen. Falsche Propheten können auf dieselbe Weise entlarvt werden.

Mit den falschen Propheten geht das Problem der falschen Bekenner einher.

Jesus zeigte, daß ein oberflächlicher Glaube nicht ausreicht, um der Erlösung sicher zu sein. Er sagte: »Es werden nicht alle, die zu mir Herr! Herr! sagen, in das Himmelreich kommen, sondern die den Willen tun meines Vaters im Himmel. Es werden viele zu mir sagen an jenem Tage: Herr, Herr, haben wir nicht in deinem Namen geweissagt? Haben wir nicht in deinem Namen böse Geister ausgetrieben? Haben wir nicht in deinem Namen viele Wunder getan? Dann werde ich ihnen bekennen: Ich habe euch noch nie gekannt; weicht von mir, ihr Übeltäter!« (Matthäus 7,21-23). Die Pharisäer illustrierten die Gefahr bloßer äußerer Religion ohne innere Veränderung. Durch die ganze Bergpredigt hindurch betonte Jesus die innere Veränderung als Voraussetzung für das Reich. Jesus stellte seinen Zuhörern die beiden Wege vor – den Weg der Aufrichtigkeit und Wahrheit, der aus einer richtigen Einstellung und dem Glauben an Gott kommt, und den Weg der Pharisäer, der durch äußere religiöse Riten und Selbsterhebung gekennzeichnet ist.

Schließlich benutzte Jesus das Bild von zwei Häusern: das eine war auf Sand und das andere auf Fels gebaut. Und er zeigt das Ergebnis, wenn ein Sturm kommt:

> »Darum, wer diese meine Rede hört und tut sie, der gleicht einem klugen Mann, der sein Haus auf Fels baute.
> Als nun ein Platzregen fiel und die Wasser kamen und die Winde wehten und stießen an das Haus, fiel es doch nicht ein; denn es war auf Fels gegründet.
> Und wer diese meine Rede hört und tut sie nicht, der gleicht einem törichten Mann, der sein Haus auf Sand baute.
> Als nun ein Platzregen fiel und die Wasser kamen und die Winde wehten und stießen an das Haus, da fiel es ein, und sein Fall war groß« (Matthäus 7,24-27).

Die Bibel zeigt klar, daß wahrer Glaube an Jesus das einzige Fundament ist, auf dem wir sicher bauen können. Zwei Häuser können gleich gut gebaut sein, aber das auf dem Fels erbaute übersteht den Sturm, während das auf Sand gebaute Haus einstürzt. Wie wichtig es doch ist, die Gewißheit des Glaubens an Christus zu haben, die Gewißheit, ein Kind des Königs zu sein. Allein so können Menschen in das zukünftige Reich eingehen.

Matthäus 7 schließt mit der Feststellung, daß die Menge entsetzt war, weil Jesu Lehre sich so sehr von den Lehren der Pharisäer unterschied, die nur auf die äußeren Dinge Wert legten.

Insgesamt betont die Bergpredigt, wie wichtig die Bekehrung und der Glaube an Jesus ist und wie notwendig eine innere wie äußere Veränderung als

Beweis des Glaubens ist. Obwohl die gesamte Rede ihr Augenmerk auf ethische und geistliche Realitäten richtet, ändert das nichts an der Tatsache, daß Jesus bei seiner Wiederkunft ein politisches Reich errichtet. Doch es wird ein Reich sein, in dem auch die geistlichen Wahrheiten illustriert werden. Die Botschaft Jesu sollte das Mißverständnis des jüdischen Volkes korrigieren, welches das Königreich nur politisch sah als Befreiung von Rom und als Möglichkeit, selbst zu herrschen.

19 Das Zeitalter der Gemeinde: Geheimnisse des Himmelreichs

Der Hintergrund der Prophezeiung

Als Jesus die Bergpredigt über die ethischen Prinzipien des Königreiches gehalten hatte (Matthäus 5 bis 7), begann er, viele Wunder zu tun und erfüllte damit die alttestamentliche Prophetie in bezug auf den Messias, wie sie in der Prophezeiung von Jesaja 35,5.6 angegeben ist: »Dann werden die Augen der Blinden aufgetan und die Ohren der Tauben geöffnet werden.

Dann werden die Lahmen springen wie ein Hirsch, und die Zunge der Stummen wird frohlocken.« Die meisten Prophezeiungen in Jesaja 35 beziehen sich auf das zukünftige Tausendjährige Reich, aber diese Verse werden auch im öffentlichen Wirken Jesu bei seinem ersten Kommen erfüllt. Die vielen Wunder, die Jesus in der Kraft Gottes tat, hätten die Juden überzeugen müssen, daß Jesus wahrhaftig ihr Messias und der prophezeite Befreier Israels ist.

Wenn auch die Wunder Jesu in Israel Aufsehen erregten und viele, die von ihm geheilt wurden, ihm nachfolgten, scheint doch die Nation insgesamt von diesen Beweisen völlig ungerührt gewesen zu sein und verharrte weiter im Unglauben. Nachdem er viele Wunder getan hatte, sandte Jesus seine zwölf Jünger aus und gab ihnen Macht, Wunder zu tun und böse Geister auszutreiben (Matthäus 10,1-42).

Als Johannes der Täufer von Herodes ins Gefängnis geworfen worden war, begann er zu zweifeln, ob Jesus wirklich der eine war, der Israel von den Römern befreien sollte, und er sandte seine Anhänger, um Jesus zu fragen. Jesus antwortete den Jüngern des Johannes, sie sollten zu Johannes zurückkehren und ihm die Wunder berichten, die sie Jesus hatten tun sehen. Dann erklärte Jesus, daß Johannes ein großer Prophet sei, der geweissagte Bote, der vor dem Messias kommen sollte (Matthäus 11,9-15). Aber er bemerkte auch, daß seine Generation die Botschaft der Buße verworfen hatte. Jesus verdeutlichte damit seine eigene Verwerfung durch die Juden: »Johannes ist gekommen, aß nicht und trank nicht; so sagen sie: Er ist besessen. Der Menschensohn ist gekommen, ißt und trinkt; so sagen sie: Siehe, was ist dieser für ein Fresser und Weinsäufer, ein

Freund der Zöllner und Sünder! Und doch ist die Weisheit gerechtfertigt worden aus ihren Werken« (Verse 18.19).

Nachdem er davon gesprochen hatte, daß der Dienst des Johannes und sein eigenes Wirken von dem Volk verworfen wurde, »fing er an, die Städte zu schelten, in denen die meisten seiner Taten geschehen waren; denn sie hatten nicht Buße getan« (Matthäus 11,20). Jesus verkündete das Gericht über Chorazin, Betsaida, Tyrus, Sidon und Kapernaum (Verse 21-24). Im Blick auf die nationale Verwerfung Johannes des Täufers und Jesu selbst lud er einzelne Menschen ein, seine Jünger zu werden: »Kommt her zu mir alle, die ihr mühselig und beladen seid; ich will euch erquicken. Nehmt auf euch mein Joch und lernt von mir; denn ich bin sanftmütig und von Herzen demütig; so werdet ihr Ruhe finden für eure Seelen. Denn mein Joch ist sanft, und meine Last ist leicht« (Matthäus 11,28-30).

Als Jesus von den Pharisäern getadelt wurde, weil seine Jünger am Sabbat Ähren ausrauften und davon aßen, heilte er bewußt am selben Sabbat einen Mann mit einer verdorrten Hand. Und er warnte das Volk Israel, daß die Prophezeiung von Jesaja 48,1- 4 über ihre Herzenshärte und Unfähigkeit, die Wahrheit anzunehmen, bei ihnen erfüllt sei. Es folgte die Sünde der Pharisäer gegen den Heiligen Geist, indem sie sagten, Jesus vollbringe die Wunder durch die Macht Satans. Jesus erklärte, daß dies eine Sünde war, die nicht vergeben wird. Sein abschließendes Wort war, daß das Zeichen des Jona durch Jesu Tod, Begräbnis und Auferstehung erfüllt werden würde (Matthäus 12,38- 41).

Weil Israel ihn verworfen hatte, erkannte Jesus, daß das Königreich, das er anbot, nicht so bald in Erfüllung gehen würde, sondern erst bei seinem zweiten Kommen. Dies ist das Thema von Matthäus 13.

Es hat viel Widerstand gegen die Meinung gegeben, daß das Königreich verschoben wurde. Aber man muß verstehen, daß, was vom menschlichen Standpunkt aus verschoben ist, von göttlicher Warte aus nicht verschoben zu sein braucht. Gott kennt alle Begebenheiten von Ewigkeit her, und er ändert sein zentrales Anliegen nicht.

Jesus hatte, als er das Königreich anbot, sich selbst als Messias und König Israels angeboten. Dieses Angebot wurde verworfen, wie Gott es voraussah, und diese Verwerfung sollte schließlich zum Kreuz Jesu führen, das ein Teil des Planes Gottes zur Erlösung der Welt war. Für Gott war dies keine Änderung des Planes, aber auf der menschlichen Ebene sah dies wie eine Richtungsänderung bezüglich der Erfüllung der Verheißung des Königreiches aus. Man kann zum Vergleich die Erfahrung Israels bei Kadesch-Barnea heranziehen, als die Israeliten das verheißene Land betreten wollten. Als die Kundschafter berichteten, daß Riesen im Lande wohnen, und zehn von den zwölf sagten, daß sie das Land nicht einnehmen könnten, führte der Unglaube Israels dazu, daß sie vierzig Jahre in der Wüste wandern mußten (4. Mose 13,26-14,25). Von göttlicher Warte war dies im Plan Gottes vorgesehen, aber aus menschlicher Sicht war es eine Verschiebung der Verheißung, daß sie das Land besitzen sollten.

Ähnlich bewirkte der weitverbreitete Unglaube der Juden an diesem Punkt im Leben Jesu, daß er seine Botschaft änderte und statt das Königreich anzubieten, darüber nachdachte, was wegen der Verwerfung durch Israel geschehen würde. Im Einklang damit enthüllt Matthäus 13 den allgemeinen Charakter des gegenwärtigen Zeitalters zwischen dem ersten und zweiten Kommen Jesu. Dies geschieht, indem Aspekte des Geheimnisses des Königreiches enthüllt werden.

Das Königreich in seiner verborgenen Form

Im Neuen Testament ist ein Geheimnis eine Wahrheit, die im Alten Testament verborgen war, aber im Neuen Testament enthüllt wurde. Allgemein ist es nicht eine Wahrheit, die schwer zu verstehen ist, sondern eine neutestamentliche Offenbarung im Gegensatz zur Begrenztheit des Alten Testamentes. In Kolosser 1,26 findet sich eine typische Definition des Geheimnisses, des Geheimnisses, »das verborgen war seit ewigen Zeiten und Geschlechtern, nun aber ist es offenbart seinen Heiligen.« Ein wesentlicher Aspekt dieses Geheimnisses ist die gegenwärtige Absicht Gottes, aus Juden und Heiden die Gemeinde als den Leib Christi und als Gottes gegenwärtiges Mittel des Zeugnisses in der Welt herauszurufen. In dieser Periode schreiten die Verheißungen für und über Israel nicht fort, und die Verheißung des Tausendjährigen Reiches harrt noch der Erfüllung in der Zukunft.

Wenn man Matthäus 13 deutet, kommt der prophetische Hintergrund des Auslegers ins Spiel. Der Postmillenarismus mit seiner Lehre, daß die Welt fortschreitend christlicher werde und ihren Höhepunkt in der triumphalen Wiederkunft Jesu habe, hat die Deutung dieses Kapitels sehr im Gegensatz zu dem, was es eigentlich aussagen will, beeinflußt. Wenn dieses Kapitel etwas lehrt, dann ganz sicher, daß die Welt statt immer besser zu werden, immer schlechter wird, und daß das Böse triumphiert bis zu der Zeit, da Christus wiederkommt.

Die amillenale Deutung versucht, eine gewisse Erfüllung der Verheißung des Königreiches aus dem Alten Testament im gegenwärtigen Zeitalter zu finden. In Matthäus 13 wird der amillenale Standpunkt widerlegt, denn das Kapitel offenbart nicht das alttestamentliche Königreich, sondern eine neue Form des Königreiches, ein geistliches Reich, nämlich die Herrschaft Jesu in den Herzen der Gläubigen. Während wir die einzelnen Gleichnisse darlegen, müssen wir die unterschiedlichen Ansichten der Postmillenaristen, Amillenaristen und Prämillenaristen betrachten.

Nach prämillenaler Sicht wird die Erfüllung der Verheißungen über das davidische Königreich auf die Wiederkunft Jesu folgen. Diese Ansicht steht im

Gegensatz zu der amillenalen und postmillenalen Anschauung, wonach das Königreich vor dem zweiten Kommen Jesu im gegenwärtigen Zeitalter erfüllt ist. Einige wenige Amillenaristen versuchen nun neuerdings, die Erfüllung der Prophezeiungen zum Millenium im Neuen Jerusalem in der ewigen Zukunft zu finden.

Noch ein einleitendes Wort muß dazu gesagt werden, daß die Wahrheit nur in Gleichnissen vorgestellt wird. Bis zu diesem Punkt sprach Jesus klar, damit die Menschen ihn verstehen konnten, wenn er ihnen die Wahrheit sagte. Jetzt aber spricht er in Gleichnissen, so daß die Wahrheit dem Gläubigen offenbart wird, jedoch nicht dem Ungläubigen. Die Gleichnisse sind nicht schwer zu verstehen, aber wenn man nicht glaubt und kein geistliches Verständnis hat, wird man niemals die ganze Bedeutung des Gleichnisses erfassen können.

Das Gleichnis vom Sämann (Matthäus 13,1-9; Markus 4,1-20; Lukas 8,4 -15)

Eine große Menschenmenge hatte sich um Jesus versammelt, um ihn sprechen zu hören und zu sehen, wie er Wunder tut. Damit er von allen gehört werden konnte, stieg Jesus in ein Boot und stieß ein wenig vom Ufer ab, setzte sich und lehrte sie. Es war damals üblich, daß Lehrer sich beim Lehren setzten. Die Menschen standen oder saßen am Ufer. In dem Gleichnis, das Jesus erzählte, kommen Situationen vor, die einer ländlichen Bevölkerung vertraut waren. Bei dem Gleichnis vom Sämann ging es Jesus um die Aufnahme der Wahrheit.

Jesus sprach zu der Menge:

»Siehe, es ging ein Sämann aus, zu säen.
Und indem er säte, fiel einiges auf den Weg; da kamen die Vögel und fraßen's auf.
Einiges fiel auf felsigen Boden, wo es nicht viel Erde hatte, und ging bald auf, weil es keine tiefe Erde hatte.
Als aber die Sonne aufging, verwelkte es, und weil es keine Wurzel hatte, verdorrte es.
Einiges fiel unter die Dornen; und die Dornen wuchsen empor und erstickten's.
Einiges fiel auf gutes Land und trug Frucht, einiges hundertfach, einiges sechzigfach, einiges dreißigfach.
Wer Ohren hat, der höre!« (Matthäus 13,3-9).

Als Jesus das erste Gleichnis gesagt hatte, fragten ihn die Jünger, warum er in Gleichnissen rede. Jesus gab zur Antwort: »Euch ist's gegeben, die Geheimnisse des Himmelreichs zu verstehen, diesen aber ist's nicht gegeben.

Denn wer da hat, dem wird gegeben, daß er die Fülle habe; wer aber nicht hat, dem wird auch das genommen, was er hat.

Darum rede ich zu ihnen in Gleichnissen« (Matthäus 13,11-13). Jesus zitierte dann Jesaja 6,9.10, wo Jesaja die Herzenshärtigkeit und das Unverständnis des Volkes, zu dem er sprach, tadelte. Jesus sprach einen Segen über seine Jünger aus, weil sie sehen und hören konnten (Matthäus 13,16.17).

Dann deutete Jesus das Gleichnis von dem Sämann:

> »Wenn jemand das Wort von dem Reich hört und nicht versteht, so kommt der Böse und reißt hinweg, was in sein Herz gesät ist; das ist der, bei dem auf den Weg gesät ist.
>
> Bei dem aber auf felsigen Boden gesät ist, das ist, der das Wort hört und es gleich mit Freuden aufnimmt;
>
> aber er hat keine Wurzel in sich, sondern er ist wetterwendisch; wenn sich Bedrängnis oder Verfolgung erhebt um des Wortes willen, so fällt er gleich ab.
>
> Bei dem aber unter die Dornen gesät ist, das ist, der das Wort hört, und die Sorge der Welt und der betrügerische Reichtum ersticken das Wort, und er bringt keine Frucht.
>
> Bei dem aber auf gutes Land gesät ist, das ist, der das Wort hört und versteht und dann auch Frucht bringt; und der eine trägt hundertfach, der andere sechzigfach, der dritte dreißigfach« (Matthäus 13,19-23).

Die vier Typen des Bodens vertreten vier Typen der Hörer. Der erste beschreibt denjenigen, der das Wort gänzlich verwirft. Der zweite, der das Wort nur oberflächlich aufnimmt, ist wie felsiger Boden. Ein Acker, der eine dünne Schicht Humusboden über felsigem Grund hat, nimmt die Saat gern auf, aber er hat keine Tiefe, damit die Saat sich entfalten kann, und die Pflanze welkt schnell, wenn die Sonne darauf scheint. Der dritte Bodentyp ist gut, aber von Unkraut überwuchert. Der vierte Boden stellt den Hörer dar, der aufnahmewillig ist und dreißig-, sechzig- und hundertfältig Frucht bringt.

Dieses Gleichnis bezieht sich offensichtlich nicht auf das Millennium, wenn das Gesetz Gottes in die Herzen der Menschen geschrieben sein wird, so daß nicht einer den anderen lehren muß, weil alle den Herrn erkennen (Jeremia 31,33.34). Ebenso ist dies nicht mit der postmillenalen Deutung vereinbar, daß die Welt immer besser wird. Dieses Gleichnis zeigt, daß die meisten in der Welt die Botschaft ablehnen und im Unglauben verharren werden, aber dennoch wird ein geistliches Königreich heranwachsen, einschließlich derer, die im gegenwärtigen Zeitalter wahrhaftig errettet sind.

Das Unkraut unter dem Weizen (Matthäus 13,24-30.37-43)

Das erste Gleichnis drehte sich um das Hören des Wortes. Das zweite Gleichnis handelt von der vermengten Saat, die durch den Weizen und das Unkraut dargestellt wird. Hier wird das Himmelreich als ein Feld vorgestellt, auf dem gute Saat gesät wurde, und der Weizen beginnt zu sprießen. Jedoch sät ein Feind in der Nacht schlechten Samen, und das Unkraut wächst mit dem Weizen. Als die Knechte den Hausvater fragten: »Willst du denn, daß wir hingehen und es ausjäten?«, wurde ihnen gesagt, daß sie es nicht tun sollten, damit sie nicht auch den Weizen ausraufen, wenn sie das Unkraut jäten. Und er befahl ihnen: »Laßt beides miteinander wachsen bis zur Ernte; und um die Erntezeit will ich zu den Schnittern sagen: Sammelt zuerst das Unkraut und bindet es in Bündel, damit es verbrenne; aber den Weizen sammelt mir in meine Scheune« (Vers 30).

Wahrheit und Lüge werden zugleich in der Zeit vor der Erfüllung des Königreiches verkündigt werden. Hier wird die postmillenale Deutung, daß der Weizen allmählich das Unkraut überwindet, wieder nicht gestützt. Es ist hier auch keine Erfüllung der alttestamentlichen Prophezeiungen über das Tausendjährige Reich zu erkennen, wie die Amillenaristen meinen.

Ein weiteres lehrmäßiges Problem ergibt sich aufgrund der Argumentation der Postmillenaristen, daß dieses Gleichnis der Entrückung der Gemeinde vor der Trübsal widerspräche, wodurch die Gemeinde aus der Welt entfernt würde, ehe das Gericht über die Ungläubigen kommt. Diese Argumentation beruht auf der falschen Vermutung, daß das Gericht beim zweiten Kommen Jesu ein einmaliges Ereignis sei. Vielmehr zeigt die Bibel klar auf, daß es eine Reihe von Gerichten geben wird, in denen Gott in einigen Fällen zuerst mit den Gerechten handelt und in anderen Fällen zuerst die Bösen bestraft. Dies wird in dem letzten Gleichnis illustriert, wo im Fischnetz die guten Fische zuerst ausgelesen werden (Matthäus 13,48). Aber das Gleichnis vom Unkraut unter dem Weizen spricht gar nicht von der Entrückung, wie Postmillenaristen fälschlich meinen. Es spricht vielmehr über das zweite Kommen Jesu, wenn die Entrückung längst stattgefunden hat. Nach Ansicht der Prämillenaristen geschieht die Entrückung einige Jahre vor der Wiederkunft Jesu, und sie ist kein Thema des Matthäusevangeliums. Das Argument, daß dieses Gleichnis sich auf die Entrückung beziehe, ist darum völlig irrelevant, weil es hier überhaupt nicht um die Entrückung geht.

Wie im Falle des Gleichnisses vom Sämann, deutet Jesus auf die Frage der Jünger hin das Gleichnis vom Unkraut unter dem Weizen. Er sagt:

> »Der Menschensohn ist's, der den guten Samen sät.
> Der Acker ist die Welt. Der gute Same sind die Kinder des Reichs. Das Unkraut sind die Kinder des Bösen.

Der Feind, der es sät, ist der Teufel. Die Ernte ist das Ende der Welt. Die Schnitter sind die Engel.
Wie man nun das Unkraut ausjätet und mit Feuer verbrennt, so wird's auch am Ende der Welt gehen.
Der Menschensohn wird seine Engel senden, und sie werden sammeln aus seinem Reich alles, was zum Abfall verführt, und die da Unrecht tun,
und werden sie in den Feuerofen werfen; da wird Heulen und Zähneklappern sein.
Dann werden die Gerechten leuchten wie die Sonne in ihres Vaters Reich. Wer Ohren hat, der höre!« (Matthäus 13,37-43).

Wieder suchen Postmillenaristen in diesem Gleichnis vergeblich nach einer Bestätigung dafür, daß das Evangelium am Ende dieses Zeitalters über das Böse triumphieren und die Gemeinde Christus bei seinem zweiten Kommen triumphierend vorgestellt wird. Vielmehr gibt es eine synchrone Entwicklung von Gut und Böse, wobei das Böse zunimmt und das Gute abnimmt. Ebenso gibt es keine Rechtfertigung für die amillenale Ansicht, daß dieses Gleichnis die alttestamentlichen Verheißungen über das Königreich erfüllt. Vielmehr beschreibt das Gleichnis die Zeit zwischen dem ersten und zweiten Kommen Jesu. Es schildert treffend, was in den zweitausend Jahren seit dem ersten Kommen Jesu geschehen ist: einige haben die wahre Botschaft angenommen, während andere der falschen Botschaft gefolgt sind. Die Bibel setzt eine Zunahme der falschen Lehre am Ende dieses Zeitalters voraus, wie sie von Paulus in 2. Timotheus 3,1-9 prophezeit wurde. Matthäus 13 steht im Zusammenhang der Offenbarung des Königreiches in seiner verborgenen Form, das dann durch das Tausendjährige Reich abgelöst werden wird. Das hier beschriebene Zeitalter ist ein Geheimnis, das im Alten Testament nicht offenbart wurde, wohl aber im Neuen Testament.

Das Gleichnis vom Senfkorn (Matthäus 13,31.32; Markus 4,30-32)

Das Gleichnis vom Senfkorn illustriert einen anderen Aspekt des Himmelreiches, nämlich: daß es schnell und kräftig wächst. Die hier vorgestellte Pflanze hat Hunderte von kleinen Samenkörnern, deren jedes eine riesige Pflanze hervorzubringen vermag. Dazu sagte Jesus: »Das Himmelreich gleicht einem Senfkorn, das ein Mensch nahm und auf seinen Acker säte; das ist das kleinste unter allen Samenkörnern; wenn es aber gewachsen ist, so ist es größer als alle Kräuter und wird ein Baum, so daß die Vögel unter dem Himmel kommen und wohnen in seinen Zweigen« (Matthäus 13,31-32).

Die Gemeinde hatte wie ein Senfkorn einen kleinen Anfang. Jesus und seine Jünger schienen äußerlich wie ein kleiner und unbedeutender Anfang für ein großes Unterfangen. Doch in den folgenden Jahrhunderten wurde die bekennende Gemeinde eine riesige Institution, der Millionen Menschen angehörten.

Einige haben darauf hingewiesen, daß das Senfkorn nicht der kleinste von allen Samen ist; zum Beispiel hat die Orchidee noch kleinere Samen. Jedoch wird in Jesu Gleichnis das Senfkorn nicht das kleinste von allen Samen genannt, sondern eins, das »kleiner« (griechisch: mikroteron) als andere ist. Obwohl es in der Welt kleinere Samen gibt als das Senfkorn, ist dieses im Heiligen Land das kleinste von allen Samen, die man pflanzt. Die Behauptung, Jesus sei in seinem Gleichnis ungenau, ist darum ohne Grundlage.

Es ist kennzeichnend, daß in Markus 4,30-32 dasselbe Gleichnis auf das Reich Gottes bezogen wird. Die meisten Ausleger setzen das Himmelreich dem Reich Gottes gleich und erklären es damit, daß Matthäus wie viele Juden das Wort Gott nicht benutzen wollte und stattdessen Himmel setzte. Aber Matthäus gebraucht die Bezeichnung »Reich Gottes« mehrere Male. Im Evangelium des Matthäus scheint darum ein Unterschied zu bestehen im Gebrauch von »Himmelreich«, das sich auf die umfassendere Sphäre des Bekenntnisses allgemein bezieht, und »Reich Gottes«, womit immer nur die Erlösten oder heilige Engel gemeint sind. Was für die Sphäre des Bekenntnisses gilt, hat jedoch auch seine Gültigkeit für diejenigen, die wahrhaft errettet sind, da sowohl die Kirche als auch die wahre Gemeinde gewaltig aus einem kleinen Anfang heraus gewachsen ist. Deshalb kann dasselbe Gleichnis auf beide angewandt werden.

Man sollte ferner darauf hinweisen, daß Jesus sagte: »die Vögel unter dem Himmel kommen und wohnen in seinen Zweigen« (Matthäus 13,32), womit wohl angedeutet wird, daß, bezogen auf das schnelle Wachstum der Kirche, es solche darin gibt, die nicht einmal bekennende Gläubige sind. Wie im Gleichnis des Sämanns und im Gleichnis vom Unkraut unter dem Weizen ausgedrückt wird, ist Unvollkommenheit ein wesentliches Kennzeichen des gegenwärtigen Zeitalters, was der postmillenalen Ansicht widerspricht, die Kirche werde die Welt geistlich mehr und mehr besiegen. Daß die Kirche mit ihren Anhängern und wahren Gläubigen einen Einfluß in der Welt erreicht hat, ist sicher wahr; aber daß sie die Ungläubigen und die Welt als Ganzes überwunden hat, ist falsch.

Das Gleichnis vom Sauerteig (Matthäus 13,33; Lukas 13,20.21)

Jesus benutzte in seinen Gleichnissen zur Beschreibung des gegenwärtigen Zeitalters Hefe als Illustration. »Das Himmelreich gleicht einem Sauerteig, den eine Frau nahm und unter einen halben Zentner Mehl mengte, bis er ganz durchsäuert war« (Matthäus 13,33). Es war allgemeine Praxis im Vorderen Orient, daß man etwas Teig nahm, der gegoren war, und ihn mit frischem Teig vermengte, damit die Hefe sich verbreiten konnte. Jesus gebrauchte hier das Bild von der Hefe, um den Charakter des Himmelreichs zu verdeutlichen. Die meisten Ausleger, die von der postmillenalen Ansicht beeinflußt sind, die im späten neunzehnten Jahrhundert und frühen zwanzigsten Jahrhundert so einflußreich war, setzten die Hefe mit dem Evangelium gleich, das sich in der ganzen Welt verbreitet. Daß Hefe das Evangelium sei, ist jedoch eine willkürliche Ableitung, da in der gesamten Bibel Hefe sich immer auf etwas bezieht, das im Gegensatz zur Heiligkeit steht und das Böse versinnbildlicht. In den alttestamentlichen Opfern wurde ungesäuertes Brot benutzt, das die Heiligkeit Gottes ausdrücken sollte, und es wurde besonders aufbewahrt, damit es nicht mit Hefe zusammenkam. Zur Darstellung der Kirche ist das Bild vom Sauerteig jedoch passend, da die Kirche als Teil des Himmelreiches ein gewisses Quantum an Bösem enthält (Lukas 13,21).

Wie Hefe in einem Teig diesen aufbläht und ihn größer wirken läßt, als er in Wirklichkeit ist, obwohl er dadurch nicht wertvoller wird, so blähten falsche Religion wie die Lehren der Pharisäer, Unglaube, wie er unter den Sadduzäern zu finden war, und Weltsinn der Herodianer den Glauben auf und waren eine böse Kraft (Matthäus 16,6-12; Markus 8,14-21). Sogar in den Briefen wurde das Bild vom Sauerteig benutzt, um das Böse darzustellen (1. Korinther 5,6-8; Galater 5,7-10). Daß Böses sowohl in der wahren Gemeinde als auch in der Kirche vorhanden ist, wird in der Bibel anerkannt und ist der Grund für viele Ermahnungen und Zurechtweisungen. Es ist darum angebracht, die Hefe als dieses Element des Bösen in der Kirche anzusehen, wie das auch der Erfüllung biblischer Prophetie entspricht. Das Böse ist zwar in die Gemeinde eingedrungen, aber es stimmt nicht, daß das Evangelium in die ganze Welt gedrungen ist. Viele Menschen heute haben noch nicht einmal das Evangelium gehört.

Mitten in den Ausführungen Jesu, noch ehe er das Geheimnis des Gleichnisses vom Unkraut deutet (Matthäus 13,36-43), weist Matthäus noch einmal darauf hin, daß Jesus in Gleichnissen sprach: »Das alles redete Jesus in Gleichnissen zu dem Volk, und ohne Gleichnisse redete er nichts zu ihnen, damit erfüllt würde, was gesagt ist durch den Propheten, der da spricht: ›Ich will meinen Mund auftun in Gleichnissen und will aussprechen, was verborgen war vom Anfang der Welt an‹« (Verse 34.35). Hier zitiert Matthäus aus Psalm 78,2.

Das Gleichnis vom verborgenen Schatz (Matthäus 13,44)

Jesus verglich im weiteren Verlauf seiner Offenbarung über das Himmelreich dieses mit einem im Acker verborgenen Schatz. Er schildert, wie ein Mann einen Schatz findet, ihn verbirgt, damit kein andrer ihn entdeckt, und dann in seiner Freude alles verkauft, was er hat, um den Acker zu kaufen.

Dieses Gleichnis wurde ebenso wie die anderen verschieden ausgelegt. Gewöhnlich nimmt man an, daß das Gleichnis von der Erlösung eines Menschen spricht, der, nachdem er Jesus gefunden hat, alles verkauft, um Jesus zu gewinnen. Wenn es auch in gewissem Sinne zutrifft, daß man allen irdischen Reichtum beiseite legt, um Christus zu gewinnen, ist dies nicht die eigentliche Art und Weise, wie man Jesus als Erlöser annimmt. Es stimmt, daß Paulus sagte: »Ja, ich erachte es noch alles für Schaden gegenüber der überschwenglichen Erkenntnis Christi Jesu, meines Herrn. Um seinetwillen ist mir das alles ein Schaden geworden, und ich erachte es für Dreck, damit ich Christus gewinne und in ihm gefunden werde, daß ich nicht habe meine Gerechtigkeit, die aus dem Gesetz kommt, sondern die durch den Glauben an Christus kommt, nämlich die Gerechtigkeit, die von Gott dem Glauben zugerechnet wird« (Philipper 3, 8.9). Was die Erlösung betrifft, so kommt der Mensch jedoch völlig bankrott zu Jesus und ist nicht in der Lage, sich die Erlösung zu kaufen. Christus bietet sich nicht zum Kauf an, und Erlösung kann man sich nicht verdienen, sondern sie wird als ein Geschenk der Gnade zuteil. Der Schatz sollte darum in anderer Weise gedeutet werden.

Jesus spricht auf jüdischem Hintergrund, und insofern ist Israel Gottes Schatz. Nach 2. Mose 19,5 erklärte Gott über Israel: »Ihr sollt mein Eigentum sein vor allen Völkern.« In Psalm 135,4 steht geschrieben: »Denn der HERR hat sich Jakob erwählt, Israel zu seinem Eigentum.«

Daß der Schatz in einem Acker verborgen ist, wird heute nur allzu deutlich. Obwohl Israel als solches in der Welt anerkannt ist, wird es nicht als ein Schatz Gottes erkannt, sondern seine wahre Natur ist verborgen in der Masse der Weltbevölkerung. Von Gottes Standpunkt jedoch ist Israel der Juwel inmitten der Welt, und als Jesus am Kreuz starb, war sein Anliegen wesentlich auch, Israel zu erlösen und Gnade zu gewähren, damit die vielen Verheißungen Gottes in Erfüllung gehen. Jesus war es, der alles verkaufte, um seinen Schatz zu gewinnen, als er am Kreuz für die Sünden der Welt starb (Philipper 2,7.8; 1. Petrus 1,18.19). Es widerspricht der Erlösung aus Gnade, daß ein Mensch Christus gewinnt, indem er alles verkauft, was er besitzt.

Das Gleichnis von der kostbaren Perle (Matthäus 13,45.46)

Wie das Gleichnis vom Schatz stellt auch das Gleichnis von der Perle einen Kaufmann dar, der alles verkauft, um die Perle zu besitzen. Auch dieses Gleichnis wird allgemein so gedeutet, daß es beschreibt, wie ein Mensch alles verläßt, um Jesus nachzufolgen. Diese Deutung ist wiederum von der falschen postmillenalen Ansicht beeinflußt, daß dieses Kapitel ein Bild der triumphierenden Kirche bis zur Wiederkunft Jesu gibt. Diese Deutung führt zu Fragen über die Erlösung aus Gnade und wo dabei die Werke ins Spiel kommen.

Der Kaufmann in diesem Gleichnis ist Jesus, nicht der Gläubige, und Jesus gibt alles hin, um die Perle zu gewinnen. Der Gläubige hat nichts, was rechtfertigte, ihn mit dem Kaufmann zu vergleichen, der alles verkauft, da niemand die Erlösung durch etwas erlangt, was er tut oder besitzt.

Die Perle scheint, auch wenn das in der Bibel nicht erklärt wird, die Gemeinde als ein Juwel darzustellen – ungewöhnlich in dem Sinne, daß sie durch einen Reiz aus der Auster herauswächst. Die Perle könnte die Rolle der Gemeinde versinnbildlichen, die aus der verwundeten Seite Jesu herauswächst. Wie das Gleichnis vom Schatz das Sterben Jesu für Israel, seinen Schatz, darstellt, so kann in diesem Gleichnis der Perle das Sterben Jesu für seine Gemeinde versinnbildlicht werden. Diese Deutung ist viel einfacher und steht mehr im Einklang mit der Lehre der Gnade.

Das Gleichnis vom Netz (Matthäus 13,47-50)

Das Gleichnis vom Fischnetz faßt die Wahrheit zusammen, die in den vorausgehenden Gleichnissen zum Ausdruck kommt. Jesus verglich hier das Himmelreich mit einem Netz, das aus dem Meer gezogen wird, das gute und schlechte Fische enthält:

> »Wiederum gleicht das Himmelreich einem Netz, das ins Meer geworfen ist und Fische aller Art fängt.
> Wenn es aber voll ist, ziehen sie es heraus an das Ufer, setzen sich und lesen die guten in Gefäße zusammen, aber die schlechten werfen sie weg.
> So wird es auch am Ende der Welt gehen: Die Engel werden ausgehen und die Bösen von den Gerechten scheiden
> und werden sie in den Feuerofen werfen; da wird Heulen und Zähneklappern sein« (Matthäus 13,47-50).

Dieses Gleichnis betont wiederum, daß das Himmelreich Erlöste enthält und solche, die vorgeben, ein Teil des Himmelreiches zu sein, während das »Reich Gottes« eine Bezeichnung nur für die Erlösten ist. Das Gleichnis macht deutlich, daß Menschen mit bloßen Lippenbekenntnissen, hier durch die schlechten Fische gekennzeichnet, von den guten Fischen oder wahren Gläubigen am Ende des Zeitalters getrennt werden.

Wie in den vorigen Gleichnissen ist hier das Zeitalter zwischen dem ersten Kommen Jesu und seiner Wiederkunft gemeint. Die Gleichnisse ziehen nicht den besonderen Charakter der Gemeindezeit von Pfingsten bis zur Entrückung in Betracht. Das »Ende der Welt« ist deshalb von der Entrückung der Gemeinde zu unterscheiden. Bei der Entrückung der Gemeinde werden alle Gläubigen aus der Welt herausgenommen und in den Himmel aufgenommen werden, aber alle anderen werden auf der Erde zurückbleiben. Beim zweiten Kommen Jesu wird es jedoch ein weltweites Gericht geben, und die Geretteten werden dann von den nicht Geretteten geschieden, seien sie Juden oder Heiden, da unbekehrte Erwachsene nicht ins Tausendjährige Reich eintreten dürfen. Dies wird später in Matthäus 25,31-46 und in Hesekiel 20,33-38 zum Ausdruck gebracht.

Jesus benutzte zur Verdeutlichung ein Netz, das viele hundert Meter lang sein konnte. Dazu wären mehrere Schiffe nötig gewesen, um es auf den See hinauszufahren und genauso viele, um es an Land zu bringen. Die Einsammlung der Fische wäre für ein einzelnes Boot nicht möglich gewesen. So bezieht sich das Gleichnis auf das weltweite Gericht bei Jesu Wiederkunft, wenn diejenigen, die nicht würdig sind, das Reich zu betreten, ausgesondert und getötet werden.

Beim zweiten Kommen Jesu wird es eine Reihe von Gerichten über die geben, die dann auf der Erde leben. Juden und Heiden werden gerichtet werden und Ungläubige ausgesondert. Die alttestamentlichen Gläubigen werden auferstehen und belohnt werden (Daniel 12,2.3). Auch die Märtyrer aus der Großen Trübsal, die starben, weil sie das »Tier« nicht anbeten wollten, werden auferstehen und mit Christus tausend Jahre regieren (Offenbarung 20,1-3).

Die Gleichnisse aus Matthäus 13 verdeutlichen zur Genüge, was zwischen dem ersten und zweiten Kommen Jesu geschieht. Statt das verheißene Reich bei seinem ersten Kommen zu bringen, sagte Jesus hier eine lange Zeitspanne voraus, in der die Prophezeiungen dieser Gleichnisse erfüllt werden würden. Das zweite Kommen Jesu wird das göttliche Gericht mit sich bringen. Dann und erst dann wird Jesus die Prophezeiungen eines Königreiches auf Erden erfüllen, das gemäß Offenbarung 20 tausend Jahre währen wird, ehe der jetzige Himmel und die jetzige Erde zerstört werden und ein neuer Himmel und eine neue Erde geschaffen werden. Diese Offenbarung sollte die Jünger auf die Tatsache aufmerksam machen, daß Jesus das Königreich nicht sofort bringen würde. Es scheint jedoch, daß sie dies nicht einmal zum Zeitpunkt der Himmelfahrt Jesu verstanden hatten und immer noch wissen wollten, wann er das Königreich aufrichten werde.

Aufgrund dieser Gleichnisse kann das postmillenale Konzept, daß das gegenwärtige Zeitalter das Millennium sei, in dem Jesus allmählich in den Herzen aller Menschen auf allen Kontinenten regiert, unmöglich aufrechterhalten werden. Auch die amillenale Meinung, daß die Prophezeiungen über das Millennium im gegenwärtigen Zeitalter erfüllt werden, wird nicht im geringsten gestützt.

Vielmehr bestätigen diese Gleichnisse, daß die Erfüllung der Verheißung des Königreiches, soweit es das Tausendjährige Reich betrifft, bis zum zweiten Kommen Jesu hinausgeschoben wird. In der Zwischenzeit, im gegenwärtigen Zeitalter, wird die verborgene Form des Königreiches erfüllt – das heißt, die Form des Königreiches, die im Alten Testament nicht vorausgesehen wurde, in dem Jesus geistlich in den Herzen der Gläubigen herrscht, ohne die Verheißungen über das irdische Reich zu erfüllen.

20 Tod und Auferstehung Jesu Christi

Tod und Auferstehung Jesu sind nicht nur geschichtliche Fakten, sondern sie haben ihre Wurzeln auch im Alten Testament und in den Evangelien. Je mehr man die Bedeutung des Todes und der Auferstehung Jesu zu ermessen vermag, begreift man die Wahrheit, daß alle ewigen Ziele Gottes von dem Tod und der Auferstehung Jesu ausgehen. Diese Linie der Wahrheit ist die wichtigste Lehre der Heiligen Schrift und trifft unmittelbar ins Herz aller Ziele Gottes in Zeit und Ewigkeit.

Weil Jesus Christus der zentrale Charakter der Schrift ist, über den im Alten und Neuen Testament tiefgründige Wahrheiten offenbart werden, bilden die Prophezeiungen über seinen Tod und seine Auferstehung eine wichtige prophetische Linie vom Alten zum Neuen Testament. Als solche bilden sie einen Teil von Gottes großem Programm für die Erde von Ewigkeit her bis in alle Ewigkeit.

Prophezeiungen über Tod und Auferstehung Jesu im Alten Testament

Prophezeiungen über Tod und Auferstehung Jesu lösten Fragen bei den Menschen aus, die in alttestamentlicher Zeit lebten; und auch den Jüngern Jesu war vieles nicht klar. Petrus schrieb: »Nach dieser Seligkeit haben gesucht und geforscht die Propheten, die von der Gnade geweissagt haben, die für euch bestimmt ist, und haben geforscht, auf welche und was für eine Zeit der Geist Christi deutete, der in ihnen war und zuvor bezeugt hat die Leiden, die über Christus kommen sollten, und die Herrlichkeit danach« (1. Petrus 1,10.11).

Obwohl das Alte Testament Tod und Auferstehung Jesu bezeugt, scheint es doch klar zu sein, daß sogar die Schreiber der Heiligen Schrift nicht verstanden, was sie weissagten. Sie konnten nicht begreifen, wie der Messias einerseits leiden und sterben und andererseits in Macht und Herrlichkeit regieren konnte. Das Neue Testament löst natürlich diesen scheinbaren Widerspruch, indem es die beiden Ereignisse trennt – das Leiden Christi und sein Sterben geschehen bei seinem ersten Kommen, und seine glorreiche Herrschaft beginnt bei seinem zweiten Kommen. Das Alte Testament bezeugt beides. Keine andere Persönlichkeit der Geschichte ist je so weitreichenden Prophezeiungen über seine Geburt, sein Leben und Sterben und seine Auferstehung unterworfen worden. Wenn auch einige Abschnitte nur einer dieser Lehren gewidmet sind, so ist doch die Wahrheit über Jesu Kommen in die Kapitel des ganzen Alten Testamentes von der Genesis bis Maleachi verwoben. Jesus ist die Hauptperson des Alten Testamentes, und wenn man das verstanden hat, vermag man auch die Prophezeiungen über seinen Tod und seine Auferstehung richtig zu würdigen.

Wir haben schon die Geschlechtsregister und die Geburt Jesu und sein Leben auf Erden betrachtet. Es gibt jedoch eine Menge von Abschnitten, die sich mit Tod und Auferstehung Jesu befassen, manchmal in direkter Prophetie, manchmal typologisch und manchmal nur indirekt.

Prophezeiungen des Todes Jesu in der Genesis. Bereits in 1. Mose 3,15 wird die Kreuzigung Jesu geweissagt. Es wurde vorausgesagt, daß Satan die Ferse Jesu zermalmen werde. In dem Opfersystem, das wir erstmals bei Abel finden, wird der Tod Jesu als des Lammes Gottes typologisch vorweggenommen. Dieses Thema geht durch alle Opfer im Alten Testament: wo immer auch Blut vergossen wurde, bezog es sich letztlich auf das Kommen des Lammes Gottes, das die Sünde der Welt hinwegtragen würde. Die Botschaft vom Blut des Lammes, das stellvertretend für die Sünde vergossen wird, durchdringt das Alte Testament und weist diejenigen, die aufmerksam die Prophezeiungen lesen, auf die Erfüllung im Tod Jesu am Kreuz hin.

Prophezeiungen des Todes Jesu in den Psalmen. Mehrere Bibelstellen sagen Näheres über den Tod Jesu aus. Eine davon ist Psalm 22. Der erste Vers dieses Psalms enthält genau die Worte, die Jesus am Kreuz sprach: »Mein Gott, mein Gott, warum hast du mich verlassen? Ich schreie, aber meine Hilfe ist ferne« (Vers 2; vergleiche Markus 15,34). Der Psalm spricht bereits von Licht und Finsternis, wie sie bei der Kreuzigung auftrat (Vers 2; vergleiche Matthäus 27,45). Die Erniedrigung Jesu durch die ungläubigen Juden wird ebenfalls beschrieben (Verse 7-9; vergleiche Matthäus 27, 39-44). Dann malt der Psalmist, David, ein Bild vom Todeskampf Jesu am Kreuz: »Ihren Rachen sperren sie gegen mich auf wie ein brüllender und reißender Löwe. Ich bin ausgeschüttet wie Wasser, alle meine Knochen haben sich voneinander gelöst; mein Herz ist in meinem Leibe wie zerschmolzenes Wachs. Meine Kräfte sind vertrocknet wie eine Scherbe, und meine Zunge klebt mir am Gaumen, und du legst mich in des Todes Staub« (Verse 14-16).

Jesu Leiden durch die Hand seiner Peiniger und durch die Ungläubigen, die ihn umringen, wird in Psalm 22,17 beschrieben: »Denn Hunde haben mich umgeben, und der Bösen Rotte hat mich umringt; sie haben meine Hände und Füße durchgraben.« Daß sie das Los um seine Kleider werfen würden, wurde genau so erfüllt, wie der Psalm es voraussagt (Psalm 22,19; vergleiche Matthäus

27,35). Die Beschreibung der Kreuzigung in Psalm 22 ist umso bezeichnender, als die Kreuzigung als Todesstrafe erst Jahrhunderte später eingeführt wurde. Andere Psalmen fügen noch etliches über das Leid Jesu vor seinem Tod hinzu. Er sollte von einem Freund verraten werden (41,10), seine Gebeine sollten nicht gebrochen werden (34,21), und er sollte falsch beschuldigt und angespien werden (35,11; Jesaja 50,6).

Prophezeiungen des Todes Jesu bei Jesaja. Eine weitere größere Passage über den Tod Jesu findet sich in Jesaja 53. In diesem Kapitel wird Jesus als ein Mann der Schmerzen beschrieben (Vers 3). Am Kreuz trug er unsere Krankheit und lud unsere Schmerzen auf sich (Vers 4). Die Prophezeiung fährt fort:

> »Aber er ist um unserer Missetat willen verwundet und um unsrer Sünde willen zerschlagen. Die Strafe liegt auf ihm, auf daß wir Frieden hätten, und durch seine Wunden sind wir geheilt.
> Wir gingen alle in die Irre wie Schafe, ein jeder sah auf seinen Weg. Aber der HERR warf unser aller Sünde auf ihn.
> Als er gemartert ward, litt er doch willig und tat seinen Mund nicht auf wie ein Lamm, das zur Schlachtbank geführt wird; und wie ein Schaf, das verstummt vor seinem Scherer, tat er seinen Mund nicht auf.
> Er ist aus Angst und Gericht hinweggenommen. Wer aber kann sein Geschick ermessen? Denn er ist aus dem Lande der Lebendigen weggerissen, da er für die Missetat meines Volks geplagt war.
> Und man gab ihm sein Grab bei Gottlosen und bei Übeltätern, als er gestorben war, wiewohl er niemand Unrecht getan hat und kein Betrug in seinem Munde gewesen ist.
> So wollte ihn der HERR zerschlagen mit Krankheit« (Vers 5-10).

Die Kreuzigung Jesu erfüllte die meisten dieser Voraussagen. Nach seinem Tod sollte er auferstehen. Der Hauptpunkt ist jedoch, daß Jesus als das Lamm Gottes ein Opfer für Sünden wurde. Auf ihn wurden die Sünden der Menschen gelegt. Wie die Prophezeiung es voraussah, öffnete er seinen Mund nicht, sondern war wie ein Lamm, das zur Schlachtbank geführt wird (Apostelgeschichte 8,32). Nach seinem Tod wurde er in dem Grab eines Reichen begraben, obwohl er verurteilt war, den Tod eines Verbrechers zu sterben (Matthäus 27,50-53; Johannes 19,38-42). Der Tod keines anderen Menschen in der Geschichte wurde so in Einzelheiten vorhergesagt wie der Tod Jesu. Die exakte Erfüllung im Neuen Testament ist ein Zeugnis der übernatürlichen Inspiration der Heiligen Schrift sowie der Gottheit Jesu Christi selbst.

Die alttestamentliche Prophezeiung der Auferstehung Jesu. Neben den Prophezeiungen des Todes Jesu gibt es beständig Hinweise darauf, daß das Alte Testament die Auferstehung Jesu erwartete. In Hebräer 11,17-19 steht ein genauer Bericht über die Bereitschaft Abrahams, seinen Sohn Isaak in den Tod dahinzugeben, obwohl die Verheißungen des Bundes mit Abraham voraussetzten, daß Isaak am Leben blieb. Dieser Abschnitt bezeugt, daß Abrahams Glaube an Gott so groß war, daß er glaubte, Gott könne Isaak, wenn er auf dem Altar getötet und zu Asche verbrannt worden wäre, von den Toten auferwecken, um seine Verheißungen zu erfüllen: »Durch den Glauben opferte Abraham den Isaak, als er versucht wurde, und gab den einzigen Sohn dahin, als er schon die Verheißung empfangen hatte und ihm gesagt worden war: ›Was von Isaak stammt, soll dein Geschlecht genannt werden.‹ Er dachte: Gott kann auch von den Toten erwekken; deshalb bekam er ihn auch als Gleichnis dafür wieder.«

In Psalm 22, der so spezifisch von dem Tod Jesu spricht, heißt es: »Ich will deinen Namen kundtun meinen Brüdern, ich will dich in der Gemeinde rühmen« (Vers 23). Dies setzt die Auferstehung Jesu und seinen darauf folgenden öffentlichen Dienst voraus. Das trifft auch für den Schluß des Psalms zu:

> »Es werden gedenken und sich zum HERRN bekehren aller Welt Enden und vor ihm anbeten alle Geschlechter der Heiden.
> Denn des HERRN ist das Reich, und er herrscht unter den Heiden.
> Ihn allein werden anbeten alle, die in der Erde schlafen;
> vor ihm werden die Knie beugen alle, die zum Staube hinabfuhren und ihr Leben nicht konnten erhalten.
> Er wird Nachkommen haben, die ihm dienen; vom Herrn wird man verkündigen Kind und Kindeskind.
> Sie werden kommen und seine Gerechtigkeit predigen dem Volk, das geboren wird. Denn er hat's getan« (Verse 28-32).

Dieser Abschnitt erfordert wie die vielen anderen, in denen die zukünftige herrliche Regierung Jesu auf Erden vorausgesagt wird, notwendig die Auferstehung der Toten, nicht einfach in dem Sinne, daß alle Menschen auferstehen, sondern daß Jesus nach drei Tagen auferstand, um seine Rolle als Mittler zur Rechten Gottes zu erfüllen und dann als König der Könige und Herr der Herren bei seinem zweiten Kommen.

Nachdem Jesaja in Kapitel 53 die Tatsachen über den Tod Jesu festgestellt hat, schreibt er weiter: »Wenn er sein Leben zum Schuldopfer gegeben hat, wird er Nachkommen haben und in die Länge leben, und des HERRN Plan wird durch seine Hand gelingen« (Vers 10). Der Rest des Kapitels bezieht sich gleichfalls auf sein Leben nach der Auferstehung (Verse 11.12).

Die genaueste Prophezeiung über die Auferstehung Jesu findet sich in Psalm 16,10: »Denn du wirst mich nicht dem Tode überlassen und nicht zugeben, daß dein Heiliger die Grube sehe.« Obwohl David hier von seiner eigenen Auferstehung redet, geht die Prophezeiung weit über David hinaus und betrifft Jesus. In seiner Pfingstpredigt sagte Petrus:

»Den hat Gott auferweckt und hat aufgelöst die Schmerzen des Todes, wie es denn unmöglich war, daß er vom Tode festgehalten werden konnte.
Denn David spricht von ihm:
›Ich habe den Herrn allezeit vor Augen, denn er steht mir zur Rechten, damit ich nicht wanke.
Darum ist mein Herz fröhlich, und meine Zunge frohlockt; auch mein Leib wird ruhen in Hoffnung.
Denn du wirst mich nicht dem Tod überlassen und nicht zugeben, daß dein Heiliger die Verwesung sehe.
Du hast mir kundgetan die Wege des Lebens; du wirst mich erfüllen mit Freude vor deinem Angesicht‹« (Apostelgeschichte 2,24-28).

Wie Petrus dann erklärte, war das Grab Davids noch tausend Jahre nach seinem Tod bei ihnen, aber die Auferstehung Jesu wurde bewiesen durch die Tatsache, daß sein Grab leer war. Zweifellos sind die Juden, als sie von der Auferstehung Jesu hörten, zum Grab gegangen und haben selbst gesehen, daß es leer war. Dies erklärt auch, warum dreitausend von ihnen die Tatsache der wahrhaftigen Auferstehung Jesu nicht in Zweifel zogen.

Alle alttestamentlichen Prophezeiungen, die von Jesu zukünftiger Herrschaft sprechen, kommen hier in Betracht; denn sie alle setzen voraus, daß Jesus Christus sterben und auch wieder von den Toten auferstehen würde, um seine himmlische Autorität anzunehmen und über die Erde in einem zukünftigen Reich zu herrschen.

Voraussagen des Todes und der Auferstehung Jesu in den Evangelien

Wie das Neue Testament zeigt, werden Tod und Auferstehung darin gewöhnlich in demselben Abschnitt genannt. In Matthäus 12,38- 40 und Lukas 11,29.30 bezog sich Jesus auf Jona, der eine Illustration des Todes und der Auferstehung Jesu nach drei Tagen war. Jesus spricht in folgenden Bibelstellen wiederholt von seinem Tod und seiner Auferstehung (Matthäus 16,21; 17,9.23; 20,19; 26,32; Markus 8,31; 9,9.31; 10,33.34; Lukas 9,22; 18,32.33; Johannes 2,19-22). Sogar die Pharisäer erinnerten sich an das Versprechen seiner Auferstehung, während die Jünger es nicht taten (Matthäus 27,63). Ebenso wurde beim Prozeß Jesu seine Voraussage, daß er den Tempel in drei Tagen wiederaufbauen wolle, gegen ihn vorgebracht (Markus 14,58).

Tod und Auferstehung Jesu, die so bedeutend im christlichen Glauben sind und so wesentlich für die Lehre der Erlösung, spielen eine wichtige Rolle in den prophetischen Abschnitten des Alten Testamentes und in den Evangelien und betonen ihre zentrale Stellung im Plan Gottes zur Erlösung der Menschheit.

Spätere Erwähnungen der Auferstehung Jesu beziehen sich zurück auf die historische Tatsache, daß Jesu starb und in seinem Tod und in seiner Auferstehung die Prophezeiungen des Alten und Neuen Testamentes erfüllte. So liefern sie den Beweis für die Gottheit Jesu, den Wert seines Todes und seine Macht zu retten.

Tod und Auferstehung Jesu in der Apostelgeschichte

Wie Tod und Auferstehung Jesu das Thema vieler Prophezeiungen im Alten Testament und in den Evangelien waren, so gibt es davon auch ein fortgesetztes Zeugnis in der Apostelgeschichte, den Briefen und in der Offenbarung. In den einleitenden Versen der Apostelgeschichte werden Tod und Auferstehung Jesu als wichtige Lehren erwähnt: »Ihnen zeigte er sich nach seinem Leiden durch viele Beweise als der Lebendige und ließ sich sehen unter ihnen vierzig Tage lang und redete mit ihnen vom Reich Gottes« (1,3). In diesem Vers wie in vielen anderen Bibelstellen werden zahlreiche Beweise gegeben, daß Jesus Christus wirklich von den Toten auferstand, was die Glaubwürdigkeit des christlichen Evangeliums erhärtet. Das treue Zeugnis der Apostel von Tod und Auferstehung Jesu wird in der ganzen Apostelgeschichte fortgesetzt (2,24-32; 3,15; 4,10; 5,30.31; 10,39-41; 13,29-37; 17,3,31.32; 26,23-26). Diese vielen Bibelstellen bestätigen nicht nur das Zeugnis der Apostel von Tod und Auferstehung Jesu, sondern auch, wie wichtig diese Wahrheit für den christlichen Glauben ist. Wenn Christus nicht auferstanden wäre, hätte es keine Apostelgeschichte gegeben.

Tod und Auferstehung Jesu in den Briefen

Paulus erörtert ausführlich den Tod und die Auferstehung Jesu. Bei seiner Offenbarung der weitreichenden Wahrheit der christlichen Theologie bezieht er sich oft darauf. Er begann in Römer 1,4, indem er Jesus als den bezeichnet, der »nach dem Geist, der heiligt, eingesetzt ist als Sohn Gottes in Kraft durch die Auferstehung von den Toten.« In Römer 4,22-25 erklärt Paulus Tod und Auferstehung Jesu als wesentlich für unsere Rechtfertigung: »Darum ist es ihm auch ›zur Gerechtigkeit gerechnet worden‹. Daß es ihm zugerechnet worden ist, ist aber nicht allein um seinetwillen geschrieben, sondern auch um unsertwillen, denen es zugerechnet werden soll, wenn wir glauben an den, der unsern Herrn Jesus auferweckt hat von den Toten, welcher ist um unsrer Sünden willen dahingegeben und um unsrer Rechtfertigung willen auferweckt.« Die Tatsache, daß Jesus starb, gibt Gott die Grundlage für die rechtmäßige Rechtfertigung eines Gläubigen, und Jesu Auferstehung bestätigt seinen Tod und macht die Auferstehung des Gläubigen gewiß. Wenn Christus gestorben, aber nicht von den Toten auferstanden wäre, gäbe es keine Grundlage für die Rechtfertigung.

Tod und Auferstehung Jesu werden auch als Grundlage für unsere Erlösung erklärt: »Denn wenn wir mit Gott versöhnt worden sind durch den Tod seines Sohnes, als wir noch Feinde waren, um wieviel mehr werden wir selig werden durch sein Leben, nachdem wir nun versöhnt sind« (Römer 5,10). Auch hier sind Tod, Auferstehung und Leben Jesu notwendig für unsere Erlösung. Sein Tod allein könnte uns nicht retten, wenn er nicht auferstanden wäre und Leben für den Gläubigen verliehe.

Paulus wies weiter auf die Auferstehung als wesentliche Bedingung für unsere Erlösung hin (Römer 6,9.10: 8,11.34; 10,9). Sie ist ein wesentlicher Aspekt des christlichen Evangeliums; ohne sie kann kein Mensch gerettet werden. Paulus schrieb: »Denn wenn du mit deinem Munde bekennst, daß Jesus der Herr ist, und in deinem Herzen glaubst, daß ihn Gott von den Toten auferweckt hat, so wirst du gerettet« (Römer 10,9).

Auch in den anderen Briefen finden sich Stellen zu Tod und Auferstehung Jesu. Die Macht Gottes, die Jesus von den Toten auferweckt hat, ist dieselbe, durch die wir von den Toten auferweckt werden (1. Korinther 6,14). In 1. Korinther 15,3.4 steht, daß der Tod Jesu für unsere Sünden, sein Begräbnis und seine Auferstehung am dritten Tag die wesentliche Botschaft des Evangeliums sind. In 1. Korinther 15,20-23 wird Jesus der »Erstling unter denen, die entschlafen sind« genannt (Vers 20). Als der Auferstandene vermag er alle unter seine Herrschaft zu bringen und sie triumphierend dem Vater zuzuführen (1. Korinther 15,24-27).

Paulus wies auch darauf hin, daß es keine Auferstehung für Christen gibt, wenn Jesus nicht auferstanden ist, und daß es dann auch kein christliches Evangelium gibt (1. Korinther 15,29-32). In 2. Korinther 4,10; 5,15 und 13,4 wird die Auferstehung Jesu erwähnt. In 2. Korinther betont Paulus, daß Jesus für alle gestorben ist.

Am Anfang des Galaterbriefes erwähnt Paulus Gott den Vater, »der ihn (Jesus) auferweckt hat von den Toten« (1, 1). In Epheser 1,19-21 beschreibt Paulus die Kraft Gottes, die sichtbar wurde, als er Jesus von den Toten auferweckt und ihn zur Rechten Gottes erhöht hat über alle anderen Autoritäten und Mächte.

Paulus bekräftigt in Philipper 3,10.11 seinen tiefen Wunsch, die Leiden Jesu und seine Kraft der Auferstehung zu teilen: »Ihn möchte ich erkennen und die Kraft seiner Auferstehung und die Gemeinschaft seiner Leiden und so seinem Tode gleichgestaltet werden, damit ich gelange zur Auferstehung von den Toten.« In Kolosser 1,18 wird Jesus der »Erstgeborene von den Toten« genannt, »damit er in allem der Erste sei«. Aufgrund der Taufe mit dem Heiligen Geist und dem Einswerden des Gläubigen mit Christus werden Gläubige in Kolosser

2,12 angesehen als »mit ihm begraben durch die Taufe und mit ihm auferstanden durch den Glauben aus der Kraft Gottes, der ihn auferweckt hat von den Toten.« In 1. Thessalonicher 1,10 beschreibt Paulus die Thessalonicher als solche, die warten auf Gottes »Sohn vom Himmel, den er auferweckt hat von den Toten, Jesus, der uns von dem zukünftigen Zorn errettet«. In 1. Thessalonicher 4,14 ist die Gewißheit des Todes und der Auferstehung Jesu, die jetzt eine historische Tatsache ist, die Grundlage für den Glauben und das Vertrauen des Christen, daß Jesus wiederkommt, um die Gemeinde zu sich zu entrücken.

Wer erklärt, daß die Auferstehung aller Menschen schon stattgefunden hat, wird als Irrlehrer bezeichnet (2. Timotheus 2,18). In Hebräer 13,20.21 werden Tod und Auferstehung Jesu in bezug zum ewigen Bund erwähnt: »Der Gott des Friedens aber, der den großen Hirten der Schafe, unsern Herrn Jesus, von den Toten heraufgeführt hat durch das Blut des ewigen Bundes, der mache euch tüchtig in allem Guten, zu tun seinen Willen, und schaffe in uns, was ihm gefällt, durch Jesus Christus, welchem sei Ehre von Ewigkeit zu Ewigkeit! Amen.«

In 1. Petrus 1,3.4 ist die Auferstehung Jesu die Grundlage für unsere neue Geburt und die lebendige Hoffnung in Christus und für unser Erbe, das nicht verwelkt. Die Auferstehung wird auch in 1. Petrus 3,18 erwähnt: »Denn auch Christus hat **einmal** für die Sünden gelitten, der Gerechte für die Ungerechten, damit er euch zu Gott führte, und ist getötet nach dem Fleisch, aber lebendig gemacht nach dem Geist.« Die Auferstehung Christi rettet uns von Sünden, wie die Arche Noah und seine Familie vor der Flut rettete (Verse 19-21).

Tod und Auferstehung Jesu in der Offenbarung

Von der Erlösung durch das Blut Jesu in seinem Tod am Kreuz spricht Offenbarung 1, 4.5: »Gnade ... und Friede ...von Jesus Christus, welcher ist der treue Zeuge, der Erstgeborene von den Toten und Herr über die Könige auf Erden. Ihm, der uns liebt und uns erlöst hat von unsern Sünden mit seinem Blut.«

In Offenbarung 1,18 spricht Jesus von sich selbst als dem Lebendigen. »Ich war tot, und siehe, ich bin lebendig von Ewigkeit zu Ewigkeit und habe die Schlüssel des Todes und der Hölle.«

Im gesamten Buch der Offenbarung wird Jesus, obwohl die Auferstehung Jesu nicht besonders erwähnt wird, als das Lamm offenbart, das »geschlachtet« worden war, aber jetzt der Auferstandene ist, der »überwunden hat« (5,5.6). Wäre Christus nicht von den Toten auferstanden, wäre die Wiederkunft Jesu in Offenbarung 19,11-16 unmöglich. Das Neue Testament gibt unmißverständlich Zeugnis von dem Tod Jesu am Kreuz für unsere Sünden und von seiner leiblichen Auferstehung. In diesem Zeugnis haben wir den Beweis für seine Person, die Bestätigung seiner Verheißungen und die Hoffnung auf Erlösung und Auferstehung.

21 Das neue Programm für die Gemeinde

Wachsender Widerstand gegen Jesus

Gegen Ende des öffentlichen Wirkens Jesu auf Erden wurde es offensichtlich, daß das im Alten Testament vorausgesagte Messianische Reich beim ersten Kommen Jesu nicht erfüllt werden. Die Jünger erkannten, daß der Widerstand der religiösen Führer gegen Jesus immer heftiger wurde und eine Bewegung entstanden war, die Jesus zu töten suchte. Bei mehreren Gelegenheiten hatte Jesus vorausgesagt, er werde gekreuzigt werden und wieder auferstehen würde. Die Jünger weigerten sich nicht nur, dies anzunehmen, sie tilgten es auch so gründlich aus ihrem Gedächtnis, daß sie nicht bemerkten, wie Jesus, als er starb, diese Prophezeiung erfüllte.

Andererseits hatte Jesus bekräftigt, daß Gott die Jünger erhöhen und auf zwölf Thronen sitzen lassen werde, um die zwölf Stämme Israels zu richten. Matthäus berichtet:

> »Jesus aber sprach zu ihnen: Wahrlich, ich sage euch: Ihr, die ihr mir nachgefolgt seid, werdet bei der Wiedergeburt, wenn der Menschensohn sitzen wird auf dem Thron seiner Herrlichkeit, auch sitzen auf zwölf Thronen und richten die zwölf Stämme Israels.
> Und wer Häuser oder Brüder oder Schwestern oder Vater oder Mutter oder Kinder oder Äcker verläßt um meines Namens willen, der wird's hundertfach empfangen und das ewige Leben ererben.
> Aber viele, die die Ersten sind, werden die Letzten und die Letzten werden die Ersten sein« (Matthäus 19,28-30).

In Markus 10,28-31 und Lukas 18,28-30 versicherte Jesus seinen Jüngern, daß sie im Himmel für ihre Trübsal und Versuchung reichlich belohnt werden. Dies alles diente dazu, ihre Vorfreude auf die Aussicht zu entfachen, einmal auf Thronen zu sitzen und Gottes Segen um ihrer Beziehung zu Jesus willen zu empfangen. Wie Jesus jedoch in allen diesen Zitaten klarmachte, sollte die Erfüllung nicht mehr zu ihren Lebzeiten kommen, sondern in dem zukünftigen Königreich. Die Schwierigkeit war nur, daß die Jünger meinten, das Königreich werde sofort eintreten.

Offenbarung des neuen Programms beim letzten Passamahl

Der Widerstand der religiösen Führer gegen Jesus sollte in seiner Kreuzigung den Höhepunkt erreichen. In der Nacht vor seiner Kreuzigung versammelte sich Jesus mit seinen Jüngern zum letzten Passamahl, und in seiner Obergemach-Rede (Johannes 13-17) offenbarte er das neue Programm, das vor der Erfüllung des Tausendjährigen Reiches ausgeführt werden sollte. In diesem neuen Programm würden die Jünger nicht auf Thronen sitzen, sondern als Diener Gottes arbeiten. Dies wird klar bei der Feier des Passa zum Ausdruck gebracht, als Jesus den Jüngern die Füße wusch.

Es war Sitte, daß ein Sklave die Füße der Gäste wusch, die zum Essen eingeladen waren. Jedoch war kein Sklave vorhanden, und keiner der Jünger wollte freiwillig diese Aufgabe übernehmen, da es das Eingeständnis der Unterlegenheit gegenüber den anderen Jüngern gewesen wäre. Nach Markus 9,33.34 und Lukas 9,46 hatten die Jüger mehrere Monate lang gestritten, wer von ihnen der Größte sei. Unter diesen Umständen wollte keiner von ihnen die Rolle eines Sklaven annehmen. Als Jesus eine Schüssel mit Wasser nahm und anfing, den Jüngern die Füße zu waschen, hörte die Unterhaltung wahrscheinlich auf, und es wurde totenstill.

> »Da kam er zu Simon Petrus; der sprach zu ihm: Herr, solltest du mir die Füße waschen?
> Jesus antwortete und sprach zu ihm: Was ich tue, das verstehst du jetzt nicht; du wirst es aber hernach erfahren.
> Da sprach Petrus zu ihm: Nimmermehr sollst du mir die Füße waschen! Jesus antwortete ihm: Wenn ich dich nicht wasche, so hast du kein Teil an mir.
> Spricht zu ihm Simon Petrus: Herr, nicht die Füße allein, sondern auch die Hände und das Haupt!
> Spricht Jesus zu ihm: Wer gewaschen ist, bedarf nichts, als daß ihm die Füße gewaschen werden; denn er ist ganz rein. Und ihr seid rein, aber nicht alle.
> Denn er kannte seinen Verräter; darum sprach er: Ihr seid nicht alle rein« (Johannes 13,6-11).

Mit diesem dramatischen Vorfall in der Nacht, ehe er gekreuzigt wurde, machte Jesus deutlich, daß die Jünger in diesem Leben fortan Diener sein sollten, nicht Herrscher auf Thronen. Dies forderte weiter ihre Hoffnung heraus, bald eine privilegierte Stellung im Reich Christi einzunehmen. Es diente auch dazu, daß Judas seinen Entschluß, Jesus zu verraten, in die Tat umsetzte.

Judas war von dem wachsenden Widerstand gegen Jesus beeindruckt, und sah das Licht eines herrlichen Königreiches erlöschen. Er mag sich gedacht haben, daß, wenn er Jesus an die jüdischen Würdenträger verriete, sie Jesus nichts antun könnten, wenn er wirklich der Messias war. Wenn er jedoch nicht der Messias war, wäre es nicht schlimm, wenn er verraten wurde. Judas wähnte sich in einer Situation, in der er nur gewinnen könnte. Doch es war eine Situation, in der er nicht gewinnen konnte. Später auf der Feier stellte Jesus Judas als seinen Verräter heraus, indem er sagte, daß der ihn verraten werde, der sein Brot mit ihm in die Schüssel tauchen wird (Johannes 13,26). Danach fuhr der Satan in Judas (Vers 27), und er ging davon (Vers 30).

Jesus geht zurück zum Vater

In Übereinstimmung mit dem neuen Programm sagte Jesus seinen Jüngern, er werde sie verlassen. Er sprach: »Liebe Kinder, ich bin noch eine kleine Weile bei euch. Ihr werdet mich suchen. Und wie ich zu den Juden sagte, sage ich jetzt auch zu euch: Wo ich hingehe, da könnt ihr nicht hinkommen« (Johannes 13,33). Dann gab er ihnen ein neues Gebot: »Ein neues Gebot gebe ich euch, daß ihr euch untereinander liebt, wie ich euch geliebt habe, damit auch ihr einander liebhabt. Daran wird jedermann erkennen, daß ihr meine Jünger seid, wenn ihr Liebe untereinander habt« (Verse 34.35).

Jesu Gebot an seine Jünger, daß sie sich einander lieben sollten, fiel auf taube Ohren. Offenbar war ihr Streit, wer von ihnen der Größte war, keine geeignete Grundlage dafür, sich gegenseitig zu lieben. Sie waren jedoch betroffen, als Jesus ankündigte, er wolle sie verlassen. Immerhin hatten die Jünger ihre Familien mehr als drei Jahre unter der Annahme zurückgelassen, daß Jesus der verheißene Messias sei, und daß er das prophezeite herrliche Königreich aufrichten werde. In diesem Augenblick verstanden sie immer noch nicht, daß dies sich nicht auf das erste Kommen Jesu, sondern auf seine Wiederkunft bezog.

Darum fragte Simon Petrus sofort: »Herr, wo gehst du hin?« (Johannes 13,36). Jesus antwortete: »Wo ich hingehe, kannst du mir diesmal nicht folgen; aber du wirst mir später folgen« (Vers 36). Petrus erwiderte: »Herr, warum kann ich dir diesmal nicht folgen? Ich will mein Leben für dich lassen« (Vers 37). Daraufhin sagte Jesus: »Du willst dein Leben für mich lassen? Wahrlich, wahrlich, ich sage dir: Der Hahn wird nicht krähen, bis du mich dreimal verleugnet hast« (Vers 38).

Die Botschaft, Gott zu vertrauen

Die Ereignisse im Obergemach, die Gottes neues Programm signalisierten, machten die Jünger bestürzt. Sie waren verstört durch Jesu Beispiel des Dienens. Sie waren entsetzt bei dem Gedanken, daß einer von ihnen Jesus verraten werde. Und nun, da Jesus sagte, er werde sie verlassen, und Petrus erwiderte, er werde für ihn sterben, offenbarte ihm Jesus, daß er ihn dreimal verleugnen werde, ehe der Morgen anbreche. Es war allen Jüngern klar, daß es für sie zu einer größeren Krise kommen müsse.

Den Jüngern schien es, als wäre alles verloren. Sie verloren ihre Hoffnung auf ein zukünftiges Reich auf Erden. Statt wie bisher sich zu Jesus zu bekennen, sollten sie ihn verraten und verleugnen und würden von den Schriftgelehrten und Pharisäern heftig angegriffen werden. Hinzu kam, daß Jesus sie verlassen wollte.

Es ist bemerkenswert, daß Jesus an dieser Stelle seiner Obergemach-Rede den Jüngern eine Lektion über das bleibende Werk Gottes während seiner Abwesenheit erteilte. Wenn die Hoffnung der Jünger auf ein zukünftiges Reich auch nicht sofort erfüllt würde, gab es vieles, was sich nicht änderte, und vieles, was weiteren Segen bringen würde. Aufgrund dessen sagte Jesus: »Euer Herz erschrecke nicht!« (Johannes 14,1). Er hatte gute und handfeste Gründe, daß sie nicht besorgt sein brauchten.

Jesus ermahnte seine Jünger: »Glaubt an Gott und glaubt an mich!« Johannes 14,1). Bei dieser Ermahnung, Gott beständig zu vertrauen, sammelte Jesus Beweise aus dem Alten Testament für die Treue Gottes gegenüber dem Volke Israel. Trotz ihrer Sünden und ihrer Fehltritten war Gott seinen Verheißungnen treu geblieben. Der Gott Israels würde auch weiterhin auf dem Thron sitzen.

Es ist kennzeichnend, daß Jesus hinzufügte: »und glaubt an mich!« (Johannes 14,1). Die Jünger hatten in den dreieinhalb Jahren, die sie mit Jesus gegangen waren, gelernt, daß sie ihm vertrauen konnten. In jeder Situation war Jesus überlegen. Er konnte fünftausend Menschen speisen. Er konnte die Kranken, die Blinden, die Lahmen heilen und den Tauben das Gehör geben. Er konnte Dämonen austreiben, und bei mehreren Anlässen weckte er Tote auf. Sie konnten aus diesen Erfahrungen lernen, daß Jesus nie versagt. In gewissem Sinne ist der Schlüssel zu diesem ganzen Kapitel, das von der Grundlage des Trostes in Gott handelt, in dieser Eingangsermahnung zu finden. Im Einklang mit der Bereitschaft Gottes, sich auf die Stufe des Menschen herabzulassen, um weitere Tatsachen zu enthüllen, gab Jesus den Jüngern weitere Verheißungen.

Die erste Verheißung der Entrückung

Um zu rechtfertigen, daß er sie verlassen wolle, sagte Jesus: »In meines Vaters Hause sind viele Wohnungen. Wenn's nicht so wäre, hätte ich dann zu euch gesagt: Ich gehe hin, euch die Stätte zu bereiten? Und wenn ich hingehe, euch die Stätte zu bereiten, will ich wiederkommen und euch zu mir nehmen, damit ihr seid, wo ich bin« (Johannes 14,2.3).

Zuvor hatte Jesus sein zweites Kommen verkündet (Matthäus 24,27). Hier jedoch ist die erste Erwähnung der Entrückung der Gemeinde in der Schrift. Obwohl Johannes lange nach der Offenbarung des Paulus über dies Thema in der Ordnung der kanonischen Offenbarung berichtet, hat Jesus dies bereits in der Nacht vor der Kreuzigung den Jüngern gesagt.

Die Jünger verstanden in der damaligen Situation jedoch nicht, wovon Jesus hier sprach. Angesichts der Tatsache, daß sie den Unterschied zwischen dem ersten und zweiten Kommen Jesu nicht begriffen, waren sie sicher nicht in der Verfassung, den Unterschied zwischen dem zweiten Kommen Jesu zur Aufrichtung des Tausendjährigen Reiches und der Entrückung zur Herausnahme der Gemeinde aus der Welt zum Himmel zu verstehen. Deshalb wurde die ganze Wahrheit über die Entrückung erst offenbart, als Paulus zusätzliche Information über dieses Thema erhielt.

Jesu Aussage war jedoch höchst bedeutsam, denn sie zeigte den Hauptunterschied zwischen der Entrückung und dem zweiten Kommen Jesu an. Bei der Entrückung wird die Gemeinde von der Erde genommen und ins Haus des Vaters gebracht, womit, wie der Textzusammenhang ergibt, der Himmel gemeint ist. Bei seinem zweiten Kommen wird Jesus vom Himmel auf die Erde herabkommen, um auf der Erde tausend Jahre zu bleiben und über sie zu herrschen. Die beiden Ereignisse sind völlig verschieden bezüglich des Zeitpunktes, der Umstände und des Zwecks.

Die Gewißheit der Erlösung

Im Zusammenhang mit seiner Aussage, er werde kommen und seine Jünger zum Haus des Vaters bringen, sagte Jesus weiter: »Und wo ich hingehe, den Weg wißt ihr« (Johannes 14,4). Dies stellte die Jünger vor ein neues Problem. Sie wußten nicht, wo Jesus hingehen würde, und Thomas ergriff das Wort und stellte Jesus die Frage, die wahrscheinlich alle Jünger hatten: »Herr, wir wissen nicht, wo du hingehst; wie können wir den Weg wissen?« (Vers 5).

Jesus gab Thomas zur Antwort: »Ich bin der Weg und die Wahrheit und das Leben; niemand kommt zum Vater denn durch mich« (Johannes 14,6).

Keine Aussage könnte einfacher und doch auch gründlicher sein als diese Feststellung Jesu. Er allein ist der Weg, die Straße zum Himmel. Er allein ist die

Wahrheit, da alle Wahrheit an ihm gemessen wird. Und er allein ist die Quelle ewigen Lebens. Der Weg zum Himmel geht durch Jesus, und keiner kann in den Himmel oder zum Vater kommen als nur durch die Erlösung in Jesus Christus. Wie auch immer ihre Zukunft aussah, die Jünger waren ihrer Erlösung durch den Glauben an Jesus gewiß.

Der himmlische Vater

Als Philippus vernahm, daß er nur durch Jesus zum Vater kommen konnte, sagte er: »Herr, zeige uns den Vater, und es genügt uns« (Johannes 14,8). In seiner Antwort lenkte Jesus die Aufmerksamkeit auf die Tatsache, daß er selbst die Offenbarung des Vaters ist: »Wer mich sieht, sieht den Vater! Wie sprichst du dann: Zeige uns den Vater?« (Vers 9). Jesus war die lebendige Verkörperung der Eigenschaften Gottes, des Vaters. Dann fragte Jesus: »Glaubst du nicht, daß ich im Vater bin und der Vater in mir?« (Vers 10). Mit anderen Worten: Jesus ist nicht nur die Offenbarung dessen, wer der Vater ist, sondern der Vater ist in ihm und er ist in dem Vater. Dies ist eine leise Vorbereitung der Wahrheit, die Jesus später offenbaren sollte – daß die Gläubigen in Christus sind. Die Tatsache, daß Gläubige in Christus einen himmlischen Vater haben, der unendlich reich, weise, mächtig und gnädig ist, ist ein wesentlicher Grund dafür, daß ein Christ unbesorgt sein kann in einer geplagten Welt.

Der Sohn als unser Mittler und Hoherpriester

Außer einem wunderbaren himmlischen Vater haben Gläubige einen Fürsprecher am Thron Gottes in der Person Jesu Christi, der unser Hoherpriester und Mittler vor Gott ist. Dies ist die Grundlage für den Ausspruch Jesu: »Wahrlich, wahrlich, ich sage euch: Wer an mich glaubt, der wird die Werke auch tun, die ich tue, und er wird noch größere als diese tun; denn ich gehe zum Vater« (Johannes 14,12). Der Gedanke, daß ein Gläubiger in Christus größere Wunder tun kann als Jesus selbst sie tat, ist höchst erstaunlich. Was Jesus jedoch sagte, war nicht, daß der Gläubige allein größere Dinge vermag als Jesus, sondern daß die Partnerschaft Jesu zur Rechten des Vaters und des Gläubigen auf Erden gemeinsam mehr für den Herrn bewirken wird, als wenn Jesus in seiner leiblichen Gegenwart auf Erden geblieben wäre. Als Jesus auf Erden weilte, konnte er zur gleichen Zeit nur an einem Ort sein, aber jetzt, da er im Himmel ist und die Gläubigen vertritt, kann er mit den Gläubigen in aller Welt in Partnerschaft treten und tatsächlich überall mit seinem Einfluß und seinem Werk zugegen sein. Hieraus ergibt sich ein größeres Werk als das, das er auf Erden tat.

Es ist auch wahr, daß das, was Gläubige durch diese Partnerschaft bewirken – Menschen zum ewigen Leben zu führen und sie zu Jüngern zu machen –, ein Werk ist, das unendlich in seiner Weite ist und viel größer als ein Schöpfungswerk, wenn auch beide übernatürlich sind.

Ein Ergebnis der Partnerschaft mit Jesus besteht für Gläubige darin, daß sie ihr Vorrecht im Gebet verherrlichen. Jesus sagte: »Und was ihr bitten werdet in meinem Namen, das will ich tun, damit der Vater verherrlicht werde im Sohn. Was ihr mich bitten werdet in meinem Namen, das will ich tun« (Johannes 14,13.14).

Oberflächlich betrachtet, scheint dies eine unbegrenzte Zusage Jesu an den Gläubigen zu sein, alle seine Gebete zu erhören. Diese Aussage muß jedoch im Zusammenhang der größeren Offenbarung des Wortes Gottes verstanden werden, wie es etwa in 1. Johannes 5,14 ausgedrückt wird: »Und das ist die Zuversicht, die wir haben zu Gott: Wenn wir um etwas bitten nach seinem Willen, so hört er uns.« Wenn ein Jünger um etwas bitten könnte, was dem Willen Gottes entgegengesetzt ist, würde Gott das Gebet nicht erhören. Jede Bitte im Gebet muß dem Willen Gottes untergeordnet sein.

Ein Gebetsanliegen, das erhört werden soll, muß einerseits vom Gläubigen ausgehen, andererseits von Jesus gebilligt werden. Man kann es mit einem Scheck mit zwei Unterschriften vergleichen. Das Gebetsanliegen hat die Unterschrift des Gläubigen, der die Bitte ausspricht. Wenn das Anliegen auch die Unterschrift Jesu trägt, ist es gleich, wie unmöglich, übernatürlich oder gewaltig die Bitte sein mag. Gott wird sie erhören.

Dies ist auch ein Korrektiv für uns und verherrlicht das Gebetsleben des Gläubigen. Es ermutigt dazu, daß wir unsere Bitten dem Herrn nennen; und wenn der Herr unsere Bitte nicht erhört, wird unsere Situation, wie sie ist, unter den Willen Gottes gestellt. Es ist eine Situation, die wir ertragen oder mit der wir umgehen sollen, bis Gott eine Änderung für angebracht hält. Weil die Angelegenheit vor Gott gebracht wurde, ändert auch scheinbar nicht erhörtes Gebet die Situation.

Der Heilige Geist

Zu dem Werk des Vaters und des Sohnes kommt noch der Heilige Geist als Teil des neuen Programms für Gläubige hinzu. Jesus verhieß, daß der Heilige Geist kommen und in den Gläubigen wohnen würde: »Liebt ihr mich, so werdet ihr meine Gebote halten. Und ich will den Vater bitten, und er wird euch einen andern Tröster geben, daß er bei euch sei in Ewigkeit: den Geist der Wahrheit, den die Welt nicht empfangen kann, denn sie sieht ihn nicht und kennt ihn nicht. Ihr kennt ihn, denn er bleibt bei euch und wird in euch sein« (Johannes 14,15-

17). Diese gewaltige Erklärung zeigt den großen Wechsel in dem neuen Programm im Vergleich zur Vergangenheit an. Der Heilige Geist war im Alten Testament und in den Evangelien »mit« den Gläubigen, aber von nun an sollte er »in« ihnen sein (Vers 17). Obwohl Jesus leiblich abwesend ist, wohnt jetzt der Heilige Geist in den Gläubigen.

Im Alten Testament wurden die Menschen durch den Heiligen Geist wiedergeboren, aber sie erfuhren nicht die Innewohnung des Heiligen Geistes. Deshalb wird berichtet, daß Jesus noch nach seiner Auferstehung den Jüngern eine besondere Ausstattung mit dem Heiligen Geist verlieh: »Und als er das gesagt hatte, blies er sie an und spricht zu ihnen: Nehmt hin den heiligen Geist!« (Johannes 20,22). Jesus tat dies im Bewußtsein der Tatsache, daß die Jünger, obwohl sie wiedergeboren und errettet waren, nicht von dem Heiligen Geist erfüllt waren. Er bezweckte damit, daß sie die Wahrheit verstehen konnten, die er ihnen anvertraute. Am Pfingsttag wurde diese dauernde Innewohnung durch die Ausgießung des Heiligen Geistes erfüllt.

Die Innewohnung des Heiligen Geistes wird oft in anderen Büchern des Neuen Testamentes erwähnt (zum Beispiel in Johannes 7,37-39; Apostelgeschichte 11,16.17; Römer 5,5; 8,9.11; 1. Korinther 2,12; 6,19.20; 12,13; 2. Korinther 5,5; Galater 3,2; 4,6; 1. Johannes 3,24; 4,13). Weil der Heilige Geist in dem Gläubigen wohnt, stammt sein geistliches Leben, sein Wirken, sein Dienst, der Gebrauch geistlicher Gaben und das Verständnis des Willens Gottes ganz aus der Tatsache, daß der Heilige Geist ihm als Beistand gegeben wurde. Dies ist eine Änderung der alttestamentlichen Situation, wo der Heilige Geist einem Menschen genommen werden konnte, wie es bei Saul der Fall war (1.Samuel 16,14). David betete, daß der Heilige Geist nicht von ihm genommen werde (Psalm 51,13). Dagegen wohnt der Heilige Geist beständig in den Gläubigen des gegenwärtigen Zeitalters (Johannes 16,17; Römer 5,5; 8,9.11; 1. Korinther 2,12; 6,19.20, 2. Korinther 5,5; Galater 3,2; 4,6; 1. Johannes 3,24; 4,13).

Weil der Heilige Geist in dem Gläubigen wohnt, kann jeder Gläubige mit dem Geist erfüllt sein und von ihm bevollmächtigt werden. Dies ist ein ganz wichtiger Gesichtspunkt von Gottes Programm für das gegenwärtige Zeitalter.

Christus und der Vater wohnen in dem Gläubigen

Jesus offenbarte auch, daß außer dem Heiligen Geist noch Gott, der Vater und Jesus selbst in dem Gläubigen wohnen: »Wer mich liebt, der wird mein Wort halten; und mein Vater wird ihn lieben, und wir werden zu ihm kommen und Wohnung bei ihm nehmen« (Johannes 14,23). Vater, Sohn und Heiliger Geist vereinen sich in ihrem Zeugnis Gläubigen gegenüber und ermöglichen es ihnen, die Wahrheit Gottes zu verstehen und zu lehren (Verse 25.26).

Übernatürlicher Friede

Eins der größten Vermächtnisse, das Jesus uns bei seiner Aufnahme in den Himmel hinterließ, war der unendliche und übernatürliche Friede Gottes, den Gläubige in unserer gegenwärtigen bösen Welt erfahren können. Jesus sagte: »Den Frieden lasse ich euch, meinen Frieden gebe ich euch. Nicht gebe ich euch, wie die Welt gibt. Euer Herz erschrecke nicht und fürchte sich nicht« (Johannes 14,27). Friede gehört zur Frucht des Geistes (Galater 5,22). Alle Faktoren, die Jesus in dieser Rede erwähnte, bilden die Grundlage für den Frieden des Gläubigen in einer friedelosen Welt.

In Christus

Zur wunderbaren Leitung des Heiligen Geistes, der in dem Gläubigen wohnt (Johannes 14, 17), fügte Jesus noch einen weiteren bestimmenden Faktor im neuen Programm für die Gemeinde hinzu: Gläubige sollten »in Christus« sein. In Johannes 14, 20 sagte er: »An jenem Tage werdet ihr erkennen, daß ich in meinem Vater bin und ihr in mir und ich in euch.« Die einfache Aussage: »ihr in mir« beinhaltet eine Eigenschaft der neuen Beziehung im gegenwärtigen Zeitalter, die in alttestamentlicher Zeit nie möglich gewesen war.

Die Taufe mit dem Heiligen Geist

Das Werk Gottes, den Gläubigen in Christus hineinzuversetzen, wird als Taufe mit dem Heiligen Geist bezeichnet. Dies wird, auch wenn es in Johannes 14 nicht vorkommt, elfmal im Neuen Testament erwähnt (Matthäus 3, 11; Markus 1, 8; Lukas 3, 16; Johannes 1, 33; Apostelgeschichte 1, 5; 11, 16; Römer 6, 1- 4; 1. Korinther 12, 13; Galater 3, 27; Epheser 4, 5; Kolosser 2, 12). Die Stellen vor Pfingsten, die sich in den Evangelien finden, waren prophetisch und kündigten ein zukünftiges Werk Gottes an, das in der Vergangenheit nicht geschehen war. Die Taufe mit dem Heiligen Geist geschah zu Pfingsten und war die Erfüllung der Verheißung Jesu in Apostelgeschichte 1,4.5: »Und als er mit ihnen zusammen war, befahl er ihnen, Jerusalem nicht zu verlassen, sondern zu warten auf die Verheißung des Vaters, die ihr, so sprach er, von mir gehört habt; denn Johannes hat mit Wasser getauft, ihr aber sollt mit dem Heiligen Geist getauft werden nicht lange nach diesen Tagen.« Obwohl die an Jesus Gläubigen wiedergeboren und in einigen Fällen mit dem Heiligen Geist erfüllt worden waren, war die Taufe mit dem Heiligen Geist ein Werk, das zum erstenmal am Pfingsttag geschah. An diesem Tag wurde jeder, der damals lebte und an Jesus glaubte, in den Leib Christi hineingetauft (1. Korinther 12, 13).

Besonderer Wert wurde darauf gelegt, daß die Taufe mit dem Heiligen Geist für Gläubige erneut im Hause des Kornelius geschah (Apostelgeschichte 10, 44-47). Als diese Gläubigen errettet wurden, wurden sie nicht nur von dem Heiligen Geist bewohnt und von ihm erfüllt, sondern auch von dem Geist getauft. Sie sprachen in Zungen, als sie mit dem Heiligen Geist erfüllt wurden. Die Taufe mit dem Heiligen Geist bewirkte, daß sie mit Jesus in eine lebendige Verbindung traten.

Als die Nachfolger des Apollo in Apostelgeschichte 19 wie die Menschen in Apostelgeschichte 10 zu Jesus geführt wurden, wurden sie ebenfalls mit dem Heiligen Geist getauft und sprachen in Zungen, was ein Zeichen dafür war, daß sie erlöst und mit dem Heiligen Geist erfüllt worden waren. In 1. Korinther 12,13 wird ausdrücklich gesagt, daß jeder in dem Augenblick mit dem Heiligen Geist getauft wird, da er gläubig wird: »Denn wir sind durch **einen** Geist alle zu **einem** Leib getauft, wir seien Juden oder Griechen, Sklaven oder Freie, und sind alle mit **einem** Geist getränkt.« Obwohl nicht alle Gläubigen mit dem Heiligen Geist erfüllt sind, werden doch alle Gläubigen mit dem Heiligen Geist getauft und durch den Geist wiedergeboren und von ihm bewohnt. In der frühen Gemeinde war es automatisch ein Beweis, daß die beständigen Werke des Geistes schon gewirkt worden waren, wenn jemand mit dem Geist erfüllt war.

Die Taufe mit dem Heiligen Geist sondert Gläubige im gegenwärtigen Zeitalter ab von Gläubigen in früheren Heilszeiten und auch von denen, die im Tausendjährigen Reich an Christus glauben werden.

Mit der Taufe des Geistes werden Gläubige nicht nur in Christus hineinversetzt, sondern Juden und Heiden werden auf einer gemeinsamen Grundlage zusammengefügt, die die Unterscheidung zwischen ihnen ausmerzt. Diese Wahrheit wird als ein Geheimnis bezeichnet – das heißt, als eine Wahrheit, die im Alten Testament nicht gelehrt wurde, aber jetzt im Neuen Testament gelehrt wird. Paulus schrieb den Ephesern:

> »Ihr habt ja gehört, welches Amt die Gnade Gottes mir für euch gegeben hat:
> Durch Offenbarung ist mir das Geheimnis kundgemacht worden, wie ich eben aufs kürzeste geschrieben habe.
> Daran könnt ihr, wenn ihr's lest, meine Einsicht in das Geheimnis Christi erkennen.
> Dies war in früheren Zeiten den Menschenkindern nicht kundgemacht, wie es jetzt offenbart ist seinen Aposteln und Propheten durch den Geist;
> nämlich daß die Heiden Miterben sind und mit zu seinem Leib gehören und Mitgenossen der Verheißung in Christus Jesus sind durch das Evangelium« (3, 2-6).

Daß Gläubige – ob Juden oder Heiden – in Christus sind, ist einer der markantesten Beweise dafür, daß ein neues Programm aufgestellt wurde. Im Alten Testament wurden die Juden gesondert von den Heiden behandelt, und Gottes Absicht für die Juden war auf sie beschränkt. In dem zukünftigen Tausendjährigen Reich werden Juden und Heiden wieder getrennt behandelt werden, obwohl beide gerettet werden können und beide die Segnungen des Reiches genießen dürfen. Im gegenwärtigen Zeitalter legt das neue Programm für die Gemeinde die Unterscheidung von Juden und Heiden beiseite, und Juden wie Heiden nehmen an den überfließenden Reichtümern der Gnade in Christus Jesus Anteil.

Die Taufe mit dem Heiligen Geist geschieht jetzt nach der Schrift im Augenblick des rettenden Glaubens und ist kein Folgewerk des Heiligen Geistes im Gegensatz zum Erfülltwerden mit dem Geist, was nach der Erlösung geschehen kann. Die Taufe mit dem Heiligen Geist geschieht ein für allemal und wird nie wiederholt. Entsprechend werden Christen nie ermahnt, die Taufe mit dem Heiligen Geist zu suchen, da sie automatisch ein Teil der Erlösung ist. Wenn sie auch nicht die Fülle des Geistes haben mögen, so wird doch die Taufe mit dem Geist jedem Gläubigen zugesichert. Die Taufe ist naturgemäß eine Sache der Stellung, da ein Gläubiger in Christus und in dem Leib Christi ist, und sie hat keinen direkten Bezug zur menschlichen Erfahrung, obwohl sich menschliche Erfahrung daraus ergeben kann. Alle Erfahrungen, die ein Christ haben kann, sind das Ergebnis der Erlösung, von der die Taufe ein Teil ist. Aufgrund der Taufe mit dem Geist sind Gläubige neu mit Christus und mit anderen Gläubigen verbunden. Sie haben eine neue Stellung des Seins in Christus, anders als Adam, und sie haben ein neues Verhältnis zu Gott und zu allen anderen Gläubigen auf diese besondere Weise.

In dem neuen Programm für die Gemeinde wird die Beziehung der Gläubigen zu Jesus Christus in zwei Bildern illustriert, dem des Weinstocks und der Reben und dem von den Gliedern des Leibes und dem Haupt des Leibes.

Der Weinstock und die Reben

In dem Bild des Weinstocks, der Christus darstellt, und den Reben, die die Gläubigen darstellen, wird die Wahrheit über die lebendige Verbindung zwischen den beiden hinsichtlich des Fruchtbringens gelehrt. Jesus sagte: »Ich bin der wahre Weinstock, und mein Vater der Weingärtner. Eine jede Rebe an mir, die keine Frucht bringt, wird er wegnehmen; und eine jede, die Frucht bringt, wird er reinigen, daß sie mehr Frucht bringe« (Johannes 15, 1.2).

Zwei Arten von Reben werden in der Illustration genannt: Reben, die am Weinstock bleiben und Frucht bringen, und Reben, die nicht am Weinstock bleiben und keine Frucht bringen. Es wird vorausgesetzt, daß Reben, die eine echte und lebendige Verbindung mit dem Weinstock haben, fruchtbringende Reben sind. Jesus sagte: »Ich bin der Weinstock, ihr seid die Reben. Wer in mir bleibt und ich in ihm, der bringt viel Frucht; denn ohne mich könnt ihr nichts tun. Wer nicht in mir bleibt, der wird weggeworfen wie eine Rebe und verdorrt, und man sammelt sie und wirft sie ins Feuer, und sie müssen brennen« (Johannes 15, 5.6). Wenn wir versuchen, das Bild zu verstehen, sollten wir daran denken, daß Jesus nicht über Erlösung oder Fruchtbringen redet. Es geht vielmehr darum, daß Reben, die keine Frucht tragen, keine echten Reben sind und abgeschnitten und verbrannt werden müssen, weil sie nichts zur Frucht des Weinstocks beitragen.

Wenn eine Rebe in dem Weinstock bleibt, wird ihr vor allem verheißen, daß ihr Gebet erhört wird: »Wenn ihr in mir bleibt und meine Worte in euch bleiben, werdet ihr bitten, was ihr wollt, und es wird euch widerfahren« (Johannes 15, 7).

Drei Ebenen des Fruchtbringens werden erwähnt: »Frucht« (Vers 2), »mehr Frucht« (Vers 2) und »viel Frucht« (Verse 5.8). Ein Nebenprodukt von viel Fruchtbringen ist die Freude, dem Herrn zu dienen (Vers 11).

Der zentrale Gedanke in dem Bild vom Weinstock und den Reben ist, daß Christen nicht erwarten können, viel für Gott auszurichten, wenn sie nicht in der Gemeinschaft mit dem Heiland leben und von ihm Leben und Stärke beziehen. Wenn sie Frucht bringen, wird die Frucht dieselbe Eigenschaft haben wie der Weinstock, von dem sie ihr Leben hat.

Das Haupt und die Glieder

Wie wir schon im vorigen Kapitel über die Taufe mit dem Heiligen Geist feststellten, wird der Leib Christi in dem Augenblick gebildet, da die Gläubigen errettet werden, und sie werden zu einer lebendigen Einheit zusammengefügt, in der alle Gläubigen mit Christus als dem Haupt des Leibes verbunden sind. Das war im Alten Testament nicht so. Obwohl es einen Leib von Gläubigen gab, der aus Israeliten und Heiden zusammengesetzt war, die errettet waren, hatten sie dennoch keine organische Einheit. In dem neuen Programm für die Gemeinde werden Juden und Heiden in einer lebendigen Einheit zusammengebracht, wobei alle rassischen Unterschiede zwischen ihnen ausgeschaltet werden. In Epheser 2, 14 heißt es: »Denn er (Christus) ist unser Friede, der aus beiden **eines** gemacht hat und den Zaun abgebrochen hat, der dazwischen war, nämlich die Feindschaft.« Paulus fährt fort: »Durch das Opfer seines Leibes hat er abgetan das Gesetz mit seinen Geboten und Satzungen, damit er in sich selber aus den zweien **einen neuen** Menschen schaffe und Frieden mache und die beiden versöhne mit Gott in **einem** Leib durch das Kreuz, indem er die Feindschaft tötete durch sich selbst« (Verse 15.16). Aufgrund dessen sind jetzt in der neuen Ordnung Heiden und Juden eins in der Haushaltung Gottes:

> »So seid ihr nun nicht mehr Gäste und Fremdlinge, sondern Mitbürger der Heiligen und Gottes Hausgenossen,
> erbaut auf den Grund der Apostel und Propheten, da Jesus Christus der Eckstein ist,
> auf welchem der ganze Bau ineinandergefügt wächst zu einem heiligen Tempel in dem Herrn.
> Durch ihn werdet auch ihr miterbaut zu einer Wohnung Gottes im Geist« (Verse 19-22).

Zusätzlich zu der Analogie des menschlichen Körpers wird der Gedanke eingebracht, daß die Gemeinde ein Gebäude ist, erbaut auf dem Fundament, dessen Eckstein Jesus selbst ist. Es geht darum, daß alle Gläubigen, unabhängig von ihrem Hintergrund, jetzt eine Behausung für den Geist Gottes sind.

Wie schon gesagt, ist dies das Geheimnis – das heißt die Wahrheit, die nicht im Alten Testament offenbart worden ist, daß Juden und Heiden dasselbe geistliche Erbe in dem neuen Programm für die Gemeinde haben.

In Epheser 4, 4-6 heißt es, daß in dem Leib Jesu Einheit herrschen sollte: »ein Leib und ein Geist, wie ihr auch berufen seid zu einer Hoffnung eurer Berufung: ein Herr, ein Glaube, eine Taufe; ein Gott und Vater aller, der da ist über allen und durch alle und in allen.« Jedoch illustriert das Bild vom Leib die Verschiedenheit der Gläubigen genauso wie ihre Einheit. Im menschlichen Körper haben verschiedene Teile verschiedene Funktionen und verschiedene Fähigkeiten. So haben auch im Leib Christi die einzelnen Gläubigen verschiedene Eigenschaften, aber sie sind miteinander verbunden. In Epheser 4,16 steht geschrieben: »von dem (Christus) aus der ganze Leib zusammengefügt ist und ein Glied am andern hängt durch alle Gelenke, wodurch jedes Glied das andere unterstützt nach dem Maß seiner Kraft und macht, daß der Leib wächst und sich selbst auferbaut in der Liebe.«

Die Gaben des Leibes: Geistliche Gaben

Die Glieder des Leibes sind mit besonderen geistlichen Gaben ausgestattet. Einige der wunderbaren Gaben, die es im ersten Jahrhundert gab, verschwanden, nachdem das Neue Testament geschrieben war, weil diese Gaben nun nicht mehr nötig sind. In der frühen Gemeinde gab es die Gabe des Apostels, wie sie Paulus (Römer 1, 1; 1. Korinther 1, 1 und andere), Barnabas (Apostelgeschichte 11,

23-26) und andere besaßen. Apostel wurden von Gott erwählt und ausgesandt, Gott zu vertreten.

Einige frühe Christen hatten die Gabe der Prophetie – das heißt, sie konnten Wahrheit von Gott in einer bevollmächtigten und akkuraten Weise vermitteln (Römer 12, 6; 1. Korinther 12, 10.28; 14, 1- 40). Ein Prophet mußte das Wort genau erhalten und fähig sein, es wirksam zu vermitteln. Das schloß nicht nur zukünftige Ereignisse ein, sondern auch Gottes Belehrung über besondere Nöte in der Gemeinde.

Eine weitere wichtige Gabe war die, Wunder zu tun, was oft als ein Zeichen der Echtheit des Evangeliums angesehen wurde und dafür, daß ein Mensch von Gott gesandt war (1. Korinther 12,28). Obwohl Gott auch heute Wunder tut, verschwand die Gabe, Wunder als Beweis dafür zu tun, daß die Botschaft von Gott gegeben wurde. Dasselbe gilt für die Gabe des Heilens, was eine Art Wundertat war (1. Korinther 12,9.28.30). Gott kann auch heute auf übernatürliche Weise heilen, aber nicht als ein Zeichen zur Bestätigung des Evangeliums.

Eine hervorstechende Gabe in der apostolischen Zeit war die der Zungenrede, die Fähigkeit eines Menschen, in Sprachen zu reden, die er normalerweise nicht sprechen kann. Drei wichtige Abschnitte findet man in der Apostelgeschichte (2,1-13; 10,46; 19,6). Zungerede wird sonst nur noch in 1. Korinther erwähnt, wo Paulus die Gemeinde rügte, weil sie die Gabe mißbrauchte (12,10.28.30; 14,1-40). Obwohl heute einige behaupten, die Gabe der Zungenrede zu besitzen, glauben viele andere, daß der moderne Gebrauch der Zungenrede der Offenbarung der Schrift nicht entspricht, da es heute nicht mehr nötig ist, die Botschaft Gottes in dieser Weise zu bekräftigen; denn das Neue Testament ist abgeschlossen.

In 1. Korinther 14 wird die Gabe der Zungenrede ausführlich erörtert, und ihre Grenzen werden aufgezeigt. Zungenrede wird als eine geringe Gabe und der Prophetie unterlegen gekennzeichnet (Verse 1-12). In diesem Zusammenhang sagt Paulus, daß er, obwohl er die Gabe der Zungenrede habe, lieber fünf Worte sagen würde, die verstanden werden, als zehntausend Worte in Zungen (Vers 19). Die Ausübung der Zungenrede war verboten, wenn nicht ein Ausleger anwesend war (Verse 13-20). Der Zweck der Zungenrede war vor allem, ein Zeichen für Ungläubige zu sein, daß die Botschaft, die in verständlicher Sprache gegeben wurde, von Gott war (Vers 21.22). Wenn Zungenrede erlaubt war, sollten nur zwei oder drei sprechen und wiederum nur, wenn ein Ausleger anwesend war (Verse 27.28). In diesem Zusammenhang war es Frauen nicht erlaubt, in öffentlichen Versammlungen in Sprachen zu sprechen. Paulus machte deutlich, daß Zungenrede zwar eine Gabe in apostolischer Zeit und nicht verboten war, daß aber andere Gaben viel wichtiger waren, besonders die Gabe der Prophetie (Vers 39).

Die moderne Betonung der Zungenrede ist in der Bibel nicht zu finden. In den Briefen wird sie nur in 1. Korinther erwähnt. Die Offenbarung (zum Beispiel 7, 9) spricht von Sprachen nur in ihrem gewöhnlichen Sinn. Sogar in apostolischer Zeit gab es gute Gründe, Zungenrede als vorübergehende Gabe zu betrachten. Die Ausübung der Gabe wurde nur dreimal in der Apostelgeschichte erwähnt, und es gibt keinen Bericht darüber, daß Jesus oder die Apostel jemals öffentlich in Zungen geredet haben. Zungen sollten ein Zeichen sein, besonders für Israel, um es für den Herrn zu gewinnen, und sind angemessen als Erfüllung von Jesaja 28,11, das in 1. Korinther 14, 21 zitiert wird: »Ich will in anderen Zungen und mit anderen Lippen reden zu diesem Volk, und sie werden mich auch so nicht hören, spricht der Herr.« Daß einige Gaben nur zeitweise vorkommen, wird auch in Gaben wie dem Apostelwesen, der Prophetie, den Wundern und dem Heilen deutlich. In 1. Korinther 13, 8 stellt Paulus auch fest, daß Zungenrede aufhören wird, obwohl nicht klar ist, wann dies geschehen wird. Übernatürliche Offenbarung an einzelne, die sie befähigt, zu weissagen, hörte auf, als das Neue Testament geschrieben war. Und niemand ist seit dem ersten Jahrhundert in der Lage gewesen, der Bibel auch nur einen Vers hinzuzufügen.

Das Hauptproblem bei der Zungenrede ist, daß sie heute übertrieben und ihr eine Stellung eingeräumt wird, die über das hinausgeht, was die Bibel lehrt. Die Zungenrede war sogar in apostolischer Zeit die geringste der geistlichen Gaben. Sie entscheidet nicht, ob ein Mensch erlöst oder geistlich ist, und ist nicht untrennbar mit der Taufe des Heiligen Geistes verbunden. Jeder Christ wird vom Geist getauft (1. Korinther 12, 13), aber es sollte klar sein, daß viele wiedergeborene Christen nicht in Zungen reden. In der frühen Gemeinde hing die Ausübung der Zungenrede von der Anwesenheit eines Auslegers ab (1. Korinther 12, 10; 14, 26-28). Angesichts der Tatsache, daß heute niemand beweisen kann, daß er die Gabe des Auslegens von Zungen hat, sollte die Gabe, wenn sie überhaupt existiert, nur privat ausgeübt werden. Wenn in der frühen Gemeinde eine besondere Offenbarung gegeben wurde, war es auch wichtig, daß die Gemeinde imstande war, zu entscheiden, ob sie von Gott kam oder nicht. Deshalb war die Fähigkeit wichtig, zwischen dem Heiligen Geist und dem Werk von Dämonen zu unterscheiden (vergleiche 1. Johannes 4,1). Insgesamt ist die Lehre der Gemeinde als des Leibes Christi eine zentrale Angelegenheit im neuen Programm für das gegenwärtige Zeitalter, die im Alten Testament nicht vorausgesagt wurde.

Die Gemeinde als ein Bau

Wie wir schon im Zusammenhang mit Epheser 2, 19-21 erwähnten, wird die Gemeinde oft als ein Gebäude dargestellt, das auf Christus als dem Eckstein erbaut ist. Das Bild der Gemeinde als eines Gebäudes wird auch in 1. Korinther 3, 11-15 gebraucht, wo Christus als das Fundament bezeichnet wird. Auf diesem Fundament errichten Gläubige ihr Lebenshaus aus Gold, Silber und kostbaren

Steinen, Holz, Heu oder Stroh. Dieses Gebäude soll durch das Feuer des Gerichts geprüft werden (1. Korinther 3, 13). Gold, Silber und Edelsteine stellen das dar, was nach dem reinigenden Feuer bleibt, während Holz, Heu und Stoppeln verzehrt und zu Asche verbrannt werden. Wenn dies auch nicht ausdrücklich erläutert wird, so scheint doch Gold die Herrlichkeit Gottes zu bezeichnen, Silber die Erlösung oder Evangelisation, und Edelsteine die vielen anderen Facetten des geistlichen Lebens, die Gott ehren. Das Gebäude kann hier auch als gesamte Gemeinde verstanden werden und zeigt, wie die Gemeinde für ewige Werte leben sollte. Dieselbe Vorstellung von einem Gebäude, dessen Eckstein Jesus ist, findet sich in 1. Petrus 2, 4-8. Christus, der von den Bauleuten verworfen wurde, wird einmal der »Eckstein« werden (1. Petrus 2, 7). Die Gemeinde ist ein »geistliches Haus« und soll ein »heiliges Priestertum« sein (1. Petrus 2, 5).

Das Bild vom Hirten und den Schafen

In Vorwegnahme des Zeitalters der Gemeinde bezeichnete Jesus seine Jünger als Schafe und sich selbst als den Hirten. Jesus sagte: »Ich bin die Tür zu den Schafen« (Johannes 10, 7). Wer eintritt, wird errettet (Vers 9). Im Blick auf das zukünftige Zeitalter fügte er hinzu: »Und ich habe noch andere Schafe, die sind nicht aus diesem Stall; auch sie muß ich herführen, und sie werden meine Stimme hören, und es wird **eine** Herde und **ein** Hirte werden« (Vers 16). Obwohl Jesus die Juden seine Herde nannte, sah er hier bereits die Gemeinde voraus, in der Juden und Heiden eine Herde unter einem Hirten sein würden. Die wichtige Wahrheit, die in dem Hirten und den Schafen zum Tragen kommt, ist die äußerste Abhängigkeit des Schafes von seinem Hirten, der es leiten muß, ihm Nahrung verschafft, es schützt und stärkt. Die Bedingung für das Schaf ist, die Stimme des Hirten zu hören und ihm zu folgen.

Der letzte Adam und die neue Schöpfung

Jesus wurde in 1. Korinther 15, 45 als »der letzte Adam« bezeichnet. Als solcher ist er das Haupt einer neuen Menschheit, die sich aus ihm und der Gemeinde zusammensetzt, wie Adam das Haupt der natürlichen Menschheit, der erste war, der geschaffen wurde. Entsprechend ist Jesus das Haupt der neuen Schöpfung (2. Korinther 5, 17; vergleiche Galater 6, 15). Wie die alte Schöpfung aus Adam und seinen Nachkommen bestand, so besteht die neue Schöpfung aus Christus und denen, die in ihm erfunden werden. Wie Adam aus dem Staub der Erde gebildet wurde und er physisches Leben bei seiner Schöpfung erhielt, so mußte Jesus aus dem Grab auferweckt werden, um seine Rolle als letzter Adam zu erfüllen. Er vermag jetzt ewiges Leben und Erlösung denen zu verleihen, die auf ihn trauen (Johannes 1, 4; 6, 54; 10, 28; 17, 2). In der Lehre vom letzten Adam und der neuen Schöpfung wird betont, daß dies ein Werk Gottes für die Menschen und nicht ein Werk von Menschen für Gott ist.

Der Hohepriester und das Reich von Priestern

Christus ist der Hohepriester, und die Gläubigen sind Priester. Wie in Hebräer offenbart wird, hatte Jesus alle erforderlichen Eigenschaften, Hoherpriester zu sein, der von Gott selbst ernannt wurde (5, 1-10). In seinem Priestertum erfüllte er, was in dem Typus des Melchisedek, des Priesters, dem Abraham den Zehnten gab, vorgeschattet wurde. Wie bei Melchisedek war seine Priesterschaft auf eine Ernennung durch Gott gegründet, nicht auf ein erbliches Amt, und wie Melchisedek hatte er keine Nachfolger. Sein Dienst und seine Stellung als Hoherpriester sind ewig, wie es in Psalm 110, 4 ausgesagt wird:

»Der HERR hat geschworen, und es wird ihn nicht gereuen: ›Du bist ein Priester ewiglich nach der Weise Melchisedeks.‹«

Hierdurch kann Jesus der »Urheber des ewigen Heils für alle, die ihm gehorsam sind« (Hebräer 5, 9), sein. Man hat versucht, den Anfang der Priesterschaft Jesu zu datieren, aber es ist wahrscheinlich am besten, seine Priesterschaft als ewig zu betrachten, auch wenn er sein Priesteramt erst ausübte, als er Mensch wurde.

Als Hoherpriester übt Jesus sein Priestertum im Himmel aus (Hebräer 8, 2). Er dient im himmlischen Heiligtum, nicht dem »Abbild und Schatten des Himmlischen« (Vers 5). Als Mittler verwaltet er den Bund, der dem alten Bund des Mose überlegen ist (Vers 6). Als Hoherpriester opferte er seinen eigenen Leib als ein letztes und endgültiges Opfer für die Sünde der Welt im Gegensatz zu den täglichen Opfern, die unter dem mosaischen Gesetz geschahen (7, 27). In seinem Opfer wurde er unser Erlöser, unsere Versöhnung und unsere Sühne.

Weil er unser Hoherpriester ist, opfert er nicht nur, sondern er tritt auch für uns ein, wie es in Hebräer 7, 25 heißt: »Daher kann er auch für immer selig machen, die durch ihn zu Gott kommen; denn er lebt für immer und bittet für sie.«

Weil der einzelne Gläubige mit Jesus Christus, dem königlichen Hohenpriester, verbunden ist, gehört er auch zu einer königlichen Priesterschaft und hat die wichtige Funktion, mit Christus sein priesterliches Eintreten zu teilen. Deshalb können Gläubige Opfer bringen wie etwa das Opfer ihres Leibes (Römer 12, 1), Lobopfer, Gutes tun, mit anderen teilen, wie es in Hebräer 13, 15.16 steht. »So laßt uns nun durch ihn Gott allezeit das Lobopfer darbringen, das ist die Frucht der Lippen, die seinen Namen bekennen. Gutes zu tun und mit anderen zu teilen, vergeßt nicht; denn solche Opfer gefallen Gott.« Es ist wichtig für Gläubige, sich völlig dem Herrn auszuliefern, wie es in der Opferung unseres Leibes klar zum Ausdruck kommt. Es ist auch lebensnotwendig, daß wir Gott Lob opfern und Dank. Dies sollte zu unserer geistlichen Erfahrung gehören. Christen sollten auch mit anderen teilen. Die Bibel sagt eine Menge über unsere Aufopferung. Sie sollte systematisch geschehen (1. Korinther 16, 2), regelmäßig, im Verhältnis zu Gottes Segnungen stehen, opferbereit (2. Korinther 8, 2), freiwillig (9, 6) und freudig (Vers 7). Und wenn wir geben, sollen wir Gott vertrauen, daß er uns in bezug auf alle unsere Bedürfnisse versorgt (Vers 8).

Die Gläubigen sollen als Priester sich der Fürbitte befleißigen; Christus im Himmel ist unser Gebetspartner. Wenn Christen Fürbitte tun, schließen sie sich sozusagen einer bereits stattfindenden Gebetsversammlung an und vermögen darum auch im Namen Jesu zu beten (Johannes 14, 13.14). Gläubige können in ihrem Gebetsleben als Jesu Priester handeln und dürfen erwarten, daß Gott ihr Gebet hört und beantworten wird.

Das Bild von Christus, dem Bräutigam, und der Gemeinde als der Braut

Das Bild von Christus als dem Bräutigam und der Gemeinde als der Braut wird im Alten Testament nicht explizit gelehrt. Obwohl die Bibel die Hochzeit als eine Illustration geistlicher Beziehungen gebraucht, findet sich nichts derartiges im Alten Testament. Israel wurde als die Frau Jahwes bezeichnet, die mit ihm den Bund der Ehe eingegangen ist, aber ihrem Ehemann untreu wurde und das Ehegelübde verletzt hat (Jesaja 54, 1-17; Jeremia 3, 1.14.20; Hosea 2, 1-23).

Die Gemeinde wird im Neuen Testament nicht als Ehefrau gezeichnet, sondern als Braut, die auf ihren Bräutigam wartet (2. Korinther 11, 2; Epheser 5, 25-27; Offenbarung 19, 6-8). Das gegenwärtige Zeitalter wird als die Vorbereitungszeit der Braut angesehen. In Johannes 14, 2 sagte Jesus, er werde zum Himmel gehen, um für die Seinen eine Wohnung zu bereiten. Der größte Teil des Wirkens im gegenwärtigen Zeitalter dreht sich jedoch um die Braut selbst, wie es in Epheser 5, 25-33 gesagt ist. In Epheser 5, 25 mahnte Paulus: »Ihr Männer, liebt eure Frauen, wie auch Christus die Gemeinde geliebt hat und hat sich selbst für sie dahingegeben.« Dies bezieht sich natürlich auf Jesu Kreuzestod, als er für die starb, die die Gemeinde bilden, den Leib Christi. Das ist bereits vollbracht.

Im gegenwärtigen Zeitalter wirkt Jesus jedoch an seiner Gemeinde, »um sie zu heiligen. Er hat sie gereinigt durch das Wasserbad im Wort« (Epheser 5, 26).

Es wird hier nicht etwa auf die Taufe Bezug genommen, sondern auf die reinigende und heiligende Kraft des Wassers des Wortes Gottes. Die Gemeinde ist fortlaufender Reinigung ausgesetzt, und dies wird schließlich dazu führen, daß sie Christus als Braut vorgestellt wird.

Die Absicht Jesu in der Zukunft ist, »sie sich als eine Gemeinde vor sich zu stellen, die herrlich sei und keinen Flecken oder Runzel oder etwas dergleichen habe, sondern die heilig und untadelig sei« (Epheser 5, 27). Dies bezieht sich auf die schließliche Vollendung der Gemeinde, wenn sie Christus begegnet. Und wenn sie ihn sieht, wird sie ihm gleich sein (1. Johannes 3, 2). Die Gemeinde wird in jenem Augenblick »strahlend« sein und die Herrlichkeit und Vollkommenheit Jesu widerspiegeln. Es wird keinen »Flecken« geben oder Befleckung mit Sünde, keine »Runzel« oder Zeichen des Alters und keine Schande oder Entstellung. In jeder Hinsicht wird die Gemeinde durch die Gnade Gottes vollkommen dargestellt werden. Deshalb wartet die Gemeinde im gegenwärtigen Zeitalter auf das Kommen Jesu, der zur Entrückung der Gemeinde erscheinen wird. Die Gemeinde wird in einem Augenblick vollendet werden und ihrem Herrn in der Luft entgegeneilen, um mit ihm zum Himmel zu gehen.

Nimmt man alle sieben Bilder der zentralen Eigenschaften der Gemeinde Jesu zusammen, erhält man ein Panorama der Hauptpunkte des gegenwärtigen Programms Gottes in der Welt und seiner Ziele für die Gemeinde. Die Gemeinde erfüllt eindeutig nicht Gottes Ziele für Israel und erbt weder dessen Verheißungen noch seine Gerichte. Vielmehr ist die Gemeinde eine besondere Absicht Gottes, die den alttestamentlichen Propheten verborgen war, aber jetzt im Neuen Testament offenbart ist. Wenn die Entrückung der Gemeinde stattgefunden hat, wird Gottes Programm zu den zwei Linien seines Handelns mit Israel und den Heiden als zwei getrennten Wesenheiten zurückkehren.

22 Zeichen der Wiederkunft Jesu

Der Hintergrund der Ölbergrede

Jesu Ölbergrede, so genannt, weil er sie auf dem Ölberg gehalten hat, der östlich von Jerusalem liegt, wird in drei der vier Evangelien berichtet (Matthäus 24-25; Markus 13, 1-27; Lukas 21, 5-36). Jesus hielt die Rede nur zwei Tage vor dem Passa und drei Tage vor seiner Kreuzigung, um die Fragen von vier seiner Jünger – Petrus, Jakobus, Johannes und Andreas – zu beantworten (Matthäus 26, 2). Die Rede bezieht auch die Angst der Jünger über die Wende im öffentlichen Wirken Jesu mit ein.

Der wachsende Widerstand und Unglaube der jüdischen Führer. Jesus hatte den Jüngern viele Gründe zur Furcht gegeben. In Matthäus 21, 33-46 hatte Jesus das Gleichnis von dem Hausherrn erzählt, dessen Sohn von seinen Weingärtnern getötet wurde. Jesus meinte mit dem Sohn sich selbst. Bei mehreren Begebenheiten hatte Jesus ihnen klar gesagt, daß er sterben werde (Matthäus 16, 21; 20, 18.19). Die Jünger waren Jesus nachgefolgt in der Erwartung, daß er das prophezeite herrliche Königreich aufrichten werde, und daß sie auf Thronen sitzen werden, um die zwölf Stämme Israels zu richten (Matthäus 19, 28.29). Die Ereignisse gingen nicht den erwarteten Weg, denn die Opposition der jüdischen Führer nahm bedrohlich zu. Die Jünger wußten auch, daß die Juden Jesus töten wollten.

Hinzu kam, daß Jesus die jüdischen Führer äußerst scharf kritisiert hatte (Matthäus 23, 1-36). Er hatte sie Heuchler genannt (Vers 13.14.15.23.25.27-29). Er hatte sie beschuldigt, aus ihren Proselyten Kinder »der Hölle« zu machen, »doppelt so schlimm wie« sie selbst (Vers 15). Sie seien »verblendete Führer« (Verse 16.24) und »Narren und Blinde« (Vers 17). Jesus warf ihnen vor, sie ließen »das Wichtigste im Gesetz beiseite, nämlich das Recht, die Barmherzigkeit und den Glauben« (Vers 23). Sie seien wie »Schüsseln«, die »außen gereinigt, innen aber voller Raub und Gier« sind (Vers 25). Sie seien »blinde Pharisäer« (Vers 26), »wie die übertünchten Gräber« (Vers 27), »voller Heuchelei und Unrecht« (Vers 28), »schuldig geworden am Blut der Propheten« wie ihre Väter (Verse 30.31). Sie seien »Schlangen« und »Otternbrut« (Vers 33), zur »höllischen Verdammnis« bestimmt (Vers 33). Am Ende dieser seiner Anschuldigungen sprach er die Klage über Jerusalem aus: »Jerusalem, Jerusalem, die du tötest die Propheten und steinigst, die zu dir gesandt sind! Wie oft habe ich deine Kinder versammeln wollen, wie eine Henne ihre Küken versammelt unter ihre Flügel; und ihr habt nicht gewollt! Siehe, ›euer Haus soll euch wüst gelassen werden‹. Denn ich sage euch: Ihr werdet mich von jetzt an nicht sehen, bis ihr sprecht: Gelobt sei, der da kommt im Namen des Herrn!« (Verse 37-39).

Die Jünger, die von Jesus getröstet werden wollten und die Versicherung seines herrlichen Königreiches erwarteten, wurden von Jesus kaum ermutigt. Als sie den Tempel verließen und über den Bach Kidron zum Ölberg hinaufstiegen, wollten die Jünger Jesus zeigen, daß trotzdem nicht alles so schlimm war, wie er es gesagt hatte, denn der großartige Tempel wurde verschönert und die Bauarbeiten würden bald beendet sein (Matthäus 24, 1).

Jesus wies abrupt darauf hin, wie sehr sie sich täuschten, wenn sie auf das Äußere des Tempels sahen: »Seht ihr nicht das alles? Wahrlich, ich sage euch: Es wird hier nicht ein Stein auf dem andern bleiben, der nicht zerbrochen werde« (Vers 2).

Die Jünger folgerten richtig, daß es wenig Aussicht auf ein herrliches Königreich gebe, das sie mit Jesus teilen würden, wenn der großartige Tempel zerstört werden sollte, so daß kein Stein auf dem andern bliebe. Der Bau des Tempels hatte 20 v. Chr. begonnen, als Jesus noch nicht geboren war, und war jetzt nahe der Vollendung, obwohl es noch dreißig Jahre dauern sollte, bis die verschiedenartigen Gebäude, die aus Steinen errichtet wurden, welche in den Steinbrüchen unter der Stadt Jerusalem gehauen wurden, fertiggestellt waren. Weltliche Quellen lassen erkennen, daß die Steine oft zehn, zwanzig oder sogar dreißig Tonnen wogen und genau behauen waren, auf Rollen von den Steinbrüchen über Erdrampen zum Tempel transportiert und dort so genau eingefügt wurden, daß kein Mörtel erforderlich war. Um solche riesigen Steine von der Stelle zu bewegen, mußte man sie bewußt zerstören.

Die drei Fragen der Jünger. Als die Jünger auf dem Ölberg angekommen waren und sie sich mit Jesus gesetzt hatten, fragten ihn vier Jünger – Petrus, Andreas, Jakobus und Johannes –, als sie allein waren, was seine Worte bedeuteten (Markus 13, 3). Sie sprachen: »Sage uns, wann wird das geschehen? und was wird das Zeichen sein, wenn das alles vollendet werden soll?« (Vers 4). Ihre Frage war dreifach: 1. Sie fragten, wann die Zerstörung des Tempels stattfinden würde, 2. was das Zeichen seines Kommens sein würde, das heißt, wann das glorreiche Königreich erfüllt werden sollte, und 3. was das Ende des Zeitalters sein würde – das heißt, des Zeitabschnitts, der zu seinem Kommen führt. Die zweite und dritte Frage beantwortet Jesus zusammen, da Jesu Wiederkunft und das Ende des Zeitalters, das zu seinem Kommen führt, sich auf sein zweites Kommen zur Erde beziehen.

Jedes der drei Evangelien, die diese Ölbergrede berichten, gibt weitere Einzelheiten an, die in den jeweils anderen nicht erwähnt werden. Die erste Frage wurde in Matthäus nicht beantwortet, jedoch in der entsprechenden Lukasstelle (21, 5-36). Matthäus und Markus beantworteten die zweite und dritte Frage, wobei Matthäus viele Illustrationen und Anwendungen hinzufügt, die in Matthäus 24, 32 bis 25, 46 zu finden sind.

Die bevorstehende Zerstörung Jerusalems

Zeichen der bevorstehenden Zerstörung Jerusalems. Jesus sagte seinen Jüngern: »Wenn ihr aber sehen werdet, daß Jerusalem von einem Heer belagert wird, dann erkennt, daß seine Verwüstung nahe herbeigekommen ist. Alsdann, wer in Judäa ist, der fliehe ins Gebirge, und wer in der Stadt ist, gehe hinaus, und wer auf dem Lande ist, komme nicht herein« (Lukas 21, 20.21). Im Jahre 70 n. Chr. belagerten die römischen Armeen Jerusalem an den Festtagen und taten genau, was diese Bibelstelle voraussagte. Wer aus der Stadt fliehen konnte, wurde in einigen Fällen gerettet. Andere, die in der Stadt blieben, wurden erschlagen, als die römischen Soldaten die Mauern durchbrachen und den Tempel und die Stadt zerstörten. Dies war die traurige Erfüllung dessen, was Jesus über die Zerstörung des Tempels vorausgesagt hatte (Matthäus 24, 2). Am Ende des Zeitalters vor dem zweiten Kommen Jesu wird Jerusalem in einer ähnlichen Lage sein (Sacharja 14, 1.2).

Jesus sagte weiter voraus: »Weh aber den Schwangeren und den Stillenden in jenen Tagen! Denn es wird große Not auf Erden sein und Zorn über dies Volk kommen und sie werden fallen durch die Schärfe des Schwertes und gefangen weggeführt unter alle Völker, und Jerusalem wird zertreten werden von den Heiden, bis die Zeiten der Heiden erfüllt sind« (Lukas 21, 23.24). Die Präzision dieser Prophezeiung ist klar. Dies ist genau, was sich im Jahre 70 n. Chr. ereignete. Jesus erklärte, daß, beginnend mit der Zerstörung Jerusalems, die »Zeiten der Heiden« bis zum Ende des Zeitalters fortbestehen werden, das heißt bis zum zweiten Kommen Jesu. Das wird auch durch Daniels Prophezeiungen zum vierten Weltreich, Rom, bekräftigt, das in der Endzeit wiedererstehen und erst bei der Wiederkunft Jesu zerstört werden wird.

Seit 605 v. Chr., als Nebukadnezar Jerusalem eroberte, bis heute war Jerusalem unter der Herrschaft der Heiden. Obwohl es für kurze Zeit frei zu sein schien, sind die Zeiten der Heiden bis heute fortgesetzt worden. Sogar heute hat Israel Macht und Herrschaft über sein Gebiet vor allem durch die Unterstützung der Vereinigten Staaten, einer heidnischen Macht. Ohne diese Unterstützung könnte Israel nicht überleben. Das Ende der Herrschaft der Heiden über Jerusalem wird in der Großen Trübsal eintreten, kurz bevor Jesus zurückkehrt, wenn die Juden noch einmal aus Jerusalem verjagt worden sind.

Die Wiederkunft Jesu bei Lukas

Als Jesus die Frage beantwortet hatte, wann der Tempel zerstört werden sollte, wandte er sich der fernen Zeit zu, wie es in Lukas 21, 27 berichtet wird, und beschrieb die Ereignisse, die zum zweiten Kommen Jesu hinführen, und die in vielerlei Hinsicht den Ereignissen bei der Zerstörung Jerusalems im Jahre 70 n. Chr. parallel laufen. Hier jedoch sind die Zeichen viel gewaltiger als eine Belagerung Jerusalems. Er sagte:

> »Und es werden Zeichen geschehen an Sonne und Mond und Sternen, und auf Erden wird den Völkern bange sein, und sie werden verzagen vor dem Brausen und Wogen des Meeres,
> und die Menschen werden vergehen vor Furcht und in Erwartung der Dinge, die kommen sollen über die ganze Erde; denn die Kräfte der Himmel werden ins Wanken kommen.
> Und alsdann werden sie sehen den Menschensohn kommen in einer Wolke mit großer Kraft und Herrlichkeit.
> Wenn aber dieses anfängt zu geschehen, dann seht auf und erhebt eure Häupter, weil sich eure Erlösung naht« (Lukas 21, 25-28).

Was Lukas hier zusammenfaßt, wird in Matthäus 24 ausführlicher beschrieben.

Verschiedene Deutungsversuche

Obwohl alle darin übereinstimmen, daß Lukas 21, 20-24 im Jahre 70 n. Chr. mit der Zerstörung Jerusalems erfüllt wurde, gibt es ganz verschiedene Meinungen über die anderen Prophezeiungen in Matthäus 24, Markus 13 und Lukas 21. In gewissem Ausmaß bestimmt die theologische Sicht des Auslegers seine Deutung.

Amillenaristen vemeiden möglichst eine genaue Auslegung dieser Stellen zugunsten einer allgemeineren Aussage, daß viele dieser Prophezeiungen im Jahre 70 n. Chr. erfüllt wurden. Eine sorgfältige Beachtung des Textes offenbart jedoch, daß dies unmöglich ist, da die Dinge, die vorausgesagt worden waren, nicht eintrafen. Obwohl der Tempel zerstört wurde, wurde er nicht in der beschriebenen Weise entweiht, und im Jahre 70 n. Chr. begann nicht die Große Trübsal, die vorausgesagten dreieinhalb Jahre, die zum zweiten Kommen Jesu hinführen sollten.

Endlich, und das ist am schlüssigsten, trat das zweite Kommen Jesu, das eng mit den Prophezeiungen aller drei Evangelien verknüpft ist, nicht ein. Wenn es auch Ähnlichkeiten zwischen der Zeit der Zerstörung Jerusalems und der Zeit vor dem zweiten Kommen Jesu gibt, so ist das Ergebnis doch völlig verschieden, und die Prophezeiungen, von denen Matthäus berichtete, haben sich nicht erfüllt, da sie sich auf das Ende beziehen. Kurz, Amillenaristen versuchen, die Stelle im Einklang mit ihrer vorgefaßten Meinung zu deuten, daß das Millennium jetzt erfüllt wird statt nach der Wiederkunft Jesu.

Postmillenaristen, die keinen großen Einfluß in der modernen Theologie ausüben, haben ein anderes Problem, weil sie glauben, durch das Evangelium werde die Welt schrittweise geistlich verbessert, bis schließlich der Höhepunkt erreicht werde, und dann werde Jesus wiederkommen. Jesu Beschreibung der Endzeit weissagt jedoch keine schrittweise Verbesserung, sondern eine Zunahme der Probleme, des Widerstandes und sogar des Martyriums.

Noch ein dritter Deutungsversuch, der der liberalen Theologen, die, allgemein gesprochen, die wörtliche Erfüllung der Prophezeiungen leugnen, ist zu nennen, bei dem diese Bibelstelle nur in ihrer allgemeinen Aussage, daß Christus am Ende siegen wird, akzeptiert wird.

Nur der Prämillenalist versucht in den spezifischen Prophezeiungen eine wörtliche Erfüllung zu finden. Doch auch hier gehen die Meinungen auseinander.

Einige Prämillenaristen sagen, die Voraussagen in Matthäus sind insgesamt zukünftig, und beziehen sie auf die Große Trübsal vor der Wiederkunft Jesu. Andere sehen den einleitenden Abschnitt von Matthäus 24, 4-8 als Prophezeiungen an, die im gegenwärtigen Zeitalter erfüllt werden, aber sie sagen, daß die spezifischen Prophezeiungen der Großen Trübsal in Vers 9 beginnen. Wieder andere glauben, daß der Bruch in Vers 14 geschehe, und daß Matthäus 24, 4-14 allgemeine Zeichen enthalte, die im gesamten Zeitalter zu finden sind. Sie meinen, die Prophezeiungen von Matthäus 24, 15-31 würden in der Großen Trübsal erfüllt.

Es ist zweifellos wahr, daß Matthäus 24, 4-14 Ereignisse der Großen Trübsal schildert, aber diese Verse finden auch eine gewisse Erfüllung im gegenwärtigen Zeitalter; am besten betrachtet man sie als allgemeine Zeichen, die schon jetzt zu beobachten sind, aber in der Großen Trübsal detaillierter in Erfüllung gehen werden. Ab Vers 15 wird jedoch ein spezifisches Ereignis beschrieben, das die Große Trübsal einleiten wird. Die darauf folgenden Verse handeln von der letzten, schrecklichen Periode, die in die Wiederkunft Jesu einmünden wird.

Allgemeine Zeichen der Endzeit

Die Aufgabe, eine Periode zu beschreiben, die damals fast zweitausend Jahre in der Zukunft lag, ist in sich selbst ein gewaltiges Unterfangen. Dennoch haben sich im Einklang mit der Genauigkeit der Bibel die Zeichen in vielerlei Hinsicht im gegenwärtigen Zeitalter erfüllt.

Falsche Christi. Weil die Prophetie schwer zu deuten ist, warnte Jesus seine Jünger vor der Verführung besonders durch falsche Christi (Matthäus 24, 4.5). In der gesamten christlichen Ära hat es viele Betrüger gegeben, die behaupteten, ungewöhnliche Kräfte zu besitzen, und viele in ihre Nachfolge gezogen. Der Betrug ist zur rechten Zeit aufgedeckt worden, aber ihnen folgen neue Betrüger. Deshalb sind falsche Christi das erste von neun Zeichen, die Jesus erwähnte.

Kriege und Kriegsgeschrei. Krieg ist immer eine Katastrophe, besonders für Menschen, die davon unmittelbar betroffen sind. Jesus sagte: »Ihr werdet hören von Kriegen und Kriegsgeschrei; seht zu und erschreckt nicht. Denn das muß so geschehen; aber es ist noch nicht das Ende da. Denn es wird sich ein Volk gegen das andere erheben und ein Königreich gegen das andere« (Matthäus 24, 6.7). In den Jahrhunderten seit Jesus hat es viele Kriege gegeben. Das zwanzigste Jahrhundert hat bisher zwei Weltkriege und fast ununterbrochen Krieg in irgendeinem Teil der Welt erlebt. Obwohl die beiden Weltkriege geführt wurden, um den Krieg zu beenden, ist das Ende noch nicht da. Sogar weltweite Kriege sind kein spezifisches Zeichen des Endes; sie sind ein Zeichen des nahen Endes, weil die Endzeit noch eine andere Voraussage eines Weltkrieges erfüllen wird, der kurz vor der Wiederkunft Jesu ausbrechen wird (Offenbarung 16, 13-16).

Hungersnöte. Hungersnöte haben die Welt seit der Zeit Jesu geplagt, und in der Welt heute rafft der Hunger jährlich Millionen Menschen dahin. Obwohl es Gegenden der Welt gibt, die Überfluß haben, wird ein Großteil der Welt wegen mangelhafter Nahrungsmittelverteilung und aus Geldmangel in einem Zustand der Unterernährung und des Hungers gehalten.

Pestilenz. Pestilenz oder Seuchen sind ein bedrohlicher Faktor in der Welt geblieben. Die moderne Medizin hat einige Epidemien verhindert, die früher ganze Völker ausrotteten, aber neue Krankheiten erfordern viel medizinische Forschung, ehe sie unter Kontrolle gehalten werden können, und in vielen Teilen der Erde gibt es keine Medikamente.

Erdbeben. In der Bibel kommen Erdbeben in einer Reihe von Ereignissen vor, und im gegenwärtigen Zeitalter hat es viele Erdbeben gegeben. Mit dem schnellen Bevölkerungswachstum werden Erdbeben gefährlicher, da sie mehr Menschen in Mitleidenschaft ziehen. In der Bibel wird ein letztes großes Erdbeben unmittelbar vor der Wiederkunft Jesu vorausgesagt (Offenbarung 16, 18-20), ein Erdbeben, so groß, daß »die Städte der Heiden einstürzen« (Vers 19). Offensichtlich wird Israel davon ausgenommen sein, aber die Städte der Nationen oder Heiden werden fallen und zahllose Menschen werden den Tod finden und andere ihrer Habe beraubt sein. Erdbeben heute sind Zeichen des Fortschreitens zum Ende hin, aber nicht des Endes selbst.

Martyrium und Verfolgung. Verfolgung von Christen und sogar Martyrium sind kennzeichnend für unser Zeitalter. Im zwanzigsten Jahrhundert hat es wahrscheinlich mehr Märtyrer gegeben als in jedem anderen Jahrhundert, da viele um ihres Glaubens an Jesus Christus willen sterben mußten. Zunehmender Antisemitismus und wachsende Feindschaft gegenüber dem Christentum sind Erscheinungen unserer modernen Welt und wurden von Jesus vorausgesagt (Matthäus 24, 9.10).

Falsche Propheten. Das zwanzigste Jahrhundert im besonderen hat das Auftreten von mehr falschen Propheten und verfälschten Religionen gesehen als irgendein anderes Jahrhundert in der christlichen Ära. Dies geschieht in Vorbereitung der letzten falschen Religion, die die Welt in der Großen Trübsal vor dem zweiten Kommen Jesu überschwemmen wird. Das zwanzigste Jahrhundert ist Zeuge der Leugnung von vielen wesentlichen Glaubensinhalten geworden wie der Jungfrauengeburt, der Gottheit Jesu, seines Todes am Kreuz für unsere Sünden, der leiblichen Auferstehung Jesu und der buchstäblichen Wiederkunft Jesu. Obwohl diese Dinge zu Beginn des zwanzigsten Jahrhunderts noch eindeutiger waren, sind sie mit dem Aufkommen der Neoorthodoxie (dem Gebrauch von Begriffen in unorthodoxer Weise) und der weltweiten Verwirrung immer komplexer geworden.

Zunehmende Ungerechtigkeit und Erkalten der Liebe. Jesus sagte: »Weil die Ungerechtigkeit überhandnehmen wird, wird die Liebe in vielen erkalten« (Matthäus 24, 12). Das wird das Nachspiel der falschen Lehre sein. Es ist nur zu offensichtlich, daß viele, die den Namen Jesu bekennen, weltlich gesinnt sind und wenig Eifer für den Herrn haben. Wie die Gemeinde in Laodizea (Offenbarung 3) haben viele ihre erste Liebe verlassen und sind lau geworden.

Das Evangelium vom Reich. Das Ende des gegenwärtigen Zeitalters wird durch das vermehrte Predigen des Evangeliums vom Reich gekennzeichnet sein, der guten Nachricht, daß Jesus zurückkehren und sein Reich der Gerechtigkeit und des Friedens auf Erden aufrichten wird. Das Evangelium vom Reich darf nicht mit dem Evangelium der Erlösung verwechselt werden, das sich auf das erste Kommen Jesu, seinen Tod am Kreuz und die Verleihung der Erlösung und des ewigen Lebens für alle, die auf ihn trauen, bezieht. Das Evangelium vom Reich jedoch ist Gottes Antwort auf die Bosheit unserer modernen Zivilisation. Es ist die strahlende Hoffnung, daß bei der Wiederkunft Jesu die Bosheit und Ungerechtigkeit gerichtet und Gerechtigkeit die Welt regieren wird.

Im Zusammenhang mit dem Predigen des Evangeliums vom Reich erklärte Jesus: »Wer aber beharrt bis ans Ende, der wird selig werden« (Matthäus 24, 13). Dies hat viele verwirrt; denn es scheint zu bedeuten, daß die Erlösung nicht ein Werk Gottes ist, sondern etwas, das man am Ende des Lebens erhält. Die Antwort darauf ist jedoch, daß es sich nicht auf die geistliche Erlösung bezieht, sondern auf die Befreiung von Verfolgung, die das Ende kennzeichnet. Viele in der Zeit der Großen Trübsal werden bis zum Ende des Zeitalters leben, andere aber werden um ihres Glaubens willen sterben und darum nicht auf Erden sein, wenn Jesus zurückkehrt. Der Abschnitt bezieht sich auf den gläubigen Überrest, der trotz allem durch die Trübsal hindurch bewahrt wird und Jesus erwarten wird, wenn er wiederkommt. Dieser Überrest setzt sich aus Juden und Heiden zusammen, die errettet wurden und ihr Vertrauen sogar während dieser furchtbaren Zeit auf Jesus setzen. Sie werden bei der Rückkehr Jesu befreit werden.

Die allgemeinen Zeichen enden mit einer Voraussage: »Und es wird gepredigt werden dies Evangelium vom Reich in der ganzen Welt zum Zeugnis für alle Völker, und dann wird das Ende kommen« (Matthäus 24, 14). Das Evangelium, sei es nun das Evangelium der Erlösung oder vom zukünftigen Reich, sollte der ganzen Welt gepredigt werden. Obwohl unmöglich jeder Mensch in jedem Zeitalter mit dem Evangelium erreicht werden kann, ist weltweites Predigen des Evangeliums ein Kennzeichen des zwanzigsten Jahrhunderts gewesen. Obwohl die Erdbevölkerung zugenommen hat, haben mehr Menschen von Jesus Christus gehört als je zuvor, und das Evangelium wird über Radio oder andere Medien in alle Teile der Welt verbreitet. Das Ende des Zeitalters hier ist aber nicht die Entrückung, und es ist ganz vernünftig anzunehmen, daß es im Augenblick der Entrückung noch Menschen gibt, die nichts vom Evangelium vernommen haben, denen aber dann nach der Entrückung das Evangelium vom Reich gepredigt werden wird. Die Bibel sagt klar, daß der Herr »Geduld mit euch hat und nicht will, daß jemand verloren werde, sondern daß jedermann zur Buße finde« (2. Petrus 3,9). Vom menschlichen Standpunkt wird die Rückkehr Jesu, ob zur Entrückung oder zur Aufrichtung seines Reiches, durch Gottes Güte hinausgezögert, weil er will, daß mehr Menschen das Evangelium hören und mehr Menschen gerettet werden. Wie zur Zeit Noahs die Sintflut genau terminiert war, so hat Gott selbst auch die Rückkehr Jesu festgesetzt, und Jesus wird kommen in Übereinstimmung mit den biblischen Prophezeiungen. Nachdem Jesus allgemeine Zeichen genannt hatte, die zunehmend erfüllt werden, je mehr sich das Zeitalter seinem Ende nähert, enthüllte Jesus die spezifischen Zeichen, die das nahe Kommen Jesu anzeigen.

Spezifische Zeichen der Endzeit

Schwierigkeiten bei der Deutung. Die Deutung dieses Teils der Ölbergrede Jesu ist mit Schwierigkeiten verbunden, die immer wieder bei der Interpretation von Prophezeiungen zum Vorschein kommen. Wer nicht akzeptiert, daß Prophetie spezifisch sein kann, muß die sehr spezifischen Aussagen dieses Abschnitts falsch auslegen und kann deshalb zu keiner sinnvollen Deutung gelangen. Manche gehen auch von der falschen Voraussetzung aus, diese Prophezeiung handle von der Zerstörung Jerusalems im Jahre 70 n. Chr. Es ist sicher wahr, daß es Ähnlichkeiten gibt zwischen den Ereignissen bei der Zerstörung Jerusalems und den Ereignissen, die zum zweiten Kommen Jesu führen, aber sie unterscheiden sich in den meisten Einzelheiten. Im Jahre 70 n. Chr. wurde der Tempel zerstört. Vor der Wiederkunft Jesu wird der dann bestehende Tempel nicht zerstört werden, wenn er auch entweiht werden wird. Auf die Zerstörung des Tempels im Jahre 70 n. Chr. folgte nicht die Wiederkunft Jesu. Das zweite Kommen Jesu wird der Höhepunkt der Ereignisse der Großen Trübsal sein. In jeder wichtigen Einzelheit ist der Bericht der Evangelien von dem der Zerstörung Jerusalems verschieden.

Spezifische Zeichen werden offenbart. Wenn man die Einzelheiten sorgfältig beachtet, wird deutlich, daß die in Matthäus 24 erwähnten Einzelheiten sehr spezifisch sind und ein sofortiges Verlassen Jerusalems bedingen. Der Schlüssel zum Verständnis des Zeichens ist das »Greuelbild der Verwüstung«, von dem der Prophet Daniel spricht (Matthäus 24, 15). Jesus gab Anweisungen, was die Menschen tun sollen, wenn sie sehen, daß dies geschieht: »alsdann fliehe auf die Berge, wer in Judäa ist« (Vers 16).

Das Greuelbild der Verwüstung. Ein ähnlicher Ausdruck findet sich in Daniel (9, 27; 11, 31; 12, 11). Da die Prophezeiung von Daniel 11, 31 schon erfüllt wurde, vemittelt sie ein genaues Verständnis dessen, was mit dem Greuelbild gemeint ist. Antiochus Epiphanes erfüllte die Prophezeiung, die lautet: »Und seine Heere werden kommen und Heiligtum und Burg entweihen und das tägliche Opfer abschaffen und das Greuelbild der Verwüstung aufstellen« (Daniel 11, 31). Was sich eigentlich ereignete, wird in den apokryphen Büchern 1. und 2. Makkabäer beschrieben. Wie wir in dem Kapitel über Daniel sagten, haßte Antiochus das jüdische Volk und versuchte, ihre Religion zu zerstören. In der Folgezeit wurden viele Tausende Juden – Männer, Frauen und Kinder – ermordet, der Tempel verwüstet und der Opferdienst verboten. Daraufhin erfolgte der Aufstand der Makkabäer, den Antiochus nicht erfolgreich niederschlagen konnte. In seinem Wunsch, den Tempel zu entweihen, opferte Antiochus eine Sau auf dem Altar, die nach dem Gesetz des Mose ein unreines Tier war und den Tempel verunreinigte und den Juden ein Greuel war (1. Makkabäer 1, 48). Antiochus opferte nicht nur ein unreines Tier, er stellte auch ein Standbild eines griechischen Gottes in den Tempel (Vers 57). Aus dieser historischen Erfüllung der Prophezeiung in Daniel 11 ersieht man, daß es eine zukünftige Entweihung des Tempels in ähnlicher Weise geben wird. Dieses Ereignis wird dreieinhalb Jahre vor der Wiederkunft Jesu eintreten.

In Daniel 9, 26.27 steht, daß ein »Fürst« kommen wird, der »vielen den Bund schwer machen wird eine Woche lang. Und in der Mitte der Woche wird er Schlachtopfer und Speisopfer abschaffen. Und im Heiligtum wird stehen ein Greuelbild, das Verwüstung anrichtet, bis das Verderben, das beschlossen ist, sich über die Verwüstung ergießen wird.«

Der zugehörige Zeitabschnitt sind die sieben Jahre, die der Wiederkunft Jesu vorangehen, und das vorausgesagte Greuelbild wird in der Mitte dieser sieben Jahre aufgestellt werden, dreieinhalb Jahre vor dem Ende dieser Zeit. Der zukünftige Herrscher, der einen Vertrag mit Israel schließen wird, wird diesen zu jenem Zeitpunkt brechen und das Volk Israel, statt zu schützen, verfolgen.

In Daniel 12, 11.12 wird weitere Information zu diesem Ereignis gegeben. »Und von der Zeit an, da das tägliche Opfer abgeschafft und das Greuelbild der Verwüstung aufgestellt wird, sind tausendzweihundertneunzig Tage. Wohl dem, der da wartet und erreicht tausenddreihundertfünfunddreißig Tage.« Die Zeit der 1290 Tage ist etwas mehr als dreieinhalb Jahre und schließt die Zeit mit ein, in der nach der Wiederkunft Jesu die Entweihung rückgängig gemacht werden wird. Wie zur Zeit des Antiochus wird der Opferdienst während der dreieinhalb Jahre abgeschafft und der Tempel entweiht werden.

Da es zur Zeit keinen Tempel in Jerusalem gibt und es seit der Zerstörung des Tempels im Jahre 70 n. Chr. keinen Tempel gab hat man aufgrund dieser Voraussagen die Frage gestellt, wann er gebaut werden wird. Die Bibel sagt dies nicht eindeutig, aber sie zeigt, daß in den sieben Jahren vor dem zweiten Kommen Jesu orthodoxe Juden ihre Opfer in einem Tempel erneuern werden, der in dieser Zeit gebaut werden wird. Der Tempel wird entweder noch vor der Entrükkung gebaut, oder es bleibt noch genügend Zeit, um ihn danach zu bauen. Jedenfalls werden die täglichen Opfer von orthodoxen Juden bis dreieinhalb Jahre vor der Wiederkunft Jesu dargebracht werden. Dann wird der Opferdienst verboten und der Tempel an einem bestimmten Tag entweiht werden. Dies wird ein ganz sicheres Zeichen für die Juden sein, daß die Große Trübsal begonnen hat.

In 2. Thessalonicher 2, 3.4 wird der Greuel der Verwüstung noch einmal aufgegriffen: »der Mensch der Bosheit«, der nach der Schrift beim zweiten Kommen Jesu zum »Verderben« verdammt ist, wird sich erheben »über alles, was Gott oder Gottesdienst heißt, so daß er sich in den Tempel Gottes setzt und vorgibt, er sei Gott.« Wie in Daniel 12 vorausgesagt, werden die Opfer im jüdischen Tempel aufhören, und der Weltherrscher wird sich selbst in den Tempel setzen und sich als Gott anbeten lassen. Offenbarung 13, 11-15 beschreibt das Vorgehen des falschen Propheten, der Wunder zur Unterstützung des Weltherrschers vollbringen wird, der das Tier aus dem Meer ist. Nach der Schrift befiehlt er »denen, die auf Erden wohnen, daß sie ein Bild machen sollen dem Tier, das die Wunde vom Schwert hatte und lebendig geworden war. Und es wurde ihm Macht gegeben, Geist zu verleihen dem Bild des Tieres, damit das Bild des Tieres reden und machen könne, daß alle, die das Bild des Tieres nicht anbeteten, getötet würden« (Verse 14.15).

Das Ereignis, das die Große Trübsal einleitet und als Aufrichtung des Greuelbildes beschrieben wird, wird die vorausgehende Friedenszeit so abrupt beenden, daß es an einem bestimmten Tag eintreten und weithin erkannt werden wird, daß es stattgefunden hat. Unter diesen Umständen ist es ein Signal für die Juden in Judäa, auf die Berge zu fliehen.

Der Befehl, auf die Berge zu fliehen. Im Zusammenhang mit dem Greuelbild der Verwüstung sagte Jesus: »Wer das liest, der merke auf! – Alsdann fliehe auf die Berge, wer in Judäa ist; und wer auf dem Dach ist, der steige nicht hinunter, etwas aus seinem Hause zu holen; und wer auf dem Feld ist, der kehre nicht zurück, seinen Mantel zu holen. Weh aber den Schwangeren und den Stillenden zu jener Zeit! Bittet aber, daß eure Flucht nicht geschehe im Winter oder am Sabbat« (Matthäus 24, 15-20). Gemäß Jesu warnenden Worten wird es notwendig für die in Judäa lebenden Juden sein zu fliehen, weil sofort eine Verfolgung der Juden eintreten wird, um sie zu vernichten, wie man das in der Geschichte mehrmals versucht hat. Darum sollen sie auf die Berge fliehen, um ihren Verfolgern zu entgehen und an der Hoffnung festhalten, daß Jesus dreieinhalb Jahre später kommen wird, um sie zu retten. Wer auf dem flachen Dach seines Hauses ist, soll die Außenleiter benutzen und nicht ins Haus hineingehen, damit seine Flucht nicht verzögert wird. Ebenso soll jemand, der auf dem Feld ist, nicht nach Hause gehen, um noch Kleider zu holen, sondern sofort fliehen. Diese Zeit wird besonders schwer für Schwangere und stillende Mütter sein. Die Juden werden angehalten, zu beten, daß ihre Flucht nicht am Sabbat geschehen muß, weil orthodoxe Juden an diesem Tag nicht reisen, und ihre Flucht würde besonders auffallen. Die traurige Tatsache ist jedoch, daß viele nicht entfliehen werden. Nach Sacharja 13,8 sollen »in dem ganzen Lande, spricht der Herr, zwei Teile darin ausgerottet werden und untergehen, und nur der dritte Teil soll darin übrigbleiben.« Eine ähnliche Aussage wird in Hesekiel 5, 12 gemacht: »Es soll ein Drittel von dir an der Pest sterben und durch Hunger vernichtet werden in deiner Mitte, und das zweite Drittel soll durchs Schwert fallen rings um dich her.« Gott wird dennoch ein Drittel von ihnen in der Großen Trübsal bewahren, das den Kern für die Nation Israel im Tausendjährigen Reich bilden soll.

Die Große Trübsal. Außer dem Zeichen, das die Endzeit einleitet, beschreibt Jesus die Große Trübsal in den folgenden dreieinhalb Jahren, die mit der Wiederkunft Jesu endet. Jesus sagt: »Denn es wird dann eine große Bedrängnis sein, wie sie nicht gewesen ist vom Anfang der Welt bis jetzt und auch nicht wieder werden wird. Und wenn diese Tage nicht verkürzt würden, so würde kein Mensch selig werden; aber um der Auserwählten willen werden diese Tage verkürzt« (Matthäus 24, 21.22) .

Seit Adam und Eva in Sünde fielen, hat die Menschheit Leid erfahren, aber die Große Trübsal wird eine Zeit »großer Bedrängnis« sein. Sie wird in Offenbarung 7,14 als »große Trübsal« bezeichnet. Jesus bekräftigte in Johannes 16,33, daß Christen allgemein Leid in dieser Welt ertragen müssen: »In der Welt habt ihr Angst.« Die Große Trübsal wird jedoch im Gegensatz stehen zum allgemeinen Leid, das die Menschheit in ihrer Geschichte erfahren hat. Sie bezieht sich auf eine besondere Zeit nie dagewesenen Leidens, wie Jesus es in Matthäus 24, 21 andeutete. In Daniel wird diese Zeit »eine Zeit so großer Trübsal« genannt, »wie sie nie gewesen ist, seitdem es Menschen gibt, bis zu jener Zeit« (12, 1).

Wie wir in einem späteren Kapitel noch zeigen werden, wird während der Großen Trübsal ein Weltdiktator auftreten, der Gott lästern und dem Christentum feindlich gesinnt sein wird. Er wird an der Spitze einer Weltregierung stehen und alle Menschen zwingen, ihn als Gott anzubeten oder mit ihrem Leben zu büßen. In dieser Zeit der Verfolgung von Juden und Christen wird die Welt die schrecklichsten Katastrophen erleben, die in Offenbarung 6 bis 18 genannt sind. Der größte Teil der Erde wird zerstört und der größte Teil der Menschheit hingerafft werden. Weil diese Zeit sich von allen vorhergehenden Zeiten des Leidens unterscheidet, wird sie selbst ein Zeichen dafür sein, daß das Kommen des Herrn nahe bevorsteht.

Spezifische Zeichen für das zweite Kommen Jesu

Weil man die Zeichen für die Wiederkunft Jesu mißverstehen kann, warnte Jesus seine Jünger vor jeder falschen Hoffnung, Jesus könnte heimlich kommen. Jesus sagt voraus, daß es viele falsche Nachrichten geben wird: »Wenn dann jemand zu euch sagen wird: Siehe, hier ist der Christus! oder da!, so sollt ihr's nicht glauben. Denn es werden falsche Christusse und falsche Propheten aufstehen und große Zeichen und Wunder tun, so daß sie, wenn es möglich wäre, auch die Auserwählten verführten. Siehe, ich habe es euch vorausgesagt« (Matthäus 24, 23-25).

Die Bibel hält sich nicht lange bei den falschen Christi und den falschen Propheten auf, sie sagt nur, daß sie ihre Vorläufer in dem kommenden Weltherrscher haben, der behauptet, Gott zu sein, und in dem falschen Propheten, der mit ihm verbunden ist. Offenbar wird es eine gezielte satanische Verführung geben, um, wenn möglich, sogar die irrezuführen, die an Christus glauben.

Jesu zweite Warnung betrifft die voreiligen Berichte, daß er wiedergekommen sei. Er sagte: »Wenn sie also zu euch sagen werden: Siehe, er ist in der Wüste!, so geht nicht hinaus; siehe, er ist drinnen im Haus!, so glaubt es nicht. Denn wie der Blitz ausgeht vom Osten und leuchtet bis zum Westen, so wird auch das Kommen des Menschensohns sein« (Matthäus 24, 26.27). Im Gegensatz zum ersten Kommen Jesu, das sogar in Bethlehem kaum Aufsehen erregt hat, und der Entrückung der Gemeinde, die die Welt wahrscheinlich überhaupt nicht sehen wird, wird das zweite Kommen Jesu in der ganzen Welt sichtbar sein. Wer demnach ein geheimes Kommen Jesu verkündet, verbreitet ein falsches Gerücht. Wenn Jesus zum zweitenmal erscheint, wird es jeder wissen,

Gläubige wie Ungläubige, denn der Himmel wird von der Herrlichkeit des Herrn erstrahlen, wie der Blitz vom Osten bis zum Westen leuchtet.

Mit dieser öffentlichen Darstellung der Herrlichkeit Gottes gehen gewaltige Erschütterungen der Himmel einher. Jesus sagte: »Sogleich aber nach der Bedrängnis jener Zeit wird die Sonne sich verfinstern und der Mond seinen Schein verlieren, und die Sterne werden vom Himmel fallen, und die Kräfte der Himmel werden ins Wanken kommen« (Matthäus 24, 29). Dieses kosmische Geschehen wird in der Offenbarung noch einmal ausführlich beschrieben: wiederholt werden in der Zeit der Trübsal Erschütterungen der Himmel auftreten, aber in besonders riesigem Ausmaß kurz vor der Wiederkunft Jesu selbst.

Jesus offenbarte dann das spezifische Zeichen für sein zweites Kommen. »Und dann wird erscheinen das Zeichen des Menschensohns am Himmel. Und dann werden wehklagen alle Geschlechter auf Erden und werden sehen den Menschensohn kommen auf den Wolken des Himmels mit großer Kraft und Herrlichkeit« (Matthäus 24, 30). Das hier erwähnte Zeichen ist die Herrlichkeit Gottes, die sich über den Himmel verbreiten wird und unmißverständlich enthüllt, daß Jesus kommt. Die Völker werden wehklagen, weil sie nicht bereit sind. In ihrem Unglauben haben sie den Weltdiktator angebetet und ihm statt Jesus gedient. Wenn der Menschensohn kommt, wird er darum richten und die Herrlichkeit Gottes kundtun.

Die Sammlung der Auserwählten

Jesus sagte, er werde bei seiner Wiederkunft die Auserwählten sammeln: »Und er wird seine Engel senden mit hellen Posaunen, und sie werden seine Auserwählten sammeln von den vier Winden, von einem Ende des Himmels bis zum andern« (Matthäus 24, 31). Während die Nationen wehklagen, werden die Gläubigen erkennen, daß die Zeit ihrer Befreiung von Verfolgung gekommen ist (vergleiche Lukas 21, 28). Markus weist deutlich darauf hin, daß die Sammlung der Gläubigen nicht nur von der Erde, sondern sondern auch vom Himmel her geschieht, »von den vier Winden, vom Ende der Erde bis zum Ende des Himmels« (Markus 13, 27). Weil die Evangelien vor allem an die jüdischen Jünger gerichtet sind, haben einige gemeint, daß die Auserwählten hier nur Auserwählte von Israel sind, aber es gibt keinen Grund, sie darauf zu beschränken, weil zur Zeit der Wiederkunft Jesu alle Auserwählten unabhängig von Heilszeit und Herkunft gesammelt werden, um am Tausendjähigen Reich Anteil zu haben. In dieser Zeit werden die alttestamentlichen Gläubigen auferstehen, und Gläubige aus der Trübsalszeit werden von den Toten auferweckt. Die lebenden Gläubigen werden auch gesammelt werden. Das Tausendjährige Reich wird alle Gläubigen einbeziehen, und bei seinem Beginn werden alle Erretteten auferstehen.

Nachdem er die Zeichen erklärt hatte, wandte sich Jesus der praktischen Bedeutung seines zweiten Kommens und den anschließenden Gerichten zu. Dies wird in Matthäus 24, 32-25, 30; Markus 13, 28-32 und Lukas 21, 29-36 beschrieben. Die praktischen Ermahnungen werden wir in einem weiteren Kapitel über die Wiederkunft Jesu in der Offenbarung besprechen.

Aus diesen spezifischen Zeichen kann man leicht ersehen, daß das zweite Kommen Jesu zur Erde, um sein Königreich aufzurichten, nicht unerwartet plötzlich geschieht, sondern daß ihm sehr spezifische prophetische Ereignisse vorausgehen, die bis in Einzelheiten hinein hier und an anderen Stellen der Bibel beschrieben werden. Dagegen wird die Entrückung der Gemeinde in der Schrift immer als ein plötzliches Ereignis dargestellt, das nahe bevorsteht. Es sind keine spezifischen Prophezeiungen gegeben worden, die erfüllt werden müßten, bevor die Entrückung stattfinden kann. Dies beweist auch, daß die Entrückung vom zweiten Kommen Jesu in dem Geschehen selbst verschieden ist, in den Ereignissen, die vorausgehen, und den Ereignissen, die darauf folgen.

23 Die Entrückung der Gemeinde

Die Entrückung bezieht sich auf das Ereignis, das in 1. Thessalonicher 4, 16.17 prophezeit ist:

»Denn er selbst, der Herr, wird, wenn der Befehl ertönt, wenn die Stimme des Erzengels und die Posaune Gottes erschallen, herabkommen vom Himmel, und zuerst werden die Toten, die in Christus gestorben sind, auferstehen.
Danach werden wir, die wir leben und übrigbleiben, zugleich mit ihnen entrückt werden auf den Wolken in die Luft, dem Herrn entgegen; und so werden wir bei dem Herrn sein allezeit.«

Diese Bibelstelle enthüllt, daß die Christen, die zur Zeit der Entrückung leben, »entrückt« werden, und zwar zusammen mit den auferstandenen Gläubigen, um dem Herrn in der Luft zu begegnen. Dieses Ereignis hat offensichtlich noch nicht stattgefunden, aber es wird in der Zukunft erfüllt werden.

Verschiedene Ansichten über die Entrückung

Obwohl in den konservativen Kirchen relative Einmütigkeit darüber herrscht, daß Jesus bei seinem zweiten Kommen zur Erde zurückzukehren wird, ist die Entrückung unterschiedlich gedeutet worden, wobei sich im wesentlichen vier Ansichten herausschälen. Die Streitfrage zwischen diesen vier Deutungen ist, wann in der Endzeit die Entrückung geschehen wird. (Für eine vollständigere Erörterung der Entrückung verweise ich auf mein Buch *The Rapture Question (Grand Rapids, Zondervan, 1979).)*

Posttribulationismus. Posttribulationismus ist wahrscheinlich die nicht nur bei einigen Prämillenaristen, sondern auch bei Amillenaristen und Postmillenaristen vorherrschende Ansicht über die Entrückung. Gemeint ist damit, daß die Entrückung in einer Phase der Wiederkunft Jesu stattfinden wird. Nach dieser

Ansicht wird die Gemeinde in dem Augenblick, da Jesus in die Lufthülle der Erde eintritt, entrückt werden und Jesus in der Luft begegnen, um dann sofort mit ihm zur Erde zurückzukehren. Diese Ansicht wird Posttribulationismus genannt, weil ihr zufolge die Entrückung *nach* der Großen Trübsal im Augenblick der Wiederkunft Jesu geschieht.

Die Ansicht, daß die Entrückung in der Mitte der Trübsalszeit geschieht. Eine andere, weniger populäre Ansicht ist, daß die Entrückung in der Mitte der letzten sieben Jahre vor dem zweiten Kommen Jesu stattfinden wird. Da die letzten sieben Jahre allgemein als eine Zeit der Trübsal betrachtet werden, meinen die Verfechter dieser Ansicht, daß die Entrückung vor der Großen Trübsal stattfindet, aber nicht vor den sieben Jahren.

Die Ansicht der teilweisen Entrückung. Eine weitere, nur von wenigen vertretene Ansicht ist die der teilweisen Entrückung, die besagt, daß nur besonders qualifizierte Gläubige am Anfang der letzten sieben Jahre entrückt werden, und daß es danach noch weitere Entrückungen gibt, wenn andere sich entsprechend auszeichnen.

Prätribulationismus. Nach prätribulationistischer Ansicht über die Entrückung, die weithin von Prämillenaristen vertreten wird, findet die Entrückung mehr als sieben Jahre vor dem zweiten Kommen Jesu statt; sie wird als prätribulationistisch bezeichnet, weil sie für die Zeit vor der endzeitlichen Trübsal vorausgesagt wurde.

Nur eine dieser vier Ansichten ist richtig, und Bibelgelehrte haben sich jahrelang mit dieser Meinungsverschiedenheit auseinandergesetzt.

Angesichts der Tatsache, daß es Evangelikale mit relativ orthodoxem Glauben gibt, die diese Meinungen vertreten, wird sich jeder, der sich mit der Prophetie auseinandersetzt, sehr bald entscheiden müssen, welche Ansicht richtig ist. Ein vernünftiges Vorgehen ist es, zu bestimmen, was die Bibel wirklich über die Entrückung offenbart, und dann die Argumente für und wider jeden einzelnen der vier Standpunkte zu betrachten. Es gibt auch im Zusammenhang damit bestimmte theologische Fragen, die erwogen werden müssen.

Die Entrückung bei Johannes

Die Entrückung findet sich nicht in der alttestamentlichen Prophetie. Sie wurde erstmals von Jesus in Johannes 14, 2.3 angekündigt.

Wie wir schon erwähnten, hatten die Jünger sich im Obergemach versammelt, um das Passa zu feiern, und waren tief besorgt über die neuerliche Entwicklung der Ereignisse. Sie hatten erwartet, daß Jesus bald die herrlichen Verheißungen über das Königreich auf Erden erfüllen würde, da sie den Unterschied zwischen Jesu erstem und zweitem Kommen nicht verstanden. Als darum der Widerstand unter den Juden zunahm und eine Verschwörung angezettelt wurde, Jesus gefangenzunehmen und zu töten, machten sie sich ernsthaft Sorgen um ihre eigene Zukunft. Ihre Situation wurde noch verschlimmert, als Jesus ihnen im Obergemach sagte, daß ihn einer der Jünger verraten würde (Johannes 13, 18-19.21). Er hatte ihnen auch gesagt, daß er sie verlassen wolle, und daß sie ihm nicht folgen könnten (Vers 33). Dies veranlaßte Petrus zu bekräftigen, daß er sogar bereit sei, für Jesus zu sterben. Jesus erwiderte ihm, ehe der Hahn krähe, werde er ihn dreimal verleugnen (Vers 38).

In dieser Situation wachsender Angst und Besorgnis widmete Jesus das ganze vierzehnte Kapitel von Johannes der Tröstung der Apostel und offenbarte ihnen ihre weitere Zukunft. Er sagte ihnen, sie bräuchten nicht traurig zu sein. Sie sollten weiterhin Gott und ihm vertrauen. Dann gab er den Grund dafür an: »In meines Vaters Hause sind viele Wohnungen. Wenn's nicht so wäre, hätte ich dann zu euch gesagt: Ich gehe hin, euch die Stätte zu bereiten? Und wenn ich hingehe, euch die Stätte zu bereiten, will ich wiederkommen und euch zu mir nehmen, damit ihr seid, wo ich bin« (Johannes 14, 2.3).

Dies war für die Jünger eine merkwürdige Prophezeiung, und Jesus machte sich nicht einmal die Mühe, sie zu erklären. Jedenfalls verstanden die Jünger nicht den Unterschied zwischen dem ersten und zweiten Kommen Jesu. Wie sollten sie dann zwischen dem zweiten Kommen Jesu und der Entrückung der Gemeinde unterscheiden? Nur ein paar Tage zuvor (siehe Matthäus 24) hatte Jesus seine glorreiche Rückkehr zur Erde vorausgesagt und angedeutet, daß er über seine Feinde triumphieren werde. Zur gleichen Zeit erinnerte er sie jedoch an eine lange Zeit, die bis zu seiner Wiederkunft vergehen würde, und in der sie viel Widerstand und sogar das Martyrium erdulden müßten. Die Jünger versuchten immer noch, dies einzuordnen und verstanden die neue Offenbarung nicht.

Erstmals in Johannes 14 wurde offenbart, daß die Gläubigen vor der Wiederkunft Jesu die Erde verlassen würden. Sie würden ihrem Herrn begegnen und an den Ort gehen, den ihr Herr für sie bereiten würde, was sich offensichtlich auf den Himmel bezog. Das Ziel dieses Ereignisses sollte sein, Gläubige von der Erde zu nehmen und zum Haus des Vaters zu bringen. Dies ist ein wichtiger Punkt zum Verständnis der Lehre von der Entrückung, denn er macht deutlich, daß die Absicht der Entrückung von der der Wiederkunft Jesu völlig verschieden ist. Bei seinem zweiten Kommen wird Jesus die Völker richten und über die Erde herrschen. Zur Entrückung wird er kommen, um die Seinen aus der Welt herauszunehmen und zum Haus des Vaters zu bringen. Die beiden Ereignisse haben nichts miteinander gemeinsam, außer daß beide als ein »Kommen« erwähnt werden. Posttribulationisten tun sich schwer, diese Passage zu erklären.

Die Entrückung in den Briefen

Die Entrückung in 1. Thessalonicher 4 und 5. Als sich viele Jahre später der Apostel Paulus bekehrt hatte, wurde ihm die Offenbarung über die Lehre der Entrückung zuteil. Während seines dreiwöchigen Aufenthaltes in Thessaloniki in Griechenland hatte er viele zu Christus geführt. Er mußte dann wegen Verfolgung abreisen. Später sandte er Timotheus zurück, um zu sehen, wie es ihnen erging, und Timotheus berichtete dann Paulus, daß sie trotz der Verfolgung durch Ungläubige treu geblieben waren. Er fügte hinzu, daß sie einige theologische Fragen hatten, und eine Frage bezog sich auf die Reihenfolge der Ereignisse bei der Entrückung. Sie wollten insbesondere wissen, was mit den verstorbenen Gläubigen geschehe, wenn die lebenden Gläubigen bei der Entrückung von der Erde genommen werden. In den wenigen Wochen, seit Paulus sie verlassen hatte, waren einige der ersten Christen gestorben, offensichtlich eines natürlichen Todes. Die Hinterbliebenen wollten wissen, wann sie ihre Lieben wiedersehen würden.

Um sie mit der notwendigen Information zu versehen, baute Paulus darauf auf, daß er die Thessalonicher schon früher die Wahrheit der Entrückung gelehrt hatte. Es ist erstaunlich, daß Paulus in den drei Wochen, die er in Thessaloniki weilte, schon dieses große Thema eingeführt hatte. Aber wie viele Gläubige heute, verstanden sie nicht alle Einzelheiten. Jetzt konnte Paulus ihnen die Ereignisse der Reihe nach erzählen, die mit der Entrückung zu tun haben, und über die Entrückung selbst sprechen.

In 1. Thessalonicher 4, 13 wies er zunächst auf den praktischen Nutzen der Entrückung hin, daß diejenigen, die auf die Rückkehr des Herrn warten, nicht traurig sein müssen wie die anderen, die keine Hoffnung haben. Er schrieb: »Wir wollen euch aber, liebe Brüder, nicht im Ungewissen lassen über die, die entschlafen sind, damit ihr nicht traurig seid wie die andern, die keine Hoffnung haben.« Christen haben nicht nur die Hoffnung auf die letztendliche Auferstehung und die Erneuerung der Gemeinschaft mit den Gläubigen, die ihnen im Tod vorangegangen sind, sondern sie haben auch die strahlende Gewißheit der nahen Rückkehr Jesu, die eines Tages die Trennung von lieben Menschen, die gestorben sind, aufheben wird.

Die Gewißheit der Entrückung wird in 1. Thessalonicher zum Ausdruck gebracht. Paulus schrieb: »Denn wenn wir glauben, daß Jesus gestorben und auferstanden ist, so wird Gott auch die, die entschlafen sind, durch Jesus mit ihm einherführen.« Die Tatsache, daß Jesus sterben und wieder auferstehen würde, war das Thema vieler alttestamentlicher prophetischer Abschnitte. Daß er sterben würde, war die ständige Symbolik der Opfer und wurde in besonderen prophetischen Stellen wie Psalm 22 und Jesaja 53 ausgesprochen. In Apostelgeschichte 2, 25-28 zitierte Petrus die Prophezeiung aus Psalm 16, 8-11, daß Jesus wieder auferstehen würde:

»Ich habe den HERRN allezeit vor Augen; steht er mir zur Rechten, so werde ich festbleiben.
Darum freut sich mein Herz, und meine Seele ist fröhlich; auch mein Leib wird sicher liegen.
Denn du wirst mich nicht dem Tode überlassen und nicht zugeben, daß dein Heiliger die Grube sehe.
Du tust mir kund den Weg zum Leben: Vor dir ist Freude die Fülle und Wonne zu deiner Rechten ewiglich.«

Was einst Prophetie war, ist jetzt historisch und wörtlich erfüllt worden. Wenn deshalb Paulus versicherte, daß der Glaube der Thessalonicher an die Entrückung genauso sicher war wie ihr Glaube an Tod und Auferstehung Jesu, dann erhob er die Entrückung in eine sehr wichtige Stellung innerhalb der biblischen Lehre.

Paulus ließ die Thessalonicher auch nicht im Ungewissen über das, was mit ihren Lieben geschehen würde, die gestorben waren. Er sagte: »Gott wird auch die, die entschlafen sind, durch Jesus mit ihm einherführen« (1. Thessalonicher 4, 14). Was meinte Paulus damit? Wenn ein Gläubiger stirbt, geht seine Seele sofort in die Gegenwart des Herrn. Nach 2. Korinther 5, 8 bedeutet »den Leib zu verlassen«, »daheim zu sein bei dem Herrn«. Der Grund, warum Christus die Seelen der verstorbenen Gläubigen vom Himmel in die irdische Sphäre bringt, ist, daß er im Begriff steht, ihre Leiber aufzuerwecken, und ihre Seelen werden in die auferweckten Leiber fahren.

Paulus offenbarte dann, daß sie nicht wegen der Wartezeit besorgt sein sollten, bis sie mit ihren Lieben, die gestorben waren, wieder vereint sein würden. Es ist nicht ganz klar, wann sie erwarteten, wieder mit ihren Lieben vereint zu werden, aber es geht aus 1. und 2. Thessalonicher deutlich hervor, daß Paulus sie über die Zeit der Trübsal, der Großen Trübsal, die auf die Entrückung folgen würde, unterrichtet hatte. Es kann sein, daß sie geglaubt haben, sie müßten bis zum Ende der Großen Trübsal und dem zweiten Kommen Jesu warten, ehe sie mit den Ihren vereint werden würden. Paulus bekräftigt hier jedoch, daß sie diese Sorge nicht zu haben brauchten, da selbstverständlich die Toten in Christus nur einen Augenblick, bevor die lebenden Gläubigen zum Herrn entrückt werden, auferstehen. Paulus schrieb: »Das sagen wir euch mit einem Wort des Herrn, daß wir, die wir leben und übrigbleiben bis zur Ankunft des Herrn, denen nicht zuvorkommen werden, die entschlafen sind. Denn er selbst, der Herr, wird, wenn der Befehl ertönt, wenn die Stimme des Erzengels und die Posaune Gottes erschallen, herabkommen vom Himmel, und zuerst werden die Toten, die in Christus gestorben sind, auferstehen« (1. Thessalonicher 4, 15.16).

Man beachte, daß Paulus nicht das Alte Testament zitiert, denn die Entrükkung war im Alten Testament nicht offenbart worden, sondern wurde Paulus durch direkte Offenbarung von Gott gegeben.

Die Entrückung der Gemeinde und die Wiederkunft Jesu sind mit Wolken verbunden (Matthäus 24, 30; Offenbarung 1, 7). Der Grund dafür ist, daß beide Ereignisse den atmosphärischen Himmel betreffen, in dem es Wolken gibt. Einige haben vermutet, die in 1. Thessalonicher 4, 17 erwähnten Wolken könnten die vielen Menschen sein, die in dieses Geschehen der Entrückung verwickelt sind. Sie würden wie eine Wolke aussehen im Sinne der »großen Wolke von Zeugen«, die im Hebräerbrief (12, 1) genannt wird. Jedenfalls werden sowohl die lebenden als auch die auferweckten Gläubigen entrückt, um dem Herrn in der Luft zu begegnen, und »so bei dem Herrn sein allezeit« (1. Thessalonicher 4, 17). Wenn es Jesu Ziel ist, seine Braut ins Haus seines Vaters zu bringen, wie es in Johannes 14 deutlich gesagt wird, dann werden sie weiter zum Himmel auffahren in Erfüllung von Prophezeiungen, die sich auf ihre Ankunft im Himmel beziehen, einschließlich des Richterstuhls Christi und anderer Schriftstellen. Die Entrückung wurde den besorgten Thessalonichern mit den Worten offenbart: »So tröstet euch mit diesen Worten untereinander« (1. Thesalonicher 4, 18). Paulus hielt ihnen die strahlende Gewißheit vor, ihre Lieben wiederzusehen, möglicherweise schon bald, denn die Entrückung wird hier wie überall als ein nahes Ereignis dargestellt, dem keine prophetischen Ereignisse vorausgehen.

In 1. Thessalonicher 5 wird die Frage über die zeitliche Einordnung der Entrückung zum Tag des Herrn in Beziehung gesetzt. Paulus erinnerte die Thessalonicher vor allem daran, daß kein besonderes Datum für die Entrückung offenbart worden ist; vielmehr wird sie kommen »wie ein Dieb in der Nacht« und wird mit dem Beginn des »Tages des Herrn« zusammenfallen (Vers 2).

Der Tag des Herrn ist ein vertrauter Begriff in der Bibel, der sich auf eine kommende Zeit des Gerichts bezieht, einschließlich einiger Perioden des Alten Testamentes, die schon vergangen sind, aber den schlußendlichen Tag des Herrn, wenn Jesus wiederkommt, im voraus angekündigt haben. Er bezieht sich auf jede Zeit, ob kurz oder lang, die mit Gottes direktem Gericht über die Erde zu tun hat. Was Paulus hier offenbarte ist, daß die Entrückung, die das Zeitalter der Gemeinde abschließt, die Periode einleiten wird, die als Tag des Herrn bekannt ist, und die alle Endzeitereignisse sowie die tausendjährige Herrschaft Christi selbst einschließt. In dieser gesamten Periode wird Gott sofort die Sünde auf der Erde richten; dann werden auch viele Bibelstellen erfüllt werden, die von einem direkten Eingreifen Gottes in diese Welt sprechen. Dies steht im Gegensatz zu der Zeit, während der die Gemeinde auf Erden ist, denn dann greift Gott normalerweise nicht ein, richtet nicht die Bösen auf der Erde und bringt kein Gericht über das, was seinem Willen zuwider ist.

Ein häufiger Fehler beim Verständnis des Tages des Herrn ist, daß man seinen Anfang mit dem zweiten Kommen Jesu gleichsetzt. Vielmehr beginnt er mit der Entrückung und schließt die Endzeitereignisse ein, die auf die Entrükkung folgen.

Die Stellen zum Tag des Herrn sind so zahlreich, daß man allein darüber mehrere Bücher schreiben könnte. Einige Stellen handeln von Zeiten des Gerichts in der Vergangenheit, besonders im Alten Testament, aber viele von ihnen beziehen sich auf eine zukünftige besondere Gerichtszeit Gottes, die ganz allgemein mit dem zweiten Kommen Jesu verknüpft ist. Der Tag des Herrn ist jedoch nicht nur eine Zeit des Gerichts, sondern auch des Segens im Tausendjährigen Reich, wie es in den alttestamentlichen Prophezeiungen zum Ausdruck kommt (Zephanja 3, 9-20).

Die Tatsache, daß diese Periode als ein »Tag« bezeichnet wird, setzt voraus, daß er einem vorhergehenden Tag folgt, der, während die Zeit der Gemeinde ein Tag der Gnade war, mit der Entrückung endete. Der Tag des Herrn wird mit einer Zeit der Finsternis beginnen, den Endzeitereignissen, die zum zweiten Kommen Jesu führen. Wie ein normaler Tag von der Finsternis zum Licht voranschreitet, so wird der Tag des Herrn in eine Zeit des Segens übergehen und andererseits auf eine Zeit des Gerichts folgen. Wie der Vierundzwanzig-Stunden-Tag wird er wieder in Dunkelheit oder Gericht enden, denn das Tausendjährige Reich endet im Gericht. Im Alten Testament gibt es ausführliche Stellen zum Tag des Herrn (Jesaja 2, 12-21; 13, 9-16; 34, 1-8; Joel 1, 15-2,11.; 3, 1-5; 4, 9-12; Amos 5, 18-20; Obadja 15-17; Zefanja 1, 7-18).

Die Erwähnung von Gericht und Tag des Herrn in Jesaja 2 kann man auf vergangene Gerichte beziehen, aber auch als Hinweis auf das zukünftige Gericht im Zusammenhang mit der Wiederkunft Jesu. Nach Jesaja 13, 9-16 schließt der Tag des Herrn die Zerstörung von Babylon durch die Meder und Perser in der Vergangenheit ein, scheint aber auch eine zukünftige Zerstörung Babylons zu beschreiben, wie sie in Offenbarung 18 enthüllt wird. Die Beschreibung des Tages des Herrn in Jesaja 13 entspricht der Großen Trübsal des Neuen Testamentes und umfaßt Störungen der Erdatmosphäre, der Sterne, der Sonne sowie die Verwüstung der Erde und die Zerstörung menschlichen Lebens. Gott sagt über den Tag des Herrn:

> »Ich will den Erdkreis heimsuchen um seiner Bosheit willen und die Gottlosen um ihrer Missetat willen und will dem Hochmut der Stolzen ein Ende machen und die Hoffahrt der Gewaltigen demütigen« (Jesaja 13, 11).

In Jesaja 34, 1-8 wird die Prophezeiung über die Gerichte gegeben, die beim zweiten Kommen Jesu über die Welt hereinbrechen werden. Das Buch Joel widmet sich besonders der Offenbarung des Tages des Herrn (vergleiche Apostelgeschichte 2, 17-21). Die Ereignisse von Joel 3,3.4, einschließlich der kosmischen Katastrophe, die das Licht von Sonne und Mond in Mitleidenschaft zieht, fallen mit der Zeit der Trübsal zusammen.

Eine hellere Seite des Tausendjährigen Reiches findet sich in Zephanja 3, 14-17, wo Gott als vergebender Gott dargestellt wird, der Israel erneuern und ihm Frieden und Freude geben wird. Aus diesen Abschnitten wird deutlich, daß der Tag des Herrn dem zweiten Kommen Jesu vorausgeht und eine beträchtliche Zeitspanne umfaßt.

Wenn auch der Tag des Herrn mit der Entrückung beginnt, so treten die spezifischen Ereignisse dieses »Tages« nicht sofort ein, wie bei einem normalen Vierundzwanzig-Stunden-Tag die wichtigsten Ereignisse erst bei Tagesanbruch oder später folgen.

Ein Kennzeichen für den Beginn des Tages des Herrn ist, daß die Menschen sagen: »Es ist Friede, es hat keine Gefahr« (1. Thessalonicher 5, 3). Dies mag mit dem Friedensvertrag zusammenhängen, den Israel sieben Jahre vor dem zweiten Kommen Jesu schließen wird. Dieser Vertrag wird, wie wir noch sehen werden, in der ganzen Welt als eine Befreiung von der Gefahr des Krieges aufgefaßt werden, und die Menschen werden vermehrt auf Frieden und Sicherheit hoffen. Doch diese Hoffnung wird plötzlich zunichte werden, wenn die Große Trübsal mit der Verfolgung von Gläubigen und mit Gottes Gerichten einsetzt. Die Welt wird zu jener Zeit von dem Leid überfallen werden, wie eine schwangere Frau von den Wehen (Vers 3).

Obwohl der Tag des Herrn sehr real sein und die genannten Kennzeichen haben wird, sagte Paulus den Thessalonichern, daß dieser Tag nicht über sie kommen werde, weil sie zu einer anderen Zeitperiode gehörten: »Ihr aber, liebe Brüder, seid nicht in der Finsternis, daß der Tag wie ein Dieb über euch komme. Denn ihr alle seid Kinder des Lichtes und Kinder des Tages. Wir sind nicht von der Nacht noch von der Finsternis« (1. Thessalonicher 5, 4.5). Obwohl der Zeitpunkt der Entrückung selbst unbekannt ist und wie ein Dieb kommt, wird er sie nicht überraschen mit dem Verderben, das ein Dieb mit sich bringt, denn sie gehören zu einem anderen »Tag«. Weil die Entrückung zuerst eintritt, werden sie vor dem Tag des Herrn bewahrt, denn die Entrückung wird, wie aus dem Zusammenhang hervorgeht, der Auslöser für den Tag des Herrn sein, und wenn dann der Tag des Herrn beginnt, werden sie bereits im Himmel sein.

Wie in anderen Stellen zur Entrückung, werden auch hier praktische Anweisungen gegeben. In diesem Abschnitt werden die Thessalonicher ermahnt, »nüchtern zu sein, angetan mit dem Panzer des Glaubens und der Liebe und mit dem Helm der Hoffnung auf das Heil« (1. Thessalonicher 5, 8).

Dann macht Paulus die umfassende Aussage: »Denn Gott hat uns nicht bestimmt zum Zorn, sondern dazu, das Heil zu erlangen durch unsern Herrn Jesus Christus« (1. Thessalonicher 5, 9). Die Große Trübsal vor dem zweiten Kommen Jesu ist besonders eine Zeit des Zornes Gottes. »Und die Könige auf Erden und die Großen und die Obersten und die Reichen und die Gewaltigen und alle Sklaven und alle Freien verbargen sich in den Klüften und Felsen der Berge und sprachen zu den Bergen und Felsen: Fallt über uns und verbergt uns vor dem Angesicht dessen, der auf dem Thron sitzt, und vor dem Zorn des

Lammes! Denn gekommen ist der große Tag ihres Zorns, und wer kann bestehen?« (Offenbarung 6, 15.16).

Hier bezieht sich der Zorn deutlich auf die Ereignisse, die dem zweiten Kommen Jesu vorausgehen, nicht auf das zweite Kommen selbst, obwohl auch dies eine Zeit des Gerichts und Zornes über die Ungläubigen sein wird.

Der wichtige Punkt, der in 1. Thessalonicher beachtet werden sollte, ist, daß die Entrückung den Tag des Herrn einleitet und nicht zu den Ereignissen gehört, die zur Wiederkunft Jesu hinführen. Darum brauchen Christen die Ereignisse des Tages des Herrn nicht zu fürchten, denn dies ist nicht ihre Bestimmung. Ihre Bestimmung ist vielmehr, dem Herrn im Himmel zu begegnen.

Die Entrückung in 2. Thessalonicher 2. In der Zeit zwischen der Abfassung des ersten und zweiten Thessalonicherbriefes waren gewisse Lehrer in Thessaloniki angekommen, welche die Leute lehrten, daß der Tag des Herrn bereits begonnen habe. Dies widersprach ausdrücklich dem, was Paulus in 1. Thessalonicher 5 geschrieben hatte, und es veranlaßte den Apostel, diese Lehre zurückzuweisen. Es war, um es mit einem Wort zu sagen, eine frühe Erscheinung dessen, was später als Postmillenarismus bekannt wurde, nämlich die Meinung, daß die Gemeinde durch die Anfangsphase des Tages des Herrn und die Versuchung, die erwähnt wird, hindurchgehen müsse. Paulus, der von Timotheus von dieser Situation unterrichtet wurde, offenbarte in 2. Thessalonicher das Gericht Gottes, das über diese falschen Lehrer kommen wird (1, 6-10). Er stellte das allgemeine Prinzip fest, daß Gott die Bösen richten wird, einige beim zweiten Kommen Jesu und einige später im Endgericht, das in Offenbarung 20, 11-15 enthüllt wird.

Mehr auf das Problem bezogen ist die Feststellung über diese falsche Lehre: »Was nun das Kommen unseres Herrn Jesus Christus angeht und unsere Vereinigung mit ihm, so bitten wir euch, liebe Brüder, daß ihr euch in eurem Sinn nicht so schnell wankend machen noch erschrecken laßt – weder durch eine Weissagung noch durch ein Wort oder einen Brief, die von uns sein sollen –, als sei der Tag des Herrn schon da« (2. Thessalonicher 2, 1.2). Offenbar hatten falsche Lehrer nicht nur gelehrt, daß die Thessalonicher sich bereits im Tag des Herrn befinden, womit sie ihre Verfolgung zu erklären suchten, sondern auch behauptet, daß Paulus in einem mündlichen Bericht oder einem Brief prophezeit habe, daß sie sich schon im Tag des Herrn befanden.

Um dies zu widerlegen, sagte Paulus: »Laßt euch von niemandem verführen, in keinerlei Weise; denn zuvor muß der Abfall kommen und der Mensch der Bosheit offenbart werden, der Sohn des Verderbens« (2. Thessalonicher 2, 3). Was Paulus hier meint, ist, daß der Tag des Herrn noch nicht gekommen ist, weil das erste Hauptmerkmal des Tages des Herrn das Sichtbarwerden des Mannes ist, der schließlich der Weltherrscher werden wird. Er wird zuerst als Eroberer von dreien der zehn Länder offenbart werden, die zuvor politisch vereinigt wurden. Dies wird mehr als sieben Jahre vor der Wiederkunft Jesu sein. Insofern dieser Mann noch nicht aufgetaucht und die in Daniel 7 und Offenbarung 13 beschriebene Situation noch nicht eingetroffen war, waren die Thessalonicher nicht im Tag des Herrn.

Paulus identifizierte den Mann der Bestimmung als »Widersacher, der sich erhebt über alles, was Gott oder Gottesdienst heißt, so daß er sich in den Tempel Gottes setzt und vorgibt, er sei Gott« (2. Thessalonicher 2, 4). Dieser Mann war noch nicht offenbart worden, und er hatte noch nicht seine blasphemischen Gotteslästerungen begonnen. Da dies ziemlich früh am Tag des Herrn geschehen und das Sprungbrett sein wird, von dem aus die späteren Ereignisse ihren Lauf nehmen, versichert Paulus den Thessalonichern aufgrund des Fehlens von Beweisen, daß sie nicht im Tag des Herrn waren.

Paulus erinnerte die Thessalonicher auch: »Erinnert ihr euch nicht daran, daß ich euch dies sagte, als ich noch bei euch war?« (2. Thessalonicher 2, 5). Mit anderen Worten: Paulus machte darauf aufmerksam, daß er sie bereits gelehrt hatte, sie befänden sich nicht im Tag des Herrn. Paulus appellierte an die Kenntnis, die sie bereits über die Zeit des Sichtbarwerdens des »Mannes des Verderbens« hatten:

> »Und ihr wißt, was ihn noch aufhält, bis er offenbart wird zu seiner Zeit.
> Denn es regt sich schon das Geheimnis der Bosheit; nur muß der, der es jetzt noch aufhält, weggetan werden,
> und dann wird der Böse offenbart werden. Ihn wird der Herr Jesus umbringen mit dem Hauch seines Mundes und wird ihm ein Ende machen durch seine Erscheinung, wenn er kommt« (2. Thessalonicher 2, 6-8).

Paulus hatte die Thessalonicher offensichtlich gelehrt, daß im Zeitalter der Gnade, in welchem die Gemeinde als der Leib Christi herausgerufen wird, die Sünde in der Welt zurückgehalten wird, ähnlich wie Hiob in den ersten Kapiteln des Buches Hiob vor den Angriffen Satans geschützt wurde. Die beste Erklärung dafür, wer die Sünde zurückhält, ist Gott selbst. Die gängige Meinung, daß die Regierungen die Sünde eindämmen, wird widerlegt durch die Tatsache, daß die letzte absolute Herrschaft alles andere bewirkt, als die Sünde zurückzuhalten; vielmehr wird sie das Werk Gottes aufhalten und ihm entgegenwirken und die Bosheit fördern. Es ist zwar richtig, daß Gesetze und die Polizei der Kriminalität entgegenzuwirken suchen, aber dies ist nicht vergleichbar mit der umfassenden Einschränkung, die Gott bewirkt, indem er Gesetzlosigkeit und Sünde in den Grenzen seines Willens hält.

Es kommt jedoch der Tag, da diese Beschränkung aufgehoben wird. Paulus schrieb: »Und dann wird der Böse offenbart werden. Ihn wird der Herr Jesus umbringen mit dem Hauch seines Mundes und wird ihm ein Ende machen durch seine Erscheinung, wenn er kommt« (Vers 8). Derselbe, der beim zweiten Kommen Christi umgebracht werden wird, kann zuvor seine gesetzlose Karriere machen und seine Macht in Opposition gegen Gott ausüben, weil Gott es zulassen und die Menschen nicht mehr davon abhalten wird, diese Form der Bosheit zur Schau zu stellen. Satan wird übernatürliche Mittel einsetzen, um die Menschen zu überzeugen. »Der Böse aber wird in der Macht des Satans auftreten mit großer Kraft und lügenhaften Zeichen und Wundern und mit jeglicher Verführung zur Ungerechtigkeit bei denen, die verloren werden, weil sie die Liebe zur Wahrheit nicht angenommen haben, daß sie gerettet würden« (Verse 9.10).

Wenn der Heilige Geist und Gottes Macht letztendlich die Sünde in der Welt zurückhalten, wie es die Bibel lehrt, dann sollte es klar sein, daß diese Einschränkung so lange nicht aufgehoben werden kann, wie der Heilige Geist in den Gläubigen auf Erden wohnt. Damit dies eintreten kann, muß folglich die Gemeinde von der Erde entfernt werden, ehe dieser Mann offenbart wird. Kurz: die Entrückung muß geschehen, ehe dieser Mann sich offenbart, das heißt: über sieben Jahre vor der Wiederkunft Jesu. Dieser Bibelabschnitt bestätigt darum die prätribulationistische Ansicht und widerlegt den Posttribulationismus.

Manchmal wird die Frage nach dem Alter von Prätribulationismus und Posttribulationismus gestellt. Es sollte klar sein, daß beide Ansichten in der frühen Gemeinde vertreten wurden, daß aber Paulus in diesem Abschnitt den Posttribulationismus verurteilte, während die prätribulationistische Sicht als die richtige gelehrt wurde.

Die Entrückung in 1. Korinther 15, 51-58. Einige Zeit nach der Offenbarung an die Gemeinde in Thessaloniki hatte der Apostel Paulus Gelegenheit, den Korinthern zu schreiben und viele Irrtümer zu korrigieren, die in dieser Gemeinde aufgekommen waren. Am Schluß seiner Erörterung spricht er davon, was bei der Entrückung geschieht.

In 1. Korinther 15 wies Paulus auf die zentralen und fundamentalen Tatsachen des Todes und der Auferstehung Jesu hin. Er bemerkte, wie wichtig die Auferstehung Jesu sei, denn wenn Jesus nicht auferstanden wäre, würde das beweisen, daß sein Opfer vergeblich und er nicht der geweissagte Sohn Gottes war. Die Tatsache, daß Jesus von den Toten auferweckt wurde, gibt dem Gläubigen jedoch Grund zur Hoffnung, daß er zwar stirbt, aber von Gott auferweckt werden wird.

Wie Paulus herausstellte, ist es Gottes normale Ordnung, daß Heilige leben und sterben und dann in der Zukunft auferstehen. Paulus nennt hier jedoch auch die große Ausnahme von dieser Regel. Er sagt, daß die Gemeinde in Erfüllung der Prophezeiung in der Zukunft aus der Welt herausgenommen wird. Christen, die gestorben sind, werden auferweckt, und die dann lebenden Christen werden verwandelt werden. Sie werden unsterbliche Leiber und solche Eigenschaften erhalten, die für das Leben im Himmel notwendig sind. Paulus schreibt:

»Das sage ich aber, liebe Brüder, daß Fleisch und Blut das Reich Gottes nicht ererben können; auch wird das Verwesliche nicht erben die Unverweslichkeit. Siehe, ich sage euch ein Geheimnis: Wir werden nicht alle entschlafen, wir werden aber alle verwandelt werden; und das plötzlich, in einem Augenblick, zur Zeit der letzten Posaune. Denn es wird die Posaune erschallen, und die Toten werden auferstehen unverweslich, und wir werden verwandelt werden.
Denn dies Verwesliche muß anziehen die Unverweslichkeit und dies Sterbliche muß anziehen die Unsterblichkeit« (1. Korinther 15, 50-53).

Paulus zeigt, daß Christen, die in ihren sterblichen und sündigen Leibern leben, neue Leiber erhalten müssen, die ohne Sünde sind, unverweslich und unsterblich. Dies wird in einem Nu geschehen, oder im Bruchteil einer Sekunde, kürzer als ein Augenzwinkern. Die Toten werden auferstehen, und die Lebenden werden Leiber erhalten, ähnlich denen der auferstandenen Gläubigen. Sie werden darum Leiber haben, die in der Gegenwart Gottes ohne Scheu verharren können, weil sie sündlos sind, ohne Verfall und ohne Tod.

Es gibt keinen Hinweis auf vorangehende Ereignisse wie im Falle des zweiten Kommens Jesu. Vielmehr ist die Entrückung ein nahe bevorstehendes Ereignis. Die praktische Anwendung steht in 1. Korinther 15, 58: »Darum, meine lieben Brüder, seid fest, unerschütterlich und nehmt immer zu in dem Werk des Herrn, weil ihr wißt, daß eure Arbeit nicht vergeblich ist in dem Herrn.«

Wenn Christen glauben, daß der Herr jederzeit kommen kann, ist das ein Ansporn für ihren Glauben, in Zeiten des Leidens fest zu stehen. Es ermutigt sie auch, sich nicht bewegen zu lassen oder dem Druck des Lebens in irgendeiner Weise nachzugeben. Vielmehr werden sie sich »völlig« oder von ganzem Herzen dem Werk des Herrn widmen, weil sie wissen, daß sie nach der Entrückung vor dem Preisrichterstuhl Jesu stehen werden, wo ihr Dienst auf Erden beurteilt und belohnt werden wird. »Ihr wißt«, schrieb Paulus, »daß eure Arbeit nicht vergeblich ist in dem Herrn« (1. Korinther 15, 58).

In all diesen wichtigen Bibelstellen über die Entrückung wird ausgedrückt, daß die Zeit der Trübsal der Entrückung folgt und ihr nicht vorausgeht, und daß sie völlig verschieden von der Wiederkunft Christi ist.

Die Entrückung im Buch der Offenbarung

Das letzte Buch der Bibel ist die Offenbarung, deren zentrales Thema die Wiederkunft Jesu ist. Sie wird »Offenbarung« genannt, weil zur Zeit der Wiederkunft Jesu alle Welt Christus in seiner Herrlichkeit sehen wird. Die Betonung liegt deshalb auf seiner triumphalen Rückkehr und den Gerichten über die Welt, die damit verbunden sind, auf dem Tausendjährigen Reich und schließlich dem neuen Himmel, der neuen Erde und dem Neuen Jerusalem.

Offenbarung 2, 25. Obwohl die Offenbarung hauptsächlich von dem zweiten Kommen Jesu handelt, wird die Entrückung gelegentlich genannt. Die Gemeinde in Thyatira wurde inmitten ihrer Anfechtungen ermahnt: »Was ihr habt, das haltet fest, bis ich komme« (2, 25). In diesem Abschnitt werden keine Einzelheiten über die Entrückung erwähnt.

Offenbarung 3, 10.11. Eine der Stellen, die klar die Entrückung vor der Trübsal lehrt, findet sich in Offenbarung 3, 10.11: »Weil du mein Wort von der Geduld bewahrt hast, will auch ich dich bewahren vor der Stunde der Versuchung, die kommen wird über den ganzen Weltkreis, zu versuchen, die auf Erden wohnen. Siehe, ich komme bald; halte, was du hast, daß niemand deine Krone nehme!« Diese Bibelstelle ist eine klare Prophezeiung an die Gemeinde in Philadelphia, daß die Gläubigen nicht durch die »Stunde der Versuchung« hindurchgehen müssen – das heißt durch die Große Trübsal, die die Welt überfallen wird. Tatsächlich ist dies für sie ein Hinweis auf die Entrückung vor der Trübsal. Wenn Johannes gemeint hätte, Jesus wolle die Gemeinde »durch« diese Periode der Trübsal »hindurch« bewahren, dann hätte er das leicht durch die griechische Präposition *dia* ausdrücken können, die »durch« bedeutet. Stattdessen wird die Präposition *ek* benutzt, die *vor* bedeutet. Verbunden mit dem Verb *tereo*, wie es in dieser Bibelstelle der Fall ist, heißt es »fernhalten von« und nicht »erhalten durch (hindurch)«. Obwohl sich Postmillenaristen eifrig bemühen, diese Stelle zu umgehen, beabsichtigt sie ganz klar, die Befreiung von der Stunde der Trübsal auszudrücken. Wenn die Philadelphia-Gemeinde als Typ oder Illustration der wahren Gemeinde genommen werden kann, dann ist dies ein deutlicher Hinweis darauf, daß die wahre Gemeinde nicht durch diese Stunde der Versuchung gehen wird. Wenn die Entrückung zur Zeit der historischen Gemeinde in Philadelphia geschehen wäre, dann wäre sie durch die Entrückung vor der Großen Trübsal bewahrt worden. Jedoch starben sie, ehe dies Ereignis eintrat.

Offenbarung 5, 9.10. Als Johannes in Offenbarung 4 und 5 die Vision des Himmels hatte, sah er vierundzwanzig Älteste und hörte sie ein neues Lied singen:

> »Du bist würdig, zu nehmen das Buch und aufzutun seine Siegel; denn du bist geschlachtet und hast mit deinem Blut Menschen für Gott erkauft aus allen Stämmen und Sprachen und Völkern und Nationen und hast sie unserm Gott zu Königen und Priestern gemacht, und sie werden herrschen auf Erden« (5, 9.10).

Die Ältesten preisen hier Gott für die Erlösung, die es ermöglichte, daß Menschen errettet wurden.

In dem Textus receptus lauten die Verse folgendermaßen: »Und sie sangen ein neues Lied, und sprachen: Du bist würdig, zu nehmen das Buch und zu öffnen seine Siegel, denn du wurdest geschlachtet und hast *uns* Gott erkauft durch dein Blut aus allen Stämmen und Sprachen und Völkern und Nationen und hast *uns* unserm Gott zu Königen und Priestern gemacht, und *wir* werden auf Erden herrschen« (5, 9.10).

Wenn der Textus receptus richtig ist, dann repräsentieren die vierundzwanzig Ältesten, die erkauft wurden, diejenigen, die schon errettet und belohnt wurden. Da hier die Zeit vor dem zweiten Kommen Jesu gemeint ist, hieße das, daß die Gemeinde schon entrückt und am Richterstuhl Christi belohnt wurde, und sich jetzt im Himmel befindet.

Wenn auch beide Lesarten die Entrückung vor der Trübsal unterstützen, erlaubt der revidierte Luthertext noch andere Deutungen. Obwohl in vielen Fällen der textus receptus der schlechtere ist, spricht meines Erachtens in diesem besonderen Fall mehr für den textus receptus. Zwar läßt sich die Angelegenheit nicht vollständig lösen, dennoch wird hier die Entrückung vor der Trübsal eher unterstützt als widerlegt.

Offenbarung 4 bis 18. In den Kapiteln 4 bis 18 der Offenbarung wird die Gemeinde nicht einmal auf Erden erwähnt. Stattdessen werden Gläubige als gläubige Heiden oder gläubige Juden bezeichnet, aber niemals als Gemeinde. Das völlige Fehlen eines Hinweises auf die Gemeinde ist schwer zu erklären, es sei denn, die Prämillenaristen haben recht, und die Gemeinde befindet sich während dieser Zeit im Himmel und nicht auf Erden.

Die prätribulationistische Ansicht wird auch durch die Versiegelung der 144 000 in Offenbarung 7, 1-8 und 14, 1-5 unterstützt, wo die zwölf Stämme Israels in besonderer Weise durch die Trübsal hindurch geschützt werden. Daß sie als Juden bezeichnet werden und nicht als Gemeinde, weist wiederum darauf hin, daß Gott sein Werk für die Gemeinde vollendet hat, die aus Juden und Heiden besteht, und nun seine getrennten Pläne für Israel und die Heiden hat, wenn die Erlösung für beide auch gleich ist. Viele Postmillenaristen vergeistigen aus offensichtlichen Gründen diese Bibelstelle und leugnen, daß sie wörtlich zu verstehen ist.

Offenbarung 19, 1-10. In der Offenbarung der Hochzeit des Lammes, die dem zweiten Kommen Jesu vorausgeht (Offenbarung 19, 11-16), wird die Braut dargestellt als bereits in reine Leinwand gekleidet. Wenn die Gemeinde die

1 Textus receptus: Griechischer Text des Neuen Testaments, der vom 16. bis 19. Jh. als Übersetzungsvorlage herangezogen wurde. Dieser Text ist wissenschaftlich überholt und wird heute nicht mehr benutzt.
Die gegenwärtige Textforschung versucht, mit Hilfe der verschiedenen griechischen Handschriften unter Verwendung textkritischer Methoden eine Annäherung an die ursprüngliche Textgestalt zu erzielen.

Braut ist, dann ist die Gemeinde hier bereits im Himmel, in völligem Einklang mit der Entrückung vor der Trübsal.

Es wird nicht die Hochzeit selbst angekündigt, sondern das Hochzeitsfest. Der Engel sagte zu Johannes: »Schreibe: Selig sind, die zum Hochzeitsmahl des Lammes berufen sind« (Offenbarung 19, 9). Zur Zeit Jesu gab es in Israel drei Stadien der Hochzeit. Das erste war der formale Kontrakt zwischen den Eltern der Braut und dem Bräutigam, wodurch die eigentliche rechtliche Grundlage der Hochzeit gelegt wurde. Das zweite Stadium war die Forderung der Braut durch den Bräutigam, gewöhnlich ein Jahr nachdem man sich geeinigt hatte. Dies wird in dem Gleichnis von den zehn Jungfrauen in Matthäus 25, 1-13 illustriert. Das letzte Stadium der Hochzeit war das Hochzeitsfest. Weil hier das Hochzeitsfest angekündigt wird und nicht die vorbereitenden Ereignisse, bedeutet das, daß die Vereinigung von Christus und der Gemeinde bereits stattgefunden hat, was wieder die Ansicht einer Entrückung vor der Trübsal stützt. Eine Braut, gekleidet in schönes reines Leinen (19, 8), setzt die Auferstehung der Gemeinde und die Heiligung und die Darstellung als Braut Christi voraus.

Offenbarung 19, 11-20, 6. In der großartigen Beschreibung des zweiten Kommens Jesu in Offenbarung 19, 11 bis 20, 6 wird eine Entrückung nicht erwähnt, obwohl es offensichtlich ist, daß die alttestamentlichen Gläubigen nach seiner Wiederkunft auferstehen (Daniel 12, 1-3,Offenbarung 20, 3-6). In diesem Abschnitt gibt es keine Auferstehung, während Jesus dabei ist, vom Himmel zur Erde zurückzukehren, wie es nach 1. Thessalonicher 4 für die Entrückung erforderlich ist. Daß hier und in anderen Stellen über die Wiederkunft Jesu im Alten und Neuen Testament nichts von einer Entrückung gesagt wird, spricht ebenfalls dafür, daß die Entrückung nichts mit dem zweiten Kommen Jesu zu tun hat. Wie eine Darlegung der Argumente für die einzelnen Ansichten über die Trübsal zeigen wird, sprechen die Fakten für die Vorstellung einer Entrückung vor der Trübsal.

Prätribulationismus: Die Entrückung vor den Endzeitereignissen

Um sorgfältig die Argumente für und wider die verschiedenen Ansichten über die Entrückung zu untersuchen, ist es notwendig, zuerst einmal die Voraussetzungen klar zu formulieren, die ihnen zugrunde liegen. Sehr oft setzen Bücher, die die eine oder andere Ansicht vertreten, einfach etwas voraus, statt eine gründliche Exegese vorzunehmen. Dies führt zu Verwirrung, und oft ist die verfochtene Theorie falsch.

Voraussetzungen des Prätribulationismus. Der Ansicht, daß die Entrükkung vor der Trübsal, also mehr als sieben Jahre vor dem zweiten Kommen Jesu stattfindet, liegen bestimmte Voraussetzungen zugrunde. Die Ansicht der Entrückung vor der Trübsal kann nur vom prämillenalen Standpunkt der Wiederkunft Jesu unterstützt werden. Amillenarismus, der wahrscheinlich die vorherrschende Sicht der Kirche ist (wegen seines Prinzips, die Prophetie nicht wörtlich zu deuten), kann nicht das Konzept einer Entrückung vor der Trübsal unterstützen, denn er ist immer posttribulational. Einige, die die Entrückung in der Mitte der Trübsal vertreten, können prämillenal sein, aber die Art ihrer Deutung belastet die Klarheit ihrer prophetischen Interpretation. Das trifft auch auf die Ansicht der teilweisen Entrückung zu. Nur eine klare Annahme des Prämillenarismus liefert eine adäquate Basis für die Prüfung, ob die Entrückung am Ende der Endzeitereignisse oder vorher geschieht.

Mit dem Prämillenarismus verbunden ist die Annahme, daß die Bibel unfehlbar ist – das heißt, daß ihre prophetischen Aussagen wahr sind. Die Prophetie muß als ebenso genau und wahr betrachtet werden wie die Geschichte.

Die Prinzipien der Deutung sind auch wichtig, da der Prätribulationismus wie der Prämillenarismus davon abhängt, daß man Prophetie in ihrem natürlichen Sinn deutet und nicht vergeistigt oder sie nicht wörtlich versteht, wie es Amillenaristen tun. Dieselben Interpretationsprinzipien, die zum Prämillenarismus führen, führen auch zum Prätribulationismus, und je konsequenter jemand prämillenal ist, desto eher kann er die prätribulationale Ansicht der Entrückung annehmen.

Der Kontext der Entrückungsstellen. Wie bei allen exegetischen Entscheidungen ist es sehr wichtig, was einer bestimmten Bibelstelle vorausgeht oder ihr folgt, um die Bedeutung der betreffenden Stelle zu bestimmen. Es ist kennzeichnend, daß jede Bibelstelle über die Entrückung diese als ein nahes Ereignis darstellt und nie ein vorausgehendes Ereignis prophezeit, obwohl in der Vorsehung Gottes viele Dinge vor der Entrückung geschehen können. Soweit es biblische Offenbarung betrifft, werden diese Ereignisse nicht vor der Entrückung eingereiht. Dies trifft zu für so große Prophezeiungen wie die Zerstörung Jerusalems im Jahre 70 n. Chr., die natürlich der Entrückung vorausging. In der Offenbarung dieser Prophezeiung gibt es jedoch keinen Hinweis darauf, daß dieses Ereignis vor der Entrückung stattfinden würde, und es hätte ihr sehr wohl folgen können, was die biblische Offenbarung betrifft.

Wie der Entrückung nicht andere prophetische Ereignisse vorausgehen, die Entrückung vielmehr als nahes Ereignis dargestellt wird, so wird auch das Tausendjährige Reich, das gemäß prämillenaler Deutung sofort auf die Wiederkunft Jesu folgt, nie als ein Ereignis beschrieben, das sofort auf die Entrückung folgt. Es ergibt sich vielmehr, daß eine Zeit der Trübsal vorangeht, wie in 2. Thessalonicher 2 geschildert wird, in der die Ereignisse des Tages des Herrn der Entrückung folgen und ihr nicht vorausgehen. Dagegen malt jede ausführliche Stelle über die Wiederkunft Jesu die Zeit der Trübsal aus, die ihr vorausgeht, wie es in Matthäus 24 und Offenbarung 4-18 geschieht.

Die Definition der Gemeinde. Wenn man die Frage stellt: ›Wird die Gemeinde entrückt?‹ ist es sehr wichtig, die Gemeinde als eine Wesenheit zu definieren, die von Israel oder den Heiligen allgemein zu unterscheiden ist. In prophetischen Abschnitten über die Trübsal werden Israeliten und Heiden genannt, und einige von ihnen glauben an Jesus Christus und bilden einen gottesfürchtigen Überrest. Wenn sie zur Gemeinde gehören, dann befindet sich die Gemeinde in der Trübsal, und die ganze Frage, ob die Gemeinde durch die Trübsal geht, wird hinfällig. Viele Posttribulationisten, die ihre eigene Ansicht darzulegen suchen, weichen einer Entscheidung von vornherein aus, indem sie annehmen, daß die Gemeinde Heilige aller Zeiten einschließt. Die Vorstellung, daß die Gemeinde sich von Israel unterscheidet, gehört zur dispensationalistischen Sichtweise, die das Werk Gottes im Alten Testament unter dem mosaischen Gesetz, das Werk Gottes im gegenwärtigen Zeitalter, wo er Juden und Heiden herausruft, um die Gemeinde als Leib Jesu zu bilden, und das Tausendjährige Reich unterscheidet, in dem die Heiligen aller Zeitalter auf verschiedene Weise Anteil haben, aber ihre individuelle und Gruppeneigenschaft behalten. Deshalb wird die Gemeinde entrückt oder auferweckt werden und wird mit Christus im Tausendjährigen Reich regieren, aber die Geretteten aus Israel und die Geretteten aus den Heiden, die nicht zur Gemeinde gehören, werden auch im Millennium sein. Die Gemeinde von den Heiligen anderer Perioden, die dem gegenwärtigen Zeitalter vorangingen oder folgen, zu unterscheiden, ist wesentlich, um eine richtige Antwort auf prätribulationaler Grundlage zu erhalten. Es ist nicht übertrieben zu behaupten, daß die Lehre von der Gemeinde, die Ekklesiologie, diesen Aspekt der Eschatologie bestimmt.

Die wörtliche Deutung der Trübsal. In der Endzeitprophetie wird oft gezeigt, daß die Zeitspanne zwischen Entrückung und Wiederkunft Jesu über sieben Jahre beträgt. Es gibt vor allem eine Vorbereitungszeit, in der sich die zehn Nationen, die in Daniel 7 und Offenbarung 13 prophezeit werden, profilieren. Dann folgen sieben Jahre, die in Daniel 9, 27 genannt sind, in denen ein Bündnis mit Israel geschlossen wird. Die erste Hälfte, dreieinhalb Jahre, dieser Siebenjahres-Periode ist dadurch gekennzeichnet, daß Israel Frieden hat und von dem Herrscher des Nahen Ostens beschützt wird. In der Mitte dieser sieben Jahre wird das Bündnis jedoch gebrochen, und Israel wird Zielscheibe der Verfolgung, während sich gleichzeitig der nahöstliche Führer zum Weltherrscher aufschwingt, und in den verbleibenden dreieinhalb Jahren bis zur Wiederkunft Jesu wird Israel wie auch die ganze Welt große Trübsal erleiden. Obwohl die Bibel für diese Zeit von über sieben Jahren keinen besonderen Ausdruck hat, wird sie in der eschatologischen Literatur häufig als die »Trübsal« bezeichnet, was nicht ganz dem biblischen Sinn entspricht. Die Bibel stützt jedoch die Bezeichnung »Große Trübsal« für die letzten dreieinhalb Jahre, die eine Zeit nie dagewesenen Leidens sein wird.

Wenn also die Frage gestellt wird, ob die Gemeinde durch die Trübsal hindurchgehen wird, muß man entsprechend fragen: Wird die Gemeinde mehr als sieben Jahre vor der Wiederkunft Jesu entrückt werden? Wenn man die Buchstäblichkeit dieser Periode oder die Einzelheiten leugnet und die ganze Trübsalszeit mit allgemeiner Trübsal gleichsetzt, wie die Welt sie jetzt erfährt, wird die Sache verwischt, und es ist unmöglich, zu einer befriedigenden Lösung zu kommen. Außerdem bedeutet die Leugnung, daß die Trübsal eine besondere Zeit ist, eine Leugnung des buchstäblichen Eintreffens der Prophezeiungen, denn die Große Trübsal ist eine besondere Zeit der Trübsal, die größer ist als alles, was bisher war oder je werden wird (Daniel 12, 1.2; Matthäus 24, 21). Wie wahr dies ist, wird unterstrichen durch die Tatsache, daß Daniel, der große Prophet des Alten Testamentes, und Jesus den bestimmten Charakter dieser Periode bekräftigten, wie das auch andere Propheten taten (Jeremia 30, 4-11; Daniel 7, 7.8.19-27; 9, 27; 11, 36- 45; 12, 1.11-13). Die Definition der Gemeinde und der Trübsal ist entscheidend für die richtige Behandlung dieser theologischen Frage.

Der Heilige Geist in bezug zur Trübsal. Im gegenwärtigen Zeitalter seit Pfingsten wohnt der Heilige Geist in jedem Gläubigen, und er ist das Siegel zur Erlösung. Der Heilige Geist verleiht auch ewiges Leben und tauft Gläubige in den Leib Christi. Obwohl die neue Geburt des Gläubigen sicher auch für die Gläubigen des Alten Testamentes galt, werden die weiteren Aspekte des Werkes des Heiligen Geistes erst nach Pfingsten gefunden.

Wesentlich für die Bestimmung des Zeitpunktes der Entrückung ist es, die veränderte Rolle des Heiligen Geistes nach der Entrückung und in der Zeit zwischen der Entrückung und der Wiederkunft Jesu zu erkennen. Dies ist entscheidend, wie in 2. Thessalonicher 2, 1-12, wo Paulus den frühen Postmillenarismus widerlegte, der in die Gemeinde von Thessaloniki mit dem Argument eingedrungen war, die Ereignisse des Tages des Herrn hätten schon stattgefunden. Paulus wies unter anderem auf die Offenbarung des Mannes der Gesetzlosigkeit hin, des politischen Führers der Konföderation der zehn Nationen in der Endzeit und des von Satan gelenkten letzten Weltherrschers. Der springende Punkt bei Paulus ist, daß dieser Mann nicht offenbart werden kann, bis das, was aufhält, entfernt worden ist (Vers 8). Wie schon gesagt, ist dies ein wichtiger Punkt, weil der Mensch der Sünde über sieben Jahre vor dem zweiten Kommen Jesu offenbart werden wird, wenn er zunächst drei und dann alle zehn Länder erobert, ehe er mit Israel einen Siebenjahresvertrag schließt. Nach 2. Thessalonicher 2 kann dies nicht eintreten, solange Gott die Sünde in Schranken hält, deshalb geht die Entrückung diesen Ereignissen voraus.

Der allgemeine Versuch, diese Lehre zu vermeiden, indem man die Einschränkung der Sünde der Regierung unterstellt, kann angesichts der Tatsache, daß in der Endzeit eine absolute Regierung sein wird, die völlig böse sein wird, nicht länger aufrechterhalten werden. Mit anderen Worten: Eine Regierung wird die Sünde der Endzeit nicht aufhalten. Die letztendliche Einschränkung der Sünde kommt von Gott selbst, und die Gegenwart des Heiligen Geistes, der in den Gläubigen wohnt, ist Gottes gegenwärtige Methode, die Sünde in der Welt einzudämmen. Dies kann sich nur durch die Entrückung der Gemeinde ändern. 2. Thessalonicher 2 lehrt in der Tat, daß die Entrückung geschehen muß, ehe der Mensch der Sünde offenbart werden kann, was bedeutet, daß die Entrückung über sieben Jahre vor dem Wiederkommen Jesu stattfinden wird. Ein richtiges Verständnis des Unterschiedes bezüglich des Wirkens des Geistes im Alten Testament, im gegenwärtigen Zeitalter und in der Trübsalszeit ist wesentlich für das Verständnis des Prätribulationismus.

Ereignisse zwischen der Entrückung und der Wiederkunft Jesu. Wenn man die Bibelstellen sorgfältig durchsieht, zeigt sich, daß nach der Entrückung und vor dem zweiten Kommen Jesu bestimmte Ereignisse eintreten werden. Dazu gehört die Hochzeit des Lammes, da Jesus zur Entrückung als Bräutigam kommen wird, um seine Braut, die Gemeinde, zu sich zu holen. Diese Zeit schließt auch den Richterstuhl Christi ein, der nichts mit früheren oder späteren Gerichten zu tun hat. Im Millennium gibt es dies alles nicht, sondern es wird im Himmel nach der Entrückung der Gemeinde geschehen.

Es ist auch klar, daß einige Ereignisse zwischen Entrückung und Wiederkunft Jesu auf der Erde stattfinden werden. Der Prämillenarismus rechnet damit, daß nach der Entrückung Juden und Heiden errettet werden, die ins Millennium in ihrem natürlichen Leib eintreten werden. Es sind dies Menschen, die die Trübsal überleben und dann ins Tausendjährige Reich kommen. Sie werden nicht entrückt. Sie haben noch ihren sündigen Leib. Sie können also noch sündigen und sterben. Das trifft nicht auf die zu, die entrückt werden. Wenn eine Entrückung zur Zeit der Wiederkunft Jesu stattfände und jedem Gläubigen Unsterblichkeit verliehen würde, gäbe es keinen, der auf Erden zurückgelassen würde, um die Erde im Tausendjährigen Reich zu bevölkern. Wenn die Gemeinde vor den Endzeitereignissen entrückt wird, ist Raum für eine Zeit, in der viele Juden und Heiden errettet werden, und obwohl einige von ihnen während der Großen Trübsal getötet werden, werden diejenigen, die überleben, die Bürger des Tausendjährigen Reiches bilden. Das gesammelte Israel wird das verheißene Land einnehmen, und Heiden werden die ganze übrige Welt bevölkern.

Die Endzeitgerichte über Israel (Hesekiel 20, 34-38) und das Gericht über die lebenden Heiden beim zweiten Kommen Jesu (Matthäus 25, 31- 46) zeigen, daß dann Heilige auf Erden leben, die in ihrem natürlichen Leib ins Millennium kommen. Die Entrückung vor der Trübsal läßt eine wörtliche Deutung dieser Ereignisse zu, ohne die fest umrissenen Einzelheiten dieser Prophezeiungen zu schmälern.

Entrückung und Wiederkunft Jesu gegenübergestellt. Eine sorgfältige Untersuchung der Bibelstellen, in denen die Entrückung beschrieben wird, und der Stellen, die von der Wiederkunft Jesu reden, macht deutlich, daß, obwohl bei beiden Ereignissen Jesus vom Himmel »kommt«, der Zweck des Kommens, die Ereignisse, die vorausgehen oder folgen, völlig verschieden sind.

Nach den Entrückungsstellen werden die Gläubigen beim Erscheinen Jesu für die Gemeinde verwandelt oder auferweckt und ihm in den Wolken begegnen; zu dieser Zeit gibt es auf Erden kein Gericht oder irgendeine Veränderung. Dagegen wird sich beim zweiten Kommen Jesu der Ölberg spalten, so daß ein großes Tal von Jerusalem bis zum Jordan entstehen wird (Sacharja 14, 4.5).

Der Zweck der Entrückung ist, die Gemeinde aus der Welt herauszunehmen und sie ins Vaterhaus zu bringen. Der Zweck der Wiederkunft Jesu ist, sein Tausendjähriges Reich aufzurichten, wozu keine Verwandlung von Menschen notwendig ist.

Bei der Verwandlung der Gemeinde werden die Heiligen von der Erde zum Himmel auffahren, beim zweiten Kommen Jesu werden die Heiligen dagegen auf der Erde bleiben und die Erde im Millennium bevölkern.

Zur Zeit der Entrückung wird es auf der Erde kein Gericht über die Sünden geben. Jedoch werden bei der Wiederkunft Jesu die Weltheere vernichtet werden, das »Tier« und der falsche Prophet werden dann in den Feuersee geworfen, und Juden und Heiden werden daraufhin geprüft werden, ob sie geeignet sind, in das Reich Christi auf Erden zu kommen.

Christen in dem gegenwärtigen Zeitalter freuen sich auf die Entrückung und sind gewiß, daß sie vor dem Tag des Zorns bewahrt werden (1. Thessalonicher 5, 9). Dagegen wird sich in der Zeit vor dem zweiten Kommen Jesu der Zorn Gottes über die Erde ergießen, und die großen Katastrophen werden über Christen und Nichtchristen hereinbrechen (Offenbarung 6, 12-17). Die Trübsal ist eine Zeit des Zornes Satans (Offenbarung 12, 6), der sich gegen Gläubige in jener Zeit richtet, während der Zorn Gottes sich auf Ungläubige ergießt, aber die sich daraus ergebenden Gerichte ziehen die ganze Menschheit in Mitleidenschaft.

Die Entrückung wird in der Bibel immer als ein nahe bevorstehendes Ereignis beschrieben und wird deshalb der Trübsal vorausgehen. Dagegen wird das zweite Kommen Jesu der Höhepunkt der Trübsal sein und eine Zeit, da Jesus die Gläubigen, die in Bedrängnis sind, befreien wird. Die Entrückung ist in der Schrift immer ein nahe bevorstehendes Ereignis, während dem zweiten Kommen Jesu eine Reihe von furchtbaren Katastrophen vorausgeht, die im einzelnen in Offenbarung 6 bis 18, in Matthäus 24 und anderen Stellen genannt werden.

Die Entrückung ist eine Lehre, die im Alten Testament nicht offenbart wurde und von Jesus erst in Johannes 14 erwähnt wird. Dagegen ist die Wiederkunft Jesu eine Lehre sowohl des Alten als auch des Neuen Testamentes.

Die Entrückung betrifft nur Errettete, während bei der Wiederkunft Jesu Ungläubige gerichtet und Erlöste errettet werden.

Bei der Entrückung geschieht Satan nichts; bei der Wiederkunft Jesu wird Satan für tausend Jahre gebunden, ehe er endgültig gerichtet wird und die Bösen mit ihm in den Feuersee geworfen werden.

Wenn auch Entrückung und Wiederkunft Jesu mit dem »Kommen« Christi zu tun haben, weil Jesus in beiden Fällen den Himmel verläßt und in die irdische Sphäre eindringt, haben die beiden Kommen nichts miteinander zu tun. Entrükkung und Wiederkunft sind von den Ereignissen verschieden, die bei seinem ersten Kommen beschrieben wurden. Im Alten Testament wird das erste und auch das zweite Kommen Jesu beschrieben, aber niemand verstand damals, daß es sich um zwei verschiedene Ereignisse handelt. Im Neuen Testament werden die Entrückung und die Wiederkunft Jesu unterschieden, und wegen der Unterschiede der beiden Ereignisse unterscheiden auch viele die Entrückung vom zweiten Kommen Jesu. Wir wollen nun die vielen Gründe für den Prätribulationismus mit den Argumenten des Posttribulationismus vergleichen.

Posttribulationismus: Die Entrückung beim zweiten Kommen Jesu

Definitionsprobleme. In vielen Büchern wird die theologische Diskussion, ob Prä- oder Posttribulationismus richtig ist, geführt. Wie ich schon erwähnte, habe ich ein 300 Seiten dickes Buch über die Entrückungsfrage *(The Rapture Question)* geschrieben, in dem das Problem ausführlich behandelt wird. Ich habe auch ein Buch mit dem Titel *The Blessed Hope and the Tribulation* (Die selige Hoffnung und die Trübsal) über den Postmillenarismus geschrieben, das 160 Seiten hat. Die Argumente für und wider den Postmillenarismus nur kurz abzuhandeln, ist eine schwierige Aufgabe, da das Thema sehr verwirrend ist.

Manchmal wird das theologische Problem in die Frage gekleidet: Wird die Gemeinde durch die Trübsal gehen? Die Frage selbst ist jedoch Gegenstand heftigster Kontroversen gewesen, weil es keine Einigkeit über die Definition der Gemeinde gibt, auch nicht über die Bedeutung der Trübsal. Um das Problem in den Griff zu bekommen, ist es deshalb notwendig, die unterschiedlichen Gesichtspunkte zu untersuchen, die hier eine Rolle spielen. Wenn man das erste Mal versucht, zu einer befriedigenden Lösung zu kommen, mag die theologische Erörterung ziemlich schwer erscheinen.

Das Wesen der Gemeinde. Entscheidend für das Verständnis des Problems, ob die Gemeinde durch die Trübsal gehen wird, ist eine Klarstellung, wer eigentlich zur Gemeinde gehört. Gemeinhin wird gelehrt, daß der Ausdruck »Gemeinde« alle Erretteten umfaßt – von Adam bis zur letzten Person, die errettet werden wird. Wenn diese Definition richtig ist, dann muß die Gemeinde offensichtlich durch die Trübsal gehen, da ja in der Bibel Heilige, sowohl Juden als auch Christen, während der Trübsalszeit erwähnt werden. Deshalb kann man Bücher finden, die den Posttribulationismus befürworten und dieses Argument als Lösung der Frage hinstellen.

Prämillenaristen unterscheiden jedoch die Gemeinde, die am Tag der Pfingsten begann, von den alttestamentlichen Heiligen und den Heiligen, die nach der Entrückung zu Jesus kommen. Darum werden Menschen zwar auch noch nach der Entrückung errettet, aber sie werden niemals als Glieder des Leibes Christi aufgefaßt, von ihnen wird auch nicht gesagt, daß sie vom Heiligen Geist in den Leib Christi getauft seien, und sie werden auch sonst als errettete Juden und errettete Heiden bezeichnet. Wenn die Gemeinde auf die Heiligen im gegenwärtigen Zeitalter beschränkt ist, ist die Frage, ob die Gemeinde durch die Trübsal gehen muß, strittig. Alle Prätribulationisten und ein paar Posttribulationisten unterscheiden die Gemeinde des gegenwärtigen Zeitalters von den Heiligen anderer Heilszeiten. Die Frage ist dann, ob die Gemeinde, der Leib Christi, vor der Wiederkunft Christi durch die Trübsal gehen muß.

Das Wesen der Trübsal. Ebenso wichtig bei der Erörterung der Frage nach dem Zeitpunkt der Entrückung der Gemeinde ist die Definition der Trübsal. Mit anderen Worten: Was ist die Trübsal eigentlich, durch die die Gemeinde vor der Wiederkunft Jesu geht?

Hier gibt es unter den Postmillenaristen wohldefinierte Meinungsverschiedenheiten. Allgemein verbringen Vertreter des Posttribulationismus die meiste Zeit damit, den Prätribulationismus zu widerlegen, statt eine biblische Grundlage für ihre eigene Lehre zu schaffen. Obwohl sie sich über den Posttribulationismus einig sind, unterscheiden sie sich in der Vorgehensweise zur Unterstützung ihrer Lehre. Es gibt allgemein vier verschiedene Arten von Posttribulationismus.

Klassischer Posttribulationismus. Dieser Begriff bezieht sich auf diejenigen, die der historischen Position des Posttribulationismus folgen, der die Trübsal vergeistigen will oder auf nichtwörtliche Weise interpretiert. Bei dieser Ansicht wird gewöhnlich unsere gegenwärtige Trübsal mit der Trübsalszeit vor der Wiederkunft Jesu gleichgesetzt. Deshalb behaupten diese Posttribulationisten, die Trübsal habe bereits begonnen. Wie können wir dann aber fragen, ob die Gemeinde durch die Trübsal geht? Einige lassen diese Trübsal mit der Zeit Jesu beginnen, andere führen sie bis zu Adam zurück. Bei diesem Standpunkt wird ignoriert, was die Bibel über die Große Trübsal sagt, eine Zeit, die sich ausdrücklich von anderen Epochen unterscheidet. In Daniel 12, 1 wird diese Periode folgendermaßen beschrieben: »Es wird eine Zeit so großer Trübsal sein, wie sie nie gewesen ist, seitdem es Menschen gibt, bis zu jener Zeit.« Bei Jeremia heißt es: »Wehe, es ist ein gewaltiger Tag, und seinesgleichen ist nicht gewesen, und es ist eine Zeit der Angst für Jakob; doch soll ihm daraus geholfen werden«

(30, 7). Jesus sprach auch von dieser Zeit: »Denn es wird dann eine große Bedrängnis sein, wie sie nicht gewesen ist vom Anfang der Welt bis jetzt und auch nicht wieder werden wird. Und wenn diese Tage nicht verkürzt würden, so würde kein Mensch selig werden; aber um der Auserwählten willen werden diese Tage verkürzt« (Matthäus 24, 21.22). Er verhieß der Gemeinde in Philadelphia, daß sie vor einer zukünftigen Trübsalszeit bewahrt werden würde, die über die ganze Erde kommen sollte: »Weil du mein Wort von der Geduld bewahrt hast, will auch ich dich bewahren vor der Stunde der Versuchung, die kommen wird über den ganzen Weltkreis, zu versuchen, die auf Erden wohnen« (Offenbarung 3, 10). Aus diesen Stellen geht eindeutig hervor, daß die Trübsalszeit vor der Wiederkunft Christi nicht eine normale Zeit der Trübsal, sondern absolut einmalig ist.

Wenn man die Beschreibung der Zeit vor der Wiederkunft Jesu in Offenbarung 6 bis 18 wenigstens einmal wörtlich nähme, wäre klar, daß hier eine schreckliche Zeit geschildert wird. In Offenbarung 9, 15 wird ein Drittel der Menschheit getötet. Der letzte Schlag, die siebente Zornschale, wird in Offenbarung 16 als ein Erdbeben beschrieben, dessen Ausmaß alles bisher Dagewesene übersteigt. Die Städte der Heiden werden völlig zerstört, Berge und Inseln verschwinden und ein übernatürlicher Hagel mit Hagelkörnern, die zentnerschwer sind, fällt auf den Schutt (Verse 18-21). Der klassische Postmillenarismus behauptet jedoch, daß all dies nur bildlich zu verstehen sei, und daß die Leiden sich eigentlich nicht von denen unterscheiden, die wir aus der Geschichte der Menschheit kennen. Deshalb können einige klassische Postmillenaristen auch die Auffassung vertreten, daß Jesus jeden Tag kommen könnte, da ja angeblich die Trübsal schon Vergangenheit ist.

Halbklassischer Posttribulationismus. Bei dieser Ansicht werden ebenfalls viele Gerichte der Trübsal vergeistigt oder nicht wörtlich genommen, aber es wird doch gesehen, daß in der Zukunft noch Ereignisse geschehen müssen, einschließlich des Auftretens eines Weltherrschers und anderer Dinge, die aus der Offenbarung deutlich genug hervorgehen. Während sie zwar nicht glauben, daß Jesus zu jeder Zeit kommen könnte, um sein Reich aufzurichten, so nehmen sie doch die Periode der sieben oder dreieinhalb Jahre nicht wörtlich. Überhaupt wird das Zeitelement nicht im wörtlichen Sinne verstanden.

Futuristischer Posttribulationismus. Angesichts der Atombomben und der Ereignisse nach dem zweiten Weltkrieg hat sich der Posttribulationismus von einer Vergeistigung der Trübsal zu einer wörtlicheren Deutung bewegt. Einige erkennen, daß es noch eine furchtbare Zeit für die Erde geben wird, aber trotzdem bestehen sie darauf, daß die Entrückung nach dieser Zeit und nicht vorher stattfindet. Da Posttribulationisten eine viel wörtlichere und schrecklichere Trübsalszeit erwarten als klassische Posttribulationisten es tun, wird es für sie immer schwieriger, zu behaupten, daß eine Entrückung am Ende dieser Periode die selige Hoffnung der Christen sei, denn sie lehren selbst, daß viele in der Trübsal umkommen werden.

Dispensationalistischer Posttribulationismus. Eine neuere Entwicklung im Posttribulationismus ist der Versuch mindestens eines Autors, eine dispensationalistische Ansicht zu vertreten – das heißt, daß die Gemeinde von anderen Heiligen zu unterscheiden ist, daß aber die Gemeinde als solche in der noch zukünftigen Großen Trübsal zu finden ist. Obwohl diese Ansicht die Prophezeiungen über die zukünftige Trübsal wörtlicher nimmt, neigt sie dazu, bei kritischen Punkten den Schrecken der Trübsal zu verharmlosen.

Die vier Typen des Posttribulationismus illustrieren die Probleme, die Posttribulationisten haben, ihren Standpunkt zu behaupten; sie zeigen auch, daß sie sich nicht einig sind, wie sie die Entrückung nach der Trübsal beweisen sollen. Ständig erscheinen neue Bücher über den Posttribulationismus, die deutlich machen, daß Posttribulationisten selbst nicht davon überzeugt sind, daß bisherige Erörterungen der Entrückung einen stichhaltigen Beweis für die Richtigkeit des Posttribulationismus ergeben haben.

Argumente zur Stützung des Posttribulationismus. Posttribulationisten sind sich allgemein einig, daß noch eine Trübsal kommt, durch die die Gemeinde hindurchgehen muß, ehe sie entrückt wird. Deshalb halten sie die Entrückung für eine Phase der Wiederkunft Jesu. Und obwohl sie selten die einzelnen Ereignisse aufführen, die mit ihr verbunden sind, glauben sie dennoch in Übereinstimmung mit 1. Thessalonicher 4, daß die Gemeinde von der Erde entrückt wird, um ihrem Herrn bei seiner Herabkunft vom Himmel in den Wolken zu begegnen, aber dann sofort mit Christus zur Erde zurückkehren wird. Die Ereignisse, die sich auf das zweite Kommen Jesu beziehen, werden dann eintreten, aber die Entrückung wird nur kurz vorher geschehen, während Jesus vom Himmel zur Erde zurückkehrt. Die Argumente, die den Posttribulationismus stützen sollen, können in eine Anzahl besonderer Punkte eingeteilt werden.

Angriffe auf den Prätribulationismus. Obwohl viele Posttribulationisten die Argumente zugunsten ihrer Einstellung höflich und taktvoll vorbringen, beginnen einige der älteren Bücher damit, die Prätribulationisten selbst anzugreifen. Sie verleumden die Gelehrsamkeit und die charakterlichen Fähigkeiten der Prätribulationisten und nennen sie Fanatiker und ihre Beweisführungen Unsinn. Dieses Vorgehen hilft wohl schwerlich, die Wahrheit der Heiligen Schrift über dieses Thema zu finden.

Das historische Argument. Ein Hauptargument des Posttribulationismus ist, daß ihre Ansicht der Standpunkt der Kirche allgemein seit dem ersten Jahrhundert bis heute sei. Die Anhänger dieser Richtung zitieren Kirchenväter mit dem Resultat, daß Jesus jeden Augenblick wieder zur Erde zurückkommen könnte, und dies würde selbstverständlich die Entrückung einschließen. Eine sorgfältige Untersuchung der Kirchenväter offenbart jedoch, daß sie verwirrt waren. So sahen sie, daß die Bibel einerseits eine nahe bevorstehende Entrückung vorhersagte, andererseits aber zukünftige Ereignisse prophezeite wie die Weltkirche, die Weltregierung und den Antichristen. Deshalb schrieb derselbe Kirchenvater manchmal auf der einen Seite, daß das zweite Kommen Jesu nahe sei, und auf der anderen Seite, daß gewisse Dinge erst noch stattfinden müssen. Sein Problem war, daß er nicht zwischen Entrückung und zweitem Kommen Jesu unterschied. Während einige Kirchenväter in gewissem Sinne Posttribulationisten waren, weil sie meinten, daß das zweite Kommen Jesu nahe sei, versuchten sie doch andererseits, der Heiligen Schrift gegenüber treu zu sein, die lehrt, daß die Entrückung jederzeit eintreten könnte.

Die Geschichte der Lehrmeinungen hat sich über mehrere Jahrhunderte fortentwickelt, wobei die Reformationszeit herausragt, in der viele Lehren wieder aufgenommen wurden, wie die Lehre der Rechtfertigung aus Glauben, die Priesterschaft aller Gläubigen und daß jeder Gläubige die Heilige Schrift verstehen und deuten kann. Offensichtlich war ein weiteres Studium der Eschatologie notwendig geworden. Leider wurden bei der protestantischen Reformation Probleme der Eschatologie nicht angesprochen, wenn auch die römisch-katholische Lehre des Fegefeuers widerlegt wurde. Die Reformatoren begannen bei Augustinus, der amillenal dachte und dementsprechend auch posttribulational. Erst in den späteren Bibelstudien-Bewegungen der letzten Jahrhunderte und durch die intensive eschatologische Forschung des zwanzigsten Jahrhunderts wurde der Prätribulationismus umfassend erklärt.

Der Konflikt zwischen Bibelstellen über die Entrückung, die eine nahe bevorstehende Rückkehr Jesu lehren, und Abschnitten, die voraussetzen, daß große Ereignisse vor dem zweiten Kommen Jesu geschehen müssen, wurde durch die Trennung der beiden Ereignisse gelöst – die Entrückung vor der Trübsal und die Wiederkunft Jesu nach der Trübsal. Wie wir bereits sagten, ähnelt dies der gegenwärtigen Trennung von erstem und zweiten Kommen Jesu, was im Alten Testament dunkel blieb und erst nach der Himmelfahrt Jesu richtig verstanden wurde. Heute bezweifelt niemand den Unterschied zwischen dem ersten und zweiten Kommen Jesu, weil die Unterschiede so klar sind. Dasselbe kann man feststellen, wenn man die Entrückung vor der Trübsal mit dem zweiten Kommen Jesu nach der Trübsal vergleicht.

Oft hält man J. N. Darby für den, der zuerst die Unterscheidung von Israel und der Gemeinde im prophetischen Programm Gottes machte. Jedoch war dies bereits latent bei den Kirchenvätern vorhanden. Der Versuch, den Prätribulationismus auf zwei hervorstechende Persönlichkeiten namens Edward Irving und Margaret MacDonald zurückzuführen, die sogar von einigen Posttribulationisten unterstützt werden, bringt nichts für das anstehende Problem, denn beide waren keine Prätribulationisten. Deshalb ist dieser Versuch, den Prätribulationismus auf Personen zurückzuführen, die wenig theologische Einsicht hatten, kein solides Vorgehen.

Die letztendliche Antwort auf die Frage, ob der Prätribulationismus im Gegensatz zum Posttribulationismus richtig ist, kann nur anhand der Bibel selbst gegeben werden. Eine Lehre kann nicht aufgrund der Meinung von vielen angenommen werden.

Die posttribulationistische Lehre der Trübsal. Wie wir ausgeführt haben, sind sich Posttribulationisten untereinander uneins, was die sogenannte Trübsalszeit ausmacht. Die Bibel selbst bezeichnet die sieben Jahre, die zum zweiten Kommen Jesu hinführen, niemals explizit als Trübsal, obwohl die letzten dreieinhalb Jahre die Große Trübsal genannt werden.

Vor fünfzig Jahren bestand, wie gesagt, Posttribulationismus hauptsächlich darin, die Trübsal zu vergeistigen und zu leugnen, daß es sich um zukünftige Ereignisse handelt, die noch erfüllt werden müssen. Seit der Atombombe, der wachsenden Gefahr, das menschliche Leben völlig zu vernichten, und der Gefahr großer Katastrophen wird im Posttribulationismus zunehmend wieder die Trübsalszeit ernst genommen und als eine Periode aufgefaßt, in der größere Ereignisse vor der Wiederkunft Jesu stattfinden müssen. Natürlich ist es für Posttribulationisten schwer zu erklären, warum eine Entrückung am Ende dieser Trübsal eine »selige Hoffnung« sein soll (Titus 2, 13). Posttribulationisten haben auch das Problem, was sie mit der kommenden Trübsalszeit machen sollen, wenn sie so schlimm werden sollte, wie die Heilige Schrift es voraussagt.

Nach prätribulationistischer Deutung wird es ein Zeitintervall geben, das mindestens drei Perioden zwischen Entrückung und Wiederkunft Jesu einschließt. Erstens wird es eine Zeit der Vorbereitung geben, in der zehn Nationen zusammen eine Wiederbelebung des Römischen Reiches vornehmen werden. Aus diesem Reich wird ein politischer Führer kommen, der die Szene beherrscht und zunächst über drei, dann über alle zehn Nationen Machteinfluß gewinnt. Eine zweite Periode folgt, in der dieser politische Führer einen Siebenjahresvertrag mit Israel schließen wird (Daniel 9, 27). Dieser Friedensvertrag wird dreieinhalb Jahre eingehalten und dann gebrochen werden, womit eine dritte Periode beginnt, in der dieser politische Führer Israel verfolgen, sich zum Weltherrscher aufschwingen und sich selbst als Gott ausgeben wird. Die letzten dreieinhalb Jahre, die in der Wiederkunft Jesu kulminieren, werden eine Zeit großer Bedrängnis sein, in der ein Großteil der Weltbevölkerung vernichtet wird. Jesus selbst erklärte, daß kein Mensch mehr auf Erden am Leben bliebe, wenn diese Zeit nicht durch die Wiederkunft Jesu ihr Ende fände (Matthäus 24, 22).

Posttribulationisten antworten auf diese Folge von Ereignissen zwischen Entrückung und Wiederkunft Jesu in einigen Fällen mit Vergeistigung, oder sie ignorieren diese Ereignisse, oder sie leugnen in anderen Fällen, daß in dieser Zeit besondere Ereignisse stattfinden, wie es prophetische Stellen lehren. Die Definition der Trübsal ist darum ein wichtiger Aspekt bei der Frage, ob die Gemeinde durch die Trübsal geht. Obwohl einige Menschen unbeschadet durch diese Zeit hinduchgehen, wie es durch die 144 000 aus Offenbarung 7 und 14 illustriert wird, werden viele andere getötet werden, wie es die Märtyrer verdeutlichen, die in Offenbarung 7, 9-17 im Himmel gesehen werden. Dies sind Menschen, die während der Großen Trübsal sterben. Je wörtlicher man die Trübsal nimmt, desto weniger anziehend wird die Vorstellung einer Entrückung, die nach der Trübsal stattfindet. Die Chance, die Trübsal zu überleben, ist so gering – der größte Teil der Erdbevölkerung wird sterben –, daß es nicht der biblischen Hoffnung auf die Entrückung entspricht, auf die man eifrig und freudig wartet.

Das posttribulationistische Argument zur Gemeinde. Die meisten Posttribulationisten rechnen, wie wir wissen, alle Heiligen zur Gemeinde, und in diesem Fall ist eine Beweisführung überflüssig. Einige Posttribulationisten geben jedoch zu, daß die Gemeinde eine besondere Gruppe von Gläubigen ist, die zu Pfingsten begann und bis zur Entrückung fortbesteht. Die Frage ist dann, ob es die Gemeinde auch in der Trübsalszeit gibt. Ab Offenbarung 4, 1 bis zur Erwähnung der Braut in Offenbarung 19, 7 wird die Gemeinde nicht ein einziges Mal genannt. Stellen über die Trübsal, die von Erretteten sprechen, erwähnen diese als errettete Heiden oder errettete Juden, aber der Ausdruck *Gemeinde* fehlt.

Die posttribulationistische Sicht der nahen Rückkehr Jesu. Posttribulationisten, die meistens eine Reihe von Ereignissen vor dem zweiten Kommen Jesu erwarten, müssen die Unmittelbarkeit der Entrückung als Zeitfaktor erklären, der vorhergehende Ereignisse erlaubt. Dagegen glauben Prätribulationisten, daß die Unmittelbarkeit der Entrückung keine Ereignisse zuläßt, die ihr vorausgehen, soweit es die Prophetie betrifft. Posttribulationisten leugnen die Unmittelbarkeit oder definieren sie neu, denn sie können nicht eine Reihe von großen Ereignissen zulassen, die dem zweiten Kommen Jesu vorausgehen sollen, und zugleich sagen, daß die Entrückung, die diesen Ereignissen folge, nahe bevorstehe.

Nach der Heiligen Schrift sollte eine längere Zeit verstreichen, ehe die Entrückung stattfindet, aber Prophezeiungen wie die über das Alter des Petrus (Johannes 21, 18.19) und die Gleichnisse, die eine längere Zeitspanne vorauszusetzen schienen, haben sich längst erfüllt. Ob die Unmittelbarkeit in der apostolischen Zeit völlig aufrechterhalten werden konnte oder nicht, so gibt es augenblicklich jedenfalls keine prophezeiten Ereignisse, die vor der Entrückung der Gemeinde geschehen müssen, es sei denn, man nimmt den posttribulationistischen Standpunkt ein. Wenn das Kommen des Herrn eine selige, trostreiche Hoffnung, eine reinigende Hoffnung ist und etwas, das man sehnsüchtig erwartet, dann ist es schwierig, dies mit der posttribulationistischen Ansicht in Einklang zu bringen, daß vor dem zweiten Kommen fürchterliche Ereignisse eintreten müssen.

Die posttribulationistische Erklärung der Auferstehung der Heiligen. In Offenbarung 20, 4-6 wird bezüglich der Auferstehung der Heiligen, die in der

Großen Trübsal vor dem zweiten Kommen Jesu sterben, eine klare Prophezeiung gegeben. Sie werden beim zweiten Kommen Jesu von den Toten auferweckt und werden mit Christus tausend Jahre regieren:

> »Und ich sah Throne, und sie setzten sich darauf, und ihnen wurde das Gericht übergeben. Und ich sah die Seelen derer, die enthauptet waren um des Zeugnisses von Jesus und um des Wortes Gottes willen, und die nicht angebetet hatten das Tier und sein Bild und die sein Zeichen nicht angenommen hatten an ihre Stirn und auf ihre Hand; diese wurden wieder lebendig und regierten mit Christus tausend Jahre.
> Die andern Toten aber wurden nicht wieder lebendig, bis die tausend Jahre vollendet wurden. Dies ist die erste Auferstehung.
> Selig ist der und heilig, der teilhat an der ersten Auferstehung. Über diese hat der zweite Tod keine Macht; sondern sie werden Priester Gottes und Christi sein und mit ihm regieren tausend Jahre.«

Es ist wichtig zu beachten, daß diese Auferstehung nicht die Erfüllung von 1. Thessalonicher 4 ist – das heißt: diese Gläubigen werden nicht auferstehen, wenn Christus vom Himmel zur Erde unterwegs ist, und sie werden ihm nicht in der Luft begegnen. Diese Auferstehung wird stattfinden, nachdem der Thron Christi auf Erden errichtet worden ist.

Die Heiligen, die in diesem Bibelabschnitt dargestellt werden, sind Errettete aus der Großen Trübsal. Nach prätribulationistischer Meinung wird die Entrükkung der Gemeinde früher stattfinden, und deshalb wird die Gemeinde hier in Offenbarung 20 auch nicht erwähnt. Wenn hier von der »ersten Auferstehung« (Offenbarung 20, 5) die Rede ist, so bedeutet dies nicht, daß vorher keine Auferstehungen stattgefunden haben, sondern vielmehr, daß es die erste in dem Sinne sein wird, daß sie vor der letzten Auferstehung der Bösen zum Gericht am Ende des Tausendjährigen Reiches geschieht. Die Auferstehung Jesu ist bereits eine historische Tatsache, und die Auferstehung von Matthäus 27, 52.53 und die Auferstehung der beiden Zeugen in Offenbarung 11 werden dann bereits geschehen sein. Wenn die Prätribulationisten recht haben, werden die Entrückung und die damit verbundene Auferstehung auch schon stattgefunden haben.

Man beachte auch, daß Posttribulationisten keinen besonderen Text haben, der ihre Erwartung einer Entrückung von lebenden Gläubigen nach der Trübsal stützt. Verheerend für die posttribulationistische Argumentation ist, daß nicht ein Abschnitt im Neuen Testament, der das zweite Kommen Jesu beschreibt, die Vorstellung einer Entrückung enthält – das heißt: die Verwandlung von lebenden Heiligen und die Auferstehung von verstorbenen Gläubigen. Vielmehr werden beim zweiten Kommen Jesu, in Übereinstimmung mit dem Prätribulationismus, der gottesfürchtige Überrest in Israel und Heiden, die Christus angenommen haben, in ihrem alten Leib ins Millennium eingehen und auf der Erde in natürlichem Zustand wohnen. Sie werden nicht entrückt, sondern behalten ihren natürlichen Leib. Wenn die Bibel dies auch nicht weiter ausführt, werden sie entweder sterben und dann auferstehen oder am Ende des Millenniums entrückt werden.

Einige Posttribulationisten wollen in Matthäus 24, 40.41, wo der eine genommen und der andere verlassen wird, die Entrückung der Gemeinde sehen. Es geht jedoch aus dem Textzusammenhang eindeutig hervor, daß der eine, der genommen wird, gerichtet wird, ähnlich wie die Menschen, die außerhalb der Arche umkamen, wie es auch im vorausgehenden Kontext illustriert wird (Matthäus 24, 39). Auch nach Lukas 17, 37 werden diejenigen, die genommen werden, getötet, und Geier fressen ihr Fleisch. Dies ist das ganze Gegenteil der Entrückung. Während nach prätribulationistischer Ansicht bei der Entrückung der eine, der genommen wird, das Kind Gottes ist und der andere, der zurückgelassen wird, derjenige ist, der nicht errettet ist, wird beim zweiten Kommen Jesu genau das Umgekehrte stattfinden. Der eine, der genommen wird, ist der Ungläubige, und der andere, der gelassen wird, ist der Errettete, der dann ins Tausendjährige Reich eintritt.

Posttribulationistische Argumente zur Terminologie. Im Neuen Testament werden mehrere Worte gebraucht, um die Rückkehr Jesu zu beschreiben, nämlich: *parousia*, gewöhnlich als »Kommen« übersetzt, *apokalypsis*, was sich auf die Enthüllung oder »Offenbarung« bezieht, und *epiphaneia*, was mit »Erscheinung« übersetzt wird. Eigentlich sind dies keine Termini technici, sie könnten auf mehr als ein Kommen, eine Enthüllung und eine Erscheinung angewandt werden. Oft wird argumentiert, daß alle drei sich sowohl auf die Entrückung als auch auf das zweite Kommen Jesu am Ende der Trübsal beziehen. Dies schreckt Prätribulationisten jedoch nicht davon ab, die Unterscheidung zwischen den beiden Kommen Jesu zu erkennen, da die Worte keine Fachausdrücke sind.

Der Tag des Herrn. Posttribulationisten behaupten gewöhnlich, daß die prophezeite Periode des Tages des Herrn erst beim zweiten Kommen Jesu beginnt. Weil der Tag des Herrn mit der Entrückung einsetzt, wird deshalb argumentiert, daß die Entrückung auch beim zweiten Kommen Jesu geschieht.

Der Tag des Herrn ist, wie wir schon sagten, ein beschreibender Ausdruck für eine Zeit, in der Gott die Welt unmittelbar richtet. Es gab Tage des Herrn im Alten Testament, aber der zukünftige große Tag des Herrn steht für die Periode, die zum zweiten Kommen Jesu hinführt.

Statt beim zweiten Kommen Jesu zu beginnen, wird der Tag des Herrn die Zeit der Trübsal einschließen, die der Wiederkunft Jesu vorausgeht. Dies wird durch viele Bibelstellen bestätigt (Jesaja 2, 12-21; 13, 9-16; Joel 1, 15-2, 11; 3, 1-5; 4, 9-21; Amos 5, 18-20; Obadja 15-17; Zefanja 1, 7-18). Nach 1. Thessalonicher 5 wird der Tag des Herrn mit der Entrückung beginnen. Wenn aber der

Tag des Herrn gemäß dem Alten Testament die Zeit vor dem zweiten Kommen Jesu einschließt, dann muß die Entrückung vor der Wiederkunft Jesu eintreten. Demnach fehlt der posttribulationistischen Ansicht, daß der Tag des Herrn mit dem zweiten Kommen Jesu beginne, die biblische Grundlage.

Posttribulationistische Argumente aus 2. Thessalonicher 2. Gemäß 2. Thessalonicher 2 waren Irrlehrer in die Gemeinde zu Thessaloniki gekommen, die lehrten, daß der Tag des Herrn bereits damals angebrochen sei. Paulus wies diese Lehre zurück, indem er darauf hinwies, daß die Hauptereignisse des Tages des Herrn noch nicht begonnen hatten. Eines dieser noch ausstehenden Ereignisse ist, daß der Mensch der Sünde oder der Mensch der Gesetzlosigkeit noch nicht offenbart worden war. Es gibt Hinweise darauf, daß er früh in der Zeit offenbart werden wird, die der Wiederkunft Jesu vorausgeht. Paulus sagte den Thessalonichern weiter (2, 6), daß etwas die Sünde zurückhalte, und daß der Mensch der Sünde erst offenbart werden würde, wenn dieses Hindernis beseitigt ist. Wie auch immer dieses Hindernis der Sünde in der Welt gedeutet wurde, letztlich ist es ein Werk des Heiligen Geistes. Angesichts der Tatsache, daß der Heilige Geist seit Pfingsten in den Gläubigen wohnt, ist die Anwesenheit der Gemeinde ein Haupthindernis der Sünde in der Welt und ein Zeugnis für Gott. Das Hindernis könnte darum nicht beseitigt werden, wenn nicht die Gemeinde entfernt würde. Mit einem Wort: dies zeigt, daß die Entrückung eintreten muß, ehe der Mensch der Sünde offenbart werden wird.

Wenn man andere Bibelstellen in bezug auf 2. Thessalonicher 2 untersucht, scheint es klar zu sein, daß der Mensch der Sünde dieselbe Person ist wie der Herrscher aus Daniel 7, 8, der erst drei, dann zehn Nationen beherrscht, die das wiederhergestellte Römische Reich bilden. Da dieses über sieben Jahre vor der Wiederkunft Jesu auftritt, denn der Siebenjahresvertrag folgt ja erst darauf (Daniel 9, 27), ergibt sich ein Zeitplan, der eine Entrückung nach der Trübsal unmöglich macht. Posttribulationisten versuchen auf die eine oder andere Weise diese Bibelstelle zu umgehen, aber sie finden keine Lösung.

Posttribulationistische Argumente zu anderen Begriffen. Im Neuen Testament wird die Endzeit als »das Ende« bezeichnet. Das Problem ist natürlich, zu bestimmen, was mit »dem Ende« gemeint ist. Weil der Begriff kein Fachausdruck ist, beinhaltet er das Ende von etwas, das vorausgeht. Der Zusammenhang der Bibel bestimmt, welches Ende gemeint ist. Nur eine von fünf Stellen über »das Ende« im Neuen Testament bezieht sich auf das Kommen Jesu (1. Korinther 1, 7.8), und diese könnte sich auf die Entrückung beziehen. Bei den anderen Stellen ist nicht klar, welches Ende gemeint ist.

Die posttribulationistische Sicht der Entrückung selbst. Merkwürdigerweise halten sich die meisten postmillenaristischen Bücher nicht lange bei der Erklärung von Stellen wie Johannes 14, 3, 1. Thessalonicher 4, 13-18 oder 1. Korinther 15, 51.52 auf. Dies sind die Hauptstellen über die Lehre der Entrückung, und das Problem für einen Posttribulationisten ist, daß sie eine Entrückung nach der Trübsal nicht im geringsten stützen. Diese Stellen sagen alle aus, daß die Entrückung nahe bevorsteht und daß keine prophezeiten Ereignisse vorausgehen müssen. Im Gegensatz dazu gehen gemäß der Aussage des Neuen Testaments der Wiederkunft Jesu gewaltige Ereignisse voraus.

Indem Posttribulationisten des öfteren Prätribulationisten herausforden, eine Stelle zu nennen, die deutlich für eine Entrückung vor der Trübsal spricht, tun sie dies, um ihr eigenes Problem zu verdecken, daß sie selbst nicht eine Bibelstelle finden können, die für eine Entrückung nach der Trübsal spricht. Dies ist umso deutlicher, als das zweite Kommen Jesu in einer Anzahl neutestamentlicher Stellen ausführlich beschrieben wird, die aber dennoch eine Entrückung von lebenden Christen nicht erwähnen. Sogar die Lehre der Auferstehung kommt nicht im Zusammenhang mit der des Kommens Jesu vor, sondern in den darauf folgenden Ereignissen.

Meinungsverschiedenheiten unter den Posttribulationisten. Ein Teil der Verwirrung in der Argumentation zwischen Prä- und Posttribulationismus ist darauf zurückzuführen, daß Posttribulationisten keine einhellige Meinung vertreten. Postmillenaristen sind untereinander uneins über eine Anzahl von Punkten wie das Wesen der Entrückung, ihre Unmittelbarkeit, das Leiden der Heiligen in der Großen Trübsal, das Verhältnis der Prophezeiungen in der Offenbarung zur Endzeit, das Wesen der Gemeinde, die Frage, ob Ungläubige bei der Wiederkunft Jesu noch eine Gelegenheit haben, sich zu bekehren, die spezifische Reihenfolge der Ereignisse vor der Wiederkunft Jesu, die Gerichte beim zweiten Kommen Jesu und die Frage, was nach der Wiederkunft Jesu geschieht. Ihre Verwirrung in diesen wichtigen Punkten verdeutlicht ihre Verwirrung über die gesamte Lehre. Ihr Problem ist, daß die Bibel über die markantesten Punkte ihres Standpunktes schweigt, so daß er sehr fraglich wird.

Sichtweise einer Entrückung in der Mitte der Trübsal

Verschiedene Definitionen. Ein Hauptproblem bei dem Versuch, die Entrückung als ein Ereignis in der Mitte der Trübsal zu verstehen, ist, daß nicht zwei Anhänger dieser Theorie die gleichen Argumente vorbringen. Die am häufigsten anzutreffende Meinung ist, daß die Trübsal beim Erschallen der siebenten Posaune der Offenbarung (11, 15) stattfindet. Diese Vorstellung beruht auf der Gleichsetzung der letzten Posaune, bei der gemäß 1. Korinther 15, 52 die Entrückung geschehen soll, mit dieser letzten der sieben Posaunen der Offenbarung. Es ist offensichtlich, daß eine Aufzählung von bestimmten Dingen sich immer auf das bezieht, wovon im Kontext die Rede ist, und in der Offenbarung sind die Posaunen eben Posaunen, die von Engeln geblasen werden, um das

Gericht über die Welt zu verkünden. Dagegen ist die Posaune in 1. Korinther 15 die Posaune des Herrn, und sie hat nichts mit dem Gericht zu tun, sondern vielmehr mit der Entrückung der Gemeinde. Außerdem wird bei der Argumentation, die siebente Posaune sei die letzte und deshalb mit der Posaune aus 1. Korinther 15 identisch, übersehen, daß es in Matthäus 24, 31 noch eine spätere Posaune gibt, welche die Sammlung der Heiligen zu Beginn des Millenniums signalisiert. Postmillenaristen versuchen dies Problem dadurch zu lösen, indem sie dies ebenfalls als die Entrückung deuten.

Andere Verfechter der Entrückung in der Mitte der Trübsal reihen die Entrückung nach dem vierten Siegel in Offenbarung 6, 7.8 ein. Wenn man jedoch die Große Trübsal nach dem vierten Siegel beginnen läßt, ignoriert man das schreckliche Gericht des vierten Siegels, die Ausrottung eines Viertels der Erdbevölkerung: »Und ich sah, und siehe, ein fahles Pferd. Und der darauf saß, dessen Name war: Der Tod, und die Hölle folgte ihm nach. Und ihnen wurde Macht gegeben über den vierten Teil der Erde, zu töten mit Schwert und Hunger und Pest und durch die wilden Tiere auf Erden« (Offenbarung 6, 8). Das zweite und dritte Siegel spricht auch von Krieg, Hunger und Tod vieler Menschen, was sicher die Große Trübsal signalisiert. Die Verfechter der Entrückung in der Mitte der Trübsal erkennen nicht das Problem ihrer Deutung angesichts dieser Bibelstellen. Einige Verfechter der Theorie wollen die Entrückung in Matthäus 24 finden, wo von der Entrückung keine Rede ist. Matthäus 24 spricht von dem zweiten Kommen Jesu und sagt die kommende Große Drangsal voraus (Verse 15-22). Wie wir schon zeigten, gibt es in Matthäus 24 keinen Hinweis auf die Entrückung, und wenn der eine genommen und der andere gelassen wird (Verse 40.41), so bezieht sich das auf diejenigen, die beim zweiten Kommen Jesu zum Gericht geholt werden, nicht aber auf die Entrückung, bei der die Gläubigen von der Erde entrückt werden. Die Vielfalt der Erklärungen der Verfechter dieser Theorie weist auf ihre Verwirrung untereinander hin und auf ihre mangelnde Bereitschaft, die prätribulationistische oder posttribulationistische Ansicht zu akzeptieren. Merkwürdigerweise verlegen sie wie die Posttribulationisten die Entrückung in die Zeit der siebenten Posaune, selbst wenn sie die Abschnitte, die vorausgehen oder folgen, nicht angemessen in Übereinstimmung mit ihrer Sicht erklären können.

Verwechseln von Israel und Gemeinde. Ein wichtiger Grundsatz, den man bei der Deutung der Prophetie berücksichtigen muß, ist, die Prophezeiungen für Israel von den Weissagungen für die Gemeinde zu unterscheiden. Prätribulationisten glauben allgemein, daß die ersten neunundsechzig »Siebener« von Daniel 9, 24-27 vor dem Tod Jesu erfüllt wurden und die letzten sieben Jahre aus Daniel 9, 27 der Wiederkunft Jesu unmittelbar vorausgehen. Zwischen der neunundsechzigsten und siebzigsten Jahrwoche liegt das gegenwärtige Zeitalter, in dem die Gemeinde beginnt und mit der Entrückung vollendet wird. Zu fordern, daß die Gemeinde in der ersten Hälfte der letzten sieben Jahre auf der Erde ist, wie die Verfechter der Entrückung in der Mitte der Trübsal es tun, würde bedeuten, daß sich das Ende der Gemeinde mit dem Beginn der Wiederherstellung Israels überlappt; dies widerspräche jedoch völlig der Aussage der Heiligen Schrift.

Die Leugnung der Unmittelbarkeit. Mit ihrer Behauptung, daß die erste Hälfte der letzten Jahrwoche Daniels vor der Entrückung der Gemeinde stattfinden muß, leugnen die Verfechter der Entrückung in der Mitte der Trübsal die Unmittelbarkeit der Entrückung. Die Lehre der Unmittelbarkeit kommt in jeder Bibelstelle zur Entrückung zum Ausdruck, und niemals wird in diesen Stellen ein Ereignis erwähnt, das noch zuvor stattfinden muß. Wenn jedoch die Entrükkung in die Mitte der letzten sieben Jahre verlegt wird, dann sollte die Gemeinde auf das Kommen des Antichristen und die Unterzeichnung eines Siebenjahresvertrages mit Israel warten statt auf das Kommen des Herrn, und dies wird in der Bibel niemals gefordert.

Mißverständnis des Tages des Herrn. Wenn auch in der Theologie das Thema des Tages des Herrn oft mißverstanden wurde, geht doch aus 2. Thessalonicher und aus den alttestamentlichen Beschreibungen des Tages des Herrn klar hervor, daß der Tag des Herrn mit der Entrückung beginnt. In 2. Thessalonicher 2 wird diese Periode als die Zeit identifiziert, wenn die aufhaltende Wirkung des Heiligen Geistes in der Welt durch die Entrückung der Gemeinde verschwunden ist. In 2. Thessalonicher wird ausgesagt, daß der Mensch der Sünde nicht identifiziert werden kann, solange der, der aufhält, noch da ist. Der Mensch der Sünde wird jedoch klar identifiziert werden, wenn er einen Siebenjahresvertrag mit Israel schließt, wenn nicht schon vorher, und daraus folgt, daß die Entrückung mindestens sieben Jahre und nicht dreieinhalb Jahre vor der Wiederkunft Jesu stattfinden muß.

Zusammenfassung der Hauptprobleme bei der Ansicht, die Entrükkung würde in der Mitte der Trübsal stattfinden. Obwohl diese Theorie nicht einheitlich vorgetragen wird, ist ihr Hauptproblem, daß sie die Unmittelbarkeit der Entrückung leugnet und die Gemeinde ihrer Hoffnung beraubt, soweit es die Entrückung betrifft. Ein zweiter Faktor ist, daß sie Gottes Programm für Israel mit Gottes Programm für die Gemeinde vermischt. Drittens wendet sie die Offenbarung bei dem Versuch, die Entrückung irgendwo in den sieben Siegeln zu finden, falsch an. Es fehlt der Beweis für diese Ansicht, und die prätribulationistische Sicht ist als eine schlüssige Deutung des gesamten Neuen Testamentes eindeutig vorzuziehen.

Sichtweise einer Teil-Entrückung

Definition der Lehre von der Teil-Entrückung. Die Theorie der teilweisen Entrückung hat nur wenige Anhänger unter den Bibelgelehrten. Sie gibt vor, daß nur diejenigen entrückt werden, die geistlich darauf vorbereitet sind und auf die Rückkehr des Herrn warten. Oft lassen sie jedoch weitere Entrückungen in den folgenden Jahren zu für Menschen, die dann für die Entrückung bereit sind.

Die biblische Grundlage für die Teil-Entrückungstheorie. Die Anhänger dieser Lehre verweisen oft auf Bibelstellen, in denen die Gläubigen ermahnt werden, auf den Herrn zu warten. Dabei verknüpfen sie Abschnitte, die von der Entrückung handeln, mit solchen, in denen von der Wiederkunft Jesu die Rede ist, zum Beispiel Matthäus 24, 40-51; 25, 13; Markus 13, 33-37; Lukas 20, 34-36; 21, 36; Philipper 3, 10-12; 1. Thessalonicher 5, 6; 2. Timotheus 4, 8; Titus 2, 13; Hebräer 9, 24-28; Offenbarung 3, 3; 12, 1-6). Eine Untersuchung dieser Bibelstellen offenbart, daß sie alle dazu ermahnen, auf die Rückkehr des Herrn zu warten. Die Verfechter der Teil-Entrückungstheorie meinen, daß jemand, der nicht auf die Rückkehr des Herrn wartet, nicht zur Entrückung gelangt.

Wie Posttribulationisten versuchen die Verfechter der Teil-Entrückung Matthäus 24, 41 als Illustration für solche, die bereit sind, und andere, die nicht bereit sind, aufzufassen. Eine nähere Betrachtung dieses Verses zeigt jedoch, daß er nicht von der Entrückung spricht, sondern vom Gericht bei der Wiederkunft Jesu, wenn der eine zum Gericht genommen und getötet wird, und der andere bleibt, um ins Tausendjährige Reich einzutreten. Einer ihrer Lieblingstexte ist Lukas 21, 36: »So seid allezeit wach und betet, daß ihr stark werdet, zu entfliehen diesem allen, was geschehen soll, und zu stehen vor dem Menschensohn.«

Das Problem bei diesem und vielen anderen Versen ist, daß hier Erlösung und Qualifikation zur Entrückung von Werken abhängig gemacht wird, statt zu erkennen, daß die Erlösung vollständig aus Gnade und nicht durch Werke geschieht. Offenbar wird jemand, der an den Herrn glaubt, eher auf die Rückkehr des Herrn warten als ein Ungläubiger, aber das rechtfertigt nicht die Einführung eines Werkeprinzips in die Erlösung.

Die Anhänger der Lehre der Teil-Entrückung übersehen oft auch, daß die ganze Gemeinde entrückt werden wird. In 1. Thessalonicher 4, 16.17 heißt es: »...und zuerst werden die Toten, die in Christus gestorben sind, auferstehen. Danach werden wir, die wir leben und übrigbleiben, zugleich mit ihnen entrückt werden auf den Wolken in die Luft.« Teil-Entrückungs-Anhänger ignorieren auch das Wort »alle« in 1. Korinther 15, 51: »Siehe, ich sage euch ein Geheimnis: Wir werden nicht alle entschlafen, wir werden aber alle verwandelt werden, und das plötzlich, in einem Augenblick, zur Zeit der letzten Posaune.« Wie in 1. Thessalonicher 4 werden auch hiernach die Toten auferstehen und die Lebenden verwandelt werden ohne Unterscheidung ihrer Werke. Obwohl die Bibel oft auf die Werke Wert legt, die beweisen sollen, daß jemand errettet ist, ist dies nicht die Grundlage, auf der Gott bestimmt, wer entrückt wird. Die Teil-Entrükkungstheorie hat auf das Gros der Bibelausleger wenig Eindruck gemacht. Wer die Teil-Entrückung vertritt, setzt voraus, daß er selbst für die Entrückung bereit ist, daß es aber Christen gibt, die nicht bereit sind, womit zwei Klassen von Christen gebildet werden.

Zusammenfassung der Probleme der Teil-Entrückungstheorie. Die Theorie der teilweisen Entrückung basiert auf der Lehre der Erlösung durch Werke. Dies steht im Gegensatz zur biblischen Lehre. Die Erlösung geschieht immer aus Gnade, und es gibt kein Verdienst, das jemanden zur Entrückung berechtigt. Die Annahme einer teilweisen Entrückung bedingt die Teilung des Leibes Jesu in zwei Klassen – jene, die der Entrückung würdig sind, und jene, die ihrer nicht würdig sind. Auch dies ist kein biblischer Gesichtspunkt. In der Teil-Entrückungstheorie wird auch dem »alle« in 1. Korinther 15, 51 keine Beachtung geschenkt und die klare Aussage, daß alle Toten in Christus auferstehen werden, vernachlässigt (1. Korinther 15, 52; 1. Thessalonicher 4, 16). Die Teil-Entrückungstheorie und die Vorstellung der Entrückung in der Mitte der Trübsal sind bei den Bibelauslegern auf wenig Sympathie gestoßen, und die Hauptmeinungsunterschiede bestehen zwischen Prä- und Posttribulationismus.

Die Entrückung der Gemeinde wird im Neuen Testament nicht als Grundlage einer theologischen Beweisführung vorgetragen, sondern vielmehr als Ausdruck der wunderbaren Hoffnung der Christen, daß der Herr jederzeit kommen kann, daß sie selbst plötzlich die Erde verlassen und, ohne durch den Tod gehen zu müssen, in die Gegenwart ihres Heilands gestellt werden. Es ist ebenfalls die große Erwartung der Gläubigen, daß, falls sie sterben, ihr Tag der Auferstehung kommt, und daß sie in der Zwischenzeit in der Gegenwart Gottes im Himmel sind.

Theologischer Themenbereich zur Lehre der Entrückung

Die Wahrheit der Entrückung der Gemeinde ist nicht nur eine wunderbare Offenbarung, die den Gläubigen Hoffnung gibt, sie ist auch wichtig, weil sie ein ganzes theologisches System bestimmt. Einige der wichtigeren theologischen Themen, die damit zusammenhängen, sollen erwähnt werden.

Interpretationsprinzipien. Eine wörtliche, grammatische und historische Hermeneutik oder Deutung ist wichtig, denn eine richtige Lehre über die Entrückung wird nicht erzielt ohne genaue Beachtung dessen, was die Bibel über die Entrückung voraussagt. Wird dies getan, deuten die Fakten auf eine Entrükkung vor der Trübsal hin.

Die Stellung der Gemeinde hinsichtlich der Entrückung. Wie wir bereits erörtert haben, ist es für die Aufstellung einer richtigen Lehre über die Entrükkung der Gemeinde wichtig, zu erkennen, daß die Gemeinde eine besondere Gruppe von Gläubigen ist, die zu Pfingsten entstand und bis zur Entrückung auf der Erde bleiben wird. Dies nicht erkannt zu haben, ist einer der wesentlichsten Gründe für die posttribulationistische Deutung.

Die Wichtigkeit einer richtigen Definition der Trübsal. Der Begriff »die Trübsal« ist kein genauer Ausdruck in bezug auf die Zeit zwischen Entrückung und Wiederkunft Jesu. Die Trübsal oder das Leiden allgemein sollte der bisher nicht dagewesenen Trübsal, die in der Bibel »Große Trübsal« oder »Große Bedrängnis« genannt wird, gegenübergestellt werden. Ein richtiges Verständnis der Ereignisse in der Großen Trübsal und eine Auflistung der schrecklichen Gerichte, die in diese Zeit fallen, machen jeden Gedanken daran, daß die Gemeinde durch diese Zeit gehen müsse, zunichte.

Die Lehre der Unmittelbarkeit der Entrückung. Allein die Ansicht, daß die Entrückung vor der Trübsal stattfindet, vermag die Tatsache, daß die Entrükkung jederzeit eintreten kann, richtig zu interpretieren. Wie jede Bibelstelle zur Entrückung zeigt, werden keine vorhergehenden Ereignisse beschrieben, und die Ereignisse, die darauf im Himmel oder auf Erden folgen, sind von den Ereignissen nach der Wiederkunft Christi völlig verschieden. Wenn die Lehre der Entrückung auch in vielen Bibelversen nicht zu finden ist, ist sie eine der wichtigsten praktischen Konzepte der christlichen Hoffnung, da es ohne die Entrückung die Hoffnung der plötzlichen Rückkehr Jesu nicht gäbe.

Die Reihenfolge der Ereignisse hinsichtlich der Entrückung. Wenn man die Prophezeiung und ihre wörtliche Erfüllung deutet, ist es wichtig, die Ereignisse zu benennen, die zwischen der Entrückung und der Wiederkunft Jesu im Himmel und auf Erden stattfinden. Wird dies einmal richtig verstanden und getan, ist es völlig klar, daß die Entrückung vor diesen Ereignissen geschieht. Hauptsächlich weil man dies nicht tut, und weil man die Ereignisse vor der Wiederkunft Jesu nicht richtig einzuordnen weiß, gelangen Ausleger nicht zu einem prätribulationistischen Standpunkt.

Die Entrückung und das zweite Kommen Jesu sind verschiedene Ereignisse. Wie wir schon im einzelnen ausgeführt haben, ist die Entrückung ein Ereignis, bei dem Jesus die Gemeinde von der Erde in den Himmel nimmt. Dagegen ist die Wiederkunft Jesu ein Ereignis, bei dem er die Gemeinde vom Himmel zur Erde bringt. Der Zweck der beiden Ereignisse ist völlig verschieden. Wenn der Unterschied klar ist, muß man sorgfältig die Einzelheiten betrachten, die in den Prophezeiungen über die Entrückung und die Wiederkunft offenbart werden.

Zusammenfassung der Lehre von der Entrückung. Obwohl in der Gemeinde heute über die Lehre der Entrückung Verwirrung besteht und viele Bibelgelehrte die Auslegung ihrer Wahrheit umgehen, gehört sie dennoch zum kostbarsten Erbe, das Jesus seinen Jüngern hinterließ. In Johannes 14 sagte Jesus seinen Jüngern, er werde zurückkommen, um sie zum Haus des Vaters zu nehmen. Paulus schrieb, daß der Tag kommt, an dem Christus vom Himmel in die Luft über der Erde herabsteigen wird, um zu befehlen, daß die in ihm Verstorbenen von den Toten auferweckt werden und Christen, die dann leben, verwandelt werden – das heißt: daß ihre Leiber in einem Augenblick verwandelt werden. Die lebenden Gläubigen und die auferstandenen Toten in Christus werden von der Erde entrückt, um ihrem Herrn in der Luft zu begegnen, und werden dann mit ihm im Triumph zum Himmel auffahren. Dort werden die Bibelstellen erfüllt, die vom Richterstuhl Christi und der Hochzeit des Lammes reden. Auf Erden wird währenddessen das in Einzelheiten in der Bibel offenbarte Programm die Welt zum zweiten Kommen Jesu hinführen. Die selige Hoffnung der Rückkehr Jesu für seine Gemeinde ist eins der kostbarsten Vermächtnisse, die Jesus den Seinen hinterließ, und bleibt ein Leuchtfeuer für Christen, die mit den Problemen des modernen Lebens konfrontiert werden. Jesus kommt wieder, und er kann bald kommen.

24 Der Richterstuhl Christi

Alles Gericht ist Christus übergeben

Alle Menschen werden von Gott gerichtet werden. In Hebräer 9, 27.28 steht geschrieben: »Und wie den Menschen bestimmt ist, **einmal** zu sterben, danach aber das Gericht: so ist auch Christus **einmal** geopfert worden, die Sünden vieler wegzunehmen; zum zweiten Mal wird er nicht der Sünde wegen erscheinen, sondern denen, die auf ihn warten, zum Heil.« In der Dogmengeschichte wurde immer wieder versucht, alle Endgerichte in einem einzigen großen Endgericht zusammenzufassen, aber dies tut dem, was die Bibel lehrt, Gewalt an. Aus der Bibel geht klar hervor, daß alle gerichtet werden, aber nicht zur gleichen Zeit, nicht am gleichen Ort und nicht auf der gleichen Grundlage. Der Richterstuhl Christi wird das Endgericht für alle Gläubigen sein.

2. Korinther 5, 9.10

Nach 2. Korinther 5, 9.10 werden alle Christen am Richterstuhl Christi gerichtetet werden: »Darum setzen wir auch unsre Ehre darein, ob wir daheim sind oder in der Fremde, daß wir ihm wohlgefallen. Denn wir müssen alle offenbar werden vor dem Richterstuhl Christi, damit jeder seinen Lohn empfange für das, was er getan hat bei Lebzeiten, es sei gut oder böse.« Mehrere ungewöhnliche Tatsachen sind für dieses Gericht kennzeichnend. Erstens: es ist ein Gericht nur für Christen. Alttestamentliche Gläubige, Heilige aus der Trübsalszeit und Gläubige aus dem Tausendjährigen Reich werden zu einer anderen Zeit und auf andere Weise gerichtet werden, aber das Gericht vor dem Richterstuhl Christi wird im Himmel nach der Entrückung der Gemeinde stattfinden, und es wird auf Christen beschränkt bleiben. Mit anderen Worten: jeder, der sich dort einfindet, wird errettet und rechtens im Himmel sein.

Das Preisgericht

Wenn der Gegenstand des Gerichts betrachtet wird, kommt sofort die Frage auf, ob es sich um ein Gericht über Sünden handelt. Die Besonderheit des Richterstuhls Christi ist, daß er nichts mit der Sünde zu tun hat, sondern mit der Belohnung für das, was gut gemacht wurde. Alle, die sich dort einfinden, werden gerechtfertigt werden, das heißt, von Gott völlig gerecht erklärt werden, nicht, weil sie dies durch Werke verdient haben, sondern weil Gott jeden Gläubigen in der Vollkommenheit der Person und des Werkes seines Sohnes sieht. Demnach geht es nur um die Frage, ob das, was jeder einzelne Gläubige getan hat, von Gottes Warte aus wertvoll ist. Dies wird durch »gut oder böse« (2. Korinther 5, 10) ausgedrückt. Diese Worte beziehen sich auf den Wert eines Werkes, nicht auf die moralische Bedeutung. Die Frage lautet: Ist ein Werk gut oder wertvoll in Gottes Augen, oder ist es schlecht oder wertlos?

Die Frage des Sündenbekenntnisses

Wenn ein Christ nicht wegen seiner Sünden gerichtet wird, warum muß er dann Sünden bekennen? In 1. Johannes 1, 9 steht: »Wenn wir aber unsre Sünden bekennen, so ist er treu und gerecht, daß er uns die Sünden vergibt und reinigt uns von aller Ungerechtigkeit.« Nach römisch-katholischer Lehre werden Sünden vergeben, die auf Erden bekannt sind, aber andere Sünden müssen im Fegefeuer ausgemerzt werden, weil sie nicht vergeben wurden. Die protestantische Kirche verwirft die Lehre vom Fegefeuer, doch dann wirft der genannte Abschnitt die Frage auf, warum Sünden bekannt werden müssen.

Der erste Johannesbrief spricht von der Gemeinschaft mit Gott. Es geht nicht um die letztendliche Belohnung, sondern vielmehr um die tägliche Erfahrung des Christen, der mit Gott wandelt. Sobald Sünde in sein Leben kommt oder ein Abweichen von Gott offenbar wird, verliert er die Erfahrung der Gemeinschaft mit Gott, auch wenn seine Erlösung davon unberührt bleibt. Um diese Gemeinschaft wiederherzustellen, muß ein Christ seine Sünden Gott bekennen. Er ist ganz gewiß, daß sie schon vergeben wurden, weil Jesus für sie im juristischen Sinne gestorben ist, aber jetzt geht es um die Frage der Beziehung zwischen dem himmlischen Vater und seinem Kind. Wer zu Gott kommt und um Vergebung bittet, darf sicher sein, daß Gott treu ist und vergibt und auch gerecht ist, weil Christus den Preis schon bezahlt hat. Christen müssen deshalb, solange sie auf Erden weilen, mit dem Problem der Sünde umgehen, ihre Sünden bekennen, und wenn sie ihre Sünden nicht bekennen, können sie die Züchtigung Gottes erfahren. Wenn ein Christ aus diesem Leben scheidet, ist das nicht mehr notwendig. Im Himmel ist ein weiteres Heiligungsleben im Herzen des Christen nicht mehr nötig, weil er bereits durch die Entrückung oder Verwandlung vollständig geheiligt wurde. Darum hat der Richterstuhl Christi nichts mit der Sünde zu tun, sondern mit den Werken, die belohnt werden.

Das Leben als Haushalterschaft

Eine der drei Illustrationen, die Paulus benutzt, um den Richterstuhl Christi zu erklären, ist das Bild eines Haushalters, dem etwas anvertraut wurde, was seinem Herrn gehört. In Römer 14, 10-12 schreibt Paulus: »Du aber, was richtest du deinen Bruder? Oder du, was verachtest du deinen Bruder? Wir werden alle vor den Richterstuhl Gottes gestellt werden.

Denn es steht geschrieben: 'So wahr ich lebe, spricht der Herr, mir sollen sich alle Knie beugen, und alle Zungen sollen Gott bekennen.' So wird nun jeder von uns für sich selbst Gott Rechenschaft geben.« Der Richterstuhl Christi wird in diesem Abschnitt als einer der Gründe angeführt, warum Christen andere Christen nicht richten sollten, um selbst besser als andere zu erscheinen. Entsprechend fragt Paulus, warum sie ihren Bruder richten oder auf ihn herabsehen. Der springende Punkt ist, daß wir nicht in der Lage sind, zu beurteilen, was ein anderer Gläubiger tut. Ein Pastor oder Prediger muß notgedrungen zurechtweisen und ermahnen und in gewissem Maße auch Sünde erkennen und sie richten, doch die Frage ist hier nicht so sehr das moralische Verhalten, sondern die Beurteilung des Lebens eines anderen. Vor Gottes Richterstuhl aber wird alles offenbar werden. Darum sollten sich Christen dessen bewußt sein, daß jeder von Gott gerichtet wird, und deshalb sollten sie es unterlassen, den Dienst eines anderen zu richten oder zu beurteilen. Wie diese Bibelstelle deutlich macht, wird der Tag kommen, an dem jedes Knie sich beugen wird und jede Zunge Gott bekennen wird. Aber für Ungläubige wird es dann zu spät sein, und sie werden in die ewige Pein gehen. Wie alle Menschen und die ganze Schöpfung sich einmal Gott unterwerfen müssen, so werden Christen bei einer viel erfreulicheren Gelegenheit Zeugnis ablegen von ihrer Haushalterschaft dessen, was Gott ihnen anvertraut hat.

Diese Wahrheit macht alle Gläubigen bei der Beurteilung ihrer Werke gleich, denn alle Christen werden nicht aufgrund dessen gerichtet, was ihre Mitchristen getan haben, sondern was sie selbst von Gott empfangen haben.

In 1. Korinther 4, 7 stellt Paulus die Frage: »Was hast du, das du nicht empfangen hast?« Kein Christ hat genau die gleichen Talente, Fähigkeiten oder Gelegenheiten wie ein anderer Christ. Am Richterstuhl Christi werden Christen einzig danach gerichtet, wie treu sie gewesen sind, nicht wie erfolgreich sie waren, sondern was sie mit dem getan haben, das Gott ihnen anvertraut hat. Wer wenig Talente besitzt, hat genauso viele Möglichkeiten wie jemand, der viele

Talente hat. Es ist wirklich so: je mehr man hat, desto schwieriger ist es, treu zu handeln und das zu gebrauchen, was der Herr einem übergeben hat. Am Richterstuhl Christi wird in gewisser Weise jeder berichten, wie er das benutzte, was Gott ihm in die Hände gelegt hat. Dies ist ein sehr feierlicher Gedanke, wenn wir bedenken, daß alles, was wir haben, Materielles und Immaterielles, von Gott kommt und uns anvertraut wurde, damit wir es für ihn und zu seiner Ehre benutzen. Die Bibel versichert uns jedoch, daß jeder Gläubige etwas vorweisen wird, was zum Lobe Gottes dient. Wie es in 1. Korinther 4, 5 heißt: »Dann wird einem jeden von Gott sein Lob zuteil werden.«

Das Leben als ein Bauwerk

Paulus benutzt in 1. Korinther 3 eine zweite Illustration, um das Gericht zu erklären. Dort vergleicht er das Leben mit dem Bauen auf einem Fundament, das in Christus gegeben ist. Dieser Abschnitt ist auf die örtliche Gemeinde wie auf den einzelnen Gläubigen anwendbar. Paulus schreibt:

> »Ich nach Gottes Gnade, die mir gegeben ist, habe den Grund gelegt als ein weiser Baumeister; ein anderer baut darauf. Ein jeder aber sehe zu, wie er darauf baut.
> Einen andern Grund kann niemand legen als den, der gelegt ist, welcher ist Jesus Christus.
> Wenn aber jemand auf den Grund baut Gold, Silber, Edelsteine, Holz, Heu, Stroh, so wird das Werk eines jeden offenbar werden. Der Tag des Gerichts wird's klarmachen; denn mit Feuer wird er sich offenbaren. Und von welcher Art eines jeden Werk ist, wird das Feuer erweisen.
> Wird jemandes Werk bleiben, das er darauf gebaut hat, so wird er Lohn empfangen.
> Wird aber jemandes Werk verbrennen, so wird er Schaden leiden; er selbst aber wird gerettet werden, doch so wie durchs Feuer hindurch« (1. Korinther 3, 10-15).

Bezüglich der Herausforderungen des Lebens hat jeder Christ dieselbe Grundlage der Erlösung in Christus. Sie ist Gottes Werk, es ist nicht etwas, was wir tun können. Paulus stellte unser Leben als ein Bauen mit verschiedenen Materialien auf diesem Fundament dar. Sechs Materialien werden genannt, die ersten drei sind feuerfest, und die letzten drei verbrennen zu Asche. Obwohl die Bedeutung der Baustoffe hier nicht angegeben wird, ist Gold in der Bibel immer ein Abglanz der Herrlichkeit Gottes wie im Tempel und in der Stiftshütte. Was immer ein Christ zur Verherrlichung Gottes tut, wird als Gold bestehen bleiben.

Silber ist das Metall der Errettung. Das Gesetz verlangte, daß jeder erstgeborene Sohn mit fünf Schekel Silber ausgelöst wurde (4. Mose 18, 15.16). Silber spricht deshalb von Errettung und vom Seelengewinnen für Christus. Die Edelsteine werden nicht identifiziert, weil sie jede andere Tat widerspiegeln, die in Gottes Augen Ewigkeitswerte hat. Dagegen versinnbildlichen Holz, Heu und Stroh verschiedene materielle Werte in diesem Leben, aber jedes Material verbrennt in dem Feuer des Gerichts gleichermaßen zu Asche. Stroh ist weniger wert als Heu, und Heu ist weniger wert als Holz, aber alle brennen gleich. Die Lektion ist klar: am Richterstuhl Christi wird unser Leben nach dem bewertet, was für die Ewigkeit zählt. Wertvolle Werke mögen jedoch viele gewöhnliche Aufgaben einschließen, wie die Fürsorge einer Mutter für ihr Kind oder eines Vaters für seine Familie, wie alles, was Gott gefällt, als »Gold, Silber, Edelsteine« betrachtet werden wird.

Das Leben als ein Wettlauf

Die dritte Illustration des Paulus findet sich in 1. Korinther 9, 24-27, wo er unser Leben mit einem Wettlauf vergleicht:

> »Wißt ihr nicht, daß die, die in der Kampfbahn laufen, die laufen alle, aber einer empfängt den Siegespreis? Lauft so, daß ihr ihn erlangt.
> Jeder aber, der kämpft, enthält sich aller Dinge; jene nun, damit sie einen vergänglichen Kranz empfangen, wir aber einen unvergänglichen.
> Ich aber laufe nicht wie aufs Ungewisse; ich kämpfe mit der Faust, nicht wie einer, der in die Luft schlägt,
> sondern ich bezwinge meinen Leib und zähme ihn, damit ich nicht andern predige und selbst verwerflich werde.«

Um einen Wettlauf zu gewinnen, muß ein Läufer diszpliniert sein und in guter körperlicher Verfassung. Ebenso erfordert das christliche Leben Disziplin. Ein Läufer muß auch jedes Gewicht und alles ablegen, was ihn daran hindert, so schnell wie möglich zu laufen. Im Leben des Christen ist oft das Gute der Feind des Besten, und es ist leicht, mit Dingen beladen zu werden, die uns hindern, statt uns zu helfen, den Wettlauf zu gewinnen.

In Korinth war Wettlauf ein alltäglicher öffentlicher Sport, und die Gewinner erhielten einen Lorbeerkranz, der in wenigen Tagen verwelkte. Paulus erklärte, daß der Siegeskranz des Herrn nicht verwelken, sondern ewig währen wird. Im Einklang mit dieser Illustration sagte Paulus, er selbst laufe nicht ziellos, denn wenn er das täte, würde dies bedeuten, daß er den Preis nicht erhält. Er mußte die Regeln einhalten, das heißt, laufen, um den Preis zu gewinnen. In diesem Prozeß mußte er seinen Körper zähmen oder unter Kontrolle bringen, damit er nicht, während er andere drängte, dem Herrn zu dienen, selbst disqualifiziert wurde (1. Korinther 9, 27).

Die Illustration des Wettlaufs paßt in unsere moderne Gesellschaft, in der sich alles schnell bewegt. Aber Christen sollten daran denken, daß der letzte Test dessen, was wir in dem Wettlauf gewonnen haben, vor dem Richterstuhl Christi gemacht wird. Die Siegeskrone wird in 2. Timotheus 4, 8 als Krone der Gerechtigkeit bezeichnet: »Hinfort liegt für mich bereit die Krone der Gerechtigkeit, die mir der Herr, der gerechte Richter, an jenem Tage geben wird, nicht aber mir allein, sondern auch allen, die seine Erscheinung liebhaben.« Die Krone der Gerechtigkeit entspricht nicht der Rechtfertigung, sondern vielmehr dem Maß, mit dem das Leben des Christen der Gerechtigkeit Gottes entsprochen hat. Wenn es auch nicht vollkommen war, wird es im Himmel dadurch erhöht werden, daß ein Christ für vollkommen gerecht erklärt wird.

Jakobus spricht auch von der Krone des Lebens: »Selig ist der Mann, der die Anfechtung erduldet; denn nachdem er bewährt ist, wird er die Krone des Lebens empfangen, die Gott verheißen hat denen, die ihn liebhaben« (Jakobus 1, 12). Dies bezieht sich nicht auf das ewige Leben, das jeder Gläubige besitzt, sondern auf das Leben in seiner ganzen Fülle, das in der Gegenwart Gottes zur Geltung kommt.

In 1. Petrus 5, 4 wird die Krone der Herrlichkeit erwähnt: »So werdet ihr, wenn erscheinen wird der Erzhirte, die unvergängliche Krone der Herrlichkeit empfangen.« Eins der großen Wunder unserer Erlösung wird sein, daß wir im Himmel die Herrlichkeit Gottes widerspiegeln werden – das heißt, die unendliche Vollkommenheit seines Werkes der Erlösung für uns. Wer Gott gut gedient hat, wird ihn offensichtlich noch mehr als andere verherrlichen.

Johannes warnte vor der Möglichkeit, die Belohnung zu verlieren, wenn man nicht für Christus lebt: »Seht euch vor, daß ihr nicht verliert, was wir erarbeitet haben, sondern vollen Lohn empfangt« (2. Johannes 8).

Die Kronen, die Gläubige empfangen, werden jedoch zu den Füßen des Heilands niedergelegt werden, wie es in der Handlung der vierundzwanzig Ältesten in Offenbarung 4, 10 zum Ausdruck kommt: »sie legten ihre Kronen nieder vor dem Thron.« Obwohl Christen Gott gut gedient haben, wurde alles, was sie getan haben, nur möglich durch die Gnade Gottes, und Gott allein gebührt die Ehre.

In der Bibel wird nicht mehr über diese Beschreibungen der Kronen hinaus, die für die Belohnung der Gläubigen stehen, ausgesagt. Zweifellos wird jedoch die größte Belohnung das Vorrecht sein, Christus zu dienen. In der Bibel heißt es: »Seine Knechte werden ihm dienen« (Offenbarung 22, 3). Da ein Christ Gott in seinem Leben gedient hat, wird er mit einer bevorzugten Stellung des Dienstes in Herrlichkeit betraut werden, die ihm Gelegenheit geben wird, seine Liebe für Christus zu zeigen und seinen Wunsch, ihn durch sein Leben zu verherrlichen. Obwohl das eigentliche Motiv des Christen, Gott zu dienen, die verlangende Liebe zu Christus und die Erkenntnis, wie sehr Christus ihn liebt, sein sollte, ist es durchaus denkbar, daß ein Christ errettet vor Gott steht, aber in seinem Leben kaum ein Dienst für den Herrn zu erkennen ist. Wenn Paulus von der Furcht vor Gott sprach (2. Korinther 5, 11), drohte er mit der Möglichkeit, einmal mit einem vergeudeten Leben vor Gott stehen zu müssen, das die Dankbarkeit des Herzens und die Liebe zu Christus nicht widerspiegelt, obwohl sich dies im täglichen Dienst hätte verwirklichen sollen.

25 Das Bündnis der zehn Nationen: Das Auftreten des Antichristen

Der Nahe Osten in Geschichte und Prophetie

Der Nahe Osten, die Wiege der Menschheit, war auch die Bühne, auf der die großen Weltreiche der Vergangenheit und die großen Reiche der Prophetie ihre Bestimmung erfüllten. Ägypten, das erste der großen Völker, war die Wiege für Israel, das aus einer Familie von siebzig Personen zu einem Volk von zwei bis drei Millionen beim Auszug aus Ägypten gewachsen war. Assyrien, das nächste große Reich mit der Hauptstadt Ninive, folgte Ägypten und führte die zehn Stämme des Nordreiches Israel 722 v. Chr. in die Gefangenschaft.

Ninive, die Hauptstadt Assyriens, fiel im Jahre 622 v. Chr., und 605 v. Chr. eroberte Babylon Jerusalem. Damit begann die Gefangenschaft Judas und Benjamins, die nach Babylon deportiert wurden, und schließlich wurde Jerusalem 586 v. Chr. zerstört.

Babylon fiel dann 538 v. Chr., und ihm folgten die Meder und Perser etwa zwei Jahrhunderte lang. In dieser Zeit kehrten einige Pilger Israels ins Verheißene Land zurück und bauten 515 v. Chr. den Tempel wieder auf. Später, 444 v. Chr., wurde unter Nehemia die Mauer Jerusalems errichtet und danach Jerusalem wieder gebaut.

Die Macht des Medo-Persischen Reiches wurde jedoch durch die Eroberung Alexanders in den Jahren von 334 bis 331 v. Chr. gebrochen, als Alexander durch Westasien bis nach Indien vordrang.

Kein Jahrhundert später begann die Macht Roms mit der Eroberung Siziliens im Jahre 242 v. Chr. aufzukommen, und bald wurde der ganze Mittelmeerraum von Rom erobert. Jerusalem fiel 63 v. Chr., und als Jesus geboren wurde, hatte sich ganz Westasien, Nordafrika und Südeuropa einschließlich eines Teils Großbritanniens Rom unterworfen.

Der historische Verlauf dieser sechs Reiche wurde in Profangeschichte und Prophetie getreulich berichtet. In der Geschichte erfüllten sich Voraussagen über Ägypten, Assyrien, Babylon, Medo-Persien, Griechenland und die Eroberungen des Römischen Reiches.

Die vorausgesagte Wiederherstellung des Römischen Reiches

Während die Prophezeiungen über die ersten fünf Weltreiche vollständig erfüllt wurden, ging das Römische Reich nie in der Weise zu Ende, wie das in der Bibel vorausgesagt wurde. Dieses Ende wurde in Daniel 7, 13.14 mit der Wiederkunft Jesu verknüpft. Daniel berichtete:

> »Ich sah in diesem Gesicht in der Nacht, und siehe, es kam einer mit den Wolken des Himmels wie eines Menschen Sohn und gelangte zu dem, der uralt war, und wurde vor ihn gebracht.
> Der gab ihm Macht, Ehre und Reich, daß ihm alle Völker und Leute aus so vielen verschiedenen Sprachen dienen sollten. Seine Macht ist ewig und vergeht nicht, und sein Reich hat kein Ende.«

Die Erfüllung der Prophezeiung über Rom wird noch verwickelter durch die Tatsache, daß das Alte Testament in seinen prophetischen Visionen oft die ganze Zeit vom ersten bis zum zweiten Kommen Jesu überspringt. Oft wurden sogar das erste und zweite Kommen zusammen in einem Vers genannt, wie in Jesaja 61, 2, wo es heißt: »zu verkündigen ein gnädiges Jahr des HERRN«, und sofort folgt: »und einen Tag der Vergeltung unsres Gottes«. Das »gnädige Jahr des HERRN« bezieht sich auf das erste Kommen Jesu und der »Tag der Vergeltung« auf seine Wiederkunft. Als Jesus diesen Vers in der Synagoge von Nazareth zitierte (Lukas 4, 16-21), hörte er mitten im Satz nach der Beschreibung seines ersten Kommens auf zu lesen.

Entsprechend überbrückt die Prophezeiung des Römischen Reiches, die teilweise beim ersten Kommen Jesu erfüllt wurde, die Jahrhunderte danach und setzt kurz vor der Wiederkunft Jesu erneut ein.

In der Vision des Römischen Reiches von Daniel 7 wird seine schreckliche Zerstörung in Vers 7 beschrieben. Doch die Prophezeiung fährt dann fort: »und (es) hatte zehn Hörner.« Während die prophezeite Zerstörung von Völkern durch die römische Armee wörtlich erfüllt wurde, ist in der Geschichte niemals eingetreten, was über die zehn Hörner vorausgesagt war. In Vers 24 heißt es: »Die zehn Hörner bedeuten zehn Könige, die aus diesem Königreich hervorgehen werden.« Es gab nie eine Zeit in der Geschichte des Römischen Reiches, in der zehn Könige zugleich regiert haben. Auch wird in Kapitel 7, 8 ein Herrscher erwähnt, der drei der zehn Hörner ausreißen wird. In Vers 24 heißt es weiter: »Nach ihnen wird aber ein anderer aufkommen, der wird ganz anders sein als die vorigen und wird drei Könige stürzen.«

Gemäß dieser Prophezeiung werden drei der zehn Könige von diesem elften Horn aus Daniel 7, 8 besiegt werden, und danach wird der Mann, der durch dieses elfte Horn vertreten wird, die ganze Welt erobern (Vers 23). Vom letzten

Königreich wird gesagt, daß »es alle Länder fressen, zertreten und zermalmen wird.« Das Zehnhörner-Stadium und der Herrscher, der drei und dann alle zehn Königreiche erobern wird, ist noch nicht in Erscheinung getreten. Darum stellen diese und andere Prophezeiungen, die darauf hinweisen, daß das Endstadium des Römischen Reiches bei der Wiederkunft Jesu zerstört werden wird, eine Voraussage der noch zukünftigen Wiederherstellung des Römischen Reiches und einer endgültigen Zerstörung beim zweiten Kommen Jesu dar.

Die geographische Lage des Zehn-Nationen-Reiches in der Endzeit

Die Voraussage eines Zehn-Nationen-Stadiums des wiederhergestellten Römischen Reiches ist eine der wichtigsten Prophezeiungen für die Endzeit. Diese Prophezeiung besagt, daß zehn Länder, die ursprünglich zum Römischen Reich gehörten, das Römische Reich in seiner wiederbelebten Ausformung bestimmen werden. Diese Länder werden nicht namentlich erwähnt, aber man kann annehmen, daß Italien, das Hauptland, dazugehört, außerdem größere Länder Südeuropas und wahrscheinlich einige Länder des Nahen Ostens und Nordafrikas, die dem alten Römischen Reich eingegliedert waren. Da die Namen der Länder fehlen und es im alten Römischen Reich viel mehr als zehn Länder gab, gibt es für die Erfüllung der Prophezeiung mehrere Möglichkeiten. Die Vorhersage verlangt jedoch einen politischen Zusammenschluß von zehn Ländern und dann die Herrschaft eines Diktators über sie. Mit der Entstehung der Europäischen Gemeinschaft (heute: Europäische Union), die 2003 fünfzehn Länder umfaßte, ist ein gewisses Maß von Einheit in Europa verwirklicht worden. Mit dem Ende des Kalten Krieges in Osteuropa, dem Zusammenbruch des Kommunismus und der Vereinigung von Ost- und Westdeutschland ist das Klima für die Bildung solch einer Zehn-Nationen-Gruppe jetzt günstiger denn je. Wenn auch in früheren Generationen die Möglichkeit der Erfüllung dieser Prophezeiung oft verspottet wurde, so ist sie jetzt sehr wahrscheinlich geworden, und die Vereinigten Staaten von Europa sind in greifbare Nähe gerückt. Vom prophetischen Standpunkt ist dies ein wichtiger Schritt der Endzeitereignisse, die zur Wiederkunft Jesu führen.

Das vorhergesagte Auftreten des Antichristen

Obwohl die Bibel kein Datum für die Bildung dieser politischen Zehn-Nationen-Gruppe angibt und es denkbar ist, daß dies vor der Entrückung der Gemeinde geschieht, ist das Erscheinen des Führers, der zuerst drei und dann alle zehn Länder erobern wird, ein Ereignis, das notwendig auf die Entrückung der Gemeinde folgt. Obwohl die Bibel ihn nicht direkt so nennt, wird er allgemein als Antichrist bezeichnet und im Neuen Testament (1. Johannes 2, 18.22; 4, 3; 2. Johannes 7) als die letztendliche Erfüllung des Antichristen vorausgesagt. Er ist »anti«, weil er sowohl gegen Christus ist, als auch die Stelle Christi einnehmen will, denn er wird der Welt als Ersatz für Gott angeboten.

Wir sagten bereits bei der Erörterung der Lehre von der Entrückung, daß gemäß 2. Korinther 2 dasjenige, was die Sünde aufhält, der in der Gemeinde wohnende Heilige Geist, notwenig entfernt werden muß, ehe der Mensch der Sünde oder der Gesetzlose, wie der Antichrist auch genannt wird, erscheinen kann. Sobald er drei der zehn Nationen und dann die anderen erobert, kann er als der geweissagte Weltherrscher identifiziert werden. Daher wird die Entrükkung tatsächlich eintreten, bevor er identifiziert werden kann. Jedoch könnte die Zehn-Nationen-Gruppe sich schon bilden, ehe er drei davon erobert, ohne daß diese Bibelstelle verletzt wird, aber ihr Führer bliebe unerkannt.

Die Funktion des Antichristen

Weil der Antichrist der Hauptakteur in den endzeitlichen Ereignissen ist, die zur Wiederkunft Jesu führen, wird er ein wichtiger Faktor bei allem sein, was für diese Zeit geweissagt ist. Erstens wird er die Zehn-Nationen-Gruppe festigen, was ihm die Macht verleihen wird, die Führung im Nahen Osten zu übernehmen. Wie wir im nächsten Kapitel sehen werden, wird er dann mit Israel einen Siebenjahresvertrag schließen (Daniel 9, 27), der den Zeitrahmen für die letzten sieben Jahre vor der Wiederkunft Jesu absteckt. Er wird dreieinhalb Jahre vor dem zweiten Kommen Jesu die Weltherrschaft innehaben, wie es in Offenbarung 13, 7 prophezeit ist. Als Weltherrscher wird er Juden und Christen verfolgen. Er wird von Jesus besiegt werden, wenn er wiederkommt, und in den Feuersee geworfen (Offenbarung 19, 20).

Der Nahe Osten ist in den letzten Jahrzehnten wegen seiner bedeutenden Ölvorkommen hervorgetreten, und Israel ist eine starke Militärmacht geworden. Kriege zwischen Israel und seinen Feinden und der Krieg im Irak haben das Augenmerk der Weltöffentlichkeit auf den Nahen Osten gelenkt. Das Öl ist ein wichtiger Faktor bei dieser Wiederbelebung des Nahen Ostens und steht im Einklang mit den Prophezeiungen, die den Nahen Osten als das Zentrum der Ereignisse in der Endzeit beschreiben. So ist die gegenwärtige Weltsituation reif für die Erfüllung genau dessen, was die Bibel voraussagt. Die Bedeutung der wechselnden Szene im Nahen Osten und in Europa besteht darin, daß die Entrückung sehr nahe bevorstehen kann, da sie der Bildung einer Weltregierung unter dem Antichristen, wie oben erörtert wurde, vorausgehen muß.

26 Friede in Israel: Der Siebenjahresvertrag

Als wir die 490 Jahre der prophetischen Zukunft Israels untersuchten, wie sie uns in Daniel 9, 24-27 offenbart wird, wiesen wir darauf hin, daß die letzten sieben Jahre, in denen ein Vertrag zwischen dem Antichristen und Israel geschlossen wird, bisher nicht in Erfüllung gingen. Da diese Zeit der Wiederkunft Jesu unmittelbar vorausgeht, ist sie für die prophetische Zukunft von großer Bedeutung.

Die letzten sieben Jahre vor der Wiederkunft Jesu

Nach Daniel 9, 27 werden die sieben Jahre vor der Wiederkunft Jesu beginnen, wenn der Antichrist einen Siebenjahresvertrag mit Israel schließt. Einzelheiten dieses Vertrages werden nicht genannt, aber es ist anzunehmen, daß er den Konflikt zwischen Israel und seinen Nachbarn beilegt, was in unserer gegenwärtigen Weltlage von höchster Bedeutung ist. Der Vertrag wird dreieinhalb Jahre eingehalten und dann gebrochen werden. Daniel beschrieb diese zukünftigen sieben Jahre wie folgt: »Er wird aber vielen den Bund schwermachen eine Woche lang. Und in der Mitte der Woche wird er Schlachtopfer und Speisopfer abschaffen. Und im Heiligtum wird stehen ein Greuelbild, das Verwüstung anrichtet, bis das Verderben, das beschlossen ist, sich über die Verwüstung ergießen wird.«

Wie schon früher gesagt, bezieht sich der Bundesschluß auf den in Vers 26 genannten Fürsten, der »kommen wird«. Die Siebenjahresperiode wird in zwei Hälften geteilt. Der Bund wird in der ersten Hälfte eingehalten und zu Beginn der zweiten Hälfte gebrochen. »Das Ende« in Vers 26 ist die Zeit der Wiederkunft Jesu.

Das Sichtbarwerden des Zehn-Staatenbundes

Wie wir in Kapitel 25 sahen, werden vor der Unterzeichnung des Siebenjahresvertrags sich zehn Nationen zu einer politischen Einheit zusammenschließen, die aus biblischer Sicht die Wiederbelebung des Römischen Reiches bewirkt.

Die zehn Nationen werden in den zehn Hörnern von Daniel 7, 7 und Offenbarung 13, 1 veranschaulicht. Die zehn Hörner bedeuteten zehn Könige von Königreichen (Daniel 7, 24). Die Zehn-Nationengruppe muß notwendig vor den letzten sieben Jahren in Erscheinung treten.

Das Erscheinen des Menschen der Sünde

Der Mensch der Sünde, der manchmal als Antichrist bezeichnet wird, wird in Daniel 7, 8 als das »kleine Horn« beschrieben und in Offenbarung 13, 3 als eins der Häupter des »Tieres«. Nach Daniel 7 wird er drei der zehn Königreiche einnehmen und schließlich über die ganze Welt regieren. Nach Offenbarung 13, 7 wird er über jedes Volk herrschen.

Wenn dieser Herrscher Kontrolle über zehn Länder im wieder erstandenen Römischen Reich gewinnt, wird er in einer Machtposition sein, die es ihm erlaubt, die Prophezeiung aus Daniel 9, 26.27 vom »kommenden Fürsten« zu erfüllen, und er wird mit Israel einen Siebenjahresvertrag schließen.

Nach dieser Prophezeiung geschieht dies in mehreren Schritten: (1) die Bildung des Zehn-Staatenbundes; (2) das Erscheinen des »kleinen Horns« oder Herrschers, der die Kontrolle über drei dieser zehn Staaten gewinnt; (3) die Übernahme aller zehn Staaten durch diesen Herrscher; (4) die Unterzeichnung eines Vertrag zwischen diesem Herrscher und Israel.

Der Friedensvertrag für Israel

Seit Israel durch Beschluß der Vereinten Nationen 1948 ein Staat wurde, sehnt sich das Volk Israel nach Frieden. Durch militärische und finanzielle Hilfe der Vereinigten Staaten von Amerika hat Israel eine außerordentliche Unabhängigkeit und militärische Stärke erreicht und großenteils die ursprünglichen Gebiete erweitert, die ihm zuerkannt wurden. Die Einnahme dieser Gebiete hat jedoch zu ständigen Unruhen geführt, da die arabische Welt in und um Israel herum in ständigem Konflikt mit Israel steht. Wie jeder leicht beobachten kann, wünscht Israel nicht so sehr Gebiete zu gewinnen, sondern den Frieden, und Israel hat keinen Versuch unternommen, das Gebiet wiederzuerlangen, das Abraham in 1. Mose 15, 18-21 verheißen wurde. Wenn ein heidnischer Herrscher über die zehn Nationen Israel einen Friedensvertrag aufzwingt, wird es aus größerer Stärke heraus geschehen. Es wird kein ausgehandelter Friedensvertrag sein, aber er wird offensichtlich die notwendigen Elemente für solch ein Abkommen enthalten. Er wird die Sicherheit der Grenzen Israels garantieren und normale Handelsbeziehungen mit seinen Nachbarn einschließen, was Israel im

Augenblick nicht hat, und vor allem den Schutz vor Angriffen von außen gewähren, der Israel erlauben wird, seine militärische Alarmbereitschaft aufzuheben. Es ist auch anzunehmen, daß Versuche unternommen werden, die heiligen Stätten in Jerusalem allen betroffenen Religionen zu öffnen.

Wenn auch die Besonderheiten des Vertrags in der Bibel nicht erwähnt werden, wird er für Israel und die Welt eine große Erleichterung bringen. Die Zeit des Frieden wird von Hesekiel vorausgeschaut, der Israel zu jener Zeit als ein »Land« beschreibt, »das offen daliegt«, deren Bewohner »still und sicher wohnen« (38, 11). In 1. Thessalonicher 5, 3 schreibt Paulus, daß die Menschen sagen werden: »Es ist Friede, es hat keine Gefahr«, ehe sie die Große Trübsal überfällt.

Der Vertrag wird gebrochen

Aus Daniel 9, 27 und anderen Bibelstellen wissen wir, daß die Zeit des Friedens abrupt beendet wird. Der Grund dafür mag sehr wohl die Niederlage Rußlands sein, wie sie in Hesekiel 38 und 39 beschrieben wird (siehe Kapitel 28 unten). Es ist der Zeitpunkt, zu dem der Führer des Zehn-Nationenbundes sich selbst zum Weltherrscher erklären und offensichtlich ein Weltreich ohne kriegerische Auseinandersetzung errichten wird. Die Entweihung des jüdischen Tempels und das Ende der Opfer wird den Vertragsbruch signalisieren. Daniel 9, 27 bezieht sich darauf, daß dieser Führer »Schlachtopfer und Speisopfer abschaffen« wird. Dieselben Ereignisse werden in Daniel 12, 11 erwähnt, wo »das tägliche Opfer abgeschafft und das Greuelbild der Verwüstung aufgestellt wird«. Diese Ereignisse folgen dem historischen Vorbild des Antiochus Epiphanes, der die Opfer im Tempel zu Jerusalem aufhören ließ, womit er die Prophezeiung bestätigte, daß er »das tägliche Opfer abschaffen und das Greuelbild der Verwüstung aufstellen« werde (11, 31). Dies stimmt mit der Beschreibung der Entweihung des Tempels in Offenbarung 13, 14 überein. Jesus wies auf dieses Ereignis hin und sprach von dem »Greuelbild der Verwüstung«, »wovon gesagt ist durch den Propheten Daniel« (Matthäus 24, 15). Jesus sagte, daß dies das Zeichen des Anfangs der Großen Trübsal oder der nie dagewesenen Not für Israel sei (Verse 21.22). Der Friede, den Israel dreieinhalb Jahre genoß, wird sich als falscher Friede und als Vorspiel zur Zeit der Trübsal erweisen, wenn zwei von drei Israeliten im Lande umkommen werden (Sacharja 13, 8).

Obwohl Israel eine tiefe Sehnsucht nach Frieden hat, wird sie doch erst erfüllt werden, wenn der Messias wiederkommt, der Friedefürst, der das Tausendjährige Reich errichten und dem leidgeprüften Israel Frieden bringen wird.

27 Die Weltkirche: Das religiöse Babylon

Babylon in der Geschichte

Wie wir in unserem Abriß über Babylon im Alten Testament (siehe Kapitel 12 oben) ausführten, endete Babylon als politisches Reich im Jahre 538 v. Chr., als die Stadt Babylon von den Medern und Persern eingenommen wurde. Babylon als Stadt und die babylonische Religion existierten weiter. Die Meder und Perser waren der babylonischen Religion nicht wohlgesinnt, und die Führer der babylonischen Religion siedelten als erste nach Pergamon über. Hierauf wird in Offenbarung 2, 13 Bezug genommen, wo Pergamon als Ort bezeichnet wird, »wo der Thron Satans ist«. Schließlich fand die babylonische Religion Eingang in Rom. Dort beeinflußte sie den christlichen Glauben, und Spuren der babylonischen Religion finden sich in einigen Riten der römisch-katholischen Kirche. Babylon als politisches Reich wurde zuerst von den Medern und Persern vereinnahmt, dann von Griechenland und schließlich von Rom, doch es übte in der Geschichte weiterhin seinen verderblichen Einfluß aus.

Das Alte Testament ist voll von Prophezeiungen über Babylon, die noch nicht in Erfüllung gegangen sind. Dazu gehört seine endgültige Zerstörung als Stadt und Religion. Wenn das letzte Weltreich auch das Römische Reich ist, so führt es in vielerlei Hinsicht den bösen Charakter des Babylonischen Reiches fort.

In Offenbarung 17 und 18 wird ein prophetisches Bild des zukünftigen Babylon gegeben. Gelehrte haben über die Bedeutung dieser beiden Kapitel gestritten. Wahrscheinlich ist es am einfachsten und sinnvollsten, Kapitel 17 als Prophezeiung des zukünftigen Endes Babylons als Religion und Kapitel 18 als Prophezeiung des Endes von Babylon als Stadt zu betrachten. Trotzdem sind die Frau (die babylonische Religion) und die Stadt (Babylon) in diesen beiden Kapiteln in ihrer Bedeutung miteinander verbunden.

Die Frau und das Tier

Johannes wurde aufgefordert, in einer Vision »das Gericht über die große Hure, die an vielen Wassern sitzt« (Offenbarung 17, 1), zu betrachten. Von der Frau wird gesagt, sie treibe mit den Königen der Erde Hurerei (Vers 2). Johannes sah die Frau »auf einem scharlachroten Tier sitzen, das war voll lästerlicher Namen und hatte sieben Häupter und zehn Hörner« (Vers 3). Obwohl es hier symbolisch gesehen wird, ist das Tier offenbar dasselbe, das in Offenbarung 13, 1 beschrieben wurde, und vertritt die politische Macht des Zehn-Nationen-Reiches, das in der ersten Hälfte der sieben Jahre vor der Wiederkunft Jesu an der Macht sein wird. Offenbarung 17 ist nicht chronologisch in die Ereignisse der Offenbarung eingeordnet, sondern das Kapitel wird hier in der Reihenfolge der Enthüllungen an Johannes eingeordnet. Chronologisch kann es wahrscheinlich zwischen Offenbarung 5 und 6 plaziert werden. Daß die Frau auf dem Tier sitzt, bedeutet erstens, daß das Tier die Frau unterstützt, und zweitens, daß die Frau mit dem Tier zusammenarbeitet, um über die Welt zu herrschen.

Die Frau ist ferner »bekleidet mit Purpur und Scharlach und geschmückt mit Gold und Edelsteinen und Perlen« (Offenbarung 17, 4). Purpur und Scharlach, Gold, Edelsteine und Perlen sind bekannte Symbole einer ritualen Religion. Aus diesem Grunde und wegen der anderen Merkmale der Frau, die in Offenbarung 17 angeführt werden, haben die Reformatoren die Frau mit der römisch-katholischen Kirche identifiziert, die sie für abgefallen hielten.

Die Frau und die Weltkirchenbewegung

Im zwanzigsten Jahrhundert fiel weiteres Licht auf Offenbarung 17 durch das Entstehen der Weltkirchenbewegung. Vor dem zwanzigsten Jahrhundert gab es drei große christliche Kirchen, die römisch-katholische Kirche, die griechisch-orthodoxe Kirche und die protestantischen Kirchen. Für sie schien Trennung statt Einheit kennzeichnend zu sein, besonders bei den protestantischen Kirchen, da Hunderte von Denominationen entstanden waren und Tausende von unabhängigen Gemeinden.

Im zwanzigsten Jahrhundert setzte eine Bewegung ein, die Kirchen in einer großen Organisation zu vereinigen. Die Führer dieser Bewegung erwarteten, daß eine Zeit kommen werde, in der sich die griechisch-orthodoxe und römisch-katholische Kirche sowie die protestantischen Kirchen alle in einer großen Weltkirche vereinigen würden, welche die Regierungsgewalt in einer Hierarchie besitzen und die ganze Kirche kontrollieren würde.

Die Weltkirchenbewegung begann mit einer Reihe vorläufiger Treffen in den Jahren 1925 und 1927. 1938 wurde eine vorübergehende Ökumenische

Weltkirche gegründet. Der zweite Weltkrieg unterbrach die Entwicklung. Aber 1948 wurde bei einer Versammlung in Amsterdam der Weltkirchenrat formal konstituiert. Ziel dieser Weltkirche war es, die ganze Christenheit in einer großen Kirche zu vereinen.

Wegen mangelnden Interesses und des Widerstandes evangelikaler Kirchen hat die Weltkirchenbewegung sich nicht weiter ausbreiten können. Teilweise hat sie mit liberalen Strömungen in der Kirche und der politischen Welt zusammengearbeitet, aber die Existenz dieser Organisation kann sehr wohl die Grundlage dessen sein, was in Offenbarung 17 beschrieben wird.

Die Weltkirchenbewegung ist schlecht konzipiert, weil es nach der Bibel keiner Weltkirchenbewegung neben dem Leib Christi bedarf. Zweifellos sind einige Christen von dem Gedanken einer kirchlichen Regierung begeistert. Wenn jedoch die Entrückung der Gemeinde geschieht, wird jeder wahre Gläubige von der Erde weggenommen werden, und die Zurückbleibenden sind Namenschristen, die keinen rettenden Glauben haben. In dieser Hinsicht ist es leicht einzusehen, daß die Weltkirchenbewegung völlig abfallen kann, wie es in Offenbarung 17 beschrieben wird. Die Erfüllung dieser Weltkirche wird sich darum nicht nur auf die römisch-katholische Kirche beschränken, sondern wird durch die Vereinigung von drei Hauptzweigen der Kirche geschehen, die heute in der Welt sind, jedoch ohne die heiligende Gegenwart von wahren Gläubigen. So wird die Weltkirchenbewegung nicht nur abtrünnig in ihrer Theologie sein, sondern auch verabscheuungswürdig in ihren religiösen Praktiken.

Die Bosheit der Weltkirche

Die Bibel verbirgt nicht, wie entsetzlich die Abweichung vom Glauben ist, die diese Weltkirchenbewegung charakterisiert. Die Frau wird von Johannes folgendermaßen beschrieben:

> »Sie hatte einen goldenen Becher in der Hand, voll von Greuel und Unreinheit ihrer Hurerei,
> und auf ihrer Stirn war geschrieben ein Name, ein Geheimnis:
> **DAS GROSSE BABYLON,**
> **DIE MUTTER DER HUREREI**
> **UND ALLER GREUEL AUF ERDEN.**
> Und ich sah die Frau, betrunken von dem Blut der Zeugen Jesu« (Offenbarung 17, 4-6).

Prostitution war oft ein Teil des heidnischen Gottesdienstes, doch die hier erwähnte Hurerei bezieht sich auf geistliche Hurerei, nicht auf physische. Die

Frau macht sich des Kompromisses und der Verbindung mit abtrünnigen Religionen schuldig. Sie ist der letzte Ausdruck der falschen babylonischen Religion, die oft verworfen wurde, sogar von der heidnischen Welt. Ferner wird gesagt, sie habe sich der Tötung derer schuldig gemacht, die in jener Zeit zu Jesus kommen, und sie wird beschrieben als »betrunken von dem Blut der Heiligen« (Offenbarung 17, 6).

Das Tier mit zehn Hörnern und sieben Häuptern

Nun wird die Aufmerksamkeit auf das Tier gelenkt, auf dem die Frau sitzt: »Das Tier, das du gesehen hast, ist gewesen und ist jetzt nicht und wird wieder aufsteigen aus dem Abgrund und wird in die Verdammnis fahren« (Offenbarung 17, 8).

In der Offenbarung kommen mehrere Tiere vor. Satan wird als Drache beschrieben, ein mächtiges Tier, das aus dem Abgrund heraufsteigt, in dem die Dämonen eingeschlossen sind (Offenbarung 12, 7-17; 13, 1- 4.11; 16, 13; 20, 2). In Offenbarung 13, 3 wird ein zweites Tier erwähnt; das Tier hat eine verhängnisvolle Wunde, die aber verheilt. Dieses Tier ist der Weltherrscher, ein Mann, den Satan beherrscht, der aber kein Dämon ist, sondern ein Mensch. Weil der Weltherrscher und sein Weltreich von Satan inspiriert sind, wird auch die Weltregierung als Tier dargestellt. Demnach ist das Tier Satan, der Weltherrscher und die Weltregierung. Die Bemerkung in den Versen 8 und 11, daß das Tier war, nicht ist und wieder da ist, scheint sich auf das Weltreich, das Römische Reich, zu beziehen, das zur Zeit der Apostel existierte, scheinbar aufgehört hat zu existieren, aber wiedererstehen wird und dann seine Rolle als Tier oder als Weltregierung spielt. Danach sah Johannes »ein zweites Tier aufsteigen aus der Erde« (13, 11), den falschen Propheten (16, 13; 19, 20; 20, 10), einen Verbündeten des Weltherrschers.

Dann werden die sieben Häupter des Tieres erklärt (Offenbarung 17, 9-11). Zum Verständnis dieses Bildes ist »Weisheit« notwendig (17, 9). Die sieben Häupter sind »sieben Berge, auf denen die Frau sitzt« (Vers 9). Weil die Stadt Rom auf sieben Hügeln erbaut wurde, haben viele diese Stelle als Beweis dafür angesehen, daß die Frau wesentlich die römisch-katholische Kirche repräsentiert und die Religion, die zur Zeit der Wiederherstellung des Römischen Reiches praktiziert wird. Die sieben Hügel werden oft mit Rom identifiziert, das am Tiber liegt. Die Hügel heißen Palatin, Aventin, Caelius, Esquilin, Viminal, Quirinal und Capitol. Als die Stadt sich ausbreitete, kamen andere Hügel hinzu, einschließlich eines Hügels, der als Ianiculum bekannt ist, und der Hügel Pincian. Wegen der Erwähnung der sieben Hügel in dieser Bibelstelle wurde die kirchliche Macht hier oft mit dem geographischen Rom gleichgesetzt statt mit Babylon.

Der Abschnitt fährt jedoch fort, daß es sieben Könige sind. Der Engel sagt zu Johannes: »und es (die sieben Häupter) sind sieben Könige« (Vers 9). Fünf von ihnen seien bereits gefallen, ein König ist gerade an der Macht, und einer soll noch kommen. Einige Gelehrte meinen, die sieben Hügel, die sieben Könige und die sieben Häupter bezeichneten alle dasselbe. Diesen sieben Königen folgt jedoch ein achter (Vers 11), der sich, wie wir erklärten, auf die Weltregierung bezieht.

Wenn die sieben Hügel eigentlich sieben Könige sind, dann ist die Identifikation mit Rom nicht mehr haltbar, und es stellt sich die Frage, wo sich die geistliche Hauptstadt der Welt in der Endzeit befinden wird.

Die sieben Könige werden nicht identifiziert, und man hat mehrfach versucht, sie zu bestimmen. Manche glauben, es seien sieben Könige, die sich auf das Römische Reich beziehen, das heißt, auf einige der bekannteren Herrscher. Als Johannes die Offenbarung schrieb, war der sechste Herrscher auf dem Thron, aber der letzte, der siebente, war noch nicht gekommen, weil sich dieser auf den Weltherrscher der Endzeit beziehe.

Ein anderer Vorschlag war, daß sich diese sieben Könige auf die sieben Weltreiche der biblischen Offenbarung beziehen. Dazu gehören Ägypten, Assyrien, Babylon, Medo-Persien, Griechenland und Rom. Das wiederhergestellte Römische Reich wird dann als das siebente dieser Königreiche betrachtet. Ganz gleich, wie die sieben Könige gedeutet werden, offenbart Gott eindeutig die Identität des Weltherrschers, der in Offenbarung 13 und hier als der siebente König beschrieben wird.

Wenn nun die sieben Hügel sich nicht auf die Stadt Rom beziehen, bleibt die Frage, wo sich die Hauptstadt des Weltreichs in der Endzeit befinden wird. Es wurde vermutet, daß Babylon wieder erbaut werden und die Welthauptstadt während der Großen Trübsal sein wird. Weil Babylon eindeutig mit dem Römischen Reich in der Endzeit identifiziert wird und besonders in Offenbarung 18 als Stadt beschrieben wird, gibt es dafür einige biblische Gründe. Insofern die Stadt Babylon in der Geschichte nicht zerstört worden ist, die Prophezeiungen jedoch von seiner plötzlichen und verheerenden Zerstörung reden, könnte, wenn Babylon die Hauptstadt des zukünftigen Weltreiches werden sollte, seine Zerstörung vor der Wiederkunft Jesu eine wörtliche Erfüllung vieler Prophezeiungen im Alten und Neuen Testament über die Zerstörung Babylons sein.

Nachdem Johannes die sieben Häupter des Tieres erklärt wurden, wird er wieder daran erinnert, daß das Tier zehn Hörner hat. Dies sind gemäß Offenbarung 17, 12 zehn Könige, die mit dem Weltherrscher verbündet sind und ihn in seiner Macht unterstützen. Der Engel sprach zu Johannes: »Diese sind eines Sinnes und geben ihre Kraft und Macht dem Tier« (Vers 13). Weil diese zehn Könige den politischen Machtkern hinter dem Weltherrscher bilden, wird von ihnen gesagt, daß sie die Macht sind, die sich dem Heer des Himmels in Offenbarung 19 entgegenstellt. Darum heißt es in Offenbarung 17, 14: »Die werden gegen das Lamm kämpfen, und das Lamm wird sie überwinden, denn es ist der Herr aller Herren und König aller Könige, und die mit ihm sind, sind die Berufenen und Auserwählten und Gläubigen.«

Die »vielen Wasser« (Offenbarung 17, 1) werden als eine Menge Völker erklärt: »Die Wasser, die du gesehen hast, an denen die Hure sitzt, sind Völker und Scharen und Nationen und Sprachen« (Vers 15). Die Weltreligion, die hier als Hure dargestellt wird, wird die ganze Welt umspannen.

Die Frau wird vernichtet

Am erstaunlichsten ist in Offenbarung 17 die Vernichtung der Frau: »Und die zehn Hörner, die du gesehen hast, und das Tier, die werden die Hure hassen und werden sie ausplündern und entblößen und werden ihr Fleisch essen und werden sie mit Feuer verbrennen. Denn Gott hat's ihnen in ihr Herz gegeben, nach seinem Sinn zu handeln und eines Sinnes zu werden und ihr Reich dem Tier zu geben, bis vollendet werden die Worte Gottes« (Verse 16.17).

In den Anfangsversen wird die Frau beschrieben, wie sie dem Tier schmeichelt, um die Weltherrschaft zu gewinnen. Dies wird offensichtlich während der ersten dreieinhalb der sieben Jahre vor der Wiederkunft Jesu geschehen.

In der Mitte dieser sieben Jahre wird jedoch eine dramatische Wende eintreten, wenn der Herrscher der zehn Königreiche sich selbst zum Weltherrscher erklären und über Nacht die ganze Welt regieren wird. In dieser veränderten Lage braucht er die Frau nicht mehr, und darum vernichten die zehn Könige, die mit ihm verbündet sind, die Frau. Ihr Ziel ist, wie es in Offenbarung 17, 17 gesagt wird, alle Macht dem Tier einzuräumen. Damit wird der Weg frei zur letzten Form der Weltreligion, nämlich der Anbetung des Weltherrschers selbst und Satans, der mit ihm im Bunde steht. Er wird sich selbst zum Gott machen. In Offenbarung 17 wird der religiöse Charakter der ersten Hälfte der sieben Jahre vor der Wiederkunft Jesu beschrieben, und dies ist die letztendliche Erfüllung der Weltkirchenbewegung.

Der letzte Vers von Offenbarung 17 erklärt: »Die Frau, die du gesehen hast, ist die große Stadt, die die Herrschaft hat über die Könige auf Erden« (Vers 18). Obwohl die Frau hier als eine Stadt bezeichnet wird, ist sie offenbar mehr religiöser als politischer Natur. Die Stadt Babylon in ihrer politischen Form beherrscht jedoch Offenbarung 18. Wenn das religiöse Babylon mit der Vernichtung der Weltkirche aus dem Weg geschafft ist, ist die Bühne für das letzte Drama vorbereitet, die letzten dreieinhalb Jahre vor der Wiederkunft Jesu, wenn die letzte Form der abgefallenen Religion Atheismus und Anbetung des Weltherrschers sein wird.

28 Rußlands letzter Versuch der Welteroberung

Hintergrund

Im zwanzigsten Jahrhundert sind Aufstieg und Fall Rußlands ein wesentlicher Faktor der Weltgeschichte gewesen. Wenn auch mehrere Staaten sich im Laufe der Zeit von Rußland ganz trennen werden, wird der russische Staat beherrschend bleiben und im Mittelpunkt der Oststaaten stehen. Gemäß der Prophetie wird Rußland die große Macht im Norden von Israel bleiben.

Das dramatische Bild des letzten Versuchs von Rußland, die Weltherrschaft zu erlangen, wie es in Hesekiel 38, 1 – 39, 24 berichtet wird, steht im Zusammenhang von Prophezeiungen, die sich auf die Wiederherstellung Israels beziehen. In Hesekiel 37, 1-28 wird Israels Wiederherstellung als Nation und seine Auferstehung von den Toten zur Zeit der Wiederkunft Jesu im Bild eines Tals voller verdorrter Totengebeine beschrieben, die zum Leben zurückgebracht werden. Nach der Beschreibung des Krieges Rußlands in Hesekiel 38, 1 – 39, 24 wird eine weitere Prophezeiung über Israels Sammlung in seinem Land als eine Phase seiner Wiederherstellung gegeben. Demnach gehört der Konflikt mit Rußland in diese Endzeitsituation hinein.

Politisch bilden die raschen Ereignisse der Endzeit den Hintergrund dieses Krieges. In der Endzeit werden sich zehn Nationen unter einem römischen Herrscher verbünden, um ein wiederbelebtes Römisches Reich zu bilden. Dieser Herrscher wird mit Israel einen Siebenjahresvertrag schließen, wie es in Daniel 9, 27 vorausgesagt ist. Irgendwann in diesen sieben Jahren vor dem zweiten Kommen Jesu wird Rußland Israel angreifen.

Die letzten sieben Jahre zerfallen in zwei Hälften – die erste Hälfte wird eine Zeit des Friedens und die letzte Hälfte die Zeit der Großen Trübsal sein, die in der Schlacht von Harmagedon gipfelt. Wie Hesekiel im 38. Kapitel prophezeit, wird Rußland Israel in einer Zeit des Friedens angreifen und versuchen, Israel zu erobern, um damit eine dominierende Rolle im Nahen Osten einzunehmen.

Israel hat zwar die militärische Übermacht gegenüber seinen Nachbarländern, aber es hat sich schon immer vor einem Angriff Rußlands gefürchtet.

Rußland mag als Weltmacht dahinschwinden, dennoch wird es eine außergewöhnliche Macht bleiben, die das kleine Israel in einem Überraschungsangriff überfallen könnte, wie Hesekiel es beschreibt. Ein sorgfältiges Studium dieses Kapitels enthüllt viel über die endzeitlichen Ereignisse, die zur Wiederkunft Jesu hinführen.

Die Angreifer

Hesekiel berichtet, daß die Hauptmacht der militärischen Invasion Israels aus dem Lande Magog kommt:

> »Des HERRN Wort geschah zu mir:
> Du Menschenkind, richte dein Angesicht auf Gog, der im Lande Magog ist und der Fürst von Rosch, Meschech und Tubal, und weissage gegen ihn und sprich: So spricht Gott der HERR: Siehe, ich will an dich, Gog, der du der Fürst bist von Rosch, Meschech und Tubal!
> Siehe, ich will dich herumlenken und dir einen Haken ins Maul legen und will dich ausziehen lassen mit deinem ganzen Heer, mit Roß und Mann, die alle voll gerüstet sind; und sie sind ein großer Heerhaufe, die alle kleine und große Schilde und Schwerter tragen« (38, 1- 4).

Der Name Rußland kommt in der Bibel nicht vor, doch diese Beschreibung des Angreifers paßt genau zu Rußland. Die militärische Invasion wird gemäß Hesekiel von »Gog«, einem Herrscher, angeführt, dessen Land als »Land Magog« bezeichnet wird. Magog ist nach 1. Mose 10, 2 und 1. Chronik 1, 5 einer der Söhne Jafets. Gog wird zweimal in Hesekiel (38, 2.6) und schließlich in der Offenbarung (20, 8) genannt. Gog, der Anführer, wird als »Fürst von Rosch, Meschech und Tubal« (Hesekiel 38, 2) bezeichnet. Rosch ist die Wurzel des modernen Wortes Rußland, deshalb scheint es eine Verbindung zu diesem Land nördlich von Israel zu haben. Gog ist auch mit »Meschech und Tubal« verbunden (Vers 2), was eine andere Aussprache für Moskau und Tobolsk, einer Stadt am Ural, sein könnte. Obwohl die Identifikation nicht ganz sicher ist, scheint Tubal sich auf die alten Skythen zu beziehen, die aus dem Nahen Osten nach Norden auswanderten und sich in der Gegend des heutigen Rußland niederließen.

Die angreifende Macht aus Rußland wird von Streitkräften aus fünf anderen Ländern unterstützt. Persien (Hesekiel 38, 5) ist leicht als der moderne Iran zu identifizieren, der, obwohl er östlich von Israel liegt, sehr leicht mit Rußland einen Angriff von Norden her unternehmen könnte. Die Identifikation von Kusch (Vers 5) ist nicht sicher, es bezieht sich aber normalerweise auf ein Volk, das im Gebiet zwischen Ägypten und dem Roten Meer ansässig ist. Wenn es auch südlich von Israel gelegen ist, wäre es für eine solche Armee nicht zu schwer, auf dem Wasserweg transportiert zu werden, um gemeinsam mit Rußland Israel anzugreifen. Put[1] (Vers 5) wird gewöhnlich mit dem Volk südlich von Kusch gleichgesetzt, es ist eine weitere Streitmacht, die vom Süden her geholt werden könnte, um mit Rußland vom Norden her in Israel einzudringen. Gomer (Vers 6) wird oft mit den alten Kimmeriern identifiziert, die einmal in Kleinasien und Osteuropa lebten. Togarma (Vers 6) war ein Volk, das unmittelbar nördlich von Israel wohnte und in der Lage wäre, sich der Invasion anzuschließen.

Jede Invasion Israels zeugt von einer Mißachtung des Gottes Israels und paßt zu dem atheistischen Hintergrund Rußlands im zwanzigsten Jahrhundert. Der geographische Rahmen der Streitkräfte, der theologische Standpunkt der Angreifer und die Ausdrücke, die zu ihrer Beschreibung dienen, deuten darauf hin, daß es sich um russische Streitkräfte handelt, die den Staat Israel vom Norden her angreifen werden. Bestätigt wird dies noch durch die Bemerkung, daß der Angreifer »vom äußersten Norden« kommt (Hesekiel 38, 6.15, 39, 2). Da Israel nur einige hundert Kilometer von Rußland entfernt ist, könnte die Beschreibung eines Volkes im äußersten Norden von Israel sich unmöglich auf eine andere Nation als Rußland beziehen. Wenn man bedenkt, daß Rußland sich rund zehntausend Kilometer von Osten nach Westen erstreckt, muß sich jeder Hinweis auf eine Nation im Norden Israels auf Rußland beziehen. Es ist auch interessant, daß Moskau genau nördlich von Jerusalem liegt.

Die alten Kriegswaffen

Wenn auch die Beschreibung des Angreifers sehr einfach zu verstehen ist und er selbst identifiziert werden kann, liegt die Schwierigkeit bei der Deutung dieses Textes darin, daß der Schreiber alte Waffen nennt. Dies wird in der einführenden Aussage klar:

> »Siehe, ich will dich herumlenken und dir einen Haken ins Maul legen und will dich ausziehen lassen mit deinem ganzen Heer, mit Roß und Mann, die alle voll gerüstet sind; und sie sind ein großer Heerhaufe, die alle kleine und große Schilde und Schwerter tragen.
> Du führst mit dir Perser, Kuschiter und Libyer, die alle Schild und Helm tragen,
> dazu Gomer und sein ganzes Heer, die vom Hause Togarma, die im Norden wohnen, mit ihrem ganzen Heer; ja, du führst viele Völker mit dir« (Hesekiel 38, 4-6).

1 Siehe Elberfelder Übersetzung. In Luther '84 steht für Put »Lybier«.

Daß das Heer mit diesen alten Kriegswaffen ausgerüstet sein soll statt mit modernen Waffen, hat viele dazu bewegt, diese Beschreibung nicht im wörtlichen Sinne aufzufassen. Statt mit Panzern kommen die Soldaten auf Pferden, was im Falle Rußlands nicht zu schwierig wäre, da Rußland immer noch Bergtruppen als Teil seiner militärischen Operation verwendet. Die Schilde, Schwerter und Helme passen jedoch nicht in das Bild eines modernen Heeres.

Einige haben versucht, diese Ausdrücke damit zu erklären, daß Hesekiel den Krieg mit seinen Worten schildert, und daß sie durch moderne Termini ersetzt werden müssen. Im weiteren Verlauf des Berichts werden zusätzliche Waffen von Bogen und Pfeilen, Keulen und Spießen erwähnt (Hesekiel 39, 9). Da diese Waffen später als Brennmaterial zum Feuermachen (Vers 9) verwendet werden, ist es schwierig, sie sich als bloße Redefiguren vorzustellen, die nicht als Brennmaterial gebraucht werden könnten, und die meisten modernen Waffen werden aus Metall und nicht aus Holz hergestellt. Die endgültige Antwort mag nicht darin bestehen, diesen Teil der Prophezeiung zu erklären, aber er weist darauf hin, daß vor diesem Krieg eine echte weltweite Abrüstung stattfinden wird. Wenn Rußland unter solchen Umständen Israel angreifen wollte und keine modernen Waffen mehr besitzt, könnte es schnell und in großer Menge Waffen herstellen, mit denen die Armee in dieser Weise ausgerüstet werden könnte. Die Hauptaussage der Prophezeiung würde sich nicht ändern, wenn man die Waffen näher bestimmen könnte.

Israel wird als eine friedliche und ahnungslose Nation beschrieben

Wenn man versucht, die Zeit dieses Krieges innerhalb der prophetischen Reihenfolge zu bestimmen, sollte man beachten, daß Israel zum Zeitpunkt der Invasion im Frieden lebt. Offensichtlich wird der Angriff nicht erwartet, und Israel ist militärisch nicht vorbereitet, sich den Angreifern entgegenzustellen. Es wird überhaupt keine Armee genannt, die die Angreifer abwehrt.

Stattdessen wird Israel als ein Volk im Frieden beschrieben:

> »Wohlan, rüste dich gut, du und alle deine Heerhaufen, die bei dir sind, und sei du ihr Heerführer!
> Nach langer Zeit sollst du aufgeboten werden; am Ende der Zeiten sollst du in ein Land kommen, das dem Schwert entrissen ist, und zu dem Volk, das aus vielen Völkern gesammelt ist, nämlich auf die Berge Israels, die lange Zeit verwüstet gewesen sind, und nun ist es herausgeführt aus den Völkern, und sie alle wohnen sicher.
> Du wirst heraufziehen und daherkommen wie ein Sturmwetter und wirst sein wie eine Wolke, die das Land bedeckt, du und dein ganzes Heer und die vielen Völker mit dir« (Hesekiel 38, 7-9).

Die Angreifer werden gezwungen, Israel anzugreifen, aber Israel wird als ein Land beschrieben, »das dem Schwert entrissen ist«, und das Volk Israel ist »aus vielen Völkern gesammelt« und »auf die Berge Israels« gebracht worden, »die lange Zeit verwüstet gewesen sind«. Israel wird ferner als ein Volk beschrieben, das »herausgeführt ist aus den Völkern, und sie wohnen alle sicher« (38, 8). Dies würde, wie gesagt, in das prophetische Bild der ersten dreieinhalb der sieben Jahre vor der Wiederkunft Jesu passen, die eine Zeit des Friedens sein werden, wenn Israel einen Bund mit dem Führer der zehn Nationen geschlossen hat.

Dieser Friede Israels ist gemäß den Worten Hesekiels gerade der Anlaß für den Angriff Rußlands.

»So spricht Gott der HERR: Zu jener Zeit werden dir Gedanken kommen, und du wirst auf Böses sinnen
und denken: ›Ich will das Land überfallen, das offen daliegt, und über die kommen, die still und sicher leben, die alle ohne Mauern dasitzen und haben weder Riegel noch Tore‹,
damit du rauben und plündern kannst und deine Hand an die zerstörten Orte legst, die wieder bewohnt sind, und an das Volk, das aus den Heiden gesammelt ist und sich Vieh und Güter erworben hat und in der Mitte der Erde wohnt« (38, 10-12).

Die Städte Israels werden ohne Mauern beschrieben, was der modernen Situation entspricht, wo Mauern die Angreifer nicht mehr abwehren (Vers 11). Die Bewohner des Landes »leben still und sicher, die alle ohne Mauern dasitzen und haben weder Riegel noch Tore« (Vers 11). Die Orte waren zerstört und sind nun »wieder bewohnt«, und das Volk »ist aus den Heiden gesammelt« (Vers 12). Dies alles paßt vorzüglich in die Situation Israels, wenn es unter dem Friedensvertrag mit dem Führer der zehn Nationen vermeintlich in Sicherheit lebt. Zieht man die politische Situation dieser Zeit in Betracht, dann wird klar, daß der Angriff nicht allein Israel gilt, sondern dem ganzen Zehn-Nationenbündnis, das den Nahen Osten zu dieser Zeit kontrolliert. Dies würde bedeuten, daß es Rußlands letzter verzweifelter Versuch sein wird, die Welt zu erobern. Israel wird noch einmal als Gottes »Volk« beschrieben, das »sicher« wohnt (Vers 14).

Das Ziel der Angreifer

In dieser Prophezeiung aus Hesekiel 38 und 39 wird deutlich gesagt, daß die Angreifer materiellen Gewinn suchen. Sie haben beschlossen, zu »rauben und (zu) plündern«, und wollen ihre »Hand an die zerstörten Orte legen, »die wieder bewohnt sind, und an das Volk, das aus den Heiden gesammelt ist und sich Vieh und Güter erworben hat und in der Mitte der Erde wohnt« (38, 12). In Vers 13 wird gesagt, daß sie plündern und Gold und Silber, Vieh und Güter rauben wollen. Die überwältigende Überlegenheit der angreifenden Armee wird mit den Worten beschrieben: »Du wirst heraufziehen und daherkommen wie ein Sturmwetter und wirst sein wie eine Wolke, die das Land bedeckt« (Vers 9). Die Streitkräfte kommen aus »vielen Völkern«. Es wird »ein großer Heerhaufe und eine gewaltige Macht« sein (Vers 15). In ihrem Drang nach materiellem Gewinn zieht Gott die Angreifer in den Krieg: »Du wirst heraufziehen gegen mein Volk Israel wie eine Wolke, die das Land bedeckt. Am Ende der Zeit wird das geschehen. Ich will dich aber dazu über mein Land kommen lassen, daß die Heiden mich erkennen, wenn ich an dir, Gog, vor ihren Augen zeige, daß ich heilig bin« (Vers 16).

Der Angriff wird beschrieben

Der Prophet beschreibt anschaulich, was geschehen wird, wenn diese gewaltige Streitmacht das Land Israel überfällt:

> »Und es wird geschehen zu der Zeit, wenn Gog kommen wird über das Land Israels, spricht Gott der HERR, wird mein Zorn in mir aufsteigen.
> Und ich sage in meinem Eifer und im Feuer meines Zorns: Wahrlich, zu der Zeit wird ein großes Erdbeben sein im Lande Israels,
> daß vor meinem Angesicht erbeben sollen die Fische im Meer, die Vögel unter dem Himmel, die Tiere auf dem Felde und alles, was sich regt und bewegt auf dem Lande, und alle Menschen, die auf der Erde sind. Und die Berge sollen niedergerissen werden und die Felswände und alle Mauern zu Boden fallen.
> Und ich will über ihn das Schwert herbeirufen auf allen meinen Bergen, spricht Gott der HERR, daß jeder sein Schwert gegen den andern erhebt.
> Und ich will ihn richten mit Pest und Blutvergießen und will Platzregen mit Hagel, Feuer und Schwefel über ihn und sein Heer und über die vielen Völker kommen lassen, die mit ihm sind« (Hesekiel 38, 18-22).

Aus dieser Prophezeiung geht deutlich hervor, daß die Invasion den »Zorn« Gottes hervorrufen wird (Vers 18), und eine Reihe von Katastrophen werden folgen.

Zuerst wird es ein großes Erdbeben im Lande geben (38, 19). Dieses Erdbeben wird Fische, Vögel, Tiere des Feldes und alle Geschöpfe des Erdbodens in Mitleidenschaft ziehen. Berge werden umgekehrt werden und Mauern einfallen (Vers 20).

Dann wird als nächstes großes Gericht Gottes Verwirrung unter der multinationalen Armee entstehen, so daß sie untereinander kämpfen werden, »daß jeder sein Schwert gegen den andern erhebt« (Vers 21). Bei der Verwirrung, die das Erdbeben bringt, ist es nicht weiter verwunderlich, wenn die Truppen gegeneinander zu kämpfen beginnen.

Ein drittes Gericht wird über die Armee gebracht in Form von Pest und Blutvergießen. Gott wird die Pest benutzen, um gegen die Angreifer einzuschreiten, ein Vorgehen, das auch bei anderen Gelegenheiten beschrieben wird (vergleiche Jesaja 37, 36). Auf dem Höhepunkt der Schwierigkeiten wird Gott sein Gericht durch Überschwemmungen, Hagel und brennenden Schwefel ausgießen (Hesekiel 38, 22). Obwohl es als natürliche Abschreckung für die Angreifer angesehen wird, ist es das übernatürliche Werk Gottes, der bewirkt, daß dies zu jener Zeit geschieht. In Offenbarung 16, 21 treffen ungewöhnlich große Hagelsteine die Menschen. Die Erwähnung des brennenden Schwefels erinnert an die Zerstörung von Sodom und Gomorra (1. Mose 19, 24). Manche Ausleger sind der Meinung, der brennende Schwefel werde durch das Erdbeben verursacht, indem erloschene Vulkane ihre heiße Lava ausspeien. Wie auch immer es geschieht, das Ergebnis ist offenbar. Die angreifende Armee wird vernichtet werden. Gott wird dieses Gericht dazu benutzen, seine Macht den Völkern kundzutun: »So will ich mich herrlich und heilig erweisen und mich zu erkennen geben vor vielen Heiden, daß sie erfahren, daß ich der HERR bin« (Hesekiel 38, 23).

Die Vernichtung der Angreifer

In der Prophezeiung wird dann die vollständige Vernichtung der angreifenden Armeen beschrieben. »Und ich will dir den Bogen aus deiner linken Hand schlagen und die Pfeile aus deiner rechten Hand. Auf den Bergen Israels sollst du fallen, du mit deinem ganzen Heer und mit den Völkern, die bei dir sind. Ich will dich den Raubvögeln, allem was fliegt, und den Tieren auf dem Felde zum Fraß geben. Du sollst auf freiem Felde fallen; denn ich habe es gesagt, spricht Gott der HERR« (Hesekiel 39, 3-5). In dem Gericht, das Gott über die Angreifer ausgießt, werden sie ihre Bogen und Pfeile fallen lassen, und ihre Leichname werden den Raubvögeln und den wilden Tieren zum Fraß dienen. Aus Vers 4 geht hervor, daß die ganze Armee ausradiert werden wird und keiner überlebt: »Auf den Bergen Israels sollst du fallen, du mit deinem ganzen Heer und mit den Völkern, die bei dir sind.«

Die Folgen der Schlacht

Hesekiel erwähnt noch einmal, daß es Gottes Absicht war, die Macht seines heiligen Namens kundzutun (Hesekiel 39, 7.8), und sagt dann, daß die Waffen den Israeliten sieben Jahre lang als Brennmaterial dienen werden:

> »Und die Bürger in den Städten Israels werden herausgehen und Feuer anzünden und die Waffen verbrennen, kleine und große Schilde, Bogen und Pfeile, Keulen und Spieße. Und sie werden sieben Jahre lang Feuer damit machen;
> sie brauchen kein Holz auf dem Felde zu holen oder im Walde zu schlagen, sondern von den Waffen werden sie Feuer machen und werden die berauben, von denen sie beraubt sind, und plündern, von denen sie geplündert sind, spricht Gott der HERR« (Verse 9.10).

Die Bemerkung, daß das Brennmaterial sieben Jahre reichen wird, läßt die Frage aufkommen, wie dies zeitlich mit der Wiederkunft Jesu zusammenhängt, da es wahrscheinlich ist, daß dieser Angriff gegen Ende der ersten dreieinhalb Jahre der sieben Jahre vor der Wiederkunft Jesu geschieht. Es wäre dann nicht genügend Zeit vorhanden, die Waffen zu verbrennen, bevor der Herr zurückkommt. Jedoch wird durch das Verbrennen der Waffen kein prophetischer Zeitplan aufgestellt, und sogar nach der Wiederkunft Jesu wird das Leben weitergehen und Brennholz benutzt werden. Deshalb wird dadurch die Festsetzung des Angriffs gegen Ende der ersten Hälfte der sieben Jahre nicht erschüttert.

Hesekiel beschreibt anschaulich, wie die Toten begraben werden (Hesekiel 39, 11-16). Man wird sieben Monate brauchen, um die Toten zu begraben, und danach werden noch weitere Tote gefunden, die man begraben wird. Die Szene gleicht der beim zweiten Kommen Jesu, wenn die Geier eingeladen werden, die Leichname zu fressen (Verse 17-20). Dennoch ist sie nicht mit den Ereignissen von Offenbarung 20, 7-9 zu verwechseln, wo die Erde sofort nach dem Angriff zerstört werden wird.

Das Ziel Gottes mit der Vernichtung der Angreifer

Hesekiel zitiert Gott, der mit der Zerstörung der angreifenden Armee zeigen will, daß er dem Bösen widersteht und Israel wiederherstellen will:

> »Und ich will meine Herrlichkeit unter die Heiden bringen, daß alle Heiden mein Gericht sehen sollen, das ich gehalten habe, und meine Hand, die ich an sie gelegt habe.

Und das Haus Israel soll erfahren, daß ich, der HERR, ihr Gott bin, von dem Tage an und fernerhin,
und die Heiden sollen erkennen, daß das Haus Israel um seiner Missetat willen weggeführt worden ist. Weil sie sich an mir versündigt hatten, darum habe ich mein Angesicht vor ihnen verborgen und habe sie übergeben in die Hände ihrer Widersacher, daß sie allesamt durchs Schwert fallen mußten.
Ich habe ihnen getan, was sie mit ihrer Unreinheit und ihren Übertretungen verdient haben, und ich habe mein Angesicht vor ihnen verborgen« (39, 21-24).

Die Sammlung Israels

Hesekiel beschreibt weiter, wie Gott Israel wiederherstellen wird:

»Darum – so spricht Gott der HERR: Nun will ich das Geschick Jakobs wenden und mich des ganzen Hauses Israel erbarmen und um meinen heiligen Namen eifern.
Sie aber sollen ihre Schmach und alle ihre Sünde, mit der sie sich an mir versündigt haben, vergessen, wenn sie nun sicher in ihrem Lande wohnen und niemand sie schreckt
und ich sie aus den Völkern zurückgebracht und aus den Ländern ihrer Feinde gesammelt und an ihnen vor den Augen vieler Heiden gezeigt habe, daß ich heilig bin.
Dann werden sie erkennen, daß ich, der HERR, ihr Gott bin, der ich sie unter die Heiden weggeführt habe und wieder in ihr Land sammle und nicht **einen** von ihnen dort zurücklasse.
Und ich will mein Angesicht nicht mehr vor ihnen verbergen; denn ich habe meinen Geist über das Haus Israel ausgegossen, spricht Gott der HERR« (39, 25-29).

Dies wird offensichtlich bei der Wiederkunft Jesu erfüllt werden.

Wenn auch ein paar Einzelheiten dieses prophetischen Berichtes nicht ganz klar sind, ist das Ergebnis der Schlacht eindeutig genug. Rußlands letzter Versuch der Aufrichtung einer Weltherrschaft wird völlig scheitern, seine Armeen werden vernichtet, und sogar auf sein eigenes Territorium wird Feuer vom Himmel fallen (Hesekiel 39, 6). Die letzte Form heidnischer Macht wird dann folgen, wenn der Zehn-Nationenbund die Weltregierung übernehmen wird. Die Vernichtung Rußlands, das dieser Weltregierung im Wege stand und zweifellos der Zehn-Nationengruppe feindlich gesinnt war, mag erklären, daß der Diktator des Zehn-Nationenbündnisses sich über Nacht zum Herrscher über die ganze

Welt proklamieren kann, ohne Widerstand zu haben. Dieser Krieg mag sehr wohl das Sprungbrett sein, auf dem der nahöstliche Herrscher zur absoluten Macht gelangt, um in den letzten dreieinhalb Jahren vor der Wiederkunft Jesu gemäß der Prophezeiung agieren zu können, wenn Israel durch eine Zeit der Trübsal geht und die Welt insgesamt große Katastrophen erleidet. Da diese Prophezeiung sich in der Vergangenheit nicht erfüllte, ist ihre Erfüllung in der Zukunft ein mächtiger Hinweis dafür, daß Gott noch auf dem Thron sitzt und er mit seinen Feinden zu seiner Zeit in seiner Weise abrechnen wird.

29 Die kommende Weltregierung: Weltreligionen der Endzeit

Satans Nachahmung des Tausendjährigen Reiches

In der Offenbarung des Falles Satans von seinem ursprünglichen Zustand der Heiligkeit in der vergangenen Ewigkeit, wie sie uns in Jesaja 14, 13-16 geschildert wird, wird erklärt, daß es Satans Bestreben war, Gott gleich zu sein. Satan beabsichtigt nicht nur, Gottes Stellung in der Anbetung und im Gehorsam einzunehmen, sondern auch ein weltweites Reich aufzurichten, das mit dem prophetischen Programm des Tausendjährigen Reiches konkurriert, in dem Christus absolut regieren wird. Deshalb wird Satan in der Endzeit vor der Wiederkunft Jesu sein Ziel einer Weltregierung erreichen, die von ihm die Macht erhält und ihm fast universelle Anbetung gewährt. Die letzte Weltregierung vor dem zweiten Kommen Jesu wird darum Satans letzter Versuch sein, Christus nachzuahmen und ihn durch Satansanbetung zu ersetzen.

Die Daniel offenbarte kommende Weltregierung

In der Vision Daniels von den vier großen Weltreichen, Babylon, Medo-Persien, Griechenland und Rom wird das Römische Reich bei der Wiederkunft Jesu zerstört (7, 11).

Der Engel erklärte ihm das Bild und sagte im besonderen über das vierte Tier, das Rom verkörpert: »Das vierte Tier wird das vierte Königreich auf Erden sein; das wird ganz anders sein als alle Königreiche; es wird alle Länder fressen, zertreten und zermalmen« (7, 23). Das Römische Reich eroberte fast den ganzen Mittelmeerraum einschließlich Nordafrika, Westasien und Nordeuropa, aber es beherrschte nie die ganze Welt. In Daniel 7 wird jedoch vorausgesagt, daß das Römische Reich bei seiner Wiederherstellung vor der Wiederkunft Jesu »alle Länder fressen wird« (Vers 23). Dies wird die Erfüllung des ehrgeizigen Wunsches Satans sein, ein Reich zu besitzen, das mit der Weltherrschaft Christi vergleichbar ist. Die Möglichkeit einer solchen Weltherrschaft ist von modernen

Historikern erwogen worden, besonders in Anbetracht der beiden Versuche Deutschlands im ersten und zweiten Weltkrieg, die Welt zu erobern.

Die Identität des Weltherrschers

Über die Identität des Weltherrschers, der in Daniel 7, 8 als das »kleine Horn« beschrieben wird, ist viel spekuliert worden. Aus Daniels Vision geht klar hervor, daß dieser Mann zuerst die Macht über drei von zehn Staaten gewinnt, die den Kern des wiedererstandenen Römischen Reiches bilden. Weiterer Aufschluß wird über diesen Herrscher in Daniel 9, 26 gegeben, wo er als zu dem Volk gehörig genannt wird, das Jerusalem zerstört. Da Jerusalem im Jahre 70 n. Chr. von den Römern zerstört wurde, ist der zukünftige Herrscher als ein römischer Diktator erwiesen, obwohl damit nichts über seine völkische Herkunft oder seinen politischen Hintergrund ausgesagt wird. Dies ist ein Grund, warum Bibelgelehrte meinen, daß das Römische Reich in Form von zehn Staaten wiedererstehen und schließlich die Weltherrschaft erringen wird.

In Daniel 11 wird noch mehr über diesen Herrscher der Endzeit gesagt:

> »Und der König wird tun, was er will, und wird sich überheben und großtun gegen alles, was Gott ist. Und gegen den Gott aller Götter wird er Ungeheuerliches reden, und es wird ihm gelingen, bis sich der Zorn ausgewirkt hat; denn es muß geschehen, was beschlossen ist.
> Auch die Götter seiner Väter wird er nicht achten; er wird weder den Lieblingsgott der Frauen noch einen andern Gott achten, denn er wird sich über alles erheben.
> Dagegen wird er den Gott der Festungen verehren; den Gott, von dem seine Väter nichts gewußt haben, wird er ehren mit Gold, Silber, Edelsteinen und Kostbarkeiten« (Verse 36-38).

Obwohl nicht alle Bibelgelehrten über die Identität dieses Königs übereinstimmen, insofern er als jemand beschrieben wird, der sich über alle, einschließlich über jeden Gott, erhebt, scheint es klar zu sein, daß dieser Abschnitt von dem zukünftigen Weltherrscher handelt, denn von keinem anderen könnte gesagt werden, daß er sich über alles setzt.

Sodann wird dieser Herrscher sich sogar über Gott stellen, das heißt, er ist ein Atheist. Dies wird in Daniel 11, 37 ausgesagt; es heißt dort, daß er die Götter seiner Väter mißachtet. Obwohl dies manche als einen Hinweis auf den Gott Israels aufgefaßt haben, ist *Elohim* die ganz gewöhnliche Bezeichnung für *Götter*, nicht aber der besondere Name Jahwe, der der Gott Israels ist. Deshalb scheint es klar zu sein, daß er ein Heide ist, doch welche Götter seine Vorfahren auch verehrt haben mögen, er wird ihre Anbetung und den Glauben an sie nicht dulden. Er wird auch den »Lieblingsgott der Frauen« nicht achten (Vers 37). Man hat hierfür verschiedene Erklärungen gegeben, aber es bezieht sich wahrscheinlich auf die Hoffnung der Frauen, die Mutter des Messias zu sein. Mit anderen Worten, er wird nicht nur alle heidnischen Götter seiner Väter mißachten, sondern auch die biblische Hoffnung auf den Messias Jesus Christus. Statt eine Gottheit zu verehren und den Messias anzuerkennen, wird er einen »Gott der Festungen« ehren (Vers 38), das heißt eine Personifikation der Kriegsmacht. Sein Reichtum wird darum für militärische Stärke verwendet werden.

Dieser Herrscher wird nach Daniel 11, 40- 44 in den letzten großen Weltkrieg verwickelt, der die Schlacht von Harmagedon in Offenbarung 16, 14-16 einschließt. Wie Daniel beschreibt, wird es im Heiligen Land eine blutige Schlacht zwischen Armeen aus dem Norden und dem Süden sowie einer großen Streitmacht aus dem Osten geben. Der Krieg wird gerade beim Kommen Jesu ausgefochten werden. Es wird tatsächlich in Jerusalem am Tag der Rückkehr des Herrn einen Kampf von Haus zu Haus geben (Sacharja 14, 1.2).

Derselbe Mann wird in 2. Thessalonicher 2, 3 als »Mensch der Gesetzlosigkeit« bezeichnet, und in Vers 4 schreibt Paulus, daß er »sich erhebt über alles, was Gott oder Gottesdienst heißt, so daß er sich in den Tempel Gottes setzt und vorgibt, er sei Gott.« Die orthodoxen Juden werden den alten Opferdienst im neuerbauten Tempel während der ersten dreieinhalb Jahre der sieben Jahre vor der Wiederkunft Jesu erneuern. Nach dieser Zeit wird der Herrscher den Tempel entweihen und sich selbst und Satan zum Gegenstand der Anbetung machen.

Jesus beschrieb in seiner Ölbergrede die Entweihung des Tempels als den Beginn der Großen Trübsal, einer Zeit nie dagewesenen Leidens, die zum zweiten Kommen Jesu hinführt: »Wenn ihr nun sehen werdet das Greuelbild der Verwüstung stehen an der heiligen Stätte, wovon gesagt ist durch den Propheten Daniel, – wer das liest, der merke auf! – alsdann fliehe auf die Berge, wer in Judäa ist« (Matthäus 24, 15.16). Wenn der zukünftige Weltherrscher den Tempel entweihen und sich selbst zum Gott erklären wird, ist dies das Signal für den Beginn der Großen Trübsal, die zum zweiten Kommen Jesu hinführen wird. Die Anbetung des Weltherrschers wird natürlich ein Teil der Satansanbetung sein, die für die Endzeit kennzeichnend ist, wie es in der Offenbarung deutlich gezeigt wird.

Der kommende Weltherrscher in der Offenbarung

Der kommende Weltherrscher wird in Offenbarung 6, 2 mit folgenden Worten eingeführt: »Und ich sah, und siehe, ein weißes Pferd. Und der darauf saß, hatte einen Bogen, und ihm wurde eine Krone gegeben, und er zog aus sieghaft und um zu siegen.« Wahrscheinlich wird der Herrscher des Zehn-Staatenbundes nach der in Hesekiel 38 und 39 geschilderten Niederlage Rußlands eine Lage vorfinden, die es ihm ermöglicht, sich selbst zum Weltherrscher zu proklamieren, und offenbar wird niemand stark genug sein, mit ihm Krieg zu führen. Er wird also, ohne darum kämpfen zu müssen, die Welt als Werkzeug Satans regieren.

Im zwanzigsten Jahrhundert wurde erstmals in der Weltgeschichte ein weltweites Reich möglich. Eine Weltregierung braucht ein Kommunikationssystem wie Radio, Telefon und Fernsehen. Dies ist heute eine vollendete Tatsache. Eine Weltregierung braucht auch ein schnelles Transportsystem. Dies steht heute durch Flugzeuge zur Verfügung. Die Kontrolle von Wirtschaft und Finanzen, welche die Weltregierung beabsichtigt (Offenbarung 13, 16.17), wird durch riesige Computer bewerkstelligt, was heute bereits eine tägliche Erfahrung ist. Der Weltherrscher braucht auch Raketen, um die Welt in Schach zu halten. Durch moderne Erfindungen ist unsere Welt immer kleiner geworden, so daß eine Weltregierung jetzt auch praktisch verwirklicht werden könnte.

In einem Zwischenkapitel der Offenbarung, Kapitel 13, wird die Aufmerksamkeit auf diese Weltregierung gelenkt. In seiner Vision sah Johannes einen Drachen, der aus dem Meer heraufstieg (Vers 1), und er beschrieb die Weltregierung mit folgenden Worten: »Und ich sah ein Tier aus dem Meer steigen, das hatte zehn Hörner und sieben Häupter und auf seinen Hörnern zehn Kronen und auf seinen Häuptern lästerliche Namen« (Vers 1). Diese Tier stellt sowohl die Weltregierung als auch den Weltherrscher dar. Daß das Tier aus dem Meer aufsteigt, wird gewöhnlich so gedeutet, daß es aus dem Völkermeer kommt oder der Welt allgemein. Die Hure von Offenbarung 17, die die abgefallene Christenheit in der ersten Hälfte der letzten sieben Jahre repräsentiert, sitzt auch an Wassern, die als Völker, Scharen, Nationen und Sprachen gedeutet werden (Vers 15). Das Meer, aus dem das Tier steigt, steht im Gegensatz zu dem Land, aus dem das zweite Tier von Offenbarung 13, 11 kommt. Die zehn Hörner und sieben Häupter entsprechen den zehn Hörnern des Tieres in Daniel 7, 7, welches das wiedererstehende Römische Reich darstellt, über das der Weltherrscher regieren wird. Die sieben Häupter werden, wie schon erwähnt, von vielen als bedeutende Herrscher in der Geschichte des Römischen Reiches aufgefaßt, wobei das siebente Haupt den letzten Weltherrscher repräsentiert. Die sieben Häupter in Offenbarung 17, 9 beziehen sich auf fünf in der Vergangenheit, das sechste war vorhanden, als Johannes die Offenbarung schrieb. Das siebente ist der Herrscher des Zehn-Staatenbundes, und der achte stellt das Endstadium der Weltregierung dar, in welcher das siebente Haupt das ganze Reich regiert.

Eine andere Deutung ist, daß die sieben Häupter sich auf die sieben großen Weltreiche der Bibel beziehen – Ägypten, Assyrien, Babylon, Medo-Persien, Griechenland, Rom und das Tausendjährige Reich vom Himmel her (Daniel 7,

13-16), wobei der achte König wiederum das Endstadium des wiederhergestellten Römischen Reiches ist. Bei dieser Ansicht gibt es offenbar einige Deutungsschwierigkeiten. Unabhängig davon, was die einzelnen Häupter bedeuten, wird hier eindeutig die letzte Weltregierung dargestellt.

Die Weltregierung soll die Eigenschaften des Babylonischen, Medo-Persischen und Griechischen Reiches haben, wobei Babylon durch den Löwen, Medo-Persien durch den Bären und Griechenland durch den Panther symbolisiert wird. Johannes sagte in Offenbarung 13, 2: »Und das Tier, das ich sah, war gleich einem Panther, und seine Füße wie Bärenfüße und sein Rachen wie ein Löwenrachen.«

Die Macht hinter der Weltregierung ist die des Drachen oder Satans. In Offenbarung 13, 2 heißt es: »Und der Drache gab ihm seine Kraft und seinen Thron und große Macht.«

Der Drache wird in Offenbarung 12, 9 als Teufel oder Satan identifiziert.

Eins seiner Häupter scheint tödlich verwundet zu sein, was sich auf die Wunde des siebenten Hauptes oder des Herrschers der zehn Königreiche bezieht. Es gibt auch hier mehrere Erklärungen, die beste scheint jedoch zu sein, daß er eine Wunde haben wird, die normalerweise tödlich ist, aber von Satan auf wundersame Weise geheilt werden wird. Der Text sagt nicht aus, daß er wirklich stirbt und von Satan wieder auferweckt wird, denn Satan hat nicht die Macht, Tote aufzuerwecken.

Entscheidend ist, daß der Herrscher des letzten Weltreiches mit übernatürlicher Macht auftreten wird, deshalb wird von ihm gesagt: »Und sie beteten den Drachen an, weil er dem Tier die Macht gab, und beteten das Tier an und sprachen: Wer ist dem Tier gleich, und wer kann mit ihm kämpfen?« (Offenbarung 13, 4).

Die Dauer der Regierungszeit des Tieres beträgt gemäß Offenbarung 13, 5 zweiundvierzig Monate, was mit den dreieinhalb Jahren in Daniel 9, 27 und den zwölfhundertsechzig Tagen in Offenbarung 11, 3 übereinstimmt. Weil er Gott leugnet und unter der Macht Satans steht, wird er Gott lästern (Offenbarung 13, 6). Er wird die Heiligen verfolgen können, und zahllose Gläubige werden zu Märtyrern werden (Vers 7). Seine Weltherrschaft wird in unmißverständlichen Worten beschrieben: »Und ihm wurde Macht gegeben über alle Stämme und Völker und Sprachen und Nationen« (Vers 7). Er wird nicht nur unumschränkte politische Macht besitzen, sondern auch als Gott angebetet werden: »Und alle, die auf Erden wohnen, beten es an, deren Namen nicht von Anfang der Welt an geschrieben stehen in dem Lebensbuch des Lammes, das geschlachtet ist« (Vers 8). Der Weltherrscher wird einen Verbündeten haben, der als »ein Tier« bezeichnet wird, das »aus der Erde aufsteigen« wird (Vers 11). Dieser Verbündete wird Wunder vollbringen und wird sogar Feuer vom Himmel fallen lassen (Vers 13). Er wird außerdem ein Bild des Tieres aufstellen, das Geist hat (Vers 15). Es ist nicht klar, ob dies auf natürliche oder übernatürliche Weise geschieht. Jedenfalls lebt das Bild nicht wirklich.

Der Weltherrscher wird fordern, daß alle ihn anbeten, um kaufen und verkaufen zu können (Vers 17). Das »Zeichen« des Tieres, das seine Nachfolger kennzeichnet, wird dem Tier immense Kraft und weltweite Macht verleihen. Die Zahl des Tieres ist »666« (Vers 18). Man hat diese Zahl verschiedentlich zu deuten versucht; wahrscheinlich bezieht sie sich auf den Weltherrscher als einen Menschen, denn die Zahl 6 ist weniger als die Zahl der Vollkommenheit, 7. Trotz seiner satanischen Macht und übernatürlichen Fähigkeiten wird er nur ein Mensch sein und dem Gericht Gottes anheimfallen (Offenbarung 19).

In der ganzen Geschichte der Auslegung hat man versucht, die Zahl 666 mit einem Herrscher der Vergangenheit zu identifizieren. Aufgrund der »tödlichen Wunde«, die »heil wurde« (Offenbarung 13, 3), hat man gemeint, der letzte Weltherrscher werde ein auferweckter Herrscher der Vergangenheit sein. Um ihn zu identifizieren, haben sich Ausleger bemüht, den Zahlenwert des zugehörigen Namens zu errechnen. Da Buchstaben in einigen Sprachen auch Zahlenwerte haben, hat man versucht, einen Namen zu finden, dessen Buchstaben sich zu 666 summieren. Jüdische Gelehrte des Alten Testaments haben versucht, in der Bibel numerische Bedeutung zu finden. Heute sind uns lateinische Buchstaben geläufig. Im Lateinischen bedeutet beispielsweise ein C 100, X steht für 10, V bedeutet 5 und so weiter. Manche Schemata rechnen auch mit willkürlichen Zahlenwerten, etwa mit A als 6, B als 12 und so weiter. Auf dieser Grundlage haben einige versucht, Henry Kissinger als Antichristen zu identifizieren. Obwohl eine Reihe historischer Persönlichkeiten in Erwägung gezogen wurde, einschließlich Nero und Judas Iskariot und etwas modernere Namen wie Mussolini, Stalin und Kennedy, ist das ganze Auslegungssystem zu unsicher, um für schlüssig zu gelten. Ein gravierender Fehler ist es, zu meinen, daß die Auferweckung eines gottlosen Menschen der Vergangenheit kein Werk Gottes, sondern Satans wäre. Satan besitzt aber nicht die Macht, Tote aufzuerwecken; dies ist allein Christus vorbehalten. Deshalb ist es am besten, die Zahl 666 als Zahl der Menschheit zu verstehen, die nicht die Zahl der Vollkommenheit erreicht. Die zukünftige Erfüllung der Prophezeiungen wird sicher mehr Licht auf die Deutung werfen.

Aus dieser und anderen Bibelstellen geht klar hervor, daß die Bibel eine Weltregierung vorhersagt, die den Versuch Satans darstellen wird, die universale Herrschaft Christi nachzuahmen. Es wird jedoch keine Zeit des Friedens und der Ruhe sein, sondern eine Zeit schrecklicher Zerstörung und Gotteslästerung und des Mordens, eine Zeit des Leidens, wie sie die Welt noch nie gesehen hat, sowohl was weltweite Unterdrückung betrifft als auch hinsichtlich der Gerichte, die die Erde wegen des Zornes Gottes treffen werden. Gottes Gerichte werden in der Offenbarung durch das Brechen von Siegeln beschrieben, durch den Schall von Posaunen und das Ausgießen von Schalen des göttlichen Zorns.

Diese Weltregierung wird in Verbindung mit den versammelten Heeren bei Harmagedon ihr Ende finden, wie es in Offenbarung 16 beschrieben wird. Dies wird offenbar ein Versuch der Nationen sein, wegen der schrecklichen Ereignisse und Leiden, die die Welt unter der Regierung des Weltherrschers erfahren hat, sich seiner zu entledigen. Dies alles bereitet den Schauplatz für die Wiederkunft Jesu vor und umfaßt die Zeit, die als Große Trübsal bezeichnet wird.

30 Die Große Trübsal

Trübsal und Große Trübsal

Die zukünftige Zeit der Großen Trübsal und Not in der Welt wird oft mit dem Leid verwechselt, das das Menschengeschlecht von Anfang an erduldet hat. Jesus sagte seinen Jüngern in der Nacht vor seiner Kreuzigung: »In der Welt habt ihr Angst; aber seid getrost, ich habe die Welt überwunden« (Johannes 16, 33). In der Kontroverse zwischen Posttribulationismus und Prätribulationismus verharmlosen diejenigen, die glauben, daß die Entrückung der Gemeinde am Ende der Trübsal stattfindet, die Zeit des Leidens, die in der Bibel beschrieben wird. Sie behaupten, das Leid, das uns jetzt widerfährt, sei das vorausgesagte Leid. Untersucht man jedoch genauer die vielen Bibelstellen, die von dieser Zeit handeln, so sieht man, daß, obwohl die Welt immer Leid erfuhr – und es ist wahr, wenn Hiob spricht: »Der Mensch erzeugt sich selbst das Unheil, wie Funken hoch emporfliegen« (5, 7) –, die letzte Zeit des Leidens als nie dagewesen von dem allgemeinen Leid abgesetzt wird. Sie wird sich in jeder Hinsicht von früheren Zeiten unterscheiden, sowohl was die Ereignisse als auch deren Ausmaß betrifft. In letzter Zeit haben zwar einige Posttribulationisten den Gedanken aufgegeben, daß das Leid, das wir jetzt ertragen, die in der Bibel vorausgesagte Trübsal ist, aber sie neigen immer noch dazu, das Ausmaß des Leidens zu verharmlosen.

Die erste Prophezeiung der kommenden Zeit der Not

Im Zusammenhang mit der Schilderung der Zerstreuung Israels um ihrer Sünde willen unter alle Völker der Welt wird in 5. Mose 4, 26-28 die Verheißung gegeben, daß der Herr sein Volk wieder zurückbringen wird, wenn es ihn sucht:

> »Wenn du aber dort den HERRN, deinen Gott, suchen wirst, so wirst du ihn finden, wenn du ihn von ganzem Herzen und von ganzer Seele suchen wirst.

> Wenn du geängstet sein wirst und dich das alles treffen wird in künftigen Zeiten, so wirst du dich bekehren zu dem HERRN, deinem Gott, und seiner Stimme gehorchen.
> Denn der HERR, dein Gott, ist ein barmherziger Gott; er wird dich nicht verlassen noch verderben, wird auch den Bund nicht vergessen, den er deinen Vätern geschworen hat« (Verse 29-31).

Obwohl Mose und spätere Propheten ganz klar weissagten, daß Israel aus dem Lande vertrieben wird (das heißt, in die Assyrische und Babylonische Gefangenschaft) und später in die ganze Welt verstreut werden sollte, erklärt die Bibel ebenso deutlich, daß Gott in seiner Gnade das Volk Israel wieder zurückbringen wird und daß der gottesfürchtige Überrest, der Buße tut, in das angestammte Land zurückkehren wird. Vor dieser Zeit wird das Volk jedoch durch eine Zeit großer Not gehen müssen, wie es in Vers 30 ausgesagt ist.

Die Zeit der Angst für Jakob

Jeremia, der zur Zeit der Babylonischen Gefangenschaft Judas lebte, weissagte über die zukünftige Zeit der Trübsal folgendes:

> »So spricht der HERR: Wir hören ein Geschrei des Schreckens; nur Furcht ist da und kein Friede.
> Forschet doch und sehet, ob dort Männer gebären! Wie kommt es denn, daß ich sehe, wie alle Männer ihre Hände an die Hüften halten wie Frauen in Kindsnöten und alle Angesichter so bleich sind?
> Wehe, es ist ein gewaltiger Tag, und seinesgleichen ist nicht gewesen, und es ist eine Zeit der Angst für Jakob, doch soll ihm daraus geholfen werden« (30, 5-7).

Diese Vorhersage der kommenden Trübsal ist den späteren Voraussagen über dieses Ereignis ähnlich. Es wird besonders eine Zeit der Angst Jakobs sein, obwohl sie sich weltweit bemerkbar machen wird. Sie wird größer als alle Trübsal sein, die Israel je in der Vergangenheit erfahren hat, was sehr viel bedeutet, denn Israel hat in der vergangenen Zeit des Abfalls furchtbar leiden müssen. Wie in den anderen Prophezeiungen des Übels wird Israel verheißen, daß es aus der Not errettet werden wird. In Vers 9 verheißt Jeremia, daß sie dem Herrn dienen werden und daß David, ihr König, von den Toten auferstehen wird. Diese Prophezeiung, die Jeremia in einer Zeit des Abfalls Judas und seines Leides verkündet hat, beschreibt eine zukünftige Zeit noch viel größeren Leidens, aber sie versichert auch die endgültige Befreiung Israels. Dies ist kennzeichnend für alle Verheißungen über die zukünftige Zeit der Trübsal.

Die Zeit der Unterdrückung der Heiligen

In Daniel 7, 7.8 wird die entsetzliche Unterdrückung im Römischen Reich geschildert. Dies ist in gewissem Maße in der Geschichte erfüllt worden, aber sie wird bei weitem durch die Verfolgungen übertroffen, die in der Zeit der Wiederherstellung des Römischen Reiches geschehen werden. Das Tier, das in Daniel 7 und 8 beschrieben wird, ist das wiedererstandene Römische Reich mit seinen zehn Hörnern. Es wird von einem Herrscher regiert, dem »kleinen Horn« aus Daniel 7, 8. Daniel sprach von der furchtbaren Zerstörung durch die Macht Roms in der Endzeit: »Danach hätte ich gerne Genaueres gewußt über das vierte Tier, das ganz anders war als alle andern, ganz furchtbar, mit eisernen Zähnen und ehernen Klauen, das um sich fraß und zermalmte und mit seinen Füßen zertrat, was übrigblieb« (Daniel 7, 19). In den Versen 23 bis 25 wird dieses Tier weiter beschrieben.

> »Er sprach: Das vierte Tier wird das vierte Königreich auf Erden sein; das wird ganz anders sein als alle andern Königreiche; es wird alle Länder fressen, zertreten und zermalmen.
> Die zehn Hörner bedeuten zehn Könige, die aus diesem Königreich hervorgehen werden. Nach ihnen aber wird ein anderer aufkommen, der wird ganz anders sein als die vorigen und wird drei Könige stürzen.
> Er wird den Höchsten lästern und die Heiligen des Höchsten vernichten und wird sich unterstehen, Festzeiten und Gesetz zu ändern.«

Aus anderen Voraussagen geht klar hervor, daß, obwohl Israel der Kern des Hasses Satans und des Zorns des römischen Herrschers sein wird, die ganze Welt in Mitleidenschaft gezogen wird, wie es in Vers 23 angedeutet wird, wo das Tier die ganze Erde frißt.

In Vers 25 wird die Dauer dieser Zeit mit »einer Zeit und zwei Zeiten und einer halben Zeit« angegeben. Dies wird normalerweise als ein Zeitraum von dreieinhalb Jahren gedeutet. Derselbe Ausdruck kommt in Daniel 12, 7 und in Offenbarung 12, 6 vor. Diese dreieinhalbjährige Periode wird die zweite Hälfte der Siebenjahresperiode vor der Wiederkunft Jesu sein.

In dieser Zeit geschehen eine Anzahl wichtiger Dinge. In Daniel 9, 27 werden die letzten sieben Jahre halbiert, und in der zweiten Hälfte werden Schlachtopfer und Speisopfer abgeschafft. In Daniel 11, 36-45 wird vorausgesagt, daß diese Zeit mit einem großen Weltkrieg der Armeen von Norden, Süden und Osten enden wird. Dieselbe Zeit wird in Offenbarung 16, 13-16 beschrieben.

In Daniel 12, 1, das an die letzten Verse des vorausgehenden Kapitels anknüpft, wird diese Zeit als »eine Zeit so großer Trübsal, wie sie nie gewesen ist, seitdem es Menschen gibt« zusammengefaßt. »Aber zu jener Zeit wird dein Volk errettet werden, alle, die im Buch geschrieben stehen.« Diese bekannte Voraussage betont, daß die Trübsal eine nie dagewesene Zeit des Leidens ist und daß an deren Ende das Volk Israel durch die Wiederkunft Jesu befreit werden wird.

Die letzten Verse von Daniel 12, 11.12 beschreiben diese Zeit: »Und von der Zeit an, da das tägliche Opfer abgeschafft und das Greuelbild der Verwüstung aufgestellt wird, sind tausendzweihundertneunzig Tage. Wohl dem, der da wartet und erreicht tausenddreihundertfünfunddreißig Tage!« Die 1290 Tage entsprechen ungefähr den dreieinhalb Jahren, denen einige Tage hinzugefügt sind, die sich auf die frühen Ereignisse des Millenniums nach der Wiederkunft Jesu beziehen. Daß denen ein Segen verheißen wird, die 1335 Tage warten, bedeutet, daß zu dieser Zeit alle Gerichte im Zusammenhang mit dem zweiten Kommen Jesu erfüllt sein werden und daß die Überlebenden ins Tausendjährige Reich eingehen können.

Nie dagewesene weltweite Not

Als die Jünger Jesus über das Ende fragten, gab er allgemeine Prophezeiungen der Trübsal, die die Welt seit seinem ersten Kommen kennzeichnen, und dann weissagte er ein Ereignis, mit dem die Große Trübsal beginnen würde – den Greuel der Verwüstung, nämlich die Entweihung des Tempels (Matthäus 24, 15). Wer Zeuge dieses Ereignisses ist oder davon hört, wird ermahnt, auf die Berge Judäas zu fliehen. Den Grund dafür gibt Jesus in der folgenden Beschreibung dieser Zeit an: »Denn es wird dann eine große Bedrängnis sein, wie sie nicht gewesen ist vom Anfang der Welt bis jetzt und auch nicht wieder werden wird. Und wenn diese Tage nicht verkürzt würden, so würde kein Mensch selig werden, aber um der Auserwählten willen werden diese Tage verkürzt« (Verse 21.22). Dieses bestätigende Wort Jesu über die Furchtbarkeit und Einmaligkeit der Großen Trübsal wird in Vers 29 sogar noch überboten, wo er von dem Höhepunkt der »Bedrängnis jener Tage« spricht. Er erwähnt die Katastrophe in den Himmeln. Die Sonne wird sich verfinstern und der Mond seinen Schein verlieren. Die Sterne werden vom Himmel fallen, und die Kräfte der Himmel werden ins Wanken geraten. Dies wird in Einzelheiten auch in der Offenbarung beschrieben.

Dieselbe Wahrheit über die Endzeit findet sich auch in Markus 13, 14-23. Diese Zeit wird verkürzt werden in dem Sinne, daß sie abrupt beendet werden wird, nicht etwa, daß sie weniger als dreieinhalb Jahre dauern wird.

Der zukünftige Tag des HERRN

Eine andere Bezeichnung für diese Zeit ist der »Tag des Herrn«. Im allgemeinen bezieht sich dieser Ausdruck auf jede Zeit der Not und Trübsal, in der Gottes Gerichte sich über die Erde ergießen. Deshalb werden auch einige Perioden im Alten Testament als Tag des Herrn bezeichnet. Die Bibel gibt Zeugnis von einem zukünftigen Tag des Herrn, der zur Zeit der Entrückung beginnen und sich durch die Große Trübsal hindurchziehen wird und auch das Tausendjährige Reich einschließt. Der Grund für diese Bezeichnung ist, daß in dieser Zeit Gott unmittelbar mit der Sünde der Welt handeln und sie in einer Weise richten wird, die von seinem Werk im gegenwärtigen Zeitalter der Gnade verschieden ist.

Der Tag des Herrn wird in 1. Thessalonicher 5, 1 erwähnt, weil er bei der Entrückung einsetzt. Wie die Entrückung ist der Tag des Herrn zeitlich nicht festlegbar, sondern er kommt wie ein Dieb in der Nacht: »Von den Zeiten und Stunden aber, liebe Brüder, ist es nicht nötig, euch zu schreiben; denn ihr selbst wißt genau, daß der Tag des Herrn kommen wird wie ein Dieb in der Nacht« (Verse 1.2). Der Apostel Paulus weist dann darauf hin, daß der Tag des Herrn mit einer Zeit scheinbaren Friedens beginnt. Die dreieinhalb Jahre vor der Großen Trübsal werden eine Zeit relativen Friedens sein, verglichen mit Kriegszeiten. Wenn jedoch die Große Trübsal beginnt, wird diese Zeit des Friedens abrupt beendet werden, weil der Weltherrscher seinen Vertrag mit Israel brechen und es verfolgen statt schützen wird. Darum schreibt Paulus: »Wenn sie sagen werden: Es ist Friede, es hat keine Gefahr –, dann wird sie das Verderben schnell überfallen wie die Wehen eine schwangere Frau, und sie werden nicht entfliehen« (Vers 3).

Viel Verwirrung bezüglich dieses Themas hat die Theorie gebracht, der Tag des Herrn würde zur Zeit der Wiederkunft Jesu beginnen statt zur Zeit der Entrückung vor der Trübsal. Viele Stellen im Alten und Neuen Testament machen deutlich, daß der Tag des Herrn die Große Trübsal bis zum Kommen Jesu einschließt, obwohl die Hauptereignisse in der Großen Trübsal geschehen werden. Wie wir schon sagten, gibt es Stellen, die sich darauf beziehen, im ganzen Alten Testament (Jesaja 2, 12-21; 13, 9-16; 34, 1- 8; Joel 1, 15–2, 11; 3, 1-5; 4, 9-21; Amos 5, 18-20; Obadja 15-17; Zefanja 1, 7-18). Diese Stellen beschreiben die Zeit der Not, die zum kommenden Königreich hinführt, wenn Jesus wiederkommt.

Einige alttestamentliche Stellen sprechen sehr spezifisch von Ereignissen, die sich auf den Höhepunkt des Tages des Herrn beziehen. Sacharja 13, 8.9 beispielsweise besagt, daß zwei Drittel der Bevölkerung in Israel umkommen wird, ehe der Tag des Herrn zu Ende geht. Sacharja 14 beschreibt den Höhepunkt der Zeit, in der Jerusalem angegriffen und unmittelbar am Tag der Rückkehr des Herrn geplündert wird.

In 2. Thessalonicher korrigiert der Apostel Paulus die Irrlehre derer, die lehrten, daß die Thessalonicher sich wegen ihrer Versuchungen und Trübsale schon am Tag des Herrn befänden. Man beachte, daß auch hier der Tag des Herrn erst mit der Entrückung beginnt. Die prophezeiten Ereignisse werden erst in der Großen Trübsal geschehen, wenn der Mensch der Sünde offenbart wird. Obwohl er offenbart wird, wenn er den Siebenjahresvertrag mit Israel schließt, mag es dann noch unklar sein, ob er der in der Bibel geweissagte kommende Weltherrscher ist, bis er seinen Vertrag mit Israel bricht und die Große Trübsal beginnt (2. Thessalonicher 2, 3.4). Die Hauptereignisse des Tages des Herrn werden eintreten, nachdem die Große Trübsal begonnen hat, ganz wie ein 24-Stunden-Tag um Mitternacht beginnt und nach der Morgendämmerung ereignisreich wird.

Die große Trübsal im Buch der Offenbarung

In den Botschaften an die sieben Gemeinden verheißt Jesus der Gemeinde in Philadelphia, daß sie vor der zukünftigen Stunde der Versuchung bewahrt werden wird (Offenbarung 3, 10). Dies ist eine Bezugnahme auf die Große Trübsal. Was für die Gemeinde in Philadelphia gilt, trifft auch auf jeden Christen zu, der vor der Entrückung errettet wurde, da offensichtlich durch die Entrükkung alle Gläubigen von der Erde entfernt werden, ehe der Tag der Trübsal kommt.

Ausleger der Offenbarung sind unterschiedlicher Meinung, ob die Große Trübsal in Offenbarung 6, 1 oder zu einem späteren Zeitpunkt in der Offenbarung beginnt. Dies hängt ein wenig von der Deutung des ersten Siegels ab, wer der Welteroberer mit dem Bogen ohne Pfeil ist. Es scheint sich dies auf das Weltreich des Menschen der Sünde zu beziehen, und da dies in den letzten dreieinhalb Jahren der Großen Trübsal seinen Anfang nimmt, ist die Zeit, die dann folgt, die Große Trübsal.

Nachdem das vierte Siegel gebrochen ist, wird ein Viertel der Weltbevölkerung getötet (Offenbarung 6, 7.8), was sicherlich eine passende Beschreibung der Großen Trübsal ist und kaum eine Beschreibung der Zeit des Friedens, die ihr vorausgeht. Das trifft auch auf die Märtyrer des fünften Siegels zu (Verse 9-11) und auf die Veränderungen am Himmel, die im sechsten Siegel beschrieben werden (Verse 12-17).

Die Versiegelung der 144 000 geschieht in Vorbereitung auf die Große Trübsal und ist chronologisch vor Kapitel 6 einzuordnen. Auch die in Offenbarung 7, 9-17 genannte Schar von Märtyrern kommt sicher aus der Großen Trübsal, die in den letzten dreieinhalb Jahren vor der Wiederkunft Jesu geschieht.

Die sieben Trompeten scheinen ebenso in die Große Trübsal zu gehören; die ersten drei Trompeten lösen Gerichte aus, die auf ein Drittel der Erde, ein Drittel des Meeres und ein Drittel der Flüsse der Erde fallen (Offenbarung 8, 1-13). Die fünfte Trompete (Offenbarung 9, 1-12) beschreibt gewiß eine große Trübsal, da diejenigen, die das Zeichen des Tieres haben, fünf Monate lang gequält werden. Die sechste Posaune (Verse 13-21) beschreibt die Vernichtung eines Drittels der Erdbevölkerung. Auch dies paßt zur Großen Trübsal und gibt ihren Schrecken wieder. Offenbarung 16 beschreibt zusätzlich zur Prophezeiung über die Einzelheiten der Weltregierung und einiger Probleme, die darauf bezogen sind, die letzte Serie von sieben Gerichten über die Erde. Die verschiedenen Schalen symbolisieren Gerichte, die die ganze Welt in Mitleidenschaft ziehen und schließen den letzten Weltkrieg ein, der nach der sechsten (Verse 12-16) und siebenten Schale (Verse 17-21) beschrieben wird. Wenn die siebente Schale ausgegossen ist, bricht ein großes Erdbeben aus, durch das Berge und Inseln verschwinden und die große Stadt Babylon zusammenfällt und zerstört wird. Dazu fallen noch zentnerschwere Hagelsteine auf die Erde und zerstören, was noch übrig ist. Es ist schwer, eine Zeit größeren Schreckens und größerer Zerstörung des menschlichen Lebens und des Besitzes zu beschreiben als es in Offenbarung 16, 17-21 geschieht. Dies ist der letzte Schlag vor der Wiederkunft Jesu, von der in Offenbarung 19, 11-16 berichtet wird. In Offenbarung 17 und 18 wird das Gericht Gottes über das geistliche Babylon, das wahrscheinlich vor Offenbarung 6 in Erscheinung tritt, beschrieben, und die Zerstörung der Stadt Babylon in Offenbarung 18 trifft wahrscheinlich mit der Voraussage in Offenbarung 16, 19 kurz vor der Wiederkunft Christi zusammen.

Aus diesen vielen Schriftstellen sollte zur Genüge klar werden, daß die Ereignisse der Großen Trübsal nicht mit den vorausgehenden Zeiten der Trübsal gleichgesetzt werden dürfen. Sie sind hinsichtlich ihres Ausmaßes und ihrer Bedeutung ohne Beispiel. Sie sind besonders dafür bestimmt, zum Gericht beim zweiten Kommen Jesu und zur Aufrichtung von Gottes Reich auf Erden hinzuführen.

Obwohl diese Ereignisse oft symbolisch gedeutet werden, signalisieren sie offenbar schreckliche, wörtlich in Erfüllung gehende Ereignisse, die die Zeit der Heiden und die prophetischen 490 Jahre für Israel zum Abschluß bringen. Sie werden zum zweiten Kommen Jesu hinführen und es vorbereiten. Wie die Gerichte der Vergangenheit wörtlich in Erfüllung gingen, wird auch diese furchtbare Periode wörtlich erfüllt werden. Sie läßt die Hoffnung der Gemeinde auf die Entrückung vor diesen Endzeitereignissen umso gewisser werden.

31 Harmagedon: Die letztendliche Zerstörung Babylons

Der Hintergrund von Harmagedon

Die sogenannte Schlacht von Harmagedon wird während der letzten Tage der Großen Trübsal stattfinden. Offenbarung 16 enthüllt, daß Gott eine Reihe von verheerenden Gerichten über die Erde ausgießen wird. Das Bild einer vollen Schale, die ausgegossen wird, wird hier verwandt. Die Gerichte enthalten schmerzliche Geschwüre, die bei Menschen entstehen, die das Zeichen des Tieres angenommen haben (Vers 2). Bei der zweiten Trompete (8, 8.9) wird sich ein Drittel des Meeres in Blut verwandeln. Mit der zweiten Zornschale setzt ein weiteres Gericht ein: das ganze Meer wird wie Blut, so daß jedes Lebewesen im Meer sterben wird (16, 3). Wie die dritte Trompete, die ein Drittel der Flüsse und Quellen bitter macht (8, 10.11), wird die dritte Zornschale Gottes über die Flüsse und Quellen ausgegossen werden, so daß sie zu Blut werden (16, 4-7). Dieses Gericht wird als besonders gerecht verkündet, weil in der Großen Trübsal das Blut der Märtyrer vergossen wird.

Eine vierte Zornschale wird auf die Erde ausgegossen und bewirkt eine Klimaänderung: der Sonne wird Macht gegeben, die Menschen mit Feuer zu versengen. Die fünfte Zornschale wird die Erde in Finsternis hüllen, was schlimmer noch als die Auswirkung des sechsten Siegels sein wird (6, 12-14), wo die Sonne schwarz wird und der Mond zu Blut. Beim sechsten Siegel wird der Euphrat austrocknen, um den Weg der großen Armee aus dem Osten zu bereiten, die am letzten Weltkrieg teilnehmen wird. Diese sechs Zornschalen Gottes werden einleiten, was die Bibel Harmagedon nennt.

Der letzte Weltkrieg

Als Johannes diese Endzeitszene betrachtete, berichtete er: »Und ich sah aus dem Rachen des Drachen und aus dem Rachen des Tieres und aus dem Munde des falschen Propheten drei unreine Geister kommen, gleich Fröschen«

(Offenbarung 16, 13). Es wird sogleich eine Deutung gegeben. »Es sind Geister von Teufeln, die tun Zeichen und gehen aus zu den Königen der ganzen Welt, sie zu versammeln zum Kampf am großen Tag Gottes, des Allmächtigen« (Vers 14). Dies beinhaltet ein erstaunliches Paradoxon.

Zu Beginn der Großen Trübsal wurde durch satanische Verführung und Macht eine Weltregierung gebildet, wobei der Herrscher der zehn Nationen des wiedererstandenen Römischen Reiches ein Diktator über die ganze Welt wurde, einschließlich aller Länder der westlichen Hemisphäre der Erde. Daniel 7, 23 spricht von der ganzen Erde (vergleiche Offenbarung 13, 7). Von derselben Machtquelle, die diese Weltregierung zustande brachte, kommt jetzt der Einfluß, die Armeen der Welt zu sammeln, um diese Weltregierung herauszufordern. Es ist bezeichnend, daß diese Verführung aus drei Quellen stammt: dem Drachen, Satan; dem Tier, dem letzten Weltherrscher; und dem falschen Propheten, dem Tier aus dem Lande (Offenbarung 13, 11). Die Armeen der Welt werden im Heiligen Land versammelt, damit sie dort um die Weltherrschaft kämpfen.

In Offenbarung 16, 16 wird erklärt: »Und er versammelte sie an einen Ort, der heißt auf hebräisch Harmagedon.« Harmagedon ist ein geographisches Gebiet in Nordisrael, und der Begriff scheint sich auf den Berg von Megiddo zu beziehen. Dieser Berg von Megiddo liegt in der Nähe des Mittelmeeres, aber er erstreckt sich östlich davon in ein breites Tal, in dem in der Vergangenheit mehrere Schlachten ausgetragen wurden. Heute ist es ein reiches Tal, in dem mehrmals im Jahr Getreide angebaut wird. Obwohl es ein breites Tal ist, etwa zwanzig Kilometer breit und sechsunddreißig Kilometer lang, das in mehrere andere Täler ausmündet, ist es für all die Millionen von Menschen viel zu klein, die sich dort zu diesem letzten Weltkrieg versammeln werden. Es wird jedoch der zentrale Übergangsort sein, wo die Truppen von Süden her nach Norden stoßen werden und vom Mittelmeer zum Euphrat im Osten. Die Armeen werden in Jerusalem an eben dem Tag kämpfen, an dem Jesus zurückkehren wird (Sacharja 14, 1-3). Die Weltregierung, die ohne Kampf zu Beginn der Großen Trübsal entstand, wird jetzt von größeren Armeen angegriffen, die sich versammelt haben, um die Weltherrschaft zu erringen. Weil die furchtbaren Gerichte Gottes die Menschheit dezimiert haben, wird man mit dem Weltherrscher unzufrieden sein, und andere werden offenbar um die Macht kämpfen. Es ist jedoch erstaunlich, daß dieselben Menschen, die die Weltregierung zu Beginn der Großen Trübsal unterstützten, jetzt auf ihre Zerstörung sinnen.

Die Antwort auf dieses Paradoxon findet sich in Offenbarung 19, wo die Wiederkunft Christi mit seinen himmlischen Heerscharen beschrieben wird. Es ist offensichtlich, daß Satan beabsichtigt, alle militärische Macht der Welt zu sammeln, um gegen die Heere des Himmels zu kämpfen. Es zeigt sich natürlich, daß dies völlig nutzlos ist, aber wie bei anderen Anstrengungen Satans ist er von seinem Wesen her gezwungen, alles zu tun, um Gott zu widerstehen und Gottes

Sieg zu verhindern. Dieser Krieg wird schon einige Monate vor der Wiederkunft Jesu toben. Aber ehe er zurückkehrt, wird die siebente Zornschale ihr furchtbares Gericht über die Erde bringen (Offenbarung 16, 17-21).

Die siebente Zornschale der Offenbarung

Dies letzte Gericht Gottes wird als gewaltiges Erdbeben beschrieben, größer als jedes Erdbeben, das die Erde je erlebt hat. Johannes schrieb: »Und es geschahen Blitze und Stimmen und Donner, und es geschah ein großes Erdbeben, wie es noch nicht gewesen ist, seit Menschen auf Erden sind – ein solches Erdbeben, so groß« (Offenbarung 16, 18).

Die Auswirkung des Erdbebens wird von Johannes folgendermaßen beschrieben: »Und aus der großen Stadt wurden drei Teile, und die Städte der Heiden stürzten ein. Und Babylon, der großen, wurde gedacht vor Gott, daß ihr gegeben werde der Kelch mit dem Wein seines grimmigen Zorns« (Offenbarung 16, 19). Obwohl die Identifikation der Stadt umstritten ist, scheint es einleuchtend, da der Name Babylon erwähnt wird, daß es sich um Babylon selbst handelt. Dies Ereignis wird in Offenbarung 18 ausführlich geschildert. Gemäß obigem Vers wird die Stadt durch ein gigantisches Erdbeben in drei Teile zerfallen, aber das Gericht Gottes an Babylon wird in der ganzen Welt ausgeführt werden. Die Städte der Heiden werden erschüttert und die Gebäude stürzen ein, so daß viele Menschen ihr Leben lassen. Man kann sich nur schwerlich eine Szene von größerem weltweiten Unheil vorstellen als die hier beschriebene. Weil die Bibel ausdrücklich sagt, daß die Städte der Heiden fallen, wird dieses Gericht nicht Israel treffen. Jerusalem wird nach diesem Erdbeben noch stehen, was auch daraus ersichtlich ist, daß noch am Tag der Wiederkunft Jesu in Jerusalem ein Kampf von Haus zu Haus stattfinden wird (Sacharja 14, 2.3). Manche glauben zwar, daß es sich bei der zerstörten Stadt um Jerusalem handelt, aber dieser letzte Kampf um Jerusalem wäre nicht möglich, wenn die Stadt durch ein Erdbeben zerstört worden wäre.

Das Ausmaß der Zerstörung geht über die Städte hinaus. Johannes schrieb: »Und alle Inseln verschwanden, und die Berge wurden nicht mehr gefunden« (Offenbarung 16, 20). Die ganze Topographie der Erde wird verändert werden, Berge und Inseln verschwinden, und der Verlust an Menschen und Gütern ist unbeschreibbar.

Zu diesen Katastrophen kommt noch eine letzte Plage durch einen Hagelsturm mit Hagelsteinen, die zentnerschwer sind. »Und ein großer Hagel wie Zentnergewichte fiel vom Himmel auf die Menschen; und die Menschen lästerten Gott wegen der Plage des Hagels, denn diese Plage ist sehr groß« (Offenbarung 16, 21).

Die Zerstörung des politischen Babylon

Nach der Zerstörung Babylons in Offenbarung 16, 19 werden in Offenbarung 17 und 18 die Einzelheiten enthüllt.

Offenbarung 17 beschreibt, wie schon erwähnt, die vorausgehende Zerstörung des geistlichen Babylon, der Weltkirchenbewegung, die in der ersten Hälfte der letzten sieben Jahre bestimmend war. Offenbarung 18 beschreibt jedoch genauer die Zerstörung der Stadt, die in drei Teile gespalten wurde (Offenbarung 16, 19). Beschrieben wird das Wehklagen der Erdbewohner über den Fall Babylons. Johannes schreibt darüber folgendes:

> »Danach sah ich einen andern Engel herniederfahren vom Himmel, der hatte große Macht, und die Erde wurde erleuchtet von seinem Glanz.
> Und er rief mit mächtiger Stimme: Sie ist gefallen, sie ist gefallen, Babylon, die Große, und ist eine Behausung der Teufel geworden und ein Gefängnis aller unreinen Geister und ein Gefängnis aller unreinen Vögel und ein Gefängnis aller unreinen und verhaßten Tiere.
> Denn von dem Zorneswein ihrer Hurerei haben alle Völker getrunken, und die Könige auf Erden haben mit ihr Hurerei getrieben, und die Kaufleute auf Erden sind reich geworden von ihrer großen Üppigkeit« (Offenbarung 18, 1-3).

Die Meinungen der Gelehrten über dieses Kapitel gehen auseinander, einige halten es für eine Beschreibung der Zerstörung Roms, einige nehmen es nicht wörtlich, andere beziehen es auf ein buchstäbliches Babylon, das während der Großen Trübsal die Hauptstadt der Weltregierung wurde. Es spricht vieles dafür, daß dies eine wörtlich aufzufassende Prophezeiung über eine buchstäbliche Stadt ist, wenn ihr auch der symbolische Name Babylon gegeben wird, wodurch der religiöse und politische Charakter zum Tragen kommt, den diese Stadt in der Geschichte hatte. Da der Weltherrscher sich zu Gott macht, werden Bündnisse und Handelsbeziehungen mit ihm als geistliche Hurerei bezeichnet. Wenn Babylon die Welthauptstadt ist, paßt die Beschreibung der Händler in Offenbarung 18, 11-13 gut in den Kontext. Diese Kaufleute sehen die Zerstörung der Stadt als furchtbares Unglück an.

Die Erwähnung von Schiffsherren in Offenbarung 18, 17 ließ die Frage aufkommen, ob Babylon ein Seehafen sein könnte. Die Antwort ist nicht leicht zu geben, obwohl einige dies auf die Stadt Rom beziehen möchten. Es ist aber ebenso möglich, daß der Euphrat in dieser Zeit für Seeschiffe schiffbar gemacht werden wird, so daß Schiffe in Babylon anlegen könnten. Es wird besonders betont, daß Babylon an einem Tag oder in einer Stunde zerstört werden wird, wie es mehrfach in diesem Abschnitt gesagt wird (Offenbarung 18, 8.10.17.19).

Da sich die Zerstörung Babylons, wie weiter oben bereits gesagt, in der Geschichte nicht erfüllte, obwohl sie im Alten Testament oft geweissagt wurde (Jesaja 13-14; 21, 9; 47; Jeremia 50-51), würde der Wiederaufbau Babylons und seine endgültige Zerstörung symbolisch und praktisch auf die herrliche Wiederkunft Jesu und das nahe Ende der Zeit der Heiden hindeuten. Das letzte Weltreich wird seinem politischen Charakter nach römisch sein, aber geistlich wird es Babylon mit seiner falschen Religion und seiner Satansanbetung entsprechen.

32 Die Wiederkunft Jesu

Das zweite Kommen: Ein Hauptthema der Bibel

Obwohl sich die Bezeichnung »zweites Kommen« weder im Alten noch im Neuen Testament findet, geben viele Stellen Zeugnis davon, daß Jesus, der einmal in die Welt kam, um die Erlösung zu bewirken, ein zweites Mal kommen wird, um zu herrschen. In Hebräer 9, 28 heißt es: »So ist auch Christus **einmal** geopfert worden, die Sünden vieler wegzunehmen; zum zweiten Mal wird er nicht der Sünde wegen erscheinen, sondern denen, die auf ihn warten, zum Heil.« Wie das erste Kommen Jesu den Hauptzweck Gottes erfüllte, nämlich die Erlösung zu schaffen, so wird auch das zweite Kommen Jesu die Hauptabsicht Gottes bewirken, nämlich daß alle Menschen sich Jesus Christus als dem König der Könige und Herrn der Herren unterwerfen. Dies wird im Alten und Neuen Testament in bezug auf sein zweites Kommen betont.

Das Verhältnis von Jesu zweitem Kommen zum Reich Gottes

Wie das erste Kommen Jesu sich auf die Erlösung bezog, wird sich das zweite Kommen Jesu auf Gottes Herrschaft in der Welt beziehen. Um dies zu verstehen, müssen wir die verschiedenen Bedeutungen des Begriffes »Reich Gottes« verstehen.

Das universale Reich Gottes. Da Gott der allmächtige Schöpfer ist, hat er die ganze Welt im Griff und herrscht über sie. Dies wird in der Bibel immer wieder zum Ausdruck gebracht. Als David den Herrn lobte, weil er Israel gnädig war und ihnen das Material zum Bau des Tempels gab, sagte er:

> »Dein, HERR, ist das Reich, und du bist erhöht zum Haupt über alles. Reichtum und Ehre kommt von dir, du herrschest über alles«
> (1. Chronik 29, 11.12).

Gott wird oft als Herrscher über die Völker beschrieben (Psalm 47, 8; 93, 1.2, 97, 1; 99, 1, 146, 10). In Psalm 103, 19 steht geschrieben: »Der HERR hat seinen Thron im Himmel errichtet, und sein Reich herrscht über alles.« Als Daniel das Bild von dem großen Baum auslegte, erklärte er, Nebukadnezar solle erfahren, »daß der Höchste Gewalt hat über die Königreiche der Menschen und sie geben kann, wem er will, und einen Niedrigen darüber setzen« (4, 14). In Vers 22 wiederholt Daniel dieselbe Wahrheit, als er Nebukadnezar anzeigte, er werde geisteskrank werden: »der Höchste hat Gewalt über die Königreiche der Menschen und gibt sie, wem er will« (vergleiche Vers 32). Als Nebukadnezar seine eigene Erfahrung wiedergab, erklärte er, daß der Gott Daniels ewige Herrschaft über alle Völker der Erde besitze (Verse 31-32).

Das geistliche Reich Gottes. Manchmal wird das Reich Gottes als eine Herrschaft Gottes über diejenigen angesehen, die sich ihm als König freiwillig unterwerfen. Dazu gehören dann alle heiligen Engel und alle Erwählten aus den Menschen. Obwohl Gottes Macht sich auf die Herrschaft über die ganze Welt erstreckt, ist das geistliche Reich eine Sphäre freiwilliger Unterwerfung unter Gott und schließt Gottes Herrschaft über errettete Juden und Heiden im Alten Testament ein, sowie seine Herrschaft über die Erretteten des gegenwärtigen Zeitalters im Leib Christi und seine Herrschaft über alle Menschen, die in der Zukunft ihr Vertrauen auf ihn als ihren Retter setzen werden. Der Ausdruck »Reich Gottes« wird im Neuen Testament gebraucht, um nur diejenigen zu bezeichnen, die errettet sind, oder die heiligen Engel.

Das davidische Reich. Das davidische Reich ist ein Teil des universalen Reiches Gottes. Es begann damit, daß David zum König ernannt wurde. Es bezog sich auf die Menschen des Reiches Israel, von denen einige errettet und einige nicht errettet waren, die aber unter die Herrschaft Davids als König kamen. Das davidische Reich war theokratisch, das heißt, David war Gottes ernannter Stellvertreter und herrschte im Namen Gottes.

Das zweite Kommen Jesu wird sich auf alle drei Aspekte des Königreichs beziehen. Es wird dazu dienen, Gottes Herrschaft auf Erden über alle Geschöpfe zu errichten. Es wird ein geistliches Reich sein, denn zu Beginn wenigstens wird das Reich, das Christus bei seinem zweiten Kommen aufrichtet, auf diejenigen beschränkt sein, die errettet sind, da alle Ungläubigen in den Gerichten umkommen werden, die dem Tausendjährigen Reich vorangehen. Das Reich, das Christus bringt, wird davidisch sein, insofern es die Verheißung erfüllen wird, daß ein König auf dem Thron Davids herrschen wird. Während sich die Herrschaft Christi als Sohn Davids nur auf die Kinder Israels bezieht, wird er auch König der Könige und Herr der Herren über die ganze Welt sein. Seine Königsherrschaft hat die doppelte Eigenschaft, sich über Israel zu erstrecken in Erfüllung der alttestamentlichen Prophezeiungen und über die ganze Welt im Einklang mit Gottes Absicht, ihn als Herrscher der Welt einzusetzen. Deshalb betreffen Stellen zum zweiten Kommen Jesu im Alten und Neuen Testament diesen Gesamtzweck seines zweiten Kommens in bezug auf Israel, die Welt und diejenigen, die gerettet werden.

Alttestamentliche Prophetie zum Kommen Jesu

Frühe Voraussagen des Kommens Christi. Das Alte Testament spricht oft von dem letztendlichen Sieg Gottes über die Macht des Bösen, beginnend im Garten Eden mit dem Gericht über Satan. Das schließliche Gericht über Satan wird in 1. Mose 3, 15 mit den Worten ausgedrückt: »der soll dir den Kopf zertreten.« Im gesamten Alten Testament wird Gott als der souveräne Eine offenbart, der zwar das Übel duldet, aber es schließlich richten und über es triumphieren wird.

Eine der frühen Prophetien über das zweite Kommen Jesu findet sich in 5. Mose 30, 3: »so wird der HERR, dein Gott, deine Gefangenschaft wenden und sich deiner erbarmen und wird dich wieder sammeln aus allen Völkern, unter die dich der HERR, dein Gott, verstreut hat.« Die Sammlung Israels ist eine der Absichten Jesu, wenn er zur Erde zurückkehrt. Wie es in diesem Abschnitt vorausgesagt ist, wird die Sammlung Israels die Rückkehr der Israeliten in ihr Land bedeuten (Vers 5), ihre geistliche Erneuerung (Vers 6), die Verfluchung ihrer Feinde (Vers 7) und ihr Wohlergehen (Vers 9). In diesem Lichte appellierte Mose an die Kinder Israels, dem Herrn zu gehorchen und seinen Segen zu empfangen.

Jesu Kommen in den Psalmen. Im 2. Psalm steht eine umfassende Voraussage der schließlichen Erhöhung Jesu Christi zum König der Könige. Der Psalm beginnt damit, daß Gott über die Völker lacht, weil sie so töricht sind und glauben, sie könnten Gottes Herrschaft verwerfen:

> »Aber der im Himmel wohnt, lachet ihrer, und der Herr spottet ihrer.
> Einst wird er mit ihnen reden in seinem Zorn, und mit seinem Grimm wird er sie schrecken:
> ›Ich aber habe meinen König eingesetzt auf meinem heiligen Berg Zion.‹« (Vers 4-6).

Psalm 2 fährt fort mit dem ewigen Ratschluß Gottes, in dem Jesus als der Sohn bezeichnet wird. Der Vater spricht:

> »Bitte mich, so will ich dir Völker zum Erbe geben und der Welt Enden zum Eigentum.
> Du sollst sie mit einem eisernen Zepter zerschlagen, wie Töpfe sollst du sie zerschmeißen.« (Vers 8.9).

Dies ist in der Geschichte noch nicht eingetreten, wird sich aber bei dem zweiten Kommen Jesu erfüllen. Angesichts dieses zukünftigen Gerichts Gottes werden die Könige der Erde ermahnt:

»Dienet dem HERRN mit Furcht und küßt seine Füße mit Zittern,
daß er nicht zürne und ihr umkommt auf dem Wege;
denn sein Zorn wird bald entbrennen.
Wohl allen, die auf ihn trauen!« (Vers 11.12).

In Psalm 24 wird Gott als König über die ganze Erde gesehen. Die ersten Verse lauten:

»Die Erde ist des HERRN und was darinnen ist, der Erdkreis und die darauf wohnen.
Denn er hat ihn über den Meeren gegründet und über den Wassern bereitet« (Verse 1.2).

Am Ende fordert der Psalmist dazu auf, die Tore Jerusalems weit zu öffnen, um den König der Ehre einzulassen:

»Machet die Tore weit und die Türen in der Welt hoch, daß der König der Ehre einziehe!
Wer ist der König der Ehre? Es ist der HERR Zebaoth; er ist der König der Ehre« (Verse 9.10).

Der Psalm nimmt auf Jerusalem Bezug, wenn die Herrlichkeit der Herrschaft Christi im Tausendjährigen Reich erscheint.

In Psalm 50, 2.3 wird die Herrschaft des Herrn von Zion aus vorausgesagt:

»Aus Zion bricht an der schöne Glanz Gottes.
Unser Gott kommt und schweigt nicht. Fressendes Feuer geht vor ihm her und um ihn her ein mächtiges Wetter.«

Psalm 72 gibt ein umfassendes Bild des Tausendjährigen Reiches wieder. Der »Königssohn« in Vers 1 wird als Richter des Volkes dargestellt (Vers 2). Seine gerechte Herrschaft und die Länge seiner Regierung wird in den Versen 4 und 5 erwähnt. Der kommende König

»soll herrschen von einem Meer bis ans andere, und von dem Strom bis zu den Enden der Erde.
Vor ihm sollen sich neigen die Söhne der Wüste, und seine Feinde sollen Staub lecken.

Die Könige von Tarsis und auf den Inseln sollen Geschenke bringen,
die Könige aus Saba und Scheba sollen Gaben senden.
Alle Könige sollen vor ihm niederfallen und alle Völker ihm dienen«
(Verse 8-11).

Seine wohltuende Regierung wird in den Versen 12-14 genannt. Die Fülle an Getreide und Frucht wird in den Versen 15 und 16 beschrieben. Der Psalm endet mit dem Lobpreis: »Gelobt sei sein herrlicher Name ewiglich, und alle Lande sollen seiner Ehre voll werden!« (Vers 19). Die Schilderung dieses Psalms paßt nicht in die gegenwärtige Situation oder in irgendeine Zeit der Geschichte, sondern sie ist klar mit dem Reich zu identifizieren, das Christus bei seinem zweiten Kommen bringen wird. Es paßt auch nicht zum neuen Himmel und zur neuen Erde, wo die Verhältnisse völlig anders sein werden.

In der Bibel gibt es zahllose andere Stellen zur Wiederkunft Jesu. Christi Kommen in Gerechtigkeit, um die Welt zu richten, wird in Psalm 96 beschrieben. In Psalm 110 wird der kommende König zur Rechten Gottes sitzend beschrieben, bis er kommt, um seine Feinde zu unterwerfen:

»Der HERR sprach zu meinem Herrn: ›Setze dich zu meiner Rechten, bis ich deine Feinde zum Schemel deiner Füße mache.‹
Der HERR wird das Zepter deiner Macht ausstrecken aus Zion. Herrsche mitten unter deinen Feinden!« (Verse 1.2).

Das zerschmetternde Gericht über solche, die sich Christus widersetzen, wird in den Versen 5 und 6 beschrieben. Es wird der Gegensatz geschildert zwischen der jetzigen Stellung Jesu im Himmel, wo er wartet, bis das Gericht auf seine Feinde fällt, und dem Gericht, das bei seiner Wiederkunft stattfinden wird. In seiner Pfingstpredigt legte der Apostel Petrus Wert darauf, daß die Auferstehung Jesu notwendig war, damit er diese Prophezeiungen erfüllen konnte (Apostelgeschichte 2, 34-36). Nach seiner Auferstehung fuhr Jesus in den Himmel auf und sitzt nun auf dem Thron Gottes und wartet, bis Gott seine Feinde zum Schemel seiner Füße gelegt hat. Mit dieser Stelle soll ausgedrückt werden, daß das davidische Königreich noch nicht begonnen hat, sondern erst zu der Zeit anbricht, wenn Christus wiederkommt und seine Feinde gerichtet werden und er über die Kinder Israels herrschen wird.

Das Kommen Jesu bei Jesaja. Jesaja hat eine größere Voraussage über das Kommen Jesu gemacht:

»Denn uns ist ein Kind geboren, ein Sohn ist uns gegeben, und die Herrschaft ruht auf seiner Schulter; und er heißt Wunder-Rat; Gott-Held, Ewig-Vater, Friede-Fürst;

> auf daß seine Herrschaft groß werde und des Friedens kein Ende auf dem Thron Davids und in seinem Königreich, daß er's stärke und stütze durch Recht und Gerechtigkeit von nun an bis in Ewigkeit. Solches wird tun der Eifer des HERRN Zebaoth« (9, 5, 6).

Obwohl Jesus als der Sohn Davids und der zukünftige König identifiziert wird, erwartet er dieses zukünftige Reich, während er auf dem Thron im Himmel sitzt. Bei seiner Rückkehr wird er die Regierung über die Erde antreten, und er wird die Verheißung, auf dem Thron Davids zu sitzen, erfüllen, er wird das Königreich aufrichten und über die ganze Erde herrschen.

Eine andere umfassende Stelle zum Tausendjährigen Reich findet sich in Jesaja 11, 1 – 12, 6. Hier wird Jesu treue und gerechte Herrschaft beschrieben (11, 2-5). Der Friede des Tausendjährigen Reiches, in dem sogar wilde Tiere zahm sein werden, wird auch beschrieben (Verse 6-8). Das Ergebnis wird sein:

> »Man wird nirgends Sünde tun noch freveln auf meinem ganzen heiligen Berge; denn das Land wird voll der Erkenntnis des HERRN sein, wie Wasser das Meer bedeckt« (Vers 9).

Sein Sieg über die Feinde Israels wird in den Versen 10 bis 16 geschildert. Der Lobpreis des Herrn und die Anerkennung seines Sieges wird in Jesaja 12, 1-6 gegeben.

Daß das Kommen Jesu ein Tag des Gerichts über die Bösen sein wird, ist in Jesaja 63, 1-6 in einer beredten Sprache ausgedrückt.

Jesaja schloß mit zwei Kapiteln (65 und 66), die das Tausendjährige Reich nach der Wiederkunft Jesu in Einzelheiten beschreiben. Zu dieser Zeit wird Jerusalem eine Wonne und Freude sein (65, 18.19). Das Leben wird verlängert werden, und wer mit hundert Jahren stirbt, gilt dann als Knabe (Vers 20).

Die normalen Tätigkeiten des Lebens werden im Tausendjährigen Reich weitergehen.

> »Sie werden Häuser bauen und bewohnen, sie werden Weinberge pflanzen und ihre Früchte essen.
>
> Sie sollen nicht bauen, was ein anderer bewohne, und nicht pflanzen, was ein anderer esse. Denn die Tage meines Volks werden sein wie die Tage eines Baumes, und ihrer Hände Werk werden meine Auserwählten genießen.
>
> Sie sollen nicht umsonst arbeiten und keine Kinder für einen frühen Tod zeugen; denn sie sind das Geschlecht der Gesegneten des HERRN, und ihre Nachkommen sind bei ihnen.
>
> Und es soll geschehen: ehe sie rufen, will ich antworten; wenn sie noch reden, will ich hören.

Wolf und Schaf sollen beieinander weiden; der Löwe wird Stroh fressen wie das Rind, aber die Schlange muß Erde fressen. Sie werden weder Bosheit noch Schaden tun auf meinem ganzen heiligen Berge, spricht der HERR« (Jesaja 65, 21-25).

Dieser Bibelabschnitt ist bis heute nicht erfüllt worden. Auch stimmt er nicht mit Lebensbedingungen im neuen Jerusalem und dem neuen Himmel und der neuen Erde überein. Er fordert ganz klar ein Königreich auf Erden nach der Wiederkunft Jesu, in dem die Menschen ganz natürlich leben und sterben, wenn ihr Leben auch unter einem ungeheuer großen Segen Gottes steht. Die Natur selbst wird gesegnet sein mit Eintracht unter den Tieren, die normalerweise einander feindlich gesinnt sind.

In Jesaja 66 wird die Voraussage des Segens Israels in diesem zukünftigen Königreich, der Freude, die in Jerusalem sein wird, und der ewigen Gegenwart Gottes unter seinem Volk fortgesetzt.

Das Kommen Jesu bei Sacharja. Unter den vielen anderen Prophezeiungen, die zum zweiten Kommen Jesu genannt werden könnten, gehören die Voraussagen Sacharjas.

»Freue dich und sei fröhlich, du Tochter Zion! Denn siehe, ich komme und will bei dir wohnen, spricht der HERR.
Und es sollen zu der Zeit viele Völker sich zum HERRN wenden und sollen mein Volk sein, und ich will bei dir wohnen. – Und du sollst erkennen, daß mich der HERR Zebaoth zu dir gesandt hat.
Und der HERR wird Juda in Besitz nehmen als sein Erbteil in dem heiligen Lande und wird Jerusalem wieder erwählen« (Sacharja 2, 14-16).

Eine dramatische Botschaft wird in Sacharja 14 verkündet, nämlich daß die Eroberung Jerusalems durch die Feinde Gottes an demselben Tag geschieht, an dem Jesus zurückkehrt. Der Herr sprach:

»Denn ich werde alle Heiden sammeln zum Kampf gegen Jerusalem. Und die Stadt wird erobert, die Häuser werden geplündert und die Frauen geschändet werden. Und die Hälfte der Stadt wird gefangen weggeführt werden, aber das übrige Volk wird nicht aus der Stadt ausgerottet werden.
Und der HERR wird ausziehen und kämpfen gegen diese Heiden, wie er zu kämpfen pflegt am Tage der Schlacht« (Verse 2.3).

Die folgenden Verse beschreiben die Spaltung des Ölbergs, wodurch ein Tal entsteht, das von Osten nach Westen verläuft. Dies wird das untrügliche Zeichen sein, daß Jesus wiedergekommen ist, und diese und andere topographische Veränderungen werden die Vorbereitung des Heiligen Landes für das Millennium sein. Das Ergebnis dieser Ereignisse wird in Sacharja 14, 9 beschrieben: »Der HERR wird König sein über alle Lande. Zu der Zeit wird der HERR der einzige sein und sein Name der einzige.« In Vers 10 werden topographische Veränderungen beschrieben. Jerusalem wird sicher wohnen und nie wieder zerstört werden. Die Anbetung Gottes im Millennium füllt den Rest des Kapitels aus.

Aus diesen vielen alttestamentlichen Stellen geht eindeutig hervor, daß das zweite Kommen Jesu ein wichtiges Ereignis ist, das den Lauf der irdischen Geschichte ändern und das verheißene Königreich bringen wird, in dem Jesus regieren wird.

Das zweite Kommen Jesu im Neuen Testament

Das zweite Kommen Jesu ist nicht nur ein vorherrschendes Thema im Alten Testament, sondern zieht sich auch durch das ganze Neue Testament. Es wurde errechnet, daß durchschnittlich jeder fünfundzwanzigste Vers im Neuen Testament sich entweder auf die Entrückung der Gemeinde oder auf das zweite Kommen Jesu und seine Herrschaft über die Erde bezieht.

Das zweite Kommen Jesu in den Evangelien. Die Jünger begriffen nur sehr langsam, daß Jesus sie verlassen und dann zurückkommen würde. Deshalb wurde wenig über das zweite Kommen Jesu gesagt, bis der Dienst Jesu so weit gediehen war und es klar wurde, daß man ihn verwerfen würde.

Eine der frühen Stellen zu Jesu zweitem Kommen findet sich in seiner Bemerkung, daß die Jünger die zwölf Geschlechter Israels richten würden: »Jesus aber sprach zu ihnen: Wahrlich, ich sage euch: Ihr, die ihr mit nachgefolgt seid, werdet bei der Wiedergeburt, wenn der Menschensohn sitzen wird auf dem Thron seiner Herrlichkeit, auch sitzen auf zwölf Thronen und richten die zwölf Stämme Israels« (Matthäus 19, 28). Jesus sagte dann weiter, sie würden zu jener Zeit für das belohnt werden, was sie für ihn getan hatten (Verse 29.30).

In Jesu Wehklage über Jerusalem und seiner Rüge der Pharisäer wegen ihrer Heuchelei sprach er von der Zeit, da er zurückkehren und der gottesfürchtige Überrest Israels erkennen wird, daß derjenige, der im Namen des Herrn kommt, der von Gott Gesegnete ist (Matthäus 23, 39).

In vielen Stellen zum zweiten Kommen Jesu werden die Jünger ermahnt, bereit zu sein, wenn das Ereignis eintritt, etwa in der Ölbergrede (Matthäus 24, 3-25, 46). Parallelstellen sind Markus 13, 24-37; Lukas 12, 35-48; 17, 22-37; 18, 8 und 21, 25-28. Vor dem Tod Jesu konnten die Jünger die Aussagen Jesu über sein zweites Kommen nicht verstehen, und sie begriffen nach der Himmelfahrt Jesu nur schrittweise, daß zwischen dem ersten und zweiten Kommen Jesu ein Zeitraum liegen würde.

Das zweite Kommen Jesu in der Apostelgeschichte. Nach der Himmelfahrt Jesu sagten die Engel den Jüngern: »Dieser Jesus, der von euch weg gen Himmel aufgenommen wurde, wird so wiederkommen, wie ihr ihn habt gen Himmel fahren sehen« (Apostelgeschichte 1, 11).

In Apostelgeschichte 15, 16-18 wurde auf dem Apostelkonzil die Offenbarung klar dargelegt, daß das gegenwärtige Zeitalter vor allem eine Zeit des Segens für die Heiden ist, und daß nach diesem Zeitalter das davidische Königreich im Zusammenhang mit der Wiederkunft Jesu errichtet werden wird. Jakobus zitierte aus Amos 9, 11.12, wie beim zweiten Kommen Jesu die davidische Hütte wieder gebaut und Israel wiederhergestellt werden wird.

Das zweite Kommen Jesu in den Briefen. Der Apostel Paulus sagte, nachdem er nachdrücklich betont hatte, daß Gott sein Volk Israel nicht verworfen habe, sondern es wiederherstellen werde, wenn ein Erlöser aus Zion kommt. Paulus benutzte das Bild eines Ölbaumes, in den die Heiden jetzt eingepfropft seien und geistlichen Segen erhielten, daß aber Israel in jener zukünftigen Zeit wieder eingepfropft werden wird. Der Ölbaum stellt den Ort des Segens dar, besonders in bezug auf die Verheißungen, die Abraham für seine Nachkommen gegeben wurden. Paulus schrieb: »und so wird ganz Israel gerettet werden, wie geschrieben steht: ›Es wird kommen aus Zion der Erlöser, der abwenden wird alle Gottlosigkeit von Jakob‹« (Römer 11, 26.27). Dies ist eine der vielen Stellen, die eine zukünftige Wiederherstellung Israels im Zusammenhang mit dem zweiten Kommen Jesu voraussagt.

In 1. Korinther 11, 26 wird des Herrn Mahl als ein Gedächtnismahl an Christus bezeichnet, das gehalten wird, »bis er kommt«. Wieder sehen wir einen Gegensatz zwischen dem gegenwärtigen Zeitalter und dem, was eintreffen wird, wenn Jesus wiederkommt.

Das Gericht über die Feinde Gottes, das beim zweiten Kommen Jesu abgehalten wird, ist in 2. Thessalonicher 1, 6-10 offenbart worden:

> »Denn es ist gerecht bei Gott, mit Bedrängnis zu vergelten denen, die euch bedrängen,
> euch aber, die ihr Bedrängnis leidet, Ruhe zu geben mit uns, wenn der Herr Jesus sich offenbaren wird vom Himmel her mit den Engeln seiner Macht
> in Feuerflammen, Vergeltung zu üben an denen, die Gott nicht kennen und die nicht gehorsam sind dem Evangelium unseres Herrn Jesus.
> Die werden Strafe erleiden, das ewige Verderben, vom Angesicht des Herrn her und von seiner herrlichen Macht,
> wenn er kommen wird, daß er verherrlicht werde bei seinen Heiligen und wunderbar erscheine bei allen Gläubigen an jenem Tage.«

Der Apostel Petrus machte darauf aufmerksam, daß abgefallene christliche Führer das zweite Kommen Jesu leugnen werden und sich darüber lustig machen (2. Petrus 3, 3.4). Petrus wies darauf hin, daß sie sich freiwillig von der Wahrheit der Wiederkunft des Herrn abwenden werden.

Eine letzte dramatische Erwähnung des zweiten Kommens Jesu findet sich in Judas 14 und 15, wo Judas Henoch zitiert: »Es hat aber auch von diesen geweissagt Henoch, der siebente von Adam an, und gesprochen: Siehe, der Herr kommt mit seinen vielen tausend Heiligen, Gericht zu halten über alle und zu strafen alle Menschen für alle Werke ihres gottlosen Wandels, mit denen sie gottlos gewesen sind, und für all das Freche, das die gottlosen Sünder gegen ihn geredet haben.«

Das zweite Kommen Jesu im Buch der Offenbarung. Das Thema der Offenbarung ist das zweite Kommen Jesu. Das Buch spricht von der Offenbarung, die der ganzen Welt zuteil werden wird, wenn Jesus wiederkommt. Dies wird gleich zu Anfang des Buches ausgesagt, wo Johannes schreibt: »Siehe, er kommt mit den Wolken, und es werden ihn sehen alle Augen und alle, die ihn durchbohrt haben, und es weden wehklagen um seinetwillen alle Geschlechter der Erde. Ja, Amen.« (1, 7). Jesus bezeichnete sich selbst als einer, »der da ist und der da war und der da kommt, der Allmächtige« (Vers 8).

Die Gemeinde in Thyatira mahnte der Herr: »doch was ihr habt, das haltet fest, bis ich komme« (Offenbarung 2, 25). Der Abschnitt spricht weiter von der Herrschaft Christi, der seine Feinde mit einem eisernen Zepter schlagen wird (Verse 26-28). In Offenbarung 16, 15 sagt Jesus: »Siehe, ich komme wie ein Dieb. Selig ist, der da wacht und seine Kleider bewahrt, damit er nicht nackt gehe und man seine Blöße sehe.«

Der klassische Abschnitt über die Wiederkunft Jesu findet sich in Offenbarung 19, 11-21, wo der erhabene Christus zur Erde zurückkehrt, die Welt richtet, die gegen Gott aufmarschierten Heere vernichtet und das Tier und den falschen Propheten in den Feuersee wirft.

Jesu abschließendes Wort in der Offenbarung ist: »Ja, ich komme bald« (22, 20). Es ist nicht klar, ob sich dieses Wort auf die Entrückung oder das zweite Kommen Jesu bezieht, aber in jedem Falle drückt es die Gewißheit der Wiederkehr Jesu aus.

Das Verhältnis von Jesu Wiederkunft zur großen Trübsal

Die meisten Ausleger sind sich einig, daß das zweite Kommen Jesu der Höhepunkt der Großen Trübsal ist, die in Offenbarung 6 bis 18 beschrieben wird. Nur wer die Trübsal völlig vergeistigt, erkennt nicht an, daß das zweite Kommen Jesu eine Antwort auf die Rebellion der Völker ist, die sich entschieden haben, einem Weltherrscher zu folgen, der von Satan dirigiert wird. Dieses Ergebnis macht die Ansicht einiger, daß das zweite Kommen Jesu im Jahre 70 n. Chr. im Zusammenhang mit der Zerstörung Jerusalems erfüllt wurde, völlig unhaltbar. Abschnitte im Neuen Testament, die nach der Zerstörung Jerusalems geschrieben wurden, einschließlich der Offenbarung, sagen die Wiederkunft Jesu eindeutig als ein zukünftiges Ereignis voraus.

Jesus selbst sagte voraus, daß seinem Kommen die Große Trübsal vorausgeht (Matthäus 24, 21-29). Sie wird eine Zeit größter Not sein, und viele falsche Christi werden dann auftreten. Das zweite Kommen Jesu wird als Höhepunkt dieser Ereignisse geschildert.

> »Sogleich aber nach der Bedrängnis jener Zeit wird die Sonne sich verfinstern und der Mond seinen Schein verlieren, und die Sterne werden vom Himmel fallen, und die Kräfte der Himmel werden ins Wanken kommen. Und dann wird erscheinen das Zeichen des Menschensohns am Himmel. Und dann werden wehklagen alle Geschlechter auf Erden und werden sehen den Menschensohn kommen auf den Wolken des Himmels mit großer Kraft und Herrlichkeit« (Verse 29.30).

Das zweite Kommen Jesu ist eine leibliche Rückkehr

Es ist zwar wahr, daß Jesus überall zugegen ist und in dem Gläubigen wohnt, aber leiblich ist er im Himmel geblieben. Beim zweiten Kommen wird er leiblich zur Erde zurückkehren. Wie seine Himmelfahrt eine leibliche Aufnahme in den Himmel war, so wird das zweite Kommen eine leibliche Rückkehr zur Erde sein. Die Engel erzählten den Jüngern nach der Himmelfahrt Jesu: »Dieser Jesus, der von euch weg gen Himmel aufgenommen wurde, wird so wiederkommen, wie ihr ihn habt gen Himmel fahren sehen« (Apostelgeschichte 1, 11). Jesus stieg leibhaftig zum Himmel auf und war in den Wolken sichtbar. Sein zweites Kommen wird alle diese Charakteristika aufweisen.

Obwohl es fraglich ist, ob die Entrückung der Gemeinde für die Welt sichtbar sein wird, ist die Bibel eindeutig in bezug auf die Wiederkunft Jesu. Sie wird sichtbar für alle sein, Gläubige wie Ungläubige. Matthäus 24, 27 beschreibt sie als einen Blitz, der vom Osten bis zum Westen erstrahlt: »Denn wie der Blitz ausgeht vom Osten und leuchtet bis zum Westen, so wird auch das Kommen des Menschensohnes sein.« Jesus fuhr fort: »Und dann wird erscheinen das Zeichen des Menschensohns am Himmel. Und dann weden wehklagen alle Geschlechter auf Erden und werden sehen den Menschensohn kommen auf den Wolken des Himmels mit großer Kraft und Herrlichkeit« (Vers 30). Johannes schrieb in Offenbarung 1, 7:

> »Siehe, er kommt mit den Wolken, und es werden ihn sehen alle Augen und alle, die ihn durchbohrt haben, und es werden wehklagen um seinetwillen alle Geschlechter der Erde. Ja, Amen.«

Das zweite Kommen Jesu wird herrlich und sichtbar sein

Das Hauptthema der Offenbarung ist die Entfaltung der Herrlichkeit Christi bei seinem zweiten Kommen. Der Höhepunkt des Buches ist Kapitel 19. Alle vorhergehenden Kapitel führen zu ihm hin; alle folgenden Kapitel zeigen die Ereignisse auf, die nach seiner Offenbarung geschehen. Deshalb ist die Entfaltung seiner Herrlichkeit, wie sie in Kapitel 19 geschieht, im Einklang mit allen andern Aussagen, die wir über sein zweites Kommen haben.

Das zweite Kommen Jesu in bezug auf Zion

Die Verkündigung der Engel, daß die Wiederkunft Jesu genau so sein wird wie seine Himmelfahrt (Apostelgeschichte 1, 11), wird bestätigt werden, wenn Jesus auf den Berg Zion zurückkehren wird, dieselbe Gegend, von der aus er gen Himmel aufstieg. Wenn Jesus zurückkehrt, wird, wie schon gesagt, der Ölberg sich in zwei Hügel spalten, wodurch ein Tal entsteht, das sich von Ost nach West ausdehnt. Dies wird das Gebiet verändern, von dem aus Jesus zum Himmel auffuhr. Obwohl der Berg Zion eine kurze Strecke entfernt ist, wird Jesus tatsächlich zu dem Ort zurückkehren, von dem er gen Himmel fuhr (vergleiche Sacharja 14, 4).

Eine Anzahl von Schriftstellen befaßt sich damit, daß Christus entweder zum oder vom Berg Zion kommt, um das Volk Gottes zu befreien. Er wird offenbar zuerst zum Berg Zion kommen und von hier aus weiterschreiten, um die zu befreien, die in der Großen Trübsal verfolgt wurden. Eine Reihe alttestamentlicher Stellen legt Zeugnis davon ab (Psalm 14, 7; 20, 2; 53, 7; 110, 2; Jesaja 2, 3; Joel 4, 16; Amos 1, 2). Der Herr wird sein Volk von Zion aus befreien, aber nicht immer ist klar, ob es sich um ein Ereignis in der Geschichte oder in der Zukunft handelt. Auch in Römer 11, 26 wird gesagt, daß er der Befreier ist, der aus Zion kommt. Die Bibelstellen beweisen, daß Jesus im Millennium von Jerusalem aus regieren wird, und dementsprechend wird er dorthin zurückkehren.

Beim zweiten Kommen Jesu wird ein Zug von Heiligen und Engeln vom Himmel zur Erde kommen

Im Gegensatz zur Entrückung, durch welche die Gemeinde von der Erde weggenommen wird, wird das zweite Kommen Jesu ein Zug vom Himmel zur Erde sein, der Heilige und Engel umfaßt. Dies wird in Matthäus 25, 31 bestätigt, wo es heißt, daß Engel mit Christus kommen werden, wenn er in seiner Herrlichkeit erscheint. Judas zitierte Henoch, der prophezeite: »Siehe, der Herr kommt mit seinen vielen tausend Heiligen, Gericht zu halten über alle und zu strafen alle Menschen für alle Werke ihres gottlosen Wandels, mit denen sie gottlos gewesen sind, und für all das Freche, das die gottlosen Sünder gegen ihn geredet haben« (Judas 14.15).

Das zweite Kommen Jesu wird anschaulich in Offenbarung 19, 11-16 beschrieben:

> »Und ich sah den Himmel aufgetan; und siehe, ein weißes Pferd. Und der darauf saß, hieß: Treu und Wahrhaftig, und er richtet und kämpft mit Gerechtigkeit.
> Und seine Augen sind wie eine Feuerflamme, und auf seinem Haupt sind viele Kronen; und er trug einen Namen geschrieben, den niemand kannte als er selbst.
> Und er war angetan mit einem Gewand, das mit Blut getränkt war, und sein Name ist: Das Wort Gottes.
> Und ihm folgte das Heer des Himmels auf weißen Pferden, angetan mit weißem, reinem Leinen.
> Und aus seinem Munde ging ein scharfes Schwert, daß er damit die Völker schlage; und er wird sie regieren mit eisernem Stabe; und er tritt die Kelter, voll vom Wein des grimmigen Zornes Gottes, des Allmächtigen,
> und trägt einen Namen geschrieben auf seinem Gewand und auf seiner Hüfte: König aller Könige und Herr aller Herren.«

Die Beschreibung des zweiten Kommens Jesu ist furchterregend, im Einklang mit der Herrlichkeit und Majestät Jesu Christi. Er wird als »Treu und Wahrhaftig« bezeichnet (Vers 11). Er richtet und streitet in Gerechtigkeit (Vers 11). Seine Erscheinung ist die eines Eroberers mit vielen Diademen (Vers 12). Er heißt »Das Wort Gottes« (Vers 13). Gemäß der Schrift wird er begleitet von den himmlischen Heerscharen: »Und ihm folgte das Heer des Himmels auf weißen Pferden, angetan mit weißem, reinem Leinen« (Vers 14). Zweifellos sind mit diesem Heer des Himmels alle Heiligen und Engel Gottes gemeint, obwohl vorrangig die heiligen Engel gemeint sein mögen.

Die Beschreibung des zweiten Kommens Jesu steht in schroffem Gegensatz zu seinem ersten Kommen und zur Entrückung der Gemeinde. Es ist klar, daß sein Kommen bezweckt, die Welt zu richten und die Herrschaft Gottes im Tausendjährigen Reich über die ganze Erde auszudehnen.

Der Zweck der Wiederkunft Jesu ist, die Erde zu richten

Nach Offenbarung 19, 15 wird Christus die Erde richten: »Und aus seinem Munde ging ein scharfes Schwert, daß er damit die Völker schlage; und er wird sie regieren mit eisernem Stabe; und er tritt die Kelter, voll vom Wein des grimmigen Zornes Gottes, des Allmächtigen, und trägt einen Namen geschrieben auf seinem Gewand und auf seiner Hüfte, König aller Könige und Herr aller Herren« (Verse 15.16). Die folgenden Ereignisse betreffen das Gericht über die Feinde Gottes, über das Tier, über den falschen Propheten und schließlich über Satan. Aus anderen Bibelstellen geht hervor, daß sich das Gericht auf die gesamte lebende Menschheit erstreckt. Mit seinem zweiten Kommen geht das Warten Christi auf dem Thron Gottes, um seine Feinde zu überwinden, zu Ende. Er wird dann die Welt richten und alles ihm untertan machen. Bei diesen Ereignissen wird nichts von der Entrückung lebender Heiliger gesagt. Diese hat Jahre zuvor schon stattgefunden.

33 Die erste Auferstehung

Der Zeitpunkt der ersten Auferstehung

Der Ausdruck »erste Auferstehung« findet sich in Offenbarung 20, 5.6: »Die andern Toten aber wurden nicht wieder lebendig, bis die tausend Jahre vollendet wurden. Dies ist die erste Auferstehung. Selig ist der und heilig, der teilhat an der ersten Auferstehung. Über diese hat der zweite Tod keine Macht; sondern sie werden Priester Gottes und Christi sein und mit ihm regieren tausend Jahre.«

Theologen, die versuchen, alle Auferstehungen in einer großen Auferstehung am Ende des gegenwärtigen Zeitalters zusammenzufassen, sehen in dem Ausdruck »erste Auferstehung« Beweis genug, daß es vorher keine Auferstehung gibt. Man braucht nicht lange in der Bibel zu suchen, um festzustellen, daß dies eine falsche Folgerung ist. Mehrere Auferstehungen gehen dieser »ersten Auferstehung« voraus. Dies wird klar, wenn man die Reihenfolge der einzelnen Auferstehungen darlegt.

Die Reihenfolge der Auferstehungen

Obwohl es zahlreiche Wiederbelebungen im Alten und Neuen Testament gibt, gab es eine Auferstehung in dem Sinne, daß einem Menschen ein neuer Leib gegeben wird, der ewig währen wird, nicht vor der Auferstehung Jesu. Seine Auferstehung ist die erste (Matthäus 28, 1-7; Markus 16, 1-11; Lukas 24, 1-12; Johannes 20, 1-18).

Von der zweiten Auferstehung wird in Matthäus 27, 50-53 berichtet. Die Bibel sagt, daß bei der Auferstehung Jesu ein Erdbeben geschah, Gräber geöffnet wurden und die Leiber der Heiligen, die gestorben waren, zu neuem Leben auferweckt wurden. Nachdem Jesus von den Toten auferstanden war, wurden etliche von diesen Heiligen in Jerusalem gesehen. »Und siehe, der Vorhang im Tempel zerriß in zwei Stücke von oben an bis unten aus. Und die Erde erbebte, und die Felsen zerrissen, und die Gräber taten sich auf, und viele Leiber der entschlafenen Heiligen standen auf und gingen aus den Gräbern nach seiner Auferstehung und kamen in die heilige Stadt und erschienen vielen« (Verse 51-53). Die Reihenfolge der Ereignisse scheint folgende gewesen zu sein: die Gräber taten sich auf, als Jesus starb – das heißt, die Siegel brachen auf. Die Auferstehung und die Erscheinung der Heiligen geschah jedoch erst nach der Auferstehung Jesu.

Die dritte Auferstehung wird im Zusammenhang mit der Entrückung der Gemeinde eintreten (1. Thessalonicher 4, 13-18; vergleiche 1. Korinther 15, 50-53). Bei der Entrückung werden »zuerst die Toten, die in Christus gestorben sind, auferstehen. Danach werden wir, die wir leben und übrigbleiben, zugleich mit ihnen entrückt werden auf den Wolken in die Luft, dem Herrn entgegen« (1. Thessalonicher 4, 16.17). An dieser Entrückung hat offensichtlich jeder Anteil, der in der Zeitspanne von Pfingsten bis zur Entrückung in den Leib Jesu hineingetauft wurde. Alttestamentliche Gläubige scheinen zu einem späteren Zeitpunkt aufzuerstehen.

Die vierte Auferstehung wird in Offenbarung 11 prophezeit. Zwei Zeugen werden um ihres Zeugnisses willen getötet werden und auf der Straße von Jerusalem liegenbleiben, aber nach dreieinhalb Tagen auferstehen. »Und nach drei Tagen und einem halben fuhr in sie der Geist des Lebens von Gott, und sie stellten sich auf ihre Füße; und eine große Furcht fiel auf die, die sie sahen. Und sie hörten eine große Stimme vom Himmel zu ihnen sagen: Steigt herauf! Und sie stiegen auf in den Himmel in einer Wolke, und es sahen sie ihre Feinde« (Verse 11.12).

Die fünfte Auferstehung wird in Offenbarung 20, 4-6 beschrieben. Der Text sagt aus, daß diese Auferstehung die Märtyrer der Großen Trübsal betrifft. Johannes schrieb: »Und ich sah die Seelen derer, die enthauptet waren um des Zeugnisses von Jesus und um des Wortes Gottes willen, und die nicht angebetet hatten das Tier und sein Bild und die sein Zeichen nicht angenommen hatten an ihre Stirn und auf ihre Hand; diese wurden lebendig und regierten mit Christus tausend Jahre« (Vers 4). Da die Entrückung alle Heiligen des gegenwärtigen Zeitalters seit Pfingsten einschließt, bezieht sich diese Auferstehung auf die Heiligen, die in der Zeit zwischen der Entrückung und der Wiederkunft Jesu sterben. Dazu gehören auch die hier besonders erwähnten Märtyrer. Es ist erstaunlich, wie Gelehrte die klare Aussage dieser Bibelstelle ignoriert haben und versuchten, aus ihr eine allgemeine Auferstehung aller Toten zu machen oder sogar eine Bibelstelle über die neue Geburt des Gläubigen zum Zeitpunkt seiner Bekehrung.

Die Bibel zeigt hier klar, daß diese Auferstehung eine besondere Gruppe von Menschen betrifft, die im Zusammenhang mit der Wiederkunft Jesu auferweckt werden.

Die sechste Auferstehung wird die der alttestamentlichen Gläubigen sein: »Und viele, die unter der Erde schlafen liegen, werden aufwachen, die einen zum ewigen Leben, die andern zu ewiger Schmach und Schande« (Daniel 12, 2). Obwohl allgemein im Alten Testament vorausgesetzt wird, daß alle Menschen, die gestorben sind, auferstehen werden, gibt es relativ wenige Stellen, die im einzelnen von ihrer Auferstehung sprechen. Diese Stelle ist eine wesentliche davon.

Eine zweite bedeutendere Voraussage dieser Auferstehung findet sich in Jesaja 26, 19: »Aber deine Toten werden leben, deine Leichname werden auferstehen. Wachet auf und rühmet, die ihr liegt unter der Erde! Denn ein Tau der Lichter ist dein Tau, und die Erde wird die Toten herausgeben.«

Eine dritte wesentliche Stelle findet sich in Hesekiel 37 im Zusammenhang mit der Wiederherstellung Israels. Obwohl das Bild großenteils die Wiederherstellung des Volkes Israel beschreibt, wird in den Versen 13 und 14 auch die leibliche Auferstehung erwähnt: »Und ihr sollt erfahren, daß ich der HERR bin, wenn ich eure Gräber öffne und euch, mein Volk, aus euren Gräbern heraufhole. Und ich will meinen Odem in euch geben, daß ihr wieder leben sollt, und ich will euch in euer Land setzen, und ihr sollt erfahren, daß ich der HERR bin. Ich rede es und tue es auch, spricht der HERR.«

Nach Daniel 12, 1 wird diese Auferstehung am Ende der Trübsalszeit geschehen, die in Daniel 11, 36- 45 beschrieben wird: »Denn es wird eine Zeit so großer Trübsal sein, wie sie nie gewesen ist, seitdem es Menschen gibt, bis zu jener Zeit. Aber zu jener Zeit wird dein Volk errettet werden, alle, die im Buch geschrieben stehen.« Die Auferstehung wird speziell im folgenden Vers erwähnt. Obwohl in der Bibel die chronologische Einordnung dieser Stelle in bezug auf die Auferstehung der Toten aus der Trübsal nicht angegeben ist, ist es wahrscheinlich, daß diese der Auferstehung der Toten aus der Trübsalszeit folgt, so daß die alttestamentlichen Gläubigen in der sechsten und letzten Auferstehung der Gerechten auferweckt werden.

Die letzte Auferstehung hängt mit dem Gericht vor dem großen weißen Thron zusammen, das in Offenbarung 20, 11-15 geschildert wird. Bei dieser Auferstehung werden alle Toten, die gottlos gelebt haben und bis zu dieser Zeit im Hades gewesen sind, auferstehen und in den Feuersee geworfen werden.

Die Reihenfolge dieser sieben Auferstehungen sollte klarmachen, daß die Auferstehung in Offenbarung 20, 5.6 nicht die erste in dem Sinne ist, daß sie vor allen anderen Auferstehungen geschieht. Wenn aber dies nicht gemeint ist, was bedeutet dann der Ausdruck »erste Auferstehung«?

Das Wesen der ersten Auferstehung

Aus dem Textzusammenhang geht hervor, daß die Auferstehung der Toten aus der Trübsalszeit nach der Trübsal und vor dem Tausendjährigen Reich erfolgt. In Offenbarung 20, 7-10 folgt das Tausendjährige Reich auf die Auferstehung der Toten der Trübsal. Während dieser Zeit wird Satan gebunden (Verse 1-3). Am Ende der tausend Jahre wird Satan noch einmal losgelassen und dann eine Rebellion gegen Gott anzetteln. Danach wird er gerichtet und in den mit Schwefel brennenden Feuersee geworfen werden (Vers 10). Deshalb ist mit dem Begriff »erste Auferstehung« gemeint, daß sie die erste ist, nicht daß sie die erste von allen Auferstehungen wäre, sondern vor der letzten Auferstehung, der Auferstehung der Bösen, eintritt. Mit anderen Worten: die Toten der Trübsalszeit werden vor dem Tausendjährigen Reich und vor der Auferstehung der bösen Toten zum Gericht vor dem großen weißen Thron auferstehen. Zu meinen, der Ausdruck »erste Auferstehung« beziehe sich auf die Wiedergeburt, wie Amillenaristen das tun, um die Lehre dieses Kapitels vom Tausendjährigen Reich zu umgehen, oder auf die Entrückung, wie es Postmillenaristen aufgrund der Vorstellung tun, es könne vor dieser Auferstehung keine andere geben, wird dem Ausdruck nicht gerecht. Die Lehre der Auferstehung kommt ins Spiel, wenn man erkennt, daß es in der Bibel eine Reihe von Auferstehungen gibt, beginnend mit der Auferstehung Jesu und endend mit der Auferstehung der Bösen. In dieser Reihe ist die Auferstehung der Märtyrer aus der Großen Trübsal die fünfte, und ihr folgt wahrscheinlich die Auferstehung der alttestamentlichen Gläubigen. Die Bösen werden zuletzt auferstehen.

34 Gerichte beim zweiten Kommen Jesu

Christliche Gelehrte haben viele Versuche unternommen, um alle Gerichte bei der Wiederkunft Jesu zu einem großen Gericht zu vereinen. Doch zeigt eine sorgfältige Beachtung der Einzelheiten, die sich auf die verschiedenen Gerichte der Bibel beziehen, daß zwar alle Menschen gerichtet werden, aber nicht alle zur gleichen Zeit und auf die gleiche Weise. Vor seinem zweiten Kommen wurde Jesus gerichtet, als er am Kreuz als ein Opfer für die Sünde der Welt hing. Sein Opfertod ermöglichte es Gott, Vergebung und Gerechtigkeit denen zu verleihen, die Jesus als ihrem Retter und Herrn vertrauen. Wie wir schon sagten, werden die Gläubigen nach der Entrückung vor dem Richterstuhl Christi nach ihren Werken gerichtet und belohnt werden.

Beim zweiten Kommen Jesu werden viele Dinge zu ihrem Abschluß gebracht, wenn Jesus sein Tausendjähriges Reich auf Erden errichtet. Mindestens sieben Gerichte werden dann stattfinden.

Das Gericht über die Armeen, die im Heiligen Land versammelt sind

Von Satan versucht und aufgestachelt, werden die Armeen der Welt sich gemäß Offenbarung 16, 13-16 im Heiligen Land versammeln und um die Weltherrschaft kämpfen. Dies wird das Signal für den Zusammenbruch der Weltregierung und der Rebellion der größeren Nationen gegen den Weltherrscher sein. Satan wird die Armeen der Welt versammeln, damit sie bei der Wiederkunft Jesu präsent sind. Er wird dies in der vergeblichen Hoffnung tun, daß sie über das Heer vom Himmel siegen werden. Wie in Offenbarung 19 geschrieben steht, wird Christus das letzte Wort sprechen, und die Armeen und ihre Pferde werden alle augenblicklich getötet. Nach Offenbarung 19, 15 geht »aus seinem Munde ein scharfes Schwert, daß er damit die Völker schlage.« Es wird ein entsetzliches Gemetzel von Millionen von Menschen und ihren Tieren sein, und Raubvögel werden ihre Leichname fressen. Johannes berichtet: »Und ich sah einen Engel in der Sonne stehen, und er rief mit großer Stimme allen Vögeln zu, die hoch am Himmel fliegen: Kommt, versammelt euch zu dem großen Mahl Gottes und eßt das Fleisch der Könige und der Hauptleute und das Fleisch der Starken und der Pferde und derer, die darauf sitzen, und das Fleisch aller Freien und Sklaven, der Kleinen und der Großen!« (Verse 17.18). In allen Jahrhunderten haben Menschen auf dem Irrglauben beharrt, daß sie gegen Gott rebellieren und gewinnen könnten. Die Bibel beweist klar, daß es keinen Sieg für die gibt, die sich Gott entgegenstellen, und ihr Gericht läßt nicht auf sich warten.

Das Gericht über den Weltherrscher und seinen Verbündeten

Nach Offenbarung 19, 20 werden der Weltherrscher, als »Tier« bezeichnet, und sein Verbündeter, der »falsche Prophet«, ergriffen und in den Feuersee geworfen: »Und das Tier wurde ergriffen und mit ihm der falsche Prophet, der vor seinen Augen die Zeichen getan hatte, durch welche er die verführte, die das Zeichen des Tieres angenommen und das Bild des Tieres angebetet hatten. Lebendig wurden diese beiden in den feurigen Pfuhl geworfen, der mit Schwefel brannte.«

Wie wir noch im Kapitel über den großen weißen Thron sehen werden, sind bis zu dieser Zeit alle Ungläubigen noch im Hades, einem Ort der Qual, aber nicht einem Ort beständiger Bestrafung. Im Feuersee, der nach Matthäus 25, 41 »das ewige Feuer« ist, »das bereitet ist dem Teufel und seinen Engeln«, wird bis dahin niemand sein. Das Tier und der falsche Prophet sind die ersten, die in das ewige Verderben geworfen werden. Gemäß Offenbarung 20, 10 werden sie am Ende des Millenniums immer noch im Feuersee sein. Mit dem Ergreifen und dem Gericht über das Tier und den falschen Propheten geht das Zeitalter der Heiden zu Ende (Lukas 21, 24), das mit der Eroberung Jerusalems durch Nebukadnezar und die babylonischen Armeen im Jahre 605 v. Chr. begann. Von dieser Zeit an bis zum zweiten Kommen Jesu wurde Jerusalem, von kurzen Perioden abgesehen, in denen Israel seine Unabhängigkeit behauptete, »von den Heiden zertreten« (Vers 24). Die gegenwärtige Rebellion gegen Gott, die so charakteristisch für unsere Generation ist, in der viele so leben, als ob Gott nicht existierte, wird zu dieser Zeit gerichtet werden. Die Erde wird dann Jesus Christus als dem König der Könige und Herrn der Herren unterworfen werden.

Das Gericht über Satan

In Offenbarung 20, 1-3 steht, daß Satan tausend Jahre lang nach der Wiederkunft Jesu entmachtet ist:

»Und ich sah einen Engel vom Himmel herabfahren, der hatte den Schlüssel zum Abgrund und eine große Kette in seiner Hand.
Und er ergriff den Drachen, die alte Schlange, das ist der Teufel und der Satan, und fesselte ihn für tausend Jahre,
und warf ihn in den Abgrund und verschloß ihn und setzte ein Siegel oben darauf, damit er die Völker nicht mehr verführen sollte, bis vollendet würden die tausend Jahre. Danach muß er losgelassen werden eine kleine Zeit.«

Zum Verständnis dieser Prophezeiung ist es wichtig, die Einzelheiten zu beachten. Diese Voraussage ist wie viele andere von den Amillenaristen verdreht worden, die die Bindung Satans mit dem ersten Kommen Jesu beginnen lassen möchten. Dies wird weder von der Heiligen Schrift noch von der Erfahrung bestätigt. Satan ist sehr wohl aktiv und geht immer noch herum, um zu versuchen, zu zerstören und zu morden, wie die Schrift es bezeugt. Der Zusammenhang ist hier eindeutig das zweite Kommen Jesu und die Reihe der Gerichte, die sich daraus ergeben, wie es in Offenbarung 19 geschildert wird.

Man muß unterscheiden zwischen dem, was Johannes sah, und der Deutung, die ihm gegeben wurde. Was er sah, war ein Engel, der mit einer großen Kette den Satan band und in den Abgrund warf – das heißt in die Behausung der Dämonen –, dann den Abgrund verschloß und versiegelte, so daß niemand hinein oder heraus konnte. Gott benutzte hier eine bildliche Sprache, um dem Leser zu verdeutlichen, daß Satan im Millennium nicht losgelassen wird, um jemanden zu versuchen. Offenbar wird auch die ganze Dämonenwelt in Ketten gelegt. Nach der Vision wurde Johannes ihre Bedeutung gegeben – daß Satan nach der Wiederkunft Jesu tausend Jahre lang nichts tun kann. Johannes konnte die tausend Jahre nicht sehen, aber er wurde davon unterrichtet. Visionen müssen gedeutet werden, aber man ist nicht frei, die tatsächliche Offenbarung des Zwecks der Bindung Satans zu verdrehen. Weil diese Offenbarung den amillenalen Standpunkt zerstört, haben sich seine Anhänger strikt gewehrt, diese Bibelstelle zu akzeptieren. Dennoch ist es klar, daß das zweite Kommen Jesu das Tausendjährige Reich mit sich bringen wird, statt es zu beenden. Es ist auch klar, daß die Bindung Satans mit dem zweiten Kommen Jesu beginnt und bis zum Ende der tausend Jahre dauern wird. Wie die Prophezeiung selbst sagt, wird er dann für eine kurze Zeit losgelassen werden. Sein endgültiges Gericht wird am Ende des Millenniums kommen, wenn er in den Feuersee geworfen wird (Offenbarung 20, 10).

Das Gericht über die Märtyrer der Trübsalszeit

Wie wir schon sagten, werden die Märtyrer der Trübsalszeit und offensichtlich die gerechten Toten der Trübsal bei der Wiederkunft Jesu auferstehen, um mit Christus tausend Jahre lang zu regieren. In der Bibel wird klar die chronologische Reihenfolge der Wiederkunft Christi, der Auferstehung der Heiligen aus der Trübsal und dann ihre Herrschaft mit Christus tausend Jahre lang nach der Wiederkunft offenbart. Auch hier versuchen Amillenaristen vehement, diesen Widerspruch zu ihrer Ansicht zu eliminieren. Sie vertreten die Ansicht, daß die Auferstehung der Märtyrer nur eine symbolische Ausdrucksweise für ihre Wiedergeburt sei. Deshalb verwerfen sie die Vorstellung einer wörtlichen Auferstehung und einer buchstäblichen tausendjährigen Herrschaft Christi, wovon die Bibel so bestimmt spricht. Obwohl es hier in Offenbarung 20 nicht mit vielen Worten gesagt wird, ist es dennoch eindeutig, daß die Heiligen der Trübsal nach ihrer Auferstehung von den Toten ihre endgültige Belohnung erhalten. In Hebräer 9, 27 heißt es: »Und wie den Menschen bestimmt ist, einmal zu sterben, danach aber das Gericht.« Wie die Gemeinde, die entrückt wurde, werden auch die anderen nach ihrer Auferstehung gerichtet. Das trifft auch für den Teil der Gemeinde zu, der vor der Entrückung von den Toten auferweckt wird. Die Belohnung der Märtyrer wird sein, daß sie, die für Christus gelitten haben, mit ihm regieren werden. Dies wird in 2. Timotheus 2, 12 ausgedrückt. »Dulden wir, so werden wir mit herrschen.« Das Leiden betrifft dieses Leben, die Belohnung das zukünftige Leben. Die Märtyrer aus der Trübsal werden mit der Gemeinde und Christus auf der Erde herrschen.

Das Gericht bei der Auferstehung der alttestamentlichen Gläubigen

Die alttestamentlichen Gläubigen werden wahrscheinlich zur Zeit der Wiederkunft Jesu auferweckt, wie es in Daniel 12, 2 geschrieben steht: »Und viele, die unter der Erde schlafen liegen, werden aufwachen, die einen zum ewigen Leben, die andern zu ewiger Schmach und Schande.« Einige glauben, die alttestamentlichen Heiligen würden bei der Entrückung auferstehen, doch diejenigen, die bei der Entrückung auferstehen, werden als »die Toten in Christus« bezeichnet (1. Thessalonicher 4, 16). Dieser Ausdruck scheint sich auf diejenigen zu beziehen, die in den Leib Christi getauft wurden, was ein Werk Gottes ist, das zu Pfingsten begann und für das gegenwärtige Zeitalter der Gemeinde kennzeichnend ist. Demnach ist wohl die Auferstehung der Gemeinde eine Teilauferstehung. Dies wird untermauert durch die Aussage des Paulus in Philipper 3, 11, er sehne sich danach, »zur Auferstehung von den Toten« zu gelangen. Offenbar glaubte Paulus an eine teilweise statt an eine allgemeine Auferstehung der Gerechten. Ein sorgfältiges Studium aller Auferstehungsstellen zeigt, daß zwar jeder Gerechte, der starb, rechtzeitig auferstehen wird, um am Tausendjährigen Reich teilzuhaben, daß aber nicht einmal die Auferstehung der Gerechten in einer einzigen Auferstehung, sondern in einer Reihe von Auferstehungen geschieht.

Wie in anderen Fällen der Auferstehung von den Toten werden die Auferstandenen dann gerichtet werden. Nach Daniel 12, 3 werden diejenigen, »die da lehren, leuchten wie des Himmels Glanz, und die viele zur Gerechtigkeit weisen, wie die Sterne immer und ewiglich.« Wie in allen Fällen werden auch hier die Auferstandenen nach der Auferstehung gerichtet. Deshalb werden zu Beginn des Tausendjährigen Reiches nur die Ungläubigen nicht auferstehen, und alle Gerechten werden dann zu der einen oder anderen Zeit in der richtigen Reihenfolge auferweckt worden sein.

Das Gericht über die lebenden Israeliten

Aus der Ölbergrede und anderen Bibelstellen geht hervor, daß zur Zeit der Wiederkunft Jesu viele Israeliten und Heiden auf Erden leben werden. Obwohl viele Juden in der Trübsal Märtyrer geworden sind und dann bei der Wiederkunft Jesu auferweckt werden, müssen die lebenden Israeliten die reinigenden Gerichte überstehen, um ins Tausendjährige Reich eingehen zu können. Offenbar gibt es auch vorläufige Belohnungen für diejenigen, die treu geblieben sind.

In Matthäus 24 und 25 geht es allgemein darum, für das Kommen des Herrn bereit zu sein. Wer böse und gottlos ist, wird beim zweiten Kommen Jesu gerichtet und getötet werden. Wer gerecht ist, wird die Segnungen des Königreichs erfahren. Dies wird in dem Gleichnis von den zehn Jungfrauen ausgedrückt. Die fünf Jungfrauen, die bereit waren, schließen sich dem Hochzeitszug Jesu und seiner Gemeinde an und nehmen an dem Hochzeitsfest und dem folgenden Tausendjährigen Reich teil. Ebenso wird in dem Gleichnis von den Talenten das Prinzip der Belohnung sichtbar, wenn der Herr wiederkommt: die treuen Knechte, die fünf und zwei Talente hatten, werden mit zusätzlichen Aufgaben belohnt, wie es auch im Tausendjährigen Reich sein wird. Andererseits wird der Knecht mit einem Talent, der den Menschen darstellt, der die Möglichkeit der Erlösung und Belohnung hatte, sie aber durch Unglauben und Bosheit verlor, getötet und vom Reich ausgeschlossen.

Das Gericht über Israel, das in Matthäus 24 und 25 offenbart wird, ist der Höhepunkt und die Klärung vieler Voraussagen des Gerichts. Manchmal werden die Israeliten gesondert als Volk gerichtet, manchmal sind sie in allgemeine Gerichte eingeschlossen (Psalm 9, 7; 50, 3; 96, 13; Prediger 11, 9; 12, 14, Hesekiel 18, 20-28; Daniel 7, 9.10; Amos 4, 12; Matthäus 3, 12; 7, 22; 8, 29; 11, 22; 12, 36.37.41.42; 13, 30.40-43.49.50: 16, 27; 22, 13; Markus 8, 38; Lukas 3, 17; 10, 10-14; 11, 31.32; 12, 2-5; 13, 24-30; 20, 45-47: Johannes 5, 22; 12, 48; Apostelgeschichte 10, 42; 17, 31; 24, 25; Römer 2, 5-16; 14, 10-12; 1. Korinther 3, 13; 4, 5; 2. Korinther 5, 10; 2. Thessalonicher 1, 5-8; 2. Timotheus 4, 1.8;

Hebräer 6, 2; 9, 27; 10, 27; 1. Petrus 4, 5.7; 2. Petrus 2, 4; 3, 7-12; 1. Johannes 4, 17; Judas 6.14.15.24; Offenbarung 6, 17; 11, 18).

Im Gericht über die lebenden Israeliten ist entscheidend, ob sie würdig sind, ins Tausendjährige Reich zu kommen. Dieses Gericht macht wie andere beim zweiten Kommen Jesu klar, daß nach dem Gericht beim Beginn des Tausendjährigen Reiches alle übrigbleibenden Erwachsenen errettet werden. Dies trifft offenbar für die Kinder nicht zu, die noch nicht das Alter erreicht haben, in dem sie eigene Verantwortung für ihr Handeln tragen. Aber alle, die sich bewußt entscheiden können, jedoch Jesus nicht vertraut haben, werden zu Beginn des Tausendjährigen Reiches getötet und am Ende des Tausendjährigen Reiches endgültig vor dem großen weißen Thron gerichtet werden.

Das Gericht über die lebenden Heiden

Viele Schriftstellen bestätigen, daß nicht nur die lebenden Israeliten beim zweiten Kommen Jesu gerichtet werden, sondern daß auch die Heiden, die die Trübsal überlebt haben, dem reinigenden Gericht Jesu unterworfen werden. Dies wird besonders in Matthäus 25, 31- 46 zum Ausdruck gebracht. In diesem Abschnitt werden die Schafe den Böcken gegenübergestellt, wobei die Schafe solche Menschen darstellen, die errettet werden, und die Böcke diejenigen, die verloren sind. Die Böcke werden ins ewige Feuer geworfen, was ihre ewige Strafe bedeutet (Vers 46). Über diese Stelle sind manche gestolpert, weil sie das Evangelium nicht klar verkündet und die Schafe und Böcke nach ihren Werken unterscheidet. Insbesondere werden die Schafe als solche gekennzeichnet, die den Brüdern geholfen haben – das heißt den Juden, die in der Großen Trübsal verfolgt wurden.

Wegen des weltweiten Antisemitismus, der in der Großen Trübsal vorherrschen wird, wird jeder, der einem Juden in seinem Leid hilft, sich als jemand auszeichnen, der der Bibel und Jesus Christus vertraut. Wenn ihre Werke sie auch nicht retten, so sind sie doch die Grundlage dafür, sie von denen zu unterscheiden, die nicht errettet sind und die als Böcke bezeichnet werden. Am Anfang des Millenniums werden Juden und Heiden danach gerichtet, ob sie würdig sind, ins Tausendjährige Reich einzugehen, und nur Erwachsene, die errettet sind, dürfen hineingehen. Wenn sich das Millennium entfaltet und die darin aufgewachsenen Kinder die Frage beantworten müssen, ob sie Jesus vertrauen wollen, werden viele Menschen nur äußerlich die Herrschaft des Königs anerkennen, aber nicht wirklich wiedergeboren sein. Diese Menschen werden am Ende des Millenniums gerichtet.

Wenn Christus wiederkommt, werden alle Gerechten gerichtet sein. Nur die Bösen werden noch in den Gräbern sein, und die restlichen Gerichte ergehen über die Bösen und Gottlosen am großen weißen Thron und über die Rebellen während der Herrschaft Christi im Tausendjährigen Reich. Offene Rebellion wird es im Tausendjährigen Reich nicht geben, aber die Heuchelei des Lippenbekenntnisses ohne wirklichen Glauben wird erst am Ende des Tausendjährigen Reiches offenbart werden.

Diese Übersicht über die Gerichte sollte klarmachen, daß die Ansicht von manchen Gelehrten, alle Gerichte würden gleichzeitig und am selben Ort stattfinden, nicht wahr ist. Einige Gerichte gehen der Wiederkunft Jesu voraus, andere folgen danach.

35 Das Tausendjährige Reich: Wiederherstellung Israels

Die Andersartigkeit des Millenniums

Ein so wichtiges Ereignis wie die Wiederkunft Jesu bringt ganz natürlich eine bemerkenswerte Änderung der Erde und ihrer Regierung mit sich. Nimmt man die vielen Prophezeiungen über das Tausendjährige Reich wörtlich, dann beschreiben sie eine Zeit, die von der des Gesetzes und der gegenwärtigen Zeit der Gnade völlig verschieden ist. Die leibliche Gegenwart Jesu wird viele Veränderungen mit sich bringen, da seine Herrschaft und Macht sich über die ganze Erde ausdehnen wird, er wird König der Könige und Herr der Herren sein und den Thron Davids als Sohn Davids einnehmen und über Israel regieren. Amillenaristen, die ein solches zukünftiges Tausendjähriges Reich leugnen, tun sich schwer bei dem Versuch, Hunderte von Bibelversen wegzudiskutieren, die dieses Königreich auf Erden beschreiben. Deshalb ist die prämillenale Deutung – daß sich nach dem zweiten Kommen Jesu das Tausendjährige Reich entfaltet – bei weitem vorzuziehen, da sie dem Alten und Neuen Testament Beachtung schenkt und die Deutung zuläßt, die erforderlich ist.

Beim zweiten Kommen Jesu werden die gegen Gott im Heiligen Land versammelten Armeen vernichtet (Offenbarung 19, 17, 21), das Tier und der falsche Prophet ergriffen und in den Feuersee geworfen (Vers 20), Satan wird gebunden (20, 1-3), und die Märtyrer der Trübsal werden auferstehen und mit Christus tausend Jahre regieren (Verse 4-6). Eine wörtliche Auslegung von Offenbarung 20, 4-6 erfordert, daß Christus nach seiner Wiederkunft auf Erden tausend Jahre regiert.

Diese Regierung Christi wird einer bösen Welt Gerechtigkeit bringen, Friede einer durch Krieg zerrissenen Welt, Wohlstand einer ökonomisch unfähigen Welt, neues geistliches und soziales Leben und eine erneuerte Erde, die für das Tausendjährige Reich geeignet ist.

Die Herrschaft Jesu als Sohn Davids

Im Einklang mit der verkündeten Absicht Gottes, einen Mann auf den Thron Davids zu setzen, der ewig regiert, wird Jesus zurückkommen, um diesen Thron einzunehmen. Jetzt ist er im Himmel und wartet auf die Zeit seines Triumphes über seine Feinde (Psalm 110, 1.2). Als der Auferstandene (Apostelgeschichte 2, 29-36) ist er befähigt, ewig auf dem Thron Davids zu sitzen, den kein anderer erben wird. Seine Regierung über das Haus Israel geht von Jerusalem aus (Jesaja 2, 1- 4), und von dort aus wird er auch als König aller Könige und Herr aller Herren über die ganze Welt herrschen (Psalm 72, 8-11.17-19). Der Thron Davids ist ein irdischer Thron, kein himmlischer Thron, und er darf nicht mit dem Thron Gottes im Himmel verwechselt werden.

Die Herrschaft Christi über Israel ist ein Teil seiner königlichen Regierung über die ganze Erde. Nach Psalm 2, 6-9 war es Gottes Absicht, daß Jesus über die ganze Erde herrschen sollte. In der Offenbarung, die Daniel in Kapitel 2, 35 erhielt, wurde der Stein, der das Reich Gottes darstellte, »zu einem großen Berg, so daß er die ganze Welt füllte.« Dies wird in Daniel 7, 14 erklärt, wo es von Christus heißt, Gott »gab ihm Macht, Ehre und Reich, daß ihm alle Völker und Leute aus so vielen verschiedenen Sprachen dienen sollten. Seine Macht ist ewig und vergeht nicht, und sein Reich hat kein Ende.« Die Herrschaft Christi wird nicht nur universal sein, sondern auch vollkommen gerecht (Jesaja 2, 3.4; 11, 2-5).

Zu Beginn des Tausendjährigen Reiches wird Christus über die erretteten Erwachsenen herrschen, da nicht erlöste Heiden und Juden ausgesondert worden sind und nur erwachsene Christen und Kinder ins Tausendjährige Reich eintreten dürfen. Die Kinder werden sich später jedoch für oder wider Jesus entscheiden müssen. Ebenso werden Kinder, die im Tausendjährigen Reich geboren werden, eine Entscheidung zu ihrer Erlösung treffen müssen, wenn sie alt genug dazu sind. Im Laufe des Millenniums wird es immer mehr Menschen geben, die lediglich vorgeben, erlöst zu sein, es aber in Wirklichkeit nicht sind. Dies erklärt das Böse, das es im Tausendjährigen Reich noch gibt, und die Rebellion am Ende.

Die Stellung Israels und seine Wiederherstellung können nicht genug hervorgehoben werden, denn Israel kommt in der Absicht Gottes, sich die ganze Erde untertan zu machen, ein wichtiger Stellenwert zu. Deshalb sind die Rückkehr Israels in sein Land, seine geistliche Erneuerung und die Regierung Christi über Israel wesentlich für Gottes Absicht. Die Kinder Israel werden über die Völker erhöht werden und eine besonders begünstigte Stellung als Gottes auserwähltes Volk einnehmen (Jesaja 14, 1.2, 49, 22.23; 60, 14-17; 61, 6.7).

Auch die Heiden werden eine wichtige Rolle im Tausendjährigen Reich spielen, aber sie werden in ihrem geistlichen Segen Israel nachstehen (Jesaja 14, 1.2, 49, 22.23; 61, 5-9).

Die Wiederherstellung Israels

Im Millennium wird Israel endlich wiederhergestellt werden. Am Anfang des Millenniums wird Israel engültig und für immer gesammelt (Hesekiel 39, 25-29; Amos 9, 15). Die Herrschaft Christi über Israel wird herrlich und eine vollständige und wörtliche Erfüllung all dessen sein, was Gott David verheißen hat (Jeremia 23, 5-8).

Hesekiel 37 gibt ein gewaltiges Bild von dieser Wiederherstellung. Gott zeigte dem Propheten unter dem Bild eines Tales voller verdorrter Totengebeine die Verjüngung dieser Skelette. Die Knochen fanden zusammen und wurden mit Sehnen überzogen. Dann kam Leben in sie.

> »Des HERRN Hand kam über mich, und er führte mich hinaus im Geist des HERRN und stellte mich mitten auf ein weites Feld; das lag voller Totengebeine.
> Und er führte mich überall hindurch. Und siehe, es lagen sehr viele Gebeine über das Feld hin, und siehe, sie waren ganz verdorrt.
> Und er sprach zu mir: Du Menschenkind, meinst du wohl, daß diese Gebeine wieder lebendig werden? Und ich sprach: HERR, mein Gott, du weißt es.
> Und er sprach zu mir: Weissage über diese Gebeine und sprich zu ihnen: Ihr verdorrten Gebeine, höret des HERRN Wort!
> So spricht Gott der HERR zu diesen Gebeinen: Siehe, ich will Odem in euch bringen, daß ihr wieder lebendig werdet.
> Ich will euch Sehnen geben und lasse Fleisch über euch wachsen und überziehe euch mit Haut und will euch Odem geben, daß ihr wieder lebendig werdet; und ihr sollt erfahren, daß ich der HERR bin.«

In Hesekiel 37, 7.8 wird die Prophezeiung erfüllt:

> »Und ich weissagte, wie mir befohlen war. Und siehe, da rauschte es, als ich weissagte, und siehe, es regte sich, und die Gebeine rückten zusammen, Gebein zu Gebein.
> Und ich sah, und siehe, es wuchsen Sehnen und Fleisch darauf, und sie wurden mit Haut überzogen; es war aber noch kein Odem in ihnen.«

Dieser Abschnitt versinnbildlicht die Wiederherstellung Israels in einer Situation, in der es keine Hoffnung zu geben scheint. Es wird wieder zum Leben erweckt werden. Dies wird in Hesekiel 37, 11-13 ausgedrückt:

> »Und er sprach zu mir: Du Menschenkind, diese Gebeine sind das ganze

> Haus Israel. Siehe, jetzt sprechen sie: Unsere Gebeine sind verdorrt, unsere Hoffnung ist verloren, und es ist aus mit uns.
> Darum weissage und sprich zu ihnen: So spricht Gott der HERR: Siehe, ich will eure Gräber auftun und hole euch, mein Volk, aus euren Gräbern herauf und bringe euch ins Land Israels.
> Und ihr sollt erfahren, daß ich der HERR bin, wenn ich eure Gräber öffne und euch, mein Volk, aus euren Gräbern heraufhole.«

Hesekiel erfuhr auch, daß die Reiche von Juda und Israel vereinigt werden sollen und die beiden »Stöcke« wieder ein Stock werden würden (Vers 15-17).

Die Auferstehung Israels wird in dem Wort des Herrn an Hesekiel zusammengefaßt:

> »So spricht Gott der HERR: Siehe, ich will die Israeliten herausholen aus den Heiden, wohin sie gezogen sind, und will sie von überall her sammeln und wieder in ihr Land bringen
> und will ein einziges Volk aus ihnen machen im Land auf den Bergen Israels, und sie sollen allesamt **einen** König haben und sollen nicht mehr zwei Völker sein und nicht mehr geteilt in zwei Königreiche« (37, 21.22).

Die Wiederherstellung Israels wird noch andere Kennzeichen zusätzlich zu der leiblichen und politischen Erneuerung haben. In Hesekiel 37, 14 sagt Gott seinem Volk: »Ich will meinen Odem in euch geben, daß ihr wieder leben sollt.«

Bei der Wiederherstellung Israels wird besonders die Auferstehung Davids hervorstechen, der ein Mitregent Christi sein wird. Der Herr sprach durch Hesekiel:

> »Und mein Knecht David soll ihr König sein und der einzige Hirte für sie alle. Und sie sollen wandeln in meinen Rechten und meine Gebote halten und danach tun.
> Und sie sollen wieder in dem Lande wohnen, das ich meinem Knecht Jakob gegeben habe, in dem eure Väter gewohnt haben. Sie und ihre Kinder und Kindeskinder sollen darin wohnen für immer, und mein Knecht David soll für immer ihr Fürst sein« (37, 24.25).

Obwohl viele versucht haben, diese Stelle wegzudiskutieren, fordert sie offensichtlich die Wiederkunft Jesu, die Aufrichtung des davidischen Königreiches auf Erden, die Auferstehung Davids und die Herrschaft Davids auf dem Thron als Mitregent Christi. Daß David den Thron mit Christus im Tausendjährigen Reich teilen wird, kommt in vielen Stellen zum Ausdruck (Jeremia 30, 9; 33, 15-17; Hesekiel 34, 23.24; Hosea 3, 5). Diese Prophezeiung kann heute nicht erfüllt werden, da David nicht auferstanden ist, und weil es keinen davidischen Thron auf Erden gibt. Es gäbe keinen Grund zu fragen, was diese Stelle aussagt, wenn an der buchstäblichen Erfüllung des Tausendjährigen Reiches nicht gezweifelt werden würde. Wenn einmal die Realität des Tausendjährigen Reiches anerkannt wird, ergibt sich die Herrschaft Davids mit Christus ganz natürlich aus den Verheißungen, die Gott David gab.

Geistliches Leben im Millennium

Allgemeine Lehren über das geistliche Leben im Millennium. Wegen der leiblichen Gegenwart Christi auf Erden und der Offenbarung seiner Herrlichkeit, Gottheit und seiner gerechten Herrschaft wird das geistliche Leben im Millennium ganz anders sein als in vorigen Zeitaltern. Da alle Erwachsenen, die ins Tausendjährige Reich hineingehen, errettet sind, wird es ein geistliches Leben geben, das in den früheren Zeitaltern nicht denkbar war. Nach Jesaja wird »das Land voll Erkenntnis des HERRN sein, wie Wasser das Meer bedeckt« (11, 9). Jeremia erklärte zum neuen Bund:

> »Ich will mein Gesetz in ihr Herz geben und in ihren Sinn schreiben, und sie sollen mein Volk sein, und ich will ihr Gott sein.
> Und es wird keiner den andern noch ein Bruder den andern lehren und sagen: »Erkenne den HERRN«, sondern sie sollen mich alle erkennen, beide, klein und groß, spricht der HERR; denn ich will ihnen ihre Missetat vergeben und ihrer Sünde nimmermehr gedenken« (31, 33.34).

Die weitverbreitete Erkenntnis der biblischen Wahrheit und der Wahrheit über Person und Werk Jesu wird eine erstaunliche Basis für das geistliche Leben sein.

Der Heilige Geist wird im Millennium in allen Gläubigen wohnen, genau wie er es im gegenwärtigen Zeitalter tut (Hesekiel 36, 27, 37, 14; vergleiche Jeremia 31, 33). In Hesekiel 36, 24-27 wird eine Zusammenfassung des Werkes des Heiligen Geistes gegeben:

> »Denn ich will euch aus den Heiden herausholen und euch aus allen Ländern sammeln und wieder in euer Land bringen,
> und will reines Wasser über euch sprengen, daß ihr rein werdet; von all eurer Unreinheit und von allen euren Götzen will ich euch reinigen.
> Und ich will euch ein neues Herz und einen neuen Geist in euch geben und will das steinerne Herz aus eurem Fleisch wegnehmen und euch ein fleischernes Herz geben.

Ich will meinen Geist in euch geben und will solche Leute aus euch machen, die in meinen Geboten wandeln und meine Rechte halten und danach tun.«

Nicht nur wird im Millennium der Heilige Geist in jedem Gläubigen wohnen, sondern vieles deutet darauf hin, daß viel mehr Christen mit dem Heiligen Geist erfüllt sein werden, als es im gegenwärtigen Zeitalter der Fall ist (Jesaja 32, 15; 44, 3; Hesekiel 39, 29; Joel 3, 1.2).

Im Gegensatz zum gegenwärtigen Zeitalter wird es im Millennium keinen Widerstand von Seiten Satans oder der Dämonen geben, und dadurch wird das geistliche Leben auf bisher ungeahnte Weise entfaltet. Es wird in jener zukünftigen Zeit unter den Menschen Friede, Freude und Anbetung geben, wie es dies im gegenwärtigen Zeitalter nur in verhältnismäßig wenigen christlichen Kreisen gibt.

Eine hervorstechende Eigenschaft des Tausendjährigen Reiches wird sein, daß Christus in Jerusalem regiert und seine Herrlichkeit offenbart. Viele Prophezeiungen beziehen sich auf die Herrlichkeit Christi, die im Tausendjährigen Reich sichtbar wird. Die Wiederkunft Jesu selbst wird eine Kundgebung der Herrlichkeit Gottes sein (Matthäus 25, 31). In Psalm 72, 19 heißt es, daß die ganze Erde von der Herrlichkeit Gottes erfüllt sein wird. Da Christus alle Eigenschaften Gottes aufweisen wird, von denen jede ein Teil seiner Herrlichkeit ist, wird die Offenbarung der Macht und Gegenwart Gottes größer als in jedem früheren Zeitalter sein. Christus wird Gegenstand der Anbetung und des Gehorsams sein, und wer ihn verwirft, muß diese Fülle der Offenbarung verwerfen.

Der Ort des Tempels im Millennium

Nach Hesekiel 40, 1- 46, 24 wird es im Millennium einen großartigen Tempel geben, der das Zentrum der priesterlichen Handlungen und Opfer sein wird. Wegen des Widerstandes gegen die prämillenale Ansicht wurden viele Versuche unternommen, den Tempel des Tausendjährigen Reiches wegzudiskutieren. Amillenaristen sind verpflichtet, eine andere als die wörtliche Erklärung dafür zu finden, weil sie die Vorstellung eines Millenniums selbst ablehnen. Deshalb haben sie verschiedene Erklärungen gegeben, von denen nicht eine den Tatsachen entspricht. Manche Ausleger sind der Meinung, dies sei eine Beschreibung des salomonischen Tempels oder des Tempels, der von denen gebaut wurde, die aus der Babylonischen Gefangenschaft zurückgekehrt waren. Jedoch sind die Pläne des Tempels völlig anders, wie ein Vergleich der Einzelheiten des Tempels in Hesekiel (Hesekiel 40, 5 – 44, 9) mit Bibelstellen, die sich auf den ersten und zweiten Tempel beziehen, zeigt (1. Könige 6, 2-7, 15; 2. Chronik 3, 3 – 4, 22;

Esra 6, 3.4). Weil sie den Tempel Hesekiels nicht mit früheren Tempeln gleichzusetzen vermögen, haben Amillenaristen ihre Zuflucht zur Vergeistigung genommen, so daß der Tempel bloß ein Symbol oder ein Ideal sein soll und die Tatsache nicht vermitteln will, daß ein wirklicher Tempel gebaut werden solle. Diese Auslegung paßt jedoch nicht zur Offenbarung Hesekiels, in der die Architektur des Tempels und der Gottesdienst in allen Einzelheiten geschildert wird; vieles davon könnte überhaupt keine symbolische Bedeutung haben, es sei denn der Tempel insgesamt.

Die natürlichste Erklärung, die auch im Einklang mit der Deutung der Prophetie allgemein steht, ist, die Prophezeiung eines zukünftigen Tempels wörtlich zu nehmen und zu erwarten, daß dieser Tempel im Tausendjährigen Reich so gebaut wird, wie Hesekiel ihn beschrieben hat. Wenn man die prämillenale Deutung der Schrift akzeptiert und das Millennium im prophetischen Programm anerkennt, gibt es keinen Grund, warum solch ein Tempel nicht gebaut werden sollte.

Der Tempel wird den Gottesdienst im Millennium fördern, ähnlich wie der erste Tempel unter dem mosaischen Gesetz, aber auch anders. Der Tempel soll den Menschen versichern, daß Gott in ihrer Mitte ist, nicht nur Jesus auf dem Thron in Jerusalem, sondern auch der Vater und der Heilige Geist. Die Herrlichkeit des Herrn, die den salomonischen Tempel verlassen hatte (Hesekiel 8-11), wird den Tempel des Millenniums füllen, wie es in Hesekiel 44, 4 berichtet wird:

> »Danach führte er mich zum Tor im Norden vor das Haus des HERRN. Und ich sah, und siehe, das Haus war erfüllt von der Herrlichkeit des HERRN, und ich fiel auf mein Angesicht.«

Der Tempel wird mit dem geschriebenen Wort Gottes und der sichtbaren Gegenwart Christi zusammen eine Fülle von Offenbarungen im Millennium hervorbringen, wie sie in keinem Zeitalter zu finden war.

Der Tempel, der im Tausendjährigen Reich gebaut werden wird, wird viel größer sein als die früheren Tempel Israels und einen quadratischen Grundriß mit einer Seitenlänge von 266 Metern haben. Wie die früheren Tempel wird er nach Osten ausgerichtet sein und eine äußere Mauer haben, die um die drei anderen Seiten herumläuft. Der Tempel wird dreißig Räume in drei Stockwerken haben. Außer an der Westmauer wird auf den drei anderen Seiten ein großer äußerer Hof sein, der den Tempel mit seinen Toren in jeder der drei Mauern umgeben wird. Ein besonderes Charakteristikum des Tempels wird – wie in den früheren Tempeln – das Schlachten von Opfertieren sein.

Die Tieropfer sind heftig umstritten. Die Vorstellung von Tieropfern im Millennium scheint der Tatsache zu widersprechen, daß das eine Opfer Jesu Genüge getan hat, wie es im Hebräerbrief ausgedrückt wird:

»sonst hätte er (Christus) oft leiden müssen vom Anfang der Welt an. Nun aber, am Ende der Welt, ist er ein für allemal erschienen, durch sein eigenes Opfer die Sünde aufzuheben.
Und wie den Menschen bestimmt ist, **einmal** zu sterben, danach aber das Gericht:
so ist auch Christus **einmal** geopfert worden, die Sünden vieler wegzunehmen; zum zweitenmal wird er nicht der Sünde wegen erscheinen, sondern denen, die auf ihn warten, zum Heil« (9, 26-28).

Die Opfer im Tempel des Millenniums sollen nicht den Tod Christi unzureichend machen, sondern sie sollen ein Gedächtnis des Opfers Jesu auf Golgatha sein, wie die alttestamentlichen Opfer auf die Erfüllung im Tode Jesu vorausschauten. Die Vorkehrungen für das Opfer bei Hesekiel unterscheiden sich ein wenig von denen unter dem mosaischen Gesetz. Die Opfer des Millenniums werden durch die idealen Zustände gefordert, die das Tausendjährige Reich auszeichnen, in dem die Sünde ihren furchtbaren Charakter verloren hat. Das Opfersystem im Millennium soll deshalb daran erinnern, daß ein blutiges Opfer notwendig war, und weist zurück auf den Tod Jesu, der uns von Sünden erlöst hat.

Obwohl das Opfersystem hier bei Hesekiel an den Tempel geknüpft ist, gibt es andere Stellen, die zum selben Ergebnis führen (Jesaja 56, 7; 66, 20-23; Jeremia 33, 18; Sacharja 14, 16-21; Maleachi 3, 3.4). Mindestens fünf alttestamentliche Propheten bestätigen ein Opfersystem im Millennium. Der Tempel und seine Opfer werden ein wichtiger Teil des Lebens in und um Jerusalem herum sein und demonstrieren, daß es im Millennium genauso notwendig ist, Leben in Christus zu erwerben wie in anderen Zeitaltern.

Hinsichtlich des Gottesdienstes im Tempel wurde Hesekiel gezeigt, daß das östliche Tor verschlossen bleibt. Die Erklärung dafür ist:

»Dies Tor soll zugeschlossen bleiben und nicht aufgetan werden, und niemand soll dort hineingehen. Denn der HERR, der Gott Israels, ist dort eingezogen; darum soll es zugeschlossen bleiben.
Nur der Fürst darf sich, weil er der Fürst ist, dort niederlassen und das Opfermahl essen vor dem HERRN. Durch die Vorhalle des Tores soll er hineingehen und durch sie wieder herausgehen« (44, 2.3).

Die Erwähnung des Fürsten scheint sich auf David zu beziehen, der als ein Fürst unter Christus verstanden wird (34, 23.24; 37, 24.25). Der Rahmen ist natürlich das Tausendjährige Reich nach der Wiederkunft Jesu und nach der Auferstehung Davids. Die Vorschrift, das östliche Tor verschlossen zu halten, hat zu der interessanten Frage über die östliche Mauer geführt, die jetzt in der

Mauer Jerusalems integriert ist und viele Jahrhunderte lang verschlossen war. Das östliche Tor der jetzigen Mauer von Jerusalem ist offensichtlich nicht dasselbe Tor, das in Hesekiel 44 erwähnt wird, obwohl beide Tore wahrscheinlich offen stehen, wenn Jesus nach Jerusalem zurückkehren wird.

Hesekiel gab verschiedene Vorschriften über den Tempeldienst der Priester und Leviten. Besondere Opfer sollten im ersten Monat und am ersten Monatstag dargebracht werden (45, 18.19). Das Passafest wird auch am vierzehnten Tag des ersten Monats gefeiert werden und dem siebentägigen Fest der ungesäuerten Brote folgen (45, 21-25).

Insgesamt wird das geistliche Leben im Millennium ganz verschieden von dem in früheren Zeitaltern sein. Es wird der Höhepunkt der Erfahrung des Menschengeschlechts in den verschiedenen Zeitaltern sein.

Das soziale und wirtschaftliche Leben

Die meisten Menschen werden erlöst sein. Wie wir schon sagten, wird wahrscheinlich die Mehrzahl der Bevölkerung des Tausendjährigen Reiches die Erlösung in Christus erfahren. Zu Anfang werden alle Erwachsenen errettet sein, da die anderen ausgesondert wurden. Im Fortgang des Millenniums wird es auch ein falsches Bekenntnis geben, weil die Erkenntnis des Herrn überhandnehmen wird (Jeremia 31, 34), aber es ist vernünftig, anzunehmen, daß verhältnismäßig mehr Menschen errettet werden als in unserer Zeit.

Im Gegensatz zu früheren Generationen wird es im Millennium Gerechtigkeit und Recht geben, wenn Christus auf dem Thron sitzt.

> »Er wird nicht richten nach dem, was seine Augen sehen, noch Urteil sprechen nach dem, was seine Ohren hören,
> sondern wird mit Gerechtigkeit richten die Armen und rechtes Urteil sprechen den Elenden im Lande, und er wird mit dem Stabe seines Mundes den Gewalttätigen schlagen und mit dem Odem seiner Lippen den Gottlosen töten« (Jesaja 11, 3.4).

Da keine Aufrüstung nötig ist, werden alle Steuern dazu verwandt, Gerechtigkeit und Gleichheit für alle Menschen der Erde zu verwirklichen. Unter dem gerechten Gericht Christi wird es wahrscheinlich Wohlstand geben, und äußerste Armut wird es nicht geben.

Wohlergehen. Allgemein wird die Welt nie dagewesenes Gedeihen erfahren, nicht nur im Bereich des Friedens und der Gerechtigkeit, sondern auch an Überfluß der materiellen Güter. Jeremia schreibt darüber:

»Sie werden kommen und auf der Höhe des Zion jauchzen und sich freuen über die Gaben des HERRN, über Getreide, Wein, Öl und junge Schafe und Rinder, daß ihre Seele sein wird wie ein wasserreicher Garten und sie nicht mehr bekümmert sein sollen.
Alsdann werden die Jungfrauen fröhlich beim Reigen sein, die junge Mannschaft und die Alten miteinander; denn ich will ihr Trauern in Freude verwandeln und sie trösten und sie erfreuen nach ihrer Betrübnis.
Und ich will der Priester Herz voller Freude machen, und mein Volk soll meiner Gaben die Fülle haben, spricht der HERR« (31, 12-14).

Hesekiel zeichnet ein ähnliches Bild:

»Und ich will einen Bund des Friedens mit ihnen schließen und alle bösen Tiere aus dem Lande ausrotten, daß sie sicher in der Steppe wohnen und in den Wäldern schlafen können.
Ich will sie und alles, was um meinen Hügel her ist, segnen und auf sie regnen lassen zu rechter Zeit. Das sollen gnädige Regen sein, daß die Bäume auf dem Felde ihre Früchte bringen und das Land seinen Ertrag gibt, und sie sollen sicher auf ihrem Lande wohnen und sollen erfahren, daß ich der HERR bin, wenn ich ihr Joch zerbrochen und sie errettet habe aus der Hand derer, denen sie dienen mußten.
Und sie sollen nicht mehr den Völkern zum Raub werden, und kein wildes Tier im Lande soll sie mehr fressen, sondern sie sollen sicher wohnen, und niemand soll sie schrecken.
Und ich will ihnen eine Pflanzung aufgehen lassen zum Ruhm, daß sie nicht mehr Hunger leiden sollen im Lande und die Schmähungen der Heiden nicht mehr ertragen müssen« (34, 25-29).

Ein ähnliches Bild des Überflusses malt Amos 9, 13.14.

Es wird gerechten Lohn für ihre Arbeit geben, und sie werden ihres Ertrages nicht beraubt werden. Jesaja prophezeite:

»Sie werden Häuser bauen und bewohnen, sie werden Weinberge pflanzen und ihre Früchte essen.
Sie sollen nicht bauen, was ein anderer bewohne, und nicht pflanzen, was ein anderer esse. Denn die Tage meines Volkes werden sein wie die Tage eines Baumes, und ihrer Hände Werk werden meine Auserwählten genießen.
Sie sollen nicht umsonst arbeiten und keine Kinder für einen frühen Tod zeugen; denn sie sind das Geschlecht der Gesegneten des HERRN, und ihre Nachkommen sind bei ihnen« (65, 21-23).

Im Einklang mit dieser Verheißung des Gedeihens wird die Erde alles im Überfluß hervorbringen, und der adamitische Fluch wird von ihr genommen werden. Jesaja sagte voraus:

> »Die Wüste und Einöde wird frohlocken, und die Steppe wird jubeln und wird blühen wie die Lilien.
> Sie wird blühen und jubeln in aller Lust und Freude. Die Herrlichkeit des Libanon ist ihr gegeben, die Pracht von Karmel und Scharon. Sie sehen die Herrlichkeit des HERRN, die Pracht unsres Gottes« (35, 1.2).

Nach Jesaja wird Gott »Regen geben und dir Brot geben vom Ertrag des Ackers in voller Genüge. Und dein Vieh wird zu der Zeit weiden auf weiter Aue. Die Rinder und Esel, die auf dem Felde ackern, werden gesalzenes gemengtes Futter fressen, das geworfelt ist mit Schaufel und Wurfgabel« (30, 23.24). Obwohl es noch den leiblichen Tod als Teil des Fluches über Adam geben wird, wird offenbar die Wirkung des Fluches auf den Erdboden großenteils aufgehoben werden, so daß es weniger leiblichen Mangel und Hunger geben wird als in unserer Zeit.

Gesundheit und langes Leben. Bei seinem ersten Kommen erfüllte Jesus die Prophezeiungen, daß er bei seinem Kommen die Lahmen und Kranken heilen werde. Viele Bibelstellen gehen aber weit über das erste Kommen Jesu hinaus zum zweiten Kommen und dem Tausendjährigen Reich. Die Menschen werden im Millennium länger leben, und es wird weniger Krankheit geben. Jesaja beschrieb die Situation im Millennium folgendermaßen:

> »Freuet euch und seid fröhlich immerdar über das, was ich schaffe. Denn siehe, ich will Jerusalem zur Wonne machen und sein Volk zur Freude,
> und ich will fröhlich sein über Jerusalem und mich freuen über mein Volk. Man soll in ihm nicht mehr hören die Stimme des Weinens noch die Stimme des Klagens.
> Es sollen keine Kinder mehr da sein, die nur einige Tage leben, oder Alte, die ihre Jahre nicht erfüllen, sondern als Knabe gilt, wer hundert Jahre alt stirbt, und wer die hundert Jahre nicht erreicht, gilt als verflucht.
> Sie werden Häuser bauen und bewohnen, sie werden Weinberge pflanzen und ihre Früchte essen.
> Sie sollen nicht bauen, was ein anderer bewohne, und nicht pflanzen, was ein anderer esse. Denn die Tage meines Volkes werden sein wie die Tage eines Baumes, und ihrer Hände Werk werden meine Auserwählten genießen.
> Sie sollen nicht umsonst arbeiten und keine Kinder für einen frühen Tod zeugen; denn sie sind das Geschlecht der Gesegneten des HERRN, und ihre Nachkommen sind bei ihnen« (65, 18-23).

Jesaja sagte auch voraus:

»Dann werden die Augen der Blinden aufgetan und die Ohren der Tauben geöffnet werden.
Dann werden die Lahmen springen wie ein Hirsch, und die Zunge der Stummen wird frohlocken. Denn es werden Wasser in der Wüste hervorbrechen und Ströme im dürren Lande.
Und wo es zuvor trocken gewesen ist, sollen Teiche stehen, und wo es dürre gewesen ist, sollen Brunnquellen sein« (35, 5-7).

Im Gegensatz zur Dezimierung der Weltbevölkerung in der Großen Trübsal wird es im Milllennium Gedeihen und einen Bevölkerungszuwachs geben. Jeremia weissagte:

»Und es soll aus ihr erschallen Lob- und Freudengesang; denn ich will sie mehren und nicht mindern, ich will sie herrlich machen und nicht geringer.« (30, 19)

Und durch Hesekiel sprach der Herr:
»Und ich will mit ihnen einen Bund des Friedens schließen, der soll ein ewiger Bund mit ihnen sein. Und ich will sie erhalten und mehren« (37, 26).

Wenn es auch noch Tod und Sünde im Millennium geben wird, werden die Probleme der Welt beseitigt sein, so daß die Menschen großenteils das Leben genießen, länger leben und sich in ihrer angenehmen Umgebung wohl fühlen werden.

Veränderungen der Erdoberfläche. Im Zusammenhang mit dem Tempel sagte Hesekiel voraus, daß aus dem Tempel ein breiter Strom nach Süden fließen wird, der so mächtig ist, daß man ihn nicht durchwaten kann (47, 3-6). An den Ufern des Flusses werden Bäume stehen (Verse 7-9), und in dem Fluß werden Fische schwimmen und andere Lebewesen sein. Frisches Wasser wird im Toten Meer sein, der Fluß wird weiter in den Süden Israels fließen und den Golf von Akaba erreichen. Hesekiel beschrieb diese Szene:

»Und er führte mich zurück am Ufer des Flusses entlang.
Und als ich zurückkam, siehe, da standen sehr viele Bäume am Ufer auf beiden Seiten.
Und er sprach zu mir: Dies Wasser fließt hinaus in das östliche Gebiet und weiter hinab zum Jordantal und mündet ins Tote Meer. Und wenn es ins Meer fließt, soll dessen Wasser gesund werden,
und alles, was darin lebt und webt, wohin der Strom kommt, das soll leben.
Und es soll sehr viele Fische dort geben, wenn dieses Wasser dorthin kommt; und alles soll gesund werden und leben, wohin dieser Strom kommt.

Und es werden an ihm die Fischer stehen. Von En-Gedi bis nach En-Eglajim wird man die Fischgarne aufspannen; denn es wird dort sehr viele Fische von aller Art geben wie im großen Meer.
Aber die Teiche und Lachen daneben werden nicht gesund werden, sondern man soll daraus Salz gewinnen.
Und an dem Strom werden an seinem Ufer auf beiden Seiten allerlei fruchtbare Bäume wachsen; und ihre Blätter werden nicht verwelken, und mit ihren Früchten hat es kein Ende. Sie werden alle Monate neue Früchte bringen; denn ihr Wasser fließt aus dem Heiligtum. Ihre Früchte werden zur Speise dienen und ihre Blätter zur Arznei« (47, 6-12).

Bedeutende topographische Veränderungen werden im Lande Israel bei der Wiederkunft Jesu stattfinden. Sacharja beschrieb, wie der Ölberg sich spalten wird: »Und seine Füße werden stehen zu der Zeit auf dem Ölberg, der vor Jerusalem liegt nach Osten hin. Und der Ölberg wird sich in der Mitte spalten, vom Osten bis zum Westen, sehr weit auseinander, so daß die eine Hälfte des Berges nach Norden und die andere Hälfte des Berges nach Süden weichen wird« (14, 4). Sacharja schrieb auch über die lebendigen Wasser, die aus Jerusalem fließen werden. Sacharja enthüllt, daß zusätzlich zu den Wassern, die gemäß Hesekiel 47 aus dem Tempel nach Osten und Süden zum Toten Meer fließen, auch Wasser aus Jerusalem nach Westen zum Mittelmeer fließen wird: »Zu der Zeit werden lebendige Wasser aus Jerusalem fließen, die eine Hälfte zum Meer im Osten und die andere Hälfte zum Meer im Westen, und so wird es sein im Sommer und im Winter« (14, 8).

Jerusalem und das Land um Jerusalem wird hochgehoben werden: »Und das ganze Land wird verwandelt werden in eine Ebene, von Geba bis nach Rimmon im Süden. Aber Jerusalem wird hoch liegen und an seiner Stätte bleiben, vom Tor Benjamin bis an die Stelle des ersten Tors, bis an das Ecktor, und vom Turm Hananel bis an des Königs Kelter. Und man wird darin wohnen; es wird keinen Bann mehr geben, denn Jerusalem wird ganz sicher wohnen« (Sacharja 14, 10.11).

Gelehrte, die ein zukünftiges Millennium nicht akzeptieren, haben Schwierigkeiten, diese Prophezeiungen zu deuten. Jedoch sind diese Voraussagen durchaus schlüssig, wenn man sie wörtlich nimmt, und sie bestätigen erneut die Lehre eines Tausendjährigen Reiches.

Veränderungen im Heiligen Land bereiten Israel darauf vor, das ganze Gebiet vom Euphrat bis zum Bach Ägyptens einzunehmen, wie das in 1. Mose 15, 18-21 beschrieben wird. Ganz grob wird das Heilige Land sich nördlich ungefähr bis Damaskus ausdehnen, der Jordan wird die östliche Grenze sein, das Mittelmeer die westliche. Südlich wird es sich bis zur Grenze Ägyptens, dem Bach Ägyptens, erstrecken.

Hesekiel legte dar, wie das Land unter die Stämme Israels verteilt werden wird, beginnend mit Dan im Norden und dann der Reihe nach von Norden nach Süden Asser, Naftali, Manasse, Ephraim, Ruben und Juda. Südlich davon werden die Stämme Benjamin, Simeon, Issachar, Sebulon und Gad wohnen. Der Besitz des Landes, der im Alten Testament wiederholt als Israels schließliches Erbe beteuert wird, gelangt in diesem Bild des Tausendjährigen Reiches zur Erfüllung.

Im Mittelpunkt wird selbstverständlich die Stadt des Millenniums, Jerusalem, stehen, die zwölf Tore hat. Obwohl es viel kleiner als das Neue Jerusalem auf der neuen Erde ist, werden die Tore wie im Neuen Jerusalem die Namen der zwölf Stämme Israels haben. Die drei nördlichen Tore werden die Namen Ruben, Juda und Levi tragen, die östlichen Tore Josef, Benjamin und Dan, die südlichen Tore Simeon, Issachar und Sebulon, und die westlichen Tore Gad, Asser und Naftali (Hesekiel 48, 30-34). Diese Prophezeiung ist in der Geschichte noch nicht erfüllt worden und verlangt ein Tausendjähriges Reich und eine entsprechende Situation, damit dies vollständig in Erfüllung gehen kann. Eine der wichtigen Charakteristika Jerusalems im Millennium ist, daß Gott sichtbar in ihrer Mitte ist, und daß die Herrlichkeit Gottes im Tempel bleibt.

Die menschliche Geschichte der jetzigen Erde wird mit dieser herrlichen tausendjährigen Periode enden, in der Christus erhaben in Jerusalem regieren wird. Das verheißene Land und seine ruhmreiche Stadt Jerusalem werden nur von dem neuen Himmel und der neuen Erde übertroffen werden, die in Ewigkeit bleiben werden.

Die letzte Rebellion

Satan wird losgelassen. In Offenbarung 20, 3 wird vorausgesagt, daß Satan am Ende der tausend Jahre losgelassen und sofort eine Rebellion gegen die Herrschaft Christi auf Erden anzetteln wird:

> »Und wenn die tausend Jahre vollendet sind, wird der Satan losgelassen werden aus seinem Gefängnis
> und wird ausziehen, zu verführen die Völker an den vier Enden der Erde, Gog und Magog, und sie zum Kampf zu versammeln; deren Zahl ist wie der Sand am Meer.
> Und sie stiegen herauf auf die Ebene der Erde und umringten das Heerlager der Heiligen und die geliebte Stadt. Und es fiel Feuer vom Himmel und verzehrte sie.
> Und der Teufel, der sie verführte, wurde geworfen in den Pfuhl von Feuer und Schwefel, wo auch das Tier und der falsche Prophet waren; und sie

werden gequält werden Tag und Nacht, von Ewigkeit zu Ewigkeit« (Offenbarung 20, 7-10).

Die tausend Jahre, in denen Satan eingesperrt war, haben sein Wesen nicht geändert. Er wird versuchen, Gottes Stelle einzunehmen und Anbetung und Gehorsam zu erlangen, die nur Gott gebühren. Er wird Bereitschaft bei denen finden, die aus der Nachfolge Jesu im Millennium eine Formsache gemacht haben, aber nun ihr wahres Gesicht zeigen. Sie werden Jerusalem umzingeln und die Hauptstadt des Königreiches Davids und der ganzen Welt zu erobern suchen. Die Bibel berichtet lapidar: »Es fiel Feuer vom Himmel und verzehrte sie« (Vers 9).

Dieser kurze Bericht bringt die lange Geschichte der Rebellion Satans gegen Gott, an der die Menschheit Anteil hatte, zum Abschluß. Nun wird zu guter Letzt das Böse gerichtet und Satan entmachtet werden.

Das Heer, das aufgestellt wird, um Jerusalem zu stürmen, wird als »Gog und Magog« (Offenbarung 20, 8) bezeichnet, was viele Ausleger verwirrt hat. Nach Hesekiel 38 und 39 wird Israel in einer Zeit des Friedens von Norden her von einem Bündnis von sechs Nationen angegriffen. Sie werden als »Gog und Magog« beschrieben. Dabei bezieht sich Gog auf den Anführer und Magog auf das Land. Wie Hesekiel berichtet, wird die Schlacht in einer Katastrophe enden. Die ganze eindringende Streitkraft wird ausgelöscht werden, und Monate sind nötig, um die Ordnung wiederherzustellen und die Leichname zu begraben.

Die Einfügung der Wörter »Gog und Magog« in Offenbarung 20, 8 wird nicht erklärt, und der Satz ist vollständig, wenn dieser Ausdruck gestrichen wird. Er bezieht sich offensichtlich auf Satan und Führer und Menschen, die sich versammeln in dem Versuch, Jerusalem zu erobern. Die Schlacht ist hier jedoch völlig verschieden von der in Hesekiel 38 und 39. Dort findet die Schlacht in Nordisrael auf den Bergen statt. Dort kommen die Menschen durch eine Anzahl von Katastrophen um, von denen Feuer nur ein Element ist. Das Leben in Israel geht nach der Schlacht weiter, und Monate vergehen, bis die Toten begraben sind. Hier ist die Reihenfolge der Ereignisse eine völlig andere. Hier versammeln sich die Feinde Gottes um Jerusalem, um die Hauptstadt einzunehmen. Das Gericht tritt augenblicklich ein, da Feuer vom Himmel fällt und die verzehrt, die die Stadt angreifen. Man braucht die Toten nicht zu begraben, weil sie vom Feuer verzehrt wurden. Der Ort der Schlacht ist ein anderer. Die vorausgehenden und folgenden Ereignisse sind verschieden. In Hesekiel 38 scheint die Invasion in der Friedensperiode vor der Großen Trübsal zu geschehen. Hier geschieht sie am Ende des Tausendjährigen Reiches. In Hesekiel 39 und 39 kommt Satan nicht vor; hier ist er der Hauptagierende. Der Ausdruck »Gog und Magog« scheint andeuten zu wollen, daß unter den Menschen, die Jerusalem angreifen, Führer und Untergebene sind, wie Gog und Magog in Hesekiel 38, jedoch handelt es sich um ein anderes Volk.

Man mag die Frage stellen, warum Satan überhaupt zu dieser Zeit losgelassen wird. Die Bibel gibt dafür keine Begründung, aber es wird die unheilbare Bosheit Satans demonstriert; Satan wendet sich auch nach tausendjähriger Haft nicht von seiner Rebellion gegen Gott ab. Damit wird auch bestätigt, daß die Bestrafung der Übeltäter ewig sein muß, da böse Naturen sich nicht ändern. Das Gericht über die Menschen, die sich der Rebellion Satans anschließen, ist eine Demonstration der Bosheit des menschlichen Herzens, das rebellisch ist, obwohl die Menschen zuvor in einer nahezu vollkommenen Umgebung leben, wo sie volle Erkenntnis Gottes haben und die Herrlichkeit Jesu Christi voll entfaltet wird. Dennoch werden diejenigen, die in Heuchelei äußerlich mit der Herrschaft Christi einverstanden waren, dann ihr wahres Gesicht zeigen. Es ist der endgültige Beweis, daß die Umgebung allein einen Menschen nicht ändern kann, sondern daß eine Neugeburt geschehen muß, ein übernatürliches Handeln Gottes, durch das Menschen eine neue Natur annehmen und Kinder Gottes und Heilige werden. Die Geschichte hat den Menschen unter allen möglichen Bedingungen getestet. Jedoch hat unter allen diesen Umständen der Mensch versagt und damit bewiesen, daß ein Mensch in jedem Zeitalter nur durch die Gnade Gottes errettet werden kann, und daß nur durch die Gnade Gottes ein heiliges Volk in den Himmel gebracht werden kann. Das letzte Gericht über Satan wird beweisen, daß Gott Sünde richtet, und daß es neben der Gnade auch ein göttliches Gericht über Sünde geben muß.

Das Ende Satans wird kurz angegeben: »Und der Teufel, der sie verführte, wurde geworfen in den Pfuhl von Feuer und Schwefel, wo auch das Tier und der falsche Prophet waren; und sie werden gequält werden Tag und Nacht, von Ewigkeit zu Ewigkeit« (Offenbarung 20, 10). Der Feuersee wurde ausdrücklich als Gerichtsort für Satan und die gefallenen Engel bereitet (Matthäus 25, 41). Satan wird hier gerichtet und in den Feuersee geworfen, in dem er ewig bleiben muß.

Eine traurige Bemerkung über das Tier und den falschen Propheten wird hier noch gemacht, den Weltherrscher und seinen Verbündeten, die tausend Jahre vorher in den Feuersee geworfen wurden. Sie sind immer noch lebendig und werden gequält. »Sie werden gequält werden Tag und Nacht, von Ewigkeit zu Ewigkeit« (Offenbarung 20, 10). Dies bezieht sich auf Satan, das Tier und den falschen Propheten. Wenn der Mensch endlose Qual auch nicht begreifen kann, so lehrt das doch die Bibel. Wie der Himmel ewig fortbestehen wird als Zeugnis der Gnade Gottes, so wird auch der Feuersee ewig bleiben als Zeugnis der Gerechtigkeit Gottes.

Mit dem Gericht über Satan und diejenigen, die ihm in der Rebellion gefolgt sind, geht das Millennium abrupt zu Ende und ebnet den Weg für die dramatische Szene des neuen Himmels und der neuen Erde, die nun folgt.

36 Das Gericht vor dem großen weißen Thron

Der große weiße Thron

In seiner Vision, die in Offenbarung 20 beschrieben wird, sah Johannes einen großen weißen Thron: »Und ich sah einen großen, weißen Thron und den, der darauf saß; vor seinem Angesicht flohen die Erde und der Himmel, und es wurde keine Stätte für sie gefunden« (Vers 11). Der große weiße Thron und der, der darauf saß, waren in ihrer Herrlichkeit so beeindruckend, daß sogar Himmel und Erde vor ihm wichen. Obwohl in der Bibel viele Throne erwähnt werden, einige auf Erden, andere im Himmel, unterscheidet sich dieser von allen anderen und bildet die Brücke zwischen der Vergangenheit und der zukünftigen Ewigkeit, die in Offenbarung 21 und 22 beschrieben wird.

Die Person, die auf dem Thron sitzt, wird nicht genannt, aber es ist zweifellos Jesus Christus, der König der Könige und Herr der Herren. In Johannes 5, 22 sagt Jesus: »Der Vater richtet niemand, sondern hat alles Gericht dem Sohn übergeben.« Alles Gericht wurde Christus anvertraut, dies steht im Einklang damit, daß Christus über Israel (Psalm 2, 6) und alle Völker (Verse 8.9) herrschen soll. Daß Christus der Richter ist, wird häufig in der Bibel erwähnt (Matthäus 19, 28; 25, 31; 2. Korinther 5, 10). Der Zeitpunkt dieses Gerichts wird am Ende des Millenniums und am Anfang der Ewigkeit sein, und das Gericht verbindet beides.

Aus der Feststellung, daß Erde und Himmel vor seiner Gegenwart fliehen, läßt sich folgern, daß zu Beginn der Ewigkeit unsere physikalische Welt, wie wir sie kennen, zerstört und durch eine völlig neue Erde und einen völlig neuen Himmel ersetzt werden wird. In Offenbarung 21, 1 wird uns weiter Aufschluß gegeben: »Der erste Himmel und die erste Erde sind vergangen, und das Meer ist nicht mehr.« Obwohl einige Gelehrte die Vorstellung ablehnen, daß unsere gegenwärtige Erde zerstört werden wird und stattdessen eine erneuerte Erde erwarten, wird die Zerstörung der Erde in der Bibel so anschaulich geschildert, daß es eigentlich keinen Grund gibt, diese Schlußfolgerung zu leugnen (Matthäus 24, 35; Markus 13, 31; Lukas 16, 17; 2. Petrus 3, 10). Die Zerstörung der

Erde wird ausdrücklich in 2. Petrus 3, 10 geschildert: »Es wird aber des Herrn Tag kommen wie ein Dieb; dann werden die Himmel zergehen mit großem Krachen; die Elemente aber werden vor Hitze schmelzen, und die Erde und die Werke, die darauf sind, werden ihr Urteil finden.« In Vers 11 spricht Petrus davon, daß die Erde »zergehen« wird. Jedenfalls ist es klar, daß alle gegenwärtigen Erscheinungsformen der Erde wie die Meere, das Mittelmeer, das Heilige Land, der Jordan und alle irdischen Grenzen auf der neuen Erde fehlen werden. Da unsere Erde wie eine riesige Uhr ist, die abläuft, und der Schauplatz von Sünde und Rebellion gegen Gott war, ist es angebracht, daß ein neuer Himmel und eine neue Erde geschaffen werden, um eine ewige Ordnung einzurichten, die nie endet und nie zerstört wird. Obwohl die Bibel darüber nicht viele Einzelheiten erwähnt, kann man annehmen, daß der neue Himmel und die neue Erde im Einklang mit Gottes Absicht stehen, für die Heiligen durch alle kommenden Zeitalter hindurch in Gnade zu sorgen.

Die Auferstehung der Ungerechten

Da die Bibel bezeugt, daß die Auferstehung aller Gerechten vor dem zweiten Kommen Jesu geschieht, ist davon auszugehen, daß am Ende des Millenniums nur die ungerechten Toten auferstehen. Die Bibel schweigt über das Los der Heiligen im Tausendjährigen Reich, von denen ohne Zweifel einige in den tausend Jahren sterben werden und daher wieder auferstehen müssen, und einige am Ende des Millenniums noch leben und eine Verwandlung erleben werden, ähnlich der bei der Entrückung der Gemeinde. Weil Gläubige heute diese Information nicht brauchen, wird sie auch nicht gegeben. Aber es wird in dieser Bibelstelle deutlich gesagt, daß mit dem Tod die menschliche Existenz nicht endet; denn die ungerechten Toten werden auferstehen. Johannes schreibt: »Und ich sah die Toten, groß und klein, stehen vor dem Thron, und Bücher wurden aufgetan. Und ein andres Buch wurde aufgetan, welches ist das Buch des Lebens. Und die Toten wurden gerichtet nach dem, was in den Büchern geschrieben steht, nach ihren Werken. Und das Meer gab die Toten heraus, die darin waren, und der Tod und sein Reich gaben die Toten heraus, die darin waren; und sie wurden gerichtet, ein jeder nach seinen Werken« (Offenbarung 20, 12.13). Wie bei anderen Gerichten Gottes wird es beim Endgericht keine Unterscheidung zwischen Kleinen und Großen geben. Alle werden denselben Maßstäben der göttlichen Gerechtigkeit unterworfen. Wie bei anderen Ewigkeitsgerichten haben Gerichte nach dem Tod mit den Werken zu tun. Für die Gerechten bringt dies eine Belohnung, wie es in dem Preisgericht vor dem Stuhl Christi deutlich wird. Für die Ungerechten sind ihre Werke die Grundlage ihres Gerichts. Besonders erwähnt werden die Toten, die aus dem Meer auferstehen; da ihr Körper zersetzt ist, benötigen sie einen außergewöhnlichen Auferstehungsakt. Wie auch immer der natürliche oder übernatürliche Prozeß geschieht, Gott ist auch dieser Auferstehung gewachsen, und sie stehen vor Gott auf derselben Grundlage wie diejenigen, die auf dem Land begraben wurden.

Vers 13 macht deutlich, daß die Auferstandenen aus dem Hades kommen. Man sollte sorgfältig unterscheiden zwischen dem Hades und dem Feuersee.

Gemäß der Schrift gehen die ungerechten Toten, die vor diesem letzten Gericht sterben, zum Hades, einem Ort der Toten und der Qual. Dies wird in der Geschichte vom reichen Mann und Lazarus illustriert (Lukas 16, 19-31). Der Reiche geht zum Hades und leidet Qualen, während Lazarus, der Bettler, in Abrahams Schoß getragen wird, einen Ort der Seligkeit und Ruhe. Es ist offenbar, daß die Qual im Hades bis zur Zeit des Gerichts vor dem großen weißen Thron andauert.

Der neutestamentliche Hades und sein alttestamentliches Äquivalent, die Scheol, beziehen sich auf den vorübergehenden Ort der Toten, nicht auf eine ewige Bestrafung. In einigen Fällen können sich die Begriffe auf das Grab beziehen statt auf den Zwischenzustand der Toten (z.B. Apostelgeschichte 2, 27.31). Es ist jeweils eine Frage der Auslegung, ob es sich um den Zwischenzustand, den eigentlichen Hades, handelt, oder ob es sich auf den Ort bezieht, an dem der Leib liegt, das Grab. Es ist jedoch in jedem Falle klar, daß dies ein vorübergehender Zustand ist, wie es hier in Offenbarung 20 deutlich wird. Der Begriff Hades ist von der *Gehenna* zu unterscheiden. Gehenna ist in der Bibel ein Synonym für den Feuersee oder den ewigen Zustand im Gegensatz zum vorübergehenden Zustand des Hades.

Ursprünglich bezog sich die Gehenna auf das »Tal Hinnom«, das südlich von Jerusalem lag, wo die Juden ihre Kinder einem Götzen geopfert hatten. Es war auch ein Müllplatz, auf dem der weggeworfene Müll verbrannt wurde, so daß das Feuer dort unaufhörlich zu brennen schien.

Wenn die Gehenna jedoch die ewige Bestrafung bezeichnet, geht deren Bedeutung weit über das Tal Hinnom hinaus, und der Ausdruck beschreibt die ewige Strafe der Ungerechten.

Christus gebrauchte das Wort Gehenna als einen Begriff für die ewige Strafe. Auch bei seiner Warnung vor dem letzten Gericht über die Sünde benutzte er dieses Wort (Matthäus 5, 22.29.30; 10, 28; 18, 9; 23, 15.33; Markus 9, 43.45.47; Lukas 12, 5). Der Ausdruck kommt auch in Jakobus 3, 6 vor, aber er erscheint nicht in der Offenbarung. Jedoch steht Gehenna eindeutig für den Feuersee oder die ewige Strafe der Ungerechten.

Jesus sprach von dem »höllischen Feuer«, wörtlich, von der »Gehenna des Feuers« (Matthäus 5, 22). Die Gehenna wird als ein Ort beschrieben, wo »das Feuer« ist, »das nie verlöscht« (Markus 9, 43), und ein Ort, »wo ihr Wurm nicht stirbt und das Feuer nicht verlöscht« (Markus 9, 48).

Beim Gericht vor dem großen weißen Thron wird die vorübergehende Art der Bestrafung, die als Hades bezeichnet wird, durch die ewige Bestrafung ersetzt, indem die Ungerechten in den Feuersee geworfen werden. Johannes beschrieb das Gericht folgendermaßen weiter: »Und der Tod und sein Reich wurden geworfen in den feurigen Pfuhl. Das ist der zweite Tod: der feurige Pfuhl. Und wenn jemand nicht gefunden wurde geschrieben in dem Buch des Lebens, der wurde geworfen in den feurigen Pfuhl« (Offenbarung 20, 14.15). Die aus dem Hades und dem Grab auferstandenen Menschen werden einen Leib erhalten, der nie zerstört werden kann, aber anders als der Leib der auferstandenen Gerechten wird es ein Leib sein, der noch böse ist, immer noch in Rebellion gegen Gott, der immer noch Gottes Gericht verdient. Wenn diese Menschen in den Feuersee geworfen werden, endet ihre Existenz damit nicht, was daran ersichtlich ist, daß das Tier und der falsche Prophet nach tausend Jahren immer noch existieren (Vers 10). Dies wird als der zweite Tod bezeichnet. Gemeint ist damit, daß der leibliche Tod der erste Tod ist, in dem die Seele vom Körper getrennt wird. Der zweite Tod ist jedoch die ewige Trennung von Gott und das Los all derer, die Jesus nicht als ihren Erlöser angenommen haben und darum auch nicht zu einem neuen Leben in Herrlichkeit auferstanden sind.

Diejenigen, die im Gericht vor dem großen weißen Thron des Feuersees würdig befunden werden, können den Anforderungen des Gerichtes Gottes in zweierlei Hinsicht nicht gerecht werden. Erstens sind ihre Werke nicht nach dem Willen Gottes. Zweitens haben sie kein Leben, was dadurch bestätigt wird, daß ihre Namen nicht im Buch des Lebens stehen. Die Bezeichnung »Buch des Lebens« geht auf die Sitte zurück, den Stammbaum einer Familie aufzuschreiben. Als Gott mit Mose über die Sünde des Volkes Israel sprach, sagte Mose: »Vergib ihnen doch ihre Sünde; wenn nicht, dann tilge mich aus deinem Buch, das du geschrieben hast« (2. Mose 32, 32). Gott nimmt in Vers 33 auf das Buch des Lebens Bezug. Im Neuen Testament ist das Buch des Lebens das Register, in das diejenigen eingetragen sind, die ewiges Leben erhalten haben (Philipper 4, 3; Offenbarung 3, 5; 13, 8; 21, 27).

Das Buch des Lebens ist verschiedentlich so aufgefaßt worden, daß es ursprünglich die Namen aller Menschen enthielt. Wenn aber ein Mensch die Erlösung nicht annehme, werde sein Name aus dem Buch ausgelöscht. Deshalb würden diejenigen, die errettet werden, als solche bezeichnet, deren Namen aus dem Buch des Lebens nicht ausgelöscht wurden. Eine andere Vorstellung ist, daß nur die Namen der Erlösten in dem Buch des Lebens aufgeschrieben sind. In Offenbarung 13, 8 heißt es von denen, die das Tier anbeten, daß ihre »Namen nicht vom Anfang der Welt an geschrieben stehen in dem Lebensbuch des Lammes, das geschlachtet ist« (vergleiche 17, 8). Das bedeutet, daß ihre Namen nie im Buch des Lebens geschrieben waren, sondern nur die Namen derer, die errettet sind. Die Verheißung, daß Namen nicht aus dem Buch des Lebens ausgelöscht werden, ist gleichbedeutend damit, daß sie ewig errettet sind.

Steht ein Name nicht im Buch des Lebens, ist dies ein gerechter Grund, in den Feuersee geworfen zu werden, da solch ein Mensch keine Vergebung seiner Sünden hat und nicht zu Gottes Ruhe gelangt ist.

Es ist nur zu menschlich, eine Ausflucht aus der Endgültigkeit der ewigen Qual zu suchen, aber wenn man unerlöst stirbt, gibt es kein Entrinnen. In der Bibel wird klar beschrieben, daß die ewige Qual nie endet, wie Himmel und Erde für diejenigen nie enden, die errettet sind. Wie der Himmel für immer eine ewige Erinnerung an die Gnade Gottes sein wird, so wird auch der Feuersee eine ewige Erinnerung an die Gerechtigkeit Gottes sein.

Es wurde oft gefragt, inwieweit der Feuersee symbolisch statt wörtlich zu nehmen ist. Hier gibt uns die Bibel nicht viel Spielraum. Der Reiche in Lukas 16 behauptete, in den Flammen gequält zu werden, und darum lechzte er nach Wasser. Wie immer die ewige Qual aussehen mag, die angemessenste Beschreibung ist für Gott offensichtlich die der Qual in einem Feuersee.

Obwohl die Lehre der ewigen Qual für die Ungläubigen abstoßend ist und sogar die Gläubigen betrübt, wird eine aufrichtige Auseinandersetzung mit dem Geschick der Ungerechten viel dazu beitragen, den Eifer für das Predigen des Evangeliums zu fördern und Menschen für Christus zu gewinnen.

Andererseits werden Christen aus diesem Wissen heraus in großer Dankbarkeit Gott dienen und ihn für seine Gnade zu loben, die in dem Tod und der Auferstehung Jesu sichtbar wurde. In Offenbarung 21, 8 wird noch einmal das Gericht des Feuersees bestätigt; es heißt dort, daß die Bösen »in dem Pfuhl sein« werden, »der mit Feuer und Schwefel brennt; das ist der zweite Tod.«

Nachdem Johannes das Geschick Satans und der Ungerechten behandelt hat, wendet er sich nun der herrlichen Zukunft der Heiligen im Neuen Jerusalem zu.

37 Neuer Himmel und neue Erde

Der neue Himmel und die neue Erde werden angekündigt

Das Wesen und die Bedeutung des neuen Himmels, der neuen Erde und des Neuen Jerusalem bestimmen die letzten beiden Kapitel der Offenbarung. Johannes berichtet seine Vision des neuen Himmels und der neuen Erde mit den Worten: »Und ich sah einen neuen Himmel und eine neue Erde; denn der erste Himmel und die erste Erde sind vergangen, und das Meer ist nicht mehr« (Offenbarung 21, 1). Der alte Himmel und die alte Erde sind vor der Gegenwart Jesu Christi geflohen (Offenbarung 20, 11) und »vergangen«. Aus Bibelstellen wie 2. Petrus 3, 10-12 wird deutlich, daß ein neuer Himmel und eine neue Erde völlig neu geschaffen werden und der alten Schöpfung nicht gleichen.

Obwohl Gelehrte über diesen Punkt verschiedener Meinung sind und einige versucht haben, eine wiederhergestellte Erde und einen wiederhergestellten Himmel zu propagieren, lehrt die Bibel ausdrücklich, daß der alte Himmel und die alte Erde zerstört werden. Sie werden »vom Feuer zergehen«, und »die Elemente werden vor Hitze zerschmelzen« (2. Petrus 3, 10.12). Angesichts der gewaltigen Energie, die in jedem Atom eingeschlossen ist, wird derselbe Gott, der diese Energie gebunden hat, auch wieder freisetzen und zerstören, vernichten. Möglicherweise wird in Kolosser 1, 17 die Atomstruktur beschrieben, wo im Zusammenhang mit Christus erklärt wird: »Er ist vor allem, und es besteht alles in ihm.« Da Gott, der die Atomkraft band, sie auch wieder entfesseln kann, ist es wahrscheinlich, daß die Zerstörung der physikalischen Erde und des Himmels eine gigantische Atomexplosion sein wird, in der alles in nichts aufgelöst wird. Aus diesem Nichts könnte Gott einen neuen Himmel und eine neue Erde schaffen, die Grundlage für die Ewigkeit sind. Auf jeden Fall wird die neue Erde völlig verschieden von der alten sein, und einer dieser Unterschiede wird sein, daß es keine Meere mehr geben wird. Alle alten Grenzen werden verschwunden sein, und die neue Erde wird ganz anders aussehen.

Das neue Jerusalem kommt vom Himmel herab

In seiner Vision wurde Johannes sogleich das neue Jerusalem gezeigt, welches der Hauptgegenstand der Offenbarung ist, und nicht der neue Himmel und die neue Erde. Er schreibt: »Und ich sah die heilige Stadt, das neue Jerusalem, von Gott aus dem Himmel herabkommen, bereitet wie eine geschmückte Braut für ihren Mann« (Offenbarung 21, 2). Es wird nicht gesagt, daß das neue Jerusalem zu dieser Zeit geschaffen wird, sondern vielmehr aus dem Himmel von Gott herabkommt. Das bedeutet, daß es in der vorigen Zeit bereits existierte, das heißt im Tausendjährigen Reich. Aus den Bibelstellen über das Millennium geht deutlich hervor, daß es im Tausendjährigen Reich keine so gigantische Stadt wie das neue Jerusalem auf Erden geben wird.

Die Offenbarung des Johannes macht deutlich, daß das neue Jerusalem im Gegensatz zum alten Jerusalem steht, das natürlich mit der alten Erde zerstört wurde. Das neue Jerusalem wird als eine fertiggebaute Stadt vom Himmel zur Erde herabkommen. Johannes verglich sie mit einer hübschen Braut, die für ihren Bräutigam geschmückt ist. Der Vergleich einer Stadt mit einer Braut hat einige Ausleger verwirrt, aber Vers 2 wird am besten so gedeutet, daß es sich um eine buchstäbliche Stadt handelt, die schön ist wie eine Braut.

Das neue Jerusalem wird in der Bibel auf verschiedene Weise erwähnt. Es ist die ewige Stadt, die Abraham sah (Hebräer 11, 8-10). Die Bewohner der Stadt werden in Hebräer 12, 22-25 beschrieben:

> »Sondern ihr seid gekommen zu dem Berg Zion und zu der Stadt des lebendigen Gottes, dem himmlischen Jerusalem, und zu den vielen tausend Engeln, und zu der Versammlung
> und Gemeinde der Erstgeborenen, die im Himmel aufgeschrieben sind, und zu Gott, dem Richter über alle, und zu den Geistern der vollendeten Gerechten
> und zu dem Mittler des neuen Bundes, Jesus, und zu dem Blut der Besprengung, das da besser redet als Abels Blut.«

Eine genauere Betrachtung dieses Bibelabschnitts enthüllt, daß das neue Jerusalem, das als die Stadt der Braut, das heißt der Gemeinde, bestimmt ist, dennoch in seinen Grenzen die Heiligen aller Zeitalter und alle heiligen Engel einschließt. Darum wird die Gemeinde besonders erwähnt, Gott und Jesus Christus werden besonders erwähnt, und dann wird die große Kategorie von »Geistern der vollendeten Gerechten« genannt (Hebräer 12, 23). Diese letzte Kategorie bezieht sich auf alle, die errettet sind. Jede Person von Adam bis zur letzten im Millennium geretteten Person wird ein Einwohner des neuen Jerusalem sein. Gott selbst, Jesus Christus und, wie anzunehmen ist, der Heilige Geist, werden in der Stadt zugegen sein, denn sie wird als Tempel Gottes bezeichnet.

Das neue Jerusalem wird in einigen Abschnitten über das Millennium genannt (z.B. in Jesaja 65, 17; 66, 22; 2. Petrus 3, 13, Offenbarung 3, 12). Einige Stellen, wie Jesaja 65, wo das neue Jerusalem im Zusammenhang mit dem Millennium genannt wird, haben Ausleger verwirrt. Jedoch wird im Alten Testament häufig das Millennium zusammen mit dem ewigen Zustand in einem Atemzug genannt, wie auch das erste und zweite Kommen Jesu zugleich in Stellen wie Jesaja 61, 1.2 (zitiert in Lukas 4, 17-19) betrachtet werden. Das Geschick der Gerechten und der Ungerechten wird oft miteinander vermengt, wie in Daniel 12, 2, obwohl wir aus der Bibel wissen, daß dazwischen tausend Jahre liegen. Manchmal wird das erste Kommen Jesu unmittelbar nach einer Bibelstelle erwähnt, in der das zweite Kommen Jesu geweissagt wird, wie in Maleachi 3, 23. In 2. Petrus 3, 10-13, das sich auf den Beginn des Tages des Herrn bezieht, wird gleichzeitig auf die Geschehnisse am Endes dieses »Tages« hingewiesen, ohne die lange Zeit dazwischen zu erwähnen. Wenn darum das neue Jerusalem in einer Stelle über das Millennium erscheint, heißt dies nicht, daß das neue Jerusalem im Tausendjährigen Reich auf Erden zu finden wäre, noch berechtigt es dazu, das Millennium mit dem ewigen Zustand zu vermengen, wie das Amillenaristen tun. Es gibt viele Unterschiede zwischen dem Tausendjährigen Reich und der neuen Erde und dem neuen Himmel. Auf der neuen Erde gibt es nicht das irdische Jerusalem und keine anderen Grenzpunkte, die mit historischen Plätzen der Bibel Verbindung hätten. Es gibt kein Meer. Im neuen Jerusalem gibt es keinen Tod, keine Sünde und kein Gericht. Dies alles steht im Gegensatz zum Leben im Tausendjährigen Reich. Die Versuche einiger Gelehrter, die neue Erde mit dem Millennium zu vermengen, um ein wörtliches Millennium nach dem Tod Jesu wegzudiskutieren, sind durch die Einzelheiten der prophetischen Offenbarung nicht zu rechtfertigen. Diejenigen, die diese Position beziehen, vermeiden die Bibelstellen, die solchen Schlußfolgerungen widersprechen.

Haupteigenschaften des neuen Jerusalem

Johannes berichtete nicht nur, was er sah, sondern auch, was er hörte: »Und ich hörte eine große Stimme von dem Thron her, die sprach: Siehe da, die Hütte Gottes bei den Menschen! Und er wird bei ihnen wohnen, und sie werden sein Volk sein, und er selbst, Gott mit ihnen, wird ihr Gott sein; und Gott wird abwischen alle Tränen von ihren Augen, und der Tod wird nicht mehr sein, noch Leid noch Geschrei noch Schmerz wird mehr sein; denn das Erste ist vergangen« (Offenbarung 21, 3.4). Eine wesentliche Eigenschaft der neuen Erde und des Neuen Jerusalem wird sein, daß Gott bei den Menschen wohnen wird. In dieser gesegneten Gemeinschaft werden Sorge, Tod, Geschrei und Leid nicht mehr sein.

Einige haben aus der Bemerkung, daß »Gott alle Tränen von ihren Augen abwischen« wird (Offenbarung 21, 4), gefolgert, daß die Christen im Himmel wegen ihrer Sünden weinen werden. Das Problem dabei ist, daß der Himmel von Tränen überströmen würde, wenn die Gläubigen für ihre Sünden weinten. Der Abschnitt will ausdrücken, daß es keine Tränen mehr gibt, wie es auch keinen Tod und kein Geschrei und kein Leid mehr geben wird, »denn das Erste ist vergangen« (Vers 4). Die neue Situation wird in Vers 5 zusammengefaßt: »Und der auf dem Thron saß, sprach: Siehe, ich mache alles neu! Und er spricht: Schreibe, denn diese Worte sind wahrhaftig und gewiß!«

Um auszudrücken, daß alles neu gemacht wird, benutzte Johannes das griechische Wort *poieo*, was die allgemeine Bedeutung von »machen« oder »errichten« hat. In diesem Kontext wird es als ein Synonym von *ktizo,* was »schaffen« bedeutet, gebraucht. In der Bibel sind diese Begriffe mehr oder weniger austauschbar. In Matthäus 19, 4 beispielsweise, wo Jesus über die Erschaffung von Adam und Eva spricht, werden *poieo* und *ktizo* im selben Vers gebraucht und beziehen sich auf dasselbe Ereignis. Mögen auch Himmel und Erde zu dieser Zeit errichtet und deshalb neu gemacht werden, so existieren die Heiligen und Engel zu dieser Zeit bereits und werden nicht erschaffen. Das Neumachen wird im griechischen Text durch das Wort *kainos* augedrückt, was sowohl »neu in der Eigenschaft« als auch »neu« im Sinne der Neuheit bedeuten kann. Eine Illustration dafür ist Eva, die ein neues Geschöpf war, obwohl sie aus Adams Rippe entstanden ist. Auch im Textzusammenhang der Offenbarung scheint das neue Jerusalem, obwohl Himmel und Erde ganz und gar neu sind, vor diesem Ereignis existiert zu haben, es bildet jedoch einen wichtigen Aspekt der neuen Situation (siehe die vorigen Seiten).

Das Wasser des Lebens

Der auf dem Thron sitzt, spricht: »Es ist geschehen. Ich bin das A und das O, der Anfang und das Ende. Ich will dem Durstigen geben von der Quelle des lebendigen Wassers umsonst. Wer überwindet, der wird es alles ererben, und ich werde sein Gott sein, und er wird mein Sohn sein« (Offenbarung 21, 6.7). Christus, der hier spricht, vermag demjenigen, der zu ihm kommt, zu versichern, daß er Wasser des Lebens erhält. Dies bezieht sich auf das neue Leben in Christus, das in Jesaja 55, 1 und Johannes 4, 10.13.14 erwähnt wird. Das neue Leben in Christus mit allem, was unsere Erlösung betrifft, ist ein Teil unseres wunderbaren Erbes als Kinder Gottes und Miterben Christi (vergleiche Matthäus 5, 5; 19, 29; 25, 34; 1. Korinther 6, 9.10; Hebräer 1, 14; 1. Petrus 1, 4; 3, 9).

Das Los der Ungläubigen

Christus fuhr jedoch fort: »Die Feigen aber und Ungläubigen und Frevler und Mörder und Unzüchtigen und Zauberer und Götzendiener und alle Lügner, deren Teil wird in dem Pfuhl sein, der mit Feuer und Schwefel brennt; das ist der zweite Tod« (Offenbarung 21, 8). Was hier beschrieben wird, ist das charakteristische böse Leben der Ungläubigen. Wer diese Dinge ausübte, bevor er in Reue zu Christus kam, erlangt doch Vergebung und wird zu den Heiligen gerechnet.

Kinder Gottes werden als Überwinder dargestellt, und in den Botschaften an die sieben Gemeinden wird beschrieben, welcher Segen ihnen zuteil wird (Offenbarung 2 und 3). Jesus faßt die Belohnung der Überwinder in Offenbarung 3, 21 zusammen: »Wer überwindet, dem will ich geben, mit mir auf meinem Thron zu sitzen, wie auch ich überwunden habe und ich mich gesetzt habe mit meinem Vater auf seinen Thron.« Christen werden die ewigen Segnungen Gottes empfangen, auch wenn ihr Leben nicht vollkommen war. Paulus sagte in 1. Korinther 3, 21-23: »Darum rühme sich niemand eines Menschen; denn alles ist euer: es sei Paulus oder Apollos oder Kephas, es sei die Welt oder Leben und Tod, es sei Gegenwärtiges oder Zukünftiges, alles ist euer, ihr aber seid Christi, Christus aber ist Gottes.«

In diesem Leben ist oft die Unterscheidung und Bestimmung derer, die errettet sind, und derer, die ungläubig sind, verdunkelt. In der Ewigkeit werden alle Dinge ins rechte Licht gerückt werden. Diejenigen, die dem Herrn gedient haben, werden belohnt werden, und diejenigen, die dem Herrn nicht als ihrem Erretter vertraut haben, werden ein ewiges Urteil erhalten.

Das neue Jerusalem als die Braut Christi

In den fogenden Versen der Offenbarung wird Johannes eine besondere Beschreibung des neuen Jerusalem gegeben. Ausleger sind sich uneins, ob dieser Abschnitt die Ewigkeit oder das Tausendjährige Reich beschreibt. Obwohl bedeutende Gelehrte auf beiden Seiten genannt werden können, ist es wahrscheinlich besser, den gesamten Abschnitt von Offenbarung 19, 11 bis Offenbarung 22 als eine chronologische Beschreibung der Ereignisse zu betrachten. Demnach wird in Offenbarung 21, 1-8 der ewige Zustand beschrieben, ab Vers 9 werden dann Besonderheiten des ewigen Zustands enthüllt. Das neue Jerusalem wurde Johannes von einem der sieben Engel vorgestellt, die die letzten Schalen mit den sieben letzten Plagen hatten. Johannes schrieb:

> »Und es kam zu mir einer von den sieben Engeln, die die sieben Schalen mit den letzten sieben Plagen hatten, und redete mit mir und sprach: Komm, ich will dir die Frau zeigen, die Braut des Lammes.

Und er führte mich hin im Geist auf einen großen und hohen Berg und zeigte mir die heilige Stadt Jerusalem herniederkommen aus dem Himmel von Gott,
die hatte die Herrlichkeit Gottes; ihr Licht war gleich dem alleredelsten Stein, einem Jaspis, klar wie Kristall« (Offenbarung 21, 9-11).

Johannes berichtete offenbar wörtlich, was er sah und hörte. Ausleger sind sich jedoch uneins, inwieweit die Dinge, die er sah, wörtlich zu nehmen sind – das heißt, ob er eine materielle Stadt sah oder eine Vision mit typologischer, nicht wörtlicher Bedeutung hatte. Wahrscheinlich ist es am einfachsten und sichersten, die Stadt als eine buchstäbliche Stadt mit den wörtlich zu nehmenden beschriebenen Eigenschaften aufzufassen, sich aber gleichzeitig dessen bewußt zu sein, daß diese Eigenschaften geistliche Bedeutung haben und etwas von der Fülle des geistlichen Lebens ausdrücken, das das Tausendjährige Reich kennzeichnet.

In der Offenbarung wird das neue Jerusalem als »die Frau, die Braut des Lammes« dargestellt (Offenbarung 21, 9). Offensichtlich ist eine Stadt keine Braut und eine Braut keine Stadt, und es ist wahrscheinlich am besten, dies als eine Stadt zu interpretieren, die wie eine hübsche Braut aussieht, wie es auch in Offenbarung 21, 2 gesagt wird. In seiner Vision sah Johannes das heilige Jerusalem von Gott aus dem Himmel herabkommen, wie es in Vers 2 schon erwähnt wurde. Er beschrieb es als mit der Herrlichkeit Gottes erleuchtet: »gleich dem alleredelsten Stein, einem Jaspis, klar wie Kristall« (Vers 11). Der Jaspis ist bekanntlich ein undurchsichtiger Edelstein, kein klarer durchsichtiger Juwel. Deshalb ist die Frage, inwiefern die Stadt einem Jaspis gleicht. Seinen Eigenschaften gemäß sollte die Stadt mehr einem Diamanten als einem Jaspis ähneln, wie wir ihn heute kennen. Im Zusammenhang mit den anderen Materialien des neuen Jerusalem ergibt sich ein beständiger Gegensatz zwischen den Materialien, wie wir sie kennen, und wie sie in der Ewigkeit erscheinen. Die Herrlichkeit des neuen Jerusalem muß atemberaubend gewesen sein, als Johannes sie betrachtete und sich klarmachte, daß dies seine Heimat in der Ewigkeit sein sollte.

Die Mauer und die Tore des neuen Jerusalem

Johannes beschrieb die ungeheuren Ausmaße des neuen Jerusalem mit den Worten: »Sie hatte eine große und hohe Mauer und hatte zwölf Tore und auf den Toren zwölf Engel und Namen darauf geschrieben, nämlich die Namen der zwölf Stämme der Israeliten: von Osten drei Tore, von Norden drei Tore, von Süden drei Tore, von Westen drei Tore (wahrscheinlich in der Reihenfolge der Tore im Jerusalem des Millenniums, Hesekiel 48, 30-34).

Und die Mauer der Stadt hatte zwölf Grundsteine und auf ihnen die zwölf Namen der zwölf Apostel des Lammes« (Offenbarung 21, 12-14). Aus dieser Beschreibung geht hervor, daß die Stadt einen quadratischen Grundriß hat. Die Himmelsrichtungen Nord, Süd, Ost und West machen deutlich, daß die Erde wie heute sphärisch sein wird. Tore in der Mauer der Stadt weisen darauf hin, daß man die Stadt von außen betreten kann.

Die Mauer der Stadt hat zwölf Grundsteine, auf denen die Namen der zwölf Apostel stehen (Offenbarung 21, 14). Symbolhaft bedeutet die Mauer einen Ausschluß derer, die nicht würdig sind, in die Stadt einzutreten, und die Tore zeigen an, daß diejenigen, die die Stadt betreten, durch Tore hindurchgehen müssen. Offenbar müssen die Heiligen aller Zeitalter irgendwo in der Ewigkeit wohnen, und es ist nicht verwunderlich, daß sie in einer riesigen Stadt gesehen werden, deren Eigenschaften unseren gegenwärtigen Städten ähnlich sind. Die Zahl zwölf ist im neuen Jerusalem vorherrschend. Es hat zwölf Tore und zwölf Engel im Einklang mit den zwölf Stämmen Israels (Vers 12), zwölf Grundsteine (Vers 14), zwölf Apostel (Vers 14), zwölf Perlen (Vers 21) und zwölf Fruchternten (22, 2).

Die Größe des neuen Jerusalem

Nachdem Johannes von der beeindruckenden Stadt mit ihrer hohen Mauer und anderen Eigenschaften erfahren hatte, fuhr der Engel fort, ihm die Größe der Stadt anzuzeigen: »Und der mit mir redete, hatte einen Meßstab, ein goldenes Rohr, um die Stadt zu messen und ihre Tore und ihre Mauer. Und die Stadt ist viereckig angelegt, und ihre Länge ist so groß wie die Breite. Und er maß die Stadt mit dem Rohr: zwölftausend Stadien. Die Länge und die Breite und die Höhe der Stadt sind gleich. Und er maß ihre Mauer: hundertvierundvierzig Ellen nach Menschenmaß, das der Engel gebrauchte« (Offenbarung 21, 15-17). Die zwölftausend Stadien sind etwa 2200 Kilometer. Die Stadt ist, verglichen mit jeder modernen Stadt in unserer heutigen Welt, gigantisch, und ihre Fläche ist ausreichend, um die Heiligen aller Zeitalter aufzunehmen, besonders wenn ihre Höhe viele Stockwerke zuläßt. Die Mauer ist 144 Ellen dick, wodurch eine Barriere angezeigt wird, die Menschen fernhält, die nicht wert sind, die Stadt zu betreten. Solch eine gewaltige Stadt, die wahrscheinlich auf der Erde ruht, da sie zwölf Grundsteine hat, wird wohl einen Großteil der neuen Erde einnehmen, viel größer als die Fläche des Heiligen Landes in der Geschichte. Daß die Stadt Tore hat, durch die Menschen ein- und ausgehen, weist auch darauf hin, daß die Stadt in jener Zeit auf der Erde ruht und nicht im Raum schwebt.

Die besondere Struktur der Stadt

Johannes machte sich daran, die Schönheit und Besonderheit der Stadt zu beschreiben:

»Und ihr Mauerwerk war aus Jaspis und die Stadt aus reinem Gold, gleich reinem Glas.
Und die Grundsteine der Mauer um die Stadt waren geschmückt mit allerlei Edelsteinen. Der erste Grundstein war ein Jaspis, der zweite ein Saphir, der dritte ein Chalzedon, der vierte ein Smaragd,
der fünfte ein Sardonyx, der sechste ein Sarder, der siebente ein Chrysolith, der achte ein Beryll, der neunte ein Topas, der zehnte ein Chrysopras, der elfte ein Hyazinth, der zwölfte ein Amethyst.
Und die zwölf Tore waren zwölf Perlen, ein jedes Tor aus einer einzigen Perle, und der Marktplatz der Stadt war aus reinem Gold wie durchscheinendes Glas« (Offenbarung 21, 18-21).

Es wird gesagt, daß die Mauer wie die Stadt aus Jaspis sei, die früher als »klar wie Kristall« beschrieben wurde (Vers 11). Offenbar ist dies die Gesamtansicht der Stadt.

Die Stadt wird auch »aus reinem Gold, gleich reinem Glas« bestehend beschrieben (Offenbarung 21, 18). Hier sehen wir wieder die Kombination von Gold, wie wir es in unserer Welt kennen, aber wie durchsichtiges Glas. Ein Studium der verschiedenen Materialien im neuen Jerusalem läßt erkennen, daß sie alle durchscheinend sind, so daß es keine dunklen Schatten geben kann. Das Licht Gottes wird jede Ecke durchleuchten. Die zwölf Grundsteine sind aus verschiedenen Edelsteinen zusammengesetzt, von denen jeder für sich betrachtet werden muß.

Der erste Grundstein besteht aus Jaspis, der schon früher erwähnt wird. Die verschiedenen Schichten des Fundaments werden darauf gebaut. Die zweite Schicht ist ein Saphir, ein Edelstein, der blau scheint und einem Diamanten ähnlich ist. Die dritte Schicht wird als Chalzedon beschrieben, genannt nach der Stadt Chalzedon in der heutigen Türkei, er ist ein Achat, ein außergewöhnlicher Stein mit Streifen verschiedenster Farben, aber von himmelblauer Grundtönung. Der vierte Grundstein, ein Smaragd, leuchtet hellgrün. Der fünfte, ein Sardonyx, ist ein Stein, der rote und weiße Farbe in sich vereinigt. Der sechste Edelstein wird als Sarder bezeichnet, ein Stein, der entweder einen rötlichen Ton hat oder honigfarben ist und nicht als sehr wertvoll gilt. Dieser Stein wird in Offenbarung 4, 3 jedoch zusammen mit Jaspis genannt, um die Herrlichkeit Gottes auf seinem himmlischen Thron zu beschreiben. Der siebente Stein, ein Chrysolith, ist nach dem antiken Schriftsteller Plinius goldfarben und durchsichtig und deshalb etwas verschieden von dem modernen blaßgrünen Chrysolith. Der achte Stein, ein Beryll, ist tief meeresgrün. Der neunte Grundstein, ein Topas, ist durchscheinend gelbgrün. Der zehnte Grundstein, ein Chrysopras, hat einen leichten Grünschatten. Der elfte Grundstein ist violett, und der zwölfte, ein Amethyst, ist purpurfarben.

Obwohl in einigen Fällen die Farbe des Steins nicht sicher ist, ist das allgemeine Bild, das hier gemalt wird, eines in den herrlichsten Farben mit jeder Schattierung des dargestellten Regenbogens, und dies alles wird durch die Herrlichkeit Gottes überhöht. Das Licht, das durch die durchscheinenden Grundsteine flutete, muß Johannes tief beeindruckt haben. Wenn Menschen in unserer gegenwärtigen Welt schöne Dinge schaffen können, wieviel mehr kann der unendliche Gott eine schöne Stadt schaffen? Diese Stadt ist eine Illustration seiner unendlichen Vollkommenheit wie seiner liebenden Gnade, die sich auf jedes Kind Gottes erstreckt.

Früher wurden die zwölf Tore erwähnt, je drei Tore auf einer Seite. Hier erfahren wir, daß sie aus einer einzigen Perle bestehen, offensichtlich keine natürliche Perle, sondern etwas, das wie eine natürliche Perle aussieht. Die Straßen werden als aus reinem Gold bestehend, doch klar wie Glas, beschrieben.

Das neue Jerusalem der Ewigkeit ist quadratisch, hat zwölf Tore wie das Jerusalem des Millenniums, ist aber viel größer und überhaupt nicht dieselbe Stadt. Darum wird es auch das neue Jerusalem genannt.

Der Tempel der Stadt

Johannes erhielt Auskunft über den Tempel der Stadt. »Ich sah keinen Tempel darin; denn der Herr, der allmächtige Gott, ist ihr Tempel, er und das Lamm« (Offenbarung 21, 22). Das neue Jerusalem zeichnet sich nicht nur durch Dinge aus, die von allen anderen Orten verschieden sind, sondern auch durch das, was diese Stadt nicht hat. Sie hat keinen wirklich physikalischen Tempel, keine Opferrituale, keine Himmelskörper wie Sonne, Mond und Sterne, keine Dunkelheit, keine geschlossenen Tore und nichts Gemeines. Dies alles, das in scharfem Kontrast zum Tausendjährigen Reich steht, macht die Erfüllung der Verheißungen für das Millennium im neuen Jerusalem unmöglich. Es ist kennzeichnend, daß Gott das Licht der Stadt ist, was bedeutet, daß Gott Licht ist (Johannes 1, 7-9; 3, 19; 8, 12; 12, 35). Wie die Gläubigen in der Ewigkeit im Lichte Gottes wandeln, werden sie in der Zeit aufgefordert, im Lichte der göttlichen Offenbarung zu wandeln (1. Johannes 1, 5-7).

Die Einwohner der Stadt

Johannes erhielt Aufschluß über die Einwohner des neuen Jerusalem. »Die Völker werden wandeln in ihrem Licht; und die Könige auf Erden werden ihre Herrlichkeit in sie bringen« (Offenbarung 21, 24). Die Erwähnung der Völker steht im Gegensatz zur Erwähnung Israels und verdeutlicht, daß das neue Jerusalem nicht einfach das Heim Israels oder der Gemeinde ist, sondern der Heiligen aller Zeiten, unabhängig von Rasse oder Zeitalter (Hebräer 12, 2-24). Eintritt in die Stadt wird denen gewährt, die erlöst sind, denn die Tore werden nicht geschlossen (Offenbarung 21, 25). Die Herrlichkeit Gottes, die in der Stadt scheint, wird die Nacht nicht zulassen. Offensichtlich wird es im neuen Jerusalem kein Bedürfnis zu schlafen oder zu ruhen geben.

Einerseits erfuhr Johannes: »Man wird die Pracht und den Reichtum der Völker in sie bringen« (Offenbarung 21, 26), andererseits: »Nichts Unreines wird hineinkommen und keiner, der Greuel tut und Lüge, sondern allein, die geschrieben stehen in dem Lebensbuch des Lammes« (Offenbarung 21, 27). Nach der Beschreibung des Johannes ist die Stadt von unbeschreiblicher Schönheit, geeignet, um Gott in Ewigkeit anzubeten und ihm zu dienen.

Der Strom des lebendigen Wassers

Früher wurde die Quelle des lebendigen Wassers erwähnt (Offenbarung 21, 6). Im neuen Jerusalem ist diese in den Strom des lebendigen Wassers eingeschlossen. Johannes schrieb: »Und er zeigte mir einen Strom lebendigen Wassers, klar wie Kristall, der ausgeht von dem Thron Gottes und des Lammes« (Offenbarung 22, 1). Dies entspricht dem Strom, der aus dem Heiligtum des Millenniums fließt, aber er ist nicht mit ihm identisch (Hesekiel 47, 1.12), auch nicht mit dem, der nach Osten und Westen aus Jerusalem fließt (Sacharja 14, 8). Diese Ströme des Millenniums mögen auf diesen Strom hinweisen, sind aber nicht mit ihm zu verwechseln. Das Vorhandensein dieses Stromes zeigt die Fülle des geistlichen Lebens, die von Gott zu denen kommt, die ihm vertrauen.

Der Baum des Lebens

Johannes beschrieb den Baum des Lebens so: »mitten auf dem Platz und auf beiden Seiten des Stromes Bäume des Lebens, die tragen zwölfmal Früchte, jeden Monat bringen sie ihre Frucht« (Offenbarung 22, 2). Die Beschreibung einer Straße mit Wasser, das von dem Thron Gottes ausgeht, und des Baumes des Lebens auf beiden Seiten der Straße ist für manche Ausleger schwer vorstellbar. Einige haben gemeint, der Begriff »Baum des Lebens« sei ein kollektiver Ausdruck, der die Baumart beschreibt, und daß es in Wirklichkeit Reihen von Bäumen auf beiden Seiten des Stromes gibt, die die angegebene Frucht tragen. Das wäre keine unmögliche Lösung. Es ist auch möglich, daß der Baum so groß ist, daß seine Äste über die ganze Straße reichen, so daß er auf beiden Seiten des Stromes Frucht trägt.

Die Erwähnung des Baumes des Lebens geht natürlich auf den Garten Eden zurück, in dem ein ähnlicher Baum stand (1. Mose 3, 22.24). Wenn Adam damals von dem Baum des Lebens gegessen hätte, wäre er nie gestorben. Weil die Sünde in die Menschheit eingedrungen war, war es für die Menschen weit besser, zu leben und zu sterben und dann in der Auferstehung einen sündlosen Körper zu erhalten, als ewig in ihrem sündigen Leib zu leben. Hier im ewigen Zustand scheint der Baum des Lebens sich jedoch auf die Fortdauer der Freude des Lebens in der Ewigkeit zu beziehen. Der Baum des Lebens soll zwölfmal Früchte tragen, jeden Monat einmal, die dem Wohl der Einwohner der Stadt dienen. Die Erwähnung von Monaten weist darauf hin, daß es die Zeit noch gibt, was ein Problem darstellt, da es keine Nacht, keine Sonne, keinen Mond gibt. Sehr wahrscheinlich sollte der Begriff »Monat« als ein Zeitintervall verstanden werden, der unserem Monat in unserer gegenwärtigen Zeit entspricht.

In dem Abschnitt heißt es weiter: »Und die Blätter der Bäume dienen zur Heilung der Völker« (Offenbarung 22, 2). Dies hat zu Diskussionen unter den Gelehrten geführt. Wenn es in der Ewigkeit keine Krankheit und keinen Tod gibt, warum ist dann noch Heilung notwendig? Diese Stelle ist ein Grund, warum einige diese Szene in das Millennium zurückversetzen wollen, auch wenn es viele unüberwindbare Hindernisse gibt, zu erklären, wie das neue Jerusalem sich auf die irdische Szene bezieht. Die Lösung dieses Problems scheint in dem Wort »Heilung« zu liegen. Im Griechischen steht hier das Wort therapeia, wovon unser modernes Wort Therapie abgeleitet ist. Es muß nicht nur als Heilung verstanden werden, sondern kann auch ›Gesundheit gebend‹ bedeuten. Wenn auch keine Heilung nötig sein wird, so werden die Blätter doch die Freude des Lebens fördern, wie es eine Frucht auch heute tut. Diese Stelle reicht nicht aus, um mit ihrer Hilfe den ganzen Abschnitt von Offenbarung 21, 9 an als einen Bezug zum Tausendjährigen Reich aufzufassen. Die nächste Aussage ist vielleicht ein Kommentar dazu, denn Johannes berichtet, daß »nichts Verfluchtes mehr sein wird« (Vers 3). Da Adams Sünde den Fluch über die Menschheit brachte, einschließlich Tod und Krankheit, bedeutet die Aufhebung des Fluchs, daß Heilung nicht mehr nötig ist, sondern nur die Erhaltung der Freude des Lebens in der Ewigkeit, für die die Frucht des Baumes bestimmt ist.

Der Thron Gottes

In Offenbarung 22, 3 heißt es weiter: »Der Thron Gottes und des Lammes wird in der Stadt sein, und seine Knechte werden ihm dienen.« Es wird oft die Frage gestellt, was die Heiligen in der Ewigkeit tun werden. Sie möchten offensichtlich nicht endlos Harfe spielen oder nutzlose Dinge treiben. In dieser Bibelstelle wird, wenn auch nicht in Einzelheiten, die wunderbar einfache Antwort gegeben: »Seine Knechte werden ihm dienen.« In der Ewigkeit wird es der überwältigende Wunsch aller Kinder Gottes sein, ihm zu zeigen, daß sie ihn lieben und ihm dienen wollen. Das Vorrecht des Dienens wird in der Tat eine Belohnung von Gott sein, das heißt, die bevorzugten Dienststellen werden im Einklang mit der Treue eines jeden im irdischen Leben verliehen. In jedem Falle werden wir die Freude empfinden, etwas für den Herrn tun zu dürfen, wie unangemessen es auch sein mag, um unseren ewigen Dank für seine Gnade uns gegenüber auszudrücken.

Der Segen der Ewigkeit

Johannes beschrieb den Segen und die Herrlichkeit dieser Szene weiter: »und (sie werden) sein Angesicht sehen, und sein Name wird an ihren Stirnen sein. Und es wird keine Nacht mehr sein, und sie bedürfen keiner Leuchte und nicht des Lichts der Sonne; denn Gott der Herr wird sie erleuchten, und sie werden regieren von Ewigkeit zu Ewigkeit« (Offenbarung 22, 4.5). Eine der größten Segnungen der Ewigkeit wird sein, daß wir Gott von Angesicht zu Angesicht sehen werden und mit ihm identifiziert werden durch seinen Namen an unserer Stirn. Es wird eine Zeit unvergleichlichen Segens sein, ohne Nacht, ohne eine Lampe oder Sonne und Mond zu benötigen. Die Gläubigen werden mit ihm in Ewigkeit regieren.

Die Gewißheit unserer Hoffnung

Der Engel sprach zu Johannes: »Diese Worte sind gewiß und wahrhaftig; und der Herr, der Gott des Geistes der Propheten, hat seinen Engel gesandt, zu zeigen seinen Knechten, was bald geschehen muß« (Offenbarung 22, 6). Dann spricht Jesus: »Siehe, ich komme bald! Selig ist, der die Worte der Weissagung in diesem Buch bewahrt« (Vers 7). Wenn das Wunder des Himmels und des ewigen Zustandes in unseren gegenwärtigen Beschränkungen auch schwer zu fassen ist, so ist es dennoch absolut sicher, daß dies unsere Bestimmung ist und daß wir ein Recht darauf haben, es zu erwarten, die wir durch die Gnade Gottes errettet sind. Außerdem ist es nicht etwas, das in weiter Ferne liegt. Christus kommt bald, und wenn er kommt, wird der Segen auf diejenigen fallen, die geglaubt und die Weissagungen dieses Buches bewahrt haben. Die Feststellung, daß der Herr *bald* kommt, bedeutet nicht notwendig eine kurze Zeitspanne, sondern daß sein Kommen nah ist und daß er plötzlich kommt.

Johannes betet an

Johannes berichtet, daß er nach diesen gewaltigen Eindrücken dem Engel zu Füßen fiel, um ihn anzubeten. Aber der Engel drängte ihn, das nicht zu tun: »Und ich, Johannes, bin es, der dies gehört und gesehen hat. Und als ich's gehört und gesehen hatte, fiel ich nieder, um anzubeten zu den Füßen des Engels, der mir dies gezeigt hatte. Und er spricht zu mir: Tu es nicht! Denn ich bin dein Mitknecht und der Mitknecht deiner Brüder, der Propheten, und derer, die bewahren die Worte dieses Buches. Bete Gott an!« (Offenbarung 22, 8.9). Der Engel war auch nur Gottes Bote und nicht würdig, angebetet zu werden.

Johannes wird befohlen, die Prophezeiung kundzutun

Johannes wurde ferner befohlen: »Versiegle nicht die Worte der Weissagung in diesem Buch, denn die Zeit ist nahe! Wer Böses tut, der tue weiterhin Böses, und wer unrein ist, der sei weiterhin unrein; aber wer gerecht ist, der übe weiterhin Gerechtigkeit, und wer heilig ist, der sei weiterhin heilig« (Offenbarung 22, 10.11). In diesem Bibelabschnitt wird ausgesagt, daß die Zeit zu kurz ist, um den Lauf der Welt und ihre Moral zu ändern, und daß der Herr kommt, obgleich das Leben für den Gerechten wie für den Ungerechten so weitergeht. Das Wort der Weissagung sollte nicht versiegelt, sondern offen gepredigt werden.

Der Segen für diejenigen, die Gott vertrauen

Ab Vers 12 spricht wieder Jesus. Er sagt:

»Siehe, ich komme bald und mein Lohn mit mir, einem jeden zu geben, wie seine Werke sind.
Ich bin das A und das O, der Erste und der Letzte, der Anfang und das Ende.
Selig sind, die ihre Kleider waschen, daß sie teilhaben an dem Baum des Lebens und zu den Toren hineingehen in die Stadt.

Draußen sind die Hunde und die Zauberer und die Unzüchtigen und die Mörder und die Götzendiener und alle, die die Lüge lieben und tun.
Ich, Jesus, habe meinen Engel gesandt, euch dies zu bezeugen für die Gemeinden. Ich bin die Wurzel und das Geschlecht Davids, der helle Morgenstern« (Offenbarung 22, 12-16).

Johannes fühlte sich gedrängt zu antworten, weil Jesus schnell kommen konnte. Jesus wird hier als der Ewige vorgestellt, »der Erste und der Letzte« (Offenbarung 22, 13). Diejenigen, die Gottes reinigende Kraft in dem Blut Jesu für sich in Anspruch nehmen, werden das Recht am Baum des Lebens erhalten und an allem, was damit verbunden ist. Sie werden auch durch die Tore in die Stadt hineingehen können (Vers 14). Noch einmal wird daran erinnert, daß es auch solche gibt, die ausgeschlossen werden, besonders die, die das Böse tun. Christus schloß mit der Feststellung, daß er seinen Engel gesandt habe, um den sieben Gemeinden, die die hauptsächlichen Empfänger des Buches sind, dies alles zu bezeugen.

Die letzte Einladung

Am Ende des Buches der Offenbarung, die ein so klares Bild von dem Geschick der Erretteten und der Verlorenen gibt, lädt der Verfasser ein letztes Mal ein, das Wasser des Lebens zu nehmen: »Und der Geist und die Braut sprechen: Komm! Und wer es hört, der spreche: Komm! Und wen dürstet, der komme; und wer da will, der nehme das Wasser des Lebens umsonst« (Offenbarung 22, 17).

Die Warnung ergeht an alle, die das Buch verfälschen, indem sie etwa davonnehmen oder dazutun. Wer das tut, besiegelt sein eigenes Geschick. Johannes schreibt. »Ich bezeuge allen, die da hören die Worte der Weissagung in diesem Buch: Wenn jemand etwas hinzufügt, so wird Gott ihm die Plagen zufügen, die in diesem Buch geschrieben stehen. Und wenn jemand etwas wegnimmt von den Worten des Buches dieser Weissagung, so wird Gott ihm seinen Anteil wegnehmen am Baum des Lebens und an der heiligen Stadt, von denen in diesem Buch geschrieben steht« (Verse 18.19).

Häufig werden in der Bibel Warnungen gegeben bezüglich eines unangemessenen Gebrauchs des Wortes Gottes, seiner Verfälschung oder Änderung (5. Mose 4, 2; 13, 1; Sprüche 30, 6; Offenbarung 1, 3). Die Stellen meinen, daß ein Ungläubiger das Wort Gottes verfälschen kann, nicht aber ein Gläubiger. Deshalb bezieht sich die Feststellung »Gott wird ihm seinen Anteil wegnehmen am Baum des Lebens und an der heiligen Stadt« (Offenbarung 22, 19) nicht auf Kinder Gottes, sondern auf diejenigen, deren Namen im Buch des Lebens stehen könnten, wenn sie auf Christus als ihren Erlöser vertraut hätten.

Schlußverheißungen

Am Schluß des Buches berichtet Johannes: »Es spricht, der dies bezeugt: Ja, ich komme bald. – Amen, ja, komm, Herr Jesus! Die Gnade des Herrn Jesus sei mit allen!« (Offenbarung 22, 20.21). Hier wird noch einmal das Kommen des Herrn verheißen. Es folgt ein kurzes Schlußgebet: »Komm, Herr Jesus!«, und eine letzte Verkündigung der Gnade Gottes an alle.

Das Buch der Offenbarung gibt wie kein anderes Buch der Bibel ein umfassendes Bild der Herrlichkeit Jesu, des Planes Gottes, seiner Erhöhung, seines Sieges über die Sünde und damit der Offenbarung der herrlichen Zukunft der Kinder Gottes. Die abschließenden Worte der Offenbarung sind ein passender Höhepunkt der Bibel. Kein anderer Teil der Bibel zeichnet einen größeren Kontrast zwischen dem Segen der Erretteten und der furchtbaren Hoffnungslosigkeit der Verlorenen. Ferner beschreibt das Buch Gottes letztendliche Absicht, Jesus Christus zu offenbaren, der das zentrale Thema ist, und stellt sein zweites Kommen und seine darauf folgende Herrschaft auf Erden sowie seine Stellung im neuen Himmel und auf der neuen Erde dar. Im Einklang mit der Verheißung, die zu Beginn der Offenbarung gegeben wurde, werden diejenigen, die das Buch lesen und bewahren, einen besonderen Segen erfahren (Offenbarung 1, 3).

Sachregister

Bibelstellen-Register: Altes Testament

1. Mose

Jeremia

Hosea

Joel

Amos

Obadja

Bibelstellen-Register: Apokryphe Bücher

Bibelstellen-Register: Neues Testament

Markus

Lukas

Johannes

Apostelgeschichte

Römer

1. Korinther

2. Korinther

Galater

Epheser

hänssler